TURSI • CINCINNATO

WORKBOOK

ITALIAN

Two and Three Years

Second Edition

Joseph A. Tursi

Professor Emeritus, Department of French and Italian
State University of New York at Stony Brook

Paul D. Cincinnato

Former Director of Foreign Languages
Farmingdale Public Schools, New York

When ordering this book, please specify *either* **R 538 W** *or*
Tursi/Cincinnato ITALIAN TWO AND THREE YEARS, 2nd Edition

AMSCO

AMSCO SCHOOL PUBLICATIONS, INC.
315 Hudson Street/New York, N.Y. 10013

ACKNOWLEDGEMENT

We wish to thank Donna Severino
of the Center for Italian Studies at SUNY Stony Brook
for her patience and for the invaluable technical assistance
given the authors during the preparation of final copy.

Special thanks to Benicia Bacino, project editor,
for her invaluable insights, useful suggestions,
and careful review of the manuscript.

Please visit our Web site at:

www.amscopub.com

Cover photograph of Chiesa Della Salute and Grand Canal, Venice, by UNIPHOTO
Illustrations by Tom O'Sullivan

ISBN 0-87720-089-0
Copyright © 1997, 1978 by Amsco School Publications, Inc.

5 6 7 8 9 10   02

Preface

The TURSI/CINCINNATO ITALIAN TWO AND THREE YEARS, 2nd edition, is designed to give students a comprehensive review and thorough understanding of the elements of the Italian language and the highlights of Italian culture. Abundant and varied exercises help students master each phase of the work.

ORGANIZATION

For ease of study and reference, the book is divided into five Parts. Parts One to Three are organized around related grammatical topics. Part Four covers the culture of Italy, dealing with language, geography, history, life-style, literature, art, music, architecture, cinema, science, and Italian-American contributions to the United States. Part Five provides materials for comprehensive practice and testing of the speaking, listening, reading, and writing skills.

GRAMMAR

Each grammatical chapter deals fully with one major grammatical topic or several closely related ones. Explanations of structure are brief and clear. All points of grammar are illustrated by many examples, in which the key elements are typographically highlighted.

A book intended for second- and third-level review of Italian assumes that students have completed a basic sequence. Care has been taken, however, especially in the critical *Part One: Verbs,* to avoid the use of complex structural elements that are treated in other parts of the book. To enable students to concentrate on the structural practice, the vocabulary has been carefully controlled and systematically "recycled" throughout the grammatical chapters.

In order to enrich the scope of the book, a number of grammatical elements not usually found in books of this type are included. Among these elements are common expressions with verbs (Chapter 17), expressions with prepositions (Chapter 22), comparative and superlative expressions (Chapter 24), and fractions and multiple numbers (Chapter 25).

EXERCISES

For maximum efficiency in learning, the exercises directly follow the points of grammar to which they apply. Carefully graded, the exercises proceed from simple assimilation to more challenging manipulation of elements and communication. To provide functional continuity of a grammatical topic, the exercises are set in communicative contexts. Many are also personalized to stimulate student response.

While the contents of the exercises afford extensive oral practice, the book's format also encourages reinforcement through written student responses, including English to Italian exercises intended to sharpen composition skills. The grammatical chapters conclude with Mastery Exercises, in which all grammatical aspects in the chapter are again practiced in recombinations of previously covered elements. All directions to exercises are in Italian.

FLEXIBILITY

The topical organization and the integrated completeness of each chapter permit the teacher to follow any sequence suitable to the objectives of the course and the needs of the students. This flexibility is facilitated by the detailed table of contents at the front of the book and the comprehensive grammatical index at the back. Teachers as well as students will also find the book useful as a reference source.

CULTURE

The cultural chapters in Part Four are entirely in Italian. Every effort was made to keep the narratives clear and readable. In addition to their wealth of cultural information, these narratives provide extensive reinforcement of structural and syntactical elements reviewed in Parts One through Three. Each cultural chapter includes varied exercises designed to test comprehension.

OTHER FEATURES

The Appendix features complete model verb tables and the principal parts of common irregular verbs, common reflexive verbs, prepositions, and basic rules of Italian punctuation and syllabication. Italian-English and English-Italian vocabularies and a comprehensive Index complete the book.

The TURSI/CINCINNATO ITALIAN TWO AND THREE YEARS, 2nd edition, is a thoroughly revised and updated edition. With its comprehensive coverage of the elements of Italian, clear and concise explanations, extensive practice materials, functional vocabulary, and readable cultural narratives, the book will help students strengthen their skills in the Italian language. As students pursue proficiency, they will also gain valuable insights into the culture of Italy.

Contents

Part One
Verbal Structures

Part Two
Noun / Pronoun Structures; Prepositions

Part Three
Adjective / Adverb and Related Structures

Part Four
Civilization

Part Five
Comprehensive Testing:
Speaking, Listening, Reading, Writing

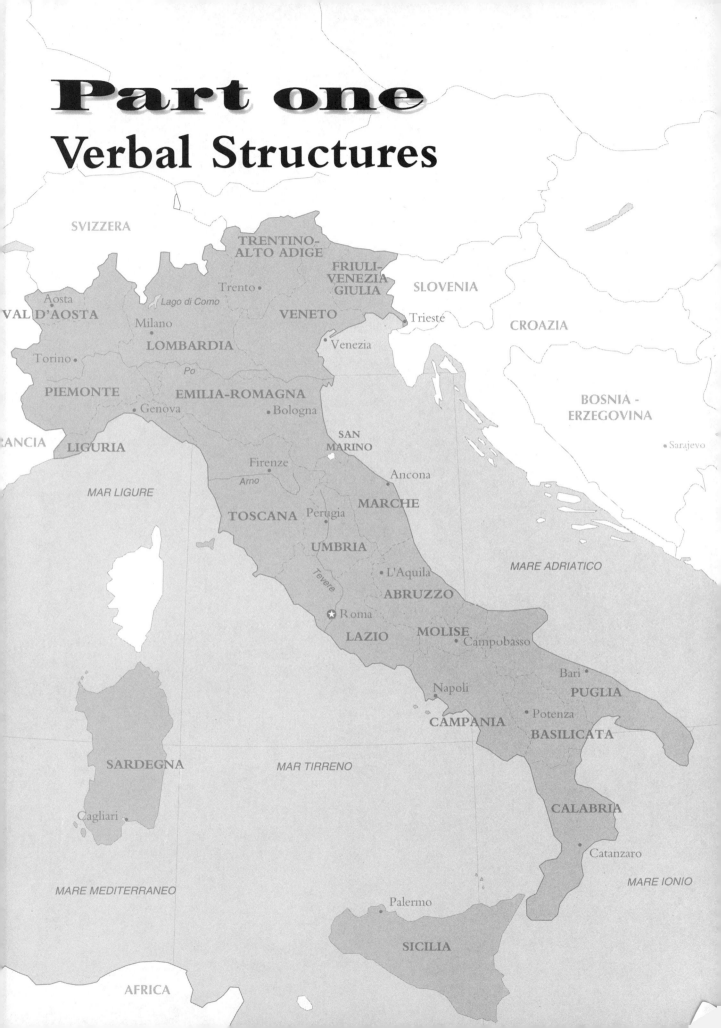

Part one
Verbal Structures

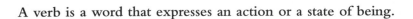

Chapter 1
Present Tense

A verb is a word that expresses an action or a state of being.

[1] PRESENT TENSE OF REGULAR VERBS

In Italian, verbs are divided in to three categories according to their infinitive endings.

- verbs ending in **-are**: compr*are*

- verbs ending in **-ere**: vend*ere*

- verbs ending in **-ire**: part*ire*, fin*ire*

a. Verbs ending in *-are* and *-ere*

The present tense of regular verbs ending in *-are* and *-ere* is formed by dropping the infinitive endings *(-are, -ere)* from the stem *(compr-, vend-)* and adding the following endings:

-are verbs: –o, –i, –a, iamo, –ate, –ano

-ere verbs: –o, –i, –e, –iamo, –ete, –ono

compr*are* I buy, I am buying, I do buy, etc.		vend*ere* I sell, I am selling, I do sell, etc.	
io	compr*o*	io	vend*o*
tu	compr*i*	tu	vend*i*
lui/lei	compr*a*	lui/lei	vend*e*
noi	compr*iamo*	noi	vend*iamo*
voi	compr*ate*	voi	vend*ete*
loro	compr*ano*	loro	vend*ono*

Telefoni spesso a Paola?   *Do you phone Paola often?*

Leggo molto d'estate.   *I read a lot in the summer.*

b. Some verbs ending in *-are* require spelling changes in the present tense.

   (1) Verbs whose stems end in *-i*, such as, *cominciare, lasciare, mangiare, studiare*, have only one *-i* in the *tu* and *noi* forms.

       tu cominc*i*, noi cominc*iamo*   tu mang*i*, noi mang*iamo*

       tu lasc*i*, noi lasc*iamo*   tu stud*i*, noi stud*iamo*

       A che ora **mangi?**   *At what time do you eat?*

       Le vacanze **cominciano** a giugno.   *Vacation begins in June.*

(2)   The present tense of verbs ending in *-care* or *-gare*, like *giocare* or *pagare*, add an *-h* between the stem and the endings of the *tu* and *noi* forms in order to retain the hard *c* or *g* sound.

tu gio*chi*, noi gio*chi*amo   tu pag*hi*, noi pag*hi*amo

c. Verbs ending in *-ire*

In the present tense, verbs ending in *-ire* fall into two categories.

- verbs like *finire,* which require the addition of the letters *-isc* between the stem and the endings, except in the *noi* and *voi* forms.

- verbs like *partire,* which do not require the letters *-isc.*

The present-tense endings of *-ire* verbs are *-o, -i, -e, -iamo, -ite, -ono.*

	finire *I finish, I am finishing, I do finish, etc.*	**partire** *I leave, I am leaving, I do leave, etc.*
io	fin*isco*	part*o*
tu	fin*isci*	part*i*
lui / lei	fin*isce*	part*e*
noi	fin*iamo*	part*iamo*
voi	fin*ite*	part*ite*
loro	fin*iscono*	part*ono*

Preferisco i film americani.   *I prefer American films.*

Il sabato **dormo** fino alle undici.   *On Saturdays, I sleep until eleven o'clock.*

NOTE:

1. Common verbs conjugated like *finire:*

capire *to understand*	io capisco, tu capisci, lui / lei capisce...
disubbidire *to disobey*	io disubbidisco, tu disubbidisci, lui / lei disubbidisce...
fornire *to furnish*	io fornisco, tu fornisci, lui / lei fornisce...
guarire *to heal*	io guarisco, tu guarisci, lui / lei guarisce...
preferire *to prefer*	io preferisco, tu preferisci, lui / lei preferisce...
proibire *to forbid, prohibit*	io proibisco, tu proibisci, lui / lei proibisce...
pulire *to clean*	io pulisco, tu pulisci, lui / lei pulisce...
punire *to punish*	io punisco, tu punisci, lui / lei punisce...
restituire *to return, give back*	io restituisco, tu restituisci, lui / lei restituisce...
spedire *to send, mail*	io spedisco, tu spedisci, lui / lei spedisce...
suggerire *to suggest*	io suggerisco, tu suggerisci, lui / lei suggerisce...
ubbidire *to obey*	io ubbidisco, tu ubbidisci, lui / lei ubbidisce...

2. Common verbs conjugated like *partire:*

aprire *to open*	io apro, tu apri, lui / lei apre...
coprire *to cover*	io copro, tu copri, lui / lei copre...
dormire *to sleep*	io dormo, tu dormi, lui / lei dorme...

offrire	*to offer*	io offro, tu offri, lui / lei offre...
seguire	*to follow*	io seguo, tu segui, lui / lei segue...
sentire	*to hear; to feel*	io sento, tu senti, lui / lei sente...
servire	*to serve*	io servo, tu servi, lui / lei serve...
soffrire	*to suffer*	io soffro, tu soffri, lui / lei soffre...

ESERCIZIO A

La tua famiglia sta organizzando una festa. Indica quello che fate tu e i vari membri della tua famiglia.

ESEMPIO: i cugini / mandare dei fiori
            I cugini **mandano** dei fiori.

1. la mamma e il papà / telefonare agli invitati

_____

2. noi / cucinare pietanze squisite

_____

3. la mamma / preparare una torta speciale

_____

4. tu / portare i cani dai nonni

_____

5. io / pulire la casa

_____

6. gli zii / mandare dei fiori

_____

7. la nonna / aiutare a cucinare

_____

8. il papà e il nonno / comprare le bibite

_____

ESERCIZIO B

I tuoi amici parlano di quello che loro e altri ragazzi fanno a scuola. Scrivi quello che dicono.

1. io / ubbidire sempre ai maestri

_____

2. Marta / correre nel cortile

_____

3. Carla e Michele / mangiare sempre alla mensa insieme

_____

4. tu / non capire mai niente

_____

5. noi / restituire puntualmente i libri alla biblioteca

_____

6. io e i miei compagni / pulire i banchi

_____

7. Gino e Roberto / seguire sempre attentamente le lezioni

_____

8. noi / disubbidire qualche volta alle regole della scuola

_____

ESERCIZIO C

A casa tua tutti voi aiutate con le faccende. Usa i suggerimenti e spiega quello che fa ognuno di voi.

asciugare i piatti	lucidare i pavimenti	sistemare le camere
buttare via la spazzatura	passare l'aspirapolvere	spolverare i mobili
lavare i panni	pulire le finestre	tagliare l'erba

1. Mia madre _____ .

2. Mio padre _____ .

3. Mio fratello _____ .

4. Le mie sorelle _____ .

5. Io _____ .

6. Io e i miei fratelli _____ .

7. Io e mia sorella _____ .

8. Tutti noi _____ .

ESERCIZIO D

Sei molto curioso di conoscere meglio i tuoi compagni di classe. Indica le risposte di un(a) compagno(a) alle domande che gli (le) fai.

1. Chi segue sempre attentamente le lezioni d'italiano?

_____

2. Chi lascia sempre i compiti d'italiano a casa?

_____

3. Chi disubbidisce sempre al professore?

_____

4. Chi alza sempre la mano in classe?

_____

5. Chi suggerisce spesso idee interessanti?

_____

6. Chi capisce tutto a volo?

_____

7. Chi dorme in classe?

_____

8. Chi apre subito il libro quando il professore entra?

_____

[2] VERBS IRREGULAR IN THE PRESENT TENSE

The following verbs are irregular in the present tense. Note that some of the verbs are regular in the *noi* and *voi* forms.

andare *to go:* io vado, tu vai, lui / lei va, noi andiamo, voi andate, loro vanno

apparire *to appear:* io appaio, tu appari, lui / lei appare,
noi appariamo, voi apparite, loro appaiono

Like **apparire:** riapparire *to reappear;* scomparire *to disappear*

avere *to have:* io ho, tu hai, lui / lei ha, noi abbiamo, voi avete, loro hanno

bere *to drink:* io bevo, tu bevi, lui / lei beve, noi beviamo, voi bevete, loro bevono

dare *to give:* io do, tu dai, lui / lei dà, noi diamo, voi date, loro danno

dire *to say:* io dico, tu dici, lui / lei dice, noi diciamo, voi dite, loro dicono

dovere *to have to, must:* io devo (debbo), tu devi, lui / lei deve,
noi dobbiamo, voi dovete, loro devono (debbono)

essere *to be:* io sono, tu sei, lui / lei è, noi siamo, voi siete, loro sono fare *to make, do:* io faccio, tu fai, lui / lei fa, noi facciamo, voi fate, loro fanno

introdurre *to introduce:* io introduco, tu introduci, lui / lei introduce,
noi introduciamo, voi introducete, loro introducono
Like **introdurre:** condurre *to lead;* produrre *to produce;* tradurre *to translate*

morire *to die:* io muoio, tu muori, lui / lei muore,
noi moriamo, voi morite, loro muoiono

piacere *to like, please:* io piacio, tu piaci, lui / lei piace,
noi piaciamo, voi piacete, loro piacciono

porre *to put, place:* io pongo, tu poni, lui / lei pone,
noi poniamo, voi ponete, loro pongono
Like **porre:** comporre *to compose;* opporre *to oppose*

possedere *to possess:* io possiedo (posseggo), tu possiedi, lui / lei possiede,
noi possediamo, voi possedete, loro possiedono (posseggono)
Like **possedere:** sedere *to sit*

potere *to be able to, may, can:* io posso, tu puoi, lui / lei può,
noi possiamo, voi potete, loro possono

rimanere *to remain:* io rimango, tu rimani, lui / lei rimane,
noi rimaniamo, voi rimanete, loro rimangono

salire *to climb, go up:* io salgo, tu sali, lui / lei sale, noi saliamo, voi salite, loro salgono

sapere *to know:* io so, tu sai, lui / lei sa, noi sappiamo, voi sapete, loro sanno

scegliere: *to select, choose:* io scelgo, tu scegli, lui / lei sceglie,
noi scegliamo, voi scegliete, loro scelgono
Like **scegliere:** accogliere *to greet, welcome;* raccogliere *to gather, collect;* togliere *to remove;*
cogliere *to pick, gather;* sciogliere *to untie, loosen*

stare *to be:* io sto, tu stai, lui / lei sta, noi stiamo, voi state, loro stanno

tenere *to hold:* io tengo, tu tieni, lui / lei tiene, noi teniamo, voi tenete, loro tengono
Like **tenere:** appartenere *to belong;* ottenere *to obtain;* trattenere *to keep,* restrain;
mantenere *to maintain;* sostenere *to sustain, support*

uscire *to go out, leave:* io esco, tu esci, lui / lei esce, noi usciamo, voi uscite, loro escono
Like **uscire:** riuscire *to succeed; to go out again*

valere *to be worth:* io valgo, tu vali, lui / lei vale, noi valiamo, voi valete, loro valgono

venire *to come:* io vengo, tu vieni, lui / lei viene, noi veniamo, voi venite, loro vengono
Like **venire:** intervenire *to intervene;* svenire *to faint;* divenire *to become*

volere *to want:* io voglio, tu vuoi, lui / lei vuole, noi vogliamo, voi volete, loro vogliono

ESERCIZIO E

Stai parlando con alcuni compagni di scuola. Completa le frasi di ogni dialogo con la forma corretta del verbo della prima frase.

ESEMPIO: —Domani io **vado** al cinema con John.
　　　　　　—Anche Anna __va__ al cinema con noi.
　　　　　　—Ci __vai__ anche tu?

1.　—**Puoi** aiutarmi a scrivere questo tema?

　　—Mi dispiace ma io non _____; devo tornare subito a casa.

　　—Forse Pino ti _____ aiutare; lui è libero.

2.　—Cosa **fate** stasera?

　　—Arturo _____ i compiti; invece io non _____ nulla.

　　—Tu non _____ mai niente!

3.　—A che ora **uscite** stasera?

　　—Io _____ verso le sette e mezzo.

　　—Tonino non _____ perchè è stanco morto.

4.　—**Sai** a che ora comincia la festa?

　　—No, io non lo _____.

　　—Domanda a Rosetta o a Carla; forse loro lo _____.

5.　—Come **stai** oggi?

　　—Io _____ molto bene, grazie.

　　—Mia madre però non _____ bene affatto.

6.　—Cosa **volete** fare quest'estate?

　　—Io _____ lavorare.

　　—Mio fratello _____ fare un viaggio in Italia.

7.　—**Conosci** questo ragazzo?

　　—No, io non lo _____.

　　—Neanche Flora lo _____.

8. —**Avete** l'influenza?

—Carolina e Clara _____ l'influenza.

—Io non _____ mai l'influenza.

9. —Quante sere alla settimana **rimanete** a casa a studiare?

—Io_____ a casa a studiare ogni sera della settimana.

—Paolo non _____ mai a casa, nè durante la settimana nè il sabato o la domenica.

10. —Chi **viene** alla festa domani?

— _____ io e forse viene anche Gina con Luca.

—No, Gina e Luca non _____ perchè hanno molto da fare.

ESERCIZIO F

Racconta a un amico le cose che fate tu e alcuni amici o parenti durante la fine settimana.

ESEMPIO: mio zio / uscire con la famiglia
            Mio zio **esce** con la famiglia.

1. Daniele e Lucia / fare lunghe passeggiate in montagna

_____

2. io e i miei cugini / uscire insieme

_____

3. Susanna / tradurre un romanzo dall'inglese all'italiano

_____

4. io / dovere studiare per gli esami di fine anno

_____

5. la mamma / volere vedere film stranieri

_____

6. i nonni / rimanere a casa

_____

ESERCIZIO G

C'è una festa a casa tua. A che ora vengono gli invitati?

ESEMPIO: Gianna / 8:30
            Gianna **viene alle otto e mezzo.**

1. Andrea / 7:00

_____

2. tu / 7:15

_____

3. Michele e Antonio / 7:45

_____

4. io / 6:30

_____

5. tu e Tina / 6:20

_____

6. loro / 8:10

_____

ESERCIZIO H

Questa sera tu ti occupi dei due figli della vicina di casa. Combina i suggerimenti e descrivi come va la tua serata.

andare a comprare un gelato   rimanere fino a mezzanotte
avere fiducia in me   uscire a giocare in giardino
essere bravo(a)   venire a farmi compagnia
non volere mangiare

ESEMPIO: I bambini **sono bravi.**

1. I loro genitori _____ .

2. Io _____ .

3. Io e i bambini _____ .

4. La bambina _____ .

5. Tu e la mia amica _____ .

6. Noi _____ .

ESERCIZIO I

Silvana Conte, una nuova alunna, è appena arrivata dall'Italia. Rispondi alle domande che Silvana fa a te e ai tuoi amici.

1. Venite a scuola a piedi o in autobus?

   _____

2. Studiate da soli o con altri compagni di scuola?

   _____

3. A quali sport giocate?

   _____

4. Dove andate il sabato sera?

   _____

5. Uscite spesso con la vostra famiglia?

   _____

6. Quali complessi musicali vi piacciono?

   _____

7. Alla televisione danno programmi in italiano ?

   _____

8. A che età potete ottenere la patente di guida?

   _____

9. Appartenete al circolo italiano della scuola?

   _____

10. Posso comprare giornali in lingua italiana qui vicino?

    _____

ESERCIZIO J

Laura sta scrivendo un tema intitolato «Una giornata noiosa». Completa il tema con la forma corretta dei verbi fra parentesi.

Oggi _____ brutto tempo e _____ dalla noia. Mia madre mi
        1. (fare)   2. (io / morire)

_____ : «Tu _____ sempre lì a lamentarti come una bambina!»
   3. (dire)   4. (stare)

La mia mamma _____ ragione. _____ zitta e rifletto. All'improvviso,
               5. (avere)   6. (io / rimanere)

un'idea favolosa mi _____ in mente. Telefono subito a Luigi e gli _____ :
      7. (venire)   8. (dire)

«Luigi, _____ venire al circo equestre con me?» Luigi risponde: «Tu
         9. (volere)

_____ sempre le cose più strane da fare.» Insisto talmente che _____
   10. (scegliere)   11. (lui / dovere)

per forza dire di sì. Mi dice: «Va bene, _____ subito e _____
                                          12. (scendere)   13. (venire)

a casa tua. È meglio se _____ in città in metropolitana; in autobus non
                        14. (noi / andare)

_____ a fare in tempo. _____ quanto costano i biglietti?»
   15. (noi / riuscire)   16. (tu / sapere)

«No, non lo so, ma se mia madre mi _____ la carta di credito
                                    17. (dare)

_____ pagare io.» «Ottima idea!» «Allora, mi _____ pronta.
   18. (potere)   19. (io / tenere)

_____ aspettarti all'angolo di casa mia se _____ .» «Va bene.
   20. (io / potere)   21. (tu / volere)

Arrivo tra cinque minuti.»

[3] USES OF THE PRESENT TENSE

a. The present tense may have various meanings in English.

Vanno a scuola.	*They go (are going) to school.*
Studia l'italiano lei?	*Do you study Italian? (Are you studying Italian?)*
Non **parlo** italiano.	*I don't speak Italian. (I'm not speaking Italian.)*

b. The present tense is often used instead of the future to ask for instructions or to refer to an action that will take place in the immediate future.

Lo **metto** qui?	*Shall I put it here?*
Cosa **facciamo** adesso?	*What shall we do now?*
Chiamo più tardi.	*I'll call later.*
Mangiamo fra quindici minuti.	*We'll eat in fifteen minutes.*

c. The present tense with expressions of time

   (1) The present tense + *da* + an expression of time expresses an action or event that began in the past and continues in the present. In such situations, the question is expressed by *Da quando...?* or *Da quanto tempo...?* + present tense.

Da quando **porti** gli occhiali?	*Since when have you been wearing glasses?*
Porto gli occhiali *dall'anno scorso.*	*I've been wearing glasses since last year.*
Da quanto tempo **aspetti** Giorgio?	*How long have you been waiting for Giorgio?*
Aspetto Giorgio *da* **due ore.**	*I've been waiting for Giorgio for two hours.*

(2)   The following constructions also express a past action that began in the past and continues in the present.

To ask the question:

> **Quanto tempo è che...?** + present tense

Quanto tempo è che **abiti** in Italia?   *How long have you been living in Italy?*

To answer:

> **È**   +   time expression in the singular   + **che** + present tense
> **Sono** +   time expression in the plural   + **che** + present tense

OR

> **È da** +   time expression (singular or plural)   + **che** + present tense

È un anno *che* abiti in Italia.   *I've been living in Italy for one year.*

Sono due anni *che* abito in Italia.   *I've been living in Italy for two years.*

È da un anno (due anni) *che* abito in Italia.   *I've been living in Italy for one year (two years).*

È da giugno 1995 *che* abito in Italia.   *I've been living in Italy since June 1995.*

ESERCIZIO K

Stai passando l'estate in colonia. Lì incontri un(a) ragazzo(a) simpatico(a) e per conoscerlo(a) meglio gli (le) fai le seguenti domande.

ESEMPIO: venire a questa colonia
    Da quanto tempo vieni a questa colonia?

1. suonare la chitarra

_____

2. guidare la macchina

_____

3. fare lo sci acquatico

_____

4. giocare a pallacanestro

_____

5. conoscere il tuo ragazzo (la tua ragazza)

_____

6. essere insieme

_____

ESERCIZIO L

Spiega a un amico quanto tempo è che fai le cose seguenti.

ESEMPI: vivere in questa città
Vivo in questa città **da dodici anni.**
È da dodici anni che vivo in questa città.

1. studiare l'italiano

_____

_____

2. sapere andare in bicicletta

_____

_____

3. conoscere il tuo miglior amico (la tua migliore amica)

_____

_____

4. abitare nella tua casa

_____

_____

5. sapere nuotare

_____

_____

6. frequentare questa scuola

_____

_____

ESERCIZIO M

A te non piace fare certe cose subito. Sei un po' pigro(a). Spiega quando hai l'intenzione di fare le cose seguenti.

ESEMPIO: andare in biblioteca
Vado in biblioteca più tardi.

1. mettere in ordine la mia camera

_____

2. fare i compiti

_____

3. preparare da mangiare

_____

4. aiutare il mio fratellino

_____

5. studiare per gli esami

_____

6. restituire i libri alla biblioteca

_____

M A S T E R Y   E X E R C I S E S

ESERCIZIO N

Rispondi con frasi complete alle domande che ti fa un cugino sulle tue attività scolastiche.

1. Come saluti i professori quando entri in aula?

_____

2. Devi studiare molto?

_____

3. Passi molto tempo a chiacchierare con gli amici?

_____

4. A che ora terminano le lezioni?

_____

5. Tu e i tuoi compagni rimanete spesso dopo le lezioni?

_____

6. Quali sport offre la tua scuola?

_____

7. Sei un bravo alunno (una brava alunna)?

_____

8. Quali sono i circoli scolastici più popolari?

_____

9. Cosa fate quando il professore è assente?

_____

10. Da quanto tempo conosci il tuo professore (la tua professoressa) d'italiano?

_____

ESERCIZIO O

Sei a una festa e vedi che un tuo amico è molto agitato perchè la sua nuova ragazza non gli presta atten-zione. Secondo le risposte del tuo amico, scrivi le domande che tu gli fai.

ESEMPI: TU: **Da quanto tempo è la tua ragazza Anna?**
            AMICO: Anna è la mia ragazza da tre giorni.

  OR: TU: **Quanto tempo è che la conosci?**
            AMICO: È da tre mesi che la conosco.

1. TU: _____

    AMICO: Siamo qui da due ore.

2. TU: _____

    AMICO: È da un'ora che lei parla con quel ragazzo.

3. TU: _____

    AMICO: È da mezz'ora che ballano insieme.

4. TU: _____

    AMICO: Ballano così stretti da cinque minuti.

5. TU: _____

    AMICO: È più di un'ora che Anna non mi guarda.

6. TU: _____

    AMICO: È da un'ora che sono così agitato.

ESERCIZIO P

Esprimi quello che tu dici a un amico ritornando a casa.

ESEMPIO: I'll phone you later.
             Ti telefono più tardi.

1. Will you help me with the Italian homework tonight?

_____

2. I'll come to your house around 7:00.

_____

3. I'll bring my books.

_____

4. Do you have an Italian dictionary at your house?

_____

5. Can I eat a sandwich at your house later?

_____

6. Are we going to listen to the Lucio Dalla record tonight when we finish?

_____

7. Is your sister going out or is she staying at home?

_____

8. I must return home before ten o'clock.

_____

ESERCIZIO Q

È da un'ora che aspetti un amico che non arriva. Scrivi un biglietto in italiano nel quale gli spieghi le cose seguenti.

> You're furious because you've been waiting for him for an hour.
> You don't understand why he's always late.
> You always arrive on time.
> You don't deserve this.
> Is he going to call you to explain?
> You hope that he has a good reason for his lateness.

_____

_____

_____

_____

_____

Chapter 2
Passato prossimo

The *passato prossimo* (past indefinite) expresses an action or event completed in the past. The *passato prossimo* is formed by combining the present tense of *avere* or *essere* and the past participle of the verb. We will begin this Chapter, with verbs taking *avere* in the *passato prossimo*, since most Italian verbs fall under this category. The *passato prossimo* of *essere* verbs will be discussed starting on page 25.

[1] VERBS CONJUGATED WITH *AVERE*

	comprare *I (have) bought, etc.*	vendere *I (have) sold, etc.*	dormire *I (have) slept, etc.*
io	ho comprato	ho venduto	ho dormito
tu	hai comprato	hai venduto	hai dormito
lui/lei	ha comprato	ha venduto	ha dormito
noi	abbiamo comprato	abbiamo venduto	abbiamo dormito
voi	avete comprato	avete venduto	avete dormito
loro	hanno comprato	hanno venduto	hanno dormito

Ho parlato con Marta stamattina. *I spoke with Marta this morning.*

Abbiamo finito il nostro lavoro alle tre. *We finished our work at three o'clock.*

NOTE:

1. The past participle of regular verbs is formed by dropping the infinitive ending, and adding the appropriate ending to the stem.

ENDINGS	INFINITIVE	PAST PARTICIPLE
-ato for **-are** verbs	telefon**are**	telefon**ato**
-uto for **-ere** verbs	vend**ere**	vend**uto**
-ito for **-ire** verbs	dorm**ire**	dorm**ito**

Ieri **ho dormito** fino alle dieci e *Yesterday I slept until ten o'clock and*
ho sognato dell' estate. *I dreamt of the summer.*

2. Verbs conjugated like *finire* have the same past participle as those conjugated like *dormire*.

finire = finito capire = capito

3. Verbs that take *avere* as the helping verb are in most cases transitive, that is, they take a direct object.

Ho venduto la macchina. *I (have) sold the car.*

Avete visto quel programma? *Have you seen (Did you see) that program?*

19

ESERCIZIO A

La fine settimana scorsa, Arturo e i suoi amici hanno organizzato una scampagnata fuori città. Spiega cosa hanno fatto.

ESEMPIO: io / portare la crema contro le zanzare
Io **ho portato** la crema contro le zanzare.

1. io / arrostire la salsiccia

_____

2. tu / preparare una bell'insalata

_____

3. noi / mangiare sull'erba

_____

4. Luisa / dormire sotto un albero

_____

5. voi / raccontare delle barzellette spiritose

_____

6. Marilena e Ilaria / nuotare nel lago

_____

7. le altre ragazze / giocare a frisbee

_____

8. tutti noi / vedere un bellissimo tramonto

_____

ESERCIZIO B

Ieri tu hai telefonato alla tua amica Pierina. Descrivi la vostra conversazione telefonica.

1. Pierina / rispondere finalmente al telefono

_____

2. io / salutare Pierina

_____

3. noi / parlare della festa di sabato scorso

_____

4. Gianni e Mauro / invitare molti amici

_____

5. i loro genitori / preparare da mangiare

_____

6. tu / portare dell'ottima musica

_____

7. noi / cantare e ballare fino a tardi

_____

8. tutti / passare una bellissima serata

_____

ESERCIZIO C

In base ai suggerimenti, descrivi come tu e la tua famiglia avete passato sabato scorso.

accompagnare la mia mamma in città   giocare a tennis   preparare una cena speciale
ascoltare della musica italiana   guardare la televisione   pulire la casa
dormire fino a mezzogiorno   lavare la macchina   leggere un ottimo libro

ESEMPIO: **Mio fratello Roberto ha giocato a tennis.**

1. _____

2. _____

3. _____

4. _____

5. _____

6. _____

7. _____

8. _____

[2] IRREGULAR PAST PARTICIPLES

INFINITIVE	PAST PARTICIPLE	INFINITIVE	PAST PARTICIPLE
accendere *to light*	*acceso*	**coprire** *to cover*	*coperto*
apparire *to appear*	*apparso*	**correggere** *to correct*	*corretto*
aprire *to open*	*aperto*	**correre** *to run*	*corso*
bere *to drink*	*bevuto*	**cuocere** *to cook*	*cotto*
chiedere *to ask*	*chiesto*	**decidere** *to decide*	*deciso*
chiudere *to close*	*chiuso*	**dire** *to say*	*detto*
conoscere *to know*	*conosciuto*	**dividere** *to divide*	*diviso*

INFINITIVE	PAST PARTICIPLE	INFINITIVE	PAST PARTICIPLE
essere *to be**	*stato*	**rompere** *to break*	*rotto*
fare *to do*	*fatto*	**scegliere** *to pick*	*scelto*
leggere *to read*	*letto*	**scendere** *to go down**	*sceso*
mettere *to put*	*messo*	**scrivere** *to write*	*scritto*
morire *to die**	*morto*	**smettere** *to stop*	*smesso*
nascere *to be born**	*nato*	**soffrire** *to suffer*	*sofferto*
offrire *to offer*	*offerto*	**spendere** *to spend*	*speso*
perdere *to lose*	*perso / perduto*	**stringere** *to tighten*	*stretto*
prendere *to take*	*preso*	**succedere** *to happen*	*successo*
promettere *to promise*	*promesso*	**togliere** *to remove*	*tolto*
proteggere *to protect*	*protetto*	**vedere** *to see*	*visto / veduto*
ridere *to laugh*	*riso*	**venire** *to come**	*venuto*
rimanere *to stay**	*rimasto*	**vincere** *to win*	*vinto*
rispondere *to answer*	*risposto*	**vivere** *to live*	*vissuto*

NOTE: The irregularities of the past participles of the verbs listed above also occur in related verbs.

commettere *to commit*	**commesso**	riconoscere *to recognize*	**riconosciuto**
comprendere *to understand*	**compreso**	rivedere *to see again*	**rivisto**
convincere *to convince*	**convinto**	scommettere *to bet*	**scommesso**

Cosa **hai fatto** ieri?	*What did you do yesterday?*
Ho letto tutta la giornata.	*I read all day.*
Hai finito i compiti?	*Did you finish (Have you finished) the homework?*
No, non **ho avuto** il tempo.	*No, I didn't have (haven't had) the time.*

ESERCIZIO D

Completa questa lettera con il participio passato dei verbi tra parentesi.

Caro Filippo,

Non hai _____ le mie ultime due lettere? Perchè non hai _____ ?
    1. (ricevere)   *2. (scrivere)*

Ho _____ a telefonarti, però non ha _____ nessuno. Ti ho
    3. (provare)   *4. (rispondere)*

_____ alcune cartoline postali dalle città che ho _____ . Gino e io
    5. (mandare)   *6. (visitare)*

abbiamo _____ un viaggio stupendo. Purtroppo le vacanze sono finite. Gino ha già
    7. (fare)

_____ il lavoro e io ho _____ il mio terzo anno di università. Sarà
    8. (riprendere)   *9. (incominciare)*

---

*These verbs are conjugated with *essere* in the *passato prossimo*. (See page 25.)

difficile dimenticare i giorni che abbiamo _____ in Sicilia! Da quando siamo a casa,
10. (passare)

non abbiamo _____ altro che parlare della Sicilia e abbiamo _____
11. (fare)
12. (consigliare)

un viaggio simile a tutti i nostri amici. Gino e io abbiamo _____ loro che non
13. (spiegare)

abbiamo mai _____ spiagge così belle, che non abbiamo mai _____
14. (vedere)
15. (conoscere)

gente così gentile, e che non abbiamo mai _____ cibo così squisito. Io e Gino
16. (mangiare)

abbiamo già _____ di ritornarci l'anno prossimo.
17. (decidere)

Al mio ritorno, sono rimasta sorpresa di non aver trovato una tua lettera. So che hai

_____ tua sorella perchè lei ha _____ un bambino. Tua sorella è
18. (aiutare)
19. (avere)

molto fortunata che tu abbia _____ aiutarla. Sicuramente non hai
20. (potere)

_____ il tempo di scrivermi; però adesso che sei a casa, scrivimi e fammi sapere chi
21. (avere)

hai _____ recentemente e se hai _____ a Luisa di andare in
22. (incontrare)
23. (promettere)

montagna in ottobre. Aspetto con ansia le tue notizie.

Con affetto,
Marta

[3] AGREEMENT OF PAST PARTICIPLES

a. Past participles of verbs conjugated with *avere* agree in gender and number with the preceding direct object pronoun *lo, la, le,* or *li.*

Carlo ha lavato le camicie e *le* **ha stirate**.	*Carlo washed the shirts and ironed them.*
I tuoi occhiali? No, non *li* **ho vist***i*.	*Your glasses? No, I haven't seen them.*

NOTE:

1. Agreement with the preceding direct object pronoun *mi, ti, ci,* or *vi* is optional.

Ci ha visto al cinema.	
Ci ha vist*i* al cinema.	*He saw us at the movies.*

2. Agreement with preceding direct object nouns or antecedents is also optional.

La macchina che **hanno venduto** è vecchia.	
La macchina che **hanno vendut***a* è vecchia.	*The car they sold is old.*

b. Past participles of verbs conjugated with *avere* do not agree with a preceding indirect object.

Ho scritto a Maria.	*I wrote to Maria.*
Le **ho scritto.**	*I wrote to her.*

ESERCIZIO E

Domani i tuoi genitori ritornano da un viaggio in Italia e tu e il tuo fratello maggiore cercate di rimettere la casa in ordine. Rispondi alle domande che ti fa tuo fratello.

ESEMPIO: Hai lavato i piatti?
            Sì, li ho lavati.

1. Hai pulito la tua camera?

   _____

2. Hai messo i tuoi libri in ordine?

   _____

3. Hai fatto la spesa?

   _____

4. Hai spolverato i mobili?

   _____

5. Hai lavato i panni sporchi?

   _____

6. Hai innaffiato *(to water)* le piante?

   _____

7. Hai lavato la macchina?

   _____

8. Hai messo le provviste nel frigorifero?

   _____

ESERCIZIO F

Sei sempre pronto ad aiutare gli altri. Spiega quello che hai fatto nelle circostanze seguenti.

ESEMPIO: I tuoi compagni di classe non hanno capito la lezione. *(aiutarli)*
            Li ho aiutati.

1. Una signora anziana è caduta per la strada. *(aiutarla ad alzarsi)*

   _____

2. Il tuo amico è andato all'ospedale. *(accompagnarlo)*

_____

3. Tua sorella non ha mangiato niente tutta la giornata. *(prepararle un panino)*

_____

4. Tuo padre ha perso le chiavi. *(cercarle)*

_____

5. Ieri, il tuo migliore amico ha festeggiato il suo compleanno. *(mandargli una cartolina d'auguri)*

_____

6. Tua sorella ha annunciato il suo fidanzamento. *(abbracciarla)*

_____

[4] VERBS CONJUGATED WITH *ESSERE*

a. The *passato prossimo* of intransitive verbs—those that do not take a direct object—is formed by combining the present tense of *essere* and the past participle of the verb. Most of these verbs express movement from one place to another *(sono uscito)*, or a mental or physical state of being *(sono stato)*.

Mario è **andato** in piscina.	*Mario went (has gone) to the pool.*
Io **sono nato** il 29 febbraio.	*I was born on February 29.*
I miei genitori **sono partiti** per la Francia.	*My parents (have) left for France.*

b. Common verbs conjugated with *essere* in the *passato prossimo:*

INFINITIVE	PAST PARTICIPLE	INFINITIVE	PAST PARTICIPLE
andare *to go*	*andato*	**restare** *to stay, remain*	*restato*
apparire *to seem*	*apparso*	**rimanere** *to stay, remain*	*rimasto*
arrivare *to arrive*	*arrivato*	**ritornare** *to return, come back*	*ritornato*
cadere *to fall*	*caduto*	**riuscire** *to succeed*	*riuscito*
diventare *to become*	*diventato*	**salire** *to go up*	*salito*
durare *to last*	*durato*	**scendere** *to go (come) down*	*sceso*
entrare *to enter*	*entrato*	**stare** *to be*	*stato*
essere *to be*	*stato*	**succedere** *to happen*	*successo*
morire *to die*	*morto*	**tornare** *to return, come back*	*tornato*
nascere *to be born*	*nato*	**uscire** *to leave, go out*	*uscito*
partire *to leave*	*partito*	**venire** *to come*	*venuto*
piacere *to like*	*piaciuto*	**vivere** *to live, reside*	*vissuto*

NOTE: Regular past participles of verbs conjugated with *essere* are formed like those conjugated with *avere*.

c. Past participles of verbs conjugated with *essere* agree in gender and number with the subject of the verb.

arrivare *I arrived, I have arrived, I did arrive, etc.*	
MASCULINE SUBJECT	FEMININE SUBJECT
io sono arrivato tu sei arrivato lui è arrivato	io sono arrivata tu sei arrivata lei è arrivata
noi siamo arrivati voi siete arrivati loro sono arrivati	noi siamo arrivate voi siete arrivate loro sono arrivate

Antonio è uscito alle due.	*Antonio went out at two o'clock.*
Rosa è caduta.	*Rosa fell (has fallen).*
Mario e Rita sono rimasti a casa.	*Mario and Rita stayed at home.*
Le ragazze sono arrivate.	*The girls (have) arrived.*

ESERCIZIO G

Ieri notte ha nevicato molto e stamattina tutte le strade erano bloccate. Usando i suggerimenti, spiega com'è andata la giornata.

cadere	non uscire di casa fino alle sei	rimanere chiuse
non andare a scuola	partire in viaggio di affari	stare insieme tutta la giornata
non arrivare mai	restare fuori a giocare per tre ore	venire a casa mia

ESEMPIO: Mio padre **non è partito in viaggio di affari.**

1. Loro _____.

2. Noi _____.

3. L'autobus _____.

4. Voi _____.

5. Elisa _____.

6. Io _____.

7. Tu _____.

8. Tutte le scuole _____.

ESERCIZIO H

Tu e i tuoi amici parlate di una festa che ha avuto luogo sabato scorso. Non ricordi certi dettagli e fai delle domande ai tuoi amici.

ESEMPIO: tu / arrivare alla festa con Anna
            Tu **sei arrivato** alla festa con Anna?

1. i tuoi genitori / salire in camera loro all'inizio della festa

---

2. Marco / riuscire a parlare con Elisa

---

3. tua sorella / salire a cercare i miei dischi

---

4. voi / uscire in giardino

---

5. Agata / piacere molto a Piero

---

6. le ragazze gemelle / essere al centro dell'attenzione

---

7. Mario e suo fratello / morire dalla noia

---

8. noi / partire prima di mezzanotte

---

[5] SPECIAL VERBS IN THE *PASSATO PROSSIMO*

Some verbs may be conjugated with either *essere* or *avere* depending on the meaning conveyed and how they are used.

a. Some weather expressions may take either *essere* or *avere*.

Ieri **ha (è) piovuto** molto. *Yesterday it rained a lot.*
Venerdì **ha (è) nevicato**. *It snowed on Friday.*

b. When the verbs *dovere*, *potere*, and *volere* are followed by an infinitive, they may be conjugated with either *avere* or *essere*, depending on whether the infinitive that follows takes *avere* or *essere*.

Michele *è* { dovuto / potuto / voluto } *uscire* subito.

Lisa *ha* { dovuto / potuto / voluto } *aiutare* la maestra.

È **dovuta** *partire*. *She had to leave.*
Sei **potuto** *uscire?* *Were you able to go out?*
Abbiamo **voluto** *aiutare*. *We wanted to help.*
Ho **dovuto** *aspettare*. *I had to wait.*

NOTE:

1. In familiar Italian, it is becoming more common to use *avere* with *dovere, potere,* and *volere,* regardless of the infinitive that follows.

2. When the verbs *dovere, potere,* and *volere* are followed by the infinitive *essere,* they are always conjugated with *avere.*

   Ho dovuto essere generoso.   *I had to be generous.*

c. A few verbs that are usually conjugated with *essere,* may also take *avere* when they are used with a direct object. Note the changed meanings.

WITHOUT DIRECT OBJECT	WITH DIRECT OBJECT
Sono sceso in fretta. *I came down in a hurry.*	**Ho sceso** *le scale.* *I came down the stairs.*
Il gatto **è saltato** dalla finestra. *The cat jumped out the window.*	La bambina **ha saltato** *la corda* per un'ora intera. *The girl jumped rope for a whole hour.*
Le vacanze **sono cominciate**, evviva! *Vacation has begun, hurrah!*	Quando **hai cominciato** *il tuo lavoro?* *When did you begin your job?*
Siamo passati da casa tua alle tre. *We came by your house at three.*	**Ho passato** *un anno* a Roma. *I spent one year in Rome.*
Monique **non è cambiata** affatto in tre anni. *Monique hasn't changed at all in three years.*	Gianni **ha cambiato** *idea;* non viene alla festa. *Gianni changed his mind; he's not coming to the party.*

NOTE: The verbs *bruciare, crescere, finire, mancare, ritornare,* and *salire* follow the same pattern.

ESERCIZIO I

Completa il brano seguente con il passato prossimo dei verbi tra parentesi.

_____ tutta la notte e quando sono uscito di casa stamattina e
　　　1. (piovere)

_____ prendere l'ombrello. Dopo le lezioni, _____
　　2. (io / dovere)　　　　　　　　　　　　　　　　　　　　　　　　　*3.* (io / dovere)

passare da Dino per dargli i compiti perchè era raffreddato e non _____
　　　　　　　　　　　　　　　　　　　　　　　　　　　　　　　4. (lui / potere)

venire a scuola. Prima di andarmene, Dino _____ prestarmi dei compact disc che
　　　　　　　　　　　　　　　　　5. (volere)

aveva appena comprato. Volevo rimanere ad ascoltarli con lui ma _____ idea
　　　　　　　　　　　　　　　　　　　　　　　　　　　　　　　6. (io / cambiare)

perchè ero già in ritardo per cena. _____ le scale in fretta e quasi quasi
　　　　　　　　　　　　　　　7. (io / scendere)

_____ . Non appena _____ ,
　　　8. (io / cadere)　　　　　　　　　　　　　9. (io / uscire)

_____ piovere di nuovo. Pioveva molto forte e_____
　　10. (cominciare)　　　　　　　　　　　　　　　　　　　　11. (io / passare)

mezz'ora ad aspettare l'autobus. Quando _____ a casa,
　　　　　　　　　　　　　　　　　　　12. (io / arrivare)

_____ asciugarmi dalla testa ai piedi.
　　13. (io / dovere)

ESERCIZIO J

Descrivi quello che Martina ha fatto ieri. Completa il brano con il passato prossimo dei verbi fra parentesi.

Ieri, Martina è andata in banca. _____ l'assegno dello stipendio e
　　　　　　　　　　　　　　　　　1. (cambiare)

_____ tutto il pomeriggio a fare compere al gran magazzino «La Rinascente».
　　2. (passare)

Verso le sei _____ da casa mia a farmi vedere tutte le sue compere. Da
　　　　　　3. (passare)

ragazza, a Martina piaceva sempre spendere soldi. Adesso che è grande, non

_____ affatto, anzi adesso ne spende di più. Quando Martina
　　4. (cambiare)

_____ a casa, improvvisamente il tempo _____ e si
　　5. (rientrare)　　　　　　　　　　　　　　　　　　　　6. (cambiare)

è messo a piovere a dirotto. Martina _____ subito dentro il bucato *(the*
　　　　　　　　　　　　　　　　　　7. (portare)

laundry) che era steso fuori e _____ a cucinare. Prima di cenare, Martina
　　　　　　　　　　　　　　　8. (cominciare)

_____ in camera sua a riposare un po' e _____ il
　　9. (salire)　　　　　　　　　　　　　　　　　　　　　10. (salire)

suo gattino con lei. Verso le dieci, il telefono del primo piano _____ a
　　　　　　　　　　　　　　　　　　　　　　　　　　11. (cominciare)

squillare. Martina _____ le scale così in fretta che è caduta. La povera Martina
　　　　　　12. (scendere)

_____ un'ora a terra sul pianerottolo senza potersi muovere. Finalmente suo
　　13. (passare)

fratello _____ a casa e l' _____ al pronto soccorso.
　　　　　14. (tornare)　　　　　　　　　15. (portare)

Martina si era rotta la gamba!

M A S T E R Y   E X E R C I S E S

ESERCIZIO K

Sei appena tornato(a) da scuola, ma tua madre non è a casa. Trovi un biglietto che spiega tutto quello che lei doveva fare durante la giornata. Scrivi quello che ha fatto.

read Marc's composition
11 o'clock go to the doctor
pay telephone bill
pick up clothes from cleaners
bring film to be developed
buy stamps
must go to the bank
1 o'clock have lunch with mother
wash the car
must call the electrician

1. _____

2. _____

3. _____

4. _____

5. _____

6. _____

7. _____

8. _____

9. _____

10. _____

ESERCIZIO L

Completa il tema di Luciano intitolato «Una cattiva idea» con il passato prossimo dei verbi fra parentesi.

Ieri, nonostante la forte pioggia e il vento, io _____ voglia di andare al
                                                          1. (avere)

cinema. _____ in cucina e _____ una tazza di
       2. (scendere)   *3.* (bere)

tè. _____ un bigliettino ai miei genitori e _____
      4. (scrivere)   *5.* (salutare)

mio fratello. _____ l'impermeabile e _____ le
        6. (mettere)   *7.* (prendere)

chiavi della macchina. I miei genitori mi _____ questa macchina il mese
                                 8. (dare)

scorso per il mio compleanno. Quando _____ da casa, pioveva a dirotto.
                               9. (uscire)

_____ verso la macchina, _____ e
     10. (correre)   *11.* (salire)

_____ a mettere la macchina in moto senza difficoltà.
   12. (riuscire)

_____ i fari e _____ guidare molto piano.
   13. (accendere)   *14.* (dovere)

_____ sempre _____ che la pioggia non fosse
                     15. (credere)
pericolosa ma avevo torto.

_____ la solita strada e _____ di andare al cinema
     16. (prendere)   *17.* (decidere)

più vicino. A un tratto, una curva _____ dal nulla e non
                        18. (apparire)

l'_____ in tempo per girare. La mia macchina non
   19. (prendere)

_____ la strada e _____ il controllo della
     20. (tenere)   *21.* (io / perdere)
macchina. Dall'altro lato della strada, una macchina veniva direttamente verso di me. Preso dal

panico, non _____ a manovrare la mia macchina in tempo e non
       22 (riuscire)

_____ evitare la macchina davanti a me. Così _____
   23. (potere)   *24.* (avere)
il mio primo incidente stradale.

Subito dopo l'incidente _____ immobile per un minuto non sapendo
                 25. (rimanere)

cosa fare. Finalmente, mi sono fatto coraggio, _____ lo sportello
                          26. (aprire)

e _____ ad affrontare il peggio. Fortunatamente, non
   27. (scendere)

_____ niente di troppo grave. Io ho leggermente sgraffiato l'altra
     28. (succedere)

macchina, ma l'autista non si è fatto male. Lui mi_____ e mi
                                          29. (sgridare)

_____ che era tutta colpa mia. Gli _____
     30. (dire)   *31. (promettere)*

di stare più attento in futuro e, finalmente_____ in macchina.
                                      32. (salire)

_____ il respiro e_____ a casa. Dopotutto, c'era un
     33. (riprendere)   *34. (ritornare)*

bel film alla televisione!

ESERCIZIO M

Spiega in italiano il problema che hai avuto con un regalo che hai comprato.

1. Last week I bought a birthday gift for my nephew Eric.

_____

2. He was born on May 3, 1988.

_____

3. The radio I bought cost thirty-six dollars.

_____

4. I worked hard to earn the money.

_____

5. When I returned home from the store, I turned the radio on and it didn't work.

_____

_____

6. When my friend came to my house, I asked him to look at the radio. He tried to fix it but he wasn't able to.

_____

_____

7. I went back to the store where I bought the radio, and tried to get another one.

_____

8. They told me that I had broken it.

_____

9. The salesclerk at the store didn't believe me. He refused either to fix or give me another radio.

_____

_____

10. I sent a letter to the manager of the store.

_____

11. He told me to send the radio to the factory.

_____

12. I returned the radio, and I was lucky to receive a new one.

_____

13. I gave it to Eric yesterday.

_____

Chapter 3
Imperfect Tense

The imperfect tense expresses a continuing state, or an incomplete, ongoing action in the past.

[1] THE IMPERFECT TENSE OF REGULAR VERBS

The imperfect tense of regular verbs is formed by:

- dropping the infinitive ending (*-are, -ere, -ire*)

- adding to the stem the following endings:

-are verbs:	-avo	-avi	-ava	-avamo	-avate	-avano
-ere verbs:	-evo	-evi	-eva	-evamo	-evate	-evano
-ire verbs:	-ivo	-ivi	-iva	-ivamo	-ivate	-ivano

	mangiare *I was eating* *I used to eat* *I ate, etc.*	leggere *I was reading* *I used to read* *I read, etc.*	capire *I was understanding* *I used to understand* *I understood, etc.*
io	mangi*avo*	legg*evo*	cap*ivo*
tu	mangi*avi*	legg*evi*	cap*ivi*
lui/lei	mangi*ava*	legg*eva*	cap*iva*
noi	mangi*avamo*	legg*evamo*	cap*ivamo*
voi	mangi*avate*	legg*evate*	cap*ivate*
loro	mangi*avano*	legg*evano*	cap*ivano*

Da bambino, **guardavo** molti cartoni animati.   *As a child, I used to watch a lot of cartoons.*

Mio nonno **veniva** spesso a casa nostra.   *My grandfather would often come to our house.*

NOTE:

1. Except for the fact that each conjugation retains its characteristic vowel (-*a* in -*are* verbs, -*e* in -*ere* verbs, -*i* in -*ire* verbs), the endings for the imperfect are the same for all verbs.

2. Verbs like *finire* do not add the letters -*isc* in the imperfect, as is done for the present tense.

ESERCIZIO A

Il signor Damiano descrive la vita nel paesino italiano dov'è cresciuto settant'anni fa. Indica quello che dice.

ESEMPIO: tutta la famiglia / abitare in due piccole stanze
            Tutta la famiglia **abitava** in due piccole stanze.

1. io / avere cinque fratelli e tre sorelle

   _____

2. mio padre / lavorare in campagna

   _____

3. i ragazzi / aiutare spesso mio padre a coltivare la terra

   _____

4. mio padre / vendere frutta e verdura

   _____

5. mia madre / preparare la pasta fresca e il pane a casa

   _____

6. le case / non avere nè elettricità nè acqua corrente

   _____

7. gli uomini / passare molto tempo con gli amici ai circoli

   _____

8. la gente / chiacchierare serate intere davanti alla porta di casa

   _____

9. i ragazzi e le ragazze / non camminare insieme

   _____

10. i giovani / aspettare con ansia il circo equestre in aprile

    _____

ESERCIZIO B

Tu e i i tuoi cugini ricordate quello che facevate quando eravate piccoli. Cosa dite?

ESEMPIO: mio fratello / dormire fino alle due del pomeriggio
            Mio fratello **dormiva** fino alle due del pomeriggio.

1. io e i miei amici / salire sugli alberi

   _____

2. Elena / scrivere poesie romantiche

   _____

3. Sandro / rompere sempre tutto quello che lui / toccare

   _____

4. il mio fratellino / ripetere tutto quello che lui / sentire

_____

5. tu / seguire tua sorella dappertutto

_____

6. io / condividere sempre tutto quello che io / avere

_____

7. voi / costruire castelli di sabbia

_____

8. Cristina / tornare a casa sempre sporca

_____

9. io / mangiare sempre tutto

_____

10. Annabella / avere paura del buio

_____

ESERCIZIO C

Parli con il tuo bisnonno (**great-grandfather**) _della sua vita in Italia negli anni venti. Scegli un compagno di classe per fare la parte del tuo bisnonno e recitate i dialoghi secondo l'esempio._

ESEMPIO: voi / ballare il Charleston
             TU: **Ballavate il Charleston?**

             noi / ballare il valzer
             IL TUO BISNONNO: **No, ballavamo il valzer.**

1. tu / portare la macchina

TU: _____

io / andare in bicicletta

IL TUO BISNONNO: _____

2. tu / guardare molta televisione

TU: _____

la televisione / non esistere

IL TUO BISNONNO: _____

3. tu / come passare il tempo libero

TU: _____

io / ascoltare la radio

IL TUO BISNONNO: _____

4. tu / dove comprare il latte

TU: _____

il lattaio / portare il latte con un carretto

IL TUO BISNONNO: _____

5. quanto costare / un gelato

TU: _____

un gelato / costare due soldi

IL TUO BISNONNO: _____

6. la tua famiglia / possedere un telefono

TU: _____

nessuno / avere il telefono in casa

IL TUO BISNONNO: _____

7. tu / quale gioco preferire

TU: _____

io / amare giocare a scacchi

IL TUO BISNONNO: _____

8. quanto guadagnare / i giovani

TU: _____

tanti giovani / guadagnare soltanto diecimila lire alla settimana

IL TUO BISNONNO: _____

ESERCIZIO D

Rispondi alle domande che ti fa un amico.

1. Dove abitavi da bambino(a)?

_____

2. Con chi abitavi?

_____

3. Avevi molti amici?

_____

4. La tua mamma lavorava?

_____

5. Ti punivano spesso i tuoi genitori?

_____

6. Dove andavi il sabato?

_____

7. I tuoi genitori ti leggevano favole _(fairy tales)?_

_____

8. Andavate spesso alle feste tu e i tuoi amici?

_____

9. Cosa volevi fare da grande?

_____

10. Volevi viaggiare in altri paesi?

_____

[2] VERBS IRREGULAR IN THE IMPERFECT TENSE

bere _to drink_	**io bevevo, tu bevevi, lui/lei beveva, noi bevevamo, voi bevevate, loro bevevano**
dire _to say_	**io dicevo, tu dicevi, lui/lei diceva, noi dicevamo, voi dicevate, loro dicevano**
essere _to be_	**io ero, tu eri, lui/lei era, noi eravamo, voi eravate, loro erano**
fare _to make, do_	**io facevo, tu facevi, lui/lei faceva, noi facevamo, voi facevate, loro facevano**
tradurre _to translate_	**io traducevo, tu traducevi, lui/lei traduceva, noi traducevamo, voi traducevate, loro traducevano**

NOTE: All verbs with infinitives ending in _-durre_, like _condurre_ (to lead, behave) and _introdurre_ (to translate), form the imperfect like the verb _tradurre_.

ESERCIZIO E

Spiega cosa facevate tu e queste altre persone domenica scorsa alle tre del pomeriggio.

ESEMPIO: Carlo / bere un cappuccino
Carlo **beveva** un cappuccino.

1. le mie sorelle / essere a casa

_____

2. tu / bere un frullato di banana

_____

3. io / tradurre una lettera dall'inglese all'italiano

_____

4. Francesca e Viviana / fare il bagno al fratellino

_____

5. voi / dire delle bugie a Giovanni

_____

ESERCIZIO F

Che cosa facevate tu e queste persone ogni sabato? Usando i suggerimenti, scrivi quello che succedeva.

fare colazione da Paolo   fare molto sport   fare una partita a carte con gli amici
fare il bucato   fare una gita in macchina   fare una passeggiata
fare la spesa

ESEMPIO: Mia madre **faceva il bucato.**

1. Domenico e Bruno _____.

2. Raffaela _____.

3. Io _____.

4. Mio padre _____.

5. Io e i miei amici _____.

6. Tu _____.

ESERCIZIO G

La famiglia Martello parla di ciò che facevano in passato. Usando i suggerimenti fra parentesi, indica cosa dicono.

ESEMPIO: Il papà andava spesso in Europa. *(viaggiare molto)*
           Il papà **viaggiava molto.**

1. Noi parlavamo molto. *(disturbare i nostri genitori)*

_____

2. Gianni e Luigi nuotavano molto. *(andare in piscina)*

_____

3. Io davo sempre le mie caramelle a mio fratello. *(essere generoso)*

_____

4. Voi pulivate bene la casa. *(mettere tutto in ordine)*

_____

5. La mamma voleva dimagrire. *(mangiare poco e bere molta acqua)*

_____

6. Tu eri volubile. *(dire una cosa e farne un'altra)*

_____

7. Anna e Nadia volevano fare successo. *(sognare di diventare ricche)*

_____

8. I bambini erano molto educati. *(dire sempre «per favore» e «grazie»)*

_____

[3]   USES OF THE IMPERFECT TENSE

The imperfect expresses continuous or repeated past actions, events, or situations. It is also used to describe circumstances surrounding a past action or event. The imperfect tense corresponds to four forms of the English past tense.

Andavo al caffè all'angolo. {
  I went to the corner cafè.
  I was going to the corner cafè.
  I used to go the corner cafè.
  I would go to the corner cafè.

a. The imperfect is used to describe what was happening, used to happen, or happened repeatedly in the past.

Gli uccelli **cantavano**.	*The birds were singing.*
Noi **abitavamo** a Firenze.	*We lived (used to live) in Florence.*
Claudio **arrivava** spesso tardi.	*Claudio would (used to) often arrive late.*
Io **leggevo** mentre lui **scriveva**.	*I read (would read) while he wrote (would write).*
Di solito, **andavo** in Italia ogni estate.	*Usually, I went (would go, used to go) to Italy every summer.*

b. The imperfect is used to describe persons, things, or conditions in the past.

Piero **aveva** una faccia triste.	*Piero had a sad face.*
Il salotto **era** pieno di gente.	*The living room was filled with people.*

c. The imperfect expresses a physical, emotional, or mental state in the past, often with the verbs *amare, credere, desiderare, essere, pensare, potere, sapere, sperare, volere,* and so on.

Credevano (Sapevano, Pensavano) di essere importanti.	*They believed (knew, thought) that they were important.*
Volevamo comprare una macchina nuova.	*We wanted to buy a new car.*
Mia cugina **sperava** di diventare medico.	*My cousin hoped to become a doctor.*

d. The imperfect expresses time of day, age, or weather conditions in the past.

Erano le otto e **pioveva**.	*It was eight o'clock and it was raining.*
Mio nonno **aveva** quindici anni quando è arrivato in America.	*My grandfather was fifteen years old when he arrived in America.*

ESERCIZIO H

Clara è appena ritornata da una passeggiata al parco. Adesso è al telefono e sta raccontando a un'amica quello che succedeva al parco. Guarda questo disegno e usando il passato prossimo o l'imperfetto scrivi quello che descrive Clara.

1. _____
2. _____
3. _____
4. _____
5. _____
6. _____
7. _____
8. _____

ESERCIZIO I

Descrivi il matrimonio di Rita Rivello e di Michael Freeman.

ESEMPIO: Rita / portare un bellissimo abito bianco
Rita **portava** un bellissimo abito bianco.

1. fare bel tempo

_____

2. gli uccelli / cantare

_____

3. tutti / fare molti auguri alla giovane coppia

_____

4. la signora Rivello / piangere dalla gioia

_____

5. il signor Freeman / sorridere

_____

6. io / avere voglia di battere le mani

_____

7. voi / volere abbracciare i nuovi sposi

_____

8. tu / sperare di acchiappare il mazzetto di fiori

_____

ESERCIZIO J

Usando i suggerimenti, descrivi quello che tu e queste altre persone facevate quando a un tratto tutte le luci della città si sono spente.

essere al cinema	guardare un bel film alla televisione
fare i compiti sul computer	nuotare in piscina
fare la doccia	parlare al telefono
fare la spesa al supermercato	salire al decimo piano con l'ascensore
giocare a carte	

1. Nicola _____ .

2. I genitori di Anna _____ .

3. Io _____ .

4. Tu e Colette _____ .

5. Io e Fabio _____ .

6. Mio nonno _____ .

7. La zia Rosa _____ .

8. Il signor Martini _____ .

ESERCIZIO K

Immagina di aver visto un furto (robbery). Adesso la polizia ti fa delle domande. Descrivi il furto e fai una descrizione del ladro.

ESEMPIO: essere le tre del pomeriggio
            Erano le tre del pomeriggio.

1. fare molto caldo

_____

2. io / essere in farmacia a fare compere

_____

3. il ladro / essere un uomo grande e brutto

_____

4. lui / portare dei pantaloni blu e una camicia bianca tutta sporca

_____

5. lui / avere una ventina d'anni

_____

6. lui / portare gli occhiali

_____

7. lui / avere i capelli biondi e ricci

_____

8. lui / pesare circa novanta chili

_____

9. lui / avere una cicatrice sulla guancia

_____

10. lui / tenere una pistola in mano

_____

11. io / avere una paura da morire

_____

12. io / sperare di uscire dalla farmacia sano(a) e salvo(a)

_____

[4] THE IMPERFECT WITH EXPRESSIONS OF TIME

a. The imperfect tense is used with *da* + an expression of time to indicate how long or since when an action had been going on and continued in the past. In such situations, the question is expressed by *Da quanto tempo...?* or *Da quando...?*

Da quanto tempo...? + imperfect tense	OR	**Da quando...?** + imperfect tense

Da quando conoscevi Maria?	*Since when had you known (did you know) Maria?*
Conoscevo Maria *da* novembre.	*I had known (knew) Maria since November.*
Da quanto tempo eravate sposati?	*How long had you been married?*
Eravamo sposati *da* due anni.	*We had been married for two years.*

b. The following constructions may also be used to indicate how long or since when an action had been going on and continued in the past.

To ask the question:

Quanto tempo era che...? + imperfect tense

Quanto tempo era che viaggiavano insieme?	*How long had they been traveling together?*

To answer:

Era + time expression in the singular + **che** + imperfect
Erano + time expression in the plural + **che** + imperfect

OR

Era da + starting point in the past + **che** + imperfect

Era un mese *che* viaggiavano insieme.	*They had been traveling together for one month.*
Erano due mesi *che* viaggiavano insieme.	*They had been traveling together for two months.*
Era da giugno 1990 *che* abitavo in Italia.	*I had been living in Italy since June 1990.*

ESERCIZIO L

Antonio e i suoi amici cercano di ricordare da quanto tempo facevano certe cose. Scrivi le domande di Antonio usando le espressioni **Da quando...? Da quanto tempo...?**

ESEMPIO: Mariella / suonare il violino
            Da quando suonava il violino Mariella?
            Da quanto tempo suonava il violino Mariella?

1. Andrea / lavorare in banca

_____

_____

2. Stefano / avere la propria macchina

_____

_____

3. Massimo e Cristina / viaggiare insieme

_____

_____

4. tu / fare gare di corsa

_____

_____

5. voi / essere amici

_____

_____

6. Alba / litigare con Lucia

_____

_____

7. noi / non lavorare il sabato

_____

_____

8. Geraldo e Marcello / proteggere gli animali abbandonati

_____

_____

ESERCIZIO M

Adesso rispondi alle domande dell'esercizio precedente usando le informazioni suggerite.

ESEMPIO: *(cinque anni)*
                    Mariella **suonava** il violino **da cinque anni**.
                    Erano cinque anni che Mariella **suonava** il violino.

1. *(tre mesi)*

_____

_____

2. *(una settimana)*

_____

_____

3. *(un anno)*

_____

_____

4. *(due anni)*

_____

_____

5. *(quindici anni)*

_____

_____

6. *(un mese)*

_____

_____

7. *(quattro settimane)*

_____

_____

8. *(sette mesi)*

_____

_____

M A S T E R Y   E X E R C I S E S

ESERCIZIO N

Usando le espressioni indicate, descrivi quello che facevano queste persone.

ogni fine settimana   ogni mese   qualche volta
ogni giorno   ogni sabato   spesso

ESEMPIO: Aldo e Dante **giocavano a tennis ogni fine settimana.**

1. Il signor Alberti _____ .

2. Piero e Silvana _____ .

3. Roberto _____ .

4. I fratelli Squisiti _____ .

5. I bambini _____.

6. Mia madre _____.

ESERCIZIO O

Immagina di essere un famoso scrittore italiano che vive a New York. Rispondi con frasi complete alle domande che ti fa un giornalista.

1. Da quanto tempo vive a New York?

_____

2. Dove abitava prima di venire in America?

_____

3. Sapeva parlare inglese prima di arrivare?

_____

4. Studiava molto da giovane?

_____

5. Era un alunno serio?

_____

6. Le piaceva leggere da bambino?

_____

7. Sognava di fare lo scrittore?

_____

8. Cosa scriveva quando era giovane?

_____

9. Dove trovava le idee per i suoi romanzi?

_____

10. Visitava le città che descriveva nei suoi romanzi?

_____

11. I personaggi dei suoi romanzi erano persone della vita reale?

_____

12. Come guadagnava da vivere prima di cominciare a vendere libri?

_____

ESERCIZIO P

Riscrivi in italiano questa lettera che Giovanni ha ricevuto da un amico che studiava a Roma.

Dear Giovanni,

(1) Last month in Rome, the sun was shining every day. *(2)* The weather was beautiful, and the birds were singing. *(3)* Every day my alarm clock rang very early because I liked to see the sunrise. *(4)* I would get dressed and take a walk in Villa Borghese. *(5)* The park was always quiet and beautiful. All I could hear were my thoughts. *(6)* Then, I would return to the dormitory, take a shower, and go out to have breakfast. *(7)* I always went to a small café that was close to piazza del Popolo. *(8)* Each day I had the same breakfast: a roll and hot chocolate. *(9)* Then I would go to my classes. *(10)* My classmates and I usually ate lunch in the cafeteria of the university. *(11)* In the afternoon, I generally went to the library. *(12)* In the evenings, my friends and I always went out. *(13)* Sometimes we would go to the theater or to the movies. Often we would just sit at a café and talk for hours. *(14)* When I didn't have dinner out, I would return to the dormitory at about 9:30 p.m. and have bread and cheese. Then I would either read or go down to the game room to watch Italian television. *(15)* What a month! I didn't want to leave Rome!

Fondly,
Fernando

1. _____

2. _____

3. _____

_____

4. _____

5. _____

_____

6. _____

_____

7. _____

8. _____

9. _____

10. _____

11. _____

12. _____

13. _____

_____

14. _____

_____

_____

15. _____

_____

Chapter 4
Passato prossimo and Imperfect Tenses Compared

The basic uses of the *passato prossimo* and the imperfect tense are summarized in the chart below.

PASSATO PROSSIMO	IMPERFECT TENSE
1. Expresses a specific action or event that started and was completed at a definite point in the past. **John ha preparato la cena ieri sera.** *John prepared dinner last night.*	1. Describes ongoing or continuous actions or events in the past. **Mentre preparava la cena, John guardava la televisione.** *While he was preparing dinner, John watched television.*
2. Expresses an action or event that was repeated a specific number of times in the past. **Lei ha suonato il pianoforte sabato e domenica.** *She played the piano Saturday and Sunday.* **Il mese scorso sono partito presto ogni mattina.** *Last month I left early every morning.*	2. Describes habitual or repeated actions or events in the past. **Lei suonava il pianoforte ogni giorno.** *She played (would play/used to play) the piano every day.* **Di solito, partivo ogni mattina alle otto.** *I would usually leave at 8 o'clock every morning.*
	3. Describes persons, things, ongoing conditions or states of mind. **Gianni era molto alto.** *Gianni was very tall.* **Il cielo era azzurro.** *The sky was blue.* **Laura non stava bene. Era raffreddata.** *Laura wasn't feeling well. She had a cold.* **Michele voleva studiare l'inglese.** *Michele wanted to study English.*

a. The *passato prossimo* is usually equivalent to an English simple past, and the imperfect to the English *was (were) + ing form of the verb, used to,* and *would* (meaning used to).

Ieri **ha piovuto** tutta la giornata.	*Yesterday it rained all day.*
Pioveva mentre **giocavano** a tennis.	*It was raining while they played (were playing) tennis.*
Pioveva molto in aprile.	*It used to (would) rain a lot in April.*

b. The *passato prossimo* expresses an action or event repeated a specific number of times in the past.

La settimana scorsa Enrico è **andato** al cinema **quattro volte**.	*Last week Henry went to the movies four times.*
BUT	
Enrico **andava** al cinema **ogni domenica**.	*Henry went (would go / used to go) to the movies every Sunday.*

c. The imperfect tense describes a situation that was going on in the past when another action took place. The other action or event that took place is in the *passato prossimo.*

Dormivo quando il telefono **ha squillato.**	*I was sleeping when the phone rang.*
Avevo un mal di denti così forte che **sono andato** dal dentista.	*I had such a bad toothache that I went to the dentist.*

d. The imperfect is used with verbs that express a state of mind or condition in progress in the past.

amare *to like, to love*	**pensare** *to think*
avere *to have*	**potere** *to be able, can*
credere *to believe*	**sapere** *to know (how)*
desiderare *to desire*	**sperare** *to hope*
essere *to be*	**volere** *to wish, want*

Pensava a lei e piangeva.	*He thought of her and cried.*
Sapevo che non sarebbe venuto.	*I knew he wouldn't come.*

NOTE: **When these verbs convey a change in the situation or a change of mind at a specific point in the past, the *passato prossimo* is used.**

Quando Marco mi ha detto che si sposava non ci **ho creduto.**	*When Marco told me he was getting married, I didn't believe it.*
Daniele non è **potuto** venire ieri sera.	*Daniele couldn't come last night.*
Quando ho sentito l'odore di fumo, **ho avuto** paura.	*When I smelled smoke, I got frightened.*

e. The imperfect is generally used with the following adverbial expressions, which may imply repetition.

a quei tempi *at that time*	**ogni giorno (settimana)** *every/each day (week)*
di solito *usually*	**ogni mese (anno)** *every/each month (year)*
di tanto in tanto *from time to time*	**ogni tanto** *from time to time, every so often*
generalmente *generally*	**qualche volta / a volte** *sometimes, every now and*
in genere *generally*	*then*

Da bambino odiavo il latte, ma **di tanto in tanto** mia madre mi **forzava** a berlo.	*As a child I used to hate milk, but my mother forced me to drink it from time to time.*
D'inverno, **qualche volta** mia nonna portava pantaloni.	*In the winter, sometimes my grandmother would wear pants.*

ESERCIZIO A

Una vicina di casa ti accusa di avere rotto il vetro della sua finestra. Rispondi alle domande che ti fa tuo padre.

1. Dov'eri questo pomeriggio?

_____

2. Con chi giocavi?

_____

3. A che cosa giocavate tu e i tuoi amici?

_____

4. Di chi era la palla?

_____

5. Hai visto quando la palla ha colpito la finestra?

_____

6. Che cosa hai fatto allora?

_____

7. Perchè non mi hai detto niente quando sei ritornato a casa?

_____

8. Chi ha rotto la finestra?

_____

ESERCIZIO B

Spiega perchè queste persone fanno le cose seguenti. Combina le frasi usando il passato prossimo o l'imperfetto.

ESEMPI: Rimango a casa. Sono ammalato.
Sono rimasto a casa perchè **ero** ammalato.

OR: Ogni sabato faccio la spesa per mia madre. Lavoro al supermercato.
Ogni sabato **facevo** la spesa per mia madre perchè **lavoravo** al supermercato.

1. Massimo cade sempre. Non fa mai attenzione.

_____

2. Vado dal dottore. Ho un terribile mal di schiena.

_____

3. Lei compra un cappotto di pelliccia. Ha sempre freddo.

_____

4. Tu telefoni spesso a Marco. Vuoi andare al parco.

_____

5. Noi impariamo a fare il windsurf. Sappiamo nuotare e siamo forti.

_____

6. Ogni mese, loro scrivono ai loro genitori. Hanno bisogno di soldi.

_____

7. Di solito, i figli preparano la cena. I genitori finiscono di lavorare tardi.

_____

8. Luigi prende la slitta dallo scantinato. Nevica e vuole giocare fuori.

   _____

9. Ogni tanto studio a casa. La biblioteca è chiusa.

   _____

10. Loro corrono tre ore al giorno. Vogliono vincere la gara.

    _____

ESERCIZIO C

Sabato, eri ammalato(a) e non sei potuto(a) uscire di casa. Descrivi come hai passato il pomeriggio a casa. Usa il passato prossimo o l'imperfetto secondo la logica della situazione.

1. io / decidere di aprire la finestra

   _____

2. fare caldo

   _____

3. tutti i miei amici / essere fuori

   _____

4. loro / giocare a calcio

   _____

5. loro / divertirsi tranquillamente

   _____

6. all'improvviso Marcello / spingere Nicola

   _____

7. Nicola / cadere a terra

   _____

8. lui / non riuscire ad alzarsi

   _____

9. lui / piangere a singhiozzi

   _____

10. lui / essere arrabbiatissimo con Marcello

    _____

11. la partita di calcio / essere terminata

    _____

12. un'ambulanza / arrivare

_____

13. gli infermieri / portare Nicola al pronto soccorso

_____

14. Nicola / rompersi la gamba

_____

ESERCIZIO D

Completa le frasi e spiega la cattiva fortuna di queste persone. Usa il passato prossimo o l'imperfetto.

ESEMPIO: Anna **partiva** per il picnic quando **ha cominciato** a piovere a dirotto.

1. Filippo _____ velocemente quando la polizia lo (l') _____ .
            (guidare)   (fermare)

2. Il signor Pavese _____ dalla banca quando il ladro _____ .
                        (uscire)   (entrare)

3. Francesco _____ botte a sua sorella il momento in cui la loro madre
                  (dare)

_____ la porta.
     (aprire)

4. Tu _____ le scale quando _____ .
          (salire)   (cadere)

5. Io _____ delle ottime lasagne alla bolognese quando _____
          (mangiare)   (trovare)
una mosca nel mio piatto.

6. I miei cugini _____ in Israele quando la guerra _____ .
                     (viaggiare)   (scoppiare)

7. Voi _____ alla fermata dell'autobus mentre l'autobus _____ .
           (arrivare)   (partire)

8. Marcella _____ delle rose in giardino quando un'ape la
                 (raccogliere)

(l') _____ .
      (pungere)

9. Piero _____ un giornalino in classe quando il professore
              (leggere)

lo (l') _____ .
         (vedere)

10. Io _____ a casa quando tu _____ .
           (essere)   (chiamare)

ESERCIZIO E

Completa i brani seguenti con la forma adatta del verbo.

1. La settimana scorsa, mia sorella Lidia _____ per la Francia. Quando

                                 1. (partiva, è partita)

_____ a Parigi, _____ alcune amiche e insieme

  2. (arrivava, è arrivata)   *3. (ha chiamato, chiamava)*

_____ un giro della città. _____ molti luoghi famosi.

  4. (facevano, hanno fatto)   *5. (Vedevano, Hanno visto)*

_____ sempre bel tempo e _____ molto. Sabato, però,

  6. (Faceva, Ha fatto)   *7. (si divertivano, si sono divertite)*

Lidia non _____ bene, perciò _____ a casa immediatamente.

        8. (si sentiva, si è sentita)   *9. (tornava, è tornata)*

_____ all'aeroporto alle dieci ieri sera.

  10. (Arrivava, È arrivata)

2. Questa mattina _____ gli occhi e _____ subito.

         11. (aprivo, ho aperto)   *12. (mi alzavo, mi sono alzato)*

_____ e _____ . _____ una bella

  13. (Mi vestivo, Mi sono vestito) *14. (uscivo, sono uscito)* *15. (Era, È stata)*

giornata. Negli alberi, gli uccelli _____ allegramente. I bambini che

         16. (cantavano, hanno cantato)

_____ per la strada _____ felicissimi. Tutta la

  17. (giocavano, hanno giocato) *18. (sembravano, sono sembrati)*

natura _____ un aspetto più giovane, più verde, più vivo.

      19. (aveva, ha avuto)

_____ e _____ di gioia pensando al ballo di ieri sera e

  20. (Camminavo, Ho camminato) *21. (sospiravo, ho sospirato)*

a Rita.

3. _____ le quattro del pomeriggio. Renato e Marianna _____

  22. (Erano, Sono state)   *23. (erano, sono stati)*

seduti nel salotto. Dalle altre case si _____ il suono di voci animate di gente che

         24. (sentiva, è sentito)

_____ con vivacità. Di tanto in tanto, Marianna si _____ e si

  25. (parlava, ha parlato)   *26. (alzava, è alzata)*

_____ alla finestra. _____ fuori e _____ che

  27. (affaciava, è affacciata) *28. (Guardava, Ha guardato)* *29. (vedeva, ha visto)*

_____ . _____ un po' di tristezza.

  30. (pioveva, ha piovuto) *31. (Sentiva, Ha sentito)*

ESERCIZIO F

Completa gli aneddoti seguenti con il passato prossimo o con l'imperfetto dei verbi fra parentesi.

1. Lunedì sera, la famiglia Regia _____ tranquillamente. Tutti
　　　　　　　　　　　　　　　　　　　　1. (cenare)

_____ e _____ con gusto quando all'improvviso la campana
　2. (parlare)　　　　　*3. (mangiare)*

della chiesa in piazza _____ a suonare. Fuoco! Fuoco! Immediatamente, tutti
　　　　　　　　　　4. (cominciare)

_____ la tavola e _____ a correre verso la piazza. Lì
　5. (abbandonare)　　　　　*6. (cominciare)*

_____ una scena orribile. La casa di un paesano _____ a metà
　7. (loro / vedere)　　　　　　　　　　　　　　　　*8. (essere)*

distrutta dalle fiamme. Dappertutto _____ gente che _____ e
　　　　　　　　　　　　　　　9. (io / vedere)　　　　　　*10. (gridare)*

che _____ sforzi inutili per spegnere l'incendio. Io, immobile,
　　　11. (fare)

_____ le fiamme che si _____ quando all'improvviso la figura
　12. (guardare)　　　　　　*13. (intensificare)*

di una donna _____ alla finestra del primo piano.
　　　　　14. (apparire)

2. La settimana scorsa, mentre io _____ a scuola in macchina e
　　　　　　　　　　　　　　　　15. (andare)

_____ la radio, _____ che sabato sera il mio complesso italiano
　16. (ascoltare)　　　*17. (sentire)*

favorito _____ un concerto. Invece di andare a scuola, _____
　　　　18. (dare)　　　　　　　　　　　　　　　　*19. (andare)*

direttamente allo stadio dove _____ quattro biglietti per il concerto. Naturalmente,
　　　　　　　　　　　20. (comprare)

_____ a scuola in ritardo e la professoressa mi _____ . Per
　21. (arrivare)　　　　　　　　　　　　　　　*22. (castigare)*

compito, mi _____ di scrivere un tema di tre pagine in italiano sulla puntualità.
　　　　23. (dire)

Ciò nonostante _____ contento. _____ i biglietti in tasca e
　　　　　　24. (essere)　　　　　*25. (avere)*

sicuramente un appuntamento con Linda. Anche Linda va pazza per la musica di questo complesso.

MASTERY EXERCISES

ESERCIZIO G

Immagina che dieci anni dopo aver terminato gli studi, vai alla riunione dei tuoi vecchi compagni di scuola. Racconta ai tuoi amici quello che hai fatto durante questi dieci anni.

ESEMPIO: **Quando mi sono diplomato(a), mi sono iscritto(a) all'università. Volevo diventare ingegnere . . .**

_____

_____

_____

_____

_____

ESERCIZIO H

Racconta questa storia a qualcuno che parla soltanto italiano.

1. Carlo was sure that it was impossible to win the lottery.

_____

2. Nevertheless, every week he bought a lottery ticket.

_____

3. He knew that, even if he didn't win, the government used the money for education.

_____

_____

4. One day last week, while he was waiting for the bus, he saw an old woman who was selling lottery tickets on the street.

_____

_____

5. The line for the bus was very long, but he left it to go talk to the old woman.

_____

_____

6. She sold a lottery ticket to Carlo.

_____

7. When he returned to the bus stop, there was no room on the bus.

_____

8. He had to wait for another bus.

_____

9. That evening he waited anxiously for the announcement of the winning numbers.

_____

_____

10. When he heard the numbers he couldn't believe it.

_____

11. He jumped with joy and called all his friends.

_____

12. The day after, he returned to the street where the old woman used to sell tickets.

_____

_____

13. He looked for the old woman, but he couldn't find her.

_____

_____

14. He asked all the shopkeepers if they knew her.

_____

15. He wanted to share the prize with her.

_____

ESERCIZIO I

Immagina una fine alla storia dell'esercizio precedente e scrivila in italiano.

_____

_____

_____

_____

_____

_____

_____

_____

_____

Chapter 5
Passato remoto

[1] PASSATO REMOTO OF REGULAR VERBS

The *passato remoto* (past definite) of regular verbs is formed by:

* dropping the infinitive endings *(-are, -ere, -ire)*

* adding to the stem the following endings:

-are verbs: **-ai**	**-asti**	**-ò**	**-ammo**	**-aste**	**-arono**
-ere verbs: **-ei (etti)**	**-esti**	**-è (ette)**	**-emmo**	**-este**	**-erono (-ettero)**
-ire verbs: **-ii**	**-isti**	**-ì**	**-immo**	**-iste**	**-irono**

NOTE: Most verbs ending in *-ere* have alternate endings for the first person singular and the third persons singular and plural.

	invitare *I invited, etc.*	**credere** *I believed, etc.*	**capire** *I understood* etc.
io	**invit*ai***	**cred*ei* (cred*etti*)**	**cap*ii***
tu	**invit*asti***	**cred*esti***	**cap*isti***
lui/lei	**invit*ò***	**cred*è* (cred*ette*)**	**cap*ì***
noi	**invit*ammo***	**cred*emmo***	**cap*immo***
voi	**invit*aste***	**cred*este***	**cap*iste***
loro	**invit*arono***	**cred*erono* (cred*ettero*)**	**cap*irono***

Mio nonno arrivò in America nel 1908.   *My grandfather arrived in America in 1908.*
Perchè i tuoi nonni **partirono** dall'Italia?   *Why did your grandparents leave Italy?*

[2] VERBS IRREGULAR IN THE *PASSATO REMOTO*

a. Common irregular verbs

bere *to drink*	**io bevvi, tu bevesti, lui/lei bevve, noi bevemmo, voi beveste, loro bevvero**
condurre *to conduct*	**io condussi, tu conducesti, lui/lei condusse, noi conducemmo, voi conduceste, loro condussero**
dare *to give*	**io diedi, tu desti, lui/lei diede, noi demmo, voi deste, loro diedero**
dire *to say*	**io dissi, tu dicesti, lui/lei disse, noi dicemmo, voi diceste, loro dissero**
essere *to be*	**io fui, tu fosti, lui/lei fu, noi fummo, voi foste, loro furono**
fare *to do, make*	**io feci, tu facesti, lui/lei fece, noi facemmo, voi faceste, loro fecero**
stare *to stay, be*	**io stetti, tu stesti, lui/lei stette, noi stemmo, voi steste, loro stettero**

b. Many verbs that are irregular in the *passato remoto* are *-ere* verbs, and they are irregular only in the first person singular and in the **third persons singular** and plural.

accendere   *to light, turn on:*   **io accesi,** tu accendesti, **lui / lei accese,**
 noi accendemmo, voi accendeste, **loro accesero**

avere   *to have:*   **io ebbi,** tu avesti, **lui / lei ebbe,**
 noi avemmo, voi aveste, **loro ebbero**

cadere   *to fall:*   **io caddi,** tu cadesti, **lui / lei cadde,**
 noi cademmo, voi cadeste, **loro caddero**

conoscere   *to know:*   **io conobbi,** tu conoscesti, **lui / lei conobbe,**
 noi conoscemmo, voi conosceste, **loro conobbero**

decidere   *to decide:*   **io decisi,** tu decidesti, **lui / lei decise,**
 noi decidemmo, voi decideste, **loro decisero**

leggere   *to read:*   **io lessi,** tu leggesti, **lui / lei lesse,**
 noi leggemmo, voi leggeste, **loro lessero**

mettere   *to put:*   **io misi,** tu mettesti, **lui / lei mise,**
 noi mettemmo, voi metteste, **loro misero**

nascere   *to be born:*   **io nacqui,** tu nascesti, **lui / lei nacque,**
 noi nascemmo, voi nasceste, **loro nacquero**

prendere   *to take:*   **io presi,** tu prendesti, **lui / lei prese,**
 noi prendemmo, voi prendeste, **loro presero**

rimanere   *to stay:*   **io rimasi,** tu rimanesti, **lui / lei rimase,**
 noi rimanemmo, voi rimaneste, **loro rimasero**

rispondere   *to answer:*   **io risposi,** tu rispondesti, **lui / lei rispose,**
 noi rispondemmo, voi rispondeste, **loro risposero**

sapere   *to know:*   **io seppi,** tu sapesti, **lui / lei seppe,**
 noi sapemmo, voi sapeste, **loro seppero**

scegliere   *to choose:*   **io scelsi,** tu scegliesti, **lui / lei scelse,**
 noi scegliemmo, voi sceglieste, **loro scelsero**

scendere   *to go down:*   **io scesi,** tu scendesti, **lui / lei scese,**
 noi scendemmo, voi scendeste, **loro scesero**

scrivere   *to write:*   **io scrissi,** tu scrivesti, **lui / lei scrisse,**
 noi scrivemmo, voi scriveste, **loro scrissero**

spendere   *to spend:*   **io spesi,** tu spendesti, **lui / lei spese,**
 noi spendemmo, voi spendeste, **loro spesero**

uccidere   *to kill:*   **io uccisi,** tu uccidesti, **lui / lei uccise,**
 noi uccidemmo, voi uccideste, **loro uccisero**

vedere   *to see:*   **io vidi,** tu vedesti, **lui / lei vide,**
 noi vedemmo, voi vedeste, **loro videro**

venire   *to come:*   **io venni,** tu venisti, **lui / lei venne,**
 noi venimmo, voi veniste, **loro vennero**

vivere   *to live:*   **io vissi,** tu vivesti, **lui / lei visse,**
 noi vivemmo, voi viveste, **loro vissero**

volere   *to want:*   **io volli,** tu volesti, **lui / lei volle,**
 noi volemmo, voi voleste, **loro vollero**

[3] USES OF THE *PASSATO REMOTO*

The *passato remoto* is used to express a past action or event that is over (two days ago, a month ago, ten years ago, and so on) **and that is seen** as completely finished and having no relation to the present time.

Dante Alighieri **nacque** nel 1265 e **morì** nel 1321.	*Dante Alighieri was born in 1265 and died in 1321.*
L'anno scorso **viaggiarono** per tre mesi in Africa.	*Last year they traveled in Africa for three months.*
La settimana scorsa, il gatto **uscì** e non **tornò** più a casa.	*Last week the cat went out and didn't come home again.*

NOTE:

1. The *passato prossimo,* like the *passato remoto,* expresses an action or event that was completed in the past. However, the *passato prossimo* is used when the effects of a past action or event are still felt in the present or have some relation to the present. Compare these sentences:

Mio fratello è **nato** nel 1989.	*My brother was born in 1989.* (He is still alive.)
Mio nonno **nacque** nel 1915.	*My grandfather was born in 1915.* (He is now deceased.)

2. In spoken Italian and informal writing, the *passato remoto* is often replaced by the *passato prossimo* even when a completed past action has no relation to the present. The *passato remoto* is generally used to refer to historical events of a distant past or to tell a story far in the past.

   In southern Italy, however, it is fairly common to hear the *passato remoto* in spoken Italian even when referring to a past action that has some relation to the present.

ESERCIZIO A

Completa le frasi con il passato remoto dei verbi fra parentesi.

1. *(dovere)* Il re e la regina _____ partire dall'Italia.

2. *(visitare)* Quando eri in Italia, _____ il Colosseo?

3. *(costruire)* I cristiani _____ molte catacombe.

4. *(arrivare)* I miei nonni _____ a New York nel 1930.

5. *(aprire)* Noi _____ quattro bottiglie di spumante.

6. *(amare)* Laura non _____ mai Petrarca.

7. *(fuggire)* Il delinquente _____ dall'isola inosservato.

8. *(camminare)* Voi _____ per le strade di Pompei?

9. *(visitare)* Durante il viaggio noi _____ molte chiese antiche.

10. *(colpire)* Io lo _____ con un pugno al naso.

ESERCIZIO B

Cambia le frasi seguenti dal passato prossimo al passato remoto.

1. Da piccolo ho visto l'opera lirica *Madama Butterfly* di Giacomo Puccini.

    _____

2. La cattedrale di Firenze è stata costruita nel 1360.

    _____

3. Cristoforo Colombo ha scoperto il Nuovo Mondo nel 1492.

    _____

4. Giuseppe Verdi ha scritto molte opere di grande fama, fra le quali *Il trovatore* e *La traviata*.

    _____

5. Giacomo Leopardi, un gigante fra i poeti italiani, è nato nel 1798 ed è morto nel 1837.

    _____

6. Giosuè Carducci e Alessandro Manzoni hanno letto molti libri da bambini.

    _____

7. Lord Byron ha vissuto a Roma per parecchi anni.

    _____

8. Luigi Pirandello ha ricevuto il Premio Nobel.

    _____

9. Carlo Goldoni ha scritto molte commedie famose; parecchie sono state tradotte in varie lingue.

    _____

10. Il poeta Salvatore Quasimodo ha scritto diversi capolavori e ha vinto il Premio Nobel.

    _____

11. Alessandro Volta ha inventato la pila elettrica *(battery)*.

    _____

12. Niccolò Machiavelli è morto nel 1527.

    _____

ESERCIZIO C

Metti al passato prossimo i verbi del brano seguente su Francesco d'Assisi.

Francesco d'Assisi **nacque** nel 1182 da un mercante di origine provenzale. **Trascorse** una gioventù
        1.   2.

felice. Ispirato da Dio, **abbandonò** la lieta compagnia degli amici, **rinunciò** a ogni ricchezza, **divenne**
                        3.   4.   5.

lo sposo della povertà e **proclamò** il messaggio di Dio. **Fondò** l'ordine dei Francescani basato
               6.   7.

sull'umiltà e la fratellanza. Tutte le creature, uomini e animali, piante e fiori **ebbero** in San Francesco un
                                                                                         8.

protettore, un amico. **Amò** e **servì** i lebbrosi; **affrontò** le superbe potenze del giorno; **fondò**
                      9.   10.   11.   12.

missioni e ordini nuovi; **edificò** chiese e conventi; **consigliò** re e papi. In una società basata sulla
                          13.   14.

guerra e sulla forza, **riuscì** a esprimere il più bel sentimento religioso moderno. Secondo l'opinione
                       15.

comune, Francesco d'Assisi **fu** il vero iniziatore della letteratura poetica italiana: **compose** un inno di
                            16.   17.

estatica adorazione che **dedicò** al Creatore e alle sue creature. Lo **intitolò** «Cantico delle creature».
                          18.   19.

Francesco d'Assisi **morì** nell'anno 1226, nudo sulla terra nuda di una chiesetta dove pregava.
                    20.

1. _____   2. _____

3. _____   4. _____

5. _____   6. _____

7. _____   8. _____

9. _____   10. _____

11. _____   12. _____

13. _____   14. _____

15. _____   16. _____

17. _____   18. _____

19. _____   20. _____

ESERCIZIO D

Uno scienziato della tua città è appena ritornato da un viaggio nello spazio. Hai l'intenzione di intervistarlo per il bollettino scolastico. Combina le espressioni interrogative con il passato remoto dei verbi sugggeriti e forma le dieci domande che gli farai.

Quando?   Chi?   (Di) Dove?   Perchè?   Quanto?   Quanto tempo?   Che cosa?   Come?

andare	durare	incominciare	sapere	vedere
avere	essere	passare	stare	venire
conoscere	fare	potere	tenere	visitare

ESEMPIO: **Quanto tempo passò** nello spazio?

1. _____

2. _____

3. _____

4. _____

5. _____

6. _____

7. _____

8. _____

9. _____

10. _____

ESERCIZIO E

Adesso, immagina che tu sei lo scienziato (la scienziata) e rispondi alle domande dell'Esercizio D.

ESEMPIO: Passai una settimana nello spazio.
            Tre astronauti, una scimmia e un cane fecero il viaggio con me.

1. _____

2. _____

3. _____

4. _____

5. _____

6. _____

7. _____

8. _____

9. _____

10. _____

ESERCIZIO F

Daniele ricorda il primo colloquio della sua carriera di professore venti anni fa. Usando il passato remoto dei verbi fra parentesi, completa questo brano che spiega quello che accadde.

_____ in anticipo. Mi _____ intorno, tutto era così grigio e buio!
    1. (io / arrivare)   *2. (io / guardare)*

La scuola mi _____ immensa. Lo squillo di una campana _____ il
                3. (sembrare)   *4. (disturbare)*

silenzio e _____ un grande chiasso di passi che segnava la fine della giornata scolastica.
   5. (io / sentire)

Il portinaio _____ una mazzetto di chiavi e mi _____ segno di
   6. (prendere)   7. (fare)

seguirlo. Lo _____ e _____ in fretta le scale. Lui
   8. (io / seguire)   9. (noi / salire)

_____ il tempo di spiegarmi che il preside era un uomo estremamente severo ed
   10. (avere)

esigente. Dopo qualche minuto, noi _____ allo studio del preside. Il portiere
                                     11. (arrivare)

_____ alla porta e una voce profonda e dura _____ : «Avanti». Io
   12. (bussare)   13. (rispondere)

_____ tremando. Il preside era seduto a un'enorme scrivania.
   14. (entrare)

_____ la schiena di un uomo robusto e di apparenza imponente. Mi
   15. (io / vedere)

_____ e _____ all'impiedi davanti alla scrivania. Finalmente, lui
   16. (io / presentare)   17. (rimanere)

_____ e mi _____ negli occhi. Mi _____ con
   18. (girarsi)   19. (guardare)   20. (esaminare)

calma e intensità e dopo un interminabile minuto _____ : «Ma lei è così giovane!» In
                                                  21. (lui / esclamare)

quel momento _____ una paura tremenda. Il preside _____ la
              22. (io / avere)   23. (prendere)

lettera di raccomandazione che gli _____ . La _____ e la
                                    24. (dare)   25. (leggere)

_____ senza dire mezza parola. Finalmente, senza nemmeno farmi una domanda
   26. (rileggere)

mi _____ che ero la persona perfetta per il posto di professore. Mi
      27. (dichiarare)

_____ soffrire così tanto durante il colloquio che in quel momento non ci
   28. (fare)

_____ affatto.
   29. (credere)

MASTERY EXERCISES

ESERCIZIO G

Completa il brano seguente su Giacomo Puccini con il passato remoto dei verbi tra parentesi.

Giacomo Puccini, uno dei più grandi compositori d'opera lirica al mondo, _____ a
                                                                              1. (nascere)

Lucca nel 1858 e _____ a Bruxelles, in Belgio, nel 1924. All'età di tredici anni, il
                    2. (morire)

giovane Puccini _____ per la prima volta un'opera del famoso compositore Giuseppe
                    3. (ascoltare)

Verdi e _____ sbalordito. _____ allora di mettersi a studiare musica
          4. (rimanere)   *5.* (decidere)

e di scrivere opere come il grande maestro.

La sua prima opera, *Le villi,* _____ presentata nel 1884 ma non
                                   6. (venire)

_____ gran successo. Due anni più tardi, Puccini _____ con Luigi
   7. (avere)   *8.* (collaborare)

Illica e i due _____ l'opera *La bohème* che _____ famosa in pochi
                  9. (scrivere)   *10.* (diventare)

anni. La *Tosca* _____ subito dopo e _____ grande lode dai critici.
                    11. (seguire)   *12.* (ricevere)

Molti critici _____ Puccini il più lirico dei compositori italiani.
                 13. (chiamare)

Dopo un incidente stradale, durante la sua convalescenza Puccini _____ *Madama*
                                                                    14. (terminare)

Butterfly e il grande direttore d'orchestra Arturo Toscanini la _____ . Nel 1907, la
                                                                     15. (realizzare)

Metropolitan Opera _____ il compositore a New York e Puccini
                       16. (invitare)

_____ mentre presentavano la sua opera *Manon Lescaut.* Il pubblico americano
   17. (arrivare)

_____ *Madama Butterfly* e *Manon Lescaut* con molto entusiasmo. Puccini
   18. (ricevere)

_____ altre belle opere. Purtroppo, mentre scriveva la sua ultima opera intitolata
   19. (creare)

Turandot, Puccini _____ e non _____ finirla. Anni dopo, il
                       20. (morire)   *21.* (potere)

compositore Franco Alfano _____ quest'opera. Quando Turandot
                             22. (completare)

_____ presentata per la prima volta da Toscanini, il maestro e i musicisti, per rendere
   23. (essere)

onore a Puccini, _____ per qualche minuto al punto dove il grande compositore
                    24. (fermarsi)

aveva smesso di scrivere l'opera.

ESERCIZIO H

Giuseppe Garibaldi è uno dei grandi eroi italiani. Esprimi in italiano i seguenti eventi della vita di Garibaldi, usando il passato remoto dov'è necessario.

1. Giuseppe Garibaldi was born in 1807 in Nice, France, then part of the Kingdom of Sardinia.

_____

_____

2. Garibaldi was a military hero. He fought to create an independent, united Italy.

_____

_____

3. He also led many military campaigns in Latin America and earned the title "Hero of the Two Worlds."

_____

_____

4. In 1834, Garibaldi took part in a revolt against the King of Sardinia, but the revolt failed.

_____

_____

5. Garibaldi formed the Italian Legion, a group of volunteer soldiers who wore red shirts.

_____

_____

6. In 1848, Garibaldi led this group, who became known as the "red shirts," and fought against the Austrians who ruled Italy.

_____

_____

7. But French and Austrian soldiers defeated the Italians.

_____

8. In 1860, Garibaldi conquered the Kingdom of the Two Sicilies, which controlled much of southern Italy.

_____

9. These areas became part of the Kingdom of Italy that was proclaimed in 1861.

_____

10. Garibaldi died on the island of Caprera, in Italy in 1882.

_____

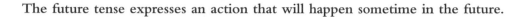

Chapter 6
Future Tense

The future tense expresses an action that will happen sometime in the future.

[1] FUTURE TENSE OF REGULAR VERBS

a. The future tense of regular -*are*, -*ere*, and -*ire* verbs is formed by dropping the final -*e* of the infinitive and adding the endings -*ò, -ai, -à, -emo, -ete, -anno*.

In regular -*are* verbs, the -*a* of the infinitive ending changes to -*e*.

INFINITIVE	FUTURE
aiutare	io aiuterò
parlare	io parlerò

	aiut*are* *I shall (will) help,* *I am going to help, etc.*	discut*ere* *I shall (will) discuss,* *I am going to discuss, etc.*	part*ire* *I shall (will) leave,* *I am going to leave, etc.*
io **tu** **lui/lei**	aiut*erò* aiut*erai* aiut*erà*	discut*erò* discut*erai* discut*erà*	part*irò* part*irai* part*irà*
noi **voi** **loro**	aiut*eremo* aiut*erete* aiut*eranno*	discut*eremo* discut*erete* discut*eranno*	part*iremo* part*irete* part*iranno*

Quando **comincerai** a studiare?	*When are you going to begin to study?*
Dopo le lezioni, **prenderemo** qualcosa da bere.	*After classes, we'll have something to drink.*
Ti **vestirai** fra poco?	*Will you get dressed in a little while?*
Partiranno fra mezz'ora.	*They'll leave in half an hour.*

b. Verbs with spelling changes in the future tense

  (1) Regular verbs ending in -*care* or -*gare* add -*h* before the -*e* of the future endings to preserve the hard *c* and *g* sounds.

  cer**care**: io cercherò, tu cercherai, lui/lei cercherà,
  noi cercheremo, voi cercherete, loro cercheranno

  pa**gare**: io pagherò, tu pagherai, lui/lei pagherà,
  noi pagheremo, voi pagherete, loro pagheranno

  (2) Verbs ending in -*ciare, -giare,* or -*sciare* change -*ia* to -*e* in the future to retain the soft *c, g,* and *sc* sounds.

  comin**ciare**: io comincerò, tu comincerai, lui/lei comincerà,
  noi cominceremo, voi comincerete, loro cominceranno

> **mangiare:**   io mangerò, tu mangerai, lui/lei mangerà,
>
>   noi mangeremo, voi mangerete, loro mangeranno
>
> **lasciare:**   io lascerò, tu lascerai, lui/lei lascerà,
>
>   noi lasceremo, voi lascerete, loro lasceranno

ESERCIZIO A

Scrivi quello che queste persone faranno domani.

ESEMPIO: Laura / assistere a una conferenza
  Laura **assisterà** a una conferenza.

1. il postino / lasciare il pacco alla porta

_____

2. mia madre / passare il pomeriggio con la nonna

_____

3. Antonietta / cercare una sua vecchia bambola

_____

4. gli amici / giocare a tennis

_____

5. io / dormire tutta la giornata

_____

6. tu / mangiare in città

_____

7. i giocatori / difendere il titolo della squadra di calcio

_____

8. i turisti / imparare delle canzoni italiane

_____

9. mio nonno / innaffiare i fiori

_____

10. i bambini / vendere la limonata davanti a casa loro

_____

ESERCIZIO B

Usa i suggerimenti delle due colonne e spiega quando farai queste cose.

cercare un marito (una moglie)   domani
cominciare l'università   fra dieci (venti...) anni

comprare una macchina	fra due (tre...) anni
diventare madre / padre	fra due (tre...) giorni
festeggiare il compleanno	fra due mesi
lavorare a pieno tempo	fra un anno (due, tre anni)
prendere il diploma	fra tre (quattro...) anni
scalare una montagna	l'anno prossimo
viaggiare all'estero	l'estate prossima

ESEMPIO: **Viaggerò all'estero l'estate prossima.**

1. _____

2. _____

3. _____

4. _____

5. _____

6. _____

7. _____

8. _____

[2] VERBS IRREGULAR IN THE FUTURE TENSE

The following verbs have irregular stems in the future. The future endings, however, are regular.

INFINITIVE	FUTURE	INFINITIVE	FUTURE
essere	io *sarò*	andare	io *andrò*
		avere	io *avrò*
dare	io *darò*	cadere	io *cadrò*
fare	io *farò*	dovere	io *dovrò*
stare	io *starò*		
		potere	io *potrò*
bere	io *berrò*	sapere	io *saprò*
rimanere	io *rimarrò*	vedere	io *vedrò*
tenere	io *terrò*	vivere	io *vivrò*
venire	io *verrò*		
volere	io *vorrò*		

Ti **darò** gli appunti quando **verrai** a casa mia.

I'll give you the notes when you come to my house.

Domani **farà** bel tempo e **andremo** sicuramente al mare.

Tomorrow the weather will be nice and we'll definitely go to the beach.

NOTE: The irregularities in the future tense of the verbs listed above also occur in the related verbs *accadere, ridare, rifare, ritenere, rivedere, scadere,* and so on.

ESERCIZIO C

Alcuni amici di Paolo hanno l'intenzione di fargli visita. Usando il futuro dei verbi tra parentesi, completa la lettera che Paolo scrive ai suoi amici.

Carissimi Aldo, Sandro, Carmelo e Gianni,

Sono molto contento che finalmente _____ a trovarmi. _____
                                                1. (voi / venire)   **2. (io / venire)**

sicuramente alla stazione a prendervi. Purtroppo la mia macchina è molto piccola e

_____ impossibile starci in cinque. Però non vi preoccupate.
        3. (essere)

_____ due viaggi per portarvi tutti a casa. Quelli che _____
        4. (io /fare)   **5. (dovere)**

aspettarmi alla stazione per il secondo viaggio, _____ sedersi al bar e bere un caffè. Io
                                                6. (potere)

_____ del tutto per non perdere tempo. _____ presto da casa per
        7. (fare)   **8. (partire)**

incontrarvi alla stazione. Secondo l'orario, _____ con il treno delle sedici e venti.
                                            9. (voi / arrivare)

Quanto ai vostri bagagli, credo che ci _____ abbastanza spazio nel portabagagli, se no
                                    10. (essere)

li _____ lasciare alla consegna dei bagagli della stazione e io _____
    11. (voi / potere)   **12. (tornare)**

a prenderli in seguito mentre voi vi riposate a casa.

Molte persone simpatiche _____ alla festa che ho organizzato per voi e sono certo
                                    13. (venire)

che vi _____ un sacco. So che Elena _____ vedervi e tanto lei
        14. (divertire)   **15. (volere)**

quanto io _____ tutto il possibile per farvi divertire. Arrivederci a presto.
        16. (fare)

Il vostro amico,

Paolo

ESERCIZIO D

Tu e alcuni amici state organizzando una vendita di roba di seconda mano (used). La vendita avrà luogo nella palestra del liceo. Usando i suggerimenti, indica quello che farete tu e i tuoi amici.

arrivare al liceo alle sette di mattino   decidere sui prezzi
chiedere ai genitori e ai parenti roba da vendere   fare dei cartelloni
mettere tutto in ordine   tenere i soldi in un posto sicuro
potere aiutare i clienti   trasportare la roba con la macchina di papà

1. Marco e Giulio _____.

2. Io _____ .

3. Io e i miei amici _____ .

4. Mariella _____ .

5. Tu _____ .

6. Tutti noi _____ .

7. Voi _____ .

8. Mio cugino _____ .

ESERCIZIO E

Rispondi alle domande che ti fa un amico riguardo al tuo appuntamento questo venerdì sera con un(a) simpatico(a) ragazzo(a) italiano(a).

1. Sarai nervoso(a)?

_____

2. Dove vi incontrerete?

_____

3. Ti daranno la macchina i tuoi genitori?

_____

4. Dove andrete a cenare?

_____

5. Chi pagherà?

_____

6. Cosa farete dopo?

_____

7. A che ora ritornerai a casa?

_____

8. Mi racconterai tutto sabato mattina?

_____

[3] USES OF THE FUTURE TENSE

a. The future is used in Italian, as in English, to express what will happen.

Verremo sabato prossimo.	*We'll come next Saturday.*
Quando **andrete** in città?	*When will you go to the city?*

NOTE: When referring to the immediate future, Italian often uses the present indicative.

Vengo da te più tardi.	*I'll come over later.*
Arrivano domani alle dieci.	*They'll arrive tomorrow at ten.*

b. The future is used after *quando* (when), *appena* (as soon as), *finchè [non]* (until), and *se* (if) when the action of the main verb takes place in the future. In English, the present tense is used in similar situations.

Quando **andrò** a Pisa, **vedrò** la Torre Pendente.	*When I go to Pisa, I'll see the Leaning Tower.*
Se **avremo** i soldi, **potremo** venire.	*If we have the money, we'll be able to come.*
Gli **telefonerò** *appena* **arriverò** a Roma.	*I'll phone him as soon as I arrive in Rome.*
Non **potrò** guidare *finchè non* **avrò** diciassette anni.	*I won't be able to drive until I'm seventeen years old.*

NOTE:

1. When no future action is intended, as with habitual actions, the present tense is used for both verbs.

Quando **piove, porto** sempre l'impermeabile.	*When it rains, I always wear a raincoat.*
Ogni giorno, *appena* **arrivo** a casa, **telefono** a Carlo.	*Every day, as soon as I get home, I call Carlo.*

2. When one verb is in the imperative, the other verb may be in the present or the future tense.

Appena **arrivi, scrivimi.** *Appena* **arriverai, scrivimi.**	*As soon as you arrive, write to me.*
Quando **finisci** di studiare, **vieni** al caffè. *Quando* **finirai** di studiare, **vieni** al caffè.	*When you finish studying, come to the coffee shop.*

c. The future may express uncertainty, probability, or supposition in the present (I wonder, probably, must be, can).

Quanti anni *avrà?*	*I wonder how old he is. (How old can he be?)*
Avrà vent'anni.	*He's probably (He must be) twenty years old.*
Che ora *sarà?*	*I wonder what time it is. (What time can it be?)*
Saranno le tre.	*It must be three o'clock. (It's probably three o'clock.)*

NOTE: The present tense of *dovere* + infinitive may also be used to express probability in the present.

Devono essere le tre.	*It must be three o'clock.*

ESERCIZIO F

Spiega quando queste persone faranno le cose seguenti.

ESEMPIO: Gabriele /cominciare a sciare /l'anno prossimo
Gabriele **comincerà** a sciare l'anno prossimo.

1. loro / spolverare / più tardi

_____

2. se Margherita / arrivare presto / io e lei / andare dai nonni

_____

3. tu / sapere parlare italiano / dopo un'estate in Italia

_____

4. Carla / dovere lavorare / questa fine settimana

_____

5. voi / venire a mangiare / questo sabato sera

_____

6. appena Paolo e Pietro / partire per Napoli / noi / telefonarvi

_____

ESERCIZIO G

Il tuo amico è sempre puntualissimo. Avevi un appuntamento con lui per le sei e non è venuto. Forma delle frasi usando il futuro e scrivi le spiegazioni più negative che ti vengono in mente.

ESEMPIO: Deve essere ammalato.
             Sarà ammalato.

1. Deve essere arrabbiato con me.

_____

2. È possibile che si annoi di me.

_____

3. Forse preferisce un' altra ragazza.

_____

4. Deve essere ancora a scuola con gli amici.

_____

5. Chissà se vuole rompere con me.

_____

6. Forse non vuole vedermi più.

_____

ESERCIZIO H

Quest'estate, Ilaria andrà in Italia a trovare sua cugina. Completa le frasi con il presente o il futuro del verbo tra parentesi e indica cosa dice Ilaria dei suoi progetti.

1. Non _____ il biglietto aereo finchè non _____ il passaporto.
(prenotare)   (avere)

2. Se _____ abbastanza soldi prima di partire, _____ una macchina
(avere)   (comprare)
fotografica.

3. Appena_____ la data della mia partenza, _____ a mia cugina.
(sapere)   (telefonare)

4. _____ sempre paura quando _____ in aereo. Però questa volta
(avere)   (viaggiare)

non lo _____ vedere ai miei genitori.
(fare)

5. _____ che io e mia cugina _____ d'accordo.
(credere)   (andare)

6. _____ di parlare sempre in italiano quando _____ in Italia.
(cercare)   (essere)

7. Mi domando se _____ vero che i ragazzi italiani _____ tutti
(essere)   (essere)

belli e simpatici? _____ di sì.
(sperare)

8. Come _____ l'Italia? Sono sicura che io e mia cugina _____ .
(essere)   divertirsi)

M A S T E R Y   E X E R C I S E S

ESERCIZIO I

Immagina sei cose che farai nei prossimi dieci anni.

1. _____

2. _____

3. _____

4. _____

5. _____

6. _____

ESERCIZIO J

Come sarà il mondo nell'anno 2050? Indica sei cose che saranno diverse nel mondo in cui vivrai.

ESEMPIO: **Guideremo automobili a elettricità.**

1. _____

2. _____

3. _____

4. _____

5. _____

6. _____

ESERCIZIO K

Completa ogni frase con la forma corretta del verbo fra parentesi.

1. *(venire)* Il mese prossimo, io e Lucia _____ a farti visita.

2. *(andare)* Quando partiremo per le vacanze, _____ prima da Giulio.

3. *(accendere)* Appena mi alzo la mattina, _____ la radio.

4. *(essere)* Che ora dev'essere? _____ le undici.

5. *(avere)* Chi sa quanto denaro ha Maria? _____ mille dollari!

6. *(passare)* Amici, compratemi il giornale se _____ dall'edicola.

7. *(viaggiare)* Vedrò molti posti interessanti quando _____ con i miei amici in Italia.

8. *(comprare)* Se avremo i soldi, _____ una macchina nuova.

9. *(essere)* Chi potranno essere quelle ragazze con Carla? _____ le sue cugine.

10. *(fare)* Cosa _____ i nostri amici dopo la festa?

11. *(arrivare)* Se _____ prima di me, aspettami al bar accanto al cinema.

12. *(sgridare)* Durante la settimana, se ritornano a casa dopo mezzanotte, i loro genitori li _____ .

13. *(portare)* Walter, chi _____ alla partita domenica?

14. *(partire)* Appena torneranno dall'Italia, _____ per la California.

15. *(andare)* Se esco adesso, _____ a prendere un caffè da Dino.

ESERCIZIO L

Tra due settimane tu e una tua amica di Boston farete un viaggio in Italia insieme. Vi incontrerete all'aeroporto di New York per il volo New York–Roma. Indica in italiano cosa ti dice la tua amica.

1. I'll leave Boston Monday evening at 8 p.m.

   _____

2. I'll meet you in front of the airline counter. I'll probably arrive early.

   _____

3. As soon as we arrive in Rome, we'll call our parents.

   _____

4. I wonder what the weather is like in Italy in June.

   _____

5. My Italian friend Giancarlo is going to pick us up at the airport in Rome.

   _____

6. We'll stay in Italy for one month.

   _____

7. Is it true that we'll visit Venice and Florence?

   _____

8. I'll bring my Italian dictionary.

   _____

9. If you bring your camera, we'll take lots of beautiful pictures.

   _____

10. I'm sure that this is going to be a great trip.

   _____

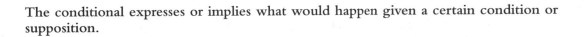

Chapter 7
Conditional

The conditional expresses or implies what would happen given a certain condition or supposition.

[1] THE CONDITIONAL OF REGULAR VERBS

The conditional of regular verbs is formed by dropping the final *-e* of the infinitive and adding the endings *-ei, -esti, -ebbe, -emmo, -este, -ebbero*. As with the future tense, the *-a* of *-are* verbs changes to *-e*.

	aiut*are* I would (should) help, etc.	discut*ere* I would (should) discuss, etc.	part*ire* I would (should) leave, etc.
io	aiuter*ei*	discuter*ei*	partir*ei*
tu	aiuter*esti*	discuter*esti*	partir*esti*
lui/lei	aiuter*ebbe*	discuter*ebbe*	partir*ebbe*
noi	aiuter*emmo*	discuter*emmo*	partir*emmo*
voi	aiuter*este*	discuter*este*	partir*este*
loro	aiuter*ebbero*	discuter*ebbero*	partir*ebbero*

Abiteresti a Firenze?   *Would you live in Florence?*

Non **cercherei** un lavoro a mezzo tempo.   *I wouldn't look for a part-time job.*

Sì, **mangeremmo** in quel ristorante.   *Yes, we would eat at that restaurant.*

NOTE:

1. Verbs that are regular in the future tense are also regular in the conditional. The stem is the same for both tenses.

2. As in the future tense, verbs ending in *-care* or *-gare* add *h* before the *-e* of the endings; verbs ending in *-ciare, -giare,* or *-sciare* change *-ia* to *-e*.

     cer**care** *to look for:*   io cercherei, tu cercheresti, lui/lei cercherebbe,
                                noi cercheremmo, voi cerchereste, loro cercherebbero

     pa**gare** *to pay:*   io pagherei, tu pagheresti, lui/lei pagherebbe,
                                noi pagheremmo, voi paghereste, loro pagherebbero

     comin**ciare** *to begin:*   io comincerei, tu cominceresti, lui/lei comincerebbe,
                                noi cominceremmo, voi comincereste, loro comincerebbero

     man**giare** *to eat:*   io mangerei, tu mangeresti, lui/lei mangerebbe,
                                noi mangeremmo, voi mangereste, loro mangerebbero

     la**sciare** *to leave; to let:*   io lascerei, tu lasceresti, lui/lei lascerebbe,
                                noi lasceremmo, voi lascereste, loro lascerebbero

ESERCIZIO A

Tu e alcuni amici vorreste fare un viaggio all'estero durante l'estate. Indica quello che ognuno di voi farebbe.

ESEMPIO: Elena / visitare tutte le chiese e le cattedrali
            Elena **visiterebbe** tutte le chiese e le cattedrali.

1. Vittoria / mangiare le specialità locali in ogni città

   _____

2. Giuseppina e Graziella / nuotare nel Mediterraneo

   _____

3. Beatrice e io / comprare molti regali

   _____

4. io / fare la conoscenza di molti giovani

   _____

5. tu / camminare dappertutto

   _____

6. Carla e Roberto / ballare in discoteca ogni sera

   _____

ESERCIZIO B

Non sai che tempo farà domani. Usando i suggerimenti, spiega quello che faresti o non faresti in queste circostanze.

camminare lungo il parco	guardare la televisione	pulire la mia camera
dormire tutta la giornata	lavare la macchina	scrivere delle lettere
giocare a scacchi	leggere una rivista	studiare per un esame
giocare a tennis	nuotare in piscina	suonare il pianoforte

ESEMPIO: Se facesse bel tempo, **non guarderei la televisione, nuoterei in piscina.**

1. Se facesse bel tempo, _____ .

2. Se facesse bel tempo, _____ .

3. Se facesse bel tempo, _____ .

4. Se facesse bel tempo, _____ .

5. Se facesse bel tempo, _____ .

ESEMPIO: Se facesse cattivo tempo, **non giocherei a tennis, suonerei il pianoforte.**

6. Se facesse cattivo tempo, _____ .

7. Se facesse cattivo tempo, _____ .

8. Se facesse cattivo tempo, _____ .

9. Se facesse cattivo tempo, _____ .

10. Se facesse cattivo tempo, _____ .

[2] VERBS IRREGULAR IN THE CONDITIONAL

Verbs irregular in the future tense are also irregular in the conditional.

INFINITIVE	CONDITIONAL	INFINITIVE	CONDITIONAL
essere	*sar*ei	andare	*andr*ei
dare	*dar*ei	avere	*avr*ei
fare	*far*ei	cadere	*cadr*ei
stare	*star*ei	dovere	*dovr*ei
bere	*berr*ei	potere	*potr*ei
rimanere	*rimarr*ei	sapere	*sapr*ei
tenere	*terr*ei	vedere	*vedr*ei
venire	*verr*ei	vivere	*vivr*ei
volere	*vorr*ei		

Berrei un caffè freddo adesso.   *I would drink a cold coffee now.*
Vorresti ballare con Ada?   *Would you like to dance with Ada?*

ESERCIZIO C

Che cosa faresti se tu avessi la scelta? Usando il condizionale, indica le tue preferenze.

ESEMPIO: fare un viaggio in Africa o in Europa?
            Farei un viaggio in Africa.

1. avere una macchina sportiva o un villino alla spiaggia?

_____

2. sapere ballare o cantare?

_____

3. essere bello(a) o intelligente?

_____

4. vedere un film d'amore o un film poliziesco?

_____

5. fare lo sci o la barca a vela?

_____

6. volere sedersi al banco più vicino o al banco più lontano dal(la) maestro(a)?

_____

7. andare a un concerto o al teatro?

_____

8. stare a Roma o a Firenze?

_____

9. rimanere a casa da solo(a) o con amici?

_____

10. venire a scuola in macchina o in autobus

_____

11. bere un succo di frutta o una bibita

_____

12. dare o ricevere regali

_____

ESERCIZIO D

Esprimi quello che faresti con un milione di dollari. Se vuoi, usa i suggerimenti seguenti.

andare all'estero	non venire più a scuola	tenerli in banca
fare dei regali	potere comprare una casa	volere aiutare i miei genitori

1. _____

2. _____

3. _____

4. _____

5. _____

6. _____

ESERCIZIO E

Esprimi quello che faresti in queste circostanze.

ESEMPIO: Tua madre aspetta degli invitati a cena e ha bisogno del tuo aiuto. _(apparecchiare la tavola)_
Apparecchierei la tavola.

1. Il tuo amico ti presenta sua cugina che è appena arrivata da Milano. _(dirle: «Molto lieto.»)_

_____

2. Hai l'intenzione di andare al mare con amici ma il tempo è nuvoloso. *(stare a casa)*

_____

3. Tua nonna non può fare la spesa perchè oggi non sta bene. *(fare la spesa per lei)*

_____

4. I tuoi genitori ti dicono che sabato sera devi ritornare a casa prima delle undici. *(venire a casa presto)*

_____

5. I tuoi genitori vanno a una festa e non vogliono lasciare la tua sorellina da sola. *(rimanere con lei)*

_____

6. Vuoi andare al cinema stasera ma tutti i tuoi amici sono occupati. *(andare da solo)*

_____

[3] USES OF THE CONDITIONAL

a. **The conditional expresses what would happen under certain conditions.**

Vorrei rivederlo.	*I would like to see him again.*
Potrebbe telefonarmi?	*Would you be able to (Could you) phone me?*
Verrei volentieri alla festa, ma non posso.	*I would gladly come to the party, but I can't.*

NOTE:

1. **When "would" is used in the sense of "used to," Italian uses the imperfect tense.**

Mariella **veniva** spesso a casa nostra.	*Mariella would (used to) often come to our house.*

2. **When "would" is used in the sense of "to be willing" (to want), Italian uses the imperfect or the *passato prossimo* of the verb *volere*.**

Non **voleva** pagare il conto. Non **ha voluto** pagare il conto.	*He wouldn't (wasn't willing to, didn't want to) pay the check.*

3. **When "could" is used in the sense of "should be able to," the conditional of the verb *potere* is used. When "could" means "was able to," the imperfect or *passato prossimo* of potere is used.**

Noi **potremmo** fare il lavoro.	*We could (should be able to) do the work.*
Noi non **potevamo** fare il lavoro. Noi non **abbiamo potuto** fare il lavoro.	*We couldn't (weren't able to) do the work.*

b. **The conditional is used to make a request or demand more polite.**

Vorrei un caffè, per favore.	*I would like a coffee, please.*
Mi **daresti** quella penna?	*Would you give me that pen?*
Mi **potrebbe** aiutare?	*Could you help me?*

ESERCIZIO F

I tuoi amici leggono degli annunci per un lavoro estivo. Spiega che tipo di lavoro farebbero queste persone secondo il lavoro offerto.

Cercasi commesso(a)
Abbigliamento bambini
Presentarsi: Galleria Guarini via Manzoni, 4

ESEMPIO: Gianni **venderebbe abbigliamento per bambini.**

Cercasi centralinista ufficio pubblicità
per comunicazioni telefoniche.
Conoscenza italiano necessaria.

Telefonare al signor Clementi: 53.37.50

---

1. Elena _____.

Cercasi giovane responsabile per
consegna fiori a domicilio.
Fioraio Rosato — viale Nazionale, 18

---

2. Tino _____.

Famiglia cerca donna matura e responsabile
per occuparsi di tre bambini durante la settimana.
Mettersi in contatto con
famiglia Fioretti al **51.870.89, ore serali.**

---

3. La signora Roberti _____.

Cercasi due cassieri
botteghino Cinema Orion.
Presentarsi lunedì, dalle 9 alle 18

---

4. Maria e Michela _____.

> ### Cercasi giovani camerieri forti e cortesi.
>
> Ristorante Dante, via Principale, 104

5. Franco e Claudio _____ .

ESERCIZIO G

Vai a un'agenzia di viaggi per pianificare (plan) *un viaggio di due settimane in Italia. Rispondi alle domande che ti fa l'agente.*

1. Dove le piacerebbe andare?

   _____

2. Viaggerebbe da solo(a)?

   _____

3. Quando potrebbe partire?

   _____

4. Quando vorrebbe ritornare?

   _____

5. Quanti giorni starebbe in Italia?

   _____

6. Farebbe delle escursioni? Dove andrebbe?

   _____

7. Vorrebbe noleggiare una macchina? Perchè?

   _____

8. Preferirebbe rimanere in un albergo o in una pensione?

   _____

9. Quanto denaro desidererebbe spendere per l'albergo?

   _____

10. Come pagherebbe le sue spese, con assegni turistici o con carta di credito?

    _____

MASTERY EXERCISES

ESERCIZIO H

L'anno scolastico sta per finire. Indica dieci cose che faresti diversamente se fosse (if it were) *possibile.*

ESEMPIO: **Studierei di più.**

1. _____

2. _____

3. _____

4. _____

5. _____

6. _____

7. _____

8. _____

ESERCIZIO I

Tu e alcuni amici volete studiare l'italiano all'Università per Stranieri a Perugia. Esprimi in italiano la seguente lettera che scrivi al preside (dean) *dell'università.*

1. A friend and I would like to study Italian in Italy this summer.

   _____

2. We would be coming with a group of students.

   _____

3. We would be able to spend two months in Perugia.

   _____

4. Where would we live? We would prefer to live with an Italian family.

   _____

5. Could you recommend a family to us?

   _____

6. We would enroll in a summer program.

   _____

7. How many courses should we take?

_____

8. Would we receive a certificate for the summer program?

_____

9. How much would the trip cost?

_____

10. Would we need special documents to stay in Italy for two months?

_____

Chapter 8
Gerundio; Progressive Tenses

The *gerundio* is generally equivalent to the English present participle (English verb forms ending in –ing).

[1] FORMS OF THE PRESENT *GERUNDIO*

a. The *gerundio* of almost all Italian verbs is formed by adding *-ando* to the infinitive stem of *-are* verbs and *-endo* to the stem of *-ere* and *-ire* verbs.

INFINITIVE	GERUNDIO	
cantare	cant*ando*	*singing*
prendere	prend*endo*	*taking*
dormire	dorm*endo*	*sleeping*

Andando a scuola, ho visto Michele.	*As I was going to school, I saw Michele.*
S'impara **sbagliando.**	*One learns by making mistakes.*
Diventerai alto e forte **mangiando** bene.	*You'll become tall and strong by eating well.*
Prendendo l'autostrada, dovreste arrivare in mezz'ora.	*By taking the expressway, you should arrive in a half hour.*

NOTE: The *gerundio* is used much less in Italian than in English. Many English words ending in *-ing* are not equivalent to the Italian *gerundio.*

Studiare una lingua straniera è importante.	*Learning a foreign language is important.*
Vedere è credere.	*Seeing is believing.*
Adoro *il nuoto.*	*I love swimming.*

b. Irregular *gerundio* forms:

INFINITIVE	GERUNDIO	
bere	bevendo	*drinking*
dire	dicendo	*saying*
fare	facendo	*doing*
introdurre	introducendo	*introducing*
tradurre	traducendo	*translating*

Ho imparato molto italiano **traducendo** lettere per mia nonna.	*I learned a lot of Italian translating letters for my grandmother.*
Bevendo un caffè espresso ricordavo l'Italia.	*While drinking espresso coffee, I remembered Italy.*

[2] USES OF THE *GERUNDIO*

a. The *gerundio* in progressive tenses

The *gerundio* is generally used with the present or the imperfect of the verb *stare* to express:

- an action currently in progress.
  Sto parlando.   *I am talking.*

- an action in progress in the past.
  Stavo parlando.   *I was talking.*

These tenses are called present progressive and past progressive.

PRESENT PROGRESSIVE	PAST PROGRESSIVE
Il treno **sta partendo** dal quinto binario.	Maria **stava cucinando** quando ho chiamato.
The train is leaving (is in the process of leaving) from track number five.	*Maria was cooking (was in the process of cooking) when I called.*

NOTE:

1. The progressive tenses are used less frequently in Italian than in English. English *-ing* forms are usually expressed with the present or the imperfect tense in Italian.

Vengo alle nove.	*I'm coming at nine.*
Che cosa **fai** domani?	*What are you doing tomorrow?*
I bambini **giocavano** in giardino.	*The children were playing (used to play) in the garden.*

2. The present progressive is used primarily to stress that an action is occurring at the present moment or is in the process of happening.

Dove **stai andando**?	*Where are you going? (Literally: Where are you in the process of going right now?)*
Sto andando in palestra.	*I'm going to the gym.*

   BUT

Quando **vai** al cinema?	*When are you going to the movies?*
Vado stasera.	*I'm going tonight.*

3. The past progressive is used to stress that an action was in the process of happening at some point in the past.

Cosa **stavi facendo** quando ho telefonato?	*What were you (in the process of) doing when I phoned?*

   BUT

Dove **viveva** quando l'hai conosciuto?	*Where was he living when you met him?*

4. Less frequently, the progressive tenses are formed with the verb *andare*.

La sua salute *va* ammigliorando.	*His health is (in the process of) improving.*
I tempi *andavano* cambiando.	*Times were (in the process of) changing.*

ESERCIZIO A

Descrivi quello che stanno facendo queste persone.

ESEMPIO: Flavio e Sandra **stanno giocando a tennis.**

1. Carlo _____ .

2. Marco e Anna _____ .

3. La signora _____ .

4. I signori Costanzo _____ .

5. Tania _____ .

6. Marina _____ .

7. La bambina _____ .

8. Le ragazze _____ .

ESERCIZIO B

È la vigilia di Capodanno e tu e alcuni amici siete a una festa. Completa le frasi con i verbi suggeriti e descrivi quello che sta succedendo.

baciare	cantare	giocare	squillare
ballare	fare	ridere	suonare
brindare *(to toast)*			

ESEMPIO: Gli invitati **stanno facendo** una cena tradizionale.

1. Tutti i bambini _____ in veranda.

2. L'orchestra _____ della musica popolare e folcloristica.

3. La gente _____ delle vecchie canzoni.

4. Io _____ il tango per la prima volta in vita mia.

5. Suona la mezzanotte e tutte le campane _____ in città.

6. Giovani e grandi _____ con un bicchiere di champagne.

7. Tutti i mariti _____ le loro mogli.

8. Noi _____ un sacco.

ESERCIZIO C

Tu e la tua famiglia avete appena finito di cenare. Esprimi quello che ognuno di voi sta facendo adesso.

ESEMPIO: Mio nonno **sta guardando la televisione.**

1. Mio padre _____ .

2. Mia madre _____ .

3. Mia sorella / mio fratello _____ .

4. Io _____ .

5. Napoleone, il mio cane _____ .

6. Tutti noi _____ .

ESERCIZIO D

Un tuo amico ti domanda perchè non hai fatto certe cose la settimana scorsa. Usando i verbi tra parentesi, spiegagli cosa stavi facendo.

ESEMPIO: Perchè sabato sera non sei andato alla festa di Teresa ? *(guardare)*
            Stavo guardando la partita di calcio alla televisione.

1. Perchè non hai risposto al telefono? *(studiare)*

_____

2. Perchè non sei venuto al parco? *(fare ginnastica)*

_____

3. Perchè non mi hai salutato ieri? *(parlare con un'amica)*

_____

4. Perchè non sei venuto al caffè ieri dopo le lezioni? *(lavorare)*

_____

5. Perchè non hai pranzato alla mensa la settimana scorsa? *(fare una dieta)*

_____

6. Perchè non sei venuto alle lezioni di tennis giovedì? *(aiutare mia madre)*

_____

b. When the *gerundio* is used alone, it may express:

(1) means, manner, or method.

Imparerete l'italiano **parlando** molto.	*You will learn Italian by speaking a lot.*
La bambina è entrata **correndo**.	*The child came in running.*

(2) time, cause, or reason for an action.

Viaggiando ho conosciuto molta gente interessante.	*While traveling, I met many interesting people.*
Essendo molto occupato, non ho risposto al telefono.	*Being very busy, I didn't answer the telephone.*
Correndo più velocemente degli altri, ho vinto la corsa.	*I won the race by running faster than the others.*

(3) an action that took place immediately before or at the same time as the action of the main verb. It corresponds to English *by, in, on, upon, when,* or *while + ing.*

Mettendo in ordine la mia camera, ho trovato il mio anello.	*While cleaning my room, I found my ring.*
Il sarto canta **lavorando**.	*The tailor sings while working.*
Sentendo la brutta notizia, Anna si è messa a piangere.	*Upon hearing the bad news, Anna started crying.*

NOTE: **Reflexive and object pronouns follow and are attached to the end of the** present *gerundio* to form one word.

Vedendoci ogni giorno, siamo diventati ottimi amici.	*Seeing each other every day, we became great friends.*
Ornella è caduta **aprendomi** la porta.	*Ornella fell while opening the door for me.*

ESERCIZIO E

Stai facendo la coda davanti al cinema mentre la gente sta uscendo dall'ultimo spettacolo. Quali sono le reazioni delle diverse persone sul film che hanno appena visto?

ESEMPIO: Maria uscire / ridere
Maria **è uscita ridendo.**

1. i ragazzi uscire / parlare bene degli attori

_____

2. Aldo uscire / sorridere

_____

3. la signora Ferrari uscire / criticare il regista

_____

4. tu uscire / prendere in giro la trama del film

_____

5. Daniele e Luciano uscire / cantare

_____

6. Carlo uscire / imitare il protagonista del film

_____

ESERCIZIO F

Tu e queste persone riuscite a fare due cose alla volta. Spiega quello che fa ognuno di voi.

ESEMPIO: Lei legge e ascolta la radio.
Lei legge **ascoltando** la radio.

1. Io faccio i compiti e chiacchiero con gli amici.

_____

2. Giorgio ascolta il telegiornale e parla al telefono.

_____

3. Io e mia madre prepariamo da mangiare e guardiamo la televisione.

_____

4. Le ragazze ballano e cantano.

_____

5. Lei beve il caffè e guida la macchina.

_____

6. Il maestro legge il giornale e mangia un panino.

_____

7. Noi mangiamo e lavoriamo.

_____

8. I signori discutono di politica e giocano a scacchi.

_____

ESERCIZIO G

Spiega quello che è accaduto a te e a queste altre persone sfortunate.

ESEMPIO: Tania è caduta mentre usciva dall'aula.
Tania è caduta **uscendo** dall'aula.

1. Ho preso una storta mentre giocavo a calcio.

_____

2. Alda si è rotta il tacco della scarpa mentre saliva in fretta le scale.

_____

3. Mio padre si è tagliato il dito mentre tagliava le carote.

_____

4. Io e Giovanni abbiamo avuto un incidente mentre andavamo in campagna.

_____

5. Mio fratello ha bruciato la carne che cucinava mentre parlava al telefono.

_____

6. Gianna ha perso un orecchino d'oro mentre correva verso la fermata dell'autobus.

_____

7. Ho sbattuto contro il muro mentre pattinavo troppo velocemente.

_____

8. I bambini hanno quasi annegato mentre nuotavano.

_____

[3] THE PAST _GERUNDIO_

The past _gerundio_ is formed by combining the present participle of the appropriate helping verb with the past participle.

INFINITIVE	PAST GERUNDIO	
mangiare	avendo mangiato	_having eaten_
arrivare	essendo arrivato(a, i, e)	_having arrived_

NOTE:

1. The past _gerundio_ is used instead of the present to show that one action occurred before another.

Avendo finito i compiti, è uscita.	_Having finished her homework, she went out._

2. The past participle of a _gerundio_ conjugated with _essere_, agrees with the subject of the main clause which is also the subject of the _gerundio._

Essendo partita presto, _Anna_ è arrivata in orario.	_Having left early, Anna arrived on time._
Essendo arrivati in ritardo, _i ragazzi_ hanno perso i loro posti.	_Having arrived late, the boys lost their seats._

3. Reflexive and object pronouns generally follow and are attached to the helping verb _essendo_ or _avendo_.

Avendo_lo_ svegliato, gli ho chiesto scusa.	_Having awakened him, I apologized._
Essendo_si_ sbagliato, ha rifatto il compito.	_Having made a mistake, he redid the homework._

4. In Italian, the past _gerundio_ is not frequently used. Instead, it is replaced with more explicit phrases whenever possible.

È stato promosso _perchè_ **ha studiato** molto.	_He was promoted because he studied a lot._
INSTEAD OF	
Avendo studiato molto, è stato promosso.	_Having studied a lot, he was promoted._
Ho fatto i piatti _dopo che_ **avevamo finito** di mangiare.	_I did the dishes after we (had) finished eating._
INSTEAD OF	
Avendo finito di mangiare, ho fatto i piatti.	_Having finished eating, I did the dishes._

ESERCIZIO H

Spiega quello che è successo in ufficio.

ESEMPI: **Avendo finito** il suo lavoro, Maria ha deciso di fare mezza giornata.
           Essendo arrivati presto, non hanno dovuto fare la fila.

1. *(partire)* _____ molto tardi, si sono affrettate.

2. *(arrivare)* _____ presto, la segretaria ha preso un caffè.

3. *(sentire)* _____ dei colpi di pistola, tutti sono usciti dal palazzo correndo.

4. *(trovare)* _____ il numero di telefono, Giacomo gli ha telefonato.

5. *(avere)* _____ lo stesso problema, Gina ha potuto dare dei buoni consigli
alla sua collega.

6. *(trovare)* _____ i documenti necessari, hanno cominciato a preparare la
relazione.

ESERCIZIO I

Indica quello che hai fatto tu e queste persone, avendo finito di farne altre.

ESEMPIO: Flavio ha ricevuto ottimi voti. *(vincere una borsa di studio)*
           Avendo ricevuto ottimi voti, Flavio ha vinto una borsa di studio.

1. Andrea ha messo il figlio a letto. *(spegnere la luce)*

_____

2. Hanno fatto colazione. *(lavare i piatti)*

_____

3. Io e Luca siamo partiti presto dalla festa. *(andare al caffè)*

_____

4. Noi abbiamo pulito la casa. *(potere uscire)*

_____

5. I giocatori hanno vinto il campionato di calcio. *(festeggiare tutta la notte)*

_____

6. Tu hai comprato un nuovo vestito. *(dovere comprare anche un paio di scarpe nuove)*

_____

7. Sono arrivata a scuola in ritardo. *(essere punita)*

_____

8. Ho aiutato mio padre con le faccende. *(guadagnare venti dollari)*

_____

M A S T E R Y   E X E R C I S E S

ESERCIZIO J

Tu e queste persone vi preparate per la partenza del vostro volo in aereo. Usando il gerundio presente o passato, spiega quello che stavate facendo.

ESEMPI: Gino / perdere / il passaporto / piangere
            Gino, **avendo perso** il passaporto, **sta (stava) piangendo.**

   OR: i bambini / essere stanchi di aspettare / gridare
            I bambini, **essendo** stanchi di aspettare, **stavano (stanno) gridando.**

1. la gente / consegnare / i bagagli / camminare verso le diverse uscite dei voli

_____

2. io e Carmen / avere fame / mangiare un panino

_____

3. Lidia / bere un caffè / leggere una rivista

_____

4. tu e Piero / essere / stanchi / fare un pisolino

_____

5. il signor Romolo / lasciare la sua agenda a casa / telefonare al figlio

_____

6. tutti i passeggeri / aspettare tre ore / uscire un po' pazzi

_____

ESERCIZIO K

Esprimi in italiano i preparativi per la festa delle nozze d'oro dei tuoi nonni.

1. We're celebrating my grandparents' anniversary with a big party.

_____

2. We're keeping the party a secret.

_____

3. My mother is going to different restaurants asking about prices.

_____

4. We're looking for an orchestra that knows how to play Italian songs.

_____

5. We're preparing a delicious menu.

_____

6. My sister is buying our grandparents a beautiful present.

_____

7. My father is worrying too much about money.

_____

8. We're having fun preparing for the party.

_____

ESERCIZIO L

La festa per i tuoi nonni è adesso terminata. Descrivi quello che certa gente stava facendo alla festa.

ESEMPIO: **I nonni stavano entrando nel ristorante quando tutti hanno gridato: «Sorpresa!»**

1. _____

2. _____

3. _____

4. _____

5. _____

Chapter 9
Pluperfect, Future Perfect, and Past Conditional Tenses

[1] SIMPLE AND COMPOUND TENSES COMPARED

For each of the following simple tenses, there is a corresponding compound tense:

	SIMPLE TENSE			COMPOUND TENSE	
IMPERFECT	**io parlavo**	*I spoke* *I was speaking*	PLUPERFECT	**io avevo parlato**	*I had spoken* *I had been speaking*
FUTURE	**io parlerò**	*I will speak* *I shall speak*	FUTURE PERFECT	**io avrò parlato**	*I will have spoken* *I shall have spoken*
CONDITIONAL	**io parlerei**	*I would speak*	PAST CONDITIONAL	**io avrei parlato**	*I would have spoken*

NOTE: Compound tenses are formed by combining the appropriate tense of the helping verb *avere* or *essere* with the past participle of the verb. For choice of helping verb, formation of negative sentences, and for agreement of past participle, compound tenses follow the rules of the *passato prossimo* (see Chapter 2).

1. In forming the negative of compound tenses, only the helping verb is affected.

    Non avevamo lavorato.   *We hadn't worked.*

2. Past participles conjugated with *avere* agree in gender and number with the preceding direct object pronoun *la, le,* or *li*. Agreement with *mi, ti, ci,* or *vi* is optional.

    Li avrei comprati.   *I would have bought them.*
    Il nostro maestro ci ha visto (visti) al cinema.   *Our teacher saw us at the movies.*

3. Past participles of verbs conjugated with *essere* agree in gender and number with the subject.

    Le ragazze sarebbero venut*e*.   *The girls would have come.*

[2] THE PLUPERFECT

The pluperfect *(trapassato prossimo)* is formed by combining the imperfect of *avere* or *essere* with the past participle of the verb.

mangiare, finire, vendere *I had eaten (finished, sold)*	entrare *I had entered*
io avevo mangiato (finito, venduto) tu avevi mangiato (finito, venduto) lui/lei aveva mangiato (finito, venduto)	io ero entrato(a) tu eri entrato(a) lui/lei era entrato(a)
noi avevamo mangiato (finito, venduto) voi avevate mangiato (finito, venduto) loro avevano mangiato (finito, venduto)	noi eravamo entrati(e) voi eravate entrati(e) loro erano entrati(e)

a. The pluperfect expresses an event or state that took place *before* another event or state in the past. The pluperfect corresponds to the English *had* + *past participle* (I had finished) or to the English simple past (I finished) where *had* is implied.

Prima di partire per l'aeroporto, Rita **aveva confermato** il suo volo.	*Before she left for the airport Rita (had) confirmed her flight.*
Sono arrivati in ritardo perchè **avevano avuto** un incidente.	*They arrived late because they (had) had an accident.*

b. In combination with the imperfect, the pluperfect may describe habitual prior action.

Dopo che la famiglia **aveva cenato,** i ragazzi facevano di solito i piatti.	*After the family had eaten (ate), the kids used to do the dishes.*
Il sabato quando **avevo finito** le pulizie, uscivo con i miei amici.	*On Saturdays, after I (had) finished my cleaning chores, I used to go out with my friends.*

ESERCIZIO A

Descrivi il servizio che la signora Caluzzo ha ricevuto nei luoghi seguenti durante il suo ultimo viaggio in Italia.

ESEMPIO: Quando siamo entrati nella nostra camera d'albergo...
il facchino / già portare le valigie

Il facchino **aveva** già **portato** le valigie.

1. Quando siamo arrivati in camera...
la domestica / pulire la camera

_____.

il direttore / mettere dei fiori freschi in camera

_____.

la guida turistica / mandare una bottiglia di vino

_____.

2. Quando siamo arrivati al ristorante...
la guida / fare le prenotazioni

_____.

il cameriere / apparecchiare il nostro tavolino

_____.

il cameriere / versare dell'acqua minerale

_____.

3. Quando siamo arrivati alla Cappella Sistina...
l'entrata / ancora chiusa

_____.

la guida / già arrivare

_____ .

il signor Da Vinci / portare i biglietti per tutti

_____ .

ESERCIZIO B

Esprimi quello che le persone seguenti avevano fatto prima dell'arrivo degli invitati alla festa.

ESEMPIO: _(decorare)_ Anna **aveva decorato** il salone.

1. _(portare)_ Riccardo _____ il pane.

2. _(tagliare)_ Vincenzo e Alfonso _____ la carne.

3. _(comprare)_ Rosa _____ le posate di plastica.

4. _(sistemare)_ Io _____ i tavolini.

5. _(cucinare)_ Tu _____ delle specialità italiane.

6. _(pulire)_ Carlo _____ il salone.

7. _(preparare)_ La mia mamma _____ una bella torta.

8. _(scegliere)_ Io e Daniela _____ dei dischi.

9. _(riparare)_ Mio padre _____ lo stereo.

10. _(mettere)_ Rita _____ dei fiori dappertutto.

ESERCIZIO C

Trova delle spiegazioni alle situazioni seguenti facendo delle domande al trapassato prossimo.

ESEMPI: Carla aveva mal di stomaco.
            Aveva mangiato troppo?

OR: Pedro aveva l'influenza.
        Era uscito senza cappotto?

1. Il signor Damiano era dimagrito.

_____

2. Un bambino piangeva.

_____

3. Dario ha ricevuto una multa.

_____

4. A Michele facevano male gli occhi.

_____

5. I ragazzi avevano molte carie dentarie.

_____

6. Il professore ha punito Gina.

_____

7. La signora Picardi ha avuto un incidente stradale.

_____

8. I loro cugini erano stanchissimi.

_____

9. I due fratelli erano tristi.

_____

10. Rita era spettinata.

_____

ESERCIZIO D

Completa le frasi seguenti usando l'imperfetto, il passato prossimo o il trapassato prossimo dei verbi tra parentesi.

ESEMPI: *(arrivare)* Quando **sono arrivata** al caffè Gianni era già partito.
(finire) Non **avevo finito** i compiti ma sono uscito lo stesso.
(guardare) Quando avevo finito i compiti, di solito **guardavo** un po' di televisione.

1. *(vedere)* Non _____ la partita di calcio perciò volevo sapere i risultati.

2. *(spiegare)* Franco mi _____ il problema di algebra perchè io non l'avevo capito.

3. *(lasciare)* Mia sorella non ha trovato il dizionario perchè l'_____ a scuola.

4. *(arrivare)* Laura _____ in ritardo perchè aveva perso il treno.

5. *(entrare)* Quando _____ a casa, mio fratello aveva già preparato gli spaghetti.

6. *(finire)* Di solito andavamo a fare una passeggiata quando _____ di cenare.

7. *(studiare)* Non ho superato l'esame perchè non _____ .

8. *(uscire)* I ragazzi _____ dopo che aveva smesso di piovere.

[3] THE FUTURE PERFECT

The future perfect *(futuro anteriore)* is formed by combining the future of *avere* or *essere* with the past participle of the verb.

mangiare, finire, vendere *I will have eaten (finished, sold)*	entrare *I will have entered*
io **avrò mangiato (finito, venduto)** tu **avrai mangiato (finito, venduto)** lui/lei **avrà mangiato (finito, venduto)**	io **sarò entrato(a)** tu **sarai entrato(a)** lui/lei **sarà entrato(a)**
noi **avremo mangiato (finito, venduto)** voi **avrete mangiato (finito, venduto)** loro **avranno mangiato (finito, venduto)**	noi **saremo entrati(e)** voi **sarete entrati(e)** loro **saranno entrati(e)**

Quando **avrò finito** il mio lavoro mi riposerò.   *When I will have finished my work, I'll rest.*

a. The future perfect expresses an action or event that will be over and done with at a given moment in the future.

Avrete finito i compiti prima delle dieci?	*Will you have finished your homework before 10 o'clock?*
Tra otto giorni **sarete arrivati** in Sardegna.	*In eight days you will have arrived in Sardinia.*
Nell'anno 2100, tutto **sarà cambiato**.	*In the year 2100, everything will have changed.*

b. Very often, the future perfect is used after *quando, appena, finchè [non],* and *se* when the main verb expresses a future action. In this case, the future perfect expresses a future action that occurs *before* another future action. Note that a different tense may be used in English.

Quando **avrò ricevuto** la pagella, sarò tranquilla.	*I'll be relieved when I've received my report card.*
Gli telefonerò *appena* **sarò arrivata** a Roma.	*I'll phone him as soon as I've arrived in Rome.*
Se **avrete finito** i compiti prima delle dieci, potrete uscire.	*If you've finished your homework, you'll be able to go out.*

c. The future perfect is used to express probability or supposition with respect to a past event (I wonder, probably, must have been, could have).

Luigi è in ritardo. **Avrà perso** il treno.	*Luigi is late. He must have (probably) missed the train.*
Che cosa **sarà successo**?	*What could have happened?*
Saranno già **partiti**?	*I wonder if they've already left. (Could they have already left?)*

ESERCIZIO E

Ti domandi come sarà cambiato il mondo nell'anno 2100. Indica le domande che fai a te stesso (yourself).

ESEMPIO: noi / eliminare la delinquenza
            Avremo eliminato la delinquenza?

1. il mondo / risolvere i problemi ecologici

_____

2. gli scienziati / trovare una cura al cancro

_____

3. gli astronauti / scoprire l'esistenza di extraterrestri

_____

4. noi / guarire le malattie contagiose

_____

5. il mondo / eliminare la povertà

_____

6. gli scienziati / inventare un mezzo di trasporto per viaggiare nel tempo

_____

7. noi / stabilire colonie sulla luna

_____

8. il governo / affrontare i problemi dei senzatetto *(homeless)*

_____

ESERCIZIO F

Spiega quello che avrete fatto tu e i tuoi amici prima del tempo indicato.

ESEMPI: io / finire i compiti / prima di mezzanotte
Io **avrò finito** i compiti prima di mezzanotte.

OR: domani a quest'ora / noi / arrivare a Roma
Domani a quest'ora noi **saremo arrivati** a Roma.

1. tra qualche minuto / tu / finire quest'esercizio

_____

2. tra vent'anni / io / andare all'estero

_____

3. tra sei anni / noi / terminare gli studi universitari

_____

4. tra dieci anni / lei / diventare avvocato

_____

5. tra quindici anni / io / sposare la donna (l'uomo) dei miei sogni

_____

6. all'età di trentacinque anni / loro / guadagnare molto denaro

_____

7. all'età di cinquant'anni / io / scrivere già dieci libri

_____

8. all'età di sessant'anni / mio padre / andare in pensione

_____

ESERCIZIO G

Sei partito in macchina con alcuni amici per una fine settimana al mare. I tuoi genitori si preoccupano sempre di te quando parti da casa. Esprimi le domande che loro si saranno fatti durante la fine settimana.

ESEMPIO: portare un maglione
            Avrà portato un maglione?

1. controllare le ruote della macchina

_____

2. verificare il livello dell'olio

_____

3. prendere gli occhiali di vista

_____

4. mettere l'impermeabile in valigia

_____

5. portare abbastanza denaro

_____

6. fare le prenotazioni d'albergo

_____

7. ricordare di portare la carta di credito

_____

8. prendere la sua patente _(driver's license)_

_____

ESERCIZIO H

Completa le frasi seguenti usando il futuro o il futuro anteriore dei verbi tra parentesi.

ESEMPI: _(finire)_ Dopo che tu **avrai finito** di pulire, potrai uscire.

          (spiegare) Appena avrò capito la lezione, ti **spiegherò** tutto.

1. *(fermare)* Vi _____ dallo zio quando avrete finito di fare la spesa?

2. *(partire)* Mario non c'era. _____ per la stazione.

3. *(buttare)* Kim, chiamerà Gabriella dopo che _____ gli spaghetti in pentola.

4. *(comprare)* Se sarai promosso, io e tua madre ti _____ la macchina.

5. *(guadagnare)* Andremo in Italia appena _____ abbastanza soldi.

6. *(studiare)* Enrico _____ molto perchè ha superato l'esame.

7. *(andare)* Dove _____ Gino e Maria l'estate prossima?

8. *(portare)* Lia ci inviterà alla festa se _____ Aldo con noi.

[4] THE PAST CONDITIONAL

The past conditional *(condizionale passato)* is formed by combining the conditional of *avere* or *essere* with the past participle of the verb.

mangiare (finire, vendere) *I would have eaten (finished, sold)*	entrare *I would have entered*
io avrei mangiato (finito, venduto) **tu** avresti mangiato (finito, venduto) **lui/lei** avrebbe mangiato (finito, venduto)	**io** sarei entrato(a) **tu** saresti entrato(a) **lui/lei** sarebbe entrato(a)
noi avremmo mangiato (finito, venduto) **voi** avreste mangiato (finito, venduto) **loro** avrebbero mangiato (finito, venduto)	**noi** saremmo entrati(e) **voi** sareste entrati(e) **loro** sarebbero entrati(e)

Io non **avrei comprato** questa camicetta.	*I wouldn't have bought this blouse.*
Non **l'avrei pagata** cento dollari.	*I wouldn't have paid one hundred dollars for it.*
Le ragazze **sarebbero cadute.**	*The girls would have fallen.*

a. The past conditional is used to describe an action or event that would have been completed in the past had something else happened. The past conditional usually corresponds to English *would have + past participle* (I would have finished).

Non avevo il tuo numero, altrimenti **ti avrei telefonato.**	*I didn't have your number, otherwise I would have called you.*
Mi sarei fermato ma non ti ho visto.	*I would have stopped, but I didn't see you.*

b. The past conditional is used after verbs of telling, knowing, and promising like *dire, scrivere, sapere, assicurare,* and *promettere* in the past. Note that in such cases, English uses the present conditional.

Hai detto che mi **avresti aiutato.**	*You said that you would have helped me.*
Sapevo che lui non **sarebbe venuto.**	*I knew that he wouldn't have come.*
Avevate promesso che **avreste venduto** dieci biglietti.	*You (had) promised that you would sell ten tickets.*

c. The past conditional is used to report a rumor or a fact that may or may not be true. This is often the style used by the mass media.

Il presidente **si sarebbe rotto** la gamba.   *It appears that the president has broken his leg.*

Novanta persone **sarebbero morte**.   *Ninety people are presumed dead (to have died).*

ESERCIZIO I

Spiega quello che tu e queste persone avreste fatto ma non avete potuto fare. Completa le frasi con l'espressione corretta.

andare in città in macchina	ballare	nuotare
arrivare in orario	cadere	ridere
andare a letto	entrare	riparare

ESEMPIO: **Avrei ballato** ma mi facevano male i piedi.

1. La signora Harris _____ ma i freni erano guasti.

2. Loro _____ ma hanno perso il treno.

3. Io _____ ma non ero stanco(a).

4. Voi _____ ma il mare era troppo mosso.

5. Mio fratello _____ la bicicletta ma non aveva gli attrezzi necessari.

6. Il bambino _____ ma la sua mamma gli ha preso la mano in tempo.

7. Noi _____ ma il comico non è stato affatto spiritoso.

8. Tu _____ ma non avevi le chiavi.

ESERCIZIO J

Avresti fatto le cose seguenti tu? Esprimi la tua opinione in italiano.

ESEMPI: *(guardato)* The Honeymooners è una trasmissione che **non avrei guardato.**
            (studiare) Lo spagnolo e l'algebra sono materie che **avrei studiato.**

1. *(andare)* Casablanca e Spartacus sono film che _____ a vedere al cinema.

2. *(rispettare)* Susan B. Anthony è una donna che _____ .

3. *(comprare)* Le «Canzoni di Natale» di Johnny Mathis è un disco che _____ .

4. *(vedere)* I Beatles è un complesso che _____ dal vivo.

5. *(volere)* La Lamborghini è una macchina che _____ possedere.

6. *(scegliere)* Il francese è la lingua che _____ invece dell'italiano.

7. *(volere)* Essere la prima persona sulla luna è un'esperienza che _____ fare.

8. *(desiderare)* John F. Kennedy è un presidente che _____ conoscere.

ESERCIZIO K

Spiega quello che avresti fatto in queste circostanze.

ESEMPIO: C'è stato un incidente stradale.
             Avrei telefonato alla polizia.

1. Un vecchietto è caduto sul marciapiedi.

_____

2. Hai sentito l'odore di gas in cucina.

_____

3. Il tuo fratellino aveva molta fame.

_____

4. In un gran magazzino, un bambino non trovava la sua mamma.

_____

5. Hai perso il portafogli e non hai soldi nè per ritornare a casa nè per fare una telefonata.

_____

6. Hai rotto il vaso preferito di tua madre.

_____

7. Hai sentito una vicina di casa gridare e piangere molto forte.

_____

8. Hai visto un ragazzo rubare qualcosa in un negozio.

_____

ESERCIZIO L

Queste persone non mantengono le loro promesse. Completa le frasi seguenti con il condizionale passato secondo l'esempio.

ESEMPIO: Mario ha detto che **mi avrebbe comprato un regalo, ma non l'ha fatto.**

1. I miei genitori hanno promesso che _____ .

2. Il mio fidanzato (La mia fidanzata) mi ha assicurato che _____ .

3. Il professore ha detto che _____ .

4. La mia migliore amica ha promesso che _____ .

5. Il presidente ha ripetuto che _____ .

6. I miei cugini hanno scritto che _____ .

ESERCIZIO M

Completa le frasi seguenti con il condizionale presente o il condizionale passato dei verbi fra parentesi.

ESEMPI: *(scegliere)* Tu hai scelto di studiare medicina, ma io **avrei scelto** lingue straniere.
           (ballare) Con chi vuoi ballare? **Ballerei** volentieri con Rosanna.

1. *(dovere)* Invece di parlare con Stefano, tu _____ parlare con me ieri.

2. *(telefonare)* Noi _____ prima a Luisa, poi chiameremmo Marco.

3. *(mandare)* Riccardo ha promesso che _____ dei fiori a Rosalba ma ha dimenticato di farlo.

4. *(preferire)* Loro hanno giocato a tennis. Io, invece _____ giocare a palla a volo.

5. *(leggere)* Se non avete niente da fare la sera, perchè non _____ un bel romanzo?

6. *(venire)* Pino mi ha assicurato che _____ alle dieci; invece è arrivato a mezzogiorno.

7. *(andare)* Gianni _____ con me al concerto ma non aveva i soldi per il biglietto.

8. *(dare)* Sabato scorso, i miei genitori mi _____ la macchina purtroppo era rotta.

MASTERY EXERCISES

ESERCIZIO N

Cambia i tempi delle frasi secondo lo schema (pattern) seguente:

> *dall'imperfetto al trapassato prossimo*
> *dal futuro al futuro anteriore*
> *dal condizionale presente al condizionale passato*

ESEMPI: Parlavo con Anna.   **Avevo parlato** con Anna.
           Pulirò la mia camera prima delle due.   **Avrò pulito** la mia camera prima delle due.
           Guadagnerebbe molto denaro.   **Avrebbe guadagnato** molto denaro.

1. Capivi la lezione?

_____

2. Vi fermerete dallo zio Antonio?

_____

3. Laura faceva molte cose in casa.

_____

4. Telefoneresti alla polizia?

_____

5. Giorgio si alzerà prima di noi.

_____

6. Cercheremmo dei posti in prima fila.

_____

7. Il bambino rompeva tutti i suoi giocattoli.

_____

8. Andrebbero volentieri con noi.

_____

9. Mangerò un bel piatto di ravioli.

_____

10. Suggerirei di dirlo al professore.

_____

ESERCIZIO O

Dai cinque risposte a ognuna delle domande seguenti.

1. Come sarebbero diverse la tua vita e la tua personalità se tu fossi nato(a) *(were born)* maschio (femmina)?

_____

_____

_____

_____

2. Se tu avessi vissuto *(had lived)* all'epoca dei dinosauri, quali avventure avresti avuto?

_____

_____

_____

_____

ESERCIZIO P

Completa le frasi seguenti con il tempo corretto dei verbi fra parentesi.

1. *(finire)* Il pubblico è uscito dalla sala quando lo spettacolo _____.

2. *(finire)* Il pubblico uscirà dalla sala dopo che lo spettacolo _____.

3. *(perdere)* Francesca _____ le chiavi e non è potuta entrare in casa.

4. *(diventare)* Appena il semaforo _____ verde, le macchine partivano.

5. *(prendere)* Marco _____ il treno perchè la sua macchina era rotta.

6. *(tornare)* Partirò appena Pietro _____ a casa.

7. *(arrivare)* La conferenza è cominciata appena tutti i professori _____.

8. *(dire)* Voi rimarrete lì finchè io non vi _____ di partire.

9. *(mangiare)* Il ragazzo aveva fame. Poverino, non _____ da tre giorni!

10. *(arrivare)* Telefonate alla mamma appena _____.

11. *(finire)* I ragazzi _____ il compito ma la biblioteca era chiusa.

12. *(partire)* Non c'era più nessuno in città. Tutti _____ per il mare a causa del fortissimo caldo.

13. *(nevicare)* Le strade erano pericolose perchè _____ tutta la notte.

14. *(ottenere)* La crisi politica durerà finchè un accordo non _____.

15. *(guadagnare)* Andrò in vacanza appena _____ abbastanza soldi per il volo.

16. *(volere)* Paolo _____ comprare il libro ma era troppo caro.

ESERCIZIO Q

Devi rimandare all'anno prossimo i tuoi progetti d'iniziare l'università. Esprimi in italiano tutto quello che avevi già fatto prima di cambiare progetti.

1. I had been thinking about several universities in California.

   _____

2. I had written to them and they had sent me their catalogues.

   _____

3. My parents had asked precisely how much it would cost.

   _____

4. I told them that the four years would cost more than sixty thousand dollars.

_____

5. My parents had applied for a bank loan but it had been refused.

_____

6. They were sure that I would have to work to pay for my tuition.

_____

7. My sister's friend had recommended another university.

_____

8. But that university would have been very expensive as well.

_____

9. This year I will work full-time and by next September I will have saved at least $10,000.

_____

_____

10. Unfortunately, I did not receive a scholarship, otherwise I could have started college this September.

_____

_____

Chapter 10
Reflexive Verbs

[1] REFLEXIVE CONSTRUCTIONS IN SIMPLE TENSES

In a reflexive construction, the action is performed by the subject on itself. The reflexive verb has a reflexive pronoun as its object. Thus, the subject and the pronoun object refer to the same person(s) or thing(s): *he* hurt *himself; we* will enjoy *ourselves*.

PRESENT TENSE	
I wash (am washing) myself, etc.	
io *mi* lavo	noi *ci* laviamo
tu *ti* lavi	voi *vi* lavate
lui/lei *si* lava	loro *si* lavano

IMPERFECT
I washed (was washing used to wash) myself, etc.
io *mi* lavavo, tu *ti* lavavi, etc.

PASSATO REMOTO
I washed myself, etc.
io *mi* lavai, tu *ti* lavasti, etc.

FUTURE
I shall, (will) wash myself, etc.
io *mi* laverò, tu *ti* laverai, etc.

CONDITIONAL
I would wash myself, etc.
io *mi* laverei, tu *ti* laveresti, etc.

Mi diverto sempre in questa classe.	*I always have fun in this class.*
Ci alzavamo alle otto ogni mattina.	*We used to get up at 8 o'clock every morning.*
Quando **ti metterai** a studiare?	*When will you start studying?*

NOTE:

1. The infinitive of a reflexive verb drops the final *-e* of the infinitive before the reflexive *-si* ending.

   alzar*si* *to get up*   sentir*si* *to feel*   sposar*si* *to get married*

2. The reflexive pronouns *mi, ti, si, ci* and *vi*, like other personal object pronouns, precede the conjugated verb.

   Mi laverò i capelli stasera.   *I'll wash my hair tonight.*

3. A list of common reflexive verbs appears in the Appendix, pages 602–604.

ESERCIZIO A

Spiega chi fa le cose seguenti a casa tua.

addormentarsi con la televisione accesa	coricarsi presto	prepararsi senza perdere tempo
affrettarsi sempre di mattina	farsi la barba	spazzolarsi bene i denti
alzarsi con difficoltà	pettinarsi per un'ora	svegliarsi da solo(a)

ESEMPIO: I miei genitori **si preparano** senza perdere tempo.

1. I miei fratelli _____ .

2. I miei genitori _____ .

3. Io _____ .

4. Mia madre _____ .

5. Mia sorella _____ .

6. Mio fratello _____ .

7. Mio padre _____ .

8. Tutti noi _____ .

ESERCIZIO B

La fine settimana, la famiglia Arrighi abbandona le abitudini della settimana. Spiega quello che gli Arrighi non fanno come al solito. Sostituisci le parole in neretto (boldface) con un'espressione riflessiva.

ESEMPIO: **Il suo nome è** Gabriele.
Si chiama Gabriele.

1. I fratelli Arrighi **vanno a letto** all'una di mattina.

_____

2. La signora Arrighi non **mette il trucco** *(makeup)*.

_____

3. I genitori non **sono arrabbiati.**

_____

4. Lina non **usa il pettine** tutta la giornata.

_____

5. Il fratellino minore non **usa** mai **lo spazzolino.**

_____

6. Enrico **fa il pisolino** *(naps)* ogni pomeriggio.

_____

7. I ragazzi non **sono** mai **vestiti** prima di mezzogiorno.

_____

8. Il signor Arrighi non **usa il rasoio.**

_____

ESERCIZIO C

Fai delle domande personali a un(a) compagno(a) di classe.

ESEMPIO: come / chiamarsi
             Come ti chiami?

1. come / sentirsi oggi

   _____

2. a che ora / alzarsi durante la settimana

   _____

3. a che ora / coricarsi il venerdì sera

   _____

4. quando / riposarsi

   _____

5. come / divertirsi il sabato sera

   _____

6. in quali situazioni / arrabbiarsi

   _____

7. durante quale corso / annoiarsi di più

   _____

8. perchè / lamentarsi sempre

   _____

ESERCIZIO D

Spiega quello che accade in queste circostanze. Completa le frasi con i verbi suggeriti.

addormentarsi	arrabbiarsi	riposarsi
affrettarsi	farsi male	sbagliarsi
annoiarsi	ricordarsi	trovarsi

ESEMPIO: Quando Andrea è stanco di studiare, **si riposa** per mezz'ora e poi continua.

1. Dimentico sempre il numero di telefono di Angela. Paola _____
   sicuramente del numero.

2. Quando i bambini cadono, _____.

3. Siamo in ritardo per la festa allora _____.

4. Il film non è affatto interessante. Voi _____ a guardarlo.

5. I turisti domandano dove _____ il Colosseo e il Vaticano.

6. Tu sei stanca. _____ il momento che metti la testa sul cuscino.

7. Quando Pietro prende la nuova macchina di suo padre senza permesso, suo padre

_____ .

8. Io _____ sempre. Questa volta, invece di prendere a sinistra, ho girato a destra e mi sono perso.

[2] REFLEXIVE CONSTRUCTIONS IN COMPOUND TENSES

Compound tenses of reflexive verbs are formed by combining the helping verb *essere* with the past participle of the verb.

PASSATO PROSSIMO	
I washed (have washed) myself, etc.	
io mi sono lavato(a)	noi ci siamo lavati(e)
tu ti sei lavato(a)	voi vi siete lavati(e)
lui/lei si è lavato(a)	loro si sono lavati(e)

PLUPERFECT
I had washed myself, etc.
io mi ero lavato(a), tu ti eri lavato(a), etc.

FUTURE PERFECT	PAST CONDITIONAL
I had washed myself, etc.	*I would have washed myself,* etc.
io mi sàro lavato(a), tu ti sarai lavato(a), etc.	io mi sarei lavato(a), tu ti saresti lavato(a), etc.

NOTE:

1. The past participle of reflexive verbs agrees in number and gender with the subject.

Le ragazze si sono fermate al negozio.　　*The girls stopped at the store.*

Pietro e Claudio si saranno già lavati.　　*Pietro and Claudio must have already washed.*

2. In compound tenses, the reflexive pronoun precedes the helping verb. In the negative, *non* precedes the reflexive pronoun.

Carla si è ammalata perchè si è raffreddata.　　*Carla got sick because she caught cold.*

Io e mia sorella **non** ci saremmo divertiti.　　*My sister and I wouldn't have enjoyed ourselves.*

ESERCIZIO E

Racconta la storia di questa giovane coppia d'innamorati, Gina e Dino.

ESEMPIO: vedersi alla mensa il primo giorno di scuola
Si sono visti alla mensa il primo giorno di scuola.

1. mettersi a parlare durante la lezione d'italiano

   _____

2. conoscersi meglio durante una gita scolastica

   _____

3. divertirsi molto insieme

   _____

4. darsi appuntamento per la fine settimana successiva

   _____

5. dopo la gita vedersi ogni giorno

   _____

6. abituarsi a parlare al telefono ogni sera

   _____

7. innamorarsi piano piano

   _____

8. scriversi bellissime lettere d'amore

   _____

9. dirsi: «Ti amo»

   _____

10. fidanzarsi

    _____

11. prepararsi per l'avvenire

    _____

12. sposarsi

    _____

ESERCIZIO F

Le ragazze si erano preparate per il grande ballo. Indica quello che avevano fatto.

ESEMPIO: svegliarsi molto presto
Si erano svegliate molto presto.

1. comprarsi degli abiti carini

   _____

2. riposarsi il mattino

   _____

3. prepararsi durante tutto il pomeriggio

   _____

4. prestarsi orecchini adatti

   _____

5. lavarsi i capelli

   _____

6. aiutarsi a farsi i capelli

   _____

7. spazzolarsi bene i denti

   _____

8. truccarsi con cura

   _____

9. vestirsi lentamente

   _____

10. guardarsi allo specchio con piacere

    _____

11. doversi sbrigare per arrivare in orario

    _____

12. divertirsi molto

    _____

ESERCIZIO G

Usando le espressioni fra parentesi, forma delle domande al futuro anteriore basate sulle situazioni seguenti.

ESEMPIO: Mariella è andata al museo da sola. *(annoiarsi)*
            Si sarà annoiata?

1. Giorgio e Dario si sono litigati. *(mettersi a gridare)*

_____

2. Lina è caduta mentre sciava. *(rompersi la gamba)*

_____

3. La gattina si è nascosta sotto il divano. *(spaventarsi)*

_____

4. Voi non avete sentito la sveglia. *(svegliarsi in ritardo)*

_____

5. Luca ha perso il portafogli. *(recarsi dalla polizia)*

_____

6. Marcello è in ritardo. *(perdersi)*

_____

7. Renato ha aspettato la sua amica ma lei non è arrivata. *(arrabbiarsi)*

_____

8. Non vedo la macchina di mio padre. *(dimenticarsi del nostro appuntamento)*

_____

ESERCIZIO H

Spiega quello che tu e i tuoi amici avreste fatto se foste stati (had been) *invitati a una festa di Carnevale. Usa le espressioni suggerite con soggetti diversi—io, tu, voi, Carlo, eccetera.*

cambiarsi almeno due volte durante la serata
cucirsi un costume di principe (principessa)
dipingersi i capelli di colore rosso, bianco e verde
mettersi un vestito del papà (della mamma)
mettersi una barba falsa

non vestirsi affatto in costume
pettinarsi i capelli a punte come una stella
truccarsi da Dracula
vestirsi da pagliaccio

ESEMPIO: Il professore **si sarebbe truccato** da Dracula.

1. _____

2. _____

3. _____

4. _____

5. _____

6. _____

7. _____

8. _____

[3] THE IMPERATIVE WITH REFLEXIVE VERBS

a. In the affirmative imperative of the *tu, noi,* or *voi* form, reflexive pronouns follow the verb and are attached to it.

AFFIRMATIVE IMPERATIVE	
lava*ti*	*wash yourself*
laviamo*ci*	*let's wash ourselves (get washed)*
lavate*vi*	*wash yourself (yourselves)*

Ragazzi, **alzatevi** adesso! *Boys, get up now!*

Giorgio, **vestiti**! *Giorgio, get dressed!*

b. In the negative imperative of the *tu, noi,* or *voi* form, reflexive pronouns may precede or follow the verb. Note that the negative imperative *tu* form is always an infinitive.

NEGATIVE IMPERATIVE	
non *lavarti* / **non *ti lavare***	*don't wash yourself*
non *ci laviamo* / **non *laviamoci***	*let's not wash ourselves*
non *vi lavate* / **non *lavatevi***	*don't wash yourself (yourselves)*

Mario, **non farti** la barba con il mio rasoio. *Mario don't shave with my raisor.*

Non ci alziamo tardi domani mattina. *Let's not get up late tomorrow morning.*

c. Reflexive pronouns always precede the *lei* and *loro* forms of both the negative and affirmative imperative.

FORMAL IMPERATIVE		
AFFIRMATIVE		NEGATIVE
si lavi *wash yourself*		**non si lavi** *don't wash yourself*
si lavino *wash yourselves*		**non si lavino** *don't wash yourselves*

Signori, **si siedano** lì per favore. *Gentlemen, please sit there.*

Signora Ranieri, non **si preoccupi**. *Mrs. Ranieri, don't worry.*

ESERCIZIO I

I tuoi genitori ti danno sempre ordini. Indica quello che ti dicono. Usa i suggerimenti o usane altri con verbi alla forma riflessiva.

alzarsi immediatamente	guardarsi allo specchio	prepararsi da mangiare da solo
calmarsi	lavarsi i capelli	stirarsi la camicia
coricarsi presto	pettinarsi prima di uscire	vestirsi in fretta

ESEMPIO: **Guardati** allo specchio.

1. _____

2. _____

3. _____

4. _____

5. _____

6. _____

7. _____

8. _____

ESERCIZIO J

Silvia e sua sorella non ubbidiscono mai ai loro genitori. Spiega quello che la loro mamma dice loro di fare e di non fare.

ESEMPI: addormentarsi sul divano
Non vi addormentate sul divano. (**Non addormentatevi** sul divano.)

OR: coricarsi nel letto
Coricatevi nel letto.

1. trattenersi a guardare la televisione fino a tardi

_____

coricarsi a un'ora decente

_____

2. nascondersi quando ci sono faccende da fare

_____

darsi da fare

_____

3. dimenticarsi di dire grazie

_____

ricordarsi di essere educate

_____

4. appoggiarsi al muro con le mani sporche

_____

lavarsi spesso le mani

_____

5. spazzolarsi i capelli in cucina

_____

farsi i capelli in bagno

_____

ESERCIZIO K

Cosa diresti nelle situazioni seguenti? Usa l'imperativo dei verbi fra parentesi.

ESEMPI: Tuo fratello grida quando ti vede prendere la sua racchetta da tennis. *(preoccuparsi)*
Non ti preoccupare!

OR: I tuoi amici sono nervosi. *(calmarsi)*
Calmatevi!

1. Tu ti occupi di due bambini e loro hanno molto sonno. *(coricarsi)*

_____

2. Tu e tua sorella siete seduti in giardino quando il telefono squilla. Tu non vuoi rispondere al telefono. *(alzarsi)*

_____

3. Un'amica di tua madre arriva a casa tua. Tu la inviti ad aspettare in salotto. *(sedersi)*

_____

4. Il tuo fratellino ha le mani piene d'inchiostro. *(lavarsi le mani)*

_____

5. Fa freddo. Il tuo amico esce senza giacca. *(mettersi la giacca)*

_____

6. Tua madre non ti permette di passare la fine settimana da una tua amica. *(fidarsi di me)*

_____

7. Tu hai ricevuto un cattivo voto in matematica e lo dici ai tuoi genitori. *(arrabbiarsi con me)*

_____

8. Tu fai la guida turistica e spieghi al gruppo che bisognerà partire presto l'indomani mattina. *(alzarsi presto)*

_____

[4] REFLEXIVE CONSTRUCTIONS WITH INFINITIVES AND *GERUNDIO*

a. When used with an infinitive, the reflexive pronoun follows the infinitive and is attached to it after the final *e* is dropped.

Sarò contento di **laurarmi**.	*I'll be happy to graduate from college.*
Abbiamo deciso di **sposarci**.	*We decided to get married.*

NOTE: When a reflexive infinitive is preceded by the verb *dovere, potere, sapere,* or *volere,* the reflexive pronoun may either precede the conjugated verb or follow the infinitive.

Voglio vestirmi adesso.
Mi **voglio vestire** adesso.   } *I want to get dressed now.*

Dovrei svegliarmi presto.
Mi **dovrei svegliare** presto.   } *I should wake up early.*

b. Reflexive pronouns follow and are attached to the present *gerundio.* In the past *gerundio,* reflexive pronouns follow and are attached to *avendo* or *essendo.*

Mettendosi a tavola, Giovanna è caduta.	*As she was sitting at the table, Giovanna fell.*
Essendomi alzato prima di tutti, ho preparato la colazione.	*Having gotten up before everyone, I prepared breakfast.*

ESERCIZIO L

Spiega quello che fate tu e queste persone nei luoghi indicati.

ESEMPIO: Vado in bagno. *(farsi la barba)*
Vado a farmi la barba.

1. Vanno al cinema. *(divertirsi)*

_____

2. Vado in camera da letto. *(coricarsi)*

_____

3. Vai in bagno. *(lavarsi)*

_____

4. La mamma va in salone. *(rilassarsi)*

_____

5. Andiamo in cucina. *(prepararsi dei panini)*

_____

6. Andate al mare. *(abbronzarsi)*

_____

ESERCIZIO M

Usando la forma corretta dei verbi indicati, completa questa conversazione fra Laura e Lina.

LAURA: Pensi di _____ alla festa di Rita?
1. (divertirsi)

LINA: E come! Cosa _____ tu per la festa?
2. (mettersi)

LAURA: Voglio _____ molto elegante. Io _____ una bella gonna e
3. (vestirsi) 4. (comprarsi)

giacca. E tu?

LINA: So che le nostre amiche hanno l'intenzione di _____ in jeans. Ma anch'io
5. (vestirsi)

preferisco _____ un completo elegante.
6. (mettersi)

LAURA: Possiamo _____ a casa tua? Sabato lavoro e dovrò _____
7. (vestirsi) 8. (affrettarsi)

per arrivare puntuale alla festa. Se devo tornare a casa a _____ prima della
9. (cambiarsi)

festa, arriverò troppo tardi da Marta.

LINA: Ma certo che puoi _____ qui! Così possiamo chiacchierare e
10. (prepararsi)

_____ un mondo.
11. (divertirsi)

LAURA: Benissimo. Adesso me ne vado. Devo _____, ho un sacco di compiti da fare.
12. (sbrigarsi)

LINA: Allora, ci vediamo sabato.

ESERCIZIO N

Usando i verbi indicati, spiega perchè certe persone che conosci **devono, possono, sanno** *o* **vogliono** *fare le cose seguenti.*

ESEMPIO: occuparsi (di)
Laura **deve occuparsi** spesso del suo fratellino.
OR: Laura **si deve occupare** spesso del suo fratellino.

1. laurearsi

_____

2. fidarsi (di)

_____

3. sposarsi (con)

_____

4. sbrigarsi

_____

5. arrabbiarsi (con)

_____

6. alzarsi

_____

7. fidanzarsi (con)

_____

8. farsi male (a)

_____

9. preoccuparsi (di)

_____

10. lamentarsi (di)

_____

ESERCIZIO O

Usa il gerundio e spiega quello che succede in queste situazioni.

ESEMPIO: Mi alzo e mi pettino.
            Essendomi alzato, mi sto pettinando.

1. Arturo si veste e si prepara da mangiare.

_____

2. Adelina si trucca e si stira una camicetta.

_____

3. Paolo e Michele si sono laureati e cercano un impiego.

_____

4. Io mi sono sposato e mi domando se ho fatto bene o male.

_____

5. Mia sorella si sveglia alle dieci e si affretta a vestirsi.

---

6. Voi vi recate alla festa in ritardo e vi scusate.

---

[5] SUMMARY OF THE POSITION OF REFLEXIVE PRONOUNS

SIMPLE TENSES	Tu *ti* lavi. Voi *vi* lavavate.	*You wash yourself.* *You washed yourself (yourselves).*
COMPOUND TENSES	Tu *ti* sei lavato(a). Voi *vi* eravate lavati(e).	*You washed yourself.* *You had washed yourself (yourselves).*
INFINITIVE CONSTRUCTIONS	Tu vuoi lavar*ti*. Tu *ti* vuoi lavare. Voi volevate *lavarvi*. Voi *vi* volevate lavare.	*You want to wash yourself (get washed).* *You wanted to wash (yourselves).*
PRESENT GERUNDIO PAST GERUNDIO	Lavando*si*... Essendo*si* lavato(a, e, i)...	*While washing (getting washed) . . .* *Having washed . . .*
IMPERATIVES	Lava*ti!* Lavate*vi!* Non *ti* lavare! or Non lavar*ti!* Non *vi* lavate! or Non lavate*vi!*	*Wash yourself!* *Wash yourself (yourselves)!* *Don't wash yourself!* *Don't wash yourself (yourselves)!*

[6] USES OF REFLEXIVE VERBS

a. Many Italian verbs that take an object, direct or indirect, may be made reflexive. Compare:

La madre **veste** *sua figlia.* *La madre* **si veste.**
The mother dresses her daughter. *The mother gets dressed (dresses herself).*

Marco **ha fermato** *la macchina.* *Marco* **si è fermato** davanti alla macchina.
Marco stopped the car. *Marco stopped (himself) in front of the car.*

b. Some verbs have special meanings when used reflexively.

BASIC MEANING	REFLEXIVE MEANING
addormentare *to put to sleep*	addormentarsi *to fall asleep*
alzare *to lift*	alzarsi *to get up*
annoiare *to bore; to annoy*	annoiarsi *to get bored*
aspettare *to wait for*	aspettarsi (di) *to expect to*

BASIC MEANING	REFLEXIVE MEANING
battere *to beat, strike*	battersi *to fight*
cambiare *to change*	cambiarsi *to change, turn into*
coricare *to put to bed*	coricarsi *to go to bed*
domandare *to ask*	domandarsi *to wonder*
mettere *to put, place*	mettersi (a) *to start to do something*
occupare *to occupy*	occuparsi (di) *to take care of*
permettere *to allow*	permettersi (di) *to afford to*
ricordare *to remind; to remember*	ricordarsi (di) *to remember to*
sentire *to hear*	sentirsi (di) *to feel like*
servire *to serve*	servirsi (di) *to use*
sforzare *to strain, force*	sforzarsi (di) *to strive, endeavor to*
trattare *to treat, deal with*	trattarsi (di) *to be a question of*

c. **Some verbs are always used reflexively in Italian but not usually in English.**

accorgersi (di) *to notice*	innamorarsi (di) *to fall in love with*
ammalarsi *to get sick*	lamentarsi (di) *to complain about*
burlarsi (di) *to make fun of, mock*	pentirsi (di) *to repent, regret*
fidanzarsi (con) *to get engaged to*	ribellarsi *to rebel, revolt*
fidarsi (di) *to trust*	vergognarsi (di) *to be ashamed of*

ESERCIZIO P

Una cena importante ha luogo al ristorante «Da Silvio». Completa le frasi scegliendo il verbo adatto.

ESEMPIO: *(sentire, sentirsi)* Il capo cameriere non **si sente** bene. Ha mal di orecchi e non **sente** bene.

1. *(servire, servirsi)* Il cameriere _____ di un gran vassoio *(tray)* per

   _____ i diversi piatti ai clienti.

2. *(aspettare, aspettarsi)* I camerieri _____ con pazienza perchè

   _____ di ricevere una bella mancia.

3. *(domandare, domandarsi)* Un cliente _____ se è corretto _____ il
   prezzo dei piatti del giorno.

4. *(occupare, occuparsi)* I signori Stevens _____ un tavolino speciale, così il loro

   cameriere preferito potrebbe _____ di loro.

5. *(ricordare, ricordarsi)* Il signor Danilo _____ che deve _____ al

   cameriere di portargli del peperoncino.

6. *(addormentare, addormentarsi)* La conversazione al tavolino _____ il signor Rizzo,

   allora per non _____ lui ha ordinato un doppio espresso.

7. *(coricare, coricarsi)* La signora Wald chiama a casa per vedere se la baby sitter _____

suo figlio. La signora vorrebbe parlare a suo marito ma la baby sitter le dice che lui

_____ alle nove perchè era stanco.

8. *(mettere, mettersi)* Il cuoco _____ a gridare quando un cameriere

_____ del parmigiano sugli spaghetti alle vongole.

ESERCIZIO Q

Tu, tuo fratello e tua sorella fate delle cose che non piacciono a vostra madre. Completa le frasi con i verbi suggeriti.

burlarsi	pèntirsi
lamentarsi	ribellarsi
occuparsi	sentirsi

1. Gianni _____ di me, mi prende in giro e ride senza nessuna ragione.

2. Naturalmente, io non _____ di litigare con lui e quando fa così faccio finta di non

sentirlo.

3. Io non _____ mai del mio fratellino. Quando i miei genitori escono, lo lasciano

dai nonni.

4. Mia sorella Marianna _____ ogni volta che la mamma le chiede di fare qualcosa.

5. Io e mia sorella _____ sempre di quello che cucina mia madre. La mamma dice

che a noi non piace niente.

6. Quando la mamma si arrabbia noi _____ e le domandiamo scusa.

> **d.** In the plural, reflexive verbs may express reciprocal action corresponding to
> English *each other, one another.*
>
> | | |
> |---|---|
> | Carlo e Maria **si amano.** | *Carlo and Maria love each other.* |
> | Tutti dovremmo **aiutarci.** | *We should all help one another.* |
>
> NOTE: The phrase *l'un l'altro(a)* or *a vicenda* (one another, each other) may be added
> to a reciprocal verb to clarify or reinforce the reciprocal meaning of the reflexive
> pronoun. Compare:
>
> | | |
> |---|---|
> | Le ragazze si guardano. | *The girls look at themselves.* or *The girls look at each other.* |
> | Le ragazze si guardano **l'un l'altra.** | *The girls look at each other.* |
> | Piero e Gino si odiano. | *Piero and Gino hate themselves.* or *Piero and Gino hate each other.* |
> | Piero e Gino si odiano **a vicenda.** | *Piero and Gino hate each other.* |

e. Reflexive verbs are often used to express a passive action when the subject is a thing (not a person) and when the agent (doer) is not expressed (see page 139).

| Qui **si parla** italiano. | *Italian is spoken here.* |
| Questi libri **si vendono** molto bene. | *These books sell very well.* |

f. A reflexive construction is often used in Italian for emphasis and to stress a more lively and personal involvement of the subject in the action. Compare:

Ho comprato un cappello stupendo.	*I bought a great hat.*
Mi sono comprato un cappello stupendo!	*I bought myself a great hat!*
Mangerei una bella bistecca.	*I would eat a nice steak.*
Mi mangerei una bella bistecca!	*I could really go for a nice steak!*

g. In reflexive constructions involving parts of the body or items of clothing, the definite article rather than the possessive adjective is used since it is clear to whom the part of the body or the item of clothing belongs.

| Lui si mette sempre **le mani** in tasca. | *He always puts his hands in his pockets.* |
| Mi pettino **i capelli.** | *I brush my hair.* |

ESERCIZIO R

Usando i suggerimenti, spiega come tu e queste persone esprimete il vostro amore.

accarezzarsi sempre	farsi spesso dei regali	scriversi poesie
baciarsi spesso	mandarsi lettere d'amore	tenersi sempre la mano
dirsi paroline dolci		

ESEMPIO: Carlo e Anna **si dicono paroline dolci.**

1. Andrea e Fatima _____ .

2. Giuseppe e Rita _____ .

3. Marcello e Lia _____ .

4. Io e il mio fidanzato (la mia fidanzata) _____ .

5. Tu e Paolo _____ .

6. Laura e Gianni _____ .

ESERCIZIO S

Emanuele sta preparando dei cartelloni per una festa del Circolo Italiano. Aiutalo a scrivere queste frasi sui cartelloni.

ESEMPIO: entrare / da qui
Si entra da qui.

1. i biglietti d'entrata / vendere / davanti alla biblioteca

2. qui / vendere / gelato italiano

_____

3. giocare / a scacchi / in palestra

_____

4. qui / comprare / biglietti per il sorteggio *(drawing)*

_____

5. nella sala accanto / leggere / oroscopi

_____

6. in questa sala / guardare / trasmissioni italiane

_____

7. con questa cuffia / ascoltare / musica italiana

_____

8. uscire / da qui

_____

ESERCIZIO T

Parla delle cose che tu e alcuni amici avete fatto ieri. Cambia i verbi delle frasi seguenti in verbi riflessivi facendo attenzione all'accordo del participio passato.

ESEMPIO: Ho preso un cappuccino squisito.
            Mi sono preso un cappuccino squisito.

1. Michelina ha bevuto un litro di limonata ghiacciata.

_____

2. Io e i miei amici abbiamo cucinato un pranzo enorme.

_____

3. Ho mangiato un bel piatto di pasta.

_____

4. Rosa ha fatto un bel sonno di quindici ore.

_____

5. Mia cugina ha promesso di mettersi a dieta.

_____

6. Ho deciso di non fumare più.

_____

M A S T E R Y   E X E R C I S E S

ESERCIZIO U

Rispondi alle domande che ti fa un ragazzo italiano che frequenta la tua scuola quest'anno.

1. Come ti senti quando inizia la scuola?

   _____

2. Vi lamentate in classe quando i maestri vi danno molti compiti?

   _____

3. Di solito, per quali ragioni si arrabbiano con voi i maestri?

   _____

4. Ti dedichi ai tuoi studi con entusiasmo?

   _____

5. I vostri maestri l'ammettono quando si sbagliano?

   _____

6. Ti affretti a tornare a casa dopo le lezioni?

   _____

7. Si arrabbiano i tuoi genitori quando torni a casa tardi?

   _____

8. Quando ti diplomerai dal liceo?

   _____

9. A quale università ti iscriverai?

   _____

10. Come ti diverti quando sei con i tuoi amici?

    _____

11. Con chi ti litighi spesso?

    _____

12. Di chi ti fidi di più, dei tuoi genitori o dei tuoi amici?

    _____

ESERCIZIO V

Riscrivi ogni frase sostituendo l'espressione in neretto con uno dei verbi suggeriti senza cambiare il significato della frase.

accorgersi	mettersi	sbagliarsi
andarsene	occuparsi	servirsi di
innamorarsi di	pentirsi	sforzarsi

ESEMPIO: Michele **ha incominciato** a ridere.
                      Michele **si è messo** a ridere.

1. Marco **aveva notato** che la finestra era rotta.

_____

2. Io non **faccio** mai **errori.**

_____

3. Il professore **è partito** alle otto.

_____

4. È stato un colpo di fulmine. Giuseppe **è cascato per** Renata quando l'ha vista per la prima volta.

_____

5. I ragazzi **sono molto tristi** di essersi comportati male verso la povera vecchietta.

_____

6. Il professore **ha usato** il mio dizionario perchè è migliore del suo.

_____

7. Se non **fai del tuo meglio** non sarai promosso quest'anno.

_____

8. Ogni venerdì sera, **ho cura** del figlio della vicina; guadagno trenta dollari per cinque ore.

_____

ESERCIZIO W

Spiega a un amico quello che fai in colonia (camp) *durante l'estate. Esprimi le frasi in italiano.*

1. At 6:00 a.m. the counselor *(capogruppo)* screams: "Wake Up!"

_____

2. I never get up immediately. Sometimes I fall asleep again.

_____

3. My friends and I wash ourselves and go to the dining room to have breakfast.

_____

4. Everyone has a good time and no one complains.

_____

5. If you don't pay attention when you play, you can break your arm or your leg.

_____

6. I never get bored and I never get angry.

_____

7. In the afternoon, we put on our bathing suits, and we swim in the lake.

_____

8. We don't always behave well. Sometimes we make fun of the counselors *(capigruppo)*.

____ _____

9. Sometimes the kids fight, but usually we help each other.

_____

10. The food is awful, and I often wonder if I can ask for a steak.

_____

11. When they serve us dinner, they use paper plates.

_____

12. At night, we wash our clothes, and then we fall asleep quickly.

_____

13. My best friend and I write to each other twice a week.

_____

14. This year I didn't expect to enjoy myself so much.

_____

15. Usually at the end of the summer, I don't feel like leaving.

_____

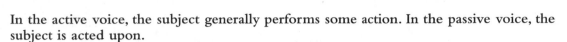

Chapter 11
Passive Constructions

In the active voice, the subject generally performs some action. In the passive voice, the subject is acted upon.

ACTIVE: **Gli studenti comprano i libri.**   *The students buy the books.*
PASSIVE: **I libri sono comprati dagli studenti.**   *The books are bought by the students.*

[1] FORMS AND USES OF THE PASSIVE

The passive construction in Italian is similar to English: subject + a tense of *essere* + past participle + *da* + agent (doer) if the agent is mentioned.

Queste strade **sono costruite dal** governo.   *These streets are built by the government.*
Tutti i miei amici **sono stati invitati da** Carlo.   *All my friends were invited by Carlo.*
Questa lettera **sarà ricevuta da** tutti i genitori.   *This letter will be received by all the parents.*
L'America **fu scoperta** il 12 ottobre 1492.   *America was discovered October 12, 1492.*

NOTE:

1. In the passive, since the past participle is conjugated with *essere*, it agrees in gender and number with the subject.

    Questi palazzi sono stati costruiti novant'anni fa.   *These buildings were built ninety years ago.*

2. The agent is preceded by the preposition *da*.

    Mio nonno era amato **da tutti.**   *My grandfather was loved by everyone.*
    La sposa sarà accompagnata **da suo zio.**   *The bride will be accompanied by her uncle.*

ESERCIZIO A

C'è stata una festa a casa di Carolina. Usando il passivo, racconta in che modo i suoi amici hanno aiutato.

ESEMPIO: Arturo ha comprato i rinfreschi.
             I rinfreschi **sono stati comprati da** Arturo.

1. Sua cugina ha preparato i dolci.

_____

2. I suoi vicini di casa hanno cucinato la carne.

_____

3. Vincenzo ha contribuito le decorazioni.

_____

4. Il suo ragazzo ha apparecchiato la tavola.

_____

5. Sergio ha comprato il pane.

_____

6. I suoi compagni di scuola hanno portato i dischi.

_____

7. La trattoria «Casa Rustica» ha fornito la pasta.

_____

8. I genitori hanno pagato tutte le spese.

_____

ESERCIZIO B

Renata è molto fiera del ruolo della sua famiglia nello sviluppo della sua città. Usando i verbi suggeriti, spiega quello che dice a una nuova amica durante un giro per la città.

costruire	donare	progettare
creare	pagare	realizzare
dedicare	piantare	regalare

ESEMPIO: **Questo grattacielo è stato costruito da mio nonno.**

1. _____

2. _____

3. _____

4. _____

5. _____

6. _____

7. _____

8. _____

ESERCIZIO C

La famiglia Armandi si sta facendo costruire un villino. Completa le frasi e spiega quando i vari lavori saranno terminati.

ESEMPIO: La cucina **sarà finita** domani.

1. L'elettricità _____ lunedì.
(collegare)

2. I muri _____ la settimana prossima.
(imbiancare)

3. Le pareti del salone _____ venerdì.
(tappezzare)

4. La piscina _____ il mese prossimo.
(costruire)

5. L'impianto dell'aria condizionata _____ tra un mese.
(finire)

6. Il bagno _____ tra qualche giorno.
(terminare)

7. Gli alberi e i cespugli _____ mercoledì.
(piantare)

8. Quasi tutti i lavori _____ prima della fine dell'estate.
(completare)

[2] SUBSTITUTE CONSTRUCTIONS FOR THE PASSIVE

The passive is used less frequently in Italian than in English. In Italian, a passive construction is generally replaced by an impersonal *si* construction when the agent (doer) is not expressed. *Si* is followed by an active verb in the third person singular or plural. Note that the noun usually follows the verb. Compare:

Molte lingue **sono parlate** nella città di New York. Nella città di New York **si parlano** molte lingue.	*Many languages are spoken in the city of New York.*
Finalmente, la macchina è **stata venduta**. Finalmente, **si è venduta** la macchina.	*Finally, the car has been sold.*
Tre libri **sono stati pubblicati** l'anno scorso. **Si sono pubblicati** tre libri l'anno scorso.	*Three books were published last year.*
Quando mi sposo, l'italiano **sarà parlato** spesso a casa mia. Quando mi sposo, **si parlerà** spesso l'italiano a casa mia.	*When I get married, Italian will be spoken often at my house.*

NOTE:

1. Impersonal *si* constructions may include an infinitive, usually following the verb *potere, dovere, fare,* or *volere.*

Da qui **si può vedere** la Statua della Libertà.	*The Statue of Liberty can be seen from here. (You / One can see the Statue of Liberty from here.)*

2. When an impersonal *si* construction is used with a reflexive verb, the pronoun *ci* replaces impersonal *si* in order to avoid the harsh sound of a double *si.*

Ci si **alza** presto d'estate.	*One gets (people / we get) up early in the summer.*
Ci si **veste** bene per andare a scuola.	*One dresses well to go to school.*

3. In advertisements and commercial language, the *si* follows and is attached to the verb.

Affittasi villino al mare.   *Seaside villa for rent.*
Cercasi segretaria bilingue.   *Wanted bilingual secretary.*

ESERCIZIO D

Rispondi alle domande che ti fa un tuo cugino che è appena arrivato dall'Italia.

1. Cosa si mangia qui a colazione?

   _____

2. A che ora si cena a casa tua?

   _____

3. Cosa si fa qui la domenica?

   _____

4. Quanto si paga per vedere una partita di baseball?

   _____

5. Si possono comprare cartoline postali alla posta?

   _____

6. Ci sono posti in questa città dove si può prendere un caffè espresso o un cappuccino?

   _____

7. Come si arriva in centro città?

   _____

8. Quanta mancia si lascia ai ristoranti e ai bar?

   _____

ESERCIZIO E

È il tuo primo giorno di lavoro in un ufficio legale. Cambiando le frasi alla forma impersonale con **si**, *spiega quello che ti dice il direttore.*

ESEMPIO: Il mattino arriviamo all'ufficio in orario.
             Il mattino **si arriva** all'ufficio in orario.

1. Lavoriamo quaranta ore alla settimana.

   _____

2. Rispondiamo al telefono immediatamente.

   _____

3. Leggiamo le lettere attentamente.

_____

4. Facciamo un'ora di colazione.

_____

5. Facciamo lo straordinario *(overtime)* quando è necessario.

_____

6. Non fumiamo in questo ufficio.

_____

7. Non sprechiamo tempo.

_____

8. Lasciamo sempre tutto in ordine alla fine della giornata.

_____

ESERCIZIO F

Spiega come si preparano questi tipici piatti italiani.

ESEMPIO: il tiramisù / mascarpone e savoiardi
            Il tiramisù **si fa** con mascarpone e con savoiardi.

1. la caponata / melanzane, olive e capperi

_____

2. il pesto / basilico fresco e noci

_____

3. gli arancini / riso, sugo e carne

_____

4. i saltimbocca / fette di vitello e prosciutto

_____

5. gli spaghetti alla carbonara / pancetta e uova

_____

6. il ragù alla bolognese / carne tritata e pomodoro

_____

ESERCIZIO G

La mamma dà lezioni di buona educazione al figlio di cinque anni. Completa le frasi con la forma adatta dei verbi suggeriti.

dare	lavare	pulire	sapere
dire	mettere	ruttare *(to burp)*	sbadigliare *(to yawn)*
interrompere	parlare	salutare	

ESEMPIO: **Si saluta** prima di uscire di casa.

1. ——————————————— sempre «per favore» e «grazie».

2. ——————————————— le mani prima di mettersi a tavola.

3. ——————————————— le scarpe prima di entrare dal giardino.

4. Non ——————————————— del tu alle persone più grandi di te.

5. Non ——————————————— davanti agli altri mentre si mangia.

6. ——————————————— che i bambini piccoli devono ascoltare i loro genitori.

7. Non ——————————————— con la bocca piena di cibo.

8. Quando si mangia, ——————————————— il tovagliolo sulle ginocchia.

9. Non ——————————————— gli adulti mentre parlano.

10. Quando ——————————————— si mette la mano davanti alla bocca.

ESERCIZIO H

*Tu e la tua sorellina Daniela state viaggiando in aereo insieme. Usando la costruzione impersonale con **si**, scrivi le domande che ti fa Daniela.*

ESEMPIO: mettersi la cintura di sicurezza
        Ci si mette la cintura di sicurezza?

1. togliersi le scarpe

————————————————————————————————

2. addormentarsi facilmente

————————————————————————————————

3. lavarsi le mani prima di partire

————————————————————————————————

4. annoiarsi quando il volo è lungo

————————————————————————————————

5. divertirsi a guardare il film

_____

6. sedersi durante tutto il viaggio

_____

MASTERY EXERCISES

ESERCIZIO I

Mentre aspetti il tuo amico Gino a casa sua, il suo fratellino curioso di sette anni ti fa un sacco di domande. Rispondi alle sue domande.

1. Come si dice «hippopotamus» in italiano?

_____

2. A che ora si cena a casa tua?

_____

3. Dove si compra la medicina?

_____

4. Dove si mettono i criminali?

_____

5. In quali paesi si parla il portoghese?

_____

6. Si vede il tramonto da casa tua?

_____

7. Si dicono le parolacce a casa tua?

_____

8. Perchè si puniscono i bambini?

_____

9. Si sa se c'è gente sulla luna?

_____

10. Si crede a Babbo Natale in Italia?

_____

ESERCIZIO J

Usando la costruzione impersonale con **si,** *spiega alcune caratteristiche della vita italiana.*

ESEMPIO: Gli Italiani bevono spesso il vino con i pasti.
            In Italia si beve spesso il vino con i pasti.

1. Gli Italiani viaggiano molto in treno.

_____

2. Gli Italiani chiudono i negozi dall'una alle quattro del pomeriggio.

_____

3. Gli Italiani comprano i francobolli dal tabaccaio.

_____

4. Gli Italiani vanno molto spesso al caffè.

_____

5. Gli Italiani vanno in vacanza per tutto il mese di agosto.

_____

6. Gli Italiani prendono un digestivo alla fine dei pasti.

_____

7. Gli Italiani seguono le partite di calcio con molto entusiasmo.

_____

8. Gli Italiani parlano molti dialetti diversi.

_____

ESERCIZIO K

Luigi racconta a suo fratello quello che ha letto in un articolo sul temporale (storm) *del giorno precedente. Spiega in italiano quello che dice.*

1. The city was surprised by a storm last night.

_____

2. Many trees were destroyed by the rain.

_____

3. The lights were put out by a bolt of lightning.

_____

4. The streets were flooded by the river.

_____

5. The schools were closed by the authorities.

_____

6. One could see water everywhere.

_____

7. What can you do when everything is closed?

_____

8. People can't buy anything.

_____

9. You can't go to a ballgame for a few days.

_____

10. How does one prepare oneself for such events?

_____

Chapter 12
Subjunctive

[1] THE SUBJUNCTIVE IN ITALIAN

Chapters 1 through 11 in this book deal with verb constructions in the indicative mood. The term mood describes the form of the verb showing the subject's attitude. In this and the next two chapters, you will see how the subjunctive mood enables speakers of Italian to express a variety of attitudes through different verb forms and constructions.

a. The indicative and the subjunctive

The indicative mood states facts and expresses certainty or reality. The subjunctive mood expresses uncertainty, doubt, wishes, desires, conjecture, suppositions, and conditions that are unreal, hypothetical, or contrary to fact. The subjunctive occurs much more frequently in Italian than in English.

b. There are four tenses in the subjunctive mood in Italian. Chapter 12 introduces the present subjunctive, Chapter 13, the past subjunctive, and Chapter 14, the imperfect and pluperfect subjunctives.

c. In Italian, the subjunctive normally occurs in a dependent clause introduced by a conjunction containing *che* or by a relative pronoun (usually *che*).

Telefonami *prima che* Carlo **parta**.	*Call me before Carlo leaves.*
Insisto *che* voi **rimaniate** a cena.	*I insist (that) you stay for dinner.*

NOTE:

1. Verbs in the present subjunctive may express actions that take place in the present or in the future.

È necessario **che tu parta** adesso.	*It's necessary that you leave now.*
È possibile **che loro perdano** la partita.	*It's possible that they will lose the game.*

2. Italian subjunctive forms may have various English equivalents. Compare all examples in Chapters 12, 13, and 14 carefully.

[2] PRESENT SUBJUNCTIVE OF REGULAR VERBS

The present subjunctive (*presente del congiuntivo*) of most verbs is formed by dropping the -*o* ending of the first person singular (*io* form) of the present indicative and adding the subjunctive endings.

- **-are** verbs: -i   -i   -i   -iamo   -iate   -ino
- **-ere** and **-ire** verbs: -a   -a   -a   -iamo   -iate   -ano

	abit*are* *to live*	legg*ere* *to read*	part*ire* *to leave*	cap*ire* *to understand*
che io	abit*i*	legg*a*	part*a*	capis*ca*
che tu	abit*i*	legg*a*	part*a*	capis*ca*
che lui/lei	abit*i*	legg*a*	part*a*	capis*ca*

	abitare *to live*	leggere *to read*	partire *to leave*	capire *to understand*
che noi	abit*iamo*	legg*iamo*	part*iamo*	cap*iamo*
che voi	abit*iate*	legg*iate*	part*iate*	cap*iate*
che loro	abit*ino*	legg*ano*	part*ano*	capisc*ano*

Spero **che Marianna arrivi** fra poco.	*I hope that Marianna arrives soon.*
Insisto **che voi leggiate** questo libro.	*I insist that you read this book.*
Tuo padre vuole **che spendiate** poco al mercato.	*Your father wants you to spend little at the market.*

NOTE:

1. As in the present indicative, verbs like *capire* and *finire* add *-isc* to the stem in the first, second, and third persons singular and in the third person plural.

2. Verbs ending in *-care* and *-gare,* add *-h* to the stem before the subjunctive endings.

   cercare: che io cer**ch**i, che tu cer**ch**i, che lui / lei cer**ch**i,
   che noi cer**ch**iamo, che voi cer**ch**iate, che loro cer**ch**ino

   pagare: che io pa**gh**i, che tu pa**gh**i, che lui / lei pa**gh**i,
   che noi pa**gh**iamo, che voi pa**gh**iate, che loro pa**gh**ino

3. Verbs ending in *-ciare, -giare, -gliare,* and *-sciare* do not double the *-i* of the stem.

   cominciare: che io cominc**i**, che tu cominc**i**, che lui / lei cominc**i**,
   che noi cominc**i**amo, che voi cominc**i**ate, che loro cominc**i**no

   mangiare: che io mang**i**, che tu mang**i**, che lui / lei mang**i**,
   che noi mang**i**amo, che voi mang**i**ate, che loro mang**i**no

   svegliare: che io svegl**i**, che tu svegl**i**, che lui / lei svegl**i**,
   che noi **svegl**iamo, che voi svegl**i**ate, che loro svegl**i**no

   lasciare: che io lasc**i**, che tu lasc**i**, che lui / lei lasc**i**,
   che noi lasc**i**amo, che voi lasc**i**ate, che loro lasc**i**no

ESERCIZIO A

Spiega quello che rimane da fare a te e agli altri impiegati nell'ufficio dove lavori. Forma delle frasi usando l'espressione **bisogna che** *seguita dal congiuntivo.*

ESEMPIO: io / parlare al cliente di Roma
Bisogna che io parli al cliente di Roma.

1. noi / finire il nostro lavoro

_____

2. Adriano / firmare il contratto

_____

3. le segretarie / fornire le informazioni ai clienti

_____

4. voi / rispondere alle richieste dei prezzi

_____

5. tu / telefonare all'agenzia di viaggi

_____

6. Pietro / lasciare in ordine i dossier

_____

7. voi / pagare le fatture

_____

8. Gino / cominciare a scrivere il rapporto settimanale

_____

9. io / aprire un conto in banca per il capo

_____

10. il capo / scrivere gli assegni dello stipendio

_____

[3] VERBS IRREGULAR IN THE PRESENT SUBJUNCTIVE

andare _to go:_

che io vada, che tu vada, che lui / lei vada,
che noi andiamo, che voi andiate, che loro vadano

avere _to have:_

che io abbia, che tu abbia, che lui / lei abbia,
che noi abbiamo, che voi abbiate, che loro abbiano

dare _to give:_

che io dia, che tu dia, che lui / lei dia,
che noi diamo, che voi diate, che loro diano

dovere _to have to, must:_

che io debba, che tu debba, che lui / lei debba,
che noi dobbiamo, che voi dobbiate, che loro debbano

essere _to be:_

che io sia, che tu sia, che lui / lei sia,
che noi siamo, che voi siate, che loro siano

fare _to make, do:_

che io faccia, che tu faccia, che lui / lei faccia,
che noi facciamo, che voi facciate, che loro facciano

rimanere _to stay:_

che io rimanga, che tu rimanga, che lui / lei rimanga,
che noi rimaniamo, che voi rimaniate, che loro rimangano

salire _to go up:_

che io salga, che tu salga, che lui / lei salga,
che noi saliamo, che voi saliate, che loro salgano

sapere *to know:*   che io sappia, che tu sappia, che lui / lei sappia,
che noi sappiamo, che voi sappiate, che loro sappiano

scegliere *to choose:*   che io scelga, che tu scelga, che lui / lei scelga,
che noi scegliamo, che voi scegliate, che loro scelgano

Like **scegliere:** accogliere *to welcome;* cogliere *to pick;* raccogliere *to gather, pick up;* sciogliere *to loosen, untie;* togliere to remove

sedersi *to sit:*   che io mi sieda, che tu ti sieda, che lui / lei si sieda,
che noi ci sediamo, che voi vi sediate, che loro si siedano

stare *to stay, be:*   che io stia, che tu stia, che lui / lei stia,
che noi stiamo, che voi stiate, che loro stiano

uscire *to go out:*   che io esca, che tu esca, che lui / lei esca,
che noi usciamo, che voi usciate, che loro escano

Like **uscire:** riuscire *to succeed*

venire *to come:*   che io venga, che tu venga, che lui / lei venga,
che noi veniamo, che voi veniate, che loro vengano

Like **venire:** svenire *to faint;* intervenire *to intervene*

NOTE: **Regardless of stem changes, all irregular verbs ending in *-are*, *-ere*, and *-ire* share the same subjunctive endings: *-a, -a, -a, -iamo, -iate, -ano.***

ESERCIZIO B

Anna fa delle buone risoluzioni per il nuovo anno. Completa le frasi con il congiuntivo dei verbi tra parentesi.

1. *(fare)* È importante che io _____ del mio meglio sia con la mia famiglia sia con gli studi.

2. *(mettere)* È bene che io mi _____ a studiare seriamente.

3. *(volere)* Sono contenta che i miei amici _____ aiutarmi con gli studi.

4. *(rimanere)* È necessario che ogni giorno io _____ in biblioteca a fare i compiti.

5. *(avere)* È importante che io _____ più pazienza con mio fratello.

6. *(essere)* Mia madre desidera che io _____ meno nervosa.

7. *(potere)* Spero che io e i miei genitori _____ capirci meglio.

8. *(andare)* Mia madre vuole che io e mio fratello _____ d'accordo.

9. *(venire)* I miei professori vogliono che io _____ a scuola ogni giorno.

10. *(riuscire)* È essenziale che io _____ a mantenere queste buone risoluzioni.

ESERCIZIO C

Giorgio ha organizzato una festa per gli amici. Spiega quello che dice a due amici qualche ora prima della festa. Usa il presente del congiuntivo dei verbi tra parentesi.

ESEMPIO: Spero che Luigi **venga** fra poco.

1. Voglio che Marta _____ le sue cassette del complesso «Zucchero».
   (portare)

2. Sono contento che Marina e Anita _____ alla festa con i loro cugini.
   (venire)

3. La mamma di Rosanna insiste che lei _____ a casa prima delle nove.
   (ritornare)

4. Mi dispiace che molti ragazzi della nostra classe d'italiano non _____ venire.
   (potere)

5. Jimmy, ho bisogno che tu _____ a comprare cinque sacchetti di patatine.
   (andare)

6. Carlos, è necessario che tu _____ Rosa e Rita a casa dopo la festa, va bene?
   (accompagnare)

7. Mia madre insiste che io _____ tutto in ordine prima di andare a letto stasera.
   (mettere)

8. Mio padre proibisce che noi _____ in casa.
   (fumare)

9. Speriamo che i miei genitori ci _____ in pace durante la festa.
   (lasciare)

10. Mi auguro che la festa _____ un gran successo.
    (essere)

[4] SUBJUNCTIVE AFTER EXPRESSIONS OF COMMAND, WISHING, DOUBT, EMOTION

a. The subjunctive is used after verbs and expressions of command, demand, desire, permission, preference, prohibition, request, wanting, and wishing.

comandare *to order*	**ordinare** *to order*	**sperare** *to hope*
desiderare *to desire, wish*	**permettere** *to permit, allow*	**suggerire** *to suggest*
esigere *to demand*	**preferire** *to prefer*	**supplicare** *to beg, plead*
impedire *to prevent*	**pretendere** *to demand*	**tenerci** *to value*
insistere *to insist*	**proibire** *to prohibit, forbid*	**volere** *to wish, want*

Speriamo **che sappiano** l'indirizzo.

Il maestro non permette **che facciamo** questo lavoro insieme.

I miei genitori preferiscono **che io non guidi** la macchina.

Let's hope that they know the address.

The teacher doesn't allow us to do this work together.

My parents prefer that I not drive the car.

NOTE: The subjunctive in Italian is often equivalent to an infinitive in English.

Sua madre vuole **che lui faccia** i piatti.   *His mother wants him to do the dishes.*

Voglio **che tu prepari** il pranzo.   *I want you to prepare dinner.*

ESERCIZIO D

Combina gli elementi delle tre colonne e spiega quello che fate tu e queste altre persone.

aspettarsi	gli studenti	andare all'università
desiderare	i miei cugini	essere educato
insistere	il mio fratellino	fare le faccende di casa
preferire	io	lavare la macchina
proibire	loro	prendere la macchina
sperare	mia sorella	rispondere con rispetto
suggerire	noi	studiare di più
tenerci	voi	uscire stasera
volere	io e mio fratello	vedere questo film

ESEMPIO: Mio padre **insiste che io e mio fratello laviamo la macchina.**

1. I miei genitori _____ .

2. Il professore _____ .

3. Io _____ .

4. Mia madre _____ .

5. Mio padre _____ .

6. Mio zio _____ .

7. Noi _____ .

8. Tu _____ .

ESERCIZIO E

Indica cosa i tuoi genitori, i tuoi maestri o i tuoi parenti **desiderano, insistono, preferiscono, pregano, proibiscono, si aspettano, sperano, suggeriscono** *o* **vogliono** *che tu faccia. Scrivi frasi complete, usando il presente del congiuntivo.*

ESEMPIO: **Mia madre insiste che io frequenti l'università.**

1. _____

2. _____

3. _____

4. _____

5. _____

6. _____

7. _____

8. _____

b. The subjunctive is used after verbs and expressions of feeling or emotion, such as fear, joy, sorrow, regret, and surprise.

avere paura _to fear, be afraid_	**essere arrabbiato** _to be mad_
arrabbiarsi _to be angry_	**essere contento** _to be glad_
dispiacere _to be sorry_	**essere deluso** _to be disappointed_
piacere _to like_	**essere felice** _to be happy_
preoccuparsi _to worry_	**essere fiero** _to be proud_
rallegrarsi _to be glad_	**essere fortunato** _to be lucky_
sorprendersi _to be surprised_	**essere nervoso** _to be nervous_
temere _to fear_	**essere triste** _to be sad_

Mi rallegro **che voi l'abbiate visto.**   *I'm glad that you've seen it.*

Vi sorprende **che ci sia** un esame oggi?   *Are you surprised that there is an exam today?*

ESERCIZIO F

Alcuni parenti della tua vicina Rosalba sono appena arrivati da Napoli. Che cosa dice di loro Rosalba?

ESEMPIO: io / sorprendersi / loro / sapere parlare inglese
              Mi sorprende che loro sappiano parlare inglese.

1. io / rallegrarsi / mio zio e i miei cugini / essere venuti

_____

2. io e i miei genitori / essere contenti / loro / rimanere qui un mese

_____

3. mio padre / temere / mio zio / non avere abbastanza denaro

_____

4. io / avere paura / i miei cugini / annoiarsi

_____

5. io / dispiacere / loro / non rimanere più di un mese

_____

6. i miei parenti / essere triste / io / non potere andare in Italia con loro

---

ESERCIZIO G

Completa le frasi seguenti e descrivi i tuoi sentimenti verso la tua famiglia e i tuoi amici.

ESEMPIO:　　 Sono contento che mio padre **mi faccia guidare la sua macchina.**

1. Ho paura che mia madre _____ .

2. Mi dispiace che il mio migliore amico _____ .

3. Mi sorprende che i miei compagni di scuola _____ .

4. Sono deluso(a) che i miei genitori _____ .

5. Sono felice che mia sorella (mio fratello) _____ .

6. Mi preoccupo che mia nonna _____ .

c. The subjunctive is used after verbs and expressions of doubt, disbelief, and denial. The indicative is used after expressions of certainty. Compare:

INDICATIVE (**certainty**)	SUBJUNCTIVE (**doubt**)
so *I know*	**non so** *I don't know*
non dubito *I don't doubt*	**dubito** *I doubt*
sono certo(a) *I'm certain*	**non sono certo(a)** *I'm not certain*
sono sicuro(a) *I'm sure*	**non sono sicuro(a)** *I'm not sure*
	credo (non credo) *I believe (I don't believe)*
	penso *I think*
	spero *I hope*

So che **Pietro** è a casa.　　　　*I know that Luisa is home.*
Non credo che **Pietro sia** a casa.　　*I don't believe Pietro is home.*

Siamo sicuri che **verranno** domani.　　*We're sure they will come tomorrow.*
Non siamo sicuri che **vengano** domani.　　*We're not sure they will come tomorrow.*

NOTE: The verbs *credere, sperare,* and *pensare* normally require the subjunctive. They may, however, take the indicative when the future is implied or when expressing strong belief, faith, or certainty.

Credo che Laura sarà felice con Michele.　　*I believe that Laura will be happy with Michele.*

Penso che Gino è una persona onesta.　　*I think Gino is an honest person.* (He most probably is.)

Penso che Gino sia una persona onesta.　　*I think Gino is an honest person.* (He may be.)

ESERCIZIO H

La tua sorellina non dice sempre la verità. Rispondi alle sue affermazioni usando **non credo** *o* **dubito.**

ESEMPIO: Conosco Michael Jackson.
Dubito che tu conosca Michael Jackson.

1. Io e papà ti regaleremo una bicicletta.

_____

2. Il mio maestro d'italiano farà un viaggio intorno al mondo.

_____

3. Il mio professore mi regalerà un videoregistratore.

_____

4. Questo anello vale più di mille dollari.

_____

5. C'è un telegramma per te.

_____

6. Ho cento dollari in tasca.

_____

7. So guidare la macchina.

_____

8. Stasera tu e io prepareremo la cena.

_____

ESERCIZIO I

Spiega chi **crede, dubita, spera** *o* **sa** *le cose seguenti. Combina gli elementi delle due colonne con il congiuntivo o l'indicativo secondo il caso.*

credere	Io dico sempre bugie.
dubitare	Io posso fare tutto quello che voglio.
essere certo(a)	Io ricevo buoni voti.
essere sicuro(a)	Io sono molto intelligente.
non credere	Io e mia sorella avremo carriere brillanti.
non dubitare	L'italiano è più facile del cinese.
pensare	Quelle ragazze vanno in Italia da sole.
sapere	Tu mi presti la tua nuova macchina.
sperare	Tutti i miei amici andranno all'università.

ESEMPIO: Mio padre **crede che io sia molto intelligente.**

1. Mia madre _____.

2. Il mio maestro _____ .

3. Il mio amico _____ .

4. Mia sorella _____ .

5. Io _____ .

6. I miei genitori _____ .

7. Mio fratello _____ .

8. I miei nonni _____ .

[5] SUBJUNCTIVE AFTER IMPERSONAL EXPRESSIONS

The subjunctive is used after impersonal expressions of doubt, emotion, and opinion.

è bene *it's good*	**è strano** *it's strange*
è difficile *it's unlikely*	**(è un) peccato** *(it's) too bad*
è essenziale *it's essential*	**è possibile** *it's possible*
è facile *it's likely*	**è impossibile** *it's impossible*
è giusto *it's right*	**è probabile** *it's probable*
è importante *it's important*	**è improbabile** *it's improbable*
è indispensabile *it's indispensable*	
è meglio *it's better*	**occorre** *it's necessary*
è naturale *it's natural*	**bisogna** *it's necessary*
è necessario *it's necessary*	**pare** *it seems*
è normale *it's normal*	**può darsi** *it may be, perhaps*
	sembra *it seems*

È necessario che **tu arrivi** presto. *It's necessary that you arrive early.*

(È un) peccato che **Maria stia** male! *(It's) too bad that Maria is not well!*

Può darsi che **lui sia** con sua madre. *Perhaps he's with his mother.*

NOTE:

1. When impersonal expressions express certainty, the indicative is used.

    È certo che **loro andranno** in Italia. *It's certain that they will go to Italy.*

    È evidente che **lui** non lo **sa**. *It's evident that he does not know it.*

    È chiaro che **loro** non **vanno** d'accordo. *It's clear that they don't get along.*

2. When no definite subject is expressed, impersonal expressions are followed by the infinitive. Compare:

    È necessario che **io studi** di più. *It's neccessary that I study more.*

    È necessario **studiare**. *It's necessary to study.*

    È importante che **voi impariate** una lingua straniera. *It's important that you learn a foreign language.*

    È importante **imparare** una lingua straniera. *It's important to learn a foreign language.*

ESERCIZIO J

Il tuo amico deve assolutamente dimagrire. Usando le espressioni **è bene che** *o* **è male che,** *dagli dei consigli.*

ESEMPI: fare ginnastica tre volte alla settimana
È bene che tu faccia ginnastica tre volte alla settimana.

   OR: mangiare cinque volte al giorno
È male che tu mangi cinque volte al giorno.

1. sostituire l'olio d'oliva al burro

_____

2. saltare i pasti

_____

3. bere latte scremato *(skim milk)* invece di latte intero

_____

4. evitare di usare molto zucchero

_____

5. bere molta birra

_____

6. andare a scuola a piedi invece di andarci in autobus

_____

7. mangiare molta frutta

_____

8. stare lontano dai dolci

_____

ESERCIZIO K

Immagina di essere un assistente di volo a bordo di un aereo che sta per partire per Roma. Combina gli elementi di ciascuna colonna ed esprimi quello che dici ai passeggeri.

allacciarsi la cintura di sicurezza	prendere il posto immediatamente
arrivare in orario	rimanere seduti
fare un annuncio	seguire le istruzioni di sicurezza
mettere tutto sotto il sedile	

ESEMPIO: È improbabile che il volo **arrivi in orario.**

1. È importante che i bambini _____ .

2. È meglio che i passeggeri _____ .

3. È necessario che il capitano _____ .

4. È essenziale che loro _____ .

5. Occorre che noi _____ .

6. È bene che tutti _____ .

ESERCIZIO L

Esprimi cinque cose che credi necessarie o importanti per migliorare le condizioni della città dove vivi. Usa un'espressione impersonale in ogni frase.

ESMPIO: **È importante che il sindaco risolva i problemi dei senzatetto.**

1. _____

2. _____

3. _____

4. _____

5. _____

ESERCIZIO M

Esprimi le tue opinioni riguardo alle seguenti situazioni sociali.

ESEMPIO: tutti i paesi del mondo / combattere l'inquinamento
             È essenziale che tutti i paesi del mondo **combattano** l'inquinamento.

1. il governo / provvedere per i poveri

_____

2. i genitori / maltrattare i loro figli

_____

3. certi pregiudizi / esistere oggigiorno

_____

4. gli Stati Uniti / ridurre la proliferazione delle armi nucleari

_____

5. i gruppi interessati / cercare di salvare gli animali in via di disparizione

_____

_____

6. il governo / aumentare le tasse

_____

7. la legge / punire i criminali

_____

8. chiunque / potere diventare presidente

_____

[6] SUBJUNCTIVE IN INDEPENDENT CLAUSES

The present subjunctive is used in independent clauses to express wishes or requests.

Si salvi chi può!	_Every man for himself!_
Così sia!	_So be it!_
(Che) Dio ci aiuti!	_God help us!_
Che entrino uno alla volta!	_Have them come in one at a time!_

NOTE: When the independent clause expresses a request, it is equivalent to an English imperative construction.

ESERCIZIO N

La signora Guida ha messo alla luce un bimbo di quattro chili di nome Michele. Che cosa le augurano i suoi amici?

ESEMPIO: andare d'accordo con tutti
             Che Michele vada d'accordo con tutti!

1. crescere in buona salute

_____

2. essere intelligente

_____

3. rendere la tua vita felice

_____

4. potere realizzare i suoi sogni

_____

5. diventare una persona eccezionale

_____

6. avere successo nella vita

_____

7. fare un gran bene nel mondo

_____

8. vivere una vita lunga e sana

_____

MASTERY EXERCISES

ESERCIZIO O

Un amico ti invita a passare una fine settimana al mare. Usando le espressioni indicate, scrivi una lettera in cui accetti l'invito.

1. Sono contento che _____ .

2. Credi che _____ ?

3. Mia sorella è felice che _____ .

4. Dubito che _____ .

5. Mi dispiace che _____ .

6. Mi sorprende che _____ .

7. I miei genitori vogliono che _____ .

8. Spero che _____ .

ESERCIZIO P

Che cosa si dovrebbe fare per risolvere i problemi seguenti? Usando il presente del congiuntivo, esprimi la tua opinione.

Per proteggere l'ambiente:
ESEMPIO: **È necessario che le industrie ubbidiscano alle leggi contro l'inquinamento** *(pollution)*.

1. _____

2. _____

3. _____

Per diminuire la delinquenza dei giovani:
ESEMPIO: **È indispensabile che i genitori si occupino meglio dei loro figli.**

4. _____

5. _____

6. _____

Per limitare la disoccupazione *(unemployment)*:
ESEMPIO: **Occorre che il governo stimoli l'economia.**

7. _____

8. _____

9. _____

ESERCIZIO Q

*Questo pomeriggio hai un colloquio (**interview**) per il tuo primo lavoro. Tuo zio ti dà dei consigli. Scrivi in italiano quello che ti dice.*

1. I'm happy you are going for an interview.
   _____

2. It's not necessary for you to wear a suit, but it's better that you not wear jeans.
   _____

3. It's natural that you be nervous.
   _____

4. It's better that you arrive early for your interview.
   _____

5. It's important for you to do your best.
   _____

6. It's essential that you appear confident.
   _____

7. It's useful that you bring one or two letters of recommendation.
   _____

8. It's possible you won't get the job.
   _____

9. It's time for you to leave for the interview.
   _____

10. I'm sorry I can't go with you.
    _____

Chapter 13
Subjunctive (continued)

[1] FORMS OF THE PAST SUBJUNCTIVE

The past subjunctive (*passato del congiuntivo*) is formed by combining the present subjunctive of *avere* or *essere* with the past participle of the verb.

	comprare *to buy*	**venire** *to come*	**vestirsi** *to dress oneself*
che io	abbia comprato	sia venuto(a)	mi sia vestito(a)
che tu	abbia comprato	sia venuto(a)	ti sia vestito(a)
che lui/lei	abbia comprato	sia venuto(a)	si sia vestito(a)
che noi	abbiamo comprato	siamo venuti(e)	ci siamo vestiti(e)
che voi	abbiate comprato	siate venuti(e)	vi siate vestiti(e)
che loro	abbiano comprato	siano venuti(e)	si siano vestiti(e)

Dubito **che voi abbiate finito** tutto.
I doubt that you (have) finished everything.

È impossibile **che io abbia perduto** il mio anello.
It's impossible that I lost my ring.

Spero **che Rita e Anna siano arrivate** in orario.
I hope that Rita and Anna arrived on time.

ESERCIZIO A

Sei appena tornato da un concerto della famosa cantante italiana Gianna Nannini. Leggi le frasi seguenti e usando le espressioni fra parentesi, esprimi la tua opinione.

ESEMPIO: È stato un bellissimo concerto. *(Sono contento che…)*
Sono contento **che sia stato** un bellissimo concerto.

1. Il concerto è incominciato con mezz'ora di ritardo. *(Mi dispiace che…)*

_____

2. Gianna Nannini ha cantato molte canzoni del suo ultimo disco. *(Mi è piaciuto che…)*

_____

3. Mariella non è venuta al concerto. *(Sono deluso che…)*

_____

4. Alla fine del concerto, il pubblico ha applaudito per dieci minuti. *(Mi sorprende che…)*

_____

5. Gianna Nannini ha fatto tre bis *(encore)*. *(È incredibile che…)*

_____

6. Anche voi vi siete divertiti al concerto. *(Sono felice che…)*

_____

7. Pochi Americani hanno assistito al concerto. *(È un peccato che...)*

_____

8. Questo è stato il primo concerto di Gianna Nannini a New York. *(Penso che...)*

_____

[2]   USES OF THE PAST SUBJUNCTIVE

a. As with the present subjunctive, the past subjunctive is used after expressions of command, wishing, doubt, emotion, and after impersonal expressions. (see Chapter 12)

Sono contento che tu **abbia trovato** un lavoro.	*I'm happy (that) you've found a job.*
È peccato che loro non **abbiano studiato.**	*It's a pity that they didn't study.*
Sembra che Pino e Tony **siano usciti.**	*It seems that Pino and Tony have gone out.*
Dubito che tu **abbia speso** cento dollari per questa camicia.	*I doubt that you spent a hundred dollars for this shirt.*

b. As the subjunctive parallel of the *passato prossimo,* the past subjunctive is used to express a past action that took place *before* the action of the main verb. Compare the use of the present and past subjunctive in these sentences:

Penso **che Gianni vada** al cinema stasera.	*I think Gianni is going to the movies tonight.*
Penso **che Gianni sia andato** al cinema ieri.	*I think Gianni went to the movies yesterday.*
Spero **che Linda superi** l'esame questo pomeriggio.	*I hope Linda passes the exam this afternoon.*
Spero **che Linda abbia superato** l'esame ieri.	*I hope Linda passed the exam yesterday.*

ESERCIZIO B

Indica la reazione di queste persone nel sentire le notizie seguenti.

avere paura	essere fiero	sperare
dubitare	preoccuparsi	temere
essere arrabbiato	rallegrarsi	volere
essere contento	sorprendersi	

ESEMPIO: Le linee aeree hanno annullato i voli a causa della nebbia.
   I viaggiatori **sono arrabbiati che** le linee aeree **abbiano annullato** i voli.

1. Il governo ha aumentato le tasse.

   La gente _____ .

2. L'economia si è ripresa e la disoccupazione è diminuita.

   Gli impiegati _____ .

3. Lo sciopero dei treni è terminato.

   Gli Italiani _____ .

4. I senatori non riceveranno un aumento di salario del dieci percento.

I cittadini _____.

5. Gli uffici postali miglioreranno i loro servizi.

Noi _____.

6. Ci sarà siccità e pochissima acqua nelle città del sud.

Gli agricoltori _____.

7. Le università aumenteranno la tassa d'iscrizione *(tuition)*.

Gli studenti _____.

8. Il costo della benzina diminuirà di cinque centesimi.

Gli autisti _____.

9. L'Italia ha vinto il campionato mondiale di calcio.

Mio padre _____.

10. I contadini non producono abbastanza grano.

Il governo _____.

ESERCIZIO C

Usando un'espressione adatta e il passato del congiuntivo, spiega la tua reazione e quella di queste altre persone alle situazioni seguenti.

ESEMPIO: Io ho ricevuto un ottimo voto in italiano.
La mamma **è contenta che io abbia ricevuto** un ottimo voto in italiano.

1. Io sono dimagrito.

La mia fidanzata _____.

2. Noi rientriamo a casa molto tardi.

I nostri genitori _____.

3. Il professore di chimica ti ha bocciato.

Tu _____.

4. Tua sorella si è laureata.

Tuo padre _____.

5. Mia sorella ha trovato un ottimo lavoro.

Io _____.

6. Il professore dà un esame ogni settimana.

Voi _____.

7. Tu hai vinto alla lotteria.

Noi _____.

8. Io devo partire per due mesi.

I miei amici _____.

9. Mio padre l'aiuta con le faccende di casa.

Mia madre _____.

10. Io ho rotto la sua bicicletta.

Mio fratello _____.

[3] SUBJUNCTIVE AFTER CERTAIN CONJUNCTIONS

The subjunctive is used after the following conjunctions:

a condizione che *on condition that*	**nonostante (che)** *in spite of, although*
a meno che... non *unless*	**prima che** *before*
affinchè *so that, in order that*	**purchè** *provided that, as long as*
benchè *although*	**sebbene** *although*
finchè (non) *until*	**senza che** *without*
in modo che *in order that, so that*	

La maestra parla lentamente *affinchè* gli alunni la **possano** capire.

The teacher speaks slowly so that the students can understand her.

Non andrò *a meno che* lei *non* mi **accompagni**.

I won't go unless she accompanies me.

Ti aiuterò *benchè* non lo **meriti**.

I'll help you although you don't deserve it.

Nonostante (che) **faccia** cattivo tempo, verremo.

Although the weather is bad, we will come.

La saluterò *prima che* lei **parta**.

I will tell her good-bye before she leaves.

Gli presterò il libro *purchè* me lo **restituisca** domani.

I'll lend him the book as long as he gives it back to me tomorrow.

Lo potrei fare *senza che* voi mi **aiutiate**.

I could do it without you helping me.

NOTE:

1. *Finchè (non)* takes the subjunctive only when it expresses a future action.

Non lo chiamerò **finchè** lui **non** mi **chieda** scusa.

I will not call him until he apologizes.

BUT

Non l'ho chiamato **finchè** lui **non** mi **ha chiesto** scusa.

I did not call him until he apologized.

2. If the subjects of the main and the dependent clauses are the same, an infinitive construction is used instead of the subjunctive. Compare:

Maria finirà il lavoro **prima che** *tu* esca.	*Maria will finish the work before you go out.*
Maria finirà il lavoro **prima di uscire.**	*Maria will finish the work before going out.*
Lui è uscito **senza che** *io* lo abbia veduto.	*He left without me seeing him.*
Lui è uscito **senza vedermi.**	*He left without seeing me.*

3. The following conjunctions are generally followed by the indicative:

dopo che *after* **perchè*** *because* **poichè** *since*	**tanto che** *so much that* **tranne che** *except that*

Parto *dopo che* mi **baci.**	*I'll leave after you kiss me.*
Rita comprerà questa gonna *perchè** non **costa** molto.	*Rita will buy this skirt because it doesn't cost much.*

ESERCIZIO D

Spiega quello che fanno queste persone nonostante le loro difficoltà.

ESEMPIO: Giocano a tennis. Hanno ottant'anni. *(benchè)*
   Giocano a tennis **benchè abbiano** ottant'anni.

1. Imparano a nuotare. Hanno paura dell'acqua. *(nonostante)*

_____

2. Gioco nel campionato. So che perderò. *(sebbene)*

_____

3. Tu corri i cento metri. Ti fa male il ginocchio e il piede. *(benchè)*

_____

4. Marco e Giovanni vanno in piscina. Sono raffreddati. *(nonostante)*

_____

5. Tu sei molto sportiva. Sei andicappata. *(sebbene)*

_____

6. Elena va al corso di karatè. È stanca morta. *(nonostante)*

_____

---

* When *perchè* means *in order that, so that,* it is followed by the subjunctive: Lo faccio io perchè tu possa uscire. *I'll do it so that you can go out.*

ESERCIZIO E

Usa le espressioni seguenti e completa le frasi a tua scelta.

a condizione che   affinchè   finchè   purchè
a meno che... non   benchè   in modo che   sebbene

1. Comprerò una bicicletta _____ .

2. Regalerò un orologio a mio padre _____ .

3. Ti farò questo favore _____ .

4. Non ti aiuterò _____ .

5. Ti porterò a scuola in macchina _____ .

6. Ti presterò dei soldi _____ .

7. Ti aspetterò _____ .

8. Ti racconterò tutto _____ .

ESERCIZIO F

Rosalba si sta preparando per andare in discoteca. Completa il brano usando il presente o il passato del congiuntivo e spiega cosa dice Rosalba.

La mia migliore amica Susanna mi ha prestato una camicetta in modo che io _____

                                                                1. (potere)

andare in discoteca. Ho un fratello dolcissimo. Mi presta la macchina nonostante io

_____ un po' cattiva con lui questi ultimi giorni. Papà mi dà del denaro da spendere
    2. (essere)

purchè io _____ di non ritornare a casa troppo tardi. Gli ho detto che farò del mio
              3. (promettere)

meglio a meno che tutti i miei amici non _____ andare a prendere qualcosa da
                                            4. (volere)

mangiare. Do il numero di telefono della discoteca alla mamma prima che lei me lo

_____ . Ho promesso a mia sorella di portarle qualcosa da mangiare a condizione che
    5. (chiedere)

lei mi _____ con il compito domani. Non porto l'ombrello sebbene il tempo
        6. (aiutare)

_____ nuvoloso e _____ di piovere. Parto subito affinchè
    7. (essere)   8. (minacciare)

_____ trovarmi a casa di Susanna in orario. Spero che _____ una
    9. (potere)   10. (essere)

bella serata!

ESERCIZIO G

Tu e i tuoi zii vi preparate ad andare in Italia. Spiega cosa farete durante il viaggio.

ESEMPIO: noleggiare una macchina / in modo che / tu / potere visitare molte città
Noleggeremo una macchina in modo che **tu possa** visitare molte città.

1. andare in Calabria / purchè / non costare troppo

_____

2. comprare dei regali / prima che / io / spendere tutto il denaro

_____

3. portare la mia carta di credito / in caso / l'agenzia d'autonoleggio *(car-rental agency)* / volerla

_____

_____

4. non andare a Genova / a meno che / tu / non accompagnarmi

_____

5. andare al museo degli Uffizi / benchè / io / visitarlo già

_____

6. rimanere una settimana a Roma / nonostante / fare molto caldo

_____

7. fare molte fotografie / in modo che / i nostri amici / vedere i bei luoghi che avremo visitato

_____

_____

8. visitare Napoli / a condizione che / mia zia / non partire in vacanza

_____

ESERCIZIO H

Se il tuo amico Luigi non s'impegna, sarà bocciato in italiano. Tu vuoi aiutarlo. Usando il congiuntivo o l'indicativo del verbo tra parentesi, indica cosa gli dici.

ESEMPIO: Ti telefonerò ogni giorno affinchè tu **possa** farmi delle domande.

1. Ti aiuterò a condizione che tu _____ seriamente.
  (studiare)

2. Ti aiuterò perchè tu _____ il mio amico.
  (essere)

3. Lascerò perdere a meno che tu non _____ sul serio.
   (impegnarsi)

4. Ti aiuterò purchè tu _____ del tuo meglio.
   (fare)

5. Dovrai fare tutto quello che ti dico senza _____.
   (lamentarsi)

6. Correggerò tutti i tuoi compiti in modo che tu _____ dai tuoi errori.
   (imparare)

7. Faremo esercizi di conversazione affinchè tu _____ superare l'esame orale.
   (potere)

8. Sarò disponibile finchè tu non _____ più bisogno di aiuto.
   (avere)

9. Prima di _____ l'esame finale, ripasseremo le regole di grammatica insieme.
   (dare)

10. Non ti chiederò un soldo a meno che tu non _____ l'esame.
    (superare)

[4] SUBJUNCTIVE AFTER INDEFINITE EXPRESSIONS

chiunque *whoever*	**per quanto** *however much, how many*
comunque, in qualunque modo *however, no matter how*	**qualunque, qualsiasi** *whatever* (adjective)
dovunque *wherever*	**qualunque cosa, qualsiasi cosa** *whatever* (pronoun)

Non glielo darò, **chiunque sia!**   *I will not give it to him, whoever he may be!*
Accetterò **qualsiasi** lavoro lei mi **offra.**   *I will accept whatever job you offer me.*
Lo troverò **dovunque sia.**   *I'll find him wherever he is.*

ESERCIZIO I

Il tuo amico ti fa delle domande. Usando le espressioni suggerite, completa le risposte che gli dai.

chiunque	dovunque	per quanto	qualunque
comunque	in qualunque modo	qualsiasi cosa	qualunque cosa

ESEMPI: AMICO: Dove andrà Michele?
          TU: **Dovunque vada,** non m'importa.

OR: AMICO: Chi sarà?
        TU: **Chiunque sia,** digli di entrare.

1. AMICO: Dove andrà Luca?

   TU: _____, farà nuovi amici.

2. AMICO: È larga abbastanza la strada per questa grande macchina?

TU: _____, ci potrà passare.

3. AMICO: Che cosa sa fare Pietro?

TU: _____, la sa fare benissimo.

4. AMICO: Chi vedrà questo spettacolo?

TU: _____, lo troverà divertente.

5. AMICO: Vincenzo si troverà bene a Milano?

TU: _____, bisognerà che si abitui.

6. AMICO: Quale albergo sceglierà?

TU: _____, gli sembrerà caro.

7. AMICO: Quanto guadagna Marco alla settimana?

TU: _____, non riuscirà mai a comprare la casa perchè non sa risparmiare.

8. AMICO: Che cosa vuole Giulia?

TU: _____, dagliela senza fare domande.

ESERCIZIO J

Usando le espressioni **qualsiasi volta, dovunque, chiunque, qualunque, qualsiasi, per quanto** *o* **comunque,** *combina le due frasi in una sola frase.*

ESEMPIO: Non so chi lo farà. Tutti lo faranno bene.
Chiunque lo faccia lo farà bene.

1. Non so chi verrà con Gianni. Saranno benvenuti.

_____

2. Non sappiamo quanto pesi il tavolino. Sappiamo solo che ci vogliono quattro persone per spostarlo.

_____

3. Non so quale camicetta sceglierai. Tutte ti stanno bene.

_____

4. Non so dove andrò quest'estate. So soltanto che mi divertirò.

_____

5. Non sappiamo chi comprerà questo televisore. Farà un affarone.

_____

[5] SUBJUNCTIVE IN RELATIVE CLAUSES

The subjunctive is used in relative clauses if the antecedent person or thing in the main clause is indefinite, nonexistent, desired, looked for but not yet found.

SUBJUNCTIVE	INDICATIVE
Rita cerca un appartamento che sia comodo e poco costoso.	Rita ha un appartamento che è comodo e poco costoso.
Rita is looking for an apartment that is comfortable and cheap. [She may never find one.]	*Rita has an apartment that is comfortable and cheap.* [She has one.]
Conosci qualcuno che voglia lavorare qui?	Conosco qualcuno che vuole lavorare qui.
Do you know anyone who wants to work here? [You may or may not know someone.]	*I know someone who wants to work here.* [You know someone.]
Non trovo nessuno che mi possa aiutare.	Ho trovato qualcuno che mi può aiutare.
I can't find anyone who can help me. [Such a person may not exist.]	*I found someone who can help me.* [There is a person.]

ESERCIZIO K

I tuoi genitori vogliono comprare una casa. Indica che tipo di casa cercano.

ESEMPIO: avere tre bagni
            Cercano una casa che abbia tre bagni.

1. includere cinque camere da letto

_____

2. avere una grande sala da pranzo con terrazza

_____

3. dare su un giardino con una bella fontana

_____

4. essere circondata da molti alberi

_____

5. trovarsi in una strada tranquilla

_____

6. offrire un caminetto in salotto

_____

ESERCIZIO L

Stai viaggiando in Italia per la prima volta. Chiedi le informazioni seguenti al direttore del tuo albergo.

ESEMPIO: una gioielleria / accettare dollari americani
            Cerco una gioielleria che accetti dollari americani.

1. un cinema / dare film americani

_____

2. un'edicola / vendere il *New York Times*

_____

3. un ristorante / servire dei piatti dietetici

_____

4. una farmacia / preparare medicine a base d'erbe

_____

5. una banca / accettare assegni personali in dollari

_____

6. una persona / farmi da guida

_____

7. un circolo / dove potere giocare a scacchi

_____

8. un telefono / da dove potere chiamare gli Stati Uniti

_____

[6] SUBJUNCTIVE AFTER SUPERLATIVE EXPRESSIONS

The subjunctive is used after superlative expressions generally showing an opinion or an emotion; the subjunctive is also used after adjectives like *il primo* (the first), *l'ultimo* (the last), *il solo* (the only), and *l'unico* (the only).

È il romanzo **più interessante che io abbia** letto.	*It's the most interesting novel that I've read.*
Questo è **il migliore** caffè **che si possa** comprare.	*This is the best coffee one can buy.*
Questo è il film **più triste che abbiano** mai visto.	*This is the saddest film that they've ever seen.*
Lei è **l'unica** attrice russa **che io conosca.**	*She's the only Russian actress I know.*

ESERCIZIO M

Mentre tu e un amico passeggiate insieme, tu esprimi la tua opinione su varie cose. Forma frasi usando il presente o il passato del congiuntivo.

ESEMPIO: quel programma / il più interessante / vedere
Quel programma **è il più interessante che io abbia mai visto.**

1. quella ragazza / la più alta / conoscere

_____

2. la lingua giapponese / la più difficile / studiare

_____

3. quel vestito / l'unico / piacere

_____

4. quella musica / la più caotica / sentire

_____

5. questa piazza / la più stretta / attraversare

_____

6. quel piatto di lasagne / il più squisito / mangiare

_____

7. Giorgio / il solo ragazzo / portare una giacca e una cravatta

_____

8. questo libro / il migliore / l'autore scrivere

_____

9. tu / l'unico / sapere sempre tutte le risposte

_____

10. questa partita di calcio / la peggiore / mio padre vedere

_____

ESERCIZIO N

Rispondi alle seguenti domande ed esprimi la tua opinione.

1. Chi è il migliore attore che sia mai esistito?

_____

2. Chi è il migliore cantante che tu abbia mai sentito?

_____

3. Chi è la più bell'attrice che abbia mai girato un film?

_____

4. Chi è il più importante personaggio storico che abbia mai vissuto?

_____

5. Qual è la più bella città che tu abbia mai visitato?

_____

6. Qual è lo sport più difficile che tu abbia mai giocato?

_____

7. Qual è il piatto più squisito che tua madre o tuo padre abbia mai preparato?

_____

8. Qual è il libro più interessante che voi abbiate letto nel corso d'inglese.

_____

[7] SUBJUNCTIVE VERSUS INFINITIVE CONSTRUCTIONS

When the subject of the main and the dependent clauses are the same, an infinitive construction is used in place of *che* and the subjunctive.

SUBJUNCTIVE	INFINITIVE
Le ragazze vorrebbero che *Rosa* **vada** alla festa.	*Le ragazze* vorrebbero **andare** alla festa.
The girls would like Rosa to go to the party.	*The girls would like to go to the party.*
I tuoi genitori sono contenti che *tu* **sia andata** in Italia.	*I tuoi genitori* sono contenti di **essere andati** in Italia.
Your parents are glad that you went to Italy.	*Your parents are glad to have gone to Italy.*
Michele spera che *tu* **abbia studiato** abbastanza.	*Michele* spera di **avere studiato** abbastanza.
Michele hopes that you studied enough.	*Michele hopes to have studied enough.*
Liugi chiamerà prima che *io* **parta**.	*Luigi* chiamerà prima di **partire**.
Luigi will call before I leave.	*Luigi will call before leaving.*

NOTE: **When no definite subject is expressed, impersonal expressions are followed by the infinitive. Compare:**

Bisogna che **io studi**.	*It's neccessary that I study.*
Bisogna **studiare**.	*It's necessary to study.*
È importante che **voi impariate** una lingua straniera.	*It's important that you learn a foreign language.*
È importante **imparare** una lingua straniera.	*It's important to learn a foreign language.*

ESERCIZIO O

Forma una sola frase usando **di** + **infinitivo** *o* **che** + **congiuntivo**.

ESEMPI: Gianni è contento. Ha superato l'esame.
Gianni è contento **di aver superato** l'esame.

OR: Gianni è deluso. Il suo migliore amico è stato bocciato.
Gianni è deluso **che il suo migliore amico sia stato bocciato**.

1. La mamma è felice. Tu sei stato accettato da un'ottima università.

_____

2. Mia sorella è delusa. Non può partire con Anita.

_____

3. Ci dispiace. Mario si è fatto male.

_____

4. I miei genitori sono contenti. Hanno comprato una macchina nuova.

_____

5. Il professore è arrabbiato. Gli studenti non fanno i compiti.

_____

6. Tania e Anna sono sorprese. Hanno ricevuto un ottimo voto all'esame finale.

_____

7. È impossibile. Peter ha vinto alla lotteria.

_____

8. Mio fratello ha paura. Guida quando fa buio.

_____

M A S T E R Y   E X E R C I S E S

ESERCIZIO P

Completa quest'aneddoto con la forma corretta dei verbi tra parentesi.

Il signor D'Amato, capo degli impiegati della ditta Malerba, cerca un'assistente che

_____ imparare rapidamente. Si chiede se troverà una brava dattilografa che
_____1. (potere)_____

_____ parlare tedesco e che _____ servirsi del computer. Monica
__2. (sapere)__   __3. (potere)__

Latorre ha un colloquio con il signor D'Amato alle due. Benchè lei _____ all'ufficio
                                                         __4. (arrivare)__

in orario, è contenta che il signor D'Amato non _____ ancora pronto a riceverla.
                                              __5. (essere)__

Poichè è nervosa, è contenta di _____ il tempo di orientarsi un po' prima di
                              __6. (avere)__

_____ il colloquio. Monica sa di _____ rimanere calma finchè il
__7. (iniziare)__   __8. (dovere)__

capo non la _____ chiamare. Mentre aspetta, fa degli esercizi di respirazione in modo
          __9. (fare)__

che _____ .
   __10. (rilassarsi)__

Finalmente, il signor D'Amato è pronto e la fa accomodare nel suo ufficio. Monica entra e il colloquio

comincia. Monica parla lentamente perchè ha paura di _____ errori. Sebbene
    11. (fare)

_____ ancora un pochino nervosa, si esprime bene. Il signor D'Amato è molto
    12. (essere)

preso da questa giovane capace ma modesta. A un certo punto esclama: «Lei è la migliore segretaria che

io _____ questa settimana. Sono sicuro che lei _____
    13. (intervistare)   *14. (dimostrarsi)*

un'ottima scelta!» Il signor D'Amato le offre il posto. Monica in quei pochi minuti di conversazione ha

già deciso di accettare il lavoro a condizione che lui le _____ un buon stipendio.
    15. (offrire)

ESERCIZIO Q

L'associazione studentesca del tuo liceo si prepara per le elezioni. Indica i commenti di alcuni studenti durante una discussione fra di loro.

1. è necessario / eleggere un nuovo presidente

_____

2. la scuola / non permettere / i candidati interrompere le lezioni

_____

3. è essenziale / dare più informazioni agli studenti

_____

4. peccato / Lucia / non mantenere le sue promesse

_____

5. Marco non crede / potere vincere

_____

6. abbiamo paura / Daniele / agire di maniera irresponsabile

_____

7. peccato / noi / non avere il tempo di aiutare Mario con la sua campagna

_____

8. è importante / convincere tutti gli studenti a votare

_____

ESERCIZIO R

Esprimi in italiano quello che una guida turistica dice a un turista che viaggia con il suo gruppo.

1. I would like you to be happy with your trip.

   _____

2. You can have a cup of coffee provided that you return in ten minutes.

   _____

3. It's obvious that you're hungry and thirsty.

   _____

4. Since everyone is here, we'll leave now.

   _____

5. Are you looking for a store that sells souvenirs?

   _____

6. I don't know if that store accepts personal checks.

   _____

7. You can buy a map of the city in that bookstore.

   _____

8. Yesterday one man left without taking his change.

   _____

9. That's the best bakery I know.

   _____

10. We'll wait here until the last person comes out of the store.

    _____

Chapter 14
Imperfect and Pluperfect Subjunctive

[1] FORMS OF THE IMPERFECT SUBJUNCTIVE

a. The imperfect subjunctive *(imperfetto del congiuntivo)* of most verbs is formed by dropping the *-re* ending of the infinitive and adding the endings *-ssi, -ssi, -sse, -ssimo, -ste, -ssero* to the stem.

	trovare I found, I was finding, etc.	**vendere** I sold, I was selling, etc.	**dormire** I slept, I was sleeping, etc.
che io	trova**ssi**	vende**ssi**	dormi**ssi**
che tu	trova**ssi**	vende**ssi**	dormi**ssi**
che lui/lei	trova**sse**	vende**sse**	dormi**sse**
che noi	trova**ssimo**	vende**ssimo**	dormi**ssimo**
che voi	trova**ste**	vende**ste**	dormi**ste**
che loro	trova**ssero**	vende**ssero**	dormi**ssero**

Volevo **che loro parlassero** con Carlo.	*I wanted them to speak to Carlo.*
Io ero contento **che mio zio mi vendesse** la sua macchina.	*I was happy that my uncle was selling me his car.*
Era impossibile **che il treno partisse** in orario.	*It was impossible that the train was leaving on time.*

NOTE: This conjugation pattern also applies to most verbs irregular in other tenses.

Mio padre era preoccupato che io **avessi** l'influenza.	*My father was worried that I had the flu.*
Ero felice che Gianni **andasse** alla festa con me.	*I was happy that Gianni was going to the party with me.*

ESERCIZIO A

Beatrice ha appena finito di parlare con la sua amica Mirella. Usando l'imperfetto del congiuntivo, spiega quello che Beatrice voleva che Mirella facesse.

ESEMPIO: invitare Paolo alla festa
             Voleva che Mirella **invitasse** Paolo alla festa.

1. trovarle delle cassette di Pavarotti in città

Voleva che Mirella _____ .

2. comprarle una copia di *Vogue*

Voleva che Mirella _____ .

3. leggere l'ultimo romanzo di Umberto Eco

   Voleva che Mirella _____.

4. guardare un programma sull'ecologia

   Voleva che Mirella _____.

5. scriverle i compiti di storia

   Voleva che Mirella _____.

6. non uscire più con Alberto

   Voleva che Mirella _____.

7. andare con lei al cinema questo pomeriggio

   Voleva che Mirella _____.

8. spedire una cartolina a Susanna

   Voleva che Mirella _____.

ESERCIZIO B

Elena fa la segretaria in una ditta di pubblicità. Scegliendo un'espressione da ogni colonna, e usando l'imperfetto del congiuntivo, completa le frasi e spiega quello che Elena dice.

il direttore	dettare più lentamente
il rappresentante	essere abbastanza organizzato(a)
il cliente	fare bene il lavoro
il vicedirettore	usare il computer
io	prendere delle decisioni difficili
la mia assistente	spedire le lettere subito
le altre segretarie	telefonare dopo le dieci

ESEMPIO: Era bene che **io usassi il computer.**

1. Era meglio che _____.

2. Dubitavo che _____.

3. Era necessario che _____.

4. Speravo che _____.

5. Sembrava che _____.

6. Volevo che _____.

b. Irregular imperfect subjunctive forms

(1) Very few verbs have irregular forms in the imperfect subjunctive.

	dare	essere	stare
che io	dessi	fossi	stessi
che tu	dessi	fossi	stessi
che lui/lei	desse	fosse	stesse
che noi	dessimo	fossimo	stessimo
che voi	deste	foste	steste
che loro	dessero	fossero	stessero

Non ero sicuro **che mio padre mi desse** la macchina.	*I wasn't sure that my father was giving me the car.*
Noi eravamo contenti **che loro stessero** bene.	*We were happy that they were well.*

(2) A few verbs form the imperfect subjunctive with the imperfect indicative stem.

	bere	dire	fare	produrre
che io	bevessi	dicessi	facessi	producessi
che tu	bevessi	dicessi	facessi	producessi
che lui/lei	bevesse	dicesse	facesse	producesse
che noi	bevessimo	dicessimo	facessimo	producessimo
che voi	beveste	diceste	faceste	produceste
che loro	bevessero	dicessero	facessero	producessero

Il governo non voleva **che i contadini producessero** troppo grano.	*The government didn't want the farmers to produce too much wheat.*
Io dubitavo **che Gianni dicesse** la verità.	*I doubted that Gianni was telling the truth.*

NOTE: **The verbs** *condurre* (to lead) and *tradurre* (to translate) are conjugated like *produrre* (to produce) in the imperfect subjunctive.

ESERCIZIO C

Tua madre era preoccupata. Usando l'imperfetto del congiuntivo, spiega cosa ti dice.

ESEMPIO: era importante / Maria / dare / una mano a tua sorella
Era importante che Maria **desse** una mano a tua sorella.

1. volevo che noi / fare / alcune faccende di casa oggi

_____

2. speravo che tu / stare / più attenta a scuola

_____

3. temevo che Maria e Gianni / dire / parolacce a scuola

_____

4. era necessario che il nonno / non bere / niente prima dell'esame medico

_____

5. ero preoccupata che tua sorella / essere / così infelice

_____

6. ero delusa che voi / non dare / un bel regalo alla nonna

_____

[2] USES OF THE IMPERFECT SUBJUNCTIVE

a. Like the present and past subjunctive, the imperfect subjunctive is used in dependent clauses after impersonal expressions, certain conjunctions, and verbs that express emotion, demand, doubt, hope, necessity, request, wishes, and so on. (See Chapters 12 and 13.)

Mia madre _voleva_ **che noi rientrassimo** alle undici.	_My mother wanted us to come home at eleven._
Gianni _era contento_ **che io andassi** in vacanza con loro.	_Gianni was glad that I was going on vacation with them._
Per ricevere una A, _bisognava_ **che tu studiassi** di più.	_To receive an A, you needed to study more._
Ti ho prestato la macchina _affinchè_ **tu arrivassi** in orario.	_I lent you the car in order for you to arrive on time._

b. In Chapter 12, we saw the use of the present subjunctive in a dependent clause when the verb of the main clause is in the present tense.

Mi _dispiace_ che Laura non **sia** qui.	_I'm sorry that Laura isn't here._
Voglio che lui mi **aiuti** con i compiti.	_I want him to help me with the homework._

Unlike the present subjunctive in the above sentences, the imperfect subjunctive is generally used when the verb of the main clause is in a past tense—the _passato remoto,_ the imperfect, or the pluperfect. Compare the following sentences, paying careful attention to the tense of the main verb and the tense of the subjunctive of the dependent verb.

MAIN VERB IN THE PRESENT	MAIN VERB IN A PAST TENSE
Mia madre _suggerisce_ che io **aiuti** mio fratello.	Mia madre _suggerì_ che io **aiutassi** mio fratello.
My mother suggests that I help my brother.	_My mother suggested that I help my brother._
_È_ importante che lei **sia** più indipendente.	_Era_ importante che lei **fosse** più indipendente.
It's important that she be more independent.	_It was important that she be more independent._

MAIN VERB IN THE PRESENT	MAIN VERB IN A PAST TENSE
Voglio che lui **venga** subito.	*Volevo* che lui **venisse** subito.
I want him to come at once.	*I wanted him to come at once.*
Il direttore *cerca* una segretaria che **parli** italiano.	Il direttore *aveva cercato* una segretaria che **parlasse** italiano.
The director is looking for a secretary who speaks Italian.	*The director had looked for a secretary who spoke Italian.*

NOTE: When the verb of the main clause is in the *passato prossimo,* the verb of the dependent clause may be in any subjunctive tense, depending on meaning.

Mio padre *ha creduto* che io **dica** bugie.	*My father believed that I tell lies.*
Mio padre *ha creduto* che io **abbia detto** bugie.	*My father believed that I had told lies.*
Mio padre *ha creduto* che io **dicessi** bugie.	*My father believed that I was telling lies.*

c. In Chapter 12, we also saw the present subjunctive used in a dependent clause when the verb of the main clause is in the future tense.

Sarà necessario che loro **arrivino** alle sette.	*It will be necessary that they arrive at seven.*
Telefonerò senza che Gina lo **sappia**.	*I'll call without Gina knowing it.*

Unlike the present subjunctive in the above sentences, the imperfect subjunctive is generally used when the verb of the main clause is in the conditional.

Avrebbero bisogno che lui **venisse** domani.	*They would need him to come tomorrow.*
Vorrei che mio figlio **studiasse** di più.	*I would like my son to study more.*
Preferiremmo che loro **rimanessero**.	*We would prefer that they stay.*

ESERCIZIO D

Lorenza, la figlia maggiore della famiglia Orieto si lamenta che i suoi fratelli non aiutavano mai con le faccende di casa. Combina gli elementi suggeriti ed esprimi quello che Lorenza dice a sua madre dei suoi fratelli.

ESEMPIO: essere indispensabile / tutti / aiutare con le faccende
             Era indispensabile che tutti **aiutassero** con le faccende.

1. non essere giusto / loro / non fare niente

_____

2. essere bene / tutti / contribuire il loro tempo

_____

3. essere importante / anche Roberto / fare il suo letto

_____

4. essere necessario / Gino / occuparsi del gatto

_____

5. non essere vero / mio fratello / dovere sempre studiare

_____

6. essere indispensabile / tu / punirli

_____

ESERCIZIO E

Descrivi i sentimenti di Luigi e dei suoi amici riguardo a una gara di corsa alla quale Luigi ha partecipato la settimana scorsa. Forma un'unica frase secondo l'esempio.

ESEMPIO: Noi avevamo paura. Luigi non era in forma.
          Noi avevamo paura **che Luigi non fosse** in forma.

1. Il professore era sorpreso. Luigi era così determinato.

_____

2. Gli amici di Luigi non ci credevano. Luigi poteva vincere la gara.

_____

3. Loro erano preoccupati. Gianni Martini era più veloce di lui.

_____

4. Tutti erano felicissimi. Gianni aveva l'influenza.

_____

5. Luigi era entusiasta. Tutti i suoi amici venivano a vedere la gara.

_____

6. Tutti gli amici di Luigi pregavano. Luigi vinceva la gara.

_____

ESERCIZIO F

Questa è la storia di Giuseppe Rinaldi, un immigrato italiano. Cambia le frasi seguenti usando il passato remoto e la forma corretta del congiuntivo.

ESEMPIO: A diciott'anni, Giuseppe prende una grande decisione benchè abbia molta paura.
          A diciott'anni, Giuseppe **prese** una grande decisione benchè **avesse** molta paura.

1. Giuseppe decide di partire per l'America nonostante abbia soltanto i soldi del viaggio.

_____

2. Parte il 12 febbraio 1927 senza che i suoi genitori lo sappiano.

_____

3. Arriva a New York sebbene non conosca nessuno lì.

_____

4. Rimane nella grande città per dieci anni prima che i suoi genitori vengano ad abitare con lui.

_____

5. Dopo due anni, i genitori suggeriscono che Giuseppe si sposi con una ragazza del quartiere.

_____

6. Giuseppe dice di sì in modo che la famiglia Rinaldi possa crescere e prosperare.

_____

ESERCIZIO G

Domani sarà il tuo compleanno. Usando l'imperfetto del congiuntivo, spiega quello che vorresti che succedesse domani.

1. Vorrei che i miei amici mi _____ una piccola festa.
(fare)

2. Vorrei che i miei genitori mi _____ un computer.
(regalare)

3. Vorrei che Michele mi _____ a una cena romantica.
(invitare)

4. Vorrei che i miei cugini _____ a farmi gli auguri.
(venire)

5. Vorrei che mia madre mi _____ una bella torta.
(preparare)

6. Vorrei che la mia migliore amica _____ la giornata con me.
(passare)

7. Vorrei che i miei zii _____ del mio compleanno.
(ricordarsi)

8. Vorrei che i miei compagni di scuola mi _____ delle cartoline di auguri.
(mandare)

ESERCIZIO H

Ti stai lamentando con tua nonna dei tuoi genitori. Cambia le frasi seguenti al passato e scrivi come ti risponde tua nonna.

ESEMPIO: TU: I miei genitori proibiscono che io lavori.
   TUA NONNA: Anche i miei genitori **proibivano** che io **lavorassi.**

1. TU: Non posso uscire senza che la mamma e il papà mi facciano un sacco di domande.

TUA NONNA: _____

2. TU: I miei genitori non vogliono che io lavori.

TUA NONNA: _____

3. TU: Mia madre insiste che ogni sabato l'aiuti con le faccende di casa.

TUA NONNA: _____

4. TU: Mio padre non permette che io esca la sera durante la settimana.

TUA NONNA: _____

5. TU: Voglio che i miei genitori mi diano più libertà.

TUA NONNA: _____

6. TU: Desidero che mio padre sia meno severo con me.

TUA NONNA: _____

ESERCIZIO I

Spiega come vorresti che queste persone cambiassero. Usa un'espressione condizionale come **mi piacerebbe, preferirei, sarei contento(a), vorrei,** *eccetera.*

ESEMPI: tuo fratello
Vorrei che mio fratello fosse meno egoista.

OR: tuo padre
Preferirei che mio padre avesse più fiducia in me.

1. tuo fratello

_____

2. tuo padre

_____

3. tua madre

_____

4. il tuo migliore amico (la tua migliore amica)

_____

5. il tuo professore d'italiano (la tua professoressa d'italiano)

_____

6. i tuoi nonni

_____

7. i tuoi compagni di scuola

_____

8. il tuo cane (il tuo gatto)

_____

ESERCIZIO J

Il tuo maestro esprime certe paure e desideri che ha o aveva riguardo ai suoi alunni. Completa le frasi con il presente o l'imperfetto del congiuntivo.

ESEMPI: *(fare)* Ho paura che i ragazzi non **facciano** del loro meglio.
  OR: *(superare)* Credevo che Laura **superasse** questo esame.

1. *(prendere)* Volevo che Roberta ———————————— il diploma quest'anno.

2. *(essere)* Voglio che tutti i ragazzi ———————————— promossi.

3. *(studiare)* Vorrei che tutti gli studenti ———————————— una lingua straniera per tre anni.

4. *(imparare)* Temevo che Gianni non ———————————— abbastanza.

5. *(fare)* Sarebbe bene che tu ———————————— più sport.

6. *(ritornare)* Speravo che Elena ———————————— a scuola.

7. *(terminare)* Sono sorpreso che Aldo ———————————— l'anno scolastico.

8. *(parlare)* Sono fiero che i miei alunni ———————————— così bene l'italiano.

9. *(andare)* Vorrei che tutti i ragazzi ———————————— d'accordo.

10. *(aiutare)* Mi piacerebbe che i ragazzi più bravi ———————————— i ragazzi meno bravi.

11. *(continuare)* Mi sarebbe piaciuto che Marisa ———————————— a studiare l'italiano.

12. *(andare)* Avrei preferito che Laura ———————————— all'università adesso invece di aspettare un anno.

[3] FORMS OF THE PLUPERFECT SUBJUNCTIVE

The pluperfect subjunctive *(trapassato del congiuntivo)* is formed by combining the imperfect subjunctive of *avere* or *essere* with the past participle of the verb.

	comprare *I had sold, etc.*	**venire** *I had come, etc.*
che io	avessi comprato	fossi venuto(a)
che tu	avessi comprato	fossi venuto(a)
che lui/lei	avesse comprato	fosse venuto(a)
che noi	avessimo comprato	fossimo venuti(e)
che voi	aveste comprato	foste venuti(e)
che loro	avessero comprato	fossero venuti(e)

Il padre di Anna era fiero **che sua figlia avesse vinto.**

Anna's father was proud that his daughter had won.

Ero felice **che i nostri amici fossero venuti.**

I was happy that our friends had come.

ESERCIZIO K

Esprimi i sentimenti di queste persone su certe cose che tu e altri avevano o non avevano fatto. Completa le frasi con il trapassato del congiuntivo.

ESEMPIO: *(decidere)* Mia sorella era contenta che io **avessi deciso** di insegnarle a guidare.

1. *(preparare)* Mio padre era sorpreso che io ———————————————— una cena così squisita.

2. *(venire)* Io ero triste che i miei cugini non ———————————————— alla festa del mio compleanno.

3. *(scrivere)* Il professore d'italiano dubitava che tu ———————————————— questo racconto da solo.

4. *(dare)* Io ero arrabbiato che i miei genitori ———————————————— la macchina a mio fratello.

5. *(dimenticare)* Mia madre era delusa che mio padre ———————————————— il loro anniversario.

6. *(andare)* I miei nonni erano felici che noi ———————————————— a trovarli.

7. *(fare)* Il miei genitori erano contenti che io e mio fratello ———————————————— il bagno al cane.

8. *(rimanere)* I miei zii italiani erano tristi che io ———————————————— soltanto due giorni con loro a Palermo.

[4] USES OF THE PLUPERFECT SUBJUNCTIVE

    a. Like the other subjunctive tenses, the pluperfect subjunctive is used in dependent clauses after impersonal expressions, certain conjunctions, and verbs that express emotion, demand, doubt, hope, necessity, request, wishes, and so on. (See Chapters 12 and 13.)

Avrebbero preferito *che io fossi partito* con loro.	*They would have preferred that I had left with them.*
Gianni *era triste* che io non **fossi andata** con loro.	*Gianni was sad that I hadn't gone with them.*
Lorenzo era *la persona più intelligente* che io **avessi** mai **conosciuto**.	*Lorenzo was the most intelligent person I had ever met.*

    b. The pluperfect subjunctive is generally used when the verb of the main clause is in a past tense—*passato remoto,* imperfect, or pluperfect—or in the past conditional. Like the past subjunctive, the pluperfect subjunctive expresses an action that took place *before* the action of the main verb.

    Compare the use of the past subjunctive with the pluperfect subjunctive in the following pairs of sentences, paying careful attention to the tense of the main verb and the tense of the subjunctive of the dependent verb.

MAIN VERB IN THE PRESENT	MAIN VERB IN A PAST TENSE OR CONDITIONAL
Sonia e Rita *vengono* alla festa sebbene io non le **abbia invitate**.	Sonia e Rita *vennero* alla festa sebbene io non le **avessi invitate**.
Sonia and Rita are coming to the party although I didn't invite them.	*Sonia and Rita came to the party although I hadn't invited them.*
Spero che Lina **abbia superato** l'esame.	*Speravo* che Lina **avesse superato** l'esame.
I hope Lina passed the exam.	*I hoped Lina had passed the exam.*
Penso che Gianni **sia andato** al cinema con Anna.	*Avevo pensato* che Gianni **fosse andato** al cinema con Anna.
I think Gianni went to the movies with Anna.	*I had thought that Gianni had gone to the movies with Anna.*
Credo che tu **abbia imparato** una buona lezione.	*Avrei creduto* che tu **avessi imparato** una buona lezione.
I think that you have learned a good lesson.	*I would have thought that you had learned a good lesson.*

NOTE: **When the verb of the main clause is in the** *passato prossimo,* **the verb of the dependent clause may be in any of the subjunctive tenses, including the pluperfect subjunctive, depending on meaning.**

Mio padre *ha creduto* che io **dica** bugie.	*My father believed that I tell lies.*
Mio padre *ha creduto* che io **abbia detto** bugie.	*My father believed that I had told lies.*
Mio padre *ha creduto* che io **dicessi** bugie.	*My father believed that I was telling lies.*
Mio padre *ha creduto* che io **avessi detto** bugie.	*My father believed that I had told lies.*

ESERCIZIO L

Erano le dieci di sera e i genitori di Lina non sapevano dove la loro figlia fosse. Credevano che Lina fosse scappata di casa; invece era da sua cugina. Mettendo le frasi al trapassato del congiuntivo, descrivi quello che i genitori pensavano.

ESEMPIO: I genitori di Lina pensano che Lina sia scappata di casa.
                I genitori di Lina pensavano che Lina **fosse scappata** di casa.

1. Sospettano che Lina sia stata bocciata per la seconda volta.

Sospettavano che Lina _____ .

2. Credono che lei abbia avuto paura di dargli la cattiva notizia.

Credevano che lei _____ .

3. Gli dispiace che lei non si sia confidata in loro.

Gli dispiaceva che Lina non _____ .

4. Temono che la loro figlia abbia preso la macchina.

Temevano che la loro figlia _____ .

5. È possibile che Lina sia andata a casa della sua cugina preferita.

Era possibile che Lina _____.

6. Sono contenti che verso le undici Lina abbia finalmente telefonato.

Erano contenti che verso le undici Lina _____.

ESERCIZIO M

Scegliendo dalle espressioni suggerite o usandone altre, indica la tua reazione alle seguenti situazioni. Forma frasi complete secondo l'esempio.

avevo paura	ero contento(a)	ero felice	ero triste
ero arrabbiato(a)	ero deluso(a)	ero furioso(a)	

ESEMPIO: Tuo cugino ha usato il tuo computer.
Ero furiosa che mio cugino **avesse usato** il mio computer.

1. Tuo fratello ha rotto il tuo videoregistratore.

_____

2. Il tuo fidanzato (la tua fidanzata) ti ha detto: «Ti amo».

_____

3. Il tuo migliore amico è andato ad abitare in una città lontana.

_____

4. Il tuo cane ha mangiato i fiori dell'aiuola dei vicini.

_____

5. I tuoi genitori ti hanno punito.

_____

6. Il professore d'italiano ha dato un test molto difficile sul congiuntivo.

_____

[5] IMPERFECT AND PLUPERFECT SUBJUNCTIVE IN INDEPENDENT CLAUSES

The imperfect and pluperfect subjunctive may be used in independent clauses to express wishes whose fulfillment seems unlikely or to express regret that something did not happen.

Potessi andarci anch'io!	*If only I could go as well!*
Magari **facesse** bel tempo!	*If only the weather were nice!*
Se l'**avessi perdonato**!	*If only I had forgiven him!*

ESERCIZIO N

Scegli l'espressione adatta a ognuna delle situazioni seguenti.

Ci avesse ascoltato!	Magari vincesse!	Se l'accettassero!
Fosse vero!	Potessi andarci anch'io!	Si fosse alzata prima!

1. Ho sentito che Luigi ha vinto centomila dollari alla lotteria.

_____

2. Mio fratello gioca la finale di tennis domani.

_____

3. Avevamo consigliato a Pierino di comprare una piccola macchina economica. Invece ha scelto una macchina grande e lussuosa. Adesso si lamenta delle spese di benzina.

_____

4. Laura ha fatto domanda d'ammissione alla nostra università. Ha un'intervista oggi alle due.

_____

5. Anna è arrivata dieci minuti prima della fine dell'esame.

_____

6. Irene parte per l'Italia domani. Che fortuna!

_____

[6] SUMMARY OF SEQUENCE OF TENSES IN THE SUBJUNCTIVE

VERB IN MAIN CLAUSE	VERB IN DEPENDENT CLAUSE
Present	**Present Subjunctive** *(concurrent action)*
Future	*OR*
Passato Prossimo	**Past Subjunctive** *(prior action)*

Mi dispiace } che lui { *parta* adesso.
{ *sia partito* ieri.

I am sorry } that he { *is leaving now.*
{ *left yesterday.*

Ordinerò } che lui { *parta* immediatamente.
Ho ordinato { *sia partito* prima di mezzogiorno.

I shall order } that he { *leave immdiately.*
I ordered { *be gone before noon.*

VERB IN MAIN CLAUSE	VERB IN DEPENDENT CLAUSE
Passato Remoto **Passato Prossimo** **Imperfect** **Pluperfect** **Conditional**	**Imperfect Subjunctive** (*concurrent action*) OR **Pluperfect Subjunctive** (*prior action*)

Mi dispiacque
Mi è dispiaciuto
Mi dispiaceva   } *che lui* { *partisse* immediatamente.
Mi era dispiaciuto   *fosse partito* il giorno prima.
Mi dispiacerebbe

I was sorry   } *that he* { *was leaving immediately.*
                              had left the day before.

ESERCIZIO O

Completa i brani seguenti con il congiuntivo, l'indicativo o l'infinito dei verbi tra parentesi.

1. La madre di Aldo aspetta degli invitati stasera. Arriveranno fra mezz'ora. Lei desidera che Aldo

l' _____ con i preparativi. Prima vuole che lui _____ la tavola.
      1. (aiutare)   2. (apparecchiare)

Poi è necessario che Aldo _____ ad andare al mercato a fare delle ultime compere.
                            3. (affrettarsi)

Aldo vuole _____ in bicicletta ma sua madre insiste che lui _____
            4. (andare)   5. (andare)

a piedi. Peccato che Aldo non _____ fare a modo suo, visto che sua madre ha
                                  6. (potere)

bisogno che tutto _____ pronto prima che gli invitati _____!
                    7. (essere)   8. (arrivare)

2. Oggi è una pessima giornata per Piero. I suoi genitori insistono da due settimane che lui

_____ dal barbiere a farsi tagliare i capelli perchè _____ troppo
   1. (andare)   2. (essere)

lunghi e disordinati. Non c'è dubbio che Piero lo _____, altrimenti i suoi genitori
                                                    3. (fare)

non permetteranno che domenica lui li _____ alla partita di calcio della sua
                                         4. (accompagnare)

squadra preferita. Povero Piero! Non credeva che il suo barbiere _____ chiuso
                                                                   5. (essere)

oggi. Non ha cercato altri barbieri perchè temeva che un altro gli _____ male i
6. (tagliare)

capelli. Ora è probabile che Piero _____ tutta la domenica a casa. È certo che la
7. (passare)

prossima volta _____ subito ai suoi genitori.
8. (lui / ubbidire)

3. È sicuro che il primo giorno di scuola _____ duro per Luigi. Quest'anno i suoi
1. (essere)

genitori vogliono che _____ delle materie difficili tra le quali la fisica. Francesco,
2. (lui / studiare)

un amico di Luigi, ha seguito il corso di fisica l'anno scorso con lo stesso professore che

_____ il corso quest'anno. Francesco ha spiegato a Luigi che l'anno scorso il
3. (insegnare)

professore è stato molto severo e che insisteva che gli alunni _____ un sacco di
4. (fare)

lavoro. Francesco gli ha detto che questo corso è stato il corso più difficile che lui

_____ in tre anni di liceo. Francesco ha consigliato al suo amico di
5. (seguire)

_____ tutte le lezioni perchè al professore non piace che gli alunni
6. (frequentare)

_____ a nemmeno una lezione. È essenziale che Luigi _____
7. (mancare)   8. (studiare)

molto quest'anno se _____ ricevere buoni voti.
9. (volere)

4. Giacomo e i suoi amici stavano partendo per una fine settimana in montagna. I ragazzi pregavano

che _____ molto perchè avevano l'intenzione di _____ molto
1. (nevicare)   2. (fare)

sci. Giacomo sperava che suo padre gli _____ duecento dollari per il viaggio. Suo
3. (dare)

padre sapeva che era improbabile che Giacomo gli _____ il denaro, ma siccome
4. (restituire)

voleva che suo figlio _____, glielo diede. Lo supplicò di _____
5. (divertirsi)   6. (fare)

attenzione perchè era probabile che le strade e le piste di sci _____ coperte di
7. (essere)

ghiaccio a causa della pioggia del giorno precedente. Quando salutò Giacomo, il padre pensò:

«Magari _____ andare a sciare anch'io con loro!»
8. (potere)

[7] CONDITIONAL SENTENCES

A conditional sentence consists of a condition clause (*se* clause) and a result clause.

a. Real conditions

A condition that describes what is possible or likely is called a "real condition."

Se tu spedisci la lettera oggi, **arriverà** sicuramente fra due giorni.	*If you send the letter today, it will certainly arrive in two days.*

To express a real condition, Italian uses the indicative mood in both the *se* clause and the result clause. (See Chapter 7.)

Se studierai di più **riceverai** voti migliori.	*If you study more, you will receive better grades.* [You will almost certainly receive better grades.]
Se mi ha telefonato ieri, non **ero** a casa.	*If he called me yesterday, I wasn't home.* [He did call, and I was out.]

b. Contrary-to-fact conditions

A conditional sentence that describes a situation that is unlikely is called "unreal" or "contrary-to-fact."

Se tu partissi alle cinque del mattino **arriveresti** prima di loro.	*If you left (were to leave) at five in the morning you would arrive before them.*

To express a contrary-to-fact condition, Italian uses the imperfect or pluperfect subjunctive in the *se* clause and the conditional in the result clause.

	Se clause	Result clause
Present Time	IMPERFECT SUBJUNCTIVE	CONDITIONAL
	Se tu studiassi di più, *If you studied more,* [You don't study more,	**riceveresti** voti migliori *you would receive better grades.* so you don't receive better grades.]
Past Time	PLUPERFECT SUBJUNCTIVE	PAST CONDITIONAL
	Se tu avessi studiato di più, *f you had studied more,* [You didn't study more,	**avresti ricevuto** voti migliori. *you would have received better grades.* so you didn't receive better grades.]

NOTE: When *se* means "whether" and is preceded by an expression that takes the subjunctive, *se* is followed by a verb in any tense or mood, including the subjunctive.

Non so se Michele **viene.**	*I don't know whether (if) Michele is coming.*
Non so se Michele **verrà.**	*I don't know whether (if) Michele will come.*
Non so se Michele **sarebbe venuto.**	*I don't know whether (if) Michele would have come.*
Non sapevo se Michele **verrebbe.**	*I didn't know whether (if) Michele would come.*
Non sapevo se Michele **sarebbe venuto.**	*I didn't know whether (if) Michele would have come.*
Non sapevo se Michele **venisse.**	*I didn't know whether (if) Michele was coming.*
Non sapevo se Michele **fosse venuto.**	*I didn't know whether (if) Michele had come.*

c. The imperfect or pluperfect subjunctive is also used after the expression *come se* (as if).

Lo tratti **come se fosse** un bambino.   *You treat him as if he were a child.*

Mi guardò **come se avessi**   *He looked at me as if I had committed a crime.*
commesso un delitto.

ESERCIZIO P

Spiega quello che faresti in queste circostanze.

ESEMPIO: Se ci fosse un incidente stradale, **aiuterei le vittime.**

1. Se ci fosse un incendio a scuola, _____ .

2. Se l'elettricità si spegnesse a casa mia, _____ .

3. Se ci fosse un terremoto, _____ .

4. Se vedessi un cane sperduto nella strada, _____ .

5. Se ci fosse una tempesta di neve, _____ .

6. Se ci fosse un topo nell'aula d'italiano, _____ .

ESERCIZIO Q

Indica quello che faresti in queste circostanze. Segui l'esempio.

ESEMPIO: Se ho bisogno di denaro, lo chiedo a mio padre.
            Se avessi bisogno di denaro, lo **chiederei** a mio padre.

1. Se mi alzo tardi, la giornata è sprecata *(wasted).*

_____

2. Se mi offrono un lavoro, l'accetto.

_____

3. Se guadagno abbastanza soldi, mi compro la macchina.

_____

4. Se lavorerò molto quest'anno, guadagnerò tremila dollari.

_____

5. Se ho la scelta, sceglierò una Ferrari.

_____

6. Se sono fortunato, vincerò alla lotteria.

_____

7. Se mio padre mi aiuta, potrò comprare la macchina adesso.

_____

ESERCIZIO R

Esprimi quello che faresti in queste circostanze.

ESEMPIO: avere cento dollari
Se avessi cento dollari, comprerei un videoregistratore.

1. sapere parlare italiano

_____

2. potere viaggiare in Europa

_____

3. avere molto tempo libero

_____

4. essere il presidente degli Stati Uniti

_____

5. conoscere un attore (un'attrice)

_____

6. potere comprare una macchina

_____

7. vincere alla lotteria

_____

8. essere il professore (la professoressa) d'italiano

_____

ESERCIZIO S

Leggi quello che non hanno fatto queste persone. Spiega le conseguenze negative o positive delle loro azioni se avessero fatto queste cose.

ESEMPIO: Tu non hai detto la verità. *(tuo padre perdonarti / essere punito)*
Se tu avessi detto la verità, tuo padre ti avrebbe perdonato.
Se tu avessi detto la verità, non saresti stato punito.

1. Luigi non si è fermato al semaforo rosso. *(ricevere una contravvenzione / avere un incidente stradale)*

_____

_____

2. Loro non hanno studiato. *(superare l'esame finale / essere bocciati)*

_____

_____

3. Tu non hai chiuso il finestrino della macchina. *(qualcuno rubare la radio / la forte pioggia bagnare tutto l'interno)*

_____

_____

4. Io non ho riparato i freni della bicicletta. *(cadere / distruggere la mia bella bicicletta)*

_____

_____

5. Voi non avete guadagnato abbastanza soldi. *(potere comprare un nuovo stereo / andare in vacanza)*

_____

_____

ESERCIZIO T

Esprimi i commenti che fa un commesso **(salesclerk)** *su alcuni clienti che entrano nel negozio.*

ESEMPIO: quel signore / parlare / essere il padrone
Quel signore **parla come se fosse** il padrone.

1. quel giovane / spendere soldi / essere miliardario

_____

2. questo ragazzo / fare domande / non sapere nulla

_____

3. questi bambini / gridare / essere a casa loro

_____

4. queste donne anziane / vestirsi / essere delle ragazzine

_____

5. quest'uomo / lamentarsi / essere un bambino

_____

6. quei ragazzi / comportarsi / avere due anni

_____

MASTERY EXERCISES

ESERCIZIO U

Completa i brani seguenti con la forma corretta dei verbi tra parentesi.

1. L'anniversario di matrimonio del signor Damiano si avvicinava. Quest'anno il signor Damiano voleva

_____ un regalo particolare che _____ molto a sua moglie.
    1. (trovare)   _2. (piacere)_

Passò parecchi giorni a cercare in tutti i negozi del centro. Finalmente, in una piccola oreficeria, vide

un bellissimo braccialetto di perle e di zaffiri. Il braccialetto era molto caro però il signor Damiano

disse a sè stesso: «Sebbene _____ molto, Gina lo merita per avermi sopportato
                                   3. (costare)

venticinque anni». Quando ebbe comprato il braccialetto, pensò: «Ora bisogna che lo

_____ di modo che Gina non _____ trovarlo; non voglio che
    4. (nascondere)   _5. (potere)_

ne _____ niente prima del giorno dell'anniversario».
     6. (sapere)

Quando arrivò a casa, entrò nel salotto senza _____ rumore e si mise a cercare un
                                     7. (fare)

nascondiglio _(hiding place)_ che _____ sicuro. Mentre il signor Damiano cercava
                                    8. (essere)

un posticino per il regalo, sua moglie entrò nel salotto senza che lui la _____ . Lui
                                            9. (sentire)

apriva e chiudeva cassetti, alzava cuscini, guardava dappertutto. Non immaginava che sua moglie

_____ lì a guardarlo. Lei lo guardava come se _____ un
    10. (stare)   _11. (lui / essere)_

criminale. Finalmente esclamò: «Voglio che tu mi _____ vedere cosa nascondi!»
                                             12. (fare)

2. Giovanni doveva andare a Bologna da sua zia. Bisognava che _____ il treno delle
                                          1. (prendere)

otto e che _____ un biglietto di andata e ritorno alla stazione. Occorreva che suo
     2. (comprare)

padre lo _____ alla stazione con la macchina perchè non c'erano mezzi pubblici
    3. (accompagnare)

per arrivarci. Una volta a Bologna, era necessario che Giovanni _____ un tassì
                                          4. (prendere)

perchè sua madre voleva che lui _____ da sua zia di buon'ora. Giovanni sperava
                                5. (arrivare)

che sua zia lo _____ a pranzo perchè non aveva molto denaro in tasca per
             6. (invitare)

_____ a mangiare in ristorante. Sperava anche che la zia gli
    7. (andare)

_____ il suo piatto preferito e che _____ alcuni dei suoi cugini
    8. (preparare)   *9.* (lei / invitare)

a pranzo. In ogni modo, Giovanni sperava di _____ a Bologna e di tornare a casa
    10. (divertirsi)

con il treno delle undici di notte.

3. I miei genitori mi hanno promesso che se quest'anno _____ ottimi voti in tutte le
    1. (ricevere)

mie materie, mi _____ un viaggio in Italia l'estate prossima. Chiunque
    2. (pagare)

_____ in Italia ha detto che è un paese incantevole. Non dubito che
    3. (andare)

_____ ragione. È probabile che _____ per un mese. Mi farebbe
    4. (loro / avere)   *5.* (io / andare)

molto piacere se _____ fare il viaggio con il mio migliore amico Francesco.
    6. (io / potere)

Purtroppo Francesco non _____ molto denaro da spendere. Mi ha detto che se
    7. (avere)

riesce a guadagnare abbastanza soldi, _____ sicuramente con me. Sarà difficile
    8. (venire)

che lui _____ pagarsi il viaggio, però non è impossibile.
    9. (potere)

Mi sono promesso che quando sarò in Italia, dovunque _____ parlerò italiano
    10. (io / andare)

affinchè _____ a parlare meglio. Magari _____ a conoscere una
    11. (io / imparare)   *12.* (io / riuscire)

ragazza italiana! Allora sì che farei dei progressi in italiano!

ESERCIZIO V

Completa le seguenti frasi con le tue opinioni personali.

1. Se noi avessimo vissuto nell'Ottocento *(nineteenth century)*, _____

_____ .

2. Se i miei genitori fossero nati in Italia, _____

_____ .

3. Se _____ ,

avrei ricevuto una A in italiano.

4. Se fossi miliardario, _____

_____ .

5. Se _____ ,

sarei stata la persona più felice al mondo.

6. Avrei dato la mia vita per il mio miglior amico (la mia migliore amica) se _____

_____ .

7. Se avessi conosciuto il mio bisnonno *(great-grandfather)*, _____

_____ .

8. Sarei totalmente indipendente se _____

_____ .

ESERCIZIO W

Dai tre risposte a ogni domanda.

1. Se tu fossi nato(a) maschio (femmina), come sarebbe stata diversa la tua vita e la tua personalità?

_____

_____

_____

2. Come sarebbe stata diversa la tua vita se tu fossi nato(a) in una famiglia ricchissima?

_____

_____

_____

3. Se tu fossi nato(a) durante il Medioevo *(Middle Ages)*, quali avventure avresti avuto?

_____

_____

_____

ESERCIZIO X

Esprimi in italiano quello che una guida spiega a un turista durante una gita turistica.

1. As soon as we reach the hotel, we'll be able to eat.

_____

2. I would like to ask for your help.

_____

3. If someone wastes time, we will never arrive at our destination.

_____

_____

4. They can have a cup of coffee provided that they return in ten minutes.

_____

_____

5. It's evident that they're hungry and thirsty.

_____

6. No matter how strict I try to be, they always do as they wish.

_____

_____

7. Could you please hurry?

_____

8. If we had left earlier, we wouldn't have had to rush now.

_____

9. Whoever wants coffee should have it now.

_____

10. As soon as they return, we'll leave.

_____

11. They're looking for a store that sells souvenirs.

_____

12. I don't know any store that accepts personal checks.

_____

13. Yesterday one man left a store without getting his change.

_____

14. We'll wait here until the last person comes out of the store.

_____

15. If I had finished my studies, I would not have become a travel guide.

_____

_____

Chapter 15
Commands (Imperatives)

[1] FORMAL COMMANDS

a. Formal commands (used with *Lei* and *Loro*) are formed from the first person singular (*io* form) of the present tense; the final *-o* changes as follows:

- *-are* verbs: to *-i (Lei)* and *-ino (Loro)*
- *-ere* and *-ire* verbs: to *-a (Lei)* and *-ano (Loro)*

INFINITIVE	PRESENT TENSE **io** FORM	COMMANDS Lei	COMMANDS Loro	
ordin*are*	ordin*o*	ordin*i*	ordin*ino*	*order*
prend*ere*	prend*o*	prend*a*	prend*ano*	*take*
fin*ire*	finisc*o*	finisc*a*	finisc*ano*	*finish*
sent*ire*	sent*o*	sent*a*	sent*ano*	*listen*

Senta questa bella musica!   *Listen to this beautiful music!*

Ordinino i ravioli, sono squisiti.   *Order the ravioli, they're delicious.*

NOTE:

1. Verbs ending in *-care* and *-gare* add an *-h* before the formal command endings.

   Signora, non **dimenti**c*h*i di telefonare.   *Madam, don't forget to call.*

   Pagh*ino* alla cassa vicino all'entrata.   *Pay at the cashier near the entrance.*

2. The forms of formal commands are the same as the corresponding forms of the present subjunctive (see Chapter 12). The subject pronouns *Lei* and *Loro* are omitted.

3. Direct and indirect object pronouns and reflexive pronouns precede formal command forms.

   Si lavi le mani.   *Wash your hands.*

   Lo faccia subito.   *Do it right away.*

   Le diano questi soldi.   *Give her this money.*

4. In the negative imperative, *non* precedes the verb.

   Non si lavi le mani.   *Don't wash your hands.*

   Non lo faccia subito.   *Don't do it right away.*

   Non le diano questi soldi.   *Don't give her this money.*

b. Formal commands of common irregular verbs

In the formal imperative, the following verbs change the final *-o* of the first person singular to *-a* for *Lei* and *-ano* for *Loro*.

INFINITIVE	PRESENT TENSE **io** FORM	COMMANDS		
		Lei	**Loro**	
andare	vado	vada	vadano	*go*
bere	bevo	beva	bevano	*drink*
dire	dico	dica	dicano	*say*
fare	faccio	faccia	facciano	*do, make*
rimanere	rimango	rimanga	rimangano	*stay*
salire	salgo	salga	salgano	*go up*
segliere	scelgo	scelga	scelgano	*choose*
tenere	tengo	tenga	tengano	*hold*
tradurre	traduco	traduca	traducano	*translate*
uscire	esco	esca	escano	*go out*
venire	vengo	venga	vengano	*come*

Per la stazione, **vada** a sinistra.   *For the station, go left.*

Per favore, **salgano**.   *Please, go up.*

c. The following verbs have irregular formal command forms:

INFINITIVE	COMMANDS		
	Lei	**Loro**	
avere	abbia	abbiano	*have*
dare	dia	diano	*give*
essere	sia	siano	*be*
sapere	sappia	sappiano	*know*
stare	stia	stiano	*be, stay*

Mi **dia** un biglietto di andata e ritorno.   *Give me a round-trip ticket, please.*

Stiano qui per adesso.   *Stay here for now.*

ESERCIZIO A

Esprimi le indicazioni per fare una telefonata da un telefono pubblico in Italia. Usa il singolare dell'imperativo (Lei).

ESEMPIO: alzare il ricevitore
    Alzi il ricevitore.

1. aspettare il segnale acustico

_____

2. inserire gettoni o carta telefonica

_____

3. fare il numero

_____

4. riattaccare il ricevitore al termine della comunicazione

_____

5. riprendere i gettoni rimasti o la carta telefonica

_____

6. comunicare con il centralinista in caso di difficoltà

_____

ESERCIZIO B

Dai i seguenti consigli a un gruppo di persone su quello che dovrebbero fare da buoni cittadini. Usa il plurale dell'imperativo (Loro).

ESEMPIO: leggere il giornale ogni giorno
Leggano il giornale ogni giorno.

1. ascoltare le notizie regolarmente

_____

2. non dimenticare di votare alle elezioni

_____

3. partecipare alle attività comunali

_____

4. dare aiuto ai meno fortunati

_____

5. contribuire alle opere di carità

_____

6. conoscere i loro vicini

_____

7. rispettare i diritti degli altri

_____

8. essere onesti

_____

9. esprimere le loro opinioni presso i parlamentari

_____

10. ubbidire la legge

_____

ESERCIZIO C

Spiega quello che dice una guida a un gruppo di turisti in viaggio.

ESEMPIO: alzarsi presto domani
Si alzino presto domani.

1. non fumare nel pullman

_____

2. lasciare documenti e denaro in albergo

_____

3. stare attenti ai gioielli e alle borse

_____

4. essere puntuali agli appuntamenti

_____

5. non uscire senza la piantina della città

_____

6. non lasciare mance ai camerieri

_____

7. cambiare il denaro in banca, non in albergo

_____

8. non uscire dopo l'una di notte

_____

[2] INDIRECT COMMANDS

An indirect command expresses what one person wishes or wants another person to do. Indirect commands are usually introduced by *che.*

Che vengano se insistono.	*Let (Have) them come if they insist.*
Che ascoltino la verità.	*Have them hear the truth.*
Che siano felici.	*May they be happy.*
Che Aldo **faccia** gli affari suoi!	*I wish Aldo would mind his own business!*

ESERCIZIO D

Sei il (la) regista (director) *di uno spettacolo teatrale a scuola. Spiega quello che ciascuno dei tuoi collaboratori deve fare.*

ESEMPIO: Enrico / dipingere lo scenario
            Che Enrico dipinga lo scenario.

1. Isabella / preparare i costumi

   _____

2. Tullio e Marco / controllare le luci

   _____

3. Carlo / truccare gli attori

   _____

4. loro / pensare alla pubblicità

   _____

5. Chiara / essere l'annunciatrice

   _____

6. Giuseppe / occuparsi dei microfoni

   _____

7. Laura e Agnese / scrivere i programmi dello spettacolo

   _____

8. Michele / vendere i biglietti

   _____

ESERCIZIO E

Pierino non vuole mai fare niente. Indica chi, secondo lui, dovrebbe fare le cose seguenti. Usa l'imperativo e sostituisci le parole in neretto con il pronome adatto.

ESEMPIO: Non voglio portare **il cane** a passeggio. *(mio fratello)*
            Che lo porti mio fratello.

1. Non voglio andare **al negozio.** *(Paola)*

   _____

2. Non voglio fare **il compito.** *(la maestra)*

   _____

3. Non voglio mangiare **i piselli.** *(il cane)*

   _____

4. Non voglio apparecchiare **la tavola.** *(il papà)*

_____

5. Non voglio venire **al cinema.** *(la tua fidanzata)*

_____

[3] FAMILIAR COMMANDS

a. Familiar commands of regular verbs

(1) The forms of affirmative familiar commands (used with *tu, noi,* and *voi*) of regular verbs are the same as the corresponding forms of the present indicative, except for the *tu* form of *-are* verbs, which changes the final *-i* of the present to *-a.*

(2) In negative commands, *non* stands in front of the affirmative command.

(3) The negative *tu* command is formed with the infinitive of the verb.

		guard*are*	vend*ere*	fin*ire*
AFFIRMATIVE	**(tu)**	**guarda**	**vendi**	**finisci**
	(noi)	**guardiamo**	**vendiamo**	**finiamo**
	(voi)	**guardate**	**vendete**	**finite**
NEGATIVE	**(tu)**	**non guardare**	**non vendere**	**non finire**
	(noi)	**non guardiamo**	**non vendiamo**	**non finiamo**
	(voi)	**non guardate**	**non vendete**	**non finite**

Compra quella camicia.	*Buy that shirt.*
Non parlare con nessuno.	*Don't talk to anyone.*
Vestitevi in camera vostra.	*Dress in your rooms.*

ESERCIZIO F

Indica quello che la maestra dice agli alunni di fare e di non fare.

ESEMPIO: *(parlare)* Ragazzi, **parlate** italiano in classe; non **parlate** inglese.

1. *(finire)* Ragazzi, _____ il tema; non _____ gli esercizi.

2. *(continuare)* Ragazzi, _____ questa lettura; non _____ quella di ieri.

3. *(incominciare)* Ragazzi, _____ l'esame; non _____ a chiacchierare.

4. *(disegnare)* Ragazzi, _____ un castello; non _____ una fabbrica.

5. *(scrivere)* Ragazzi, _____ un racconto breve; non _____ una poesia.

6. *(leggere)* Ragazzi, _____ la lezione, non _____ i fumetti.

ESERCIZIO G

Il tuo amico fa sempre quello che gli chiedi. Indica le sue risposte ad alcuni suggerimenti che fai durante una passeggiata in città.

ESEMPIO: Vuoi andare ai negozi?
           Sì, **andiamo** ai negozi.

1. Vuoi passeggiare nel parco?

    _____

2. Vuoi parlare a quelle ragazze?

    _____

3. Vuoi mangiare in questo ristorante?

    _____

4. Vuoi prendere un gelato «Dal Golosone»?

    _____

5. Vuoi ritornare a casa a piedi?

    _____

6. Vuoi partire fra poco?

    _____

ESERCIZIO H

I figli della signora Agnelli non ascoltano mai la loro mamma, però hanno molta paura del loro papà. Spiega quello che il signor Agnelli ordina ai suoi figli di fare o di non fare.

ESEMPIO: Pierina non ascolta sua madre.
           Pierina, **ascolta** tua madre; non **ascoltare** i tuoi amici.

1. Marcella non scrive il componimento.

    Marcella, _____ il componimento; non _____ lettere ai tuoi amici.

2. Giovanni e Pierina ritornano sempre tardi a casa.

    Giovanni e Pierina, _____ a casa prima delle undici; non _____ a casa affatto se è più tardi.

3. Paola non guarda mai i documentari alle televisione.

    Paola, _____ i documentari qualche volta; non _____ sempre i cartoni animati.

4. Paola e Pierina non mangiano mai a casa con la famiglia.

Paola e Pierina, _____ più spesso con la famiglia, non _____
sempre con gli amici.

ESERCIZIO I

Il tuo fratellino crede di essere molto saggio (wise). *Spiega quello che consiglia ai suoi amici.*

ESEMPIO: Rosa non esce mai con sua madre.
            Rosa, **esci** qualche volta con tua madre; non **uscire** sempre con le amiche.

1. Pietro e Martino non chiudono la bocca.

   Pietro e Martino, _____ la bocca; non _____ le orecchie.

2. Catia, Rita e Marco non tornano ai loro posti.

   Catia, Rita e Marco, _____ ai vostri posti; non _____ alla finestra.

3. Tania non pulisce la sua camera.

   Tania, _____ la tua camera; non _____ la bicicletta.

4. Tommaso non mangia mai verdure.

   Tommaso, _____ insalata, piselli e carote qualche volta; non _____
   soltanto pasta e carne.

ESERCIZIO J

Spiega come tu e un amico decidete di festeggiare il giorno dell'indipendenza.

ESEMPIO: fare una festa
            Facciamo una festa.

1. organizzare tutto in poco tempo

   _____

2. andare al supermercato

   _____

3. invitare alcuni amici ad aiutarci

   _____

4. preparare hamburger e insalate diverse

   _____

5. comprare fuochi d'artificio

_____

6. gonfiare molti palloncini

_____

7. appendere la bandiera

_____

8. dopo la festa partecipare alla sfilata

_____

b. Familiar command of irregular verbs

(1) The affirmative *tu* command of seven common verbs *(andare, avere, dare, dire, essere, fare,* and *stare)* and the *voi* command of *essere* and *avere* are irregular.

(2) The affirmative *noi* command is identical to the corresponding *noi* form of the present tense.

(3) The negative *tu* command of the seven verbs is formed with *non* plus the infinitive. The negative *noi* and *voi* commands are formed by combining *non* and the corresponding command form.

		avere	essere	fare	dare
AFFIRMATIVE	(tu)	abbi	sii	fa' (fai)	da' (dai)
	(noi)	abbiamo	siamo	facciamo	diamo
	(voi)	abbiate	siate	fate	date
NEGATIVE	(tu)	non avere	non essere	non fare	non dare
	(noi)	non abbiamo	non siamo	non facciamo	non diamo
	(voi)	non abbiate	non siate	non fate	non date

		andare	dire	stare
AFFIRMATIVE	(tu)	va' (vai)	di'	sta' (stai)
	(noi)	andiamo	diciamo	stiamo
	(voi)	andate	dite	state
NEGATIVE	(tu)	non andare	non dire	non stare
	(noi)	non andiamo	non diciamo	non stiamo
	(voi)	non andate	non dite	non state

Claudio, **va'** subito da Gianna. *Claudio, go quickly to Gianna's.*

Non siate così impazienti. *Don't be so impatient.*

Diciamo la verità. *Let's tell the truth.*

NOTE: *Fai, dai, stai,* and *vai* are often used instead of the shorterned *tu* forms *fa', da', sta',* and *va'.*

ESERCIZIO K

Prima di partecipare a un concorso, la madre di Michelina le dà dei consigli. Completa le frasi con la forma adatta dei verbi tra parentesi.

ESEMPI: *(essere)* Non **essere** nervosa.
  OR: *(avere)* **Abbi** pazienza.

1. *(fare)* _____ il migliore possibile.

2. *(dire)* Non _____ sciocchezze.

3. *(essere)* _____ sicura di te stessa.

4. *(essere)* Non _____ pigra.

5. *(stare)* _____ attenta.

6. *(dare)* _____ tutte le informazioni richieste.

7. *(stare)* _____ calma.

8. *(avere)* Non _____ fretta.

[4] COMMANDS AND OBJECT PRONOUNS

a. Object pronouns, including reflexive pronouns, follow and are attached to affirmative commands in the *tu, noi,* and *voi* forms. Pronouns precede the *Lei* and *Loro* forms, both affirmative and negative.

Anna, **portami** quel libro.	*Anna, bring me that book.*
Gina, **alzati.**	*Gina, get up.*
Ragazzi, **compriamolo** ora.	*Boys, let's buy it now.*
Bambini, **telefonateci** alle tre.	*Children, call us at three o'clock.*

BUT

Signorina, *lo* **faccia,** per favore.	*Miss, do it, please.*
Signori, *li* **comprino** oggi.	*Gentlemen, buy them today.*
Signora, **non** *la* **sgridi.**	*Madam, don't yell at her.*

b. With negative familiar commands, pronouns may either precede or follow the verb.

Maria, **non** *lo* **invitare** alla festa.
Maria, **non invitarlo** alla festa. } *Maria, don't invite him to the party.*

Non *lo* **invitiamo** alla festa.
Non invitiamolo alla festa. } *Let's not invite him to the party.*

Non *lo* **invitate** alla festa.
Non invitatelo alla festa. } *Don't invite him to the party.*

NOTE: When a pronoun follows and is attached to the *tu* form of the imperative, the infinite drops the final *-e.*

c. With certain monosyllabic *tu* commands, such as *da', di', fa', sta',* and *va',* the initial consonant of the pronoun is doubled, except with the pronoun *gli.*

Dammi le riviste.	*Give me the magazines.*
Fammi un favore.	*Do me a favor.*
Dicci cosa vuoi.	*Tell us what you want.*
Stalle vicino.	*Stay close to her.*

BUT

Digli di stare attento.	*Tell him to be careful.*

d. With indirect commands introduced by *che,* object pronouns always precede the verb.

Che *lo* faccia.   Che *se ne* vadano fra poco.

ESERCIZIO L

Indica quello che questo padre dice ai suoi figli.

ESEMPI: *(coricarsi)* Bambini, **coricatevi** presto; non **coricatevi** tardi.
  OR: Bambini, **coricatevi** presto, non **vi coricate** tardi.

1. *(comportarsi)* Bambini, _____ bene; non _____ male.

2. *(abituarsi)* Figli miei, _____ a dire la verità, non _____ a dire bugie.

3. *(riunirsi)* Ragazze, _____ nel salotto; non _____ nel giardino.

4. *(lamentarsi)* Paolo e Chiara, _____ delle cose utili; non _____ delle cose inutili.

5. *(dedicarsi)* Figli miei, _____ alla carità; non _____ ai piaceri.

6. *(impegnarsi)* Ragazzi, _____ a riuscire negli studi; non _____ troppo a riuscire negli sport.

ESERCIZIO M

Gina è una sorellina gelosa. Spiega quello che lei e sua sorella Elena dicono quando la loro madre vuole fare qualcosa per Elena. Sostituisci le parole in neretto con il pronome adatto.

ESEMPIO: MAMMA: Vuoi che prepari **la colazione?**
                ELENA: **Sì, prepara***la,* **mamma.**
                GINA: **No, non** *la* **preparare, mamma. (No, non prepararla, mamma.)**

1. MAMMA: Vuoi che pulisca **la tua camera?**

  ELENA: _____

  GINA: _____

2. MAMMA: Vuoi che lavi **i tuoi jeans** oggi?

ELENA: _____

GINA: _____

3. MAMMA: Vuoi che cambi **il canale televisivo?**

ELENA: _____

GINA: _____

4. MAMMA: Vuoi che io e tuo padre compriamo **un televisore** per la tua camera?

ELENA: _____

GINA: _____

5. MAMMA: Vuoi che tu e io cerchiamo **un nuovo vestito** oggi?

ELENA: _____

GINA: _____

6. MAMMA: Vuoi che io prepari **la pizza siciliana** stasera?

ELENA: _____

GINA: _____

ESERCIZIO N

A Giulia, la tua sorella maggiore, piace sempre darti ordini. Riscrivi le frasi seguenti secondo gli esempi.

ESEMPI: Da' quei libri a me.
           Dammi quei libri.

OR: Da' quei libri al tuo compagno.
           Dagli quei libri.

1. Fa' un favore al nostro fratello.

_____

2. Sta' vicino a me.

_____

3. Sta' attento(a) alla bambina.

_____

4. Da' delle caramelle a noi.

_____

5. Fa' un panino per te.

_____

6. Va' dietro a quella macchina.

_____

MASTERY EXERCISES

ESERCIZIO O

Ecco dei buoni consigli che il sindaco (mayor) *dà ai cittadini della sua città nel caso di un uragano* (hurricane).

ESEMPI: chiudersi in casa
        Chiudetevi in casa.

  OR: non avere paura
        Non **abbiate** paura.

1. comprare provvisioni per un'intera settimana

   _____

2. avere una pila tascabile *(flashlight)* a portata di mano

   _____

3. mettere le pile in una radio portatile

   _____

4. mettere del nastro gommato sulle finestre

   _____

5. serrare tutte le finestre

   _____

6. togliere sedie e tavolini dal giardino

   _____

7. non avvicinarsi alle finestre durante la tempesta

   _____

8. riempire la vasca da bagno d'acqua

   _____

9. non tenere occupate le linee telefoniche

   _____

10. bollire l'acqua prima di berla

    _____

11. non lasciare niente nè in terrazza nè in cortile

    _____

12. ascoltare le notizie

    _____

ESERCIZIO P

Indica al tuo amico Gianni la strada che deve fare per arrivare alla spiaggia.

ESEMPIO: prendere la via Aurelia
             Prendi la via Aurelia.

1. guidare verso il nord della città

   _____

2. andare sempre diritto

   _____

3. al quinto semaforo, girare a destra

   _____

4. attraversare il ponte

   _____

5. mantenersi nella corsia sinistra

   _____

6. fermarsi al semaforo di via Garibaldi

   _____

7. girare a destra

   _____

8. continuare a destra

   _____

9. incominciare a cercare un posteggio

   _____

10. scendere la scalinata in fondo alla strada

    _____

ESERCIZIO Q

Ecco dei buoni consigli. Esprimili in italiano.

1. If you want to have good friends, be generous!

   _____

2. Listen to their problems!

   _____

3. Applaud their successes!

_____

4. Buy them beautiful presents!

_____

5. Remain faithful!

_____

6. Don't forget their birthdays!

_____

7. Don't lie to them!

_____

8. Let them know you love them!

_____

9. Don't exaggerate!

_____

10. Don't bother them!

_____

11. Don't look for arguments!

_____

12. Have patience!

_____

Chapter 16
Negation

[1] NEGATIVE FORMS

a. The most common negatives are:

NEGATIVES	
no *not*	**non... neanche** ⎫
non... affatto *not at all*	**non... nemmeno** ⎬ *not even*
non... ancora *not yet*	**non... neppure** ⎭
non... che *only*	**non... nessuno** *no one, nobody, not . . . anything*
non... mai *never (not ever)*	**non... niente (nulla)** *nothing, not . . . anything*
non... mica *not at all, hardly*	**non... più** *no more, no longer, not . . . again*
non... nè... nè *neither . . . nor*	

Non costerebbe **mica** tanto.	*It wouldn't cost much at all.*
Non ho trovato **nessuno** a casa.	*I didn't find anyone at home.*
Non avevamo sentito **niente**.	*We hadn't heard anything.*

b. Negative expressions may be used alone, without a verb.

—Cosa hai fatto ieri? —**Niente**.	*—What did you do yesterday? —Nothing.*
—Con chi parlavi? —Con **nessuno**.	*—With whom were you talking? —With no one.*

c. *Niente (nulla)*, *nessuno*, and *mai* have a positive meaning when used without *non* in interrogative sentences and after the preposition *senza*.

Vuoi **niente** dal negozio?	*Do you want anything from the store?*
Hai visto **nessuno** a scuola?	*Did you see anyone at school?*
Sei stato **mai** a Capri?	*Have you ever been to Capri?*
È uscito **senza** dire **niente**.	*He left without saying anything.*

d. As an adjective, *nessuno* is always used in the singular form followed by a singular noun, with which it agrees in gender. The forms of *nessuno* follow the pattern of the indefinite article.

MASCULINE	FEMININE
nessun ragazzo	nessuna ragazza
nessun amico	nessun'amica
nessuno sport	

—Hai ricevuto **i biglietti**? —No, *non* ho ricevuto *nessun* biglietto.	*—Did you receive the tickets? —No, I haven't received any tickets.*
Non abbiamo incontrato *nessun'amica*.	*We didn't meet any girlfriends.*

e. After *nè... nè*, the partitive *di* + article is omitted.

—Vuoi **del latte** o **del succo** di frutta?	*—Do you want milk or fruit juice?*
—Non voglio *nè* latte *nè* succo di frutta.	*—I don't want either milk or fruit juice.*

[2] POSITION OF NEGATIVE FORMS

a. In simple and compound tenses, *non* precedes the conjugated verb and pronoun objects; the second part of the negative generally follows the conjugated verb.

Non ne **hanno** mangiato perchè *non* avevano *più* fame.	*They didn't eat any because they weren't hungry any more.*
Io *non* **glielo** avrei *mai* detto.	*I wouldn't have ever told him.*
Gianni *non* **c'era** *ancora* stato.	*Gianni hadn't been there yet.*

NOTE: *Nessuno, niente, neanche, nemmeno,* and *neppure* may follow the past participle.

Non è **venuto** *nessuno*.	*Nobody came.*
Marco non gli aveva **fatto** *niente*.	*Marco hadn't done anything to him.*
Non l'ho **sentito** *nemmeno*.	*I didn't even hear him.*

b. Italian sentences may have two or more negatives. In these sentences, *non* precedes the verb and the other negatives follow the verb.

Non dice *mai niente* a *nessuno*.	*She never says anything to anyone.*
Non c'è *mai nessuno* a casa.	*There is never anyone at home.*

c. The negative expressions *mai, niente (nulla), neanche (nemmeno / neppure), nessuno,* and *nè... nè* may precede the verb for emphasis. In such uses, *non* is omitted.

Nessuno partirà stasera.	*No one will leave this evening.*
Neanche Gino viene.	*Gino isn't coming either.*
Nulla era permesso in quella classe.	*Nothing was permitted in that class.*

NOTE: *Affatto, che,* and *più* never precede the verb.

—Hai visto Gianni? —No, *non* l'ho visto *affatto*.	*—Have you seen Gianni? —No, I haven't seen him at all.*

ESERCIZIO A

Sarà presto Natale e la famiglia Riccardi si impegna a (pledges) *comportarsi meglio durante il mese di dicembre. Esprimi le risoluzioni di ciascuno.*

ESEMPIO: Gianna / fumare
            Gianna **non fumerà.**

1. papà / guidare velocemente

_____

2. mamma e Silvana / mangiare tante caramelle

_____

3. io / stare al telefono per ore intere

_____

4. tu e Andrea / ascoltare la radio giorno e notte

_____

5. tu / lasciare la televisione accesa tutta la notte

_____

6. noi / uscire ogni sera

_____

ESERCIZIO B

Tutti abbiamo buone intenzioni. Indica le cattive abitudini che questi ragazzi cercheranno di smettere **(stop).**

ESEMPIO: io / criticare i miei amici
            Non criticherò più i miei amici.

1. i bambini / lasciare la luce accesa tutta la notte

_____

2. voi / mangiarvi le unghia

_____

3. loro / mettersi le mani in bocca

_____

4. lei / succhiarsi il dito

_____

5. io / scarabocchiare sui libri

_____

6. tu / tirare i capelli a tuo fratello

_____

ESERCIZIO C

Secondo le informazioni seguenti, spiega quello che queste persone non fanno mai.

ESEMPIO: Marta non ha un soldo. *(comprare)*
            Marta **non compra mai niente.**

1. Le ragazze sono timide. *(dire)*

_____

2. Voi siete egoisti. *(condividere)*

_____

3. Noi siamo a dieta. *(mangiare)*

_____

4. Tu sei testardo. *(capire)*

_____

5. Io sono pigro. *(fare)*

_____

6. Lui è cattivo. *(rimpiangere)*

_____

ESERCIZIO D

I commenti seguenti ti sorprendono. Fai delle domande secondo l'esempio.

ESEMPIO: Questo negozio non offre sconti.
            Questo negozio **non offre nessuno sconto?**

1. Questo ufficio turistico non dà informazioni.

_____

2. Questo ristorante non serve pietanze di carne.

_____

3. Questa salumeria non vende prodotti congelati.

_____

4. Questa boutique non accetta carte di credito.

_____

5. Questa biblioteca non ha libri in italiano.

_____

6. Questa banca non accetta assegni personali stranieri.

_____

ESERCIZIO E

Andrea esagera sempre quando parla delle sue capacità sportive. Ma questa volta suo fratello è lì a contraddire tutto quello che Andrea dice. Segui l'esempio e indica quello che dice il fratello.

ESEMPIO: ANDREA: Ho corso dieci chilometri ieri.
            FRATELLO: **Ma che dici? Non hai mai corso** dieci chilometri!

1. ANDREA: Ho sollevato cento chili oggi.

FRATELLO: _____

2. ANDREA: L'altro giorno, ho nuotato un'ora senza fermarmi.

FRATELLO: _____

3. ANDREA: Faccio sempre ginnastica a casa.

FRATELLO: _____

4. ANDREA: Vinco sempre a tennis contro mio fratello.

FRATELLO: _____

5. ANDREA: L'estate scorsa ho corso un chilometro in cinque minuti.

FRATELLO: _____

6. ANDREA: Ogni anno partecipo alla maratona.

FRATELLO: _____

ESERCIZIO F

Quando le persone seguenti sono depresse non hanno voglia di fare niente. Descrivi il loro comportamento usando **non... affatto.**

ESEMPIO: Pietro / lavorare
            Pietro **non lavora affatto.**

1. tu / uscire

_____

2. Maria / parlare

_____

3. noi / sorridere

_____

4. io / ascoltare i miei amici

_____

5. voi / riposarvi

_____

6. i ragazzi / mangiare

_____

ESERCIZIO G

A Riccardo non piace fare niente. Indica le risposte di Riccardo alle domande che gli fa un suo amico.

ESEMPIO: Preferisci leggere o scrivere lettere?
            Non mi piace nè leggere nè scrivere lettere.

1. Preferisci ballare o cantare?

_____

2. Preferisci disegnare o colorare?

_____

3. Preferisci fare sport o giocare ai giochi video?

_____

4. Preferisci fare il camping o fare lo sci?

_____

5. Preferisci guardare la televisione o ascoltare la musica?

_____

6. Preferisci andare al cinema o a teatro?

_____

ESERCIZIO H

Il signor Manetta è misantropo, non ha amici e preferisce stare da solo. Usando i verbi suggeriti, descrivi il suo atteggiamento (attitude) _verso gli altri._

ESEMPIO: _(scrivere a)_ **Non scrive mai a nessuno.**

1. _(uscire con)_ _____

2. _(abbracciare a)_ _____

3. _(aiutare a)_ _____

4. _(fidarsi di)_ _____

5. _(parlare a)_ _____

6. _(interessarsi a)_ _____

ESERCIZIO I

Tua madre si lamenta perchè tu e tuo fratello rifiutate di aiutarla con le faccende di casa. Usando l'espressione adatta, indica quello che tua madre dice a tuo padre.

mai	neanche	neppure
nè... nè	nemmeno	nessuno

ESEMPIO: mettere i loro panni sporchi nel cestino
            Nemmeno mettono i loro panni sporchi nel cestino.

1. avere il tempo di passare l'aspirapolvere

_____

2. volere cucinare o fare i piatti

_____

3. farsi il letto

_____

4. avere voglia di fare il bucato

_____

5. occuparsi del loro cane

_____

6. mettere in ordine i loro giochi

_____

ESERCIZIO J

Usando un'espressione negativa, segui l'esempio e rispondi alle domande che ti fa un amico.

ESEMPIO: Chi ha telefonato?
             Nessuno.

1. Che cosa vuoi fare questo pomeriggio?

_____

2. Quando dici bugie?

_____

3. Chi viene a trovarti?

_____

4. Hai sonno?

_____

5. Non vuoi un'aranciata, non vuoi una limonata; allora vuoi un succo di frutta?

_____

6. Hai qualche amico(a) da farmi conoscere?

_____

ESERCIZIO K

Hai appena fatto la conoscenza di Arturo, un ragazzo fiorentino. Lo vuoi conoscere meglio perciò gli fai le domande seguenti. Indica le sue risposte usando espressioni negative.

ESEMPIO: Quanti fratelli e sorelle hai?
             Non ho nè fratelli nè sorelle.

1. Conosci qualcuno in questa città?

_____

2. Vai spesso alle partite di calcio?

_____

3. Sei tifoso di tennis?

_____

4. Hai una fidanzata in Italia?

_____

5. A me non piace l'inverno, e a te?

_____

6. Sei molto alto. Vorresti crescere ancora?

_____

7. Ti piace andare in palestra?

_____

8. Hai già visitato Chicago?

_____

9. Parli spagnolo o francese?

_____

10. Hai visto qualcosa d'interessante alla televisione?

_____

ESERCIZIO L

Alcuni amici parlano di Franco e le cose che non fa. Completa le frasi in italiano riferendoti alle frasi in inglese.

1. *He never comes on time.* Non arriva _____ in orario.

2. *At home he does nothing at all.* A casa non fa _____ _____.

3. *He neither studies nor does his homework.* Nè studia _____ fa i compiti.

4. *He doesn't even pay attention in class.* Non fa _____ attenzione in classe.

5. *He's not at all studious.* Non è studioso _____.

6. *He hasn't passed an exam yet.* Non ha _____ superato un esame.

7. *He doesn't speak to any girls in class.* In classe, non parla con _____ ragazza.

8. *He's no longer my friend.* Non è _____ il mio amico.

[3] NEGATIVE EXPRESSIONS

di niente, non c'è di che *you're welcome*
—Grazie di tutto. —**Di niente.**

—*Thank you for everything.* —*You're welcome.*

è una cosa da niente *it's nothing*
—Ti sei fatto male? —No, **è una cosa da niente.**

—*Did you hurt yourself?* —*No, it's nothing.*

in nessuna maniera *by no means*
—Mi presti la macchina? **—In nessuna maniera!**

—*Will you lend me the car?* —*Certainly not! (By no means!)*

mica male! *not bad at all!*
—Che ne pensi di questa musica? **—Mica male!**

—*What do you think of this music?* —*Not bad at all!*

neanche per sogno *not on your life*
—Vuoi vederlo? **—Neanche per sogno.**

—*Do you want to see him?* —*Not on your life.*

niente affatto *not at all, nothing at all*
—Hai fame? **—Niente affatto.**

—*Are you hungry?* —*Not at all.*

nientedimeno! *you don't say! go on!*
—Ha vinto cento milioni? **—Nientedimeno!**

—*He won one hundred million lire?* —*Go on!*

non adesso *not now*
—Mi puoi aiutare? **—Non adesso.**

—*Can you help me?* —*Not now.*

non fa niente *it doesn't matter, it's OK*
—Mi dispiace, ma non posso venire. **—Non fa niente.**

—*I'm sorry but I can't come.* —*It doesn't matter.*

non importa *never mind, no matter*
Non sai il numero? **Non importa,** lo cercherò nell'elenco.

You don't know the number? Never mind, I'll look for it in the phone book.

non poterne più *to be exhausted, fed up*
Basta! State zitti, **non ne posso più!**

That's enough! Be quiet, I'm exhausted!

nonostante *despite*
Nonostante i miei sforzi, non sono potuto arrivare in orario.

Despite my efforts, I wasn't able to arrive on time.

senza fare niente *without doing anything*
Non stare lì **senza fare niente;** aiutami!

Don't stand there without doing anything; help me!

ESERCIZIO M

Rispondi a queste situazioni usando un'espressione negativa adatta.

ESEMPIO: Il tuo amico ti dice che ha dimenticato a casa il libro che gli hai prestato. Oggi, tu non ne hai bisogno.
Tu rispondi: **Non fa niente.**

1. Hai lavorato tutta la giornata. Sei tornato(a) a casa e hai aiutato tuo padre a tagliare l'erba, lavare la macchina e pulire il garage. Adesso tua mamma ti chiede ti aiutarla in casa.

Tu rispondi: _____

2. Tua madre vuole andare a fare delle compere. Ti chiede se sei pronto(a).

Tu rispondi: _____

3. La tua sorellina vuole che l'aiuti con il compito di matematica ma tu sei molto stanco(a).

Tu rispondi: _____

4. Ti stai riposando e il tuo amico ti telefona per sapere cosa stai facendo.

Tu rispondi: _____

5. La tua amica ti ringrazia tanto di averla aiutata con un compito difficile.

Tu rispondi: _____

6. Hai appena comprato una nuova macchina fotografica. Tua sorella ti domanda se gliela puoi prestare per una festa stasera.

Tu rispondi: _____

7. Tu domandi a un amico se ti può aiutare a studiare per un esame di storia. Lui ti risponde che gli dispiace ma che è troppo occupato.

Tu rispondi: _____

8. Il tuo amico ti dice di aver ricevuto il voto migliore della scuola all'esame degli «*SAT*».

Tu rispondi: _____

M A S T E R Y   E X E R C I S E S

ESERCIZIO N

Rispondi negativamente alle domande seguenti.

1. I tuoi genitori ti danno sempre molto lavoro da fare?

_____

2. Sai parlare altre lingue?

_____

3. Ti sei bisticciato con qualcuno oggi?

_____

4. Sei andato a qualche posto ieri sera?

_____

5. Quale musica preferisci, la musica classica o il jazz?

_____

6. Qualcuno ti aiuta a fare i compiti?

_____

7. A capodanno, che cosa hai promesso di non fare più?

_____

8. È accaduto qualcosa di particolare a scuola ieri?

_____

9. Dormi ancora con la luce accesa?

_____

10. Sei già stato in Italia?

_____

ESERCIZIO O

Emiliano racconta al suo amico la storia di sua cugina la quale è scappata di casa con il fidanzato.
Esprimi in italiano le circostanze.

1. My cousin and her boyfriend didn't want to either live together or wait to get married, so they eloped.

_____

_____

2. No one knew what they were going to do.

_____

3. They never discussed their plans with anyone.

_____

4. Nothing could stop them.

_____

5. My cousin's boyfriend wanted to tell his family, but he decided not to say anything to either his parents or his brother.

_____

_____

6. When their parents learned the news, they hardly said a word.

_____

7. Their parents no longer want to see them.

_____

8. When I speak to them they say that it doesn't bother them at all.

_____

9. I didn't believe the news either.

_____

10. They received only two presents.

_____

11. My aunt wanted to buy them something, but finally she bought nothing.

_____

_____

12. Did you ever hear such a sad story?

_____

Chapter 17
Common Expressions With Verbs

Several Italian verbs are used idiomatically in certain expressions. A list of common expressions follows.

[1] EXPRESSIONS WITH *AVERE*

avere appetito / fame *to be hungry*
Avevo una fame da lupo.   *I was as hungry as a wolf.*

avere bisogno (di) *to need*
Hanno sempre **bisogno di** me.   *They always need me.*

avere caldo *to be warm*
Ho caldo, apri la finestra.   *I'm hot, open the window.*

avere da... *to have to*
Cosa **avresti da** fare?   *What would you have to do?*
Non **ho** niente **da** dire.   *I don't have anything to say.*

avere freddo *to be cold*
Non **hai freddo** senza giacca?   *Aren't you cold without a jacket?*

avere fretta *to be in a hurry*
Perchè **hai** tanta **fretta?**   *Why are you in such a hurry?*

avere l'aria (di) *to seem (to), to look (as if)*
Ha l'aria triste.   *He seems unhappy.*

avere la bontà di *to be kind enough to, please*
Abbi la bontà di aiutarmi!   *Please help me!*

avere luogo *to take place*
Il concerto **avrà luogo** martedì.   *The concert will take place on Tuesday.*

avere mal di... *to have a . . . ache*
Aveva mal di testa.   *She had a headache.*

avere paura (di) *to be afraid (of)*
Questo bambino non **ha paura di** niente. *This child isn't afraid of anything.*

avere pazienza *to be patient*
La maestra **ha** molta **pazienza** con noi. *The teacher has a lot of patience with us.*

avere ragione *to be right*
Hanno sempre **ragione!**   *They're always right!*

avere sete *to be thirsty*
Ho sete, dammi una limonata.   *I'm thirsty, give me a lemonade.*

avere sonno *to be sleepy*
La bambina **avrà sonno.**   *The child is probably sleepy.*

avere (il) tempo (di) *to have time (to)*
Non ho **(il) tempo di** lavorare.   *I don't have the time to work.*

avere torto *to be wrong*
Non **hai** mai **torto!**   *You're never wrong!*

227

avere voglia (di) *to feel like*
Non **avevo voglia di** mangiare.   *I didn't feel like eating.*

avere... anni *to be . . . years old*
Tina **ha** sedici **anni.**   *Tina is sixteen years old.*

avere intenzione (di) *to intend to*
Hai intenzione di lavorare?   *Do you intend to work?*

ESERCIZIO A

Descrivi le persone seguenti con un'espressione adatta.

ESEMPIO: La donna **avrà molto freddo.**

1. Il signore _____ .

2. Il bambino _____ .

3. La signorina _____ .

4. Anna _____.

5. La ragazza _____.

6. Giorgio _____.

7. Il signor Rotello _____.

Teatro Comunale

L'Aïda di Verdi

Martedì 30 luglio, ore 20

8. L'«Aïda» _____.

9. La bambina _____.

10. La bicicletta _____.

ESERCIZIO B

*Stai male e tua madre si preoccupa. Rispondi alle domande che ti fa, usando un'espressione idiomatica con **avere**.*

1. MAMMA: Cosa ti senti?

TU: _____

2. MAMMA: Perchè ti sei messo(a) il maglione?

TU: _____

3. MAMMA: Hai studiato per l'esame di oggi?

TU: _____

4. MAMMA: Hai fatto colazione stamattina?

TU: _____

5. MAMMA: Vuoi che ti prepari una tazza di tè?

TU: _____

6. MAMMA: Perchè ti sei alzato(a) così spesso durante la notte?

TU: _____

7. MAMMA: Dove ti fa male?

TU: _____

8. MAMMA: Non puoi uscire affatto oggi. Hai capito?

TU: _____

[2] EXPRESSIONS WITH *FARE*

faccia (fai) pure *go right ahead, please*
Faccia pure, signorina.   *Go right ahead, Miss.*

fare a meno (di) *to do without*
Faremo a meno del caffè.   *We'll do without coffee.*

fare amicizia *to make friends*
Aldo **fa amicizia** facilmente.   *Aldo makes friends easily.*

fare attenzione (a) *to pay attention (to)*
Non **fanno** mai **attenzione** in classe.   *They never pay attention in class.*

far bel (cattivo) tempo *to be good (bad) weather*
—Che tempo fa nei Caraibi?   *—How's the weather in the Caribbean?*
—**Fa** sempre **bel tempo.**   *—The weather is always good.*

fare bella (brutta) figura *to make a good (bad) showing, (to embarass)*
Il mio fratellino è maleducato. Mia madre **fa**   *My brother always misbehaves. He always makes*
sempre **brutta figura** quando esce con lui.   *my mother look bad when he goes out with her.*

fare caldo (freddo, fresco) *to be warm (cold, cool)*
Fa molto **caldo** in agosto.   *It's very hot in August.*

fare colazione *to have lunch*
Avete fatto **colazione?**   *Have you had breakfast?*

fare del (proprio) meglio *to do one's best*
Faccio del mio meglio.   *I do the best I can.*

fare due chiacchiere *to chat*
A mio padre piace sempre **fare due**   *My father always likes to chat with the neighbors.*
chiacchiere con i vicini.

fare due (quattro) passi *to take a walk*
Dopo cena, fa bene **fare due passi.**   *After dinner, it's healthy to take a walk.*

fare il medico (l'avvocato, ...) *to be a doctor (lawyer, . . .)*
Michele vorrebbe **fare il medico.**   *Michele would like to be a doctor.*

fare la conoscenza (di) *to make the acquaintance of, meet*
Ho fatto la conoscenza di una signorina   *I met a French young lady.*
francese.

fare le valigie *to pack (suitcases)*
Faremo le valigie più tardi.   *We'll pack later.*

fare male (a) *to hurt*
Hai fatto male a Carla?   *Did you hurt Carla?*
Mi **fa male** la gamba.   *My leg hurts.*

fare paura (a) *to frighten*
Questo film mi **fa paura.**   *This movie frightens me.*

fare presto *to hurry up*
Fa' presto, Gino.   *Hurry up, Gino.*

fare tardi *to be late*
Maria, non **fare tardi** come al solito.   *Maria, don't be late as usual.*

fare un giro *to go round, about*
Facciamo un giro in macchina.   *Let's go for a ride.*

fare un regalo *to give a gift* Mi avevano **fatto un** bel **regalo.**	*They had given me a beautiful gift.*
fare un viaggio *to take a trip* Sarebbe bello **fare un viaggio** in Italia.	*It would be great to take a trip to Italy.*
fare una domanda (a) *to ask a question* **Fa** troppe **domande.**	*He asks too many questions.*
fare una fotografia *to take a picture* **Feci** molte **fotografie** in Italia.	*I took a lot of pictures in Italy.*
fare una gita *to take a short trip* Ieri abbiamo **fatto una gita** a Roma.	*Yesterday we took a short trip to Rome.*
fare una partita (di) *to play a game (of)* Avrei voluto **fare una partita di** tennis.	*I would have liked to play a game of tennis.*
fare una passeggiata *to take a walk* **Facciamo una passeggiata.**	*Let's take a walk.*
fare una telefonata (a) *to phone* **Ho fatto una telefonata a** Tina.	*I phoned Tina.*
fare una visita (a) *to visit* **Abbiamo fatto una visita alla** zia.	*We visited our aunt.*
fare uno scherzo (a) *to play a trick (on)* Gli alunni **fanno uno scherzo al** professore.	*The pupils play a trick on the professor.*
farsi il bagno (la doccia) *to take a bath (a shower)* **Si faceva il bagno** ogni sera.	*He would take a bath every evening.*
farsi la barba *to shave* Gino **si fa la barba** ogni giorno.	*Gino shaves every day.*
farsi coraggio *to take heart, have courage* **Fatevi coraggio** e dite la verità.	*Have courage and tell the truth.*
farsi male *to hurt oneself* **Ti sei fatta male?**	*Did you hurt yourself?*
farsi tardi *to get (become) late* **Si sta facendo tardi.**	*It's getting late.*
non fa niente *it doesn't matter* **Non fa niente** se lui non viene.	*It doesn't matter if he doesn't come.*
strada facendo *on the way* **Strada facendo,** vidi un bellissimo tramonto.	*On the way, I saw a beautiful sunset.*

ESERCIZIO C

Che cosa è accaduto oggi? Completa il brano seguente con le espressioni suggerite.

fare bel tempo	fare la conoscenza	fare una telefonata
fare colazione	fare un giro	farsi tardi
fare fotografie	fare un regalo	strada facendo
fare niente		

Oggi non posso dire di non _____ di speciale. Alle nove
1.

_____ a Mariella e l'ho inivitata a
                    2.

_____ a casa mia. Quando abbiamo finito di mangiare,
                    3.

_____ in macchina e, _____ ,
                    4.   5.

abbiamo parlato dei nostri progetti d'estate. _____ e il sole brillava.
                                                            6.

Quando siamo arrivate a casa di Giovanna, (io) _____ di sua cugina,
                                                            7.

Marta. Era il compleanno di Giovanna e io e mia sorella le _____ ,
                                                                        8.

una bella camicetta. Per l'occasione (io) _____ molte _____ . Poi alle dieci,
                                                            9.

siccome _____ siamo tornate a casa. È stata una bellissima giornata.
                    10.

ESERCIZIO D

Rispondi a delle domande che ti fa un amico.

1. Quando farai un viaggio in Italia?

_____

2. Quante valigie farai per un viaggio simile?

_____

3. Di che cosa farai a meno in Italia, se necessario?

_____

4. Prima di partire, a chi farai delle telefonate?

_____

5. Farai più fotografie di persone o di monumenti?

_____

6. Farai un giro di tutte le città principali o visiterai una regione soltanto?

_____

7. A chi farai dei regali?

_____

8. Credi che farai facilmente amicizia con degli Italiani?

_____

9. Che tempo fa in Italia a giugno?

_____

10. Ti piace viaggiare quando fa freddo?

_____

[3] EXPRESSIONS WITH *DARE*

dare da mangiare (bere) *to feed, (give something to drink to)*
Da' da mangiare al gatto.   *Feed the cat.*

dare del tu *to use the informal form of address*
Diamoci del tu.   *Let's use the informal address between us.*

dare fastidio (a) *to bother, annoy*
Non mi **dare fastidio,** sto studiando.   *Don't bother me, I'm studying.*

dare i saluti (a) *to give regards (to)*
Dai tanti **saluti a** tuo fratello da parte mia.   *Give your brother many regards from me.*

dare il benvenuto (a) *to welcome*
Ci **hanno dato un** bel **benvenuto.**   *They welcomed us nicely.*

dare la colpa (a) *to blame*
Mio fratello mi **dà** sempre **la colpa.**   *My brother always blames me.*

dare la corda *to wind (a watch, clock)*
Oggigiorno, non c'è più bisogno di **dare**   *Today, it's no longer necessary to wind watches.*
la corda agli orologi.

dare la mano (a) *to shake hands*
In Italia, le donne si **danno** raramente   *In Italy, women rarely shake hands.*
la mano.

dare ragione (torto) *to tell someone he's right (wrong)*
Se vuoi un po' di pace, **dagli ragione!**   *If you want a little peace, tell him he's right!*

dare retta (a) *to listen to*
Non **darle retta!**   *Don't listen to her!*

dare su (il mare, la strada...) *to face (the sea, the street . . .)*
La mia camera d'albergo **dà sul mare.**   *My hotel room faces the sea.*

dare un esame *to take a test*
Domani **do l'esame** finale d'italiano.   *Tomorrow I'm taking the final exam in Italian.*

dare un film *to show a film*
Danno un film di Fellini questo sabato.   *They're showing a Fellini movie this Saturday.*

dare un grido *to let out a yell*
Mio padre **diede un grido** fortissimo.   *My father let out a very loud yell.*

dare un passaggio *to give a lift (by car)*
Mi puoi **dare un passaggio** a scuola?   *Can you give me a ride to school?*

dare un pugno (un calcio) *to punch (kick)*
Non **dare pugni** a Mario!   *Don't punch Mario!*

dare un sospiro (di) *to sigh (of)*
La zia **ha dato un sospiro di** sollievo.   *My aunt sighed with relief.*

dare una risposta *to answer*
Hai **dato una** bella **risposta**.   *You gave a good answer.*

darsi agli studi *to devote oneself to one's studies*
Marta **si dà** seriamente **agli studi**.   *Marta is devoting herself seriously to her studies.*

darsi da fare *to busy oneself, to get busy*
Non hai molto tempo, **ti devi dare da fare**.   *You don't have much time, you have to get busy.*

darsi delle arie *to put on airs*
Perchè **ti dai** tante **arie**?   *Why do you put on such airs?*

darsi per vinto *to give up, to surrender*
Non **darti mai per vinto**!   *Don't ever give up!*

può darsi (che) *perhaps, maybe*
Può darsi che venga anch'io.   *Perhaps I'll come as well.*

ESERCIZIO E

Spiega cos'è successo ieri mentre eri con Aldo. Sostituisci le espressioni in neretto con un'espressione con **dare (darsi).**

ESEMPIO: Spero che non vi **disturba.**
           Spero che non vi **dia fastidio.**

1. Quando sono andato da Aldo, sua madre mi **ha cordialmente invitato a entrare.**

   _____

2. Aldo mi ha chiesto se volevo andare al Cinema Orion dove **mostravano** un bel film italiano.

   _____

3. Io gli ho detto: «**Forse** ci andiamo domenica, ma ora ti voglio parlare e tu **mi devi ascoltare.**»

   _____

4. Gli ho detto che era ora di cominciare a **dedicarsi** seriamente **agli studi.**

   _____

5. Gli ho assicurato che se non mi **ascoltava** sarebbe stato bocciato.

   _____

6. Gli ho detto di non **arrendersi** e gli ho promesso di aiutarlo.

   _____

7. Aldo **ha respirato profondamente** e **mi ha detto che avevo ragione.**

   _____

8. Verso le dieci l'ho pregato di **portarmi** a casa **in macchina.**

   _____

ESERCIZIO F

Scrivi un racconto usando dieci delle espressioni seguenti di maniera logica.

dare fastidio	dare ragione	dare un grido	dare una risposta
dare la colpa	dare retta	dare un pugno	darsi delle arie
dare la mano	dare torto	dare un sospiro	può darsi

_____

_____

_____

_____

_____

[4] EXPRESSIONS WITH *ANDARE*

andare a braccetto *to walk arm in arm*
Le signorine in Italia **vanno** spesso **a braccetto**.   *Young ladies in Italy often go arm in arm.*

andare a cavallo *to go on horseback; to go riding*
Non so **andare a cavallo**.   *I don't know how to go on horseback.*

andare a gambe all'aria *to fall backwards*
Nino è **andato a gambe all'aria** ma non si è fatto niente.   *Nino fell backwards but he didn't hurt himself.*

andare a pescare *to go fishing*
Gino vuole **andare a pescare** più tardi.   *Gino wants to go fishing later.*

andare a piedi *to go on foot; to walk*
Andiamo a scuola **a piedi**.   *Let's walk to school.*

andare a teatro (al cinema) *to go to the theater (movies)*
Con chi **vai a teatro** stasera?   *With whom are you going to the theater tonight?*

andare bene (male) *to go well (badly)*
Oggi tutto mi è **andato male**!   *Today everything went badly!*

andare d'accordo *to get on well together, get along*
I miei genitori **vanno** sempre **d'accordo**.   *My parents always get along.*

andare di giorno (di sera, di notte) *to go by day (in the evening, at night)*
Perchè non **andiamo di sera**?   *Why don't we go in the evening?*

andare in aereo (in macchina, in bicicletta, in treno) *to fly, go by plane (by car, by bicycle, by train)*
Non gli piace **andare in aereo**.   *He doesn't like to go by plane.*

andare in vendita *to go on sale*
Quei pantaloni **andranno in vendita** domani.   *Those pants will go on sale tomorrow.*

andare per i propri affari *to go about one's business*
Mio padre **va per i propri affari**.   *My father goes about his own business.*

[5] EXPRESSIONS WITH *STARE*

lasciare stare *to leave (something / someone) alone; to not bother*
Mamma, per favore **lasciami stare.**   *Mom, please leave me alone.*
Gianna, **lascia stare,** i piatti li faccio io.   *Gianna, don't bother, I'll do the dishes.*

stare a pennello *to fit like a glove*
Questa giacca ti **sta a pennello.**   *This jacket fits you like a glove.*

stare a vedere *to wait and see*
Stiamo a vedere cosa succede.   *Let's wait and see what happens.*

stare attento (a) *to be careful, vigilant*
State attenti alle macchine quando traversate!   *Be careful of the cars when you're crossing!*

stare bene (male) *to be well (ill); to fit well (badly)*
La nonna non **sta bene.**   *Grandmother isn't well.*
Questi pantaloni ti **stanno** molto **bene.**   *These pants fit you very well.*

stare da... *to be at (one's home, office . . .)*
Sto dal dentista.   *I'm at the dentist's office.*

stare fermo *to keep still*
Questo bambino non **sta** mai **fermo!**   *This child never keeps still!*

stare in casa *to stay at home, in the house*
Non voglio **stare in casa** tutta la giornata!   *I don't want to stay in the house all day!*

stare in piedi *to be / remain standing*
Perchè **stai in piedi,** siediti accanto a me.   *Why are you standing, sit down next to me.*

stare per... *to be about to . . .*
State per partire?   *Are you about to leave?*

stare seduto(a) *to stay seated*
State seduti e state fermi!   *Stay seated and keep still!*

stare zitto *to keep quiet*
State zitti, ho mal di testa!   *Keep quiet, I have a headache!*

stare con le mani in mano *to be idle, do nothing*
Non **stare** lì **con le mani in mano,** aiutami!   *Don't just stand there, help me!*

ESERCIZIO G

Completa questo racconto esprimendo in italiano le espressioni fra parentesi.

Stamattina, _____ andare a incontrare Giorgio quando mi ha telefonato
          1. (I was about to)

per dirmi che _____ e che non poteva _____
          2. (he wasn't well)   *3. (go to the theater)*

con me. Aveva l'influenza e poverino non poteva fare altro che _____ ,
                                                                 4. (be idle)

bere grandi quantità di liquidi e riposare. Questa fine settimana, Giorgio e io dovevamo

_____ con Arturo e Michele. Invece, adesso loro
          5. (to go horseback riding)

_____ mentre io _____ con altri amici. Può darsi
    6. (will go about their business)   *7.* (will go for a walk)

che _____ con i miei genitori. La settimana prossima, se Giorgio
        8. (I'll go to the movies)

_____ , _____ . Per adesso, bisogna
      9. (is well)   *10.* (we'll go fishing)

_____ quello che dirà il dottore. Sicuramente Giorgio dovrà
    11. (wait and see)

_____ casa almeno una settimana e dovrà pensare a
    12. (to stay at)

_____ .
    13. (be well)

MASTERY EXERCISES

ESERCIZIO H

Completa questa lettera che scrivi ai tuoi genitori. Usa espressioni con i verbi **avere, fare, dare, stare**
o **andare.**

Cari genitori,

Qui in Sardegna, _____ tutta la settimana e
        1. (it's been very hot)

_____ di fare niente. Due giorni fa, però, Vincenzo, Carlo e io
    2. (I haven't felt like)

_____ a Cagliari a _____
    3. (took a ride)   *4.* (visit)

Anna, una cugina di Vincenzo. Quando siamo arrivati a casa sua, Anna

_____ e _____
    5. (shook our hands)   *6.* (welcomed us)

cordialmente. _____ altri ragazzi italiani. Mentre ero lì,
    7. (We made the acquaintance of)

_____ a Paolo in Sicilia. Paolo mi ha chiesto
    8. (I made a phone call)

_____ .
    9. (to send you his regards)

La casa di Anna _____ mare ed è molto bella. Tutti noi
        10. (faces the)

_____ da lupi, e _____
    11. (were hungry)   *12.* (we had lunch)

in giardino. Anna _____ un bel piatto di pastasciutta e un secondo

          13. (fed us)

di pollo arrosto e patatine fritte. _____ partire alle tre ma

          14. (We intended)

_____ per altre tre ore. _____

  15. (we remained seated)   *16.* (We were about to leave)

perchè _____ , ma la mamma di Anna ha insistito che rimanessimo

    17. (it was getting late)

ancora un po'. _____ e Anna ci ha preparato del bel tè freddo e

    18. (We were thirsty)

abbiamo continuato _____ . Nè Anna nè la madre

      19. (to chat)

_____ . Sono delle donne simpatiche e generose. È stata una bella

    20. (put on airs)

giornata.

Baci e abbracci

Vostro figlio, Giulio

ESERCIZIO I

Nel corso d'italiano, gli studenti imparano a esprimere le loro idee in maniere diverse. Riscrivi le frasi, sostituento le espressioni in neretto con un'espressione con **andare, avere, dare, fare** *o* **stare.**

ESEMPIO: Giancarlo abita in un appartamento **con una veduta sul parco.**

              Giancarlo abita in un appartamento **che dà sul parco.**

1. Ho domandato a Gianni se mi poteva **portare a scuola in macchina** e mi ha risposto: «Forse.»

_____

2. **Fai attenzione** a quello che ti dicono i tuoi nonni, ne sanno più di te.

_____

3. Gina **mette il naso in su** quando le parlo.

_____

4. **Mentre camminavo verso casa,** vidi un arcobaleno stupendo.

_____

5. In estate, dopo cena, molti Italiani **camminano** per le piazze delle loro città e **parlano insieme.**

_____

6. Quando attraversiamo la strada, **siamo molto cauti.**

_____

7. **Non dire niente** quando parla il professore!

_____

8. **Ho un grande desiderio** di bere qualcosa di fresco!

_____

9. Giorgio **ha cominciato** a piangere quando suo fratello **l'ha colpito con il piede.**

_____

10. Tutta questa settimana al Cinema Vittoria **fanno vedere** i film di Ettore Scola.

_____

ESERCIZIO J

Tu e la tua amica Ada siete protagonisti di uno spettacolo teatrale che si darà al tuo liceo fra un paio di giorni. Racconta la serata della prova generale (**dress rehearsal**).

1. It was very hot, the weather was bad, and I was in a hurry to get to the theater.

_____

2. Although I was hungry, I was afraid to eat before the rehearsal.

_____

3. I knew that it was getting late, but I didn't feel like leaving home.

_____

4. Ada was not feeling well either, but she needed to be there too.

_____

5. She was sleepy and cold, and when she was about to leave she realized that she was hungry too.

_____

_____

6. But she didn't have time to eat because the rehearsal was about to begin.

_____

7. In the play, Ada is a lawyer.

_____

8. Ada was getting more and more nervous. Everything bothered her, including how her costume looked on her.

_____

_____

9. Ada and I get along very well. Before going on stage, I prayed that everything go well.

_____

10. Unfortunatly the rehearsal was going very badly. Ada was forgetting all her lines and she was giving up too easily.

_____

_____

11. The director was patient and kept quiet. He asked Ada not to be afraid and to do her best.

_____

12. He told her to take heart. He said to her to take a walk and relax for ten minutes.

_____

13. He told all of us that if we did our best, we would surely make a good showing.

_____

14. He announced that the play would take place on Tuesday at eight o'clock.

_____

15. Then he asked everyone to be kind enough to go home and try to rest and sleep well.

_____

Part two
Noun/Pronoun Structures; Prepositions

Chapter 18
Nouns and Articles

[1] GENDER OF NOUNS

Italian nouns are either masculine or feminine. Although there are no rules by which the gender of all nouns can be determined, the gender of many nouns can be determined by their meaning or ending. The gender of other nouns must be learned individually.

a. Nouns that refer to male persons or animals are generally masculine. Nouns that refer to female persons or animals are feminine.

MASCULINE		FEMININE	
il ragazzo	*boy*	**la ragazza**	*girl*
il signore	*gentleman*	**la signora**	*lady*
il nonno	*grandfather*	**la nonna**	*grandmother*
il gatto	*male cat*	**la gatta**	*female cat*

b. The gender of some nouns can be determined by their ending.

MASCULINE		FEMININE	
-o	**il figlio**	-a	**la matita**
-ore	**il fiore**	-i	**la crisi**
-ma	**il diploma**	-ie	**la serie**
		-ione	**la comunicazione**
		-tà	**la verità**
		-trice	**la calcolatrice**
		-tù	**la virtù**

NOTE:

1. A few nouns that end in *-o* are feminine.

la mano *hand*	la foto* *photography*	l'auto* *automobile*
la moto* *motorcycle*	la radio* *radio*	

2. Some nouns that end in *-a* are masculine.

il clima *climate*	il diploma *diploma*	il programma *program*
il dramma *drama*	il panorama *view*	il poema *poem*
il pianeta *planet*	il problema *problem*	il pigiama *pajama*

c. Months of the year and days of the week, except Sunday, are masculine.

il primo gennaio *the first of January*	il tre dicembre *the third of December*
il lunedì *Monday*	il sabato *Saturday*

BUT

la domenica *Sunday*

---

* *La moto* is an abbreviation of *la motocicletta, la foto* of *la fotografia, la radio* of *la radiofonia, l'auto* of *l'automobile.*

d. Names of rivers, lakes, seas, and oceans are generally masculine.

il Po *Po River*   il Trasimeno *Lake Trasimeno*

il Pacifico *Pacific Ocean*   il Mediterraneo *Mediterranean Sea*

e. Nouns of foreign origin ending in a consonant are masculine.

il bar   il gas   lo sport

il bus   il film   il computer

f. Nouns referring to cities, states, islands, and continents are feminine.

la bella Roma *beautiful Rome*   la California *California*

la Sardegna *Sardinia*   l'Africa *Africa*

ESERCIZIO A

È sabato e oggi ti stai occupando del tuo nipotino. Per far passare il tempo, gli domandi di identificare varie cose. Esprimi le sue risposte.

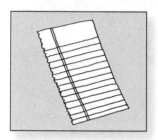

ESEMPIO: **il foglio di carta**

1. _____

2. _____

3. _____

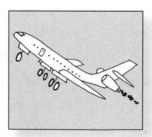

4. _____

5. _____

6. _____

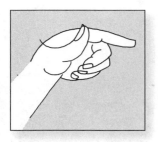

7. _____

8. _____

9. _____

10. _____

11. _____

12. _____

13. _____

14. _____

15. _____

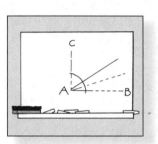

16. _____

17. _____

18. _____

19. _____

20. _____

ESERCIZIO B

Stai partecipando a una gara (contest) di vocabolario. Indovina le parole che corrispondono alle definizioni seguenti.

ESEMPIO: gruppo di molte persone: **la folla**

1. sinonimo di una poesia: _____

2. metropoli come Los Angeles: _____

3. persona che lavora in tribunale: _____

4. luogo dove si tengono i prigionieri: _____

5. strumento elettronico per operazioni aritmetiche: _____

6. Saturno ne è uno: _____

7. donna che recita in uno spettacolo teatrale: _____

8. ultimo giorno della settimana: _____

9. sinonimo di menzogna: _____

10. simbolo degli innamorati: _____

11. strumento per aprire la serratura di una porta: _____

12. fiume che attraversa Roma: _____

13. si ottiene alla fine degli studi all'età di circa diciassette anni: _____

14. Cagliari è il capoluogo di quest'isola italiana: _____

15. giacca e pantalone per dormire: _____

16. liquido che circola nel corpo umano: _____

17. persona che dirige il traffico: _____

18. padre di tuo padre: _____

19. uomo che suona il pianoforte: _____

20. liquido che fa funzionare l'automobile: _____

[2] FORMATION OF THE FEMININE

a. Certain feminine nouns are formed by changing the masculine endings.

MASCULINE		FEMININE		
-o	il maestr*o*	-a	la maestr*a*	*teacher*
-e	il signor*e*	-a	la signor*a*	*sir, madam*
-e	il professor*e*	-essa	la professor*essa*	*professor*
-a	il poet*a*	-essa	la poet*essa*	*poet*
-tore	l'at*tore*	-trice	l'at*trice*	*actor, actress*

NOTE:

1. With nouns of professions that traditionally do not have a feminine, the tendency in Italy is to use the masculine form even when referring to a woman. To avoid ambiguity *signora/signorina* or simply the person's name is added.

    signora avvocato   **Lina Aurelio**, meccanico di Milano

2. Some common nouns that form the feminine by changing final *-e* to *-essa* are:

MASCULINE	FEMININE	MASCULINE	FEMININE
baron*e*	baron*essa*	leon*e*	leon*essa*
cont*e*	cont*essa*	princip*e*	princip*essa*
dottor*e*	dottor*essa*	student*e*	student*essa*
elefant*e*	elefant*essa*		

b. Some nouns have the same form in the masculine and the feminine.

un (un') artista *artist*   un (una) collega *colleague*

un (una) cantante *singer*   un (una) giovane *youth, young person*

un (una) violinista *violinist*   un (una) parente *relative*

un (una) pianista *pianist*   un (una) turista *tourist*

un (una) nipote *nephew, niece, grandson, granddaughter*

c. A few nouns change completely in the feminine.

MASCULINE	FEMININE	MASCULINE	FEMININE
il fratello *brother*	la sorella *sister*	il padre *father*	la madre *mother*
il genero *son-in-law*	la nuora *daughter-in-law*	il papà *dad*	la mamma *mom*
il marito *husband*	la moglie *wife*	il re *king*	la regina *queen*
il maschio *male*	la femmina *female*	l'uomo *man*	la donna *woman*

d. Other nouns have one meaning in the masculine and another in the feminine.

MASCULINE	FEMININE	MASCULINE	FEMININE
il modo *manner*	la moda *fashion*	il pasto *meal*	la pasta *noodles*
il collo *neck*	la colla *glue*	il posto *place*	la posta *mail*
il pianto *tears*	la pianta *plant*	il porto *port*	la porta *door*
il foglio *sheet of paper*	la foglia *leaf*	il pezzo *piece*	la pezza *piece of cloth*

ESERCIZIO C

Luisa ha preparato l'albero genealogico della sua famiglia. Identifica i membri della sua famiglia.

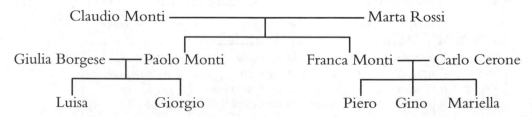

ESEMPIO: Marta Simone Monti è **la madre** di Paolo.

1. Claudio Monti è _____ di Paolo e Franca.

2. Paolo è _____ di Giulia.

3. Mariella è _____ di Marta Rossi.

4. Luisa è _____ di Giorgio.

5. Marta Rossi è _____ di Carlo e Giulia.

6. Carlo è _____ di Franca.

7. Giulia è _____ di Claudio Monti.

8. Carlo è _____ di Marta Monti.

9. Franca è _____ di Luisa e di Giorgio.

10. Marta è _____ di Claudio.

11. Gino è _____ di Paolo.

12. Marta Rossi è _____ di Piero, di Gino e di Mariella.

ESERCIZIO D

Sei in macchina con un amico e gli spieghi quello che tu e alcuni amici fareste o avete fatto. Completa le frasi con le parole suggerite. Non tutte le parole verrano usate.

colla	moda	pasto	pianista	porta
collega	moglie	pezza	pianta	posta
collo	pasta	pezzo	pianto	posto

1. Stefano ha regalato un anello a sua _____.

2. Mia madre vorrebbe una bella _____ per il suo compleanno.

3. Michelina mi ha portato al concerto di un bravissimo _____.

4. Quando mi sono alzato stamattina, mi faceva male il _____.

5. Quando arriva la _____? Aspetto una lettera dall'Italia.

6. Gli Italiani mangiano la _____ ogni giorno.

7. Una _____ di mia sorella farà un viaggio in Russia.

8. Dovrei comprare della _____ per mettere le foto nell'album.

9. La ragazza di Alberto gli ha preparato un bel _____ di pesce.

10. Gina voleva pulire la macchina ma non ha trovato nessuna _____.

ESERCIZIO E

Laura ha regalato alla sua sorellina di tre anni un libro pieno di belle foto. Quando Laura le chiede di indentificare le foto, la bambina si sbaglia e Laura la corregge. Completa le frasi di Laura.

ESEMPIO: È un re.
No, è una regina.

1. È una femmina.

No, è _____ .

2. È un dottore.

No, è _____ .

3. È una donna.

No, è _____ .

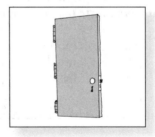

4. È un porto.

No, è _____ .

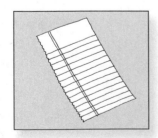

5. È una foglia.

No, è _____ .

6. È una giovane.

No, è _____ .

7. È una moglie.

No, è _____ .

8. È un pianto.

No, è _____ .

[3] NOUNS OF QUANTITY

Nouns that express quantity or measure are followed by the preposition *di* before another noun. Some common nouns of quantity are:

un bicchiere *a glass*	un paio *a pair*	una fetta *a slice*
un chilogrammo (chilo) *a kilogram*	un paniere *a basket*	una libbra *a pound*
un litro *a liter*	un pezzo *a piece*	una scatola *a box*
un metro *a meter*	un sacco *a bag*	una tazza *a cup*
un mucchio *a pile*	una dozzina *a dozen*	una bottiglia *a bottle*
un pacco *a package*		

Devo comprare **una libbra** di burro e una **bottiglia di** latte.

I have to buy a pound of butter and a bottle of milk.

Mi ha mandato **un** bel **paio di** guanti.

She sent me a beautiful pair of gloves.

ESERCIZIO F

Indica quello che il signor Malaspina ha comprato al supermercato.

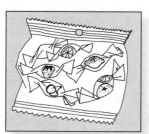

ESEMPIO: **Ha comprato un pacco di caramelle.**

1. _____

2. _____

3. _____

4. _____

5. _____

6. _____

7. _____

8. _____

[4] PLURAL OF NOUNS

a. The plural of most Italian nouns is formed by changing the endings as follows:

- Nouns ending in *-a* change *-a* to *-e*.

- Nouns ending in *-e* or *-o* change *-e* or *-o* to *-i*.

	SINGULAR	PLURAL
-a to -e	**la cugina** **il ristorante**	**le cugine** **i ristoranti**
-e to -i **-o to -i**	**la lezione** **il tavolo**	**le lezioni** **i tavoli**

NOTE:

1. The nouns *auto, moto, foto,* and *radio* do not change in the plural.

l'auto	le auto	la moto	le moto
la foto	le foto	la radio	le radio

2. The masculine plural form of a noun may refer to both the male and the female members of a group.

i figli	*the son(s) and daughter(s), the sons, the children*
i bambini	*the little boy(s) and girl(s), the little boys, the children*
i nonni	*the grandfather(s) and grandmother(s), the grandfathers, the grandparents*
gli zii	*the uncle(s) and aunt(s), the uncles*
i ragazzi	*the boy(s) and girl(s), the boys*
gli amici	*the friends* (m.), *the friends* (m. and f.)
i nipoti	*the nephew(s) and the niece(s), the nephews, the grandchildren*
i signori Levi	*Mr. and Mrs. Levi*

b. The plural of certain nouns depends on whether they are masculine or feminine.

   (1) Masculine nouns ending in *-a, -ca, -ga,* and *-ista* form the plural as follows:

SINGULAR		PLURAL	
-a	il problem*a*	-i	i problem*i*
-ca	il patriar*ca*	-chi	i patriar*chi*
-ga	il colle*ga*	-ghi	i colle*ghi*
-ista	il giornal*ista*	-isti	i giornal*isti*

   NOTE: The nouns *il cinema* and *il gorilla* have the same singular and plural forms.

   (2) Feminine nouns ending in *-ca, -ga,* and *-ista* form the plural as follows:

SINGULAR		PLURAL	
-ca	l'ami*ca*	-che	le ami*che*
-ga	la botte*ga*	-ghe	le botte*ghe*
-ista	la giornal*ista*	-iste	le giornal*iste*

c. Nouns ending in *-cia* or *-gia*

   (1) Nouns ending in *-cia* or *-gia* with a stressed *-i,* form the plural in *-cie* or *-gie.*

   farma*cìa*   farma*cìe*   bu*gìa*   bu*gìe*

   (2) Nouns ending in *-cia* or *-gia* with unstressed *-i,* form the plural in *-cie* or *-gie* when the *-c* or *-g* is preceded by a vowel; they form the plural in *-ce* or *-ge* when the *-c* or *-g* is preceded by a consonant.

SINGULAR	PLURAL	SINGULAR	PLURAL
la cam*icia*	le cam*icie*	la prov*incia*	le prov*ince*
la val*igia*	le val*igie*	la spia*ggia*	le spia*gge*

d. Nouns ending in *-co* and *-go*

   (1) Nouns ending in *-co* and *-go* form the plural in *-chi* and *-ghi* if the stress falls on the syllable before the last.

SINGULAR	PLURAL	SINGULAR	PLURAL
il gio*co*	i gio*chi*	l'alber*go*	gli alber*ghi*
il taba*cco*	i taba*cchi*	il fun*go*	i fun*ghi*

   NOTE: The following nouns are exceptions:

SINGULAR	PLURAL	SINGULAR	PLURAL
l'ami*co*	gli ami*ci*	il nemi*co*	i nemi*ci*
il gre*co*	i gre*ci*	il por*co*	i por*ci*

   (2) Nouns ending in *-co* whose stress falls on any other syllable, form the plural in *-ci.*

   il medi*co*   i medi*ci*   il sinda*co*   i sinda*ci*

   (3) Masculine nouns ending in *-go* generally form the plural in *-ghi,* regardless of stress.

   il dialo*go*   i dialo*ghi*   il la*go*   i la*ghi*

NOTE: Nouns ending in *-ologo,* referring to professions, form the plural in *-ologi.*

il radio*logo*   i radio*logi*   lo psico*logo*   i psico*logi*

e. Nouns ending in *-io* change *-io* to *-i* in the plural unless the *-i* is stressed, in which case *-io* changes to *-ii.*

SINGULAR	PLURAL	SINGULAR	PLURAL
il bac*io*	i bac*i*	lo stud*io*	gli stud*i*
il figl*io*	i figl*i*	il viagg*io*	i viagg*i*
BUT			
lo z*io*	gli z*ii*		

f. The following categories of nouns do not generally change in the plural:

- nouns ending in a consonant
- nouns having one syllable
- nouns ending in an accented vowel
- family names
- nouns ending in *-i* or *-ie**

SINGULAR	PLURAL	SINGULAR	PLURAL
l'autobus *bus*	gli autobus *buses*	la crisi *crisis*	le crisi *crises*
il film *movie*	i film *movies*	la serie *series*	le serie *series*
il caffè *coffee*	i caffè *coffees*	il re *king*	i re *kings*
la città *city*	le città *cities*	il signor Guida *Mr. Guida*	i Guida *the Guidas*

g. Some nouns are masculine in the singular and feminine in the plural.

MASCULINE SINGULAR	FEMININE PLURAL
il braccio *arm*	le braccia *arms*
il centinaio *hundred*	le centinaia *hundreds*
il dito *finger*	le dita *fingers*
il frutto *fruit*	la frutta *fruit* (only of a tree)
il ginocchio *knee*	le ginocchia *knees*
il labbro *lip*	le labbra *lips* (only of a person)
il miglio *mile*	le miglia *miles*
il muro *wall*	le mura *walls*
l'osso *bone*	le ossa *bones* (only of a body)
il paio *pair*	le paia *pairs*
l'uovo *egg*	le uova *eggs*

ESERCIZIO G

Venerdì hai passato tutta la giornata a fare compere. Usando il plurale dei nomi tra parentesi e l'articolo se è necessario, completa questo brano.

Dopo _____ di Natale, _____ offrono molte _____.

         1. (festa)   *2.* (negozio)   *3.* (svendita)

---

*Exception: *la moglie* becomes *le mogli.*

In tutti _____ , ci sono _____ a prezzi ridotti. A me piace andare a
　　　　　4. (reparto)　　　　　　　　　　　　5. (articolo)

fare compere _____ .Venerdì scorso, tutti _____ in
　　　　　　　6. (venerdì)　　　　　　　　　　　　　　7. (maglione)

_____ stupendi erano scontati; anche _____ si vendevano a
　　8. (colore)　　　　　　　　　　　　　　　　　　　9. (camicia)

_____ bassissimi. C'erano molti _____ che facevano compere.
　　10. (prezzo)　　　　　　　　　　　　　　11. (giovane)

Sono andata al reparto degli _____ di sport a comprarmi una racchetta da tennis.
　　　　　　　　　　　　　　12. (articolo)

Era affollato perchè si offrivano _____ da tennis gratis. _____ erano
　　　　　　　　　　　　　　　13. (palla)　　　　　　　　　　　14. (commesso)

tutti occupati. Non potevo aspettare perchè avevo un appuntamento e dovevo prendere due

_____ per arrivare dalle mie _____ . Nonostante ciò, prima di
　　15. (autobus)　　　　　　　　　　　　　16. (amica)

uscire non ho potuto resistere una svendita promozionale. Si vendevano _____ di
　　　　　　　　　　　　　　　　　　　　　　　　　　　　　　　　　17. (valigia)

diverse _____ europee, tre al prezzo di una. Ne ho prese tre e ho anche dovuto
　　　　18. (marca)

comprare due grandi _____ di plastica per metterci tutti i miei _____ .
　　　　　　　　　　19. (sacco)　　　　　　　　　　　　　　　　　　　　　20. (pacco)

ESERCIZIO H

Cambia le parole seguenti dal singolare al plurale o dal plurale al singolare.

ESEMPI:　la bottega　　**le botteghe**
　OR:　　le città　　　**la città**

1. il film _____

2. i problemi _____

3. la camicia _____

4. i turisti _____

5. la moglie _____

6. i laghi _____

7. la bugia _____

8. le uova _____

9. la radio _____

10. i re. _____

11. l'amico _____

12. le mura _____

13. l'osso _____

14. i figli _____

15. lo zio _____

16. le dita _____

17. la biblioteca _____   **18.** i poeti _____

19. il ginocchio _____   **20.** i giochi _____

[5] FORMS OF THE DEFINITE ARTICLE

In Italian, the definite article has seven forms corresponding to English *the*.

	SINGULAR	PLURAL
MASCULINE	*il* treno	*i* treni
	lo zio	*gli* zii
	*l'*amico	*gli* amici
FEMININE	*la* macchina	*le* macchine
	*l'*arancia	*le* arance

a. The article *il* is used with masculine singular nouns beginning with a consonant other than *gn, ps, z,* or *s* + consonant. The plural of *il* is *i.*

SINGULAR	PLURAL
il ragazzo *the boy*	i ragazzi *the boys*
il giornale *the newspaper*	i giornali *the newspapers*

b. *Lo* is used with masculine singular nouns beginning with *gn, ps, z,* or *s* + consonant. The plural of *lo* is *gli.*

SINGULAR	PLURAL
lo zio *the uncle*	gli zii *the uncles*
lo studente *the student*	gli studenti *the students*
lo sceriffo *the sheriff*	gli sceriffi *the sheriffs*
lo psicologo *the psychologist*	gli psicologi *the psychologists*
lo gnocco *the potato dumpling*	gli gnocchi *the potato dumplings*

c. *La* is used with all feminine singular nouns beginning with a consonant. *Le* is the plural of *la.*

SINGULAR	PLURAL
la matita *the pencil*	le matite *the pencils*
la studentessa *the student*	le studentesse *the students*

d. *L'* is used with masculine and feminine singular nouns beginning with a vowel.

SINGULAR	PLURAL
l'inverno *the winter*	gli inverni *the winters*
l'amica *the girlfriend*	le amiche *the girlfriends*

e. In a mixed plural (masculine and feminine), a masculine plural article is used.

Gli amici di Piero sono arrivati.　　*Piero's friends* [male and female] *have arrived.*
I figli di Linda si chiamano Sonia e Stefano.　　*Linda's children's names are Sonia and Stefano.*

NOTE: The article is expressed in Italian before each noun, even though it may be omitted in English.

La **frutta** e la **verdura** sono fresche.   *The fruit and vegetables are fresh.*

f. The prepositions *a* (to, at), *da* (from, by, of, at the house of), *di* (of), *in* (in), and *su* (on) contract with all definite articles.

DEFINITE ARTICLE	PREPOSITION				
	A	DA	DI	IN	SU
IL	al	dal	del	nel	sul
I	ai	dai	dei	nei	sui
LA	alla	dalla	della	nella	sulla
LE	alle	dalle	delle	nelle	sulle
GLI	agli	dagli	degli	negli	sugli
LO	allo	dallo	dello	nello	sullo
L'	all'	dall'	dell'	nell'	sull'

Mio fratello è andato **al** negozio.   *My brother went to the store.*

Dammi la chiave **della** macchina.   *Give me the car key.*

NOTE:

1. The definite articles *il* and *i* are sometimes combined with the preposition *con* (with), and rarely with *per* (for, to).

Sono andato a Pisa **coi** (con i) miei   *I went with my cousins with the eleven o'clock train.*
cugini **col** (con il) treno delle undici.

2. *Da* usually means *from*. It may also mean *by*, or *at (to) someone's house or place of business.*

Oggi, andiamo **dallo** zio.   *Today, we're going to our uncle's (house).*

Carla è andata **dal** macellaio.   *Carla went to the butcher's (shop).*

3. The article is omitted when *da* is followed by a pronoun or a proper name, including cities.

Vanno **da** Giovanni.   *They're going to Giovanni's (house).*

Piero torna **da** Pisa con me.   *Piero is returning from Pisa with me.*

[6] FORMS OF THE INDEFINITE ARTICLE

In Italian, the indefinite article has four forms corresponding to English *a (an)*.

MASCULINE	FEMININE
un ragazzo	*una* ragazza
un amico	*un'* amica
uno studente	*una* studentessa

a. *Un* is used before all masculine singular nouns, except those beginning with *gn, ps, z,* or *s* + consonant.

un ristorante *a restaurant*   un albergo *a hotel*

b. *Uno* is used before all masculine singular nouns beginning with *gn, ps, z,* or *s* + consonant.

uno zaino *a knapsack*   uno studio *a study, an office*

c. *Una* is used with all feminine singular nouns beginning with a consonant.

una zia *an aunt*   una lezione *a lesson*
una sedia *a chair*

d. *Un'* is used before all feminine singular nouns beginning with a vowel.

un'automobile *a car*   un'eroina *a heroine*
un'occasione *an occasion*

ESERCIZIO I

Tuo nipote fa un anno la settimana prossima. Tua sorella ti chiede di aiutarla a organizzare una festa per il gli amici di Lisa suo compleanno. Completa l'elenco degli invitati, usando gli articoli definiti adatti.

ESEMPIO: **gli** amici di Lia

1. _____ zio Giorgio

2. _____ cugine Rosalba ed Elena

3. _____ sorelle di Elio

4. _____ amica di Gloria

5. _____ zii

6. _____ architetto Palmieri

7. _____ nonno

8. _____ signora Gerghi

9. _____ vicini di casa

10. _____ avvocato Rossi

11. _____ cugini Pino e Peppe

12. _____ dottoressa Pierello

13. _____ nipotine del nonno

14. _____ genitori di Tonio

15. _____ dottor Franceschini

ESERCIZIO J

Camminando per le strade di Firenze, pratichi il tuo italiano. Identifica i luoghi e gli oggetti che vedi, usando gli articoli indefiniti.

ESEMPIO: farmacia: **una farmacia**

1. pellicceria: _____

2. gatto: _____

3. albergo: _____

4. edificio: _____

5. automobile: _____

6. entrata: _____

7. studio: _____

8. teatro: _____

9. negozio: _____

10. piazza: _____

11. autobus: _____

12. museo: _____

13. vetrina: _____

14. gioielleria: _____

15. parco: _____

16. orologio: _____

17. stereo: _____

18. università: _____

19. macelleria: _____

20. giardino: _____

ESERCIZIO K

Sei appena arrivato dai tuoi nonni per una visita di una settimana. Che cosa togli dalla valigia quando ti sistemi nella camera degli ospiti?

Dalla valigia tolgo i calzini, _____

_____

_____

_____

_____

_____

_____

_____

ESERCIZIO L

Usando la preposizione articolata adatta, descrivi i membri della famiglia Rossi e quello che ognuno di loro fa.

ESEMPIO: La famiglia Rossi abita **nella** casa accanto.

1. Ci sono quattro figli _____ famiglia Rossi.
(in)

2. Gino, il figlio maggiore, è studente _____ università di Roma.
(a)

3. Di solito, quando entra in casa, mette i libri _____ scaffali _____ salone.
(su)   (in)

4. Il padre, avvocato, torna a casa _____ lavoro verso le sei di sera.
(da)

5. La moglie _____ signor Rossi è direttrice di banca.
(di)

6. La sera, la figlia Anna rincasa _____ sette in punto.
(a)

7. _____ Rossi si cena _____ sette _____ otto di sera.
(da)   (da)   (a)

8. Dopo cena, il signor Rossi va a prendere un caffè _____ bar.
(a)

9. La signora, invece legge o parla _____ telefono con amici o scrive lettere _____ parenti.
(a)   (a)

10. I ragazzi vanno a studiare _____ biblioteca _____ quartiere.
(in)   (di)

ESERCIZIO M

Quando chiedi al tuo amico Giorgio quello che ha fatto la fine settimana scorsa, lui ti risponde sempre al negativo. Indica quello che Giorgio dice, sostituendo le parole in neretto e usando la preposizione articolata adatta.

ESEMPIO: Sei andato **dal macellaio?** *(zio)*
             No, sono andato dallo zio.

1. Hai mangiato **al ristorante Lucca?** *(trattoria Zecchi)*

_____

2. Sei andato **alla discoteca?** *(cinema)*

_____

3. Sei entrato **nel museo** vicino **al parco?** *(chiesa / fontana)*

_____

4. Hai guidato la macchina **degli amici di Carlo?** *(le amiche di Gloria)*

_____

5. Hai lasciato i regali di Antonio **sul banco?** *(sedia)*

_____

6. Sei tornato **dallo zio alle otto?** *(nonna / l'una)*

_____

7. Hai guardato le ragazze **dalla finestra?** *(veranda)*

_____

8. Hai portato Lucia **al ristorante** in macchina? *(pizzeria)*

_____

[7] USES OF THE DEFINITE ARTICLE

a. The definite article is used with nouns that have a general or abstract meaning.

L'acciaio è più duro **del ferro.**	*Steel is harder than iron.*
Viva **la libertà!**	*Long live freedom!*

b. The definite article is used with names of languages, except immediately after *parlare,* after *in,* and with adjective phrases introduced by *di.*

Capisci **il greco?**	*Do you understand Greek?*
Il russo non è facile.	*Russian is not easy.*

BUT

Qui si **parla spagnolo.**	*Spanish is spoken here.*
Ho scritto una lettera **in francese.**	*I wrote a letter in French.*
Dov'è il vostro libro **d'italiano?**	*Where is your Italian book?*

c. Unlike English, Italian uses the definite article, in place of the possessive adjective, with parts of the body or articles of clothing when the possessor is clear.

I bambini si stanno lavando **le mani.**	*The children are washing their hands.*
Fa freddo; mettiti **la giacca.**	*It's cold; put on your jacket.*

NOTE: When the possessor must be clarified, or when the part of the body is modified, the possessive adjective is used.

I suoi occhi mi fanno paura.	*His eyes frighten me.*
La bambina ha messo **le sue piccole mani** sulle mie spalle.	*The little girl put her little hands on my shoulders.*

d. The definite article is used with titles of rank or profession followed by a name, except when addressing the person.

il presidente Lincoln	*President Lincoln*
la regina Elisabeth	*Queen Elizabeth*
il dottor Bruni	*Doctor Bruni*

BUT

«Buona sera, **dottor Marese.**»	*"Good evening, Doctor Marese."*

e. The definite article is used with the time of day.

È **l'una**.   *It's one o'clock.*
Mi sveglio **alle nove**.   *I wake up at nine o'clock.*

f. The definite article is used in common expressions of time.

il mattino *in the morning*   il mese prossimo *next month*
il pomeriggio *in the afternoon*   la settimana scorsa *last week*
la sera *in the evening*   l'anno passato *last year*

Parto per l'Italia **la settimana prossima**.   *I'm leaving for Italy next week.*

g. The definite article is used with days of the week in a plural sense.

Il sabato mi alzo tardi.   *On Saturday(s) I get up late.*
Vengono a casa nostra **la domenica**.   *They come to our house on Sunday(s).*

NOTE: **If the day mentioned is a specific day, the article is omitted.**

Il matrimonio è stato celebrato   *The marriage took place last Sunday.*
domenica scorsa.

Chiamami **martedì**.   *Call me (on) Tuesday.*

h. The definite article is used with dates.

Oggi è **il primo maggio**.   *Today is May first.*
Domani è venerdì **il tredici febbraio**.   *Tomorrow is Friday, February 13.*

i. The definite article is used with colors and names of seasons, except after the preposition *di* or *in*.

Io preferisco **la primavera**.   *I prefer spring.*
Vi piace **il verde**?   *Do you like green?*

BUT

Non lavoro **d'estate**.   *I don't work in the summer.*
Vado in Italia **in primavera**.   *I'm going to Italy in the spring.*

j. The definite article is used with nouns of weight and measure where English uses *a, an,* or *per.*

Lei ha pagato un dollaro **la libbra**.   *She paid a dollar a pound.*
Le arance costano tremila lire **la dozzina**.   *The oranges cost three thousand lire per dozen.*

k. The definite article is used with most geographical names (countries, states, mountains, rivers, oceans) except cities.

L'Italia ha la forma di uno stivale.   *Italy has the form of a boot.*
Faccio lo sci **sulle Alpi**.   *I go skiing in the Alps.*
L'Arno attraversa Firenze.   *The Arno crosses Florence.*

BUT

Roma è una bella città.   *Rome is a beautiful city.*

NOTE: The article is omitted after the prepositions *in* and *di* with geographical nouns if they are feminine, singular, and unmodified.

La Romania è **in Europa.**	*Romania is in Europe.*
Le strade **d'Italia** sono buone.	*The roads in Italy are good.*

BUT

La Romania è **nell'Europa dell'Est.**	*Romania is in eastern Europe.*
Il clima **dell'Italia meridionale** è mite.	*The climate of southern Italy is mild.*

l. The definite article is used with infinitives that are used as nouns.

Il mangiare è importante.	*Eating is important.*
Tra **il dire** e **il fare** c'è di mezzo il mare.	*It's easier said than done.*

m. The definite article is used with last names when referring to persons well known to the speaker and listener. In northern Italy, women's first names may also be preceded by *la* or *l'*.

Il Petrarca visse nel Trecento.	*Petrarca lived in the fourteenth century.*
La Ginzburg è una scrittrice ben conosciuta.	*(Ms.) Ginzburg is a well-known writer.*
La Caterina verrà fra poco.	*Caterina will come soon.*

ESERCIZIO N

Completa questo dialogo fra te e uno studente italiano che frequenta la tua scuola. Usa l'articolo determinativo se è necessario.

TU: Dove sei nato?

MARCO: Sono nato in _____ Italia. _____ Italia è un bellissimo paese.

TU: In quale città sei nato?

MARCO: Sono di _____ Roma.

TU: Ci sono montagne vicino a Roma?

MARCO: Sì, _____ Appennini.

TU: Vai spesso in montagna?

MARCO: Sì, specialmente _____ inverno; _____ sci è il mio sport favorito.

TU: Qual è la tua stagione preferita?

MARCO: Preferisco _____ primavera.

TU: Chi è quel signore?

MARCO: È _____ signor Pace. È _____ professore di _____ inglese.

TU: Studi _____ inglese?

MARCO: Sì, faccio due ore al giorno di lezioni private e adesso che vivo in _____ America,

_____ inglese è l'unica lingua che cerco di parlare anche con _____ miei parenti.

TU: Parli altre lingue?

MARCO: Io no, ma mia sorella parla _____ francese.

TU: Cosa ti piace fare nel tempo libero?

MARCO: Sono appassionato di film. Vado sempre al cinema _____ venerdì sera.

TU: Che ora sarà?

MARCO: Saranno _____ tre e mezzo. Perchè?

TU: Ho un appuntamento con _____ signora Amabile, _____ mia maestra di musica.

La signora Amabile è molto simpatica. La conosci? Ha _____ capelli biondi e _____ occhi blu.

MARCO: No, non la conosco. Il mio maestro di musica è _____ dottor Carpacci e ha _____ naso lungo. Allora, ciao. A più tardi.

TU: Arrivederci.

ESERCIZIO O

Rispondi a queste domande personali.

1. Che giorno è oggi?

_____

2. Quale giorno della settimana preferisci?

_____

3. A che ora vai a letto durante la settimana? E la fine settimana?

_____

4. A che ora ti alzi il sabato e la domenica?

_____

5. Quale stagione dell'anno preferisci?

_____

6. Chi è il tuo professore d'inglese?

_____

7. Qual è la tua materia preferita?

_____

8. Quale sport ti piace giocare di più?

_____

9. Che tipo di musica ascolti?

_____

10. Quali sono i tuoi colori preferiti?

_____

11. Quale lingua studi?

_____

12. Quale paese ti piacerebbe visitare?

_____

[8] OMISSION OF THE ARTICLE

a. Omission of the definite article

(1) The definite article is omitted before nouns in apposition.

Roma, **capitale d'Italia,** è molto bella.	_Rome, the capital of Italy, is very beautiful._
Dante Alighieri, **poeta italiano,** scrisse _La divina commedia._	_Dante Alighieri, an Italian poet, wrote_ The Divine Comedy.

(2) The definite article is omitted with numerical titles of rulers or popes.

Vittorio Emanuele secondo (Vittorio Emanuele II)	_Victor Emanuel the Second_
papa Paolo sesto (papa Paolo VI)	_Pope Paul the Sixth_

(3) The definite article is omitted in a number of common expressions following the prepositions _a, da, in, per,_ **and so on.**

a destra _to the right_	in campagna _in (to) the country_
a sinistra _to the left_	in cantina _in (to) the basement, cellar_
a tavola _at (the) table_	in chiesa _in (to) the church_
a teatro _to the theater_	in città _in (to) town_
a terra _on the floor_	in giardino _in (to) the garden_
a casa _at home_	in montagna _at (to) the mountains_
da casa _from home_	in piazza _in (to) the square_
in casa _at home_	in pigiama _wearing pajamas_
in aereo _by plane_	in treno _by train_
in biblioteca _in (to) the library_	per terra _on (to) the floor_
in bicicletta _by bicycle_	per via aerea _by air mail_

NOTE: When referring to a specific place, the article is often added.

Andiamo *alla* biblioteca in via Alessandria.	*Let's go to the library on Alessandria Street.*

(4) The definite article is omitted before lists of nouns.

Ho comprato **uva, pesche, albicocche** e **fragole.**	*I bought grapes, peaches, apricots, and strawberries.*

b. Omission of the indefinite article

(1) The indefinite article is omitted after the verbs *essere* and *diventare* with nouns expressing religion, rank, profession, or occupation.

Io *sono* **cattolico.**	*I'm a Catholic.*
Mio zio *è* **colonnello.**	*My uncle is a colonel.*
Michele vuole *diventare* **avvocato.**	*Michele wants to become a lawyer.*

NOTE: The article is used if the noun is modified.

È *una brava* maestra.	*She's a good teacher.*
Claudio vuole diventare *un* attore *famoso.*	*Claudio wants to become a famous actor.*

(2) The indefinite article is omitted before *cento* and *mille*.

Questo quadro vale **mille** dollari.	*This painting is worth one thousand dollars.*
Ho speso **centomila** lire.	*I spent one hundred thousand lire.*

(3) The indefinite article is omitted after *che* in exclamations and after the preposition *da,* meaning *as, like,* or *in the manner of.*

Che peccato!	*What a pity!*
Michele mi ha trattato **da** vera amica.	*Michele treated me like a true friend.*

ESERCIZIO P

Indica quali messaggi la segretaria di tua madre le ha dato.

ESEMPIO: signor Bocchi / vigile urbano / Urbino / ha telefonato
Il signor Bocchi, **vigile urbano di Urbino,** ha telefonato.

1. Sandra Dotta / direttrice / fabbrica Ruisi / ha annullato il suo appuntamento

_____

2. ingegnere Paolino / rappresentante / Banco d'Italia / ha fissato un appuntamento per domani

_____

3. signora Martini / moglie / Franco Martini / ha telefonato cinque volte

_____

4. Stefano Ciracò / assistente / signora Alante / ha mandato le ricevute

_____

5. Chiara Stefanini / madre / suo genero / ha lasciato un altro messaggio

_____

6. Claudio Vinci / presidente / Istituto di Cultura / arriverà alle due

_____

ESERCIZIO Q

Sei appena arrivato all'aeroporto di Roma. Rispondi alle domande che ti fa l'agente al controllo passaporti.

1. Di quale nazionalità è lei?

_____

2. Qual è la sua professione?

_____

3. Quale scuola frequenta?

_____

4. Come viaggerà da Roma a Parigi?

_____

5. In quale albergo rimarrà?

_____

6. Quanto denaro porta con lei?

_____

MASTERY EXERCISES

ESERCIZIO R

Completa il brano seguente con la preposizione articolata o l'articolo adatto, se sono necessari.

Sono Clara Sonori. Sono nata in _____ Italia e sono _____ attrice. I critici dicono che sono
          1.   2.

_____ brava attrice e che sono molto amata dal pubblico italiano. Il pubblico mi manda più di
   3.

_____ cento lettere al giorno. Ho girato _____ dozzina di film e _____ settimana prossima ne
4.   5.   6.

comincio uno nuovo. Recito la parte di _____ donna ricca ed elegante. _____ donna si annoia e
7.   8.

passa il tempo a viaggiare intorno al mondo. La storia inizia a Londra, _____ capitale di _____
9.   10.

Inghilterra; poi la storia continua in _____ Francia dove incontro molte persone interessanti. La
11.

protagonista è _____ donna capricciosa a cui capitano un sacco di guai. _____ film appaiono più di
12.   13.

_____ mille persone: _____ uomini, _____ donne, _____ ragazzi, _____ bambini. Che
14.   15.   16.   17.   18.

_____ spettacolo! Il film costerà più di _____ milione di dollari. La mia è _____ vita interessante.
19.   20.   21.

Che _____ buona fortuna che ho!
22.

ESERCIZIO S

Rispondi alle domande di questo quiz sulla geografia italiana.

1. Qual è il fiume più lungo d'Italia?

_____

2. In quale regione abitano i Fiorentini?

_____

3. Quale lingua si parla in Italia?

_____

4. Qual è la capitale d'Italia? In quale regione si trova?

_____

5. Quale paese si trova all'ovest dell'Italia?

_____

6. Come si chiama il capoluogo della Campania?

_____

7. Qual è il lago più grande d'Italia?

_____

8. Come si chiamano le montagne tra l'Italia e la Francia?

_____

9. Quali sono le due isole maggiori d'Italia?

_____

10. Qual è il monte più alto d'Italia?

_____

ESERCIZIO T

Esprimi in italiano quello che il tuo amico ti racconta di suo nonno.

1. My grandfather was born in Italy. He spoke Italian and a little bit of English.

_____

2. Italy and France were my grandparents' favorite countries.

_____

3. My grandfather married a pretty French girl who had black hair and blue eyes.

_____

_____

4. He was a talented salesman and my grandmother was an artist. She loved to paint birds.

_____

_____

5. My grandfather sold hats, coats, stockings, and overcoats, and my grandmother sold her paintings.

_____

_____

6. Can you imagine, my grandfather used to sell stockings at one hundred lire a pair?

_____

_____

7. What a memory he had! My grandfather remembered the names of all his customers.

_____

_____

8. He always closed his store at three o'clock on Friday.

_____

9. He used to go to the café in the spring and in the summer.

_____

10. After the war, my grandfather came to America with my grandmother.

_____

11. The first year in America, on Thursdays, he took English classes and spent a lot of time at the library and at the movies trying to learn English.

_____

_____

12. The curious thing is that he never learned to speak English very well.

_____

13. One day he decided to sell everything in the store for one thousand dollars.

_____

14. When he retired, he loved to go fishing, to work in the garden, to read, and to tell stories about his childhood and his native country.

_____

_____

15. What a wonderful person my grandfather was!

_____

Chapter 19
Partitive

[1] FORMS AND USES OF THE PARTITIVE

a. The partitive expresses an indefinite quantity or part of a whole (English some, any, or a few). Before a noun, the partitive is generally *di* + definite article.

PARTITIVE	USED BEFORE	EXAMPLE	MEANING
del	masculine singular nouns beginning with consonant other than **ps, z,** or **s** + consonant	**del burro**	*some butter*
dello	masculine singular nouns beginning with **ps, z,** or **s** + consonant	**dello zucchero**	*some sugar*
della	feminine singular nouns beginning with consonant	**della salsa**	*some sauce*
dell'	any singular noun beginning with vowel	**dell'acqua** **dell'olio**	*some water* *some oil*
dei	masculine plural nouns beginning with consonant other than **ps, z,** or **s** + consonant	**dei panini**	*some rolls*
degli	masculine plural nouns beginning with **ps, z,** or **s** + consonant	**degli spaghetti**	*some spaghetti*
delle	all feminine plural nouns	**delle pere**	*some pears*

Abbiamo **del lavoro** da fare.   *We have some work to do.*
Mangiano **della torta.**   *They're eating some cake.*
Dammi **dei fagioli,** per favore.   *Give me some beans, please.*

NOTE: The partitive may not be omitted in Italian (as "some" or "any" is omitted in English); the partitive is repeated before each noun.

Volete *degli* spaghetti o *dell'*insalata?   *Do you want spaghetti or salad?*
No, preferiamo *della* carne e *delle* patatine fritte.   *No, we prefer meat and french fries.*

ESERCIZIO A

Martino spiega alla sorellina quello che ha comprato in alcuni negozi.

ESEMPIO: pollo / rosticceria
          Ho comprato del pollo alla rosticceria.

1. medicina / farmacia

_____

2. pesce / pescheria

_____

3. torte / pasticceria

_____

4. salsicce / macelleria

_____

5. panini / panetteria

_____

6. parmigiano / salumeria

_____

ESERCIZIO B

Elisa, una bambina di quattro anni, dà da mangiare al suo cane. Identifica quello che gli dà.

ESEMPIO: Elisa dà **del pesce** a Tigre.

1. _____   **2.** _____

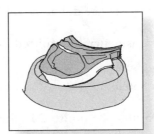

3. _____   **4.** _____

5. _____

6. _____

7. _____

8. _____

9. _____

10. _____

b. While the partitive is used to express some or part of something, the definite article is used with nouns in a general sense—expressing the entire class.

Agli Italiani piace **il** vino.   *Italians like wine* [in general].

Mio padre beve sempre **del** vino con i pasti.   *My father often drinks (some) wine with meals.*

c. The partitive is generally omitted in negative sentences.

Non voglio piselli.   *I don't want (any) peas.*

Non hanno fratelli.   *They don't have any brothers.*

d. The partitive may be omitted in the following situations:

(1) When enumerating a list of things.

Comprerò (delle) **arance,** (delle) **mele** e (delle) **pere.**   *I'll buy oranges, apples, and pears.*

(2) In interrogative sentences.

Cercano (dei) francobolli?	*Are they looking for (some) stamps?*
Ha (del) denaro?	*Do you have (any) money?*

(3) After *senza* (without) and *non... nè... nè* (neither . . . nor).

Questo è un libro **senza** immagini.	*This is a book without (any) pictures.*
Nina **non** beve **nè** tè **nè** caffè.	*Nina drinks neither tea nor coffee.*

ESERCIZIO C

Tu racconti a un amico quello che hai o non hai fatto durante il tuo viaggio in Italia.

ESEMPIO: scrivere *(cartoline / lettere)*
Ho scritto delle cartoline. Non ho scritto lettere.

1. mangiare *(specialità del paese / hamburger)*

_____

2. bere *(succhi di frutta / latte)*

_____

3. ascoltare *(canzoni italiane / musica americana)*

_____

4. fare *(foto della gente / foto dei paesaggi)*

_____

5. leggere *(giornali italiani / romanzi americani)*

_____

6. avere *(molto tempo libero / lavoro da fare)*

_____

ESERCIZIO D

Tu e degli amici pranzate al ristorante. Alcuni dei tuoi amici fanno diete speciali. Spiega quello che possono o non possono mangiare.

ESEMPIO: Lidia digerisce male i cibi piccanti. *(mangiare: tortellini in brodo? peperoncino? gelato?)*
Lidia mangia dei tortellini in brodo.
Lidia non mangia peperoncino.
Lidia mangia del gelato.

1. Anna vuole ingrassare. *(prendere: pane? insalata? torta?)*

_____

_____

_____

2. Liliana è allergica ai latticini. *(bere: limonata? latte? acqua minerale?)*

_____

_____

_____

3. Gianni è nervoso. *(scegliere: caffè? limonata? succo d'arancia?)*

_____

_____

_____

4. Roberto è vegetariano. *(ordinare: maiale? formaggio? vitello?)*

_____

_____

_____

5. Rita e Michele vogliono dimagrire. *(mangiare: spaghetti? frutta? dolci?)*

_____

_____

_____

6. Riccardo ha il livello del colesterolo alto. *(scegliere: pesce? insalata? uova?)*

_____

_____

_____

ESERCIZIO E

Spiega quali cibi preferisci. Usa l'articolo definito o il partitivo.

1. Il mio piatto di carne preferito è _____ .

2. Non mi piace _____ .

3. Per la prima colazione prendo _____ .

4. A pranzo preferisco mangiare _____ e bere _____ .

5. Se preparassi la cena stasera, cucinerei _____ .

6. Il mio dolce preferito è _____ .

7. Le verdure che preferisco sono _____ .

8. Come frutta preferisco _____ .

9. Quando sono a dieta, non prendo _____.

10. Quando ho voglia di qualcosa di dolce, mangio _____.

11. La mia bibita preferita è _____.

12. Non mangerei mai _____.

ESERCIZIO F

La mamma di Antonio va a fare la spesa. Completa il brano seguente, usando il partitivo dove necessario.

La signora Damiano parte dopo aver messo _____ denaro nella borsa. Prima va alla panetteria
$\quad$ *1.*

dove compra _____ pane integrale, _____ grissini e _____ biscotti. Compra
$\quad$ *2.* $\quad$ *3.* $\quad$ *4.*

anche _____ pane senza _____ semi *(seeds)* perchè ad Antonio non piacciono. La signora
$\quad$ *5.* $\quad$ *6.*

compra anche _____ panini perchè a suo marito piace mangiarli per prima colazione con
$\quad$ *7.*

_____ marmellata ma senza _____ burro. Dopo la panetteria, la signora Damiano va dal
$\quad$ *8.* $\quad$ *9.*

macellaio. Siccome alla famiglia Damiano non piace nè _____ pollo nè _____ maiale, la
$\quad$ *10.* $\quad$ *11.*

signora compra solo _____ vitello.
$\quad$ *12.*

La signora Damiano saluta il macellaio e va dal fruttivendolo. Il fruttivendolo le dice: «Signora, oggi

abbiamo _____ asparagi e _____ broccoli freschissimi.» La signora risponde: «No grazie,
$\quad$ *13.* $\quad$ *14.*

non voglio nè _____ asparagi nè _____ broccoli. Però prendo _____ carote,
$\quad$ *15.* $\quad$ *16.* $\quad$ *17.*

_____ piselli e _____ spinaci, un chilo ciascuno.»
$\quad$ *18.* $\quad$ *19.*

Prima di tornare a casa, la signora Damiano entra nel bar dell'angolo e ordina un caffè. Ci mette

_____ zucchero e _____ latte caldo. Ci sono _____ ottimi dolci ma la signora
$\quad$ *20.* $\quad$ *21.* $\quad$ *22.*

rinuncia alla tentazione. La signora beve il caffè con calma, esce e ritorna a casa a preparare la cena.

e. The partitive *di* + article may be replaced by other expressions.

    (1) The partitive may also be expressed by *alcuni(e)* (always in the plural).

Compratemi **alcuni pacchetti** di caramelle.	*Buy me some packages of candy.*
Ci sono **alcuni politici** italiani onesti.	*There are some honest Italian politicians.*

    NOTE: **When the partitive is preceded by a preposition, the use of *alcuni(e)* is preferred.**

Ho scritto **ad alcuni** amici. [*Instead of:* Ho scritto a degli amici.]	*I wrote to some (a few) friends.*
Comprerò dei ricordi **per alcuni** parenti. [*Instead of:* Comprerò dei ricordi per dei parenti.]	*I'll buy souvenirs for some relatives.*

    (2) The partitive may also be expressed by *qualche*, which is invariable and is followed by a singular noun even though it expresses a plural idea.

Marco dipinge sempre **qualche** bell'animale.	*Marco always paints (some) beautiful animals.*
Lasciamo **qualche** biscotto a Pietro.	*Let's leave some cookies for Pietro.*

    NOTE: *Alcuni(e)* and *qualche* may be used only when *some* or *any* means *several* or *a few,* but not when *some* or *any* means *a little* as below.

    (3) The partitive may also be expressed by *un po' di* in the affirmative when the partitive means *a little, a bit of,* usually with food, materials, or uncountable things.

Mettici **un po' di** sale.	*Put some salt on it.*
Mi presti **un po' di** olio d'oliva?	*Can you lend me some olive oil?*

BUT

Mi presti **dei francobolli**?	*Can you lend me some stamps?*

    (4) In the negative singular only, the partitive may be replaced by the adjective *nessuno,* which takes the endings of the indefinite article *(nessun, nessuno, nessuna, nessun').* *Non* precedes the verb.

Questa libreria **non** ha **nessun libro** che mi interessa.	*This bookstore doesn't have any books that interest me. (This bookstore has no book that interests me.)*
Non c'era **nessuna sedia** libera.	*There weren't any free chairs.*

ESERCIZIO G

Descrivi la festa internazionale che ha avuto luogo a scuola. Usa il partitivo qualche, alcuni(e) *o* un po' di *secondo il caso.*

ESEMPIO: **Alcuni** studenti parlavano italiano, altri spagnolo o tedesco.

1. Alla festa c'erano _____ studenti italiani e anche _____ professore dall'Italia.

2. _____ genitori sono stati invitati alla festa.

3. Gli studenti avevano preparato _____ dolci francesi, italiani e tedeschi.

4. Si vendeva anche _____ specialità di paesi diversi.

5. Io ho preso _____ paella e _____ fetta di formaggio francese e di prosciutto italiano.

6. Carlo ha preso _____ dolci francesi e italiani e _____ caffè espresso.

7. Ha dovuto mettere _____ latte nell'espresso perchè era molto forte.

8. Io, Carlo e altri studenti italiani abbiamo cantato _____ canzone italiana e ci siamo divertiti un sacco.

ESERCIZIO H

Scegli la forma del partitivo che completa correttamente le frasi seguenti.

1. (alcuni, qualche, un po' di) Marco, dammi _____ pepe, per favore.

2. (un po' di, alcuni, qualche) Ho prestato _____ libri a Gianni e non li ho visti più.

3. (nessuna, alcune, della) Non avevano _____ busta aerea.

4. (nessuno, alcuni, qualche) Sulla spiaggia ci sono _____ ombrelloni.

5. (dell', alcuni, qualche) Mia sorella ha bevuto _____ acqua minerale.

6. (alcune, un po' di, qualche) Nell'album c'era _____ fotografia dell'Italia.

7. (degli, alcuni, un po' di) Michele ha ricevuto cartoline da _____ amici in Italia.

8. (della, nessuna, qualche) Compriamo _____ bottiglia di aranciata per cena.

9. (della, nessuna, qualche) Questo negozio non ha _____ giacca in pelle.

10. (nessuno, del, qualche) Mi puoi dare _____ caffè?

MASTERY EXERCISES

ESERCIZIO I

La classe d'italiano farà una scampagnata domani. Completa la descrizione dei preparativi usando l'articolo definito, un partitivo o niente affatto.

La classe d'italiano farà una scampagnata in montagna. _____ ragazzi hanno
                                                                    1.

preparato _____ piatti tipici italiani. _____ altri portano
              2.   3.

_____ forchette, _____ cucchiai, _____ coltelli
　　　4.　　　　　　　　　　　　　　5.　　　　　　　　　　　　　　6.

e _____ piatti di carta. Il professore porta _____ bibite.
　　7.　　　　　　　　　　　　　　　　　　　　　　　　　8.

_____ ragazzi e _____ ragazze del nostro gruppo hanno
　　　9.　　　　　　　　　　　　10.

_____ abitudini strane riguardo al cibo. Maria, per esempio, non mangia nè
　　11.

_____ frutta nè _____ verdura. Andrea mette
　　12.　　　　　　　　　　　　13.

_____ pepe su tutto e a Laura non piacciono _____ pomodori.
　　14.　　　　　　　　　　　　　　　　　　　　　　　　　　15.

Paolo non beve mai _____ latte e Claretta può mangiare _____
　　　　　　　　　　　　　16.　　　　　　　　　　　　　　　　　　　　17.

cioccolato dalla mattina alla sera. Enza mangia soltanto insalate senza _____ olio
　　　　　　　　　　　　　　　　　　　　　　　　　　　　　　　　　18.

perchè fa dieta. Anche il professore fa attenzione alla linea e non prende altro che

_____ acqua minerale. Per fortuna, io non faccio dieta e posso mangiare tutti
　　19.

_____ dolci che voglio. Sono sicura che ci divertiremo un mondo domani.
　　20.

ESERCIZIO J

Spiega in italiano quello che dice un dietologo sull'alimentazione e indica alcuni consigli che dà a coloro che fanno dieta.

1. Do you want to lose some weight?

_____

2. Most people answer yes to this question.

_____

3. Here are some good ideas and several rules to follow.

_____

4. Eat a lot of salad with a little olive oil.

_____

5. Drink at least eight glasses of water per day.

_____

6. Eat good, healthy food: chicken or veal, carrots and green vegetables. Avoid sauces.

_____

_____

7. Don't eat either ice cream or cake.

_____

8. Do without chocolate.

_____

9. Always bring a few carrots and celery sticks or some fruit with you in case you get hungry.

_____

_____

10. Exercise as much as possible.

_____

Chapter 20
Subject and Stress Pronouns; Object Pronouns

A pronoun is a word used in place of a noun. A subject pronoun is used in place of a subject noun.

[1] SUBJECT PRONOUNS

SINGULAR		PLURAL	
io	*I*	noi	*we*
tu	*you* (informal)	voi	*you* (informal)
Lei	*you* (formal)	Loro	*you* (formal)
lui (egli)	*he*	loro	*they* (m.)
lei (ella)	*she*	loro	*they* (f.)
esso	*it* (m.)	essi	*they* (m.)
essa	*it* (f.)	esse	*they* (f.)

a. Italian has four ways of expressing English *you*. The informal subject pronouns *tu* (singular) and *voi* (plural) are used to address friends, relatives, children, and pets. The formal pronouns *Lei* (singular) and *Loro* (plural) are used to address older people, strangers, or people one does not know well.

NOTE:

1. In contemporary Italian, the formal pronouns *Lei* and *Loro* (singular and plural you) are rarely capitalized. In this text, however, the capitalized forms shall be retained to avoid confusion with lower case *lei* (she) and *loro* (they).

2. In spoken Italian, the second person plural *voi* is preferred to the very formal *Loro*.

    —Signore, **voi conoscete** bene Roma?
    —Signore, **Loro conoscono** bene Roma? } —*Ladies, do you know Rome well?*

b. In spoken Italian, the third person masculine *egli* is very often replaced by *lui*, and the corresponding feminine form *ella* is amost always replaced by *lei*.

c. *Esso, essa, essi, esse,* the Italian equivalents of *it* and *they*, are generally used to refer to animals and things. These subject pronouns are usually not expressed in Italian.

    —Dov'è? —È sul tavolo.   —*Where is it?* —*It's on the table.*
    —Cosa sono? —Sono carciofi.   —*What are they?* —*They're artichokes.*

d. Subject pronouns are normally omitted in Italian because verb endings usually indicate the subject. Subject pronouns are expressed in the following cases:

(1) after the verb *essere.*

    —Chi è? —Sono io.   —*Who is it?* —*It's me.*
    Sono loro a volere litigare.   *It's they (They are the ones) who want to fight.*

(2) to emphasize the subject. In this case, the pronoun follows the verb.

Volevi venire anche **tu**? *YOU wanted to come too?*

Hanno ragione **loro**. *It's they who are right.*

Non sa nemmeno **lui** quello che vuole. *Even HE doesn't know what he wants.*

NOTE: The expressions *anche, pure* (also) and *neanche, nemmeno, neppure* (neither, not even) often precede the pronoun.

(3) for contrast.

Io lavoro tutta la giornata mentre **lui** si diverte. *I work all day while HE's enjoying himself.*

Non lo fare **tu**; lo faccio **io**. *Don't YOU do it; I'LL do it.*

ESERCIZIO A

Sei a una festa con un amico che non conosce nessuno. Descrivigli i tuoi amici e spiegagli di dove sono. Completa le frasi con il pronome adatto.

ESEMPIO: Elena e Rosa sono sorelle. **Loro** sono nate a Roma.

1. Giorgio e Pietro sono cugini. _____ sono di Firenze.

2. Lucia, Rosalba e Barbara sono sorelle. _____ sono di Bari.

3. Anna e io siamo amici d'infanzia, _____ siamo di Boston.

4. Stefano è il cugino di Riccardo. _____ è di Napoli.

5. _____ sono di Torino e _____ è di Bologna.

6. —Alison di dove sei _____ ? — _____ sono di New York.

7. —Aldo e Rita, di dove siete _____ ? — _____ siamo di Milano.

8. —Gustavo, di dove sono i tuoi genitori? — _____ sono del Canada.

9. —Signorine, _____ di dove sono? — _____ siamo americane.

10. —Beatrice e Susanna, dove abitavate _____ prima di venire qui? — _____ abitavamo vicino a Torino.

ESERCIZIO B

Usando i pronomi adatti, rispondi alle domande che ti fa un nuovo vicino di casa.

ESEMPIO: Come si chiamano tua madre e tuo padre?
 Lei si chiama Rita, **lui** si chiama Walter.

1. Come si chiama il tuo professore d'italiano?

_____

2. Dove sono nati tuo nonno e tua nonna?

_____

3. Quanti anni ha la tua cugina preferita?

_____

4. Dove abitano i tuoi amici?

_____

5. Tu e io possiamo giocare a tennis insieme?

_____

6. Dove giocate tu e i tuoi amici?

_____

7. Dove lavora tuo padre?

_____

8. Da quanto tempo vivi nella tua casa?

_____

[2] STRESS PRONOUNS

a. Forms

Stress pronouns are used after verbs or prepositions.

SINGULAR		PLURAL	
me	*me*	noi	*us*
te	*you* (informal)	voi	*you* (informal)
Lei	*you* (formal)	Loro	*you* (formal)
lui/lei	*him/her*	loro	*them* (people)
esso/esse	*it*	essi/esse	*them* (things)
sè	*himself, herself, oneself* *yourself, itself*	sè	*yourselves, themselves*

Amo solo **te**.	*I love only you.*
La mamma vuole punire **te** non **me**.	*Mommy wants to punish you, not me.*
Ho venduto i biglietti a **lui** e a Jimmy.	*I sold tickets to him and to Jimmy.*
Non voglio andare con **loro**.	*I don't want to go with them.*

b. Stress pronouns are used as objects of a preposition.*

Non è **per me**, è **per loro**.	*It's not for me, it's for them.*
Secondo te, perchè l'hanno licenziato?	*According to you, why did they fire him?*
Gianni non ha molta fiducia **in sè**.	*Gianni doesn't have much confidence in himself.*

*For a list of common prepositions, see the Appendix, pages 604–605.

NOTE:

1. Some common prepositions take *di* before a stress pronoun.

contro	*against*	senza	*without*
dietro	*behind*	sopra	*above, over*
dopo	*after*	sotto	*under*
fra (tra)	*between*	su	*on*
prima	*before*	verso	*toward*

Sei venuta **senza il tuo amico?**	*You came without your friend?*
Sì, sono venuta **senza** *di* lui.	*Yes, I came without him.*
La mamma è partita **dopo i bambini.**	*The mother left after the children.*
La mamma è partita **dopo** *di* loro.	*The mother left after them.*

2. The preposition *da* followed by a stress pronoun may be equivalent to *a casa di. Da* plus a stress pronoun may also mean *by myself, by yourself,* and so on.

Perchè non vieni **da me** più tardi?	*Why don't you come to my house later?*
Non copiare i compiti di Rosa, falli **da te.**	*Don't copy Rosa's homework, do them by yourself*

c. Stress pronouns are used as direct or indirect objects for emphasis, for contrast, or when there are two or more objects in the sentence.

Signora, vogliono **Lei** al telefono.	*Madam, they want YOU on the phone.*
—Elena, il professore ti chiama. —No, non chiama **me,** chiama Maria.	*—Elena, the professor is calling you. —No, he's not calling me, he's calling Maria.*
Dovrei fare un regalo a **lui** e a Rosa.	*I should give a present to him and Rosa.*
Ho visto **te** e **lei** al cinema.	*I saw you and her at the movies.*

d. Stress pronouns are used after adjectives in exclamations.

Povero me!	*Poor me!*	**Beati loro!**	*Lucky them!*

e. Stress pronouns may be reinforced by adding *stesso(a), stessi(e)* for emphasis. *Stesso* agrees in number and gender with its stress pronoun.

Luigi pensa sempre a **sè stesso.**	*Luigi always thinks of himself.*
Nessuno mi ha aiutato, l'ho fatto **me stessa.**	*Nobody helped me, I did it myself.*
Fanno male solo a **sè stessi.**	*They only hurt themselves.*

ESERCIZIO C

Usando il pronome adatto, rispondi alle domande che ti fa un amico.

ESEMPIO: Vai a scuola con tua sorella?
            No, non vado a scuola **con lei.**
    OR: Sì, vado a scuola **con lei.**

1. Abiti vicino al tuo migliore amico?

2. Parli mai contro i tuoi amici?

_____

3. Ti ricordi del tuo bisnonno?

_____

4. Che cosa farai da grande secondo tuo padre?

_____

5. Fai compere importanti senza tua madre?

_____

6. Lavori per tuo padre?

_____

7. Arrivi a scuola prima degli altri?

_____

8. Tu e i tuoi amici vi bisticciate _(argue)_ spesso tra di voi?

_____

9. Esci spesso senza il tuo fidanzato (la tua fidanzata)?

_____

10. Sei invitato(a) spesso a cena dal tuo fidanzato (dalla tua fidanzata)?

_____

ESERCIZIO D

Spiega come ognuna di queste persone si vanta (**boasts**) _delle sue abilità._

ESEMPIO: Ho preparato la cena.
            Ho preparato la cena **me stessa.**

1. Lina e Rita hanno decorato il loro appartamento.

_____

2. Tu hai risolto il problema.

_____

3. Loro hanno pilotato un aereo.

_____

4. Io ho scritto questo libro.

_____

5. Lui ha costruito questa casa.

_____

6. Noi abbiamo fatto questo disegno.

_____

7. Lei ha riparato la sua macchina.

_____

8. Voi avete scritto questa canzone.

_____

[3] OBJECT PRONOUNS

a. Forms

DIRECT OBJECT PRONOUNS		INDIRECT OBJECT PRONOUNS	
SINGULAR		SINGULAR	
mi	*me*	**mi**	*(to) me*
ti	*you* (informal)	**ti**	*(to) you* (informal)
La	*you* (formal)	**Le**	*(to) you* (formal)
lo (l')	*him, it*	**gli**	*(to) him, (to) them*
la (l')	*her, it*	**le**	*(to) her*
PLURAL		PLURAL	
ci	*us*	**ci**	*(to) us*
vi	*you* (informal)	**vi**	*(to) you* (informal)
Li, Le	*you* (formal)	**Loro**	*(to) you* (formal)
li	*them* (m.)	**loro**	*(to) them*
le	*them* (f.)		

NOTE:

1. The forms *mi, ti, ci,* and *vi* are both direct and indirect object pronouns. They are also reflexive pronouns (see page 114).

2. Before an indirect object pronoun, the English prepositions *to, for,* and *from* are not expressed in Italian.

Ti ascolto.	*I'm listening to you.*
Vi aspetteremo.	*We'll wait for you.*
Mi ha rubato dieci dollari.	*He stole ten dollars from me.*

3. In spoken Italian, the indirect object pronoun *loro* (to them) is often replaced by the pronoun *gli.*

Perchè hai chiesto **loro** di venire? } *Why did you ask them to come?*
Perchè **gli** hai chiesto di venire?

b. Uses of object pronouns

    (1) A direct object pronoun replaces a direct object noun and answers the questions *whom?, what?*

—Guardi molto **la televisione?**   —*Do you watch a lot of television?*
—**La** guardo di tanto in tanto.   —*I watch it from time to time.*

—Ho incontrato **Gabriele** al caffè.   —*I met Gabriele at the café.*
—**L'**ho incontrato anch'io.   —*I met him too.*

—Comprerò io **le fragole?**   —*Shall I buy the strawberries?*
—No, **le** comprerò io.   —*No, I'll buy them.*

NOTE: Verbs that take an indirect object in English do not necessarily take an indirect object in Italian. Here are some verbs that, unlike English, take a direct object in Italian:

ascoltare *to listen to*	chiedere *to ask for*	guardare *to look at*
aspettare *to wait for*	domandare *to ask for*	pagare *to pay for*
cercare *to look for*		

Lo pago io.   *I'll pay for it.*
Li aspettiamo qui.   *We're waiting for them here.*

    (2) An indirect object pronoun replaces an indirect object noun and answers the questions *to whom?, for whom?*

Scrivo **ai miei amici.**   *I'm writing to my friends.*
Gli scrivo.   *I'm writing to them.*

Abbiamo comprato un regalo **alla nonna.**   *We bought a present for grandmother.*
Le abbiamo comprato un regalo.   *We bought her a present.*

NOTE: Verbs that take an direct object in English do not necessarily take a direct object in Italian. Here are some verbs that, unlike English, take an indirect object in Italian:

bastare a *to suffice, be enough*	fare male a *to hurt*
chiedere a *to ask*	rassomigliare a *to resemble*
dire a *to say, tell*	volere bene a *to love*
dispiacere a *to be sorry*	rispondere a *to answer*
domandare a *to ask*	telefonare a *to telephóne*

Gli ho telefonato ieri.   *I telephoned him (them) yesterday.*
Io **le rassomiglio** molto.   *I resemble her a lot.*

    (3) In compound tenses conjugated with *avere,* the past participle agrees in number and gender with the preceding direct object pronoun *la, le,* or *li.* Agreement with *mi, ti, ci,* or *vi* is optional.

Le lettere? Sì, *le* ho già spedit*e.*   *The letters? Yes, I've already mailed them.*
Questa canzone? *L'*avevo imparat*a* da bambina.   *This song? I had learned it as a child.*

Il maestro *ci* avrà vist*o* in città.
Il maestro *ci* avrà vist*i* in città.   }   *The teacher must have seen us downtown.*

c. Position of object pronouns

(1) Object pronouns, direct and indirect, normally precede a conjugated verb, except for the indirect object pronoun *loro (Loro)*, which follows the verb.

Gina *l'ha* comprato.	*Gina bought it.*
Il vigile *gli sta* dando una multa.	*The traffic cop is giving him (them) a ticket.*

BUT

Mando *loro* un invito.	*I am sending them an invitation.*
—Signori, **ho mandato** *Loro* un invito.	*—Gentlemen, I sent you an invitation.*

(2) Object pronouns generally follow and are attached to the infinitive.

Ho deciso di **parlar*ti*.**	*I decided to talk to you.*
Preferisco **chiamar*lo*** domani.	*I prefer calling him tomorrow.*

NOTE:

1. When the verbs *dovere, potere, volere,* and *sapere* are followed by an infinitive, the object pronoun may either be attached to the infinitive or precede the conjugated verb.

Voglio **veder*li*.**	
Li **voglio** vedere.	*I want to see them.*

2. When an infinitive follows the verbs *fare* and *lasciare* or verbs of perception, like *ascoltare, guardare, sentire,* and *vedere,* the object pronoun precedes the conjugated verb.

La macchina? *La* **faccio** lavare da mio fratello.	*The car? I have my brother wash it.*
Lo **sento** parlare.	*I hear him speaking.*
Suo padre *l'ha* **lasciata** andare al ballo.	*Her father let her go to the dance.*

(3) Position of object pronouns with commands (See also pages 209–210.)

- With affirmative familiar commands, object pronouns generally follow and are attached to the verb.

- With negative familiar commands, object pronouns may either precede or follow the verb.

- With both affirmative and negative formal commands *(Lei, Loro),* object pronouns may only precede the verb.

	AFFIRMATIVE COMMANDS	NEGATIVE COMMANDS
(tu)	**Porta*mi*** il libro.	Non *mi* **portare** il libro. Non **portar*mi*** il libro.
(noi)	**Compriamo*lo*** domani.	Non *lo* **compriamo** domani. Non **compriamo*lo*** domani.
(voi)	**Invitate*li*** alla festa.	Non *li* **invitate** alla festa. Non **invitate*li*** alla festa.
(Lei)	Signorina, *li* **prenda.**	Signorina, **non** *li* **prenda.**
(Loro)	Signori, *li* **comprino** qui.	Signori, **non** *li* **comprino** qui.

NOTE: When a command consists of a single syllable, like *da'*, *di'*, *fa'*, *sta'*, and *va'*, the initial consonant of the object pronoun is doubled, except with *gli*.

Dille arrivederci e **dammi** il telefono.   *Say good bye to her and give me the phone.*

BUT

Fagli questo favore.   *Do him this favor.*

(4) Object pronouns follow and are attached to the present *gerundio*. (See also pages 94, 96.)

Le ho scritto, **mandandole** i tuoi saluti.   *I wrote to her, sending her your regards.*
Correndogli dietro, sono caduto.   *While running after him, I fell.*

NOTE: With the past *gerundio*, pronouns follow and are attached to the helping verb *avendo* or *essendo*.

Avendolo finito, ho dato il libro a Roberto.   *Having finished it, I gave the book to Roberto.*

(5) Object pronouns follow and are attached to the expression *ecco* (here is, here are).

Eccolo che arriva.   *Here he comes.*
Eccomi qui.   *Here I am.*

ESERCIZIO E

Hai appena fatto la conoscenza di un ragazzo simpatico della tua età. Sfortunatamente non avete molto in comune. Usando i suggerimenti, scrivi la tua conversazione con lui.

ESEMPIO: guardare la televisione
TU: Io **la** guardo.
AMICO: Invece io **non la** guardo.

1. ascoltare la musica classica

TU: _____

AMICO: _____

2. odiare i film di guerra

TU: _____

AMICO: _____

3. studiare la biologia

TU: _____

AMICO: _____

4. adorare il tennis

TU: _____

AMICO: _____

5. fare molto spesso ginnastica

TU: _____

AMICO: _____

6. preferire le macchine sportive

TU: _____

AMICO: _____

7. leggere il giornale ogni giorno

TU: _____

AMICO: _____

8. studiare l'italiano

TU: _____

AMICO: _____

ESERCIZIO F

Forma delle frasi e spiega quello che tu e queste persone avreste fatto ieri se non avesse piovuto.

ESEMPIO: Michele avrebbe incontrato al caffè / voi *(f.)*
            Michele **vi avrebbe incontrato** al caffè.
   OR: Michele **vi avrebbe incontrate** al caffè.

1. io avrei incontrato in città / voi *(f.)*

_____

2. Andrea avrebbe invitato al cinema / io *(f.)*

_____

3. tu avresti accompagnato al museo / la tua amica

_____

4. avrei portato al parco / i cani

_____

5. Claudio avrebbe aspettato / noi *(f.)*

_____

6. io e mia sorella avremmo invitato a cena / tu *(f.)* e tua sorella

_____

ESERCIZIO G

Questa fine settimana tu e alcuni amici fate del campeggio in montagna. Tuo padre ti domanda se hai tutto quello che ti serve. Rispondi alle domande di tuo padre usando i pronomi adatti e facendo attenzione agli accordi del participio passato.

ESEMPI: TUO PADRE: Hai preso la coperta? *(sì)*
           GIANNI: **Sì, l'ho presa.**

  OR: TUO PADRE: Hai preso la coperta? *(no)*
           GIANNI: **No, non l'ho presa.**

1. TUO PADRE: Hai preso i maglioni? *(sì)*

    GIANNI: _____

2. TUO PADRE: Hai messo la lampada tascabile in macchina? *(sì)*

    GIANNI: _____

3. TUO PADRE: Hai trovato i fiammiferi? *(no)*

    GIANNI: _____

4. TUO PADRE: Non hai dimenticato i sacchi a pelo? *(no)*

    GIANNI: _____

5. TUO PADRE: Hai preso i piatti di plastica? *(no)*

    GIANNI: _____

6. TUO PADRE: Hai comprato tutte le provviste? *(sì)*

    GIANNI: _____

7. TUO PADRE: Hai portato l'impermeabile? *(no)*

    GIANNI: _____

8. TUO PADRE: Hai trovato le cartine? *(sì)*

    GIANNI: _____

9. TUO PADRE: Hai preso gli stivali? *(sì)*

    GIANNI: _____

10. TUO PADRE: Hai messo in ordine la cassetta di pronto soccorso? *(sì)*

    GIANNI: _____

ESERCIZIO H

*Sei una persona affettuosa? Rispondi alle domande seguenti, sostituendo le parole in neretto con i pronomi adatti. (Usa il pronome indiretto **gli** invece di **loro**.)*

1. Telefoni spesso **ai tuoi amici?**

_____

2. Spedisci cartoline di auguri *(greeting cards)* **ai tuoi professori?**

_____

3. Offri sempre un regalo **a tua madre** per il suo compleanno?

_____

4. Scrivi di tanto in tanto **ai tuoi zii?**

_____

5. Qualche volta compri dei fiori **a tua madre?**

_____

6. Dici spesso «Ti voglio bene» **a tuo padre?**

_____

7. Fai spesso visita **ai tuoi nonni?**

_____

8. Fai sempre favori **ai tuoi amici** quando te lo chiedono?

_____

ESERCIZIO I

Uno dei tuoi maestri parla molte lingue. Indica in quale lingua parla alle persone seguenti.

ESEMPIO: a Jean-Michel / in francese
           Gli parla in francese.

1. a me / in inglese

_____

2. a Hans e a Jürgen / in tedesco

_____

3. a Sebastiano / in portoghese

_____

4. a Natasha e a me / in russo

_____

5. a Carla / in italiano

_____

6. a Kosta e a Marika / in greco

_____

7. a te / in portoghese

_____

8. a te e a Isabel / in spagnolo

_____

ESERCIZIO J

Ti stai occupando di Gabriele e di Tania, i figli della tua vicina di casa. Lei, preoccupatissima, ti chiama ogni due minuti per sapere cosa stai facendo. Rispondi alle sue domande, usando i pronomi adatti.

ESEMPIO: dare il biberon a Tania
           _Le_ **sto dando** il biberon.

1. preparare da mangiare a Gabriele

_____

2. aiutare Gabriele a disegnare

_____

3. spogliare Gabriele

_____

4. fare il bagno a Gabriele e a Tania

_____

5. raccontare una favola a Tania

_____

6. mettere i bambini a letto

_____

ESERCIZIO K

Vai con tua madre a fare riparare la macchina. Indica le domande che tua madre fa al meccanico.

ESEMPIO: Il carburatore è rotto. _(riparare)_
           Potrebbe riparar_lo_?
     OR: _Lo_ **potrebbe riparare?**

1. I filtri sono sporchi. _(pulire)_

_____

2. I fari sono troppo forti. _(controllare)_

_____

3. Le ruote hanno bisogno di aria. _(gonfiare)_

_____

4. La batteria non funziona bene. *(ricaricare)*

_____

5. L'olio è sporco. *(cambiare)*

_____

6. Il sedile è rotto. *(riparare)*

_____

ESERCIZIO L

Rispondi alle domande seguenti usando i pronomi adatti.

ESEMPI: Vorresti imparare il russo?
          Sì, vorrei impararlo. (Sì, lo vorrei imparare.)

OR: Hai bisogno di prendere l'autobus ogni giorno?
        No, non ho bisogno di prenderlo ogni giorno.

1. Saresti capace di cucinare un pranzo italiano?

_____

2. Puoi capire gli Italiani quando parlano?

_____

3. Pensi di visitare l'Italia nei prossimi anni?

_____

4. Avresti paura di prendere l'aereo da solo(a)?

_____

5. Ti piace guardare cartoni animati *(cartoons)* alla televisione?

_____

6. Sai guidare la macchina?

_____

7. Devi studiare chimica al liceo?

_____

8. Avresti voluto conoscere John F. Kennedy?

_____

9. Cominci a parlare bene l'italiano?

_____

10. Dove hai l'intenzione di passare le prossime vacanze?

_____

11. Senti cantare mai i tuoi amici?

_____

12. Potresti tradurre queste frasi in inglese?

_____

ESERCIZIO M

Rossella è una ragazza volubile, un giorno dice una cosa al fidanzato e il giorno seguente gliene dice un'altra. Esprimi quello che dice.

ESEMPIO: ascoltare
            Ascoltami.
            Non mi ascoltare.

1. aiutare con i compiti

_____

_____

2. fare complimenti

_____

_____

3. telefonare ogni sera

_____

_____

4. accompagnare a scuola

_____

_____

5. dare un bacio

_____

_____

6. dire «Ti amo»

_____

_____

ESERCIZIO N

Gabriella è molto distratta oggi. Non trova niente di quello che cerca allora domanda l'aiuto di sua madre. Esprimi le risposte di sua madre alle sue domande.

ESEMPIO: Dov'è il mio vestito?
            Eccolo.

1. Dov'è la mia camicetta?

_____

2. Dov'è il mio cappello?

_____

3. Dove sono le mie calze?

_____

4. Dove il mio cappotto?

_____

5. Dove sono i miei guanti?

_____

6. Dov'è la mia gonna?

_____

[4] PIACERE AND OTHER VERBS USED WITH INDIRECT OBJECT PRONOUNS

a. The verb *piacere* (to please) expresses English *to like.*

—*A Lidia* **piacciono** i fiori?	*Does Lidia like flowers?* [Literally: *Are flowers pleasing to Lidia?*]
—Sì, *le* **piacciono** i fiori.	*Yes, she likes flowers.*
—*A Michele* **piacerebbe** viaggiare in Europa?	*Would Michele like to travel to Europe?* [Literally: *Would traveling to Europe be pleasing to Michele?*]
—Sì, *gli* **piacerebbe** moltissimo viaggiare in Europa.	*Yes, he would like very much to travel to Europe.*
Mi **piace** molto questa giacca.	*I like this jacket a lot.* [Literally: *This jacket is very pleasing to me.*]

NOTE: The object pronoun *loro (Loro)* follows the verb *piacere.*

Piacciono *loro* gli spinaci?	*Do they like spinach?*

b. *Piacere* is preceded by an indirect object pronoun. Note that the use of the singular or plural form of *piacere* depends on the subject, which generally follows it.

Mi piace *la pasta* con le sarde.	*I like pasta with sardines.*
Mi piacciono *i ravioli.*	*I like ravioli.*
Gli piacerà *questo libro?*	*Will he (they) like this book?*
Gli piaceranno *questi libri?*	*Will he (they) like these books?*
Ci piacerebbe *viaggiare.*	*We would like to travel.*

NOTE: If the thing liked is not a noun but an "action"—expressed by a verb or clause—*piacere* is conjugated in the third person singular.

Gli piace *guidare* questa macchina?	*Does he (Do they) like to drive this car?*
Le piaceva *cantare* canzoni d'amore.	*She liked to sing love songs.*
Mi piacerebbe *che loro venissero* oggi.	*I would like them to come today.*

c. In compound tenses, *piacere* is conjugated with *essere*. The past participle agrees with the subject, that which is liked.

Mi sono piaciute *le zie* di Maria.	*I liked Maria's aunts.*
Vi sarebbe piaciuta *la commedia*.	*You would have liked the play.*

d. Verbs like *piacere*:

bastare a *to be enough*	restare a *to remain, stay; to have left over*
dispiacere a *to be sorry; to mind*	sembrare a *to seem, appear*
mancare a *to be lacking; to miss*	servire a *to need*
occorrere a *to need*	toccare a *to be up to someone; to be someone's turn*

Gli basta un piatto di pasta?	*Is a plate of pasta enough for him (them)?*
Mi dispiace farti aspettare.	*I'm sorry to keep you waiting.*
Le mancano due dollari.	*She's two dollars short.*
Ti occorre una carta d'identità.	*You need an identification card.*
Ci rimane soltanto una settimana.	*We have only one week left.*
Gli sembra strano.	*It seems strange to him (them).*
Cosa **serve loro**?	*What do they need?*
Stasera **ti tocca** fare i piatti.	*Tonight, it's your turn to do the dishes.*

ESERCIZIO O

Tu e i tuoi amici esprimete i vostri gusti. Usando il verbo **piacere** *e i pronomi adatti, indica quello che dite.*

ESEMPIO: a Lidia / gli sport
Le piacciono gli sport.

1. a noi / la musica popolare

_____

2. a Elena / cantare mentre lavora

_____

3. a te / le vacanze

_____

4. a Michele e a Peppe / nuotare

_____

5. a voi / andare al cinema

_____

6. a me / i film italiani

_____

7. a noi / divertirci

_____

8. a Carlo / giocare a calcio

_____

ESERCIZIO P

Tu e i tuoi amici state organizzando una festa per celebrare il compleanno della vostra amica Lucia. Scrivi le risposte di queste persone alle domande che tu gli fai.

ESEMPIO: TOMMASO: Puoi telefonare e invitare gli amici?
                GIANCARLO: *(occorrermi)* **Va bene, ma mi occorrono i numeri di telefono.**

1. TOMMASO: Bisogna comprare i panini e le bibite. Quanti soldi hai?

   GINA: *(rimanermi)* _____

2. TOMMASO: Abbiamo due dozzine di bicchieri di plastica. Dobbiamo comprarne ancora?

   PINO: *(bastarci)* _____

3. TOMMASO: Abbiamo bisogno di comprare altro?

   EMILIA: *(occorrerci)* _____

4. TOMMASO: Puoi portare il tuo giradischi e i tuoi dischi?

   PAOLO: *(dispiacermi)* _____

5. TOMMASO: Di che cosa abbiamo bisogno per preparare una bella torta?

   TINA: *(servirci)* _____

6. TOMMASO: Ci saranno abbastanza sedie per tutti?

   ALDO: *(sembrarmi)* _____

7. TOMMASO: Che tipo di regalo possiamo fare a Lucia?

   SUSANNA: *(mancarle)* _____

8. TOMMASO: Sarebbe un bel regalo, però quanti soldi abbiamo?

   ROBERTO: *(restarci)* _____

[5] PRONOUN *CI*

a. The adverbial pronoun *ci (c')* always refers to previously mentioned things or places. It generally replaces *a* + noun, but it may also replace other prepositions of position or location, such as *in, su,* or *da* + noun (when *da* means *at* or *to*).

—Chi viene **a Roma** con me?   —*Who's coming to Rome with me?*
—**Ci** veniamo noi.   —*We'll come (there).*

—Eri già stata **in Francia**?   —*Had you already been to France?*
—Sì, **c'**ero stata l'anno scorso.   —*Yes, I had been (there) last year.*

—Che cosa hai scritto **sulla torta**?   —*What did you write on the cake?*
—**Ci** ho scritto: «Auguri».   —*I wrote «Best Wishes» (on it).*

—Quando vai **dal dentista**?   —*When are you going to the dentist?*
—**Ci** vado domani.   —*I'm going (there) tomorrow.*

—Saresti rimasta **qui**?   —*Would you have stayed here?*
—Sì, **ci** sarei rimasta volentieri.   —*Yes, I would gladly have stayed (here).*

NOTE: The pronoun *ci* most commonly means *to it/them, in it/them, on it/them,* and *there* (when the place has already been mentioned). Sometimes *to it/them, in it/them, on it/them,* and *there* are not expressed in English.

—Andate **al panificio**?   —*Are you going to the bakery?*
—Sì, **ci** andiamo.   —*Yes, we are (going there).*

b. The pronoun *ci* may replace *a* + phrase or clause.

—Come puoi credere **a quella bugia**?   —*How can you believe that lie?*
—**Ci** credo perchè Marco non dice bugie.   —*I believe it because Marco doesn't tell lies.*

—Hai pensato **a quello che farai dopo l'università**?   —*Have you thought about what you will do after university?*
—No, non **ci** ho pensato ancora.   —*No, I haven't thought about it yet.*

c. *Ci* is often used with the verb *essere* to express *there is / there are.* Note that *ci* becomes *c'* before words beginning with *e*.

C'è un giovane alto alla porta.   *There's a tall young man at the door.*
C'era una volta...   *Once upon a time there was . . .*
Ci sono tante belle cose da vedere.   *There are many beautiful things to see.*

NOTE:

1. The pronoun *vi (v')* is sometimes used in place of *ci (c')*. Although *ci* and *vi* are interchangeable, *vi* is used much less frequently. The use of *ci* or *vi* often depends on sound.

Ci viene spesso.   NOT   *Vi* *v*iene spesso.

2. *Ci* cannot be used when location is emphasized. *Lì* or *là* is used instead.

—Dove hai messo il libro?   —*Where did you put the book?*

—L'ho messo **lì**.	*—I put it there.*
Il pacco è **lì**.	*The package is (over) there.*

3. The pronoun *ci* follows the same rules of position as direct and indirect object pronouns.

Ci andiamo domani.	*We're going (there) tomorrow.*
Ci sono arrivato in ritardo.	*I arrived (there) late.*
Non *ci* avrei pensato.	*I wouldn't have thought of it.*
Preferisci andar*ci* con me?	*Do you prefer going (there) with me?*

Ci potrei andare da solo. Potrei andar*ci* da solo.	*I could go (there) alone.*

Mett*ici* dodici candele.	*Put twelve candles (on it).*

Non *ci* mettere più sale. Non metter*ci* più sale.	*Don't put any more salt (in/on it).*

Ecco*ci* qui.	*Here we are.*

4. With single syllable commands the *c* of *ci* is doubled.

Vacci tu.	*You go (there).*
Stacci ancora cinque minuti.	*Stay (there) another five minutes.*
Facci caso.	*Take note (of it).*

d. *Ci* is used in the following idiomatic expressions.

esserci *to arrive (at a place, at an understanding)*
Finalmente **ci siamo**.   *We've finally arrived. (We've finally understood.)*

farci niente *to not matter*
Non **ci fa niente** se arrivi in ritardo.   *It doesn't matter if you arrive late.*

volerci *to be needed; to take (time)*
Ci vogliono sei uova per la torta.   *Six eggs are needed for the cake.*
Ci vuole mezz'ora per arrivare.   *It takes a half hour to arrive.*

metterci *to take (time)*
Ci ho messo un'ora a prepararmi.   *It took me an hour to get ready.*

entrarci *to have to do with*
Ma che dici, questo non **c'entra** niente.   *What are you saying, this has nothing to do with it.*

starci *to have room (space) for; to accept*
Nel garage **ci stanno** tre macchine.   *In the garage, there is room for three cars.*
—**Ci stai?** —Sì, **ci sto**.   *—Is it all right with you? — Yes, I'm game. (I accept.)*

tenerci (a) *to value, hold dear*
Ci tengo molto all'amicizia.   *I value friendship very much.*

ESERCIZIO Q

*Il tuo amico ti spiega cosa farà per le vacanze. Sostituisci le parole in neretto con il pronome **ci**.*

ESEMPIO: Vado **in Italia** per le vacanze.
            Ci vado per le vacanze.

1. Anche la mia ragazza viene **in Italia**.

    _____

2. Speriamo stare **in Italia** tutta l'estate.

    _____

3. Arriveremo **a Roma** il cinque luglio.

    _____

4. Rimarremo un mese **da mio cugino Piero**.

    _____

5. Passeremo una settimana **al mare**.

    _____

6. Vorrei stare un paio di giorni **nel paesino in Sicilia dov'è nato mio nonno**.

    _____

7. Non sono mai stato **nel sud dell'Italia**.

    _____

8. Non penserò affatto **al lavoro**.

    _____

ESERCIZIO R

Il tuo corrispondente italiano vuole conoscerti meglio. Rispondi alle domande che ti fa nella prima lettera che ti manda.

ESEMPIO: Vai spesso in discoteca?
            Ci vado una volta ogni tanto.

1. Sei mai stato a New York?

    _____

2. Vorresti andare in Africa?

    _____

3. Preferisci andare in palestra da solo o con amici?

    _____

4. Hai mai dormito sulla spiaggia?

_____

5. Credi agli ufo?

_____

6. Riesci sempre a fare tutto quello che vuoi?

_____

7. Quante volte al mese vai al cinema?

_____

8. Sai giocare a tennis?

_____

9. Credi all'astrologia?

_____

10. Hai pensato a quello che farai quando finisci gli studi?

_____

ESERCIZIO S

Stai spiegando i tuoi progetti di fine settimana a un amico che non ha voglia di ascoltarti. Indica i suoi commenti.

ESEMPI: Ho voglia di andare al mare.
E allora **vacci!**

OR: Non ho voglia di dormire da mia nonna.
E allora non **ci dormire!** (E allora non **dormirci!**)

1. Ho voglia di andare in discoteca.

_____

2. Non ho voglia di rimanere a casa.

_____

3. Ho voglia di venire al cinema con voi.

_____

4. Non ho voglia di stare a casa.

_____

5. Ho voglia di andare al parco.

_____

6. Non ho voglia di passare tutta la giornata alla biblioteca.

_____

[6] PRONOUN *NE*

a. The adverbial pronoun *ne* refers to previously mentioned people, places, or things. It generally replaces *di* + noun and usually means *some* or *any of it (of them); of, about, from him (her, it, them)*.

Gino raccoglie **dei fiori** per Maria.	*Gino picks some flowers for Maria.*
Gino **ne** raccoglie per Maria.	*Gino picks some for Maria.*
—Hai **delle caramelle?**	*—Do you have any candy?*
—No, non **ne** ho più.	*—No, I don't have any more (of them).*
Il maestro parla bene **di Luisa.**	*The teacher speaks well of Luisa.*
Il maestro **ne** parla bene.	*The teacher speaks well of her.*
—Che cosa sai **di questa situazione?**	*—What do you know about this situation?*
—Non **ne** so niente.	*—I don't know anything (about it).*

b. *Ne* may replace *da* + place when it means *from there*.

Erano appena tornati **da Roma.**	*They had just come back from Rome.*
Ne erano appena tornati.	*They had just come back (from there).*
—Vieni **dalla Sicilia?**	*—Are you coming from Sicily?*
—Sì, **ne** torno adesso.	*—Yes, I'm returning now (from there).*

c. *Ne* may replace *di* + clause.

—Hai bisogno **dei soldi che ti devo?**	*—Do you need the money I owe you?*
—Sì, **ne** ho bisogno oggi.	*—Yes, I need it today.*
—Siete contenti **di avere vinto?**	*—Are you happy to have won?*
—Sì, **ne** siamo molto contenti.	*—Yes, we are very happy (about it).*

d. *Ne* is always used when a noun is omitted after a number or an expression of quantity.

—Quante **macchine** avete?	*—How many cars do you have?*
—**Ne** abbiamo **tre.**	*—We have three (of them).*
—Avete **abbastanza soldi?**	*—Do you have enough money?*
—Sì, **ne** abbiamo **abbastanza.**	*—Yes, we have enough (of it).*
—Hai mangiato **un pezzo di torta?**	*—Did you eat a piece of cake?*
—Sì, **ne** ho mangiato **un pezzo.**	*—Yes, I ate a piece (of it).*

NOTE:

1. *Ne* is always expressed in Italian even though it may have no English equivalent.

—Hai **degli spiccioli?**	*—Do you have (some) change?*
—No, non **ne** ho.	*—No, I don't have any.*

2. When *ci* and *ne* are used together in a sentence, *ne* follows *ci*, which changes to *ce*.

—Quante domande ci sono nell'esame?	*—How many questions are there in the exam?*
—**Ce ne** sono cinquanta.	*—There are fifty (of them).*

3. *Ne* follows the same rules of position as other object pronouns.

Mario *ne* **vuole** un po'.	*Mario wants a little (of it).*
Io *ne* **ho preso** un pezzo.	*I took a piece (of it).*
I ragazzi **non** *ne* **avevano voluto.**	*The boys hadn't wanted any (of it/them).*
I miei genitori **preferiscono parlar*ne*.**	*My parents prefer talking about it.*

Maria **vuole comprar*ne*.**
Maria *ne* **vuole compare.** } *Maria wants to buy some (of it/them).*

Mangia*ne* un po'. *Eat a little of it.*

Non *ne* **mangiare** più.
Non **mangiar*ne*** più. } *Don't eat any more (of it/them).*

4. In compound tenses, *ne* usually agrees with the past participle only when *ne* replaces a partitive noun (some, any of it/them).

Abbiamo comprato **delle ciliegie.**	*We bought some cherries.*
Ne abbiamo comprat**e.**	*We bought some (of them).*

When *ne* replaces *di* + a noun that is not a partitive or when *ne* is used with numbers or expressions of quantity, there is generally no agreement.

Il senatore ha parlato **dell'economia.**	*The senator spoke about the economy.*
Il senatore *ne* ha parlat**o.**	*The senator spoke about it.*
Avranno comprato **dodici panini.**	*They probably bought twelve rolls.*
Ne avranno comprat**o dodici.**	*They probably bought twelve (of them).*
—Hai letto **molti libri** quest'estate?	*—Did you read many books this summer?*
—Sì, *ne* ho lett**o molti.**	*— Yes, I read many (of them).*
—Quante **uova** hanno mangiato?	*—How many eggs did they eat?*
—*Ne* hanno mangiat**o una dozzina.**	*—They ate a dozen (of them).*

5. With single-syllable imperatives, the *n* of *ne* doubles.

Fan*ne* due.	*Do two of them.*
Van*ne* a prendere un po'.	*Go get a little bit (of it).*

6. *Ne* becomes *n'* before words beginning with *e*.

Non ce **n'è** più?	*There isn't any more?*

ESERCIZIO T

Tua madre sta preparando una cena per i suoi amici Lina, Piero ed Edmondo. Esprimi le risposte di tua madre a certe domande che le fa tuo padre.

ESEMPIO: Edmondo è già tornato da Milano? *(sì)*
Sì, **ne** è tornato ieri.

1. Prepari della minestra? *(no)*

_____

2. Hai bisogno del mio aiuto? *(sì)*

_____

3. Hai comprato dell'acqua minerale? *(sì)*

_____

4. C'è bisogno di comprare del vino? *(no)*

_____

5. Credi che vorranno bere del vino bianco? *(no)*

_____

6. Abbiamo del burro in frigo? *(no)*

_____

7. Metti dei funghi nella salsa? *(no)*

_____

8. Lina porterà dei dolci? *(sì)*

_____

9. Devo comprare delle candele? *(no)*

_____

10. Comprerai dei fiori per il tavolino? *(sì)*

_____

ESERCIZIO U

Usando il pronome **ne,** *esprimi quello che un'indovina* (**fortune-teller**) *prevede nel tuo futuro.*

ESEMPIO: Riceverai due diplomi.
           Ne riceverai due.

1. Scriverai una dozzina di romanzi.

_____

2. Guadagnerai molti soldi.

_____

3. Conoscerai parecchie persone importanti.

_____

4. Avrai molti ottimi amici.

_____

5. Avrai pochi problemi nella vita.

_____

6. Avrai tre figli.

_____

ESERCIZIO V

Oggi tua nonna fa novantanove anni. Tu le chiedi di darti dei consigli di come vivere una vita lunga e sana (healthy). *Indica quello che ti dice usando il pronome* ne.

ESEMPIO: bere del vino / non bere della cola
           Del vino? Bevine! / Della cola? Non berne! (Non ne bere!)

1. mangiare della verdura / non mangiare dei dolci

_____

2. prendere delle vitamine / non prendere delle medicine

_____

3. fare della ginnastica tutti i giorni / non fare del lavoro la fine settimana

_____

4. bere dell'acqua / non bere del caffè

_____

5. comprare della frutta / non comprare delle caramelle

_____

6. mangiare del pollo / non mangiare del maiale

_____

ESERCIZIO W

I tuoi genitori sono in vacanza. Tua madre ti telefona per avere alcune notizie. Rispondi alle sue domande, sostituendo le parole in neretto con il pronome ci *o* ne.

1. Sei andato **a scuola** tutti i giorni? Sì, _____ sono andato tutti i giorni.

2. A che ora sei tornato **dallo zio** domenica? _____ sono tornato alle due.

3. Chi è **a casa** con te adesso? _____ è Michele.

4. Sei andato **al supermercato?** Sì, _____ sono andato ieri sera.

5. Quanti **dollari** hai speso dal cassetto? _____ ho speso trenta.

6. Hai fatto **delle altre compere?** No, non _____ ho fatte altre.

7. Quante **bottiglie di cola** hai comprato? _____ ho comprato soltanto due.

8. La tua fidanzata Laura, quando è andata **a Torino?** _____ è andata stamattina.

9. Laura non parla più **di Paolo?** No, non _____ parla più.

10. Quando pensi di andare **da tua nonna?** Penso di andar _____ domani.

11. Con chi vai **al cinema** stasera? _____ vado con Antonio.

12. A che ora ritornerai **dal cinema?** _____ ritornerò alle dieci.

13. Quante volte sei andato **in discoteca** questa settimana? _____ sono andato soltanto una volta.

14. Quante **lettere** dall'Italia sono arrivate? Non _____ sono arrivate affatto.

15. Pensi **alle tue vacanze** che si avvicinano? Sì, _____ penso ogni giorno.

[7] DOUBLE OBJECT PRONOUNS

a. Position of pronouns before the verb

When a verb has two object pronouns, the double object pronouns generally precede the verb, except for the pronoun *loro (Loro),* which follows the verb.

```
me
te          lo (l')
glie        la (l')
se          li        ne    + verb
ce          le
ve
```

Gianni *me lo* porta.	*Gianni brings it to me.*
Gianni non *te l'ha* portato?	*Gianni hasn't brought it to you?*
Gianni *glielo* portava.	*Gianni brought it to him (to her, to them).*
Gianni *ve lo* porterebbe.	*Gianni would bring it to you all.*
Gianni *me ne* avrebbe portato un po'.	*Gianni would have brought me some.*

BUT

Gianni *lo* porterà *loro.*	*Gianni will bring it to them.*

NOTE:

1. The following are the most frequent combinations of pronouns:

me lo	me la	me le	me li	me ne
te lo	te la	te le	te li	te ne
ce lo	ce la	ce le	ce li	ce ne
se lo	se la	se le	se li	se ne
ve lo	ve la	ve le	ve li	ve ne

BUT

| glielo | gliela | gliele | glieli | gliene |

2. The pronouns *mi, ti, si, ci,* and *vi* become *me, te, se, ce,* and *ve* before direct object pronouns and before *ne.*

Te lo manderanno domani.	*They'll send it to you tomorrow.*
Me li sono messi ieri.	*I put them on yesterday.*

3. The pronoun *gli* as well as the pronoun *le* become *glie-*, which combines with the object pronouns *lo, la, li, le,* and *ne* to form one word *(glielo, gliela, glieli, gliele, gliene).*

—*Le* dai il **tuo cappello?**	—*Can you give her your hat?*
—*Glielo* darei, ma sento freddo.	—*I would give it to her, but I'm cold.*
—*Gli* parlerai **del mio problema?**	—*Will you talk to him (to them) about my problem?*
—Sì, *gliene* parlerò domani.	—*Yes, I'll talk to him (to them) about it tomorrow.*

b. Position of pronouns after the verb

(1) Double object pronouns follow affirmative *tu, noi,* and *voi* commands but precede formal *Lei* and *Loro* commands.

Manda*glielo!*	*Send it to him (to her, to them)!*
Vendiamo*gliene* due!	*Let's sell two to him (to her, to them)!*
Ecco i libri, ragazzi. **Portate*veli*** adesso.	*Here are the books, boys. Take them (with you) now.*

BUT

Signorina, *me la* **mandi** oggi, per favore.	*Miss, please send it to me today.*

NOTE: Double object pronouns either precede or follow a negative *tu* command.

Non **spedir*meli!*** Non *me li* **spedire!** }	*Don't send them to me!*
Non **dar*glielo!*** Non *glielo* **dare!** }	*Don't give it to him (to her, to them)!*

(2) Double object pronouns generally follow an infinitive.

Preferisco **parlar*gliene*** adesso.	*I prefer talking to him (to her, to them) about it now.*

NOTE:

1. With the verbs *potere, volere, dovere,* and *sapere,* the pronouns either follow the infinitive or precede the conjugated verb.

Puoi **dar*melo?*** *Me lo* **puoi** dare? }	*Can you give it to me?*

2. When an infinitive follows the verbs *fare* and *lasciare,* pronouns only precede the conjugated verb.

*Me l'*ha lasciata guidare.	*He let me drive it.*
*Me l'*ho fatta cucire dalla sarta.	*I had it sewn for me by the seamstress.*

(3) Double object pronouns follow a present *gerundio,* and they follow the helping verb *essere* or *avere* of a past *gerundio.*

Dando*tela,* uscì dalla stanza.	*Giving it to you, he left the room.*
Avendo*glielo* detto, mi sento meglio.	*Having told him (it), I feel better.*

(4) Double object pronouns follow the expression *ecco.*

Ecco*veli.*	*Here you are.* (Meaning: *Here, take them; they're for you.*)

(5) Double object pronouns follow single-syllable imperatives and double the consonant of the pronoun, except with *gli.*

Fam*melo.*	*Do it for me.*
Dac*celo.*	*Give it to us.*
BUT	
Di*glielo.*	*Tell it to him (to her, to them).*

ESERCIZIO X

Ognuna di queste persone rende un servizio a qualcuno. Riscrivi le frasi usando due pronomi.

ESEMPIO: L'artista dà un quadro alla sua amica.
       L'artista **glielo** dà.

1. Il professore spiega pazientemente la lezione agli alunni.

_____

2. Il farmacista ti vende le medicine.

_____

3. Il maestro ha prestato venti dollari a uno studente.

_____

4. Il meccanico farà sicuramente uno sconto ai miei genitori.

_____

5. Mio padre ci ha dato la macchina per la fine settimana.

_____

6. L'avvocato ha spiegato chiaramente la legge ai suoi clienti.

_____

7. Gli impiegati offrono sempre aiuto ai loro colleghi.

_____

8. Il pasticciere vi ha preparato un paniere *(basket)* di dolci squisiti.

_____

ESERCIZIO Y

Tuo padre è molto indeciso. Un momento chiede una cosa e subito dopo cambia idea. Usando tutti i pronomi possibili, indica gli ordini contraddittori che ti dà.

ESEMPIO: dare la tazza a tua sorella
            Sì, dagliela!
            No, non gliela dare. (Non dargliela!)

1. portare il bicchiere alla mamma

_____

_____

2. dare la cravatta a Enrico

_____

_____

3. spedire la lettera al medico

_____

_____

4. telefonare agli zii

_____

_____

5. cercarmi le forbici

_____

_____

6. prepararmi gli spaghetti

_____

_____

7. mandare il pacco alle cugine

_____

_____

8. prestare il denaro a Roberto

_____

_____

ESERCIZIO Z

Tu e tua sorella, con cui non vai mai d'accordo, state preparando un pranzo per i vostri parenti. Cosa ti dice tua sorella quando vuoi fare le cose seguenti?

ESEMPIO: Do delle caramelle ai bambini?
No, non gliene dare!

1. Servo degli aperitivi agli zii?

_____

2. Metto i tovaglioli di lino sulla tavola?

_____

3. Faccio vedere il vino a papà?

_____

4. Mi occupo io del dolce?

_____

5. Metto le lasagne nel forno adesso?

_____

6. Metto i fiori nel vaso blu?

_____

ESERCIZIO Z-1

Tua madre domanda a tuo padre quello che dovrebbe comprare a te e ai tuoi fratelli. Indica cosa risponde tuo padre. Usa le due forme possibili secondo l'esempio.

ESEMPIO: Dovrei comprare delle maglie a Michele?
Sì, dovresti comprargliene.
Sì, gliene dovresti comprare.

1. Dovrei comprare le scarpe a Maria?

_____

_____

2. Dovrei comprare dei pantaloni a Nino?

_____

_____

3. Dovrei comprare la giacca ad Alfredo?

_____

_____

4. Dovrei comprare lo zaino a Michele?

_____

_____

5. Dovrei comprare dei calzini ai ragazzi?

_____

_____

6. Dovrei comprare la giacca di pelle a Nino?

_____

_____

MASTERY EXERCISES

ESERCIZIO Z-2

Usando i pronomi adatti, completa questa lettera che tua sorella scrive a un'amica.

Cara Anna,

Come sai, di solito, non _____ piace andare con mia sorella a fare compere. Preferisco non andare
                 1.

con _____ perchè incontra sempre degli amici, si mette a parlare con _____ e si
    2.   *3.*

dimentica completamente di _____ . A volte, rimango lì ad aspettar_____ un'ora intera.
                            4.   *5.*

In quei momenti, _____ vorrei prendere a schiaffi *(slap)* e andarmene. Qualche volta
                       6.

_____ farò davvero.
   7.

Nononstante ciò, l'altro giorno sono andata con _____ a fare compere in un nuovo centro
                                                  8.

commerciale. Al centro, abbiamo incontrato delle ragazze della nostra scuola e con _____ c'erano
                                                        9.

dei ragazzi che conosco. Ti ricordi dei fratelli Rossini: Gianni e Piero? Erano _____ . Non
                                                                  10.

_____ vedevo da più di due anni e quasi quasi non _____ ho riconosciuti. Sono stati
   11.   *12.*

_____ a riconoscermi subito. Gino è come sempre molto simpatico e _____ piace parlare
   13.   *14.*

con tutti. Suo fratello, Piero, è come al solito più serio e riservato di _____ . Piero mi ha
15.

raccontato che ha una bella fidanzata e che si sposerà con _____ a giugno. Sono molto ansiosa di
16.

vedere le loro foto di matrimonio. Gino ha promesso di mandar_____ tre o quattro subito che
17.

_____ sviluppano (develop). Spero che _____ manderà davvero.
18.   19.

Ho altre notizie per _____ .Ti ricordi di Mirella? _____ piaceva andare sempre in
20.   21.
bicicletta. Ha appena comprato una bicicletta di trecento dollari, e povera Mirella, l'altro giorno,

qualcuno _____ ha rubata! È disperata perchè non ha abbastanza soldi per comprar_____
22.   23.

un'altra. Ieri lei _____ ha telefonato e _____ ha raccontato la storia. Io _____ ho
24.   25.   26.
detto che se vuole guadagnarsi del denaro per comprarsi una nuova bicicletta, mio padre potrebbe

offrir_____ del lavoro a mezzo tempo. Lei _____ ha ringraziato. _____ ha
27.   28.   29.

domandato il nome e l'indirizzo del negozio di mio padre e ha detto che _____ sarebbe andata
30.

l'indomani (the day after).

Adesso devo smettere di scrivere. Mia madre mi chiama perchè _____ devo aiutare a preparare la
31.

cena. Mia madre _____ manda tanti saluti come faccio anch'_____ .
32.   33.

Saluti,
La tua amica Claudia

ESERCIZIO Z-3

Un'amica è venuta a farti visita dall'Italia. Rispondi alle domande che ti fa, usando tutti i pronomi possibili nelle tue risposte.

1. Mi potresti presentare alcuni dei tuoi amici?

_____

2. Mi farai visitare Washington D.C.?

_____

3. È vero che i genitori americani danno molta libertà ai giovani?

_____

4. È vero che i giovani vogliono mangiare dei hamburger e delle patatine fritte tutti i giorni?

_____

5. Posso comprarmi dei jeans per venti dollari?

_____

6. Dovrei dare dei soldi ai mendicanti *(beggars)?*

_____

7. Il tuo governo dà molte borse di studio agli studenti?

_____

8. Mi sapresti spiegare il sistema politico del tuo paese?

_____

ESERCIZIO Z-4

Tu e alcuni amici ricordate delle cose che vi sono accadute. Scrivi la fine di ogni scena usando un verbo e i pronomi adatti secondo il caso.

ESEMPIO: Nel vedere che i pacchi della signora erano caduti a terra, Giovanni li ha presi
e **glieli ha dati.**

1. Nel negozio, la bambina gridava e piangeva perchè voleva che il padre le comprasse una bambola.

Finalmente il padre _____ .

2. Prima Alberto non voleva mandare la lettera ai nonni ma poi ha cambiato idea e

_____ .

3. Di solito, mio nipote non si addormenta se qualcuno non gli legge un racconto. Ieri era così stanco

che si è addormentato prima che io potessi _____ uno.

4. Il vigile ha visto Paola passare il semaforo rosso. L'ha fatta fermare e le ha chiesto la patente. Paola

_____ senza dire mezza parola.

5. Quando mia madre ha visto che il mio fratellino stava per mangiare una caramella sporca, gli ha

detto: _____ !

6. Un giorno Lidia, Anita e io eravamo insieme e volevamo mangiare in una trattoria, ma loro non

avevano soldi. Allora io ho detto: I soldi? _____ io!

7. Vittoria doveva andare a una festa, ma la camicetta che voleva mettersi era sporca. Sua sorella, Elena,

ha detto che gliene poteva prestare una. Vittoria ha risposto: —Sì, per favore

_____ .

8. Michele ha comprato delle ciliegie per la sua mamma. Ma mentre camminava, erano così buone che

_____ tutte prima di arrivare a casa.

ESERCIZIO Z-5

Esprimi in italiano quello che ti racconta del suo cane un compagno di scuola.

1. Dogs? I love them! I have three of them!

    _____

2. My favorite is Ali, and he always travels with me.

    _____

3. He doesn't like to be far away from me.

    _____

4. He always listens to me.

    _____

5. When I tell him "Sit down," he obeys me.

    _____

6. He barks only to warn us.

    _____

7. When you throw the ball to him, he brings it back to you.

    _____

8. Your hat. Look at him; he's playing with it.

    _____

9. If he destroys it, I'll pay you for it.

    _____

10. Don't tell him to do that.

    _____

11. He's afraid of you. You shouldn't be afraid of him.

    _____

12. Children? He loves to play with them.

    _____

13. If you give him a bone, he'll bury it in the garden.

    _____

14. He likes ice cream. You can give it to him now.

    _____

15. Dogs are great. Tell me, why don't you like them?

_____

16. Here's a toy. Give it to him, and watch what he does with it.

_____

17. I never have any problems with him.

_____

18. I have a cage for him when we travel, but he doesn't like to stay in it.

_____

19. If I keep him in it too long, he'll try to destroy it.

_____

20. You don't permit dogs in your house? Please, explain it to me again.

_____

Chapter 21
Relative Pronouns

A relative pronoun introduces a clause that describes someone or something mentioned in the main clause. The person or thing the pronoun refers to is called the ANTECEDENT because it precedes the relative pronoun. A relative pronoun may serve as subject, direct object, or object of a preposition.

The most common relative pronouns in Italian are *che, il quale, chi,* and *cui.*

[1] CHE

Che (who, whom, that, which) is the most frequently used relative pronoun. *Che* is invariable and may refer to both people and things. *Che* functions as either subject or direct object.

a. *Che* as subject:

La signora *che* sta entrando è mia zia.	*The woman who is coming in is my aunt.*
Queste sono **le scarpe** *che* costano poco.	*These are the shoes that cost little.*

b. *Che* as direct object:

Il libro *che* Gianni sta leggendo è molto interessante.	*The book (that) Gianni is reading is very interesting.*
Mi piace **il ragazzo** *che* Lisa ha invitato a cena.	*I like the boy (whom) Lisa invited to dinner.*

NOTE:

1. The relative pronoun is always expressed in Italian, although it is frequently omitted in English.

Firenze è la più bella città **che** abbia visitato quest'estate.	*Florence is the most beautiful city (that) I visited this summer.*

2. *Che* may becomes *ch'* before a word beginning with a vowel.

La ragazza **ch'è** seduta accanto a Gino è carina.	*The girl who is sitting next to Gino is cute.*

3. In compound tenses, agreement of the past participle with the antecedent noun of *che* is optional. Generally, no agreement is preferred.

La ragazza che ho **conosciuto** è molto simpatica.

OR

La ragazza che ho **conosciuta** è molto simpatica.

[2] IL QUALE

a. The relative pronoun *il quale (la quale, i quali, le quali)* has the same meaning as *che* and is most frequently used as object of a preposition.

320

I professori *per i quali* lavoro, sono molto severi.

The professors for whom I am working are very strict.

Ho perduto l'agenda *nella quale* avevo il tuo indirizzo.

I lost the address book in which I had your address.

b. *Il quale* and its forms are used in place of *che* to avoid ambiguity. *Il quale (la quale, i quali, le quali)* serves to identify the exact gender and number of the antecedent noun. Compare:

Ho parlato con *il figlio* della signora **che abita** vicino a me. [**che** may refer to either *il figlio* or *la signora*]

I spoke to the son of the lady who lives near me.

Ho parlato con *il figlio* della signora, **il quale abita** vicino a me. [**il quale** clearly refers to *il figlio*]

I spoke to the son of the lady who lives near me.

NOTE:

1. The article used with *quale* agrees in gender and number with its antecedent noun, and contracts with the preposition preceding it.

La camera *nella quale* dormirai è molto comoda.

The bedroom in which you will sleep is very comfortable.

I ragazzi *dai quali* sono andata ieri sono i miei cugini.

The boys to whose house I went yesterday are my cousins.

2. *Dove* may replace *nel quale* when referring to a place.

Parigi è la città **dove** (nella quale) vorrei abitare.

Paris is the city where (in which) I would like to live.

ESERCIZIO A

Spiega quello che fa notare una guida turistica a un gruppo di turisti che visita il museo degli Uffizi.

ESEMPIO: i colori / l'artista / usare
Notate **i colori che** l'artista ha usato.

1. i capolavori / quest'artista / realizzare

_____

2. le linee / gli scultori / creare

_____

3. lo stile / il pittore / usare

_____

4. le sfumature / gli artisti / dipingere

_____

5. i dettagli / la scultrice / includere

_____

6. l'espressione / il pittore / disegnare

_____

ESERCIZIO B

Stai mostrando a un tuo amico una fotografia del gruppo con cui (with whom) _hai fatto un viaggio in Italia. Descrivigli le persone nella foto._

ESEMPIO: il giovane / perdere sempre il denaro
                Questo è **il giovane che perdeva** sempre il denaro.

1. il signore / conoscere Marcello Mastroianni

_____

2. i ragazzi / parlare sempre in italiano

_____

3. il ragazzo / visitare i suoi parenti a Roma

_____

4. i ragazzi / comprare tutto in vista

_____

5. il giovane / non mangiare mai niente

_____

6. la signorina / organizzare il viaggio

_____

7. gli amici / mandare cento cartoline

_____

8. la signora / non visitare nessun museo

_____

ESERCIZIO C

Tua madre ha trovato una grande valigia in cantina. Indica quello che ti dice vedendo quello che c'è dentro.

ESEMPIO: il vestito / in / sposarsi
                Guarda **il vestito nel quale** mi sono sposata.

1. le scarpe / in / fare i miei primi passi

_____

2. la penna / con / scrivere lettere d'amore a tuo padre

_____

3. il diario / in / scrivere i miei più intimi pensieri

_____

4. i risultati dell'esame / a causa di / essere bocciata l'ultimo anno di liceo

_____

5. la macchina fotografica / con / prendere le mie prime fotografie

_____

6. la rivista / per / scrivere le mie prime poesie

_____

ESERCIZIO D

Tua madre ha trovato anche un album di fotografie. Indica quello che ti spiega mentre guarda le foto.

ESEMPIO: Ho lavorato per quest'uomo.
            Questo è **l'uomo per il quale** ho lavorato.

1. Ho ricevuto il mio primo bacio in questa macchina.

_____

2. Sono andata in Italia con questa ragazza.

_____

3. Al liceo, raccontavo tutto a questi due amici.

_____

4. Ho passato delle vacanze fantastiche da questi cugini.

_____

5. Ho vissuto in questa piazza caratteristica di Roma quasi un anno.

_____

6. Mi sono quasi sposata con questo ragazzo italiano.

_____

[3]   *CUI*

a. The relative pronoun *cui* (that, which, whom) is most commonly used as object of a simple preposition. *Cui* immediately follows its antecedent noun. It is invariable and may refer to both people and things.

La ragazza *a cui* ho telefonato è simpatica.   *The girl whom I phoned is nice.*

Ho appena letto **il libro** *di cui* parli.   *I've just read the book of which you are speaking.*

b. A preposition followed by *cui* may be replaced by a preposition and a form of *il quale*.

Quella è la donna **con la quale** (con cui) ho avuto il colloquio.	*That's the woman with whom I had the interview.*
Ecco il ragazzo **del quale** (di cui) non mi fido affatto.	*He is the young man that I don't trust at all.*
Questa è la casa **nella quale** (in cui) sono nato.	*This is the house I was born in.*

NOTE:

1. *Il quale* and its forms are used instead of *cui* after compound prepositions.

La chiesa *accanto alla* **quale** abito è bellissima.	*The church I live next to is beautiful.*
Pranzeremo nel giardino *al centro del* **quale** c'è una bella fontana.	*We'll have lunch in the garden in the center of which there is a beautiful fountain.*

2. Although *il quale* and *cui* are often interchangeable; *cui* is generally preferred unless *il quale* is required to avoid ambiguity.

c. *Cui* (whose) preceded by a definite article and followed by a noun is used to express possession or relationship. It usually has the meaning of *del quale, della quale, dei quali,* or *delle quali*. Note that in such cases *cui* is not preceded by a preposition.

Gina è **la ragazza** *la cui madre* (= la madre della quale) conosco da dieci anni.	*Gina is the girl whose mother I have known for ten years.*
L'attore, *il cui nome* (= il nome del quale) non ricordo, è appena entrato.	*The actor, whose name I don't remember, just came in.*

d. *Per cui* may be used in the expression *la ragione per cui* or by itself to express the English *that's (the reason) why*.

Questa è **la ragione per cui** parto.	*That's the reason why I'm leaving.*
Non voglio vedere Gianni, **per cui** è meglio che me ne vada.	*I don't want to see Gianni, that's why it's better that I leave.*

e. *In cui* or *a cui* may be replaced by *dove* when referring to a place.

Il tabaccaio è **il negozio dove** (in cui) si vendono i francobolli.	*The tabacconist is the shop where stamps are sold.*

ESERCIZIO E

Tuo padre ti fa vedere degli oggetti della tua infanzia (childhood). Spiega quello che ti dice ogni volta che ti indica un oggetto. Forma una frase con cui *e una con* il quale.

ESEMPIO: la fotografia / in / tu avere soltanto due giorni di età
Guarda **la fotografia in cui** tu avevi soltanto due giorni di età.
Guarda **la fotografia nella quale** tu avevi soltanto due giorni di età.

1. le scarpe / in / tu dare i primi passi

_____

_____

2. il vestitino / in / tu essere battezzato

_____

_____

3. la bambola / con / tu dormire sempre

_____

_____

4. il quaderno / in / tu fare i primi scarabocchi *(doodles)*

_____

_____

5. l'orologio / con / tu imparare a dire l'ora

_____

_____

6. la pagella / in / tu ricevere i migliori voti

_____

_____

ESERCIZIO F

Il tuo amico ti mostra alcune fotografie di un viaggio all'estero. Esprimi quello che ti dice usando **in cui** *o* **nel(la) quale** *per i luoghi e* **con cui** *per le persone.*

ESEMPI: la trattoria / mangiare una cena straordinaria
        Ecco **la trattoria in cui (nella quale)** ho mangiato una cena straordinaria.

  OR: la ragazza / girare Parigi
        Ecco **la ragazza con cui** ho girato Parigi.

1. la signorina / visitare i musei di Firenze

_____

2. le zie / pranzare a Napoli

_____

3. la chiesa / vedere un matrimonio

_____

4. il museo / vedere il quadro più bello in vita mia

_____

5. gli amici / viaggiare

_____

6. la città / camminare di più

_____

7. i cugini / girare la campagna toscana in bicicletta

_____

8. il negozio a Roma / spendere un sacco di soldi

_____

ESERCIZIO G

Esprimi i risultati di un'inchiesta d'opinione pubblica.

ESEMPIO: L'amore è un'emozione. Tutti ne hanno bisogno.
           L'amore è **un'emozione di cui** tutti hanno bisogno.

1. Il presidente è un uomo. Tutti ne vorrebbero fare la conoscenza.

_____

2. Il 25 aprile è una data. Tutti se ne ricordano.

_____

3. La gelosia è un sentimento. Tutti ne dovrebbero avere vergogna.

_____

4. L'intelligenza è un dono. Tutti ne vogliono essere dotati.

_____

5. La buona salute è uno stato. Tutti ne vogliono godere.

_____

6. L'avvenire è una realtà. Tutti se ne preoccupano.

_____

7. I delinquenti sono delle persone. Tutti ne hanno paura.

_____

8. La felicità è un sentimento. Tutti ne sognano.

_____

ESERCIZIO H

Completa le frasi con un pronome relativo adatto e delle informazioni a tua scelta.

ESEMPIO: Ecco il macellaio **a cui il mio cane abbaia sempre.**

1. Voglio leggere il romanzo di _____ .

2. Ho un'amica con _____ .

3. Non invito mai a casa mia amici a _____ .

4. Vorrei un(a) fidanzato(a) con _____ .

5. Mi piace parlare con le persone con _____ .

6. L'Italia è un paese in _____ .

7. Ecco il professore di _____ .

8. La mia zia preferita è la zia da _____ .

9. La mia camera è il solo posto in _____ .

10. Conosco una ragazza italiana con _____ .

ESERCIZIO I

Spiega al tuo amico chi sono gli invitati alla tua festa di compleanno. Combina gli elementi delle due colonne con il pronome **cui** *secondo l'esempio.*

bellezza è straordinaria	è mia zia
camicia è rossa	è mio nipote
cappello è sul divano	è mio padre
fidanzato balla da solo	è mia cugina
giocattoli sono dappertutto	è la mia fidanzata
macchina è davanti al garage	è mia sorella
voce è fortissima	è mio zio

ESEMPIO: La ragazza, *la cui macchina* **è davanti al garage, è mia cugina.**

1. Il signore, _____ .

2. La ragazza, _____ .

3. La signora, _____ .

4. L'uomo, _____ .

5. La signorina, _____ .

6. Il bambino, _____ .

ESERCIZIO J

Spiega alcune preferenze di un'amica. Combina le due frasi usando **cui**.

ESEMPIO: Ecco l'attore. Ho visto il suo ultimo film ieri.
Ecco l'attore **il cui ultimo film** ho visto ieri.

1. Ecco il musicista. Mi piace molto la sua musica.

_____

2. Ecco la signora anziana. Rispetto molto i suoi consigli.

_____

3. Ecco l'attrice. Ho visto tutti i suoi film.

_____

4. Ecco lo scrittore. Conosco molto bene il suo lavoro.

_____

5. Ecco la macchina. Mi piace molto il suo stile.

_____

6. Ecco il bel ragazzo. Vorrei fare la sua conoscenza.

_____

[4] CHI

- The pronoun *chi* followed by a verb in the singular expresses English *he/she who, those who, the one(s) who, whoever, someone who.*

- *Chi* is used only in the singular, requires no antecedent noun, and refers only to people.

- *Chi* is used as subject, object, or object of a preposition.

Chi **trova** un amico trova un tesoro.	*He who finds a friend finds a treasure.*
Chi **vuole** venire alla festa, può venire.	*Whoever wants to come to the party can come.*
C'è *chi* **crede** ancora a Babbo Natale.	*There are those who still believe in Santa Claus.*
Non so *chi* Gianni **abbia invitato** a cena.	*I don't know those whom Gianni invited to dinner.*
Non accettare mai un passaggio *da chi* non **conosci.**	*Never accept a ride from someone whom you don't know.*

NOTE: *Chi* may be replaced by the alternate forms *colui che, colei che* plus verb in the singular or *coloro che* plus verb in the plural.

Colui (Colei) che **riceverà** il miglior voto sarà premiato(a).	*He (she) who receives the best grade will receive a prize.*
Coloro che **arriveranno** in ritardo non potranno dare l'esame.	*Those who arrive late will not be able to take the test.*

ESERCIZIO K

Quando tua zia parla italiano usa molti proverbi. Completa i proverbi seguenti e prova a esprimerli in inglese.

1. _____ è amico di tutti non è amico di nessuno.

2. _____ dorme non prende pesci.

3. _____ cerca trova.

4. _____ fa da sè, fa per tre.

5. _____ non può mordere *(bite)*, non mostri i denti.

6. _____ perde al gioco vince in amore.

7. _____ va piano va sano e va lontano.

8. _____ ha, più vuole.

9. _____ tardi arriva male alloggia.

10. _____ niente sa, presto parla.

ESERCIZIO L

Spiega quello che uno dei tuoi maestri dice il primo giorno di scuola. Usa **chi, colui (colei)** *o* **coloro che.**

ESEMPI: **Coloro che** studiano riceveranno buoni voti.
   OR: **Chi (Colui che)** studia riceverà buoni voti.

1. _____ fanno sempre i compiti imparano senza difficoltà.

2. _____ fa attenzione in classe riceverà un miglior voto.

3. Non do mai buoni voti a _____ non li merita.

4. _____ copiano agli esami saranno severamente puniti.

5. _____ partecipano al club italiano si divertiranno.

6. _____ fa domande in classe imparerà più facilmente.

7. _____ leggono molto in italiano imparano a parlare più velocemente.

8. Non studiate con _____ vuole soltanto chiacchierare e giocare.

[5] *QUELLO CHE*

The expression *quello che* is used where there is no antecedent noun. It is the equivalent of the English relative pronoun *what* (that which), and usually refers to things.

Sai **quello che** è successo?	*Do you know what happened?*
Quello che dici è vero.	*What you're saying is true.*
Gli ho dato **quello che** voleva.	*I gave him what he wanted.*

NOTE:

1. *Ciò che,* although less frequently used, is an alternate form for *quello che.*

Puoi fare **ciò che** ti piace.	*You can do what you like.*

2. The expressions *tutto quello che, tutto ciò che, tutto quanto* mean *all (that), everything (that).*

Mia madre mi compra **tutto quello che** voglio.	*My mother buys me everything (that) I want.*
Mangia **tutto quanto**.	*Eat everything.*

ESERCIZIO M

Stai visitando Roma con un viaggio organizzato. Usando **quello che** *o* **ciò che,** *esprimi alcune domande che la guida ti fa.*

ESEMPIO: trovare / cercare
            Ha trovato **quello che (ciò che)** cercava?

1. comprare / servirle

_____

2. fare / volere

_____

3. vedere / interessarle

_____

4. provare / io suggerirle

_____

5. digerire senza problemi / mangiare

_____

6. riuscire a dire / volere

_____

ESERCIZIO N

Stai partendo in vacanza e non sai quello che ti aspetta. Usando **ciò che** *o* **quello che,** *spiega i tuoi sentimenti a un amico.*

ESEMPIO: fare: **Non so quello che farò.**
     OR: **Non so ciò che farò.**

1. portare: _____

2. mangiare: _____

3. comprare: _____

4. vedere: _____

5. imparare: _____

6. provare: _____

MASTERY EXERCISES

ESERCIZIO O

Scegli fra i pronomi relativi suggeriti e completa le frasi seguenti. Ogni pronome relativo può essere usato più di una volta.

che	ciò che	cui	quali	quanto
chi	coloro che	dove	quale	quello che

1. È il migliore romanzo poliziesco _____ abbia mai letto.

2. Non credere a tutto _____ dice Fernando.

3. Ti piace il professore _____ insegna matematica?

4. La donna il _____ cappello è veramente buffo è la mia vicina di casa.

5. Hanno comprato la casa dietro alla _____ c'è un favoloso giardino.

6. Fate attenzione a _____ vi succede intorno.

7. Ecco l'artista _____ ho conosciuto ieri.

8. Abbiamo ricevuto i francobolli fra i _____ ce ne sono due stupendi.

9. _____ sbaglia, impara.

10. Soltanto il tuo medico è qualificato a prescriverti gli antibiotici di _____ hai bisogno.

11. La ragazza con _____ ballavi è molto carina.

12. Ecco la fabbrica _____ lavoro.

13. È un giovane politico la _____ famiglia è molto rispettata.

14. _____ studiano sono promossi.

15. L'alunno ha cancellato tutto _____ .

ESERCIZIO P

Usando il pronome relativo adatto, completa questa lettera che scrivi a un amico.

Caro Filippo,

Mi dici nella tua ultima lettera che non hai il tempo di tenerti aggiornato *(up-to-date)*. _____
1.

dovresti fare è di guardare il telegiornale. C'è un programma di notizie intitolato «Ventiquattro Ore». È

un programma _____ viene trasmesso ogni giorno da Milano. Il programma,
2.

_____ dura sessanta minuti, parla in maniera chiara e semplice di tutto _____
3.   4.

che è successo durante la giornata. Il presentatore principale, il _____ nome ho
5.

dimenticato, è lo zio dell'uomo _____ ti ho presentato alla festa di Marilena. Mia zia,
6.

_____ che abita a Roma, è la sua professoressa d'inglese. Questo presentatore ha un castello
7.

stupendo _____ riceve molti invitati, tra i _____ molte persone famose. Se vai
8.   9.

a trovare mia zia a Roma, forse lei te lo può presentare. _____ che io ricordo di più quando
10.

mia zia me l'ha presentato, è stata la gentilezza con _____ mi ha accolto (welcomed).
11.

_____ che dovresti fare mentre sei in Italia è di guardare la televisione e di andare a trovare
12.

mia zia. Chissà, forse diventerai l'amico di una star. Fammi sapere _____ che hai fatto di
13.

bello quest'estate, _____ hai conosciuto, dove sei andato, insomma tutto _____ .
14.   15.

Il tuo amico,
Giorgio

ESERCIZIO Q

Spiega quello che racconti a un tuo amico. Combina le frasi con il pronome relativo adatto.

ESEMPIO: Voglio vedere la partita di calcio. Tutti ne parlano.
Voglio vedere la partita di calcio **di cui** tutti parlano.

1. Il mio migliore amico Paolo ha uno zio. Suo zio lavora allo stadio.

_____

2. Suo zio ha ricevuto cinque biglietti gratis. Costano centocinquantamila lire ciascuno.

_____

3. Ai cugini di Paolo non piace il calcio. Lo zio di Paolo voleva dare loro i biglietti.

_____

4. Allora lo zio di Paolo gli ha dato due biglietti. Con i biglietti si può vedere la semifinale o la finale.

_____

5. Paolo ha invitato me alla partita. Vado molto d'accordo con lui.

_____

6. Io e Paolo abbiamo deciso di andare alla finale. La finale avrà luogo domenica pomeriggio.

_____

ESERCIZIO R

Esprimi quello che dici a un amico. Combina le due frasi con il pronome relativo adatto.

ESEMPI: Questo attore ha degli occhi meravigliosi. Non li dimenticherò mai.
Questo attore ha degli occhi meravigliosi **i quali** non dimenticherò mai.

OR: Mi piacerebbe rivedere la mia vecchia scuola. Ci penso spesso.
Mi piacerebbe rivedere la mia vecchia scuola **alla quale (a cui)** penso spesso.

1. Mi piacerebbe vedere questo film. Il professore ne ha parlato molto.

_____

2. Abito vicino a una piscina. Non ci vado mai.

_____

3. Vorrei rileggere questo libro. L'ho letto tre anni fa.

_____

4. Fai attenzione a queste fotografie. Ci tengo molto.

_____

5. Ho ricevuto una lettera dal mio amico. Gli avevo mandato una cartolina da New York.

_____

6. Ho ricevuto un regalo stupendo. Non me l'aspettavo affatto.

_____

ESERCIZIO S

Esprimi in italiano i commenti che Lucia ha incluso in un articolo che ha scritto per il giornale studentesco.

1. Last Friday, the Italian students who came to our school returned home.

_____

_____

2. These fifteen students, who came from seven different cities in Italy, spent three weeks in our city.

_____

_____

3. The students I spoke with said that they had enjoyed themselves and that they learned a lot.

_____

_____

4. Their teacher, whose name is Claudio Romero, brought other students to our school last year.

_____

_____

5. During the first weekend, the students went to a dance that was organized in their honor.

_____

_____

6. A few of the girls were shy, but they were the ones who tried to speak English all the time.

_____

_____

7. The families the students lived with organized many activities for them.

_____

8. Our friends took several trips that they found very interesting.

_____

9. What they liked most was the trip to the amusement park, where they spent an entire day.

_____

_____

10. The principal, to whom the students gave a gift before leaving, accompanied them to the airport.

_____

_____

11. One of the students that I became very good friends with invited me to visit him in Italy.

_____

_____

12. What I will remember most is their curiosity and their enthusiasm about our country.

_____

_____

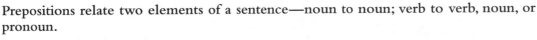

Chapter 22
Prepositions

Prepositions relate two elements of a sentence—noun to noun; verb to verb, noun, or pronoun.

Vado a casa **di** Anna.	*I'm going to Anna's house.*
Incomincia **a** piovere.	*It's starting to rain.*
Il cane sta entrando **nella** stanza.	*The dog is going into the room.*
Pensi **a** lui?	*Are you thinking of him?*

NOTE: **For a list of common prepositions, see the Appendix, pages 604–605.**

[1] PREPOSITIONAL MODIFIERS

a. A preposition + noun modifying another noun is equivalent to an adjective.

olio **d'oliva** *olive oil*	un cane **da caccia** *a hunting dog*
un anello **d'oro** *a gold ring*	una gonna **a pieghe** *a pleated skirt*
occhiali **da sole** *sunglasses*	un lavoro **a pieno tempo** *a full-time job*

NOTE:

1. *Di* is used before nouns that describe the source, goal, or content of an object.

un quadro **di valore** *a valuable painting*	una statua **di bronzo** *a bronze statue*
un foglio **di carta** *a piece of paper*	una tazza **di caffè** *a cup of coffee*

2. Generally *da* + noun expresses the use, function, or characteristic of an object.

un abito **da sera** *evening dress*	una sala **da pranzo** *dining room*
un cane **da caccia** *a hunting dog*	uno spazzolino **da denti** *toothbrush*

3. The preposition *a* may express means, manner, or a salient characteristic of the noun modified.

una barca **a vela** *a sailboat*	una casa **a due piani** *a two-story house*
pasta **al sugo** *pasta with tomato sauce*	un telefono **a gettoni** *a token-operated telephone*

b. A preposition + noun modifying a verb is equivalent to an adverb.

Canta **con tristezza.**	*She sings sadly (with sadness).*
Gino è entrato **di corsa.**	*Gino entered hurriedly (running).*
I bambini tremano **dalla paura.**	*The children are trembling fearfully (with fear).*

ESERCIZIO A

Identifica gli oggetti che vedi in un catalogo di regali di Natale.

ESEMPIO: **una tazza di caffè**

1. _____

2. _____

3. _____

4. _____

5. _____

6. _____

7. _____

8. _____

9. _____

10. _____

ESERCIZIO B

Usando i suggerimenti seguenti, fai dei commenti su alcuni amici.

accompagnare	con piacere
aiutare	con tutto il cuore
mangiare	con gusto
parlare	con cura
pettinarsi	con attenzione
scrivere	con chiarezza
studiare	con entusiasmo

ESEMPIO: **Chiara parla con entusiasmo.**

1. _____

2. _____

3. _____

4. _____

5. _____

6. _____

[2] PREPOSITIONS USED BEFORE INFINITIVES

In Italian, the infinitive is the only verb form that may follow a preposition.

Non cercare **di fare** troppo.	*Don't try to do to much.*
Maria ha incominciato **a guidare.**	*Mary has begun to drive.*
Avevamo appena finito **di mangiare.**	*We had just finished eating.*

a. Verbs requiring the preposition *a* before an infinitive:

Verbs expressing beginning, motion, teaching, learning, and a few other verbs require the preposition *a* before the infinitive.

abituarsi a *to get used to*	**insegnare a** *to teach*
aiutare a *to help*	**invitare a** *to invite*
andare a *to go*	**mandare a** *to send*
arrivare a *to arrive, to succeed*	**mettersi a** *to begin, start doing*
(in)cominciare a *to begin*	**persuadere a** *to persuade, convince*
continuare a *to continue*	**prepararsi a** *to prepare*
divertirsi a *to have a good time*	**provare a** *to try*
esitare a *to hesitate*	**rinunciare a** *to give up*
forzare a *to force someone to*	**riuscire a** *to succeed*
imparare a *to learn*	**servire a** *to serve*
impegnarsi a *to commit oneself to*	**stare a** *to remain doing something*
incoraggiare a *to encourage*	**uscire a** *to go out*

Pietro **sta imparando a leggere.**	*Pietro is learning to read.*
Mio padre mi **ha aiutato a fare** le valigie.	*My father helped me pack.*
Vanno a fare la spesa.	*They are going food shopping.*

NOTE: The verb *cominciare* may be followed by either the preposition *a* or *con* + article, depending on meaning.

cominciare a *to start / begin to (do something)*

Ho già **cominciato** *a* studiare.	*I have already started studying.*

cominciare con *to begin by (doing something)*

Ho cominciato *con il* domandare scusa.	*I started by apologizing.*

b. Verbs requiring the preposition *di* before an infinitive:

accettare di *to accept*	**decidere di** *to decide*
avere bisogno di *to need*	**dimenticare di** *to forget*
avere fretta di *to be in a hurry*	**dire di** *to say, tell*
avere intenzione di *to intend*	**domandare di** *to ask*
avere l'impressione di *to have the feeling that*	**evitare di** *to avoid*
avere paura di *to be afraid to*	**finire di** *to finish*
cercare di *to try*	**impedire di** *to prevent*
chiedere di *to ask*	**meravigliarsi di** *to be surprised*
contentarsi di *to be satisfied about*	**pensare di** *to think, plan*
credere di *to believe*	**permettere di** *to permit*

pregare di *to beg*	**rischiare di** *to risk*
preoccuparsi di *to worry about*	**sapere di** *to know*
proibire di *to forbid, prohibit*	**scegliere di** *to choose*
promettere di *to promise*	**smettere di** *to stop*
rendersi conto di *to realize*	**sognare di** *to dream about*
ricordarsi di *to remember*	**sperare di** *to hope*
rifiutare di *to refuse*	**tentare di** *to attempt*
ringraziare di *to thank*	**valere la pena di** *to be worth it*

Cerca di arrivare in orario.	*Try to arrive on time.*
Non **dimenticare di telefonarmi**.	*Don't forget to call me.*
Ho **promesso** a mia madre **di scrivere** spesso.	*I promised my mother I would write often.*
Dovresti **smettere di fumare**.	*You should stop smoking.*

NOTE: The verb *finire* may be followed by the preposition *di, per,* or *con* + infinitive, depending on meaning.

finire di *to finish (doing something)*
Hai finito *di* cantare?   *Have you finished singing?*

finire per *to do eventually*
Marco **finirà *per*** andarsene.   *Marco will eventually go away.*

finire con (+ article) *to end up (doing something)*
Hanno finito *con* il cucinare tutto.   *They ended up cooking everything.*

ESERCIZIO C

Hai appena terminato un'intervista con una famosa cantante italiana. Completa i tuoi appunti (notes) *dell'intervista con le preposizioni adatte.*

ESEMPIO: La cantante è stata invitata **a** cantare in America.

1. Da quando era molto piccola, lei sognava _____ diventare cantante.

2. Ha cominciato _____ cantare all'età di dieci anni.

3. Sua madre le ha insegnato _____ suonare la chitarra e il pianoforte.

4. Lei si è messa _____ registrare dischi tre anni fa.

5. Si meraviglia _____ essere diventata famosa così rapidamente.

6. Lei non rinuncia mai _____ accontentare il suo pubblico.

7. Cerca _____ soddisfare il suo pubblico con le canzoni che amano.

8. Ai suoi concerti, gli spettatori le chiedono sempre _____ cantare parecchi bis *(encores)*.

9. Lei ha appena finito _____ fare una tourné in Europa e adesso si prepara _____ cantare in cinque città americane.

10. Lei spera _____ piacere al pubblico americano.

ESERCIZIO D

Usando le parole indicate e la preposizione **a** *o* **di,** *descrivi quello che Laura ha fatto ieri.*

ESEMPIO: decidere / andare al cinema
            Laura **ha deciso di** andare al cinema.

1. finire / leggere una rivista
    _____

2. continuare / pulire la sua camera
    _____

3. cominciare / ascoltare dei dischi di musica classica
    _____

4. imparare / sciare
    _____

5. cercare / telefonare a Rosalba
    _____

6. promettere a Carlo / accompagnarlo al negozio
    _____

7. pensare / comprare un nuovo abito
    _____

8. mettersi / imparare il russo
    _____

9. ricordarsi / chiamare sua nonna
    _____

10. divertirsi / cantare mentre lavorava
    _____

ESERCIZIO E

Giorgio è un ragazzo molto invidioso (envious). *Combina gli elementi seguenti con le preposizioni adatte ed esprimi le proteste che Giorgio fa ai suoi genitori.*

ESEMPIO: il padre di Marisa / insegnarle / guidare
            Il padre di Marisa **le insegna a guidare.**

1. i genitori di Piero / promettere / mandarlo a sciare
    _____

2. i fratelli di Rocco / non dimenticare mai / fargli regali

_____

3. i genitori di Mario / non impedirgli mai / fare quello che vuole

_____

4. la madre di Gianni / aiutarlo sempre / fare i compiti

_____

5. i genitori di Paolo / non insistere mai / accompagnarlo a fare compere

_____

6. i genitori di Pino / non rifiutano / comprargli una macchina

_____

7. la mamma di Edoardo / incoraggiarlo / andare a Parigi per le vacanze

_____

8. i genitori di Raffaele / non domandargli mai / fare faccende di casa

_____

ESERCIZIO F

Tu consigli al tuo migliore amico come fare per dimagrire. Usa l'imperativo dei verbi tra parentesi con la preposizione adatta.

ESEMPIO: Non mangiare tra i pasti. *(smettere)*
             Smetti di mangiare tra i pasti.

1. Bevi molta acqua. *(non dimenticare)*

_____

2. Mangia molti ortaggi e verdure. *(imparare)*

_____

3. Non mangiare dolci e gelati. *(impegnarsi)*

_____

4. Fai ginnastica ogni giorno. *(cominciare)*

_____

5. Non mangiare dopo le otto di sera. *(evitare)*

_____

6. Perdi soltanto un chilo alla settimana. *(cercare)*

_____

ESERCIZIO G

Completa le frasi usando la preposizione adatta e un verbo all'infinito.

ESEMPIO: Smetterò **di mangiarmi le unghia.**

1. Mi diverto _____ .

2. Credo _____ .

3. Mi impegnerò _____ .

4. Non riesco _____ .

5. Mi metterò _____ .

6. Sogno _____ .

7. Rifiuto _____ .

8. Imparerò _____ .

ESERCIZIO H

Completa la storia che Giorgio ti racconta con le preposizioni adatte.

Sono uscito _____ fare delle compere e in piazza ho visto una scena molto comica. Uno degli uomini
1.

più grandi del nostro paese ha deciso _____ sposare la donna più piccola. Oggi è arrivato il giorno
2.

delle nozze *(wedding)*. Davanti alla chiesa, dove la coppia doveva andare _____ celebrare il
3.

matrimonio, c'era una grande folla di gente che stava _____ aspettarli ansiosamente. La gente era
4.

andata _____ vedere entrare in chiesa questa coppia buffa e smisurata. Finalmente, la macchina della
5.

sposa è arrivata. Il padre della sposa stava cercando _____ scendere dalla macchina quando la folla ha
6.

incominciato _____ correre verso la macchina. La sposa ha tentato _____ aprire lo sportello della
7.   8.

macchina ma la gente le ha impedito _____ uscire e l'ha forzata _____ rimanere seduta in macchina.
9.   10.

Il padre gridava e cercava disperatamente _____ far spostare la gente e _____ aiutare sua figlia
11.   12.

_____ scendere. La cerimonia rischiava _____ incominciare in ritardo. Lo sposo, dalle porte della
13.   14.

chiesa, pregava la gente _____ fare spazio alla sposa. Dopo più di dieci minuti di confusione, un
15.

poliziotto che si divertiva _____ guardare la scena, ha deciso _____ intervenire. In pochi minuti lui è
16.   17.

riuscito _____ fare allontanare la gente dalla macchina in modo che la sposa riuscisse _____
18.   19.

scendere. La sposa ha ringraziato il poliziotto _____ averla aiutata e, a braccetto al padre è salita in
20.

chiesa a sposarsi.

[3] OTHER PREPOSITIONS USED BEFORE INFINITIVES

a. The following prepositions are commonly used before an infinitive. The equivalent English constructions normally use a present participle.

al *upon, on* **con il** *with* **da** *to, as to*	**dopo** *after* **invece di** *instead of* **oltre a** *in addition to, beside*	**per** *to, in order to* **prima di** *before* **senza** *without*

All'*entrare,* ho visto suo fratello.	*(Upon) Entering, I saw his brother.*
Non mi convincerai **con il** *piangere.*	*You will not convince me by crying.*
Prima di *mangiare,* si lava sempre le mani.	*Before eating, he always washes his hands.*
Se n'è andato **senza** *dire* una parola.	*He left without saying a word.*

b. The preposition *da* + infinitive may be used after a noun to describe the purpose or use of that noun.

carta **da scrivere** *writing paper*
un libro **da leggere** *a book to read (worth reading)*
una macchina **da cucire** *a sewing machine*
un uomo **da rispettare** *a man to be respected*

NOTE: The preposition *da* is also used with *qualcosa, niente, nulla, altro, molto,* and *poco* followed by an infinitive.

Hai **qualcosa** *da* **fare?**	*Do you have something to do?*
No, non ho **niente** *da* **fare.**	*No, I have nothing to do.*

c. The preposition *per* is used before an infinitive to express English *to* or *in order to.*

Studiamo *per* **imparare.**	*We study to (in order to) learn.*

NOTE: The expression *stare per* + infinitive means *to be about to (do something).*

Aspettami, **sto per finire.**	*Wait for me, I'm about to finish.*
Stava per partire quando ho chiamato.	*He was about to leave when I called.*

d. The preposition *dopo* is followed by the past infinitive.*

Dopo avere cenato, abbiamo fatto una passeggiata.

After dining, we took a walk.

Maria è partita *dopo* essere **rimasta** due ore.

Maria left after having stayed two hours.

ESERCIZIO I

Che cosa fanno queste persone? Combina le frasi con la preposizione tra parentesi.

ESEMPIO: Il professore dà la colpa al ragazzo. Non ascolta la sua spiegazione. *(senza)*
Il professore dà la colpa al ragazzo **senza ascoltare** la sua spiegazione.

1. Gianni parla. Non riflette. *(senza)*

_____

2. La ragazza lavora. Si paga il viaggio in Italia. *(per)*

_____

3. Rossella ascolta la radio. Non studia. *(invece di)*

_____

4. Leggiamo molti libri italiani. Impariamo molte nuove parole. *(per)*

_____

5. Le ragazze giocano. Fanno i compiti. *(prima di)*

_____

6. Papà si mette a cucinare. Non ha tutti gli ingredienti. *(senza)*

_____

7. Giorgio sorride. Vede la sua ragazza preferita. *(al)*

_____

8. Tutto si dimentica. Passa del tempo. *(con il)*

_____

9. Arianna sa la verità. La sappiamo pure noi. *(oltre a)*

_____

10. Andrea guarda la televisione. Non pulisce la sua camera. *(invece di)*

_____

---

*The past infinitive consists of the infinitive *avere* or *essere* plus a past participle.

ESERCIZIO J

Completa le frasi seguenti con il verbo tra parentesi. Attenzione all'accordo del participio passato!

ESEMPIO: *(vestirsi)* Dopo **essersi vestite,** sono scese in cucina.

1. *(svegliarsi)* Dopo _____ , si sono riaddormentati.

2. *(finire)* Dopo _____ la colazione, è partito per la scuola.

3. *(arrivare)* Dopo _____ al liceo, siamo andati al corso di francese.

4. *(uscire)* Dopo _____ dal liceo, sono andata a fare compere.

5. *(rientrare)* Dopo _____ , ti sei riposata.

6. *(finire)* Dopo _____ i compiti, hanno guardato un po' di televisione.

7. *(mangiare)* Dopo _____ , è salita in camera sua.

8. *(spogliarsi)* Dopo _____ , vi siete coricati.

ESERCIZIO K

Esprimi l'ordine in cui fai le cose seguenti.

ESEMPIO: vestirsi / spazzolarsi i denti
          Prima di vestirmi, mi spazzolo i denti.
  OR: **Dopo essermi vestito(a),** mi spazzolo i denti.

1. andare al cinema / andare al ristorante

_____

2. giocare a tennis / seguire delle lezioni di tennis

_____

3. vestirsi / fare colazione

_____

4. fare i compiti / ritornare a casa

_____

5. lavorare / riposarsi

_____

6. mangiare il piatto principale / mangiare l'insalata

_____

7. fare delle compere / guadagnare dei soldi

_____

8. fare i compiti / guardare la televisione

_____

ESERCIZIO L

Sei a una festa e mentre alcuni amici ballano, tu descrivi i tuoi amici a una ragazza che non conosce nessuno. Completa le frasi con l'espressione adatta.

avere	da	invece di	per	senza
con il	dopo	oltre a	prima di	sta

1. _____ suonare il pianoforte, Giorgio suona anche la chitarra e il flauto.

2. Marta non esce mai _____ portarsi sua sorella.

3. Dopo _____ finito il liceo, Rita vuole andare a studiare all'università di Roma.

4. _____ avere imparato bene l'italiano, Luigi vuole studiare il giapponese.

5. _____ accettare di ballare, Luisa deve essere invitata diecimila volte.

6. Quel ragazzo che _____ per entrare in cucina è simpaticissimo.

7. Riccardo _____ andare all'università, si metterà subito a lavorare.

8. Alberto vuole studiare a Roma _____ perfezionare l'italiano.

9. Gino non porta mai niente _____ bere.

10. _____ passar del tempo, conoscerai tutti i miei amici.

ESERCIZIO M

Stai raccontando quello che è successo all'ufficio del professore di biologia. Completa il brano con un'espressione adatta.

_____ arrivare all'ufficio del professore per il mio appuntamento, ho visto che il professore
    _1._

stava _____ aprire un telegramma. Sono entrato e, incuriosito, mi sono seduto
    _2._

_____ fare rumore. _____ aver letto il telegramma _____ calma, il
   _3._   _4._   _5._

professore, _____ dirmi una parola, si è seduto davanti alla macchina _____ scrivere.
    _6._   _7._

Ha preso della carta _____ scrivere e ha incominciato a battere _(type)_. Io, _____
    _8._   _9._

interrompere quello che stava facendo, sono rimasto lì a guardarlo. ⎯⎯⎯⎯⎯⎯ aver aspettato
10.

cinque minuti, ho deciso di andarmene. Stavo ⎯⎯⎯⎯⎯⎯ uscire dall'ufficio quando ho sentito il
11.

professore dirmi: «Arrivederci a domani, Gianni». ⎯⎯⎯⎯⎯⎯ girarmi, ho risposto «D'accordo
12.

professore» e sono partito. Il professore è un uomo ⎯⎯⎯⎯⎯⎯ rispettare ma qualche volta è un
13.

po' strano.

[4] VERBS USED WITHOUT PREPOSITION BEFORE INFINITIVES

amare *to love*	**occorrere** *to need*
ascoltare *to listen*	**osare** *to dare*
bastare *to suffice, be enough*	**potere** *to be able to*
bisognare *to be necessary*	**piacere** *to like; to be pleased*
desiderare *to desire*	**preferire** *to prefer*
dovere *to have to, must*	**sapere** *to know how*
fare *to do, make; to have something done*	**sembrare** *to seem*
sentire *to feel; to hear*	**vedere** *to see*
guardare *to look at*	**volere** *to want*
lasciare *to leave, let*	

Bisogna pulire tutto.	*It's necessary to clean everything.*
Devo stare a casa oggi.	*I have to stay home today.*
Non **possiamo uscire** senza permesso.	*We can't go out without permission.*
Sa cucinare molto bene.	*He knows how to cook very well.*

ESERCIZIO N

Rispondi alle domande che un nuovo amico ti fa.

1. Di solito, che cosa ti piace fare la fine settimana?

⎯⎯⎯⎯⎯⎯⎯⎯⎯⎯⎯⎯⎯⎯⎯⎯⎯⎯⎯⎯⎯⎯⎯⎯⎯⎯⎯⎯⎯⎯⎯⎯⎯⎯⎯

2. Che cosa vorresti fare questa fine settimana ma non avrai il tempo di fare?

⎯⎯⎯⎯⎯⎯⎯⎯⎯⎯⎯⎯⎯⎯⎯⎯⎯⎯⎯⎯⎯⎯⎯⎯⎯⎯⎯⎯⎯⎯⎯⎯⎯⎯⎯

3. Che cosa preferisci fare, vedere un film a casa o andare al cinema?

⎯⎯⎯⎯⎯⎯⎯⎯⎯⎯⎯⎯⎯⎯⎯⎯⎯⎯⎯⎯⎯⎯⎯⎯⎯⎯⎯⎯⎯⎯⎯⎯⎯⎯⎯

4. Con chi desideri uscire questo venerdì sera?

⎯⎯⎯⎯⎯⎯⎯⎯⎯⎯⎯⎯⎯⎯⎯⎯⎯⎯⎯⎯⎯⎯⎯⎯⎯⎯⎯⎯⎯⎯⎯⎯⎯⎯⎯

5. Che cosa vuoi fare quest'estate?

_____

6. Sai guidare la macchina?

_____

ESERCIZIO O

Immagina di essere maestro(a) di scuola. Usando gli elementi suggeriti, spiega quello che diresti ai tuoi alunni il primo giorno di scuola.

io	desiderare	guardare dei film italiani interessanti
noi	dovere	venire delle persone a parlarvi dell'Italia
voi	fare	venire in classe senza i compiti
	lasciarvi	essere gentile
	non osare	arrivare sempre in orario
	potere	divertirsi imparando
	volere	insegnare molte cose

ESEMPIO: **Io farò venire delle persone diverse a parlarvi dell'Italia.**

1. _____

2. _____

3. _____

4. _____

5. _____

6. _____

[5] ADJECTIVES FOLLOWED BY PREPOSITION

a. Most adjectives are followed by the preposition _a_ before an infinitive.

abituato a _used to_	**pericoloso a** _dangerous to_
attento a _careful to_	**primo a** _first to_
buono a _good for_	**pronto a** _ready to_
disposto a _willing to_	**solo a** _only (one) to_
facile a _easy to_	**ultimo a** _last (one) to_
lento a _slow to_	

Non sono **abituati a camminare.**	_They are not used to walking._
È sempre **pronto a parlare.**	_He's always ready to talk._

b. A few adjectives are followed by the preposition *di* before an infinitive.

ansioso di *anxious to*	**incapace di** *incapable of*
capace di *capable of*	**sicuro di** *sure to*
contento di *glad to*	**stanco di** *tired of*
certo di *sure to*	**triste di** *sad to*
felice di *happy to*	

Sono **ansioso di vederlo**.   *I'm anxious to see him.*

È **incapace di dire** bugie.   *He's unable to tell lies.*

ESERCIZIO P

Esprimi i problemi che Anna ti racconta. Completa le frasi con la preposizione adatta.

ESEMPIO: Sono ansiosa **di** partire in vacanza.

1. Non posso partire senza macchina e, da ieri, la mia macchina è pericolosa _____ guidare.

2. Devo stare attenta _____ frenare lentamente.

3. Sono pronta _____ buttare via la mia macchina.

4. Sarei felice _____ comprarne un'altra se avessi i soldi.

5. Ho telefonato a Vittorio, il mio amico meccanico. È il solo _____ potermi aiutare.

6. Un'ora fa mi ha detto che era disposto _____ venire subito ad aiutarmi.

7. Sono stanca _____ aspettarlo.

8. Se lo vedi, ringrazialo da parte mia e digli che sono stata incapace _____ aspettarlo un minuto in più.

ESERCIZIO Q

Completa le frasi usando la preposizione adatta seguita da un verbo all'infinito.

1. Sono contento(a) _____ .

2. Non sono abituato(a) _____ .

3. Sono capace _____ .

4. Sono sempre l'ultimo(a) _____ .

5. Sono triste _____ .

6. Sono sempre disposto(a) _____ .

[6] PREPOSITIONS WITH GEOGRAPHICAL EXPRESSIONS

a. The preposition *a* (to, in) is used with names of cities.

Ho passato una settimana **a Roma**.   *I spent a week in Rome.*

Ritornerà **a Boston** domani.   *She'll return to Boston tomorrow.*

NOTE: With few exceptions, cities are feminine in Italian.

la bella Firenze   la vecchia Milano   la Washington del futuro

b. The preposition *in* (to, in) is used with unmodified feminine countries, continents, islands, states, and provinces.

Sei mai stato **in Francia**?   *Have you ever been to France?*

Claudio è **in Africa** adesso.   *Claudio is in Africa now.*

L'anno scorso siamo andati **in Sicilia**.   *Last year we went to Sicily.*

Sei mai stato **in California**?   *Have you ever been to California?*

Chi è nato **in Calabria**?   *Who was born in Calabria?*

NOTE: *In* plus definite article is used with modified feminine geographical names or with masculine geographical names (whether modified or unmodified).

nell'Italia centrale *in central Italy*   nel Colorado *in Colorado*

nella Nuova Zelanda *in New Zealand*   nel Sud Africa *South Africa*

c. The preposition *di* (from) is used to denote place of origin of a person when referring to a city.

Lei **di dov'è**?   *Where are you from?*

Sono **di Firenze**.   *I'm from Florence.*

NOTE: *Di* plus definite article is used with names of countries, states, or provinces.

dell'Egitto   del New Jersey

della Spagna   della California

d. Common feminine countries, continents, and provinces:

l'Argentina *Argentina*   l'Inghilterra *England*

l'Austria *Austria*   l'Irlanda *Ireland*

la Cina *China*   la Norvegia *Norway*

la Corea *Korea*   la Polonia *Poland*

la Francia *France*   la Russia *Russia*

la Germania *Germany*   la Spagna *Spain*

la Grecia *Greece*   la Svezia *Sweden*

l'India *India*   la Svizzera *Switzerland*

l'Africa *Africa*   l'Asia *Asia*

l'America meridionale *South America*   l'Australia *Australia*

l'America settentrionale *North America*   l'Europa *Europe*

la Campania *Campania*   la Lombardia *Lombardy*

la Liguria *Liguria*   la Puglia *Puglia*

la Sardegna *Sardinia*   la Toscana *Tuscany*
la Sicilia *Sicily*   l'Umbria *Umbria*

e. Common masculine countries and provinces:

il Belgio *Belgium*   il Messico *Mexico*
il Brasile *Brazil*   i Paesi Bassi *Netherlands*
il Canada *Canada*   il Portogallo *Portugal*
il Giappone *Japan*   gli Stati Uniti *United States*
l'Iran *Iran*   il Sud Africa *South Africa*
il Libano *Lebanon*   il Vietnam *Vietnam*

f. Masculine and feminine states:

la Louisiana *Louisiana*   il Maine *Maine*
la Carolina del Sud *South Carolina* il Missouri *Missouri*
la Florida *Florida*   il New York *New York*
la Pennsylvania *Pennsylvania*   il New Jersey *New Jersey*
il Dakota *Dakota*   il Texas *Texas*

g. Masculine and feminine mountains and waterways:

le Alpi *the Alps*   il Reno *the Rhine*
gli Appennini *the Appenines*   la Senna *the Seine*
il Mare Mediterraneo *the Mediterranean Sea* il Tamigi *the Thames*
la Manica *the English Channel*   il Tevere *the Tiber*
l'Arno *the Arno*   il Mare Adriatico *the Adriatic Sea*
il Danubio *the Danube*   il Mare Ligure *the Ligurian Sea*
il Po *the Po*   il Mare Tirreno *the Tyrrhenian Sea*

ESERCIZIO R

Tu vuoi visitare i seguenti luoghi. In quali paesi si trovano?

ESEMPIO: Buckingham Palace: **Buckingham Palace si trova in Inghilterra.**

1. il Vaticano: _____

2. la torre Eiffel: _____

3. il Taj Mahal: _____

4. le piramidi: _____

5. la Statua della Libertà: _____

6. il Grand Canyon: _____

7. il monte Fuji-yama: _____

8. il museo del Prado: _____

9. il Cremlino: _____

10. Machu Pichu: _____

11. il Partenone: _____

12. il monte Everest: _____

ESERCIZIO S

Gli alunni della classe del signor Maurizi sono di diverse città e regioni d'Italia. Indica da quali luoghi provengono.

ESEMPIO: Raimondo / Piemonte
Raimondo è **del** Piemonte.

1. Laura / Bari

_____

2. Gianni / Veneto

_____

3. Marisa / Milano

_____

4. Beatrice / Napoli

_____

5. Claudia / Umbria

_____

6. Corrado / Assisi

_____

7. Susanna / Lazio

_____

8. Annalisa / Palermo

_____

9. Marco / Veneto

_____

10. Piero / Emilia-Romagna

_____

[7] EXPRESSIONS INTRODUCED BY THE PREPOSITION *A*

The preposition *a* is used in the following expressions:

a. with means of transportation *(on, by)*:

a bicicletta *on a bicycle, by bicycle*   a piedi *on foot*
a cavallo *on horseback*

Invece di andare **a piedi,** voglio andare   *Instead of walking, I want to go horseback.*
a cavallo.

b. with time expressions meaning *good-bye* or *until another time*:

arrivederci *good-bye, see you again*   a presto *see you soon*
a domani *see you tomorrow*   a martedì *good-bye until Tuesday*
a lunedì (martedì, ...) *until Monday*   a stasera *see you tonight*
(Tuesday, . . .)   a più tardi *see you in a little while*

Ci vedremo in classe. A **domani,** allora.   *We'll meet in class. See you tomorrow then.*

c. with other time expressions:

a partire da *from . . . on, beginning (with)*
A **partire da** quel momento, eravamo amici.   *From that moment on, we were friends.*

a quest'ora *at this hour*
Dove andate **a quest'ora?**   *Where are you going at this hour?*

a un tratto *all of a sudden, suddenly*
A **un tratto** si è messo a piovere.   *All of a sudden it began to rain.*

a volte *at times*
A **volte,** vorrei gridare.   *At times, I would like to scream.*

allo stesso tempo *at the same time*
Come puoi studiare e guardare la televisione   *How can you study and watch television at*
allo stesso tempo?   *the same time?*

d. with expressions of position and direction:

accanto a *next to, beside*
Siediti **accanto a** me.   *Sit next to me.*

a destra *on (to) the right* / a sinistra *on (to) the left*
Il museo è **a destra,** signora, non   *The museum is on the right, madam,*
a sinistra.   *not on the left.*

a nord di *north of* / a sud di *south of*
Siena si trova **a nord** di Roma.   *Siena is located north of Rome.*

al piede di *at the foot of*
Il villaggio è **ai piedi delle** Alpi.   *The village is at the foot of the Alps.*

all'entrata *at the entrance, at the door*
Bisogna presentare i biglietti **all'entrata.**   *You need to show your tickets at the door.*

attraverso *through, across*
Questa strada va **attraverso** il parco.   *This road leads across the park.*

e.   with other expressions:

a buon mercato *inexpensive, at a good price*
Ho comprato questo stereo **a buon mercato.**

I bought this stereo at a good price.

a casa *(at) home*
Sarete **a casa** stasera?

Will you be home tonight?

a causa di *because of, on account of*
È arrivato in ritardo **a causa della** pioggia.

He arrived late because of the rain.

a forza di *by, by means of, by repeated efforts*
A forza di lavorare duro, ha avuto successo.

By working hard, he succeeded.

a letto *in (to) bed*
Mi piace fare colazione **a letto.**

I like having breakfast in bed.

a mani vuote *empty-handed*
È arrivato alla festa **a mani vuote.**

He arrived at the party empty-handed.

a memoria *by heart*
Rino riesce ad imparare subito **a memoria.**

Rino is able to learn quickly by heart.

a metà *half, halfway*
Ha riempito il bicchiere **a metà.**

She filled the glass halfway.

a pagina... *on page . . .*
La lezione comincia **a pagina** undici.

The lesson begins on page eleven.

a poco a poco *little by little, a little at a time*
Ha finito tutta la pasta a **poco a poco.**

He finished all the pasta little by little.

a prima vista *at first sight, at first glance*
Non ci credo all'amore **a prima vista.**

I don't believe in love at first sight.

a proposito di *about, concerning*
Ho letto molto **a proposito di** questo regista.

I have read a lot about this director.

a scuola *in (to) school*
Ai ragazzi che studiano, piace andare **a scuola.**

Youngsters who study like to go to school.

a terra *on the ground, on the floor*
Il bicchiere è caduto **a terra** e si è rotto.

The glass fell on the floor and broke.

ad alta voce / a voce alta *aloud, out loud*
L'allievo ha recitato una poesia **ad alta voce.**

The student recited the poem aloud.

a bassa voce / a voce bassa *in a low voice*
In biblioteca si parla **a voce bassa.**

In the library we speak in a low voice.

al contrario *on the contrary*
—Non ti piacciono? —**Al contrario,** mi
piacciono molto.

—Don't you like them? —On the contrary, I like them very much.

al corrente di *informed of*
Il presidente è **al corrente della** situazione.

The president is informed about the situation.

al posto di *instead of*
Rifletti un po' **al posto di** parlare.

Think a little instead of speaking.

all'aperto *in the open air, outdoors*
Ci piace pranzare **all'aperto.**

We like to dine outdoors.

all'estero *abroad*

Mia sorella e suo marito vivono **all'estero**.   *My sister and her husband are living abroad.*

almeno *at least*

Questo orologio costa **almeno** mille dollari.   *This watch costs at least a thousand dollars.*

ESERCIZIO T

Completa questa lettera che Claudio scrive a un amico, agente di polizia.

Ti scrivo questa lettera _____ un incidente molto strano al quale ho
　　　　　　　　　　　　　　　1. (because of)

testimoniato ieri. Andavo _____ _____ il parco
　　　　　　　　　　　　　2. (on foot)　　　　　　　　　*3. (through)*

_____ casa mia. Ero quasi arrivato al lago quando un uomo grande e robusto
　　4. (next to)

di circa quarant'anni si è avvicinato e ha cominciato a parlarmi _____ .
　　　　　　　　　　　　　　　　　　　　　　　　　　　　　　　　　5. (in a soft voice)

Continuando a parlarmi, mi ha seguito, fino al bordo del lago. Non capivo esattamente quello che questo

signore volesse. Poi mi ha detto di guardare _____ . Ho notato un ragazzo di
　　　　　　　　　　　　　　　　　　　　　　　6. (on the left)

_____ diciott'anni dallo sguardo cattivo e minacciante. Camminava
　　7. (at least)

direttamente verso di noi. _____ il ragazzaccio si è avvicinato e si è
　　　　　　　　　　　　　8. (Little by little)

precipitato sul povero signore. Dalla forte spinta *(push),* il signore è finito nel lago e io sono caduto

_____ . Il signore, non sapendo nuotare si è messo a gridare. Senza esitare, io
　　9. (the ground)

mi sono tuffato *(dove)* nel lago e l'ho salvato. _____ si deve essere coraggiosi.
　　　　　　　　　　　　　　　　　　　　　　　10. (At times)

ESERCIZIO U

Sostituisci le parole in neretto con un'espressione equivalente.

1. Il bicchiere è caduto **sul pavimento** e si è rotto.　　　　　　_____

2. Ci sono **minimo** trenta libri sulla scrivania.　　　　　　　_____

3. **Cominciando con** domani, le lezioni inizieranno all'una.　　_____

4. Carlo è arrivato in ritardo **perchè nevicava**.　　　　　　　_____

5. Pino riesce a suonare l'armonica e il pianoforte **simultaneamente**.　_____

6. Andiamo al caffè e sediamoci a un tavolino **fuori.** _____

7. Ho usato le forbici **invece** del coltello. _____

8. Vorrei vivere **in un paese straniero.** _____

9. Non parlare **forte.** _____

10. Il professore è sempre **informato sulle** attualità politiche. _____

11. Luigi è venuto a cena **e non ha portato niente.** _____

12. Sei sempre in ritardo. Io, **invece,** sono sempre lì ad aspettarti. _____

13. **Parlando di questo,** non mi piace il tuo comportamento. _____

14. Non venire più **da me.** _____

ESERCIZIO V

Completa le frasi usando una sola volta ognuna delle parole elencate (listed) _a destra._

1. Parliamo a bassa _____ ; i bambini dormono.

2. La forchetta si mette a _____ del piatto; il coltello e il cucchiaio si mettono _____ .

3. La strada passava _____ una foresta tropicale.

4. Il dottore ha un telefono _____ al letto.

5. Questa tazza è a _____ piena.

6. Tanta gente ha annullato viaggi all'estero _____ della guerra.

7. Ciao, me ne vado. Ci vediamo stasera, a più _____ .

8. Hanno deciso di andarci a _____ e di lasciare la macchina a casa.

9. Per viaggiare _____ , occorre un passaporto valido e _____ anche un visto _(visa)._

10. Quale favola ha letto la mamma ad _____ voce ai bambini?

11. Mi spazzolo i denti _____ due volte al giorno.

12. Gregorio vorrebbe aspettare in macchina al _____ di fare la coda.

a causa
a piedi
a sinistra
a volte
accanto
all'entrata
all'estero
almeno
alta
arrivederci
attraverso
buon mercato
contrario
destra
metà
piedi
posto
stesso
tardi
voce

13. Per entrare all'ambasciata, ricordati che bisogna presentare o il passaporto o la carta d'identità _____ .

14. La segretaria era allo _____ tempo sorridente e grave.

15. Armando non pensa mai al passato. Al _____ , è ossessionato con il futuro.

16. Per cominciare, cercherò di spendere meno, comprando a

_____ .

17. La mattina, quando parto, dirò _____ a mia madre.

18. Invece di andare a scuola in autobus, in primavera cercherò di andare

_____ .

[8] EXPRESSIONS INTRODUCED BY OTHER PREPOSITIONS

a. The preposition *di* is used in the following expressions:

d'accordo *agreed, O.K.*
D'accordo, verrò alla festa.   *O.K., I'll come to the party.*

d'estate *in the summer*	d'inverno *in the winter*
d'autunno *in the fall*	di primavera *or* in primavera *in the spring*
D'estate fa sempre bel tempo.	*The weather is always fine in the summer.*
Fa fresco **in primavera.**	*It's cool in spring.*

di giorno *in the daytime*	di mattina *in the morning*
di notte *in the night, at night, by night*	di sera *in the evening*
Arriverà **di notte** con il treno delle dodici.	*He will arrive in the night on the twelve o'clock train.*

d'improvviso *suddenly*
Uscì **d'improvviso,** senza dire niente a nessuno.   *He left suddenly without saying anything to anyone.*

di andata e ritorno *round-trip fare*
Un biglietto **di andata e ritorno,** per favore.   *A round-trip ticket, please.*

di... anni *years old*
È un giovane **di vent'anni.**   *He is a twenty-year-old young man.*

di buon appetito *with a good appetite, heartily*
Quella sera ho mangiato **di buon appetito.**   *That night I ate heartily.*

di buon'ora *early*
Sara viene **di buon'ora** ogni giorno.   *Sara comes early every morning.*

di buona voglia / di mala voglia *willingly / unwillingly*
Michele fa sempre i compiti **di mala voglia.**   *He always does his homework unwillingly.*

di che colore...? *what color . . .?*
Di che colore è il garofano?   *What color is the carnation?*

di corsa *hastily, on the run*
L'ha fatto male perchè l'ha fatto **di corsa.**   *He did it badly because he did it hastily.*

di dove...? *where . . . from?*
Di dove sei?   *Where are you from?*

di fretta *in a hurry, in haste*
Ma perchè vai sempre **di fretta?**   *But why are you always in a hurry?*

di fronte a *opposite, across from*
La chiesa è **di fronte alla** biblioteca.   *The church is opposite the library.*

di giorno in giorno *from day to day*
Il tempo cambia **di giorno in giorno.**   *The weather changes from day to day.*

di male in peggio *from bad to worse*
La sua salute va **di male in peggio.**   *His health is going from bad to worse.*

di moda *in style, in fashion*
Le cravatte sono sempre **di moda.**   *Ties are always in fashion.*

di nuovo *again*
È caduto **di nuovo.**   *He fell again.*

di questo modo *in this way, in this fashion*
Fatelo **di questo modo.**   *Do it this way.*

di ritardo *late*
Marta è arrivata con due ore **di ritardo.**   *Martha arrived two hours late.*

di tanto in tanto *now and then, occasionally*
Di tanto in tanto, nevica in Sicilia.   *Now and then, it snows in Sicily.*

ESERCIZIO W

Completa le frasi con l'equivalente dell'espressione tra parentesi.

1. (Suddenly) _____ , Carlo venne a trovarci.

2. (now and then) Ci piace andare a sciare _____ .

3. (unwillingly) Faceva tutto _____ .

4. (round-trip) Un biglietto _____ , per favore.

5. (in a hurry) Mio cugino va sempre _____ .

6. (opposite the) La scala è _____ statua di Leonardo da Vinci.

7. (from bad to worse) Tutto va _____ .

8. (What color) _____ è la macchina di Gino?

9. (in the fall) Va a trovare la nonna _____ .

10. (where are you from) Scusi, signore, _____ ?

11. (sixty years old) È un signore _____ .

12. (in the evening) Arriveranno a Firenze _____ .

13. (willingly) Non lo fa mai _____ .

14. *(again)* Cantate la canzone _____ ?

15. *(in fashion)* Quelle gonne sono _____ .

ESERCIZIO X

Racconta a un compagno quello che hai fatto ieri.

_____ sono andato alla stazione e ho comprato un biglietto
1. (Early)

_____ per Filadelfia. _____ alla stazione c'è un
2. (round-trip)   **3.** (In front)

buon ristorante. Ci sono entrato e ho ordinato. Ho mangiato _____ .
4. (heartily)

_____ ho visto Michele che come al solito andava
5. (Suddenly)

_____ . L'ho chiamato, si è seduto e poi mi ha detto che
6. (in a hurry)

_____ anche lui va a Filadelfia a visitare i cugini. Ma mi diceva che
7. (from time to time)

le cose vanno _____ per suo zio da quando ha perso il lavoro. Poco
8. (from bad to worse)

dopo, Michele mi ha accompagnato ad aspettare il treno che purtroppo è arrivato con un'ora

_____ .
9. (late)

ESERCIZIO Y

Completa le frasi seguenti con un'espressione adatta.

1. Erano le sei _____ e la città cominciava a svegliarsi.

2. Di solito noi due abbiamo le stesse opinioni ma questa volta non siamo _____ .

3. Ho mangiato tutto di _____ perchè avevo una fame da lupo.

4. _____ in giorno questa città diventa più sporca.

5. A causa dello sciopero delle ferrovie, il treno è arrivato con più di tre ore di _____ .

6. Siccome c'è sempre traffico di mattina, mio padre parte da casa _____
per arrivare in ufficio in orario.

7. Tra le undici e mezzo _____ e le cinque di mattina le strade sono deserte.

8. _____ la mia famiglia affitta una casa al mare e d'inverno andiamo
spesso dai nonni in montagna.

b. The preposition *da* is used in the following expressions:

da + length of time *for + length of time*
da + specific point in time or date *since*

Studio il francese **da tre anni.**   *I have been studying French for three years.*
Studio il francese **dall'anno scorso.**   *I have been studying French since last year.*

da + name or place of business *at (to) someone's house or place of business.*

Luisa è andata **da** Rita perchè dovevano   *Luisa went to Rita's house because they were*
andare **dal parrucchiere** insieme.   *supposed to go to the hairdresser's together.*

da dove? *where? from where?*
Da dove vieni?   *Where are you coming from?*

da un lato *on one side, from one side, aside*
Mettiamo queste riviste **da un lato.**   *Let's put these magazines aside.*

da parte *aside, apart*
Metti quelle riviste **da parte.**   *Put those magazines aside.*

da un pezzo *for some time*
Non la vedo **da un pezzo.**   *I haven't seen her for some time.*

dal mattino alla sera / da mattina a sera *from morning to night*
Non fa nulla **dal mattino alla sera.**   *He does nothing from morning to night.*

c. The preposition *in* is used in the following expressions:

with means of transportation *(by)*
in autobus *by bus*   in treno *by train*
in aereo *by plane*   in macchina *by car*

Preferite andare **in treno** o **in aereo**?   *Do you prefer to go by train or by plane?*

in anticipo *early, in advance (as a deposit)*
È venuto **in anticipo** per l'appuntamento.   *He came early for the appointment.*
Mi ha dato venti dollari **in anticipo.**   *He gave me twenty dollars as a deposit.*

in città *downtown, in (to, into) town*   in ufficio *in (to, at) the office*
in campagna *in (to) the countryside*   in giardino *in (to) the garden*

Vogliamo andare **in città** più tardi.   *We want to go into town later.*

in contanti *cash*
Gianni non paga mai **in contanti.**   *Gianni never pays cash.*

in effetti *(yes) indeed, as a matter of fact*
—Aspetti da molto tempo? —**In effetti,**   *—Have you been waiting long? — Yes*
aspetto da un'ora.   *indeed, I've been waiting for an hour.*

in famiglia *as a family, within (in the privacy of) the family*
Abbiamo cenato **in famiglia.**   *We dined as a family.*

in fretta *in a hurry, in haste*
Uscì **in fretta** senza salutare.   *He left in a hurry without saying good-bye.*

in mezzo a *in the middle of*
È caduto **in mezzo alla** strada.   *He fell in the middle of the street.*

in punto *exactly, sharp*
Sono le tre **in punto.**   *It is three o'clock sharp.*

in quanto a *as for, as regards*

In quanto a suo fratello, era un giovane intelligente.

As for his brother, he was an intelligent young man.

in quattro e quattr'otto *right away, in a jiffy*

Ha saputo risolvere tutto **in quattro e quattr'otto.**

She was able to settle everything right away.

in ritardo *late*

Non so perchè arriva sempre **in ritardo.**

I don't know why she always arrives late.

in tempo *in time*

Sono arrivata **in tempo** per la fine del concerto.

I arrived in time for the end of the concert.

indietro *backward(s), behind*

Michele ha fatto un passo **indietro** ed è caduto.

Michele took a step backward and fell.

invano *in vain*

Telefonava **invano** a Marcella; lei era già partita.

He telephoned Marcella in vain; she had already left.

d. The preposition *per* is used in the following expressions:

per caso *by chance*

Ha visto la penna, **per caso?**

Have you seen the pen, by chance?

per conto (mio, tuo...) *as far as (I'm, you're . . . concerned)*

Per conto mio, il lavoro è stato ben fatto.

As far as I'm concerned, the job was well done.

per esempio *for example*

Per esempio, la parola «radio» è femminile.

For example, the word "radio" is feminine.

per favore *please*

Mi dia il burro, **per favore.**

Give me the butter, please.

per lo meno *at least*

Dammi un panino **per lo meno.**

Give me a roll at least.

per ora *for the time being, for now*

Per ora non dico niente a papà.

For the time being, I won't say anything to dad.

perciò *therefore, so*

È tardi; **perciò,** torniamo a casa.

It's late; so let's go home.

giorno per giorno (mese) *day by day (month)*

Perde peso **giorno per giorno.**

He is losing weight day by day.

su per giù *more or less*

Vale **su per giù** cento dollari.

It's worth more or less one hundred dollars.

e. Other prepositions:

dare su *with a view on, to look/open onto*

L'appartmento **da sul** mare.

The apartment has a view on the sea.

intorno a *around*

Gli astronauti hanno fatto un giro **intorno** alla luna.

The astronauts circled around the moon.

> senza dubbio *without a doubt, undoubtedly*
> Questo tappeto è **senza dubbio** il più bello.   *This rug is without a doubt the prettiest.*
>
> su...! *come on!*
> **Su,** bambini, alzatevi!   *Come on, children, get up!*
>
> su e giù *up and down*
> Siamo stanchi di andare **su e giù.**   *We're tired of going up and down.*

ESERCIZIO Z-1

Completa le frasi seguenti con l'espressione adatta.

caso	in	in famiglia	indietro	senza dubbio
da	in anticipo	in mezzo	intorno	su e giù
dal mattino	in contanti	in punto	invano	su per giù

1. Celebreremo l'anniversario dei miei genitori _____ con gli zii e con i nonni.

2. Il lavoro delle mine è _____ molto duro.

3. Quei ragazzi studiano _____ alla sera.

4. —_____ quante persone hai invitato alla festa?
   —Circa cinquanta persone.

5. —Avete visto recentemente vostro zio? — Sì, l'abbiamo incontrato ieri per_____ in centro.

6. Guarda davanti a te, Viviana, non guardare _____ .

7. Vado _____ Michele stasera. Sua madre mi ha invitato a cena.

8. Si può andare al polo nord _____ macchina?

9. In quel negozio non accettano nè assegni turistici nè carte di credito. Si deve pagare

   _____ .

10. Il cane si è seduto _____ alla strada e non voleva muoversi.

11. Aurelia è arrivata _____ . Aveva un appuntamento per le due ed è arrivata all'una e mezzo.

12. Il treno è partito alle sei _____ , nè un minuto prima nè un minuto dopo.

13. Abbiamo telefonato _____ tutta la serata. Liliana era a casa ma non ha risposto al telefono.

14. Nei paesini italiani, di sera la gente passeggia _____ per il corso principale.

15. Abbiamo piantato dei fiori _____ alla casa.

MASTERY EXERCISES

ESERCIZIO Z-2

Esprimi le tue opinioni completando le frasi con una preposizione, se necessaria, e un verbo all'infinitivo.

1. Non oso _____ .

2. Preferisco _____ .

3. Mi piacerebbe _____ .

4. Ho incominciato _____ .

5. Ho deciso _____ .

6. Non esiterei mai _____ .

7. Non posso _____ .

8. Vorrei imparare _____ .

9. Non riuscirò mai _____ .

10. Dovrei _____ .

ESERCIZIO Z-3

Completa questa storia con le preposizioni suggerite, se necessario. Alcune preposizioni verranno usate più di una volta.

a	almeno	dopo	nella
accanto	con	in	oltre
al	da	intorno	senza
all'aperto	di	invece	su

Giancarlo e Agata hanno scelto _____ 1. _____ sposarsi tra due mesi _____ 2. _____ municipio *(city*

hall) _____ 3. _____ città in Toscana dove Carmela è nata. Hanno cominciato _____ 4. _____ cercare

un appartamento il giorno in cui hanno deciso _____ 5. _____ sposarsi. _____ 6. _____ effetti, gli

piacerebbe _____ 7. _____ vivere _____ 8. _____ campagna in una casa con _____ 9. _____ due

camere _____ 10. _____ letto. La casa dei loro sogni avrebbe una piscina e un bel giardino

_____ . Il giardino è indispensabile perchè alla giovane coppia piace passare molto tempo
                  11.

fuori a coltivare fiori e piante, a rilassarsi, a cucinare e a mangiare _____ .
                                                                             12.

Un sabato mattina, sono partiti _____ buon'ora, _____ macchina. Per primo, sono
                                   13.   14.

andati _____ visitare una casa fuori dalla città, a dieci chilometro dal loro ufficio. Purtroppo, la
         15.

casa era del tutto orribile, vecchia e molto piccola.

A mezzogiorno _____ di pranzare in un ristorante, Giancarlo e Agata avevano portato
                 16.

qualcosa _____ mangiare. Avevano domandato alla mamma di Agata _____
           17.   18.

preparargli un pranzo che avrebbero mangiato sotto un'albero, _____ a una stradina di
                                                                 19.

campagna. In un cestino *(basket)* _____ plastica, la mamma di Agata aveva messo due porzioni
                                     20.

abbondanti di pasta _____ sugo. _____ alla pasta, c'era del formaggio, una bella
                       21.   22.

insalata e della frutta. Giancarlo e Agata erano contenti _____ riposarsi e hanno mangiato
                                                             23.

_____ gusto e _____ appetito. _____ aver finito _____
   24.   25.   26.   27.

mangiare, sono andati _____ vedere un appartamento che dava _____ una stradina
                         28.   29.

tranquilla e molto bella. L'appartamento era composto di una piccola sala _____ pranzo, un
                                                                             30.

salotto e una camera _____ letto soltanto. Giancarlo ha detto: «Secondo me, quest' apparta-
                        31.

mento è molto bello.» Ad Agata, _____ contrario, l'appartamento non è piaciuto affatto.
                                   32.

Era troppo piccolo e non c'era un giardino. Lei voleva continuare _____ visitare altre case.
                                                                     33.

Ha detto a Giancarlo: «Caro, non essere pronto _____ accettare il primo appartamento che
                                                  34.

vediamo. Non ti preoccupare, se cerchiamo _____ pazienza, _____ dubbio
                                              35.   36.

troveremo la casa per noi. In ogni modo, vale la pena provare.»

ESERCIZIO Z-4

Esprimi quello che Pietro scrive a sua sorella.

1. I'm happy to give you the good news.

   _____

2. I just won the 5-million-dollar lottery.

   _____

3. I succeeded in choosing the six lucky numbers.

   _____

4. I'm surprised at having been so lucky.

   _____

5. Now I can easily pay my college expenses.

   _____

6. I'm unable to express my joy.

   _____

7. I don't dare believe it.

   _____

8. I'm anxious to buy our mother a new fur coat.

   _____

9. I'm sure that our father would like to drive a new sports car.

   _____

10. I've decided to buy you a diamond necklace.

    _____

11. I'm dreaming about becoming a millionaire.

    _____

12. I hope to receive a check soon.

    _____

Part three
Adjective/Adverb and Related Structures

Chapter 23
Adjectives and Adverbs

An adjective is a word that describes a noun or pronoun.

My father speaks *perfect* Italian.
He is *tall* and *slim*.

An adverb is a word that modifies a verb, an adjective, or another adverb.

My father speaks Italian *perfectly*.
He is *very* active and swims *very* well.

[1] ADJECTIVES

Italian adjectives agree in gender and number with the nouns or pronouns they modify.

a. Gender of adjectives

(1) Adjectives ending in -*o* form the feminine by changing final -*o* to -*a*.

MASCULINE	FEMININE	
nuov*o*	nuov*a*	*new*
piccol*o*	piccol*a*	*small, little*
alt*o*	alt*a*	*tall*
spagnol*o*	spagnol*a*	*Spanish*

(2) Most adjectives ending in -*e* or -*a* have similar masculine and feminine forms.

MASCULINE	FEMININE	
facil*e*	facil*e*	*easy*
grand*e*	grand*e*	*big, large*
difficil*e*	difficil*e*	*difficult*
pessimist*a*	pessimist*a*	*pessimistic*
ros*a*	ros*a*	*pink*
viol*a*	viol*a*	*purple*

NOTE: The adjective *blu* is invariable.

      Metterò **la camicia blu** con **il pantalone blu**.   *I'll wear the blue shirt with the blue pants.*

b. Plural of adjectives

(1) Masculine adjectives ending in -*o* form the plural by changing final -*o* to -*i*.
Feminine adjectives ending in -*a* form the plural by changing final -*a* to -*e*.

SINGULAR		PLURAL		
MASCULINE	FEMININE	MASCULINE	FEMININE	
nuov**o**	nuov**a**	nuov**i**	nuov**e**	*new*
piccol**o**	piccol**a**	piccol**i**	piccol**e**	*small, little*
alt**o**	alt**a**	alt**i**	alt**e**	*tall*
spagnol**o**	spagnol**a**	spagnol**i**	spagnol**e**	*Spanish*

(2) Masculine singular adjectives ending in *-io* drop final *-o* in the masculine plural.

SINGULAR	PLURAL	
vecch*io*	vecch*i*	*old*
parecch*io*	parecch*i*	*several*

(3) Adjectives ending in *-e* form the plural by changing final *-e* to *-i*.

SINGULAR	PLURAL	
facil*e*	facil*i*	*easy*
grand*e*	grand*i*	*big, large*
difficil*e*	difficil*i*	*difficult*

NOTE:

1. Feminine adjectives ending in *-ca, -ga, -cia,* or *-gia* as well as masculine adjectives ending in *-co, -go,* or *-io* form their plural according to the rules given for nouns with similar endings (see Chapter 17).

2. The adjectives *qualche* and *alcuni(e)* always have a plural meaning, although *qualche* precedes singular nouns only.

qualche amico *some friends*	alcune amiche *some friends*
qualche rivista *some magazines*	alcuni libri *some books*

3. The adjective *ogni* is invariable both in gender and number.

ogni ragazzo *every boy*	ogni giorno *every day*
ogni ragazza *every girl*	ogni tre giorni *every three days*

4. When one adjective modifies two or more nouns of different gender, the adjective is in the masculine plural form.

Mio **zio** e mia **zia** sono **generosi**.   *My uncle and my aunt are generous.*

ESERCIZIO A

Scegli alcuni alunni della tua classe d'italiano e descrivili usando gli aggettivi seguenti.

allegro	intelligente	popolare	simpatico
ambizioso	maleducato	puntuale	spiritoso
cortese	onesto	sensibile	sportivo
gentile	pigro	serio	studioso

ESEMPI: **Gino è intelligente.**
Elisa e Rossana sono gentili.

1. _____

2. _____

3. _____

4. _____

5. _____

6. _____

7. _____

8. _____

9. _____

10. Tutti i ragazzi sono _____ .

ESERCIZIO B

Tu e tua sorella non siete mai della stessa opinione. Usando il contrario degli aggettivi delle frasi seguenti, indica che cosa dice tua sorella per contraddirti.

ESEMPIO: Questa camera è sporca.
Al contrario, questa camera è **pulita.**

1. Questo criminale è colpevole.

_____

2. Questo libro è interessante.

_____

3. Questi pantaloni sono bagnati.

_____

4. Questa scatola è pesante.

_____

5. Gisella è grande.

_____

6. Lucia e Enza sono brutte.

_____

7. Marta e Nicoletta sono tristi.

_____

8. Il sacco è pieno.

_____

9. Questa minestra è cattiva.

_____

10. Io sono magra.

_____

ESERCIZIO C

L'inizio dell'anno scolastico si avvicina. Tutti vanno a comprarsi dei nuovi vestiti. Descrivi quello che questi ragazzi si comprano.

ESEMPI: Cecilia / una giacca OR: Michele / delle scarpe

Cecilia ha una giacca vecchia. **Michele ha delle scarpe vecchie.**
Si compra una giacca nuova. **Si compra delle scarpe nuove.**
Che bella giacca! **Che belle scarpe!**

1. Rita / una borsa

———————————————————————

———————————————————————

———————————————————————

2. Michele / delle camicie

———————————————————————

———————————————————————

———————————————————————

3. Ruggero / una cravatta

———————————————————————

———————————————————————

———————————————————————

4. Daniele e Lisetta / delle calze

———————————————————————

———————————————————————

———————————————————————

5. Piero / una sciarpa

———————————————————————

———————————————————————

———————————————————————

6. Carmela / delle gonne

———————————————————————

———————————————————————

———————————————————————

7. Maurizio / una maglietta

———————————————————————

———————————————————————

8. Bernardo / una cintura

_____

_____

_____

c. Agreement of adjectives

(1) Adjectives agree in gender and number with the noun or pronoun they modify.

Gina è **una ragazza allegra**.   *Gina is a cheerful girl.*

Questi **bambini** sono **carini**.   *These children are cute.*

NOTE: Participles used as adjectives also agree with the nouns they modify.

Il televisore è **acceso** o **spento**?   *Is the television on or off?*

Le **finestre** sono **rotte**.   *The windows are broken.*

(2) An adjective modifying two or more nouns of different genders is masculine plural.

Alberto e Annamaria sono **contenti**.   *Alberto and Annamaria are happy.*

d. Position of adjectives

(1) Descriptive adjectives normally follow the noun they modify.

una porta **segreta** *a secret door*   i capelli **lunghi** *long hair*

degli amici **generosi** *some generous friends*

(2) A few short descriptive adjectives usually precede the noun.

bello / brutto	altro	giovane / vecchio	caro
buono / cattivo	bravo	grande / piccolo	stesso

Michele mi da spesso dei **buoni consigli**.   *Michele often gives me good advice.*

Abiti ancora allo **stesso indirizzo**?   *Do you still live at the same address?*

NOTE: When the above adjectives are modified by *molto* (very), they follow the noun.

Michele mi da spesso dei **consigli** *molto* **buoni**.   *Michele often gives me very good advice.*

(3) Some adjectives have different meanings, depending on their position. In the normal position after the noun, the meaning tends to be literal. Before the noun, the meaning changes.

una stoffa *cara*   *an expensive material*

un *caro* amico   *a dear (esteemed, cherished) friend*

un autore *cattivo*   *a spiteful (wicked, vicious) author*

un *cattivo* ragazzo   *a bad (naughty) boy*

libri *diversi*   *different books*

diversi libri   *several books*

un uomo *grande*   *a large / tall man*

un *grand'*uomo   *a great man*

una macchina *nuova*	*a newly purchased car*
un *nuovo* amico	*a new friend*
le famiglie *povere*	*the poor families* (without money)
le *povere* famiglie	*the unfortunate families*
un uomo *solo*	*a man alone, a single man* (by himself)
un *solo* uomo	*the only man*
un amico *vecchio*	*an old friend* (age)
un *vecchio* amico	*an old (longtime) friend*

(4) Limiting adjectives—numerals, adjectives of quantity, or possessive and demonstrative adjectives—usually precede the noun.

tre cravatte *three ties*	mia cugina *my cousin*
meno soldi *less money*	quel ragazzo *that boy*

Other limiting adjectives that precede the noun are:

alcuni *some, any*	primo *first*
altro *other*	qualche *some*
certo *certain*	qualsiasi *any*
ogni *each*	tutto *all, whole, every*
parecchio *several*	ultimo *last*

(5) When more than one adjective describes a noun, each adjective is placed in its normal position. Two adjectives in the same position are joined by the conjunction *e*.

un *caro* e *bravo* ragazzo	*a dear, good boy*
una *grande* stanza *soleggiata*	*a large sunny room*
una ragazza *intelligente* e *simpatica*	*a nice, intelligent girl*

ESERCIZIO D

Il professor Pergamena descrive certe differenze tra due studenti della sua classe, Roberto e Tina. Usa gli aggettivi indicati per esprimere quello che dice di loro.

allegro	egoista	grosso	pigro	spiritoso
antipatico	espansivo *(outgoing)*	magro	serio	studioso
comico	generoso	malinconico	simpatico	timido

ESEMPIO: **Roberto è comico e Tina è seria.**

1. _____

2. _____

3. _____

4. _____

5. _____

6. _____

ESERCIZIO E

Un tuo cugino si è appena sposato. Usando gli aggettivi tra parentesi, descrivi l'appartamento della giovane coppia.

ESEMPIO: un divano *(grande, moderno)*
Hanno **un grande divano moderno.**

1. un appartamento *(nuovo, stupendo)*

   _____

2. uno stereo *(vecchio, rotto)*

   _____

3. un tavolino *(piccolo, bianco)*

   _____

4. dei mobili *(caro, moderno)*

   _____

5. delle sedie *(morbido, grande)*

   _____

6. una lampada *(grande, europeo)*

   _____

ESERCIZIO F

Un tuo amico ti sta mostrando il suo fotoalbum. Usando il sostantivo in neretto e l'aggettivo tra parentesi, indica come il tuo amico ti descrive le persone delle foto.

ESEMPIO: Quest'**uomo** non ha famiglia. *(solo)*
È un uomo solo.

1. Questo **vestito** costa molto. *(caro)*

   _____

2. Questa **donna** è molto rispettata. *(grande)*

   _____

3. Questa **famiglia** non ha soldi, vive di elemosina. *(povero)*

   _____

4. Questa **radio** data dalla mia infanzia. *(vecchio)*

   _____

5. Questo **ragazzo** è maleducato. *(cattivo)*

   _____

6. Questi **gemelli** non hanno niente in comune. *(diverso)*

_____

7. Mio nonno ha appena comprato questa **motocicletta.** *(nuovo)*

_____

8. Quest'**uomo** ha novant'anni. *(vecchio)*

_____

ESERCIZIO G

Fra qualche giorno il tuo amico Carlo parte per Roma; purtroppo non parla italiano. Aiutalo a imparare a dire le frasi seguenti in italiano.

1. I'm looking for the old Hotel Paradiso.

_____

2. I need a large room with many big windows.

_____

3. I intend to spend a few days here.

_____

4. I'm going to take several interesting tours.

_____

5. This is my new camera.

_____

6. My friends want many good pictures of the monuments.

_____

7. Many people have told me that this is a great city.

_____

8. I was going to travel with various friends but these poor friends had to work.

_____

ESERCIZIO H

Scegli tra gli aggettivi suggeriti per descrivere al tuo corrispondente italiano alcuni posti interessanti da vedere negli Stati Uniti.

bello	famoso	impressionante	spettacolare
carino	grande	magnifico	stupendo
elegante	importante	rinomato	vecchio

ESEMPIO: Radio City *(un teatro)*
            È un grande teatro.

1. L'Alamo *(fortezza)*

_____

2. Disney World *(un luna park)*

_____

3. L'Empire State Building *(un grattacielo)*

_____

4. Il Lincoln Memorial e la Statua della Libertà *(dei monumenti)*

_____

5. Il Golden Gate *(un ponte)*

_____

6. Lo Smithsonian e il Guggenheim *(dei musei)*

_____

7. Saint Patrick *(una cattedrale)*

_____

8. Miami Beach e Virginia Beach *(delle spiagge)*

_____

9. Yosemite e Yellowstone *(dei parchi)*

_____

10. Hollywood e Vine *(delle strade)*

_____

e. Shortened forms of adjectives: *bello, buono,* and *grande.*

(1) **When the adjective *bello* precedes the noun, it takes the same endings as the definite article.**

MASCULINE				FEMININE		
SINGULAR			PLURAL		SINGULAR	PLURAL
il	lo	l'	i	gli	la	l'	le
bel	bello	bell'	bei	begli	bella	bell'	belle

un bel ragazzo	dei begli uomini	una bella ragazza	delle belle ragazze
un bello studente	dei bei ragazzi	una bell'Italiana	
un bell'uomo			

NOTE: When *bello* follows the noun it modifies, the regular forms are used —*bello, bella, belli, belle.*

Queste sono **case belle.**   *These are beautiful houses.*

(2) When the adjective *buono* precedes the noun, it takes the same endings as the indefinite article.

MASCULINE		FEMININE	
un	uno	una	un'
buon	buono	buona	buon'

un buon amico   una buona lezione

un buono studente   una buon'amica

(3) When the adjective *grande* precedes the noun, it may become *grand'* before a singular noun beginning with a vowel or *gran* before a singular noun beginning with a consonat (except *z* and *s* + consonant). In the plural, only the form *grandi* is used.

un grand'amico   una grand'amica   dei grandi amici e delle grandi amiche

un gran pittore   una gran pittrice   dei grandi pittori e delle grandi pittrici

NOTE: When *grande* follows a noun, the regular forms *grande* and *grandi* are used.

Vorrei **un** appartamento   *I would like a big*
grande.   *apartment.*

ESERCIZIO I

Usando la forma adatta dell'aggettivo tra parentesi, completa questa lettera che stai scrivendo a un'amica.

Cara Giulia,

Ti mando tanti saluti da questa bella città siciliana dove sto passando una _____ vacanza con i
1. (buono)

miei genitori. Siamo alloggiati in un _____ albergo vicino al porto. L'albergo si chiama il
2. (grande)

_____ Paradiso e accanto, c'è una chiesa molto _____ di stile barocco. A due passi
3. (Grande)   4. (bello)

dalla chiesa ci sono dei _____ palazzi costruiti più di quattrocento anni fa. Ma il più
5. (grande)

_____ palazzo è quello del Duca Germani che ha una veduta spettacolare sulla città. Alcuni
6. (bello)

giorni fa, siamo andati a un immenso luna park con delle _____ amiche di Annamaria e
7. (buono)

l'indomani abbiamo visitato il _____ zoo della città. Ci siamo divertite un sacco. Purtroppo la
8. (grande)

vacanza sta per finire e partiremo giovedì prossimo. I miei genitori e io ti mandiamo un

_____ abbraccio.
9. (grande)

La tua _____ amica, Marta
10. (buona)

[2] ADVERBS

a. Adverbs are formed by adding -*mente* to the feminine singular form of the adjective.

certo	certa**mente**	*certainly*
lento	lenta**mente**	*slowly*
cortese	cortese**mente**	*courteously*
forte	forte**mente**	*strongly*

Exceptions:

altro	altrimenti	*otherwise*
leggero	leggermente	*lightly*
violento	violentemente	*violently*

b. To form adverbs of feminine singular adjectives ending in -*le* or -*re* preceded by a vowel, the final -*e* is dropped before adding -*mente*.

facile	facil**mente**	*easily*
gentile	gentil**mente**	*kindly*
regolare	regolar**mente**	*regularly*

c. Some adverbs have forms distinct from the adjective forms.

ADJECTIVE	ADVERB
buono *good*	**bene** *well*
cattivo *bad*	**male** *badly*
migliore *better*	**meglio** *better*
peggiore *worse*	**peggio** *worse*

Roberto è **un buon musicista** e *suona bene* il pianoforte.

Roberto is a good musician and plays the piano well.

Giacomo è **un ragazzo cattivo**, *tratta male* le sue sorelle.

Giacomo is a bad boy, he treats his sisters badly.

d. Some adverbs have the same form as the adjective.

abbastanza *enough*	**molto** *much*	**quasi** *almost*
assai *much*	**più** *more*	**troppo** *too much*
meno *less*	**poco** *little*	

ADJECTIVE	ADVERB
Gina ha **molte** amiche.	Gina è **molto** amichevole.
Ho **pochi** dischi.	I dischi sono **poco** buoni.
Hai **troppi** vestiti.	Sono **troppo** vecchi.

e. A few adjectives are used adverbially in the masculine singular in certain fixed expressions.

basso:	**parlare basso**	*to speak quietly*
caro:	**pagare caro**	*to pay (for) dearly*
chiaro:	**parlare chiaro**	*to speak clearly, honestly*

diritto:	**andare diritto**	*to go straight ahead*
duro:	**lavorare duro**	*to work hard*
forte:	**parlare forte**	*to speak loudly*
piano:	**camminare piano**	*to walk slowly*
veloce:	**camminare veloce**	*to walk quickly*

f. Adverbial phrases may be formed by using *con* + noun.

La signora cantava **con tristezza.**	*The woman sang with sadness (sadly).*
Salutò gli amici **con cortesia.**	*She greeted her friends with courtesy (courteously).*

ESERCIZIO J

Giancarlo descrive come i suoi amici si sono comportati mentre discutevano insieme. Riscrivi le frasi con l'avverbio adatto.

ESEMPIO: Michele ascoltava. *(attento)*
   Michele ascoltava **attentamente.**

1. Tutti discutevano. *(intenso)*

_____

2. Silvia parlava. *(rapido)*

_____

3. Arturo interrompeva. *(continuo)*

_____

4. Maria criticava. *(dolce)*

_____

5. Peppe si arrabbiava. *(facile)*

_____

6. Tutti scherzavano. *(animato)*

_____

ESERCIZIO K

Renzo impara a guidare. Cambia gli aggettivi in avverbi e descrivi una sua lezione.

ESEMPIO: *(lento)* All'inizio Renzo guida **lentamente.**

1. *(dolce)* Il professore gli parla _____ .

2. *(rapido)* Renzo comincia a guidare _____ .

3. *(severo)* Il professore lo rimprovera _____ .

4. *(sincero)* Renzo lo rassicura _____ .

5. *(duro)* Il professore lo guarda _____ .

6. *(paziente)* Gli ripete le regole _____ .

7. *(attento)* Renzo l'ascolta _____ .

8. *(prudente)* Nonostante ciò, non si comporta _____ .

9. *(serio)* Il professore si arrabbia _____ .

10. *(brusco)* Renzo ferma la macchina _____ .

11. *(cattivo)* Il professore guarda Renzo _____ .

12. *(timido)* Renzo si scusa _____ .

ESERCIZIO L

Completa la storia di Mirella cambiando in avverbi gli aggettivi suggeriti tra parentesi.

Vado _____ in un piccolo ristorante che ha aperto _____ vicino
    1. (regolare)   *2. (recente)*

casa mia. Il proprietario è un uomo che conosco _____ da poco tempo però con il
                                        3. (solo)

quale ho legato amicizia _____ . Parla italiano _____ .
               4. (immediato)   *5. (corrente)*

_____ , tutti i piatti del menù sono delle specialità italiane, _____
    6. (Naturale)   *7. (accurato)*

preparate. Sono _____ fiera del mio nuovo amico perchè si occupa
                 8. (enorme)

_____ e _____ dei suoi affari. _____ , guadagna
    9. (prudente)   *10. (serio)*   *11. (Fortunato)*

molti soldi e li spende _____ . Il mio amico mi tratta _____ bene;
                     12. (sensibile)   *13. (estremo)*

mi invita spesso a mangiare _____ . Gli dico _____ quanto
                           14. (gratuito)   *15. (costante)*

ammiro la sua cucina _____ squisita. Non esagero, non gli farei dei complimenti
                     16. (vero)

_____ , non sono una persona che si contenta _____ . Lui è
    17. (altro)   *18. (facile)*

_____ felice di sentire questi complimenti che non gli faccio _____ .
    19. (assoluto)   *20. (leggero)*

ESERCIZIO M

Completa le frasi seguenti con l'avverbio adatto.

assai	chiaro	duro	male	molto	piano
basso	diritto	forte	me1	peggio	più

ESEMPIO: Luca aiuta Gianni a fare i compiti. Lavorano **insieme.**

1. —Gianni, non ti sento, parla più _____ .

2. Elena non studia abbastanza. Deve studiare di _____ .

3. —Credo di avere pagato troppo per quest'anello. —Infatti, hai pagato _____ .

4. Questo ragù ha cattivo gusto. Ho fatto _____ a metterci tante spezie *(spices)* diverse e tanto sale.

5. Per arrivare alla spiaggia, gira a destra e vai _____ . In fondo alla strada vedrai la spiaggia pubblica.

6. A Enrico piace aiutare sua madre. Si diverte _____ a cucinare.

7. I bambini dormono, parla _____ , per favore.

8. Michele va a scuola, studia e lavora ogni giorno dalle quattro a mezzanotte. Poverino, lavora _____ .

9. Perchè hai sempre fretta. Cammina _____ , nessuno ti corre dietro.

10. Anna è la migliore musicista del complesso. Suona _____ di tutti.

11. Se hai qualche critica da fare, parla _____ . Dimmi onestamente e direttamente quello che pensi.

12. Riccardo è il peggiore giocatore di tennis. Gioca _____ di suo fratello.

g. Other common adverbs:

allora *then*	**forse** *perhaps, maybe*	**pressappoco** *about, around*
altrimenti *otherwise*	**fuori** *outside*	**prima** *before*
anche *also, too*	**già** *already*	**qua/qui** *here*
ancora *still, yet*	**infatti** *in fact*	**quanto** *as much as*
appena *hardly, barely, just*	**infine** *at last*	**presto** *soon*
apposta *on purpose*	**insieme** *together*	**sempre** *always, still*
circa *about, around*	**intanto** *meanwhile*	**sopra** *above, on top of*
come *as*	**là/lì** *there*	**soprattutto** *especially*
così *thus, so*	**lontano** *far*	**sotto** *under, below*
dappertutto *everywhere*	**mai** *never*	**spesso** *often*
davanti *in front of*	**ora/adesso** *now*	**tanto** *as much*
dentro *in, inside*	**parecchio** *much*	**tardi** *late*
dietro *behind*	**piuttosto** *rather*	**tutto** *quite, entirely*
finora *until now*	**poi** *then*	**vicino** *near*

Allora, andiamo **insieme** da Marta?	*Well then, are we going together to Marta's?*
Vieni **anche** tu con noi?	*Are you coming with us too?*
Infatti, lo fanno **sempre apposta.**	*In fact, they always do it on purpose.*
È **già** mezzanotte, e le ragazze non sono ancora rientrate!	*It's already midnight, and the girls haven't come home yet!*
Domandami scusa, **altrimenti** non vengo.	*Apologize, otherwise I won't come.*

ESERCIZIO N

Completa le frasi con l'equivalente dell'espressione tra parentesi.

1. Ci vai _____ da Marcella?
     (often)

2. Sì, ma sono a casa sua _____ cinque minuti e incomincia a parlare di Gregorio.
     (barely)

3. E poi, invece di fare il caffè, telefona _____ ad altre amiche.
     (always)

4. Le ho detto che _____ deve darmi retta _____ se non ho
     (before)   (especially)

     _____ mangiato.
     (yet)

5. _____ mi ascolta e _____ siamo _____
     (At last)   (soon)   (outside)

     all'aperto, volendo divertirci _____ possibile.
                                     (as much as)

ESERCIZIO O

Completa le frasi seguenti con un avverbio adatto.

ESEMPIO: Invece di mettere il libro a terra, mettilo **sopra lo** scaffale.

1. Claudia abita _____ a me, proprio a due passi da casa mia.

2. _____ di tutto, non puoi uscire da solo.

3. Non sono _____ le due e hai già finito tutti i compiti?

4. Prima fai il lavoro, e _____ puoi giocare con i videogiochi.

5. Mettiti _____ alla classe per recitare la tua poesia.

6. Per farmi arrabbiare, lo fai _____ !

7. Sono _____ le otto e Gianni non è ancora arrivato.

8. Se non ti piace stare lì, vieni _____ .

9. Voglio che tu finisca tutto _____ e non più tardi.

10. Giulio abita molto _____ da qui. Ci mette un'ora per arrivare.

ESERCIZIO P

Clara e Stefanina sono gemelle ma non vanno mai d'accordo. Completa le frasi di Stefanina le quali esprimono l'opposto di quello che dice Clara.

1. CLARA: Voglio andare fuori.

STEFANINA: Io invece voglio rimanere _____ .

2. CLARA: Preferisco mettere il vaso dei fiori qui.

STEFANINA: Io invece preferisco metterlo _____ .

3. CLARA: Mettiamo i cuscini sopra il divano.

STEFANINA: No, mettiamoli _____ il tavolino.

4. CLARA: Per le vacanze andiamo a un posto lontano da casa.

STEFANINA: No, andiamo invece a un luogo _____ a casa.

5. CLARA: A me piace mangiare presto la sera.

STEFANINA: Io invece preferisco mangiare _____ la sera.

6. CLARA: Vado spesso in città.

STEFANINA: Io non vado _____ in città.

h. Some adverbial expressions are formed by combining prepositions with other words.

(1) Preposition + noun or noun phrase:

a destra *to the right*	**d'un tratto** *all of a sudden*
a sinistra *to the left*	**dal mattino alla sera** *from morning to night*
a meraviglia *wonderfully well, marvelously*	**di corsa** *running, in a hurry*
	di rigore *(socially) obligatory, required*
a tempo *in time*	**in anticipo** *in advance, beforehand*
al giorno (alla settimana, al mese...) *per day (per week, per month . . .)*	**in fretta** *in a hurry*
	in ritardo *late*
all'ora *on time*	**per caso** *by chance*
alla fine *finally*	**senza dubbio** *without a doubt, undoubtedly*
alla volta *at the same time*	

Prima gira **a destra** e poi **a sinistra**.	*First turn to the right and then to the left.*
Perchè sei sempre **in ritardo**?	*Why are you always late?*
Questi corsi sono **di rigore**.	*These courses are required.*

Cammina sempre **in fretta**.	*He always walks in a hurry.*
Puoi contare su di me. Io verrò **senza dubbio**.	*You can count on me. I'll undoubtedly come.*
Gino lavora **dal mattino alla sera**.	*Gino works from morning to night.*
Quante ore **al giorno** lavorate?	*How many hours a day do you work?*

(2) Preposition + adjective:

di conseguenza *therefore, consequently* **di nuovo** *again*	**di solito** *usually, generally* **in genere** *in general, generally*

Di solito, mia madre cucina meravigliosamente.	*Usually, my mother cooks marvelously.*
In genere, studio abbastanza.	*Generally, I study enough.*
È caduta **di nuovo**?	*She fell again?*

(3) Preposition + adverb:

fra l'altro *besides* **per lo meno** *at least, in any case*	**per sempre** *forever*

Non chiamarla; **fra l'altro** non risponde mai.	*Don't call her; besides she never answers.*
Ha detto che mi amerà **per sempre**.	*He said that he will love me forever.*
Per lo meno, non dire bugie.	*At least, don't tell lies.*

(4) Preposition + adjective + noun:

a tutti i costi *at any cost* **di buon'ora** *early* **di buon cuore** *willingly, gladly*	**di buon appetito** *heartily, with a good appetite* **allo stesso tempo** *at the same time*

Devo andare in Italia **a tutti i costi**.	*I must go to Italy at any cost.*
Fallo **di buon cuore** o non lo fare affatto!	*Do it willingly or don't do it at all!*
Mio padre si alza sempre **di buon'ora**.	*My father always gets up early.*
Sono partite **allo stesso tempo**.	*They left at the same time.*

ESERCIZIO Q

Completa questa storia di un impiegato dedicato.

Pietro Rinaldi lavora _____ . _____ si alza
               1. (from morning to night)   *2. (Usually)*

_____ . _____ fa colazione
     3. (early)   *4. (Generally)*

_____ . Arriva in ufficio _____ . Lavora senza
     5. (heartily)   *6. (on time)*

prendere nemmeno un minuto di riposo. È così organizzato che riesce a parlare al telefono e a scrivere i

suoi rapporti _____ . Si prende _____ dieci minuti
7. (at the same time)   8. (hardly)

di sosta a mezzogiorno per mangiare. _____ , finisce molto lavoro in una
9. (Consequently)

giornata. In più, il suo capo l'ammira perchè Pietro fa tutto _____ .
10. (willingly)

_____ della giornata è _____ sfinito. Lascia
11. (At the end)   12. (certainly)

l'ufficio abbastanza tardi e, _____ , arriva _____
13. (again)   14. (late)
per la cena.

ESERCIZIO R

Usando le espressioni indicate, completa le frasi di Gabriele che parla con suo fratello.

a meraviglia	di buon appetito	di nuovo	in anticipo	in genere
alla settimana	di corsa	fra l'altro	in fretta	per caso

1. Paolo ha finito tutta la pasta! Mangia sempre _____ .

2. Mariella è una ragazza con tanti talenti. Tutto quello che fa lo fa _____ !

3. Telefona a Gianni e digli di venire _____ . Suo padre sta male.

4. Adesso lavoro quaranta ore _____ .

5. Quando facciamo qualcosa la facciamo sempre _____ perchè non
abbiamo mai abbastanza tempo.

6. Marisa non mi piace. Mi critica sempre, è egoista e _____ è antipatica.

7. _____ io e la mia ragazza andiamo d'accordo; è raro che ci bisticciamo.

8. La maestra vorrebbe vedere Alba arrivare una volta _____ .

9. Hai _____ trovato l'ombrello di Tonio?

10. Ecco che viene _____ Alberto. Avrà dimenticato qualcosa.

> **i.** The following are common adverbial expressions formed with two or more words:
>
> | | |
> |---|---|
> | **a poco a poco** *little by little, gradually* | **e così via** *and so on, and so forth* |
> | **ancora una volta** *once again* | **neanche per idea!** *never! out of the question!* |
> | **d'ora in poi** *from now on* | **poco fa** *a little while ago* |
> | **d'un tratto** *all of a sudden, suddenly* | **press'a poco** *more or less* |
> | **di tanto in tanto** *from time to time* | **tanto meglio** *so much the better* |
>
> **A poco a poco,** abbiamo finito tutto.   *Little by little, we finished everything.*

Piero è entrato **d'un tratto!**   *Piero entered suddenly!*

Io prestarti dei soldi? **Nemmeno per idea!**   *Me, lend you money? Out of the question!*

Carlo ha perso **press'a poco** venti libbre.   *Carlo has lost more or less twenty pounds.*

Mia zia ci telefona dall'Italia **di tanto in tanto.**   *My aunt phones us from Italy from time to time*

ESERCIZIO S

Completa questo racconto di Adelina.

_____ , sono andata a trovare Ginevra a casa sua. Erano
    1. (A little while ago)

_____ le quattro del pomeriggio. Mentre parlavamo,
    2. (more or less)

_____ si sentiva un piccolo rumore strano. _____
    3. (from time to time)   *4. (Little by little)*

ci siamo avvicinate l'una all'altra perchè avevamo paura. Ci siamo messe a parlare ad alta voce per non

sentire i rumori e scacciare la paura. _____ ! Dopo qualche minuto, abbiamo
                                5. (Out of the question)

sentito _____ un altro rumore strano. Però questa volta, era un rumore molto
    6. (once again)

più forte e più pauroso. Ginevra mi ha detto che c'era una famiglia di topi che abitava nel suo soffitto.

Topi! Odio i topi! _____ se Ginevra vuole vedermi, può venire a trovarmi a
               7. (From now on)

casa mia.

j.   **Position of adverbs**

    (1) Adverbs generally stand closest to the word they refer to. Adverbs generally precede adjectives and in simple tenses are usually placed after the verb.

      I ragazzi non vengono perchè sono **troppo** stanchi.   *The boys aren't coming because they are too tired.*

      Luigi abita **lontano** da scuola.   *Luigi lives far from school.*

      Avevamo dormito **molto** quel giorno.   *We had slept a great deal that day.*

    (2) In compound tenses, the position of the adverb varies. Many adverbs—especially adverbs of manner, time, and place—follow the past participle. A few common adverbs like *affatto, ancora, appena, già, mai, più, sempre* generally stand between the past participle and the helping verb.

      Laura **ha risposto** *dolcemente.*   *Laura answered sweetly.*

      Ieri, il dottore è **venuto** *subito.*   *Yesterday the doctor came immediately.*

      Ti **ho aspettato** un'ora *davanti* al negozio.   *I waited for you in front of the store for one hour.*

      Gli **ho** *già* **parlato.**   *I have already spoken to him.*

      Sono *appena* **arrivato.**   *I've just arrived.*

MASTERY EXERCISES

ESERCIZIO T

Completa ognuna delle situazioni seguenti con un commento adatto usando l'espressione tra parentesi.

  1. Luca e i suoi amici sono partiti per il parco. Ritornano poco dopo. Luca spiega a sua madre: *(sfortunatamente)*

  _____

  2. Il piccolo Andrea ha lasciato tutti i suoi giocattoli a terra. Quando una vicina bussa alla porta, sua madre gli dice: *(di corsa)*

  _____

  3. Oggi è il primo luglio. Il mio compleanno è l'undici luglio. Mia sorella mi dice: *(appena)*

  _____

  4. Renato è a un concerto di rock. Non c'è tanta gente nella sala. Dice al suo amico: *(in genere)*

  _____

  5. Gli attori di una commedia teatrale hanno recitato molto bene però il decoro e i costumi non erano affatto belli. Alice dice: *(senza dubbio)*

  _____

  6. Il signor Donato ha trovato un portafogli con cento dollari e una carta d'identità. Dice a sua moglie: *(ovviamente)*

  _____

  7. Non ti senti bene e hai la febbre alta. Tuo padre ti dice: *(immediatamente)*

  _____

  8. Maria risponde al telefono. Vogliono parlare con qualcuno che non abita lì. Maria gli dice: *(di nuovo)*

  _____

  9. Giuseppe legge un articolo che parla di soggiorni di lunga durata su stazioni spaziali. Giuseppe pensa: *(a tutti i costi)*

  _____

 10. Giorgio è molto stanco ma ha ancora un sacco di cose da fare. Pensa: *(a poco a poco)*

  _____

ESERCIZIO U

Francesca vuole fare la conoscenza di un ragazzo. Essendo superstiziosa, consulta un oroscopo. Esprimi in italiano quello che legge.

1. Capricorno (22/12–20/1)

This person is ambitious, practical, serious, and enthusiastically respects tradition and authority.

_____

_____

2. Acquario (21/1–19/2)

This individual is nice, honest, popular, and entirely accepts others without prejudice.

_____

_____

3. Pesci (20/2–20/3)

This person is sensitive and melancholic and likes to remain alone, completely free to dream.

_____

_____

4. Ariete (21/3–20/4)

These individuals are courageous, energetic, and act naturally and impulsively.

_____

_____

5. Toro (21/4–21/5)

These people are charming and kind but stubborn. They act affectionately to those they love.

_____

_____

6. Gemelli (22/5–21/6)

This person is logical, demonstrative, and often responds impatiently when he is bored.

_____

_____

7. Cancro (22/6–22/7)

This individual is sensitive, sympathetic, acts patiently but is easily influenced by others.

_____

_____

8. Leone (23/7−23/8)

These individuals are creative, determined, proud but extremely authoritative and domineering.

_____

_____

9. Vergine (24/8−23/9)

This person is meticulous, intelligent, hard-working, and follows the rules at any price.

_____

_____

10. Bilancia (24/9−23/10)

These people are happy, well-mannered, and react affectionately and sympathetically.

_____

_____

11. Scorpione (24/10−22/11)

This individual is passionate, energetic, independent, and easily attracts friends.

_____

_____

12. Sagittario (23/11−21/12)

These individuals are friendly, sincere, generous, and act impulsively.

_____

_____

Chapter 24
Comparison

[1] COMPARISON OF INEQUALITY

a. Adjectives are compared as follows:

POSITIVE	bello(-a, -i, -e)
COMPARATIVE	*più* / *meno* bello(-a, -i, -e) *di* or *che*
SUPERLATIVE	*il (la, i, le) più* / *il (la, i, le) meno* bello(-a, -i, -e) *di*

Maria è **intelligente.**	*Maria is intelligent.*
Maria è **più intelligente** di Monica.	*Maria is more intelligent than Monica.*
Monica è **meno intelligente** di Maria.	*Monica is less intelligent than Maria.*
Monica è **più** bella **che** intelligente.	*Monica is prettier than intelligent.*
Maria è **meno** studiosa **che** intelligente.	*Maria is less studious than intelligent.*
Maria è **la più intelligente della** classe.	*Maria is the most intelligent of the class.*
Monica è **la meno intelligente della** classe.	*Monica is least intelligent of the class.*

NOTE:

1. **Comparative and superlative adjectives agree in number and gender with the nouns they modify.**

Le mucche sono più *grosse* delle pecore.	*Cows are bigger than sheep.*
L'elefante è **l'animale** più *grande* di tutti gli animali dell'Africa.	*The elephant is the biggest of all the animals in Africa.*

2. **A noun modified by the superlative form of the adjective usually follows the definite article and precedes *più* or *meno*.**

Il *film* **più lungo** dell'anno.	*The longest film of the year.*
I *bimbi* **più belli** del gruppo.	*The prettiest children of the group.*

   However, in spoken Italian it is common to place the noun after the adjective.

Ieri ho visto **il più alto** *grattacielo* del mondo.	*Yesterday, I saw the tallest skyscraper in the world.*

3. ***Di* (than) generally introduces the second element in the comparative construction except when comparing two adjectives or two nouns, in which case *che* is used.**

Questa sedia è più **comoda di quella.**	*This chair is more confortable than that one.*
Mia sorella è più **generosa di mio fratello.**	*My sister is more generous than my brother.*

   BUT

Questa sedia è più **comoda** *che* bella.	*This chair is more confortable than beautiful.*
Noi abbiamo più **fame** *che* sete.	*We are more hungry than thirsty.*

4. The preposition *di* + article *(del, della, dell', delle, degli)* may follow the comparative or superlative to express *in* or *of.*

La salute è più importante **del** denaro.   *Health is more important than money.*
Giorgio è il ragazzo più simpatico **della** classe.   *Giorgio is the nicest boy in the class.*

5. The subjunctive often follows the superlative.

Luigi è il ragazzo più gentile **che conosca.**   *Luigi is the nicest boy that I know.*

ESERCIZIO A

Il signor Martello fa il paragone dei suoi alunni. Esprimi quello che dice di loro usando le informazioni tra parentesi.

ESEMPI: Roberto è attivo. *(+... Claudio)*
Roberto è **più attivo di Claudio.**

Anna è pigra. *(−... Lucia)*
Anna è **meno pigra di Lucia.**

1. Carlo è curioso. *(−... Riccardo)*

_____

2. Lisa è onesta. *(+... Michele)*

_____

3. Paolo è intelligente. *(+... Giorgina)*

_____

4. Raffaella è indipendente. *(−... Chiara)*

_____

5. Giovanna è nervosa. *(−... Beatrice)*

_____

6. Enrico è sportivo. *(+... Marco)*

_____

7. Giorgio è serio. *(−... Lisetta)*

_____

8. Maria è orgogliosa. *(+...Andrea)*

_____

ESERCIZIO B

Durante una gita a Milano, Enzo fa dei paragoni riguardo a quello che vede. Esprimi quello che dice usando **più.**

ESEMPIO: questa piazza / vecchia / le altre
             Questa piazza **è più vecchia delle altre.**

1. questa chiesa / bella / le altre

_____

2. questo palazzo / moderno / l'altro

_____

3. quel museo / interessante / questo

_____

4. questi negozi / cari / gli altri

_____

5. quella fontana / sporca / questa

_____

6. questo mercato / affollato / il mercato del mio quartiere

_____

ESERCIZIO C

Fai il paragone degli articoli seguenti esprimendo la tua opinione riguardo al loro valore.

ESEMPIO: una macchina da scrivere / un computer
             Una macchina da scrivere **è meno cara di** un computer.

   OR: Un computer **è più caro di** una macchina da scrivere.

1. un castello / un villino

_____

2. un aereo / una macchina

_____

3. una pelliccia / un cappotto di lana

_____

4. una bicicletta / una motocicletta

_____

5. un viaggio in Europa / un viaggio in Florida

_____

6. un vestito di seta / un pantalone di cotone

_____

7. una radio portatile / uno stereo

_____

8. un televisore / un videoregistratore

_____

ESERCIZIO D

Fai il paragone degli elementi seguenti. Usando gli aggettivi tra parentesi, esprimi la tua opinione.

ESEMPIO: i cartoni animati / i libri scolastici *(divertenti, istruttivi)*
            I cartoni animati **sono più divertenti dei** libri scolastici.
            I cartoni animati **sono meno instruttivi dei** libri scolastici.

1. la giardinetta *(station wagon)* / la macchina sportiva *(rapida, comoda)*

_____

_____

2. la cucina americana / la cucina francese *(semplice, ricca)*

_____

_____

3. la musica rock / la musica classica *(chiassosa, noiosa)*

_____

_____

4. il francese / lo spagnolo *(facile, diffuso)*

_____

_____

5. la vita moderna / la vita di una volta *(complicata, calma)*

_____

_____

6. i giornali / i fumetti *(interessanti, difficili da leggere)*

_____

_____

ESERCIZIO E

Contrasta le qualità dei membri della tua famiglia usando gli aggettivi seguenti.

attivo	discreto	intelligente	saggio
audace	divertente	interessante	serio
coraggioso	energico	onesto	spiritoso
coscienzioso	generoso	paziente	studioso
curioso	gentile	pigro	timido

ESEMPIO: **Io sono più attivo(a) di mia sorella.**

1. _____

2. _____

3. _____

4. _____

5. _____

6. _____

7. _____

8. _____

9. _____

10. _____

ESERCIZIO F

Usando una frase con due aggettivi, descrivi la tua personalità.

ESEMPIO: allegro / serio
Sono più allegro che serio.

1. alto / basso

_____

2. intelligente / studioso

_____

3. bravo / bello

_____

4. ottimista / pessimista

_____

5. istintivo / razionale

_____

6. impetuoso / riflessivo

_____

ESERCIZIO G

Esprimi la tua opinione più positiva e più negativa riguardo alle categorie seguenti.

ESEMPIO: l'uomo / generoso
            L'uomo più generoso è Babbo Natale.
            L'uomo meno generoso è Scrooge.

1. la trasmissione televisiva / divertente

_____

_____

2. la macchina / lussuosa

_____

_____

3. i musicisti / bravi

_____

_____

4. l'attore / bello

_____

_____

5. l'animale / feroce

_____

_____

6. il film / interessante

_____

_____

b. A few adjectives have irregular comparatives and superlatives.

POSITIVE	COMPARATIVE	SUPERLATIVE
buono(-a, -i, -e) *good*	**migliore(-i)** *better*	**il (la) migliore** **i (le) migliori** *(the) best*
cattivo(-a, -i, -e) *bad*	**peggiore(-i)** *worse*	**il (la) peggiore** **i (le) peggiori** *(the) worst*
piccolo(-a, -i, -e) *small*	**minore(-i)** *smaller, younger*	**il (la) minore** **i (le) minori** *(the) smallest, youngest*
grande(-a, -i, -e) *big, old*	**maggiore(-i)** *larger, older*	**il (la) maggiore** **i (le) maggiori** *(the) largest, oldest*

La primavera è **la migliore** stagione per viaggiare.	*Spring is the best season to travel.*
I tuoi voti sono **peggiori** dei miei.	*Your grades are worse than mine.*
La mia sorella **minore** si chiama Elsa.	*My younger sister's name is Elsa.*

NOTE:

1. The preceding adjectives are also compared regularly.

POSITIVE	COMPARATIVE	SUPERLATIVE
buono *good*	**più buono** *better*	**il più buono** *the best*
cattivo *bad*	**più cattivo** *worse*	**il più cattivo** *the worst*
piccolo *small, young*	**più piccolo** *smaller*	**il più piccolo** *the smallest*
grande *big, old*	**più grande** *bigger*	**il più grande** *the biggest*

2. *Migliore* and *peggiore* generally precede the noun they modify. *Maggiore* and *minore* usually follow the noun.

il miglior(e) libro *the best book*	*il* fratello *maggiore* *the oldest brother*
la peggior(e) lezione *the worst lesson*	*la* sorella *minore* *the youngest sister*

3. The irregular comparative and superlative forms of *buono* and *cattivo* are more commonly used than the corresponding regular forms. However, they are interchangeable.

4. *Più grande* and *più piccolo* are generally used when referring to size although they may also refer to age. *Maggiore* and *minore* are used when referring to age.

Giorgio è **più grande** di Pietro.	*Giorgio is bigger than Pietro.*
Giorgio è **il maggiore** della famiglia.	*Giorgio is the oldest in the family.*

ESERCIZIO H

Chi o che cosa, secondo te, è il migliore e il peggiore in ogni categoria?

ESEMPIO: giocatore di tennis
Pete Sampras è il migliore giocatore di tennis.
Mio fratello è il peggiore.

1. film

_____

_____

2. disco

_____

_____

3. programma televisivo

_____

_____

4. romanzo

_____

_____

5. squadra di football

_____

_____

6. complesso musicale

_____

_____

7. attrice

_____

_____

8. cantante

_____

_____

9. cibo

_____

_____

10. giocatore di basket

_____

_____

ESERCIZIO I

Rispondi alle domande seguenti ed esprimi la tua opinione.

1. Qual è il migliore negozio della tua città?

_____

2. Come si chiama il tuo migliore amico / la tua migliore amica?

_____

3. Nella tua famiglia chi si lamenta delle minime cose?

_____

4. Qual è il migliore film che tu abbia mai visto?

_____

5. Qual è il peggiore problema del mondo?

_____

6. Qual è la migliore macchina che si possa comprare?

_____

7. Chi è la (il) minore della tua famiglia?

_____

8. Qual è la tua migliore materia?

_____

c. Adverbs are compared as follows:

POSITIVE	**rapidamente**	*rapidly*
COMPARATIVE	**più (meno) rapidamente**	*more (less) rapidly*
SUPERLATIVE	**il più (meno) rapidamente**	*the most (least) rapidly*

Io parlo **meno francamente** di lei.   *I speak less frankly than she.*
Carlo mi telefona **più spesso** di prima.   *Carlo calls me more often than before.*
Gina parla **il più lentamente** di tutti.   *Gina speaks the most slowly of all.*

NOTE:

1. The preposition *di* (alone or combined with the definite article) follows the comparative or superlative adverb except when two adverbs are being compared, in which case *che* is used.

Rino corre il **più rapidamente** *di* tutti.   *Rino runs the most rapidly of all.*
Rosa parla italiano **più correntemente** *che* **correttamente.**   *Rosa speaks Italian more fluently than correctly.*

2. The article with superlative adverbs is always *il*.

Maria parla *il* **più rapidamente** di tutti.   *Maria speaks the fastest of all.*

3. In the superlative, the article *il* is often dropped unless *possibile* is used with the verb.

Andrea cammina **più lentamente di tutti.**   *Andrea walks the slowest of all.*
Andrea lavora *il* **più lentamente** *possibile.*   *Andrea works the slowest possible.*

ESERCIZIO J

Gli alunni della classe d'italiano hanno preparato un cartellone per il festival italiano. Quali paragoni fa il maestro tra le ragazze e i ragazzi riguardo al lavoro che hanno fatto.

ESEMPIO: I ragazzi hanno lavorato **più attentamente.** *(+ attento)*

1. I ragazzi hanno disegnato _____ . *(+ attento)*

2. Le ragazze hanno ritagliato le immagini _____ . *(− accurato)*

3. I ragazzi hanno collaborato insieme _____ . *(+ facile)*

4. Le ragazze hanno fatto _____ delle domande interessanti. *(− frequente)*

5. Le ragazze hanno ascoltato i miei suggerimenti _____ . *(+ serio)*

6. Le ragazze hanno criticato i ragazzi _____ . *(+ gentile)*

ESERCIZIO K

Alcuni genitori fanno il paragone dei loro figli. Indica quello che dicono usando i verbi tra parentesi.

ESEMPIO: Monica è più onesta di Lucia. *(parlare)*
Monica **parla più onestamente** di Lucia.

1. Giovanni è meno prudente di suo fratello. *(guidare)*

_____

2. Renata è più originale di sua sorella. *(vestirsi)*

_____

3. Luciano è più paziente degli altri ragazzi. *(ascoltare)*

_____

4. Luisa è meno cortese di Agata. *(esprimersi)*

_____

5. Riccardo è più lento di Franco. *(fare tutto)*

_____

6. Daniele è più serio di Giuliano. *(lavorare)*

_____

7. Maurizio è meno attento di suo cugino. *(giocare)*

_____

8. Sergio è più gentile di Daniele. *(comportarsi)*

_____

ESERCIZIO L

Esprimi come i membri della famiglia Danieli si distinguono.

ESEMPIO: Rosalba / parlare / di maniera chiara *(+)*
Rosalba parla il più chiaramente della famiglia.

1. La signora Danieli / correre / di maniera rapida *(−)*

_____

2. Elena / lavorare / di maniera accurata *(+)*

_____

3. Gabriele / contare / di maniera rapida *(+)*

_____

4. Chiara / studiare / di maniera rigorosa *(−)*

_____

5. Mirella / comportarsi / di maniera educata *(+)*

_____

6. Il signor Danieli / fare le pulizie / di maniera veloce *(+)*

_____

d. A few adverbs have irregular comparive and superlative forms.

POSITIVE	COMPARATIVE	SUPERLATIVE
bene *well*	**meglio** *better*	**il meglio** *the best*
male *badly*	**peggio** *worse*	**il peggio** *(the) worst*
molto *much*	**più** *more*	**il più** *(the) most*
poco *little*	**meno** *less*	**il meno** *(the) least*

Tu canti **bene** ma io canto **meglio di** te.   *You sing well but I sing better than you.*
Lui ha giocato **il meglio di** tutti.   *He played the best of all.*
Tu studi sempre **il meno** possibile.   *You always study the least possible.*

NOTE:

1. The article *il* of the superlative is often dropped except when *possibile* is used in the sentence.

Io ho cantato **(il) meglio di** tutti.   *I sang the best of all.*
Loro spendono *il* **meno** *possibile.*   *They spend the least possible.*

2. *Più* and *meno* become *di più* and *di meno* when not followed by a noun.

Quando faccio dieta mangio **meno** *dolci.*   *When I'm on a diet I eat less sweets.*
Mangio **di meno.**   *I eat less.*

ESERCIZIO M

Fai un commentario dei giocatori della squadra di calcio della tua scuola.

ESEMPIO: Chi gioca bene? *(Gianni / Paolo / Ruggero)*
Gianni gioca bene.
Paolo gioca meglio.
Ruggero gioca (il) meglio di tutti.

1. Chi gioca male? *(Luca, Andrea, Giorgio)*

_____

_____

_____

2. Chi s'interessa molto al calcio? *(Riccardo / Marco / Luciano)*

_____

_____

_____

3. Chi si allena poco? *(Enrico / Aldo / Francesco)*

_____

_____

_____

4. Chi blocca bene? *(Piero / Vincenzo / Ivano)*

_____

_____

_____

e. In the comparative, English *than* is expressed by either *di* or *che* in Italian.

(1) *Di* is generally used before a noun, a pronoun, or a numeral.

Gennaio è più lungo **di febbraio.**	*January is longer than February.*
Giovanni canta più **di te.**	*Giovanni sings more than you.*
Ho letto più **di cinque** romanzi.	*I read more than five novels.*

(2) *Che* is generally used when comparing two elements belonging to the same grammatical category—two adjectives, two adverbs, two verbs, two nouns, two gerunds, and so on.

Carlo è più **studioso** *che* **intelligente.**	*Carlo is more studious than intelligent.*
Gina scrive più **attentamente** *che* **rapidamente.**	*Gina writes more attentively than rapidly.*
Dormire è più facile *che* **lavorare.**	*It's easier to sleep than work.*
Mangiamo meno **carne** *che* **pesce.**	*We eat less meat than fish.*
Dimagrirai più **correndo** *che* **nuotando.**	*You'll lose more weight running than swimming.*

NOTE:

1. *Che* is also used in comparisons followed by a preposition.

L'inverno è **più** bello *in* campagna *che in* città.	*Winter is more beautiful in the country than in the city.*
Il clima è **più mite** *a* Bari *che a* Torino.	*The climate is milder in Bari than in Torino.*

2. Generally, when *più* or *meno* is followed by a conjugated verb *più di quello che* or *meno di quello che* is used.

Ho comprato *più di quello che* occorreva.	*I bought more than what was needed.*
Peso *meno di quello che* pensavo.	*I weigh less than I thought.*

ESERCIZIO N

Completa le frasi seguenti con **di** *o* **che.**

1. Patrizio è più debole _____ lui.

2. Per Natale, ho ricevuto più _____ cento cartoline.

3. Marzo è più lungo _____ febbraio.

4. Questa scatola è più larga _____ lunga.

5. Fa più freddo in inverno _____ in estate.

6. È meno semplice dipingere _____ scrivere.

7. Preferiamo abitare più in città _____ in campagna.

8. Ci sono più musei a Roma _____ a Palermo.

9. Gli Italiani mangiano meno carne _____ verdura.

10. Mia sorella è chiacchierona, dice sempre più di quello _____ dovrebbe.

11. Quella finestra è meno grande _____ questa.

12. Enrico è minore _____ Paolo.

13. Ho speso meno _____ cinquanta dollari.

14. —Scusi signore, lei è arrivato prima _____ loro?

15. Pietro mi sembra più egoista _____ generoso.

16. Si dimagrisce più facendo ginnastica regolarmente _____ seguendo diete impossibili.

[2]   COMPARISON OF EQUALITY

a. Comparisons of equality are expressed by:

tanto + adjective (or adverb) + *quanto* = *as . . . as*

OR:

così + adjective (or adverb) + *come* = *as . . . as*

Claudio è *tanto* buono *quanto* Gregorio.	*Claudio is as good as Gregorio.*
Maria ascolta *così* attentamente *come* Paolo.	*Maria listens as attentively as Paolo.*

NOTE: Both *tanto* and *così* may be omitted.

Claudia è **generosa** *quanto* Pina.	*Claudia is as generous as Pina.*
Maria ascolta **attentamente** *come* Paolo.	*Maria listens as attentively as Paolo.*

b. *Tanto(-a, -i, -e)* + noun (or pronoun) + *quanto(-a, -i, -e)* = *as much / as many . . . as*

Ho *tante* videocassette *quanti* dischi.	*I have as many videocassettes as records.*
Avrei comprato *tanto* pesce *quanta* carne.	*I would have bought as much fish as meat.*
—Quante riviste hai? —**Ne** ho *tante* *quanto* lui.	*How many magazines do you have? —I have as many (magazines) as he does.*

NOTE:

1. **When a definite article or a demonstrative adjective precedes the noun, there is no agreement.**

Mi piacciono **tanto** *i* ravioli **quanto** *le* lasagna.	*I like ravioli as much as lasagna.*
Mi piacciono **tanto** *questi* fiori **quanto** *quelli*.	*I like these flowers as much as those.*

2. **When *tanto quanto* is used as an adverb, there is no agreement.**

Ha parlato **tanto quanto** me.	*He spoke as much as I did.*
Leggo **tanto quanto** mia sorella.	*I read as much as my sister.*

ESERCIZIO O

I tuoi amici Mario e Biagio sono gemelli. Descrivi alcuni dei loro tratti di personalità i quali, secondo te sono identici.

ESEMPIO: calmo
Mario è (tanto) calmo quanto Biagio.

1. paziente

_____

2. impulsivo

_____

3. nervoso

_____

4. intelligente

_____

5. allegro

_____

6. generoso

_____

ESERCIZIO P

Scrivi una frase usando **tanto... quanto** *or* **così... come** *e fai un confronto dei due elementi suggeriti.*

ESEMPI: le donne / gli uomini
        Le donne sono (tanto) intelligenti quanto gli uomini.
  OR: **Le donne sono (così) intelligenti come gli uomini.**

1. il cibo italiano / il cibo americano

_____

2. l'estate / l'autunno

_____

3. gli Americani / gli Italiani

_____

4. il football / il baseball

_____

5. il professore d'italiano / il professore d'inglese

_____

6. la matematica / la biologia

_____

ESERCIZIO Q

Tua madre ti paragona sempre a tuo fratello e si lagna che tu non l'aiuti tanto quanto lui. Esprimi la tua reazione alle affermazioni di tua madre.

ESEMPIO: Tu non mi aiuti mai con le faccende di casa.
        Non è vero, io ti aiuto tanto quanto mio fratello.

1. Tu non vai mai al negozio per me.

_____

2. Tu non spolveri mai i mobili.

_____

3. Tu non fai mai i piatti.

_____

4. Tu non ti occupi mai del cane.

_____

5. Tu non prepari mai da mangiare.

_____

6. Tu non metti mai in ordine il salotto.

_____

ESERCIZIO R

Tu e una tua amica siete appena ritornati da un viaggio in Italia. State descrivendo il viaggio a degli amici ma non siete d'accordo su certi dettagli. Esprimi la reazione della tua amica ad alcuni commenti che fai.

ESEMPIO: TU: Abbiamo incontrato molti Americani. _(Tedeschi)_
           AMICA: Abbiamo incontrato **tanti Americani quanti Tedeschi.**

1. TU: Abbiamo parlato molto italiano. _(inglese)_

AMICA: _____

2. TU: Abbiamo mangiato molti gelati. _(dolci)_

AMICA: _____

3. TU: Abbiamo visitato molti musei. _(chiese)_

AMICA: _____

4. TU: Abbiamo preso molti tassì. _(autobus)_

AMICA: _____

5. TU: Abbiamo conosciuto tante ragazze. _(ragazzi)_

AMICA: _____

6. TU: Ha fatto molto caldo di giorno. _(di sera)_

AMICA: _____

[3] ABSOLUTE SUPERLATIVE

a. The absolute superlative of adjectives (English _very, extremely_ + adjective) is formed by dropping the final vowel of the masculine plural form and adding _-issimo(a, i, e)._

alto	**alti**	_altissimo_	ricco	**ricchi**	_ricchissimo_	vecchio	**vecchi**	_vecchissimo_
bello	**belli**	_bellissimo_	simpatico	**simpatici**	_simpaticissimo_	largo	**larghi**	_larghissimo_

NOTE:

1. *Moltissimo(-a, -i, -e)* expresses *very much, very many.*

Mangia **moltissimo.**	*He eats very much.*
Il mio fidanzato scrive **moltissime** poesie.	*My boyfriend writes many many poems.*

2. **Absolute superlative adjectives agree with the noun they modify.**

dei fiori *bellissimi*	*some very beautiful flowers*
una ragazza *simpaticissima*	*an extremely nice girl*

b. The absolute superlative of adverbs is formed by adding *-mente* to the feminine superlative adjective.

lento	**lentissima**	*lentissimamente*
strano	**stranissima**	*stranissimamente*

NOTE: Adverbs not ending in *-mente,* form the absolute superlative by dropping the final vowel and adding *-issimo.*

presto	**prestissimo**	male	**malissimo**
lontano	**lontanissimo**	spesso	**spessissimo**

ESERCIZIO S

Tu hai l'abitudine di esagerare molto quando parli di te e della tua famiglia. Indica le tue affermazioni.

ESEMPIO: (io) / abitare / casa / grande
            Abito in una casa grandissima.

1. (io) / abitare / quartiere / bello

    _____

2. (io) / avere / cane / feroce

    _____

3. la mia automobile / essere / lussuoso

    _____

4. i miei cugini / essere / ricco

    _____

5. (io) / organizzare / feste / elegante

    _____

6. la piscina a casa mia / essere / larga

    _____

7. (io) viaggiare / molto

_____

8. mio padre / essere / generoso

_____

ESERCIZIO T

Usando la forma **–issimo,** _rispondi ad alcune domande che ti fa un amico._

1. Hai studiato molto ieri sera?

_____

2. Abiti molto lontano da scuola?

_____

3. Corri molto rapidamente?

_____

4. Ascolti molto attentamente i tuoi professori?

_____

5. Lavori molto seriamente a scuola?

_____

6. Sei molto stanco(a) dopo una giornata di lavoro?

_____

7. Sai cucinare molto bene?

_____

8. Ti diverti molto con gli amici?

_____

9. Hai un programma di studio molto difficile?

_____

10. Fai molti compiti?

_____

[4] COMPARATIVE AND SUPERLATIVE EXPRESSIONS

alla meglio _as best as possible_
Ho cucito il buco della camicia **alla meglio.**   _I sewed the hole in the shirt as best as possible._

di meglio in meglio _better and better_
Gli affari vanno **di meglio in meglio.**   _Business is going better and better._

di meno in meno *less and less*
Rita mi chiama **di meno in meno.**   *Rita calls me less and less.*

di più in più *more and more*
Sto imparando **di più in più.**   *I am learning more and more.*

fare a meno di *to do without*
Non riesco a **fare a meno** di lei.   *I can't do without her.*

fare del suo meglio *to do one's best*
Fa sempre **del suo meglio.**   *He always does his best.*

meno male *thank goodness*
Meno male che sei arrivato prima della   *Thank goodness you arrived before*
nevicata.   *the snow storm.*

meno... meno *the less . . . the less*
Meno studi **meno** impari.   *The less you study, the less you learn.*

per lo più *usually, most of the time*
Per lo più lo trovi a casa   *Most of the time you'll find him at*
della fidanzata.   *his girlfriend's house.*

più o meno *more or less*
Quella donna avrà **più o meno** trent'anni.   *That woman is more or less thirty years old.*

più... più *the more . . . the more*
Più si lavora **più** si guadagna.   *The more you work, the more you earn.*

tanto bene che male *not too well, rather badly*
Lei cucina **tanto bene che male.**   *She cooks rather badly.*

tanto meglio *so much the better*
Lui parte domani. **Tanto meglio.**   *He is leaving tomorrow. So much the better.*

ESERCIZIO U

Completa le frasi seguenti e descrivi i sentimenti di Susanna riguardo ad alcune persone.

1. Nella nostra classe Martina fa sempre _____ .
                                    (her best)

2. Dico sempre a tutti: « _____ guadagnate».
                    (The less you work the less)

3. Quando faccio dieta, _____ mangio verdura e frutta.
                        (most of the time)

4. _____ che Tina e Giulia hanno organizzato una bella festa per Adelina.
        (Thank goodness)

5. Per Antonio, le cose vanno _____ adesso che lavora.
                            (better and better)

6. Se non avete denaro dovrete _____ una nuova macchina.
                            (do without)

7. Rosalba aumenta di peso _____ .
                            (more and more)

8. Purtroppo, mia madre cucina _____ .
                            (rather badly)

MASTERY EXERCISES

ESERCIZIO V

Contrasta le qualità dei membri della famiglia e dei compagni di classe di Pino usando il comparativo o il superlativo. Fai l'accordo dell'aggettivo dove necessario.

1. Adelina / bello / divertente

   _____

2. tu / alto / classe

   _____

3. Mirella / timido / Arturo

   _____

4. io / spiritoso / Maria

   _____

5. Giacomo / simpatico / famiglia

   _____

6. Gilda e Caterina / spiritoso / classe

   _____

7. voi / ambizioso / gentile

   _____

8. Roberto / bravo / tutti

   _____

9. mia sorella / cattivo / tutti noi

   _____

10. Alberto preferisce / dormire / lavorare

    _____

11. Carlo / leggere / attentamente / rapidamente

    _____

12. a noi tutti piace / riposare / scrivere componimenti

    _____

ESERCIZIO W

Immagina che lavori in un'azienda di pubblicità televisiva. Scrivi un annuncio in cui descrivi le somiglianze e le differenze tra due prodotti e spiega perchè un prodotto è migliore dell'altro.

ESEMPIO: una radio partatile

Questa radio portatile è migliore di quella della Simsan. Ci sono tanti canali quanto nella Simsan ma è molto meno pesante. È più facile da operare, il suono è più chiaro e netto e, in più, è più economica.

1. _____

_____

_____

2. _____

_____

_____

ESERCIZIO X

Fai il confronto degli elementi seguenti.

1. un elefante / un leone / una giraffa

_____

_____

2. la bicicletta / l'aereo / il treno

_____

_____

3. il gelato / lo iogurt / la verdura

_____

_____

4. nuotare / passeggiare / correre

_____

_____

5. un dottore / un meccanico / un professore

_____

_____

6. l'estate / l'autunno / l'inverno

_____

_____

ESERCIZIO Y

Laura è stata appena impiegata come architetto nell'uffucio di una sua amica. Esprimi in italiano quello che la sua amica le spiega.

1. You should work as hard as possible.

_____

2. The more you work, the more you'll earn.

_____

3. We're always extremely busy in this office but I like working here very very much.

_____

4. You're the youngest architect in this office.

_____

5. The owner is the most respected man in the group.

_____

6. There are as many letters on your desk as on mine.

_____

7. In this office there are fewer than twenty-five employees.

_____

8. The owner is nicer than you can imagine.

_____

9. The manager is as old as the owner.

_____

10. You should answer the phone as quickly as possible.

_____

11. In this company, the owner is less strict than the manager.

_____

12. There are fewer problems here than in other companies.

_____

Chapter 25
Numbers

[1] CARDINAL NUMBERS

0	zero	18	diciotto	60	sessanta
1	uno	19	diciannove	70	settanta
2	due	20	venti	80	ottanta
3	tre	21	ventuno	90	novanta
4	quattro	22	ventidue	99	novantanove
5	cinque	23	ventitrè	100	cento
6	sei	24	ventiquattro	101	centouno
7	sette	25	venticinque	200	duecento
8	otto	26	ventisei	201	duecentouno
9	nove	27	ventisette	250	duecentocinquanta
10	dieci	28	ventotto	251	duecentocinquantuno
11	undici	29	ventinove	300	trecento
12	dodici	30	trenta	400	quattrocento
13	tredici	31	trentuno	500	cinquecento
14	quattordici	40	quaranta	600	seicento
15	quindici	41	quarantuno	700	settecento
16	sedici	48	quarantotto	800	ottocento
17	diciassette	50	cinquanta	900	novecento

1.000	mille	100.000	centomila
1.001	milleuno	1.000.000	un milione
2.000	duemila	2.000.000	due milioni
2.500	duemilacinquecento	1.000.000.000	un miliardo

NOTE:

1. *Uno* is the only cardinal number to agree in gender with the singular noun it modifies. It has the same forms as the indefinite article.

   Ho **una** matita. *I have one (a) pencil.*

2. As a pronoun, *uno* is always used for the masculine singular and *una* for the feminine singular.

   Amici? Ne ho **uno** soltanto. *Friends? I have only one.*

   Non abbiamo due macchine; ne abbiamo **una**. *We don't have two cars; we have one (of them).*

3. *Uno* is often used in the shortened form *un* (*ventun, trentun, quarantun...*) when the number is followed by a noun. Otherwise, it remains *uno*.

   Ho **ventun** anni. *I am twenty-one years old.*

   Quanti anni hai? Ne ho **ventuno**. *How old are you? I am twenty-one.*

4. *Venti, trenta, quaranta... novanta* drop the final vowel before combining with *uno* and *otto*. When they combine with *tre*, the final *-e* takes an accent.

   vent**uno** *twenty-one* trentatr**è** *thirty-three*

5. *Mille* (one thousand) becomes *mila* in the plural.

   duemila *two thousand*   trentamila *thirty thousand*

6. When *milione* and *miliardo* are used as nouns, they are joined to the following noun by the preposition *di*. When they are followed by other numerals, *di* is omitted.

   cinquanta **milioni di** dollari   *fifty million dollars*
   due **miliardi di** abitanti   *two billion inhabitants*

   BUT

   due **milioni trecentomila** lire   *two million three hundred thousand liras*

7. *Cento* and *mille* are never preceded by the numeral *un*.

   Ho **cento** lettere.   *I have one hundred letters.*
   Ci sono **mille** persone.   *There are one thousand people.*

8. Multiple numbers are very often written as one word.

   nel **millenovecentosettantasette**   *in 1977*

9. In numerals and decimals, where English uses periods, Italian uses commas and vice versa.

ITALIAN	ENGLISH
4.000	*4,000 (four thousand)*
0,05	*.05 (five tenths)*
$4,75	*$4.75 (four dollars and seventy-five cents)*

ESERCIZIO A

Ecco il numero di alunni iscritti alle lezioni seguenti. Quanti ragazzi assistono ai corsi? Quante ragazze? Indica quanti alunni frequentano ogni corso esprimendo il numero in italiano.

CORSO	NUMERO DI ALUMNI	NUMERO DI RAGAZZI	NUMERO DI RAGAZZE
Algebra	28	16	12
Inglese	34	21	13
Italiano	25	11	14
Biologia	30	19	11
Storia	27	6	21

Musica	76	31	45
Arte	18	8	10
Ginnastica	82	41	41

ESERCIZIO B

Tu assisti a una conferenza che ha luogo in un grande hotel di Roma. Una delle tue responsabilità è di contare il numero di persone presenti in ogni salone. Scrivi il totale sull'elenco seguente.

ESEMPIO: Salone Venezia, 15: **quindici** persone

1. Salone Garibaldi, 70: _____ persone

2. Salone Dante, 45: _____ persone

3. Salone Firenze, 18: _____ persone

4. Salone Napoli, 127: _____ persone

5. Salone Siracusa, 66: _____ persone

6. Salone Bari, 83: _____ persone

7. Salone Mazzini, 155: _____ persone

8. Salone Torino, 38: _____ persone

9. Salone Milano, 99: _____ persone

10. Salone Carducci, 110: _____ persone

ESERCIZIO C

Stai cercando di telefonare delle persone che hai conosciuto durante un viaggio in Italia ma hai delle difficoltà a ottenere la linea. Domanda al centralino di comporti il loro numero di telefono.

ESEMPIO: 11.797.88.21 a Torino
             L'undici, settecentonovantasette, ottantotto, ventuno a Torino, per favore.

1. 95.823.096 a Catania

_____

2. 31.835.975 a Como

_____

3. 91.375.811 a Palermo

_____

4. 55.879.370 a Firenze

_____

5. 6.481.288 a Roma

_____

ESERCIZIO D

Immagina che fai il cassiere nell'ufficio cambio di una banca italiana. Alla fine della giornata scrivi il totale della valuta straniera che hai cambiato in lire.

1. 12.000 dinar _____

2. 1.225 dollari _____

3. 729 franchi francesi _____

4. 2.300.525 pesos _____

5. 40.020 dollari _____

6. 822 franchi svizzeri _____

7. 3.729 marchi tedeschi _____

8. 423 sterline inglesi _____

9. 5.690 dollari canadesi _____

10. 3.450.678 yen giapponesi _____

ESERCIZIO E

Come compito d'italiano devi trovare il numero di abitanti delle città seguenti. Esprimi i numeri in italiano.

1. Roma 2.988.212 _____ abitanti.

2. Milano 3.590.767 _____ abitanti.

3. Bari 600.928 _____ abitanti.

4. Torino 1.232.121 _____ abitanti.

5. Firenze 557.225 _____ abitanti.

ESERCIZIO F

Rispondi alle domande scrivendo i numeri in parole.

1. Quanti abitanti ci sono nella città dove abiti?

_____

2. Quanti alunni ci sono nella tua classe d'italiano? Quanti ragazzi? Quante ragazze?

_____

_____

3. Quanto costa la tua macchina preferita?

_____

4. Quanto hai pagato per l'ultimo paio di jeans che hai comprato?

_____

5. Quanto speri di guadagnare all'anno quando incominci a lavorare?

_____

6. Qual è il tuo numero di telefono?

_____

[2] ARITHMETIC EXPRESSIONS

The following expressions are used in arithmetic problems in Italian:

più *plus*
otto *più* cinque fa (fanno) tredici　　　　$8 + 5 = 13$

meno *minus*
venti *meno* otto fa (fanno) dodici　　　　$20 - 8 = 12$

per *(multiplied) by, "times"*
cinque *per* tre fa (fanno) quindici　　　　$5 \times 3 = 15$

diviso per *divided by*
trenta *diviso per* tre fa (fanno) dieci　　　　$30 \div 3 = 10$

fa/fanno *equals (=)*

ESERCIZIO G

Stai facendo un colloquio per un impiego in un gran magazzino italiano. Il direttore vuole verificare se sai esprimere i numeri in italiano. Scrivi gli esempi che ti fa leggere.

1. $414 - 363 = 51$　_____

_____

2. 336 × 12 = 4032 _____

_____

3. 254 + 587 = 841 _____

_____

4. 31.217 ÷ 31 = 1007 _____

_____

5. 1818 ÷ 18 = 101 _____

_____

6. 345 + 577 = 922 _____

_____

7. 990 ÷ 9 = 110 _____

_____

8. 93 × 71 = 6603 _____

_____

[3] NOUNS OF NUMBER

Certain numerals are used as collective nouns to express a round number. The most frequent are:

una decina *about ten*	**una cinquantina** *about fifty*
una dozzina *a dozen*	**un centinaio** *about a hundred*
una quindicina *about fifteen*	**un migliaio** *a thousand*
una ventina *about twenty*	

These numerals are followed by *di* before another noun, and they agree in number with the noun they refer to.

due dozzine **di** uova   *two dozen eggs*

un centinaio **di** mucche   *about a hundred cows*

migliaia **di** uccelli   *thousands of birds*

ESERCIZIO H

Devi fare la spesa per una festa che organizzi per il compleanno di tua sorella. Domanda a un impiegato del supermercato certi prodotti di cui hai bisogno.

ESEMPIO: circa 20 panini
           Vorrei una ventina di panini, per favore.

1. circa 100 bicchieri di carta

_____

2. circa 15 bottiglie di gassosa

_____

3. 12 uova

_____

4. 24 palloncini

_____

5. circa 40 piatti di carta

_____

6. circa 50 forchette, cucchiai e coltelli di plastica

_____

[4] ORDINAL NUMBERS

1st	**primo (a, i, e)**	8th	**ottavo**	20th	**ventesimo**
2nd	**secondo (a, i, e)**	9th	**nono**	21st	**ventunesimo**
3rd	**terzo**	10th	**decimo**	23th	**ventitreesimo**
4th	**quarto**	11th	**undicesimo**	30th	**trentesimo**
5th	**quinto**	12th	**dodicesimo**	100th	**centesimo**
6th	**sesto**	13th	**tredicesimo**	1000th	**millesimo**
7th	**settimo**	14th	**quattordicesimo**		

NOTE:

1. Except for the first ten numbers, ordinal numbers are formed by dropping the final vowel of the cardinal number and adding *-esimo*.

   venti **vent***esimo*   mille **mill***esimo*

2. Cardinal numbers ending in *trè,* form ordinal numbers by dropping the accent and retaining the final -*e* before the -*esimo* ending.

   ventitr*eesimo* *twenty-third*   trentatr*eesimo* *thirtieth*

3. Ordinal numbers agree in gender and number with the noun they modify.

Questa è **la prima** e l'ultima **volta** che lo dico.	*This is the first and last time that I say it.*
Sono i **primi giorni** dell'anno.	*They are the first days of the year.*

4. In Italian, the use of ordinal numbers is similar to English, except before numbers of rulers and popes where Italian omits the article *the.*

   Enrico **quinto** *Henry the Fifth*   papa Paolo **sesto** *Pope Paul the Sixth*

5. Ordinal numbers are abbreviated as follows in Italian:

   primo 1°   tredicesima 13ª   ventesimi 20ⁱ   dodicesime 12ᵉ

6. The following forms refer to centuries from the 13th on. They are often used instead of numbers, especially when speaking of literature and art.

il Duecento	*the 13th century (the twelve hundreds)*
il Trecento	*the 14th century (the thirteen hundreds)*
il Quattrocento	*the 15th century*
il Cinquecento	*the 16th century*
il Seicento	*the 17th century*
il Settecento	*the 18th century*
l'Ottocento	*the 19th century*
il Novecento	*the 20th century*
il Duemila	*the 21th century*

ESERCIZIO I

Sei andato a una corsa di cavalli con un amico. Indica i risultati della corsa.

ESEMPIO: Bello (8°)
             Bello è arrivato ottavo.

1. Nerone (1°) _____

2. Campione (5°) _____

3. Regina (4°) _____

4. Cavaliere (9°) _____

5. Fulmine (3°) _____

6. Saturno (2°) _____

7. Lampo (7°) _____

8. Principe (10°) _____

9. Crispi (8°) _____

10. Tempesta (6°) _____

ESERCIZIO J

Stai discutendo con alcuni amici quante volte avete fatto le cose seguenti.

ESEMPIO: visitare il museo degli Uffizi / 2ª
            È la seconda volta che visito il museo degli Uffizi.

1. andare a cavallo / 7ª

_____

2. fare un viaggio in aereo / 5ª

_____

3. vedere il film «E.T.» / 4ª

_____

4. fare il campeggio / 6ª

_____

5. andare a sciare / 10ª

_____

6. fare della barca a vela / 9ª

_____

7. andare in Europa / 1ª

_____

8. mangiare in un ristorante francese / 8ª

_____

9. vedere una commedia musicale a New York / 3ª

_____

10. lavorare durante l'estate / 2ª

_____

ESERCIZIO K

Devi fare delle compere in un gran magazzino e consulti l'elenco dei reparti. Indica a quale piano andrai per trovare gli articoli di cui hai bisogno.

1 Vestiario bambini Salone di bellezza	**6** Borse, Valigie, Guanti Bigiotteria Trucco e profumi
2 Abbigliamento donna Abiti, Gonne, Bluse	**7** Centro musica, Dischi, Registratori, Radio Giocattoli, Libri
3 Abbigliamento uomo Cappelli, Vestiti, Cravatte	**8** Articoli casalinghi Elettrodomestici Cristalleria, Porcellan Mobili
4 Scarpe uomo/donna Macchine fotografiche	**9** Ristorante
5 Impermeabili, Cappotti Biancheria	

ESEMPIO: un cappello da uomo: **al terzo piano**

1. un disco: _____

2. un paio di scarpe: _____

3. un tavolino: _____

4. una gonna e camicetta: _____

5. un romanzo: _____

6. un vestitino per il tuo nuovo nipotino: _____

7. una bibita: _____

8. un paio di guanti: _____

9. un braccialetto: _____

10. una borsa a mano: _____

[5] FRACTIONS

$^1/_2$ { **un mezzo** **la metà**	$^1/_3$ **un terzo** $^1/_4$ **un quarto**	$^2/_3$ **due terzi** $^3/_4$ **tre quarti**	$^1/_8$ **un ottavo** $^1/_{10}$ **un decimo**

NOTE:

1. Fractions in Italian are formed as in English, by combining cardinal and ordinal numbers. Only *un mezzo (la metà)* is irregular.

2. The adjective *mezzo(a)*, meaning "half," agrees with the noun it modifies when it precedes it but not necessarily when it follows.

    una mezz'ora   *a half hour, half an hour*

    BUT

    un'ora e mezzo (or mezza)   *an hour and a half*

    The noun for "half," *(la) metà*, is sometimes used as an adjective.

    Hai mangiato **(la) metà** della torta?   *You ate half of the cake?*

[6] MULTIPLES

Multiple numerals are used in the same manner as their English equivalents.

una volta *once*	**singolo(a)** *single*
due volte *twice*	**doppio(a)** *double*
tre volte *three times*	**triplo(a)** *triple*

L'ho chiamato **due volte**.   *I called him twice.*

Venne a trovarmi **una volta**.   *He came to see me once.*

Hai mangiato **il doppio** di quello che ho mangiato io. *You ate twice as much as I.*

NOTE:

1. Numeral adverbs expressing a certain number of occurrences are formed with a cardinal number and the feminine noun *volta* (time[s]).

    Ho visto quel film **tre volte**.   *I saw that film three times.*

2. Multiples like *doppio* and *triplo* may be either adjectives or nouns.

    È una giacca a **doppio** petto.   *It's a double-breasted jacket.*

    Oggi questo quadro vale **il doppio**.   *Today, this painting is worth double.*

ESERCIZIO L

Sei in una salumeria. Indica che cosa dici al negoziante.

ESEMPIO: $^1/_2$ chilo di prosciutto
            Vorrei mezzo chilo di prosciutto, per favore.

1. $^3/_4$ di treccia di mozzarella

_____

2. $^1/_2$ libbra di insalata russa

_____

3. $^1/_3$ di ruota di formaggio

_____

4. $^1/_4$ di torta rustica

_____

5. $^1/_2$ dozzina di uova

_____

6. $^2/_3$ di pizza

_____

ESERCIZIO M

Una tua amica passa la fine settimana da te. Non sapete più come passare il tempo e vi annoiate. Tua madre vi domanda quante volte avete giocato i giochi seguenti.

ESEMPIO: Quante volte avete giocato a scacchi? _(5)_
            Cinque volte.

1. Quante volte avete giocato a pallacanestro? _(1)_

_____

2. Quante volte avete giocato a carte? _(7)_

_____

3. Quante volte avete giocato a dama? _(4)_

_____

4. Quante volte avete giocato a tennis? _(3)_

_____

5. Quante volte avete giocato ai giochi video? _(10)_

_____

ESERCIZIO N

Esprimi in parole i numeri indicati.

1. il 18° secolo

_____

2. $^2/_3$

_____

3. Vittorio Emanuele II

_____

4. il 10° capitolo

_____

5. il 3° piano

_____

6. la 5ª fila

_____

7. l'82° filobus

_____

8. il 4° piano

_____

9. il 6° palazzo

_____

10. il 7° giorno

_____

11. il 2° paragrafo

_____

12. il 15° anniversario

_____

13. il 65° compleanno

_____

14. ½ chilo

_____

15. l'8ª serie

_____

16. ¾ di libbra

_____

17. papa Pio XII

_____

18. la 14ª strada

_____

19. l'11ª fila

_____

20. Umberto I

_____

MASTERY EXERCISES

ESERCIZIO O

Per il tuo compleanno, hai ricevuto la tua prima macchina. Adesso vai a un'agenzia a comprare una polizza di assicurazione. Rispondi alle domande che ti fa l'agente.

1. Qual è la sua data di nascita?

_____

2. Quanti anni ha?

_____

3. In che anno ha ottenuto la patente?

_____

4. Di che marca e di che anno è la macchina?

_____

5. Quanto è costata questa macchina?

_____

6. Quanti chilometri guida al giorno?

_____

7. Quante persone guideranno questa macchina?

_____

8. Per quanto vuole assicurare la macchina?

_____

ESERCIZIO P

Immagina che sei un critico gastronomico. Esprimi in italiano la tua opinione del ristorante seguente.

1. The restaurant Carlo V on First Avenue and 53rd Street has received 3½ stars.

   _____

2. Riccardo Giordani established this restaurant in 1987.

   _____

3. Since that time, more than 250,000 people have eaten there.

   _____

4. There are about 20 different dishes on the menu.

   _____

5. One half of the dishes on the menu is Italian; the other half is American.

   _____

6. One can choose from a dozen different delicious desserts.

   _____

7. The price of an average dinner is $48.

   _____

8. The 21 waiters and waitresses work 6 days a week and each earns over $450 per week.

   _____

9. This was the first time that I ate in this restaurant, and I was very satisfied.

   _____

10. To reserve a table, call 1-800-555-7803.

   _____

Chapter 26
Time; Dates

[1] TIME

Che ora è?	
Che ore sono?	What time is it?
È l'una.	It's one o'clock.
Sono le due.	It's two o'clock.
Sono le due e dieci.	It's ten after two.
Sono le cinque meno venti.	It's twenty to five.
Sono le sette e un quarto.	It's a quarter after seven.
Sono le nove e mezzo (mezza).	It's half past nine.
È l'una meno un quarto.	
Sono le dodici e quarantacinque.	It's a quarter to one.
È mezzogiorno.	It's noon.
È mezzanotte.	It's midnight.

NOTE:

1. To express time after the hour, Italian uses the conjunction *e* plus the number of minutes. *Un quarto* expresses a quarter, *mezzo (mezza)* or *e trenta* expresses half past.

2. To express time before the hour, *meno* is used. The verb *mancare* may be used in place of *meno*.

Sono le sette **meno** cinque.
Mancano cinque minuti alle sette. } *It's five minutes to seven.*

[2] TIME EXPRESSIONS

A che ora?	At what time?
all'una precisa	
all'una in punto	at exactly one o'clock
le sette del mattino (di mattina)	seven o'clock in the morning
le quattro del pomeriggio	four o'clock in the afternoon, 4:00 p.m.
le nove di sera	nine o'clock in the evening, 9:00 p.m.
verso le dieci	about 10 o'clock
mezzogiorno e mezzo	half past noon
mezzanotte e venti	twenty past midnight
un quarto d'ora	a quarter hour, a quarter of an hour
una mezz'ora	half hour
Il mio orologio avanza di dieci minuti.	My watch is ten minutes fast.
Il mio orologio ritarda di mezz'ora.	My watch is a half hour slow.

NOTE: In public announcements, such as timetables, the official twenty-four-hour system is commonly used, with midnight as the zero hour.

0.20 = *12:20 a.m.*   le 20 e 45 = *8:45 p.m.*

le 14 = *2:00 p.m.*   le 24 = *midnight*

In the official time system, all times are expressed in full numbers.

Il treno parte **alle tredici e quarantacinque.**   *The train leaves at 1:45 p.m.*

Il volo arriverà **alle diciannove e trenta.**   *The flight will arrive at 7:30 p.m.*

Il concerto incominciò **alle venti.**   *The concert began at 8 p.m.*

ESERCIZIO A

Stai insegnando a tuo fratello a leggere l'ora. Esprimi a che ora puntano gli orologi.

1. _____

2. _____

3. _____

4. _____

5. _____

6. _____

7. _____

8. _____

9. _____

_10._ _____

_11._ _____

12. _____

_13._ _____

14. _____

_15._ _____

_16._ _____

ESERCIZIO B

Tutti abbiamo l'abitudine di fare certe cose ogni giorno alla stessa ora. Spiega a che ora tu fai le cose indicate.

ESEMPIO: fare da mangiare
            Faccio da mangiare a mezzogiorno.

1. svegliarsi

_____

2. alzarsi

_____

3. fare colazione

_____

4. partire per la scuola

_____

5. arrivare a scuola

_____

6. andare al corso d'italiano

_____

7. ritornare a casa

_____

8. fare merenda

_____

9. fare i compiti

_____

10. guardare il tuo programma preferito alla televisione

_____

11. cenare

_____

12. ascoltare il telegiornale

_____

13. lavarsi

_____

14. andare a letto

_____

ESERCIZIO C

I tuoi genitori vorrebbero sapere dove sarai a certe ore della giornata. Rispondi alle loro domande.

1. Devi essere a scuola alle otto meno dieci ogni mattina. Ci vogliono ventitré minuti per arrivare a scuola in bicicletta. A che ora devi uscire di casa?

_____

2. Il tuo corso di storia comincia alle undici e cinque e dura trentotto minuti. A che ora finisce?

_____

3. Hai studiato un'ora e mezza per un esame. Quando chiudi il libro sono le nove e un quarto. A che ora ti sei messo a studiare?

_____

4. Ti piace molto parlare al telefono. Chiami un amico alle sei meno cinque e smetti di parlare dopo cinquanta minuti. Che ora è?

_____

5. Per arrivare da casa tua a centro città ci vogliono settantacinque minuti. Esci alle cinque e mezza di sera. Che ora è quando arrivi al centro?

_____

ESERCIZIO D

Che ora è nei paesi seguenti quando sono le sette di mattina a New York? Indica l'ora in italiano.

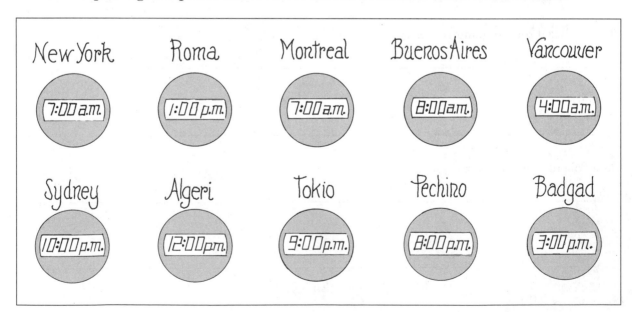

ESEMPIO: A Badgad **sono le quindici.**

1. A Roma _____ .

2. A Montreal _____ .

3. A Buenos Aires _____ .

4. A Vancouver _____ .

5. A Sydney _____ .

6. Ad Algeri _____ .

7. A Tokyo _____ .

8. A Pechino _____ .

ESERCIZIO E

Un amico ti telefona per invitarti a cinema stasera. Ti domanda di prendere il giornale e di leggere gli orari dei film che danno ai cinema seguenti.

ESEMPIO: Cinema Dante
«Il Ballo dei Lupi»: 17,00, 19,00

Al Cinema Dante il primo spettacolo inizia alle diciassette e il secondo alle diciannove.

1. Cinema Odeon

«Un uomo e una donna»: 19,45; 21,30

_____

2. L'Odissea

«Cinema Paradiso»: 19,00; 20,15

_____

3. Cinema Astor

«Amarcord»: 19,00; 21,10

_____

4. Cinemateca

«Via col vento»: 20,10; 22,20

_____

ESERCIZIO F

Immagina che attraversi l'Atlantico in crociera. Stai leggendo il programma della giornata a un tuo amico.
Indica l'orario delle diverse attività.

ATTIVITÀ DEL GIORNO	
6,10	Footing
8,30	Prima colazione
9,15	Palla a volo
10,45	Film
13,00	Grigliata sul ponte superiore
14,05	Partita di scacchi
15,20	Gara di nuoto
16,35	Lezioni di ping-pong
19,00	Cena: buffet freddo
21,15	Serata discoteca
0,30	Ballo in maschera

ESEMPIO: **Il footing inizia alle sei e dieci di mattina.**

1. la prima colazione

_____

2. la palla a volo

_____

3. il film

_____

4. la grigliata sul ponte superiore

_____

5. la partita di scacchi

_____

6. la gara di nuoto

_____

7. le lezioni di ping-pong

_____

8. il buffet freddo

_____

9. la serata discoteca

_____

10. il ballo in maschera

_____

[3] DAYS, MONTHS, SEASONS

I GIORNI DELLA SETTIMANA		I MESI DELL'ANNO		LE STAGIONI	
lunedì	*Monday*	**gennaio**	*January*	**la primavera**	*spring*
martedì	*Tuesday*	**febbraio**	*February*	**l'estate**	*summer*
mercoledì	*Wednesday*	**marzo**	*March*	**l'autunno**	*autumn*
giovedì	*Thursday*	**aprile**	*April*	**l'inverno**	*winter*
venerdì	*Friday*	**maggio**	*May*		
sabato	*Saturday*	**giugno**	*June*		
domenica	*Sunday*	**luglio**	*July*		
		agosto	*August*		
		settembre	*September*		
		ottobre	*October*		
		novembre	*November*		
		dicembre	*December*		

NOTE:

1. Seasons, months, and days, except *domenica,* are masculine and not capitalized in Italian.

2. The preposition *on* before days of the week in English is not expressed in Italian.

Lo vedrò **lunedì.**	*I'll see him on Monday.*
Sono libera **giovedì.**	*I'm free on Thursday.*

To express *on Mondays, on Tuesdays,* and so on; Italian uses the day of the week in the singular preceded by the definite article.

Ho lezioni di chitarra **il lunedì.**	*I have guitar lessons on Mondays.*

3. To express English *in* with months, *in* or *a* is used in Italian. With seasons English *in* is expressed with *in* or *di,* although *in* is more common.

In (A) gennaio vado in Italia.	*In January I am going to Italy.*
L'ho conosciuto **in (a) giugno.**	*I met him in June.*

In (D') inverno nevica sempre.	*In the winter it always snows.*
Lavoro sempre **in (d') estate.**	*I always work in the summer.*

ESERCIZIO G

Consulta l'agenda della signora Bellina e indica che cosa farà durante la settimana.

LUNEDÌ:	*piantare i fiori*
MERCOLEDÌ:	*andare in farmacia*
VENERDÌ:	*lavare la macchina*
DOMENICA:	*pulire la casa*
MARTEDÌ:	*fare il bucato*
GIOVEDÌ:	*andare dal macellaio*
SABATO:	*andare al supermercato*

ESEMPIO: **Sabato la signora Bellina andrà al supermercato.**

1. _____

2. _____

3. _____

4. _____

5. _____

6. _____

ESERCIZIO H

Il tuo nuovo corrispondente italiano ti domanda in quale mese si festeggiano queste feste importanti negli Stati Uniti.

ESEMPIO: il Giorno del Ringraziamento
            Il Giorno del Ringraziamento **si festeggia in novembre.**

1. l'Anniversario di Martin Luther King

_____

2. l'Anniversario di George Washington

_____

3. l'Anniversario di Abraham Lincoln

_____

4. il San Valentino

_____

5. Pasqua

_____

6. la Festa delle Mamme

_____

7. la Festa nazionale americana

_____

8. la Scoperta dell'America

_____

[4] DATES

Che giorno della settimana è oggi?	*What day of the week is it?*
Oggi è mercoledì.	*Today is Wednesday.*
Qual è la data di oggi? }	*What is today's date?*
Quanti ne abbiamo oggi? }	
Che giorno è oggi?	*What day is it today?*
Oggi è il primo marzo.	*Today is March 1st.*
Oggi è il tre aprile.	*Today is April 3rd.*
Oggi ne abbiamo tre.	*Today is the third (of the month).*
Partiranno il quattro novembre.	*They'll leave on November 4.*
Sono nato il sei luglio.	*I was born on the 6th of July.*
il milleottocentoquaranta	*(the year) 1840*
il quattro luglio, millesettecentosettantasei	*July 4, 1776*
nel millenovecentonovantanove	*in 1999*

NOTE:

1. In dates, *il primo* is used for the first day of the month. For all other days, cardinal numbers are used.

2. English *on* and *of* are omitted in Italian dates. Instead, the definite article is used.

Arrivò *il* due settembre.   *She arrived on September 2nd.*

3. When referring to a single year, the definite article is used.

il 1832   *1832*

4. Unlike English, Italian expresses years only in thousands and hundreds.

millenovecentonovantatrè   *1993*

5. The date in numbers follows the sequence day, month, year.

il 2 dicembre 1991 (2.12.91)   *December 2, 1991 (12/2/91)*
il 25 giugno 1980 (25.6.80)   *June 25, 1980 (6/25/80)*

[5] OTHER EXPRESSIONS USING TIME

fra/tra quindici giorni (minuti, ore, ...)	*in two weeks (minutes, hours, . . .)*
otto giorni fa	*a week ago*
otto giorni oggi	*a week from today*
il mese scorso	*last month*
la settimana prossima	*next week*
verso le tre	*around three*

ESERCIZIO I

Indica a un amico le feste importanti italiane.

ESEMPIO: l'Assunzione: 15/8
L'Assunzione **si celebra il quindici agosto.**

1. la Festa del Lavoro: 1/5

_____

2. l'Anniversario della Liberazione: 25/4

_____

3. Capodanno: 1/1

_____

4. Carnevale: 27/2

_____

5. Santo Stefano: 26/12

_____

6. Ferragosto: 15/8

_____

7. Natale: 25/12

_____

8. Ognissanti: 1/11

_____

ESERCIZIO J

Esprimi le date seguenti in italiano.

1. March 2, 1928

_____

2. December 7, 1941

_____

3. April 12, 1321

_____

4. January 13, 1963

_____

5. April 15, 1945

_____

6. June 2, 1995

_____

7. September 4, 1908

_____

8. August 5, 1898

_____

9. December 31, 1999

_____

10. April 12, 2010

_____

ESERCIZIO K

Stai preparando l'albero genealogico della tua famiglia. Indica le date di nascita delle persone seguenti.

1. mio nonno paterno: _____

2. mia nonna paterna: _____

3. mio nonno materno: _____

4. mia nonna materna: _____

5. mio padre: _____

6. mia madre: _____

7. mio fratello (mia sorella) maggiore: _____

8. mio fratello (mia sorella) minore: _____

9. uno zio o una zia: _____

10. la mia data di nascita: _____

ESERCIZIO L

Sei forte in storia? Indica le date di ogni evento storico.

millenovecentoquarantacinque   millenovecentosessantanove
millenovecentoquarantuno   milleottocentosessantuno
millenovecentoquattordici   millequattrocentonovantadue

1. La prima guerra mondiale cominciò nel _____

_____ .

2. L'Unificazione d'Italia fu proclamata nel _____

_____ .

3. L'attacco di Pearl Harbor ebbe luogo nel _____

_____ .

4. La seconda guerra mondiale ebbe fine nel _____

_____ .

5. Il primo uomo camminò sulla luna per la prima volta nel _____

_____ .

6. L'America fu scoperta nel _____

_____ .

ESERCIZIO M

Stai parlando del tuo liceo e della vita dei giovani americani a un ragazzo italiano che è venuto a osservare la tua classe d'italiano. Rispondi alle sue domande.

1. ITALIANO: Quanti giorni alla settimana vieni a scuola?

TU: _____

2. ITALIANO: Quanti alunni frequentano questo liceo?

TU: _____

3. ITALIANO: Quanti minuti dura ogni lezione?

TU: _____

4. ITALIANO: A che ora comincia il primo corso della giornata?

TU: _____

5. ITALIANO: A che distanza abiti da scuola?

TU: _____

6. ITALIANO: Quanto tempo ci metti ad arrivare a scuola?

TU: _____

7. ITALIANO: Perchè non c'è scuola il primo martedì di novembre?

TU: _____

8. ITALIANO: A che età si termina il liceo?

TU: _____

9. ITALIANO: A che ora lasci il liceo?

TU: _____

10. ITALIANO: In che anno speri diplomarti?

TU: _____

M A S T E R Y   E X E R C I S E S

ESERCIZIO N

Stai scrivendo una cartolina al tuo nuovo corrispondente italiano. Dagli le informazioni seguenti.

1. il paese in cui abiti

_____

2. il numero di stati che ci sono nel tuo paese

_____

3. il nome del primo presidente del tuo paese

_____

4. la data in cui il tuo paese ottenne l'indipendenza

_____

5. la popolazione della tua città e del tuo stato

_____

6. la data del primo giorno di scuola quest'anno

_____

7. l'anno di studio in cui ti trovi adesso

_____

8. la tua data di nascita

_____

9. l'orario della tua giornata scolastica

_____

10. la data dell'ultimo giorno di scuola quest'anno

_____

ESERCIZIO O

Hai appena terminato un'intervista con la signora Argenti, una nuova maestra al tuo liceo. Stai scrivendo un articolo su di lei per la rivista scolastica. Esprimi in italiano quello che includerai nell'articolo.

1. Mrs. Giorgina Argenti was born on Saturday, June 25, 1955 at 4:35 p.m. in Italy.

_____

2. She came to the United States with her family in the summer of 1968.

_____

3. She attended school from 1960 to 1980.

_____

4. In September 1975 she arrived in Italy for a one-year stay.

_____

5. She worked and studied in Italy during the months of July and August in 1979 and 1980.

_____

_____

6. She received her college degree on Sunday, June 15, 1976 at the age of 21.

_____

7. On Saturday, March 10, 1985 at 10:30 a.m. she married her boyfriend of two years.

_____

_____

8. She taught Italian from September 1982 to June 1987.

_____

9. On Thursday, May 8, 1989 at 4:15 p.m. her first son, Tommaso, was born.

_____

10. In the fall of 1990 she went back to school to learn Russian.

_____

Chapter 27
Interrogatives; Exclamations

[1] INTERROGATIVE PRONOUNS

chi?	*who? whom?*
che? **che cosa?** **cosa?**	*what?*
quale? quali?	*which (one)? which (ones)?*
quanto(a)?	*how much?*
quanti(e)?	*how many?*

a. *Chi* is used for people and animals and is invariable.

Chi sono quelle ragazze?	*Who are those girls?*
Chi sei?	*Who are you?*
Di **chi** parli?	*Whom are you talking about?*
Con **chi** vieni?	*Whom are you coming with?*

NOTE: In Italian, prepositions such as *di* and *con* always precede *chi*.

b. *Che* is invariable and refers only to things. *Che cosa + essere* is used to ask for a definition.

Che dici?	*What are you saying?*
A **che** pensi?	*What are you thinking of?*
Di **che** si preoccupa?	*What is he worrying about?*
Che cosa è l'ornitologia?	*What is ornithology?*

NOTE: *Che* may be substituted by *che cosa* or *cosa*, the latter is very common in spoken Italian.

Che cosa dici? **Cosa** dici?	*What are you saying?*

c. *Quale* refers to both people and things and is variable only in number. It is used to ask for a choice or selection.

Quale delle tue sorelle preferisci?	*Which of your sisters do you prefer?*
Quali vuoi comprare?	*Which ones do you want to buy?*

d. *Quanto(a, i, e)* is variable in gender and number and is used for both people and things.

Ecco la carne, **quanta** ne vuoi?	*Here is the meat, how much do you want?*
Quanti hanno risposto?	*How many answered?*

[2] INTERROGATIVE ADVERBS

come?	*how?*	**perchè**	*why?*
come mai?	*how come?*	**quando?**	*when?*
di dove?	*from where?*	**quanto?**	*how much?*
dove?	*where (to)?*		

Quanto costa questa macchina?   *How much does this car cost?*

Di dove sei?   *Where are you from?*

NOTE:

1. In sentences beginning with interrogative adverbs, the subject follows the verb.

    Quando è **arrivato Marco?**   *When did Marco arrive?*

2. With *perchè* and *come mai,* the subject may be placed either before or after the verb.

    Perchè è triste Luisa?   }   *Why is Luisa sad?*
    Perchè Luisa è triste?

[3] INTERROGATIVE ADJECTIVES

che?	*what? what kind of?*	**quanto(a)?**	*how much?*
quale? quali?	*which? what?*	**quanti(e)?**	*how many?*

a. *Che* is invariable and is equivalent to *quale(i),* although *che* is preferred in spoken Italian.

    Che lavoro fai?   *What kind of work do you do?*
    Che (Quali) sport ti piacciono?   *What (which) sports do you like?*

b. *Quale* is variable only in number and not gender. It becomes *qual* before vowel.

    Qual è la tua macchina.   *Which is your car?*

c. *Quanto* is variable in gender and number.

    Quanta pasta vuoi?   *How much pasta do you want?*
    Quanti fratelli hai?   *How many brothers do you have?*

ESERCIZIO A

Carlo non sente quello che i suoi amici dicono perchè non presta molta attenzione quando parlano. Usando le informazioni seguenti, esprimi le domande che Carlo fa ai suoi amici.

ESEMPIO: Claudio va a Firenze sabato.
            Chi va a Firenze sabato?

1. Rosanna ha comprato una nuova macchina.

2. Mio fratello lavora in una fabbrica.

_____

3. Rosalba pensa di andare in Africa a maggio.

_____

4. Abbiamo visto tre nuovi film.

_____

5. Ho scritto una lettera al presidente.

_____

6. Susanna era vestita elegante ieri sera.

_____

ESERCIZIO B

Stai parlando al telefono e il tuo fratellino Giorgio non ti lascia in pace, non smette di farti domande.
Completa le sue domande con un'espressione interrogativa adatta.

ESEMPIO: TU: Cristina e Maria hanno mandato una cartolina.
              GIORGIO: **Che cosa (Cosa)** hanno mandato?

1. TU: Anche Laura ha ricevuto una cartolina.

    GIORGIO: _____ ha ricevuto una cartolina?

2. TU: Carlo è arrivato stamattina.

    GIORGIO: _____ è arrivato stamattina?

3. TU: Andiamo alla spiaggia più tardi.

    GIORGIO: _____ andiamo più tardi?

4. TU: Andiamo in macchina.

    GIORGIO: _____ andiamo?

5. TU: Marta preferisce la spiaggia qui vicino.

    GIORGIO: _____ spiaggia preferisce Marta?

6. TU: Giulio non viene perchè è stanco.

    GIORGIO: _____ non viene perchè è stanco?

7. TU: Avrebbe comprato tre camicie nuove.

    GIORGIO: _____ camicie avrebbe comprato?

8. TU: La nonna preparerà una cena per Luigi.

    GIORGIO: _____ preparerà una cena per Luigi?

9. TU: Luigi ha sempre moltissima fame.

   GIORGIO: _____ fame ha Luigi?

10. TU: Pietro lavora con suo fratello.

   GIORGIO: _____ lavora Pietro?

ESERCIZIO C

Ruggero parla sempre di una maniera molto vaga. Domandagli di precisare quello che dice facendogli delle domande.

ESEMPIO: Mio fratello scrive a uno dei suoi corrispondenti.   **Al quale?**

   1. Mio fratello s'interessa dei film stranieri.   _____

   2. Telefona sempre alla stessa ragazza.   _____

   3. Legge delle riviste interessanti.   _____

   4. Assiste a delle conferenze scientifiche.   _____

   5. Si occupa di certi bambini.   _____

   6. Lavora in una boutique al centro.   _____

ESERCIZIO D

Tu e la tua sorellina Daniela studiate nella stessa stanza. Daniela legge parecchie parole che non capisce e te ne domanda il significato. Esprimi le sue domande secondo le tue risposte.

ESEMPIO: **Che cosa è** l'ornitologia?
            L'ornitologia è la scienza dedicata allo studio degli uccelli.

   1. _____

      L'acciaio è un metallo.

   2. _____

      Le bocce è un gioco di palle molto popolare in Italia.

   3. _____

      Un nomade è una persona che non ha abitazione fissa.

   4. _____

      Il cobra è un serpente velenoso.

   5. _____

      L'iguana è un animale che appartiene alla famiglia dei rettili.

ESERCIZIO E

Tua madre ti telefona per avere alcune informazioni. Esprimi le domande che sollecitano le tue risposte.

ESEMPIO: MAMMA: **Chi** ha telefonato?
             TU: Peppe ha telefonato.

1. MAMMA: _____

TU: Mio fratello sta giocando.

2. MAMMA: _____

TU: Con le macchinine e con altri giocattoli.

3. MAMMA: _____

TU: Andrò dal macellaio alle due.

4. MAMMA: _____

TU: Adesso sto guardando la televisione.

5. MAMMA: _____

TU: Mi sento bene.

6. MAMMA: _____

TU: Maria è venuta a prendere la posta.

7. MAMMA: _____

TU: Sono arrivate tre lettere.

8. MAMMA: _____

TU: Delle tre videocassette che hai comprato, sto guardando «Rocky».

9. MAMMA: _____

TU: Parlavo con lo zio Gaetano.

10. MAMMA: _____

TU: Stasera andrò da Michele.

ESERCIZIO F

Fai il commesso in un negozio di abbigliamento e stai aiutando una signora a scegliere una giacca. Esprimi le domande che le fai riguardo a quello che cerca: il colore, la misura, lo stile, quanto vuole spendere, come pagherà, e così via.

1. _____

2. _____

3. _____

4. _____

5. _____

6. _____

ESERCIZIO G

Per conoscere meglio il tuo amico, gli fai delle domande. Usando chi o che (che cosa/cosa) e la preposizione adatta, fai le domande alle quali lui ti risponde.

ESEMPIO: **Di che cosa hai bisogno?**
           Ho bisogno di più fiducia in me stesso.

1. _____

   Mi sposerò con una persona intelligente.

2. _____

   Conto sui miei amici.

3. _____

   Sono soddisfatto dei miei talenti.

4. _____

   Ho paura di deludere i miei genitori.

5. _____

   Sogno di diventare ricco.

6. _____

   Rassomiglio a mio padre.

7. _____

   Non posso vivere senza amicizia.

8. _____

   Mi arrabbio contro le ingiustizie del mondo.

9. _____

   Ho bisogno di amore.

10. _____

    Ho molto rispetto per le persone anziane.

11. _____

    Tengo alla mia libertà.

12. _____

Voglio molto bene a mio fratello.

ESERCIZIO H

La prima volta che Gabriele guida la macchina di suo padre, un vigile lo ferma. Completa il dialogo tra il vigile e Gabriele.

1. VIGILE: _____ è questa macchina?

GABRIELE: Di mio padre.

2. VIGILE: _____ ti chiami?

GABRIELE: Gabriele Santi.

3. VIGILE: _____ anni hai?

GABRIELE: Diciotto.

4. VIGILE: _____ è il tuo indirizzo?

GABRIELE: Via Cavour, numero 80.

5. VIGILE: _____ sono questi ragazzi?

GABRIELE: I miei amici.

6. VIGILE: _____ hai preso la patente?

GABRIELE: Il mese scorso.

7. VIGILE: _____ andate?

GABRIELE: Al cinema.

8. VIGILE: _____ non ti sei fermato al semaforo rosso?

GABRIELE: Non l'ho visto.

9. VIGILE: _____ dirai a tuo padre quando ritornerai a casa con questa multa?

GABRIELE: Che ho imparato una lezione cara.

ESERCIZIO I

Completa le frasi scegliendo l'espressione adatta tra parentesi.

1. *(Chi, Che cosa)* hai incontrato alla festa?

2. *(Cosa, Qual)* è la temperatura del corpo umano?

3. *(Quali, Quante)* sorelle hai?

4. *(Di chi, Che cosa)* è questa collana che hai in mano?

5. *(Contro chi, quale)* ti sei arrabbiata?

6. *(Che, Chi)* ci aiuterà a spegnere il fuoco?

7. *(Quale, Come)* Piero arriva domani?

8. *(Come, Quanto)* vai da Gisella?

9. *(Che cosa, Quale)* torta serviranno con il caffè?

10. *(Qual, Che)* è il tuo indirizzo?

[4] EXCLAMATIONS

The interrogatives *come, quanto,* and *che* are used to introduce exclamatory sentences.

Che...!	*What . . .! What a . . .! How . . .!*
Come...!	*How . . .!*
Quanto(a)...!	*How much . . .! So much . . .!*
Quanti(e)...!	*How many . . .! So many . . .!*

Che giornata!	*What a day!*
Che strano!	*How strange!*
Quanto sei bella!	*How beautiful you are!*
Quanta confusione!	*So much confusion!*
Come sei elegante stasera!	*How elegant you are tonight!*
Com'è grande questa casa!	*What a large house this is!*

NOTE: *Come* becomes *com'* before a vowel.

ESERCIZIO J

Dopo uno spettacolo di danza, tu e i tuoi amici ne parlate. Esprimi cosa ne dite usando Che...! Come...! Quanto...! Quanti...!

ESEMPIO: grazia / avere / le ballerine
            Quanta grazia avevano le ballerine!

1. essere / belle / loro

   _____

2. energia / avere / loro

   _____

3. saltare / agilmente / loro

   _____

4. ballare / leggermente / loro

   _____

5. costumi / originali

_____

6. musica / dolce

_____

7. musicisti / bravi

_____

8. balletto / romantico

_____

ESERCIZIO K

Alcuni dei tuoi amici reagiscono a certi commenti che fai. Scegli una delle esclamazioni suggerite per ogni commento.

Che bell'idea!	Che intelligente!	Com'è cattivo(a)!
Che bello(a)!	Che peccato!	Com'è generoso(a)!
Che fortuna!	Com'è bravo(a)!	Quanta volontà!

ESEMPIO: Mario dice che mi pagherà il caffè.
Com'è generoso!

1. Il professore di matematica dice che non ci sono esami domani.

_____

2. A me non piacciono le lasagne.

_____

3. Sandro dice che c'è una festa da Michele stasera.

_____

4. Il suo fratellino parla tre lingue a cinque anni.

_____

5. Carla dice che vuole terminare tutto il compito stasera.

_____

6. Arturo mi insulta sempre.

_____

7. Rosanna mi ha regalato una bella camicia.

_____

8. Voglio comprare una macchina rossa.

_____

ESERCIZIO L

Che cosa esclamate vedendo le cose seguenti?

ESEMPIO: bel voto
Che bel voto!

1. bicicletta nuova

_____

2. leone feroce

_____

3. coda lunga

_____

4. autobus pieno

_____

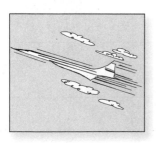

5. aereo veloce

_____

6. uccelli nel cielo

_____

7. traffico in centro

_____

8. gente in una cabina

_____

9. partita emozionante

_____

10. case misteriose

_____

MASTERY EXERCISES

ESERCIZIO M

Il signor Forestiere sarà operato agli occhi questa settimana. Completa le domande che i suoi amici fanno ai suoi riguardi. Usa l'espressione interrogativa adatta.

a chi	che cosa	come	perchè	quali	quanti
che	chi	dove	quale	quando	

ESEMPIO: Da **quando** soffre?

1. _____ età ha? Sessanta o settantacinque?

2. _____ dei suoi figli vengono dall'Italia, Rino e Sergio o Sandro e Michele?

3. _____ fratello gli farà compagnia il giorno dell'intervento, Ruggero o Patrizio?

4. _____ vuole l'anestesia totale, ha paura dell'intervento?

5. _____ giorni rimarrà all'ospedale?

6. _____ verrà a vederlo dopo l'intervento?

7. _____ l'irriterà di più? Il rumore o la luce?

8. _____ andrà dopo l'intervento? Da sua moglie o da sua figlia?

9. _____ potrà leggere? Con gli occhiali o con le lenti a contatto?

10. _____ potrà telefonare in caso di urgenza, alle sue figlie o ai suoi figli?

ESERCIZIO N

Alla fine di un esame importante, vari studenti fanno i commenti seguenti. Scegli la forma corretta tra parentesi.

1. *(Che, Come)* disgrazia! Ho dimenticato tutto.

2. *(Quale, Che)* esame difficilissimo!

3. *(Come, Quanti)* sbagli! Tutte le date erano un mistero!

4. *(Com'era, Quale)* lungo l'esame!

5. *(Che, Come)* maestro esigente!

6. *(Quante, Quanta)* domande!

7. *(Che, Quale)* fortuna che l'anno scolastico sia finito!

8. *(Che, Come)* scrivevo lentamente!

9. *(Quanti, Come)* dettagli elaborati!

10. *(Che, Quale)* sfortuna che ho!

ESERCIZIO O

Gina telefona alla sua amica Anna ma non la trova in casa. Completa la telefonata formulando le domande che Gina fa alla persona che risponde al telefono.

1. GINA: _____

   PIETRO: È Pietro che parla.

2. GINA: _____

   PIETRO: È uscita verso le sette.

3. GINA: _____

   PIETRO: Credo che Anna sia andata a teatro.

4. GINA: _____

   PIETRO: Il Teatro Bello.

5. GINA: _____

   PIETRO: Ritornerà tardi.

6. GINA: _____

PIETRO: Lo spettacolo dura tre ore.

7. GINA: _____

PIETRO: Il numero del telefono in camera sua è 555.26.41.

8. GINA: _____

PIETRO: Può telefonare fino a mezzanotte. Arrivederci.

ESERCIZIO P

Michele farà un viaggio in Italia e vuole sapere come dire alcune cose. Esprimi in italiano le frasi che vuole imparare.

1. What is the exchange rate?

_____

2. How much does the ticket cost?

_____

3. Where can I buy shampoo?

_____

4. Which of these buses do I take to the Palazzo Vecchio?

_____

5. When do the stores open?

_____

6. At what time is dinner served?

_____

7. Who can help me with my suitcases?

_____

8. Why do you want to see my passport?

_____

9. How many lire does this cost?

_____

10. Which are the best restaurants?

_____

11. What a delicious meal!

_____

12. What is there of interest (interesting) to see?

_____

13. To whom should I speak?

_____

14. What do I need?

_____

15. What is happening?

_____

Chapter 28
Possession

[1] EXPRESSING POSSESSION

a. In Italian, possession and relationship are expressed by the preposition *di*.

lo stereo *di* **Piero**	*Piero's stereo*
la macchina *dei* **Buti**	*the Buti's car*
i pattini *di* **Michele**	*Michael's skates*
le scarpe *di* **mia sorella**	*my sister's shoes*
il marito *dell'***attrice**	*the actress' husband*

NOTE:

1. The preposition *di* is repeated before each noun.

I libri *di* **Marco** e *di* **Paolo.**	*Marco's and Paul's books.*

2. *D'* always replaces *di* before words beginning with *i*. Before words beginning with other vowels, the elision is optional.

la capitale **d'Italia**	*Italy's capital*
il libro **d'Enrico** il libro **di Enrico** }	*Enrico's book*

b. The expression *di chi* followed by the verb *essere* is equivalent to the interrogative *whose?*

Di chi è questa giacca blu?	*Whose blue jacket is this?*
Di chi sono queste videocassette?	*Whose videocassettes are these?*

c. The possessive relative pronoun—article + *cui*—is the equivalent of English relative pronoun *whose*. (See Chapter 21.)

La ragazza, **il cui** fratello è appena entrato, è francese.	*The girl, whose brother just came in, is French.*
Ecco il giardino **i cui** fiori sono rarissimi.	*Here is the garden whose flowers are extremely rare.*

ESERCIZIO A

Tua madre ti domanda a chi appartengono certe cose che trova in camera tua. Rispondi secondo l'esempio.

ESEMPI: la camicetta / Anna   i guanti / fratello di Pietro
  È la camicetta di Anna?   **Sono i guanti del fratello di Pietro?**

1. la radio portatile / il vicino di casa

_____

2. le camicie / Stefano

_____

3. i dischi / Maria e Liliana

_____

4. la racchetta / il signor Martino

_____

5. le penne / le mie amiche

_____

6. il libro / la maestra d'inglese

_____

7. le gonne / la sorella di Anna

_____

8. la chitarra / il cugino di Enza

_____

ESERCIZIO B

Tu e tuo fratello state facendo la pulizia dopo una grande festa a casa vostra. Indovinate a chi apparten-gono certi articoli che gli invitati hanno dimenticato.

ESEMPIO: questi giornali / zio Matteo
              Di chi sono questi giornali?
              Sono dello zio Matteo.

1. quei guanti neri / la signora Pariti

_____

_____

2. questo borsone / Gianni

_____

_____

3. questa penna vecchia / il professore

_____

_____

4. quelle ciabatte rosse / Rosalba

_____

_____

5. quel cappotto / la nonna

_____

_____

6. questa macchina fotografica / Roberto

_____

_____

7. quei dischi / l'amico di papà

_____

_____

8. quel foulard / Gianfranca

_____

_____

ESERCIZIO C

Immagina che tu e un amico siete a una fiera d'Italia in cui tutte le regioni sono rappresentate. Rispondi alle domande che ti fa il tuo amico.

ESEMPIO: Preferisci il cibo del Veneto o quello del Lazio?
             Preferisco quello del Veneto.

1. Ti piace l'architettura della Toscana o quella della Sicilia?

_____

2. Preferisci i vestiti tradizionali della Campania o quelli della Puglia?

_____

3. Quale t'interessa di più, la musica folclorica della Basilicata o quella del Piemonte?

_____

4. Sceglieresti di visitare le città dell'Umbria o quelle delle Marche?

_____

5. Quale cucina preferisci, quella dell'Emilia-Romagna o quella della Sardegna?

_____

6. Chi sono i migliori gxquelli dell'Abruzzo o quelli del Molise?

_____

7. Ti piace il paesaggio della Liguria o quello della Lombardia?

_____

8. Preferisci le spiagge della Sicilia o quelle del Lazio?

_____

ESERCIZIO D

Mario descrive alcune persone e cose che vede mentre è con Gregorio. Combina le frasi seguenti, usando le espressioni **il cui, la cui,** *e così via.*

ESEMPIO: La signora è alta. La sua macchina è molto piccola.
La signora, **la cui macchina è molto piccola,** è alta.

1. Quei ragazzi sono tristi. Le loro biciclette sono sparite.

_____

2. Ecco i nuovi compact disc. Il loro suono è chiarissimo.

_____

3. Il signore Adiberto cerca dappertutto. I suoi figli non sono a casa.

_____

4. Mia cugina è arrabbiata. La sua racchetta di tennis è rotta.

_____

5. Tonino usa un computer. Lo schermo è grandissimo.

_____

6. Gianni ha comprato una macchina. Sua sorella gli ha prestato il denaro.

_____

[2] POSSESSIVE ADJECTIVES

a. Forms

SINGULAR		PLURAL		
MASCULINE	FEMININE	MASCULINE	FEMININE	
il mio	**la mia**	**i miei**	**le mie**	*my*
il tuo	**la tua**	**i tuoi**	**le tue**	*your* (familiar)
il suo	**la sua**	**i suoi**	**le sue**	*his, her, its, your* (formal)
il nostro	**la nostra**	**i nostri**	**le nostre**	*our*
il vostro	**la vostra**	**i vostri**	**le vostre**	*your*
il loro	**la loro**	**i loro**	**le loro**	*their, your* (formal)

NOTE:

1. Possessive adjectives, like other adjectives, agree with the nouns they modify. They are repeated before each noun.

Ho trovato il **mio disco** e la **mia cassetta.**　　*I found my record and my cassette.*

I **suoi fratelli** e le **sue sorelle** sono simpatici.　　*His (Her) brothers and sisters are nice.*

I **loro cugini** e i **loro nonni** arrivano domani.　　*Their cousins and grandparents arrive tomorrow.*

2. The definite article generally precedes the possessive adjective, and both are repeated before each noun. Note that definite articles contract with preceding prepositions.

Ecco **il mio** mangianastri e le mie cassette.	*Here is my cassette player and my cassettes.*
Sono **nella mia** camera da letto.	*I'm in my bedroom.*
Non scarabocchiare **nei suoi** libri.	*Don't doodle in his (her) books.*

b. The definite article is omitted before a possessive adjective in the following situations:

(1) before a singular noun denoting family relationship except for *loro*, which always retains the article. The possessive adjective is also retained before *papà, babbo,* and *mamma.*

mio zio e mia zia	*my aunt and uncle*
mio padre e mia madre	*my father and mother*

BUT

i miei zii e le mie zie	*my uncles and aunts*
la loro sorella	*their sister*
la mia mamma e il mio papà	*my mom and dad*

NOTE: The definite article is retained when the family relationship noun is modified or includes a suffix.

il mia *caro* zio	*my dear uncle*
la mia zia *di Firenze*	*my aunt from Florence*
la mia sorell*ina*	*my little sister*

(2) with parts of the body and articles of clothing, the possessive adjective is usually replaced by the definite article if the possessor is clear.

Mi sono tagliato **il dito.**	*I cut my finger.*
Rita aveva un libro sotto **il braccio.**	*Rita had a book under her arm.*
Ho dimenticato **la giacca** a scuola.	*I forgot my jacket in school.*
Dove ho messo **le scarpe?**	*Where did I put my shoes?*

(3) with expressions where the possessive adjective follows the noun.

Vado **a casa** *sua.*	*I'm going to his (her) house.*
Non ti preoccupare, **amico** *mio.*	*Don't worry, my friend.*
Non è **colpa** *nostra.*	*It's not our fault.*

NOTE: To clarify or emphasize the possessor, *di lui* or *di lei* replaces the possessive adjective.

Maria ha parlato con Luigi **nel suo ufficio.**	*Maria spoke with Luigi in his (her) office.*
(Not clear if it's Maria's or Luigi's office.)	

Maria ha parlato con Luigi **nell'ufficio** *di lui.*	*Maria spoke with Luigi in his office.*
Maria ha parlato con Luigi **nell'ufficio** *di lei.*	*Maria spoke with Luigi in her office.*

c. Note these expressions of possession in Italian:

un mio amico *a friend of mine, one of my friends*
una sua cugina *a cousin of his (hers), one of his (her) cousins*
quel nostro vicino di casa *that neighbor of ours*

ESERCIZIO E

Che cosa preferisci? Indica le tue preferenze.

ESEMPIO: corso preferito
Il mio corso preferito è l'italiano.

1. attore favorito

_____

2. attrice favorita

_____

3. romanzo favorito

_____

4. musicisti preferiti

_____

5. programmi televisivi preferiti

_____

6. film favorito

_____

7. colori preferiti

_____

8. stagione favorita

_____

9. ristorante favorito

_____

10. sport favorito

_____

ESERCIZIO F

Tu e i tuoi genitori vi trovate alla dogana dell'aeroporto di Roma. Il doganiere vi fa delle domande. Esprimi le sue domande e le vostre risposte.

ESEMPIO: carta verde
DOGANIERE: **Avete la vostra carta verde?**
VOI: **Sì, abbiamo la nostra carta verde.**

1. carta d'identità

DOGANIERE: _____

VOI: _____

2. dichiarazione doganale

DOGANIERE: _____

VOI: _____

3. passaporti

DOGANIERE: _____

VOI: _____

4. bagagli

DOGANIERE: _____

VOI: _____

5. ricevute della consegna bagagli

DOGANIERE: _____

VOI: _____

6. biglietti di ritorno

DOGANIERE: _____

VOI: _____

7. visto

DOGANIERE: _____

VOI: _____

8. carte di soggiorno

DOGANIERE: _____

VOI: _____

ESERCIZIO G

Prima di uscire di casa, tua madre fa delle domande a te e a tua sorella. Rispondi alle sue domande con la forma adatta degli aggettivi possessivi.

ESEMPIO: Avete preso le vostre chiavi?
Sì mamma, abbiamo preso le nostre chiavi.

1. Rino, hai coperto il mio computer?

_____

2. Gina, hai preparato la tua merenda?

_____

3. Rino, hai dato il biglietto dell'autobus a tua sorella?

_____

4. Rino, hai spento la luce del mio bagno?

_____

5. Gina, hai preso i tuoi occhiali?

_____

6. Avete ricordato di prendere tutti i vostri libri?

_____

7. Gina, hai preso la mia borsa dalla cucina?

_____

8. Rino, mi hai scritto il numero di telefono del tuo maestro?

_____

ESERCIZIO H

Spiega la parentela tra le persone seguenti.

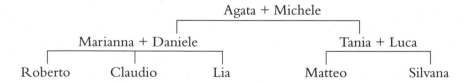

ESEMPI: Agata è la zia di Daniele?
No, Agata non è sua zia, è sua madre.

Roberto è il fratello di Matteo e di Silvana?
No, Roberto non è il loro fratello, è il loro cugino.

1. Daniele è il papà di Agata?

2. Tania è la moglie di Daniele?

_____

3. Daniele e Tania sono i genitori di Agata e di Michele?

_____

4. Luca è il padre di Roberto, di Claudio e di Lia?

_____

5. Silvana è la mamma di Tania?

_____

6. Daniele e Marianna sono i nonni di Matteo e di Silvana?

_____

7. Matteo è il cugino di Silvana?

_____

8. Marianna è la sorella di Lia?

_____

9. Roberto e Claudio sono i fratelli di Matteo?

_____

10. Matteo è il cugino di Agata e di Michele?

_____

ESERCIZIO I

Ad Alberto piace portare i vestiti degli altri. Mentre si veste, parla con il suo amico Gino che lo sta aspettando per uscire. Completa la loro conversazione con gli aggettivi possessivi adatti.

GINO: Oggi porti una camicia molto bella. È _____ camicia?
                                                        1.

ALBERTO: No, non è _____ camicia, è di _____ fratello Augusto.
                              2.   *3.*

GINO: Metti sempre _____ cose?
                               4.

ALBERTO: Molto spesso. Mi piacciono _____ camicie e _____ giacche.
                                              5.   *6.*

GINO: Questa cravatta è bella. Dove l'hai comprata?

ALBERTO: Non l'ho comprata, non è _____ cravatta, è di _____ fratello.
                                          7.   *8.*

           Mi piace portare _____ cravatte.
                                    9.

GINO: Che cos'altro usi di _____ fratello?
                                        10.

ALBERTO: A volte, metto _____ calzini e _____ cappotto.
                                11.   *12.*

GINO: Non hai _____ proprio cappotto?
                        13.

ALBERTO: Sì, ma _____ cappotto non mi tiene caldo quanto quello di _____ fratello.
                        14.   *15.*

GINO: Bene. Andiamo. Si sta facendo tardi.

ALBERTO: Aspetta un attimo. Devo trovare _____ cintura nera.
                                                16.

GINO: Eccola, è sulla sedia; ma è grande, sembra la cintura di _____ padre.
                                                                        17.

ALBERTO: Hai ragione, è _____ cintura. Però visto che io e lui la portiamo a turno *(take*
                            18.

           turns), consideriamo che sia _____ cintura.
                                            19.

GINO: Che fortuna che hai! _____ fratelli non mi prestano mai niente.
                                    20.

ALBERTO: Peccato! Bene, io sono pronto. Sbrighiamoci, _____ fidanzate ci aspettano!
                                                            21.

ESERCIZIO J

Carolina racconta alla sua mamma quello che è successo oggi a scuola. Completa le frasi usando l'articolo o l'aggettivo possessivo con l'articolo secondo il caso.

1. Pina ha perso _____ orecchini d'oro in palestra.

2. Chiara si è rotta _____ gamba.

3. Linda ha dato _____ panino a Teresa.

4. La maestra ha ricevuto un bel cartellone di Firenze da _____ zii in Italia.

5. Angela non è venuta a scuola. È andata con _____ madre dal dentista.

6. Claudia e _____ cugina sono andate in biblioteca.

7. Ines è venuta a scuola con la bicicletta che _____ zia preferita le ha regalato.

8. Pierino si è sgraffiato _____ ginocchio cadendo dall'altalena.

9. Piero ha mangiato con _____ sorellina alla mensa.

10. La sorella di Margherita e di Rino è venuta a prenderli dopo la scuola. _____ sorella si chiama Gisella.

[3] POSSESSIVE PRONOUNS

SINGULAR		PLURAL		
MASCULINE	FEMININE	MASCULINE	FEMININE	
il mio	**la mia**	**i miei**	**le mie**	*mine*
il tuo	**la tua**	**i tuoi**	**le tue**	*your* (familiar)
il suo	**la sua**	**i suoi**	**le sue**	*his, hers, its, yours* (formal)
il nostro	**la nostra**	**i nostri**	**le nostre**	*ours*
il vostro	**la vostra**	**i vostri**	**le vostre**	*yours*
il loro	**la loro**	**i loro**	**le loro**	*theirs, yours* (formal)

NOTE:

1. A possessive pronoun replaces a possessive adjective + noun. The pronoun agrees with the noun it replaces.

    La nostra macchina è nel garage. Dov'è **la vostra?**

    Our car is in the garage. Where is yours?

    I miei capelli sono più scuri **dei tuoi.**

    My hair is darker than yours.

2. The definite article, a regular part of the possessive pronoun, contracts with preceding prepositions in the usual way.

    Metti del burro **sul** suo pane e **sul** mio.

    Put some butter on his (her) bread and on mine.

    Stai parlando **del** tuo fidanzato o **del** mio?

    Are you talking about your boyfriend or mine?

3. When the possessive pronoun follows the verb *essere*, the article is omitted.

    Questo gatto è **mio**, non è **suo.**

    This cat is mine, it's not his (hers).

ESERCIZIO K

Rosina è una bambina di sette anni. Le piace dire che tutto quello possiede è migliore di tutto quello degli altri. Usando un pronome possessivo, esprimi quello che dice.

ESEMPIO: La mia bicicletta è più nuova della bicicletta di Renato.
            La mia bicicletta è più nuova **della sua.**

1. Mio fratello è più alto del fratello di Lidia.

_____

2. Il mio vestitino è più bello del tuo vestitino.

_____

3. Il suo cane è meno simpatico del nostro cane.

_____

4. I miei amici sono più forti dei tuoi amici.

_____

5. I loro nonni sono meno generosi dei nostri nonni.

_____

6. Le amiche di mio fratello sono più carine delle amiche di Gino.

_____

7. La tua casa è meno moderna della casa mia.

_____

8. Il vostro computer è meno sofisticato del nostro computer.

_____

9. La mia mamma cucina meglio della tua mamma.

_____

10. Il fratello di Riccardo è più basso di mio fratello.

_____

ESERCIZIO L

Esprimi queste riflessioni secondo l'esempio.

ESEMPIO: Le mie impressioni del viaggio e le impressioni di Lisa sono molto diverse.
Le mie impressioni del viaggio e **le sue** sono molto diverse.

1. La mia macchina e la macchina di Paola sono dello stesso colore.

_____

2. I miei gusti e i gusti di Michele sono simili.

_____

3. Il mio compleanno e il compleanno dei gemelli ricorre il dieci aprile.

_____

4. I consigli dei miei genitori e i consigli dei genitori di Amelia non sono uguali.

_____

5. La mia collana e le vostre collane sono bellissime.

_____

6. La nostra idea e le idee di Gregorio e di Roberto sono molto originali.

_____

7. Le tue feste e le feste dei tuoi amici sono sempre divertenti.

_____

8. I voti di Beatrice e i voti di Elena sono i migliori della classe.

_____

ESERCIZIO M

Carla e Marietta sono gemelle. Carla sa sempre dove tutto si trova. Marietta, al contrario, non riesce a trovare mai niente e deve chiedere ogni volta a sua sorella. Esprimi le risposte di Carla alle domande di Marietta.

ESEMPIO: MARIETTA: Ho trovato le mie foto ma non so dove sono le foto di Gino. *(sul tavolino)*
CARLA: **Le sue sono sul tavolino.**

1. MARIETTA: Ecco l'orologio della mamma, adesso non trovo quello del papà. *(in cucina)*

   CARLA: _____

2. MARIETTA: La tua camicetta verde è qui e la mia camicetta dov'è? *(nell'armadio)*

   CARLA: _____

3. MARIETTA: La mamma e il papà hanno i loro biglietti del concerto ma ti hanno dato i nostri
   biglietti? *(nella tua borsa)*

   CARLA: _____

4. MARIETTA: Non voglio usare la tua spazzola nera. Hai visto la mia spazzola rossa? *(in bagno)*

   CARLA: _____

5. MARIETTA: Non trovo la mia cintura di cuoio. Dov'è la tua cintura di stoffa? *(nel mio cassetto)*

   CARLA: _____

6. MARIETTA: Le lettere di Carlo sono sul tavolino ma dove sono andate a finire le lettere di Alberto?
   (sulla scrivania)

   CARLA: _____

M A S T E R Y   E X E R C I S E S

ESERCIZIO N

Franca ha l'abitudine di paragonare sempre le sue cose con quelle delle sue amiche. Completa le frasi seguenti con l'italiano dei possessivi tra parentesi.

1. — _____ vestito è verde. Di che colore è _____ ?
       (My)   (yours / *familiar*)

   — _____ è nero.
      (Ours)

2. _____ anello è costato più di quello _____ . _____ non vale niente.
     (Her)   (Marta's)   (Mine)

3. _____ cappotti sono di lana. _____ è di cotone. _____ è di pelliccia.
     (Their)   (Your / *formal*)   (Theirs)

4. Ho speso tutto _____ denaro. Tu che cosa hai fatto con _____ ?
              (my)   (yours)

    —Io ho depositato _____ in banca.
                          (mine)

5. —La camicia blu è _____ . _____ è la camicia grigia?
                         (hers)   (Whose)

    —È _____ .
         (Rita's)

6. —Ho perso _____ ombrello. _____ è questo qui allora?
              (my)   (Whose)

    —È _____ .
         (theirs)

ESERCIZIO O

Esprimi in italiano quello che Alberto dice alla sua amica Agata mentre guardano un album di fotografie insieme.

1. I wonder whose photo album this is.

   _____

2. Hey, it's my grandmother's album!

   _____

3. It contains pictures of my cousin Gino's family and mine.

   _____

4. Look at Gino's brother George and mine, Michael.

   _____

5. They are wearing their Halloween costumes.

   _____

6. George is making a face at his girlfriend, and my brother at his.

   _____

7. George is doing his best, and my brother is doing his to scare the girls.

   _____

8. Can you see Lola's smile?

   _____

9. Now she is George's wife.

   _____

10. This album is really the story of my friends' lives and mine.

   _____

Chapter 29
Demonstratives

[1] DEMONSTRATIVE ADJECTIVES

a. Forms

ADJECTIVE	MASCULINE	FEMININE
this *these*	**questo** quaderno **questi** quaderni	**questa** matita **queste** matite
that *those*	**quel** libro **quei** libri	**quella** penna **quelle** penne
that *those*	**quell'**amico **quegli** amici	**quell'**amica **quelle** amiche
that *those*	**quello** studente **quegli** studenti	

NOTE: *Questo* and *questa* become *quest'* before singular words beginning with a vowel; *quello* and *quella* become *quell'*. In the plural, there is no elision.

quest'anno *this year*   **quell'uomo** *that man*

quest'amica *this girlfriend*   **quell'arancia** *that orange*

queste isole *these islands*   **quegli occhi** *those eyes*

b. Uses of demonstrative adjectives

(1) Demonstrative adjectives precede and agree with the nouns they modify.

questo prosciutto *this ham*   **quegli stecchini** *those toothpicks*

quelle salsicce *those sausages*   **quei pomodori** *those tomatoes*

(2) The choice of *quello* or its other forms is determined similarly to the definite article.

quello zio (**lo** zio)   **quegli** studenti (**gli** studenti)

quel ragazzo (**il** ragazzo)   **quei** cavalli (**i** cavalli)

(3) The demonstrative adjective is repeated before each noun.

questo lago e **questa** spiaggia   *this lake and beach*

questi spilli e **questi** aghi   *these pins and needles*

(4) To distinguish between *this* and *that,* or between *these* and *those, qui (qua)* and *lì (là)* are added to the nouns contrasted.

Devo scegliere tra **questa fotografia** *qui* e **quella fotografia** *lì.*   *I have to choose between this photograph here and that photograph there.*

Prendi **queste camicie** *qua* e dammi **quelle camicie** *là.*   *Take these shirts here and give me those shirts there.*

(5) The feminine form *questa* becomes *sta* in certain compound words.

stamattina = **questa** mattina	*this morning*
stasera = **questa** sera	*this evening*
stanotte = **questa** notte	*tonight*
stavolta = **questa** volta	*this time*

ESERCIZIO A

La tua amica Marta ha fatto delle compere per un viaggio che farà tra poco. Tu sei curioso(a) di sapere il prezzo di ogni articolo che ha comprato. Completa le domande che le fai con la forma corretta di **questo**.

ESEMPIO: Quanto sono costate **queste** camicette?

1. Quanto sono costate _____ scarpe?

2. Quanto è costato _____ costume da bagno?

3. Quanto è costato _____ impermeabile?

4. Quanto è costata _____ gonna?

5. Quanto è costata _____ borsa?

6. Quanto sono costati _____ pantaloni?

7. Quanto sono costati _____ occhiali da sole?

8. Quanto è costata _____ sciarpa?

9. Quanto è costato _____ vestito?

10. Quanto è costato _____ anello?

ESERCIZIO B

Sei alla sfilata di Carnevale. Usando la forma corretta di **quello**, *esprimi cosa esclami quando vedi le persone e le cose seguenti.*

ESEMPIO: bella principessa
            Com'è bella quella principessa!

1. eleganti / costumi

_____

2. carini / animali

_____

3. strana / maschera

_____

4. lunga / automobile

_____

5. gigantesco / elefante

_____

6. comico / pagliaccio

_____

7. graziosa / regina

_____

8. melodico / strumento

_____

ESERCIZIO C

Sei al mercato a comprare della frutta e della verdura per la tua mamma. Indica quello che comprerai.

ESEMPI: melone / qui
Comprerò questo melone.

uva / lì
Comprerò quell'uva.

1. arance / lì

_____

2. pomodori / qui

_____

3. pompelmi / lì

_____

4. pere / lì

_____

5. ciliegie / qui

_____

6. banane / lì

_____

7. fichi / qui

_____

8. melanzane / qui

_____

ESERCIZIO D

La tua amica Franca ti fa delle domande sulla tua città. Rispondi alle sue domande con un aggettivo dimostrativo.

ESEMPIO: È popolare la discoteca lì?
Sì, quella discoteca è molto popolare.

1. È aperta tutta la giornata la libreria lì?

_____

2. Sono cari i ristoranti qui?

_____

3. Si vendono vini nei supermercati qui?

_____

4. Fanno sconti i negozi lì?

_____

5. È possibile nuotare nel lago lì?

_____

6. Danno dei film interessanti al cinema qui?

_____

7. Si vendono francobolli dal tabaccaio lì?

_____

8. È grande la piscina qui?

_____

[2] DEMONSTRATIVE PRONOUNS

PRONOUN	MASCULINE	FEMININE
this (one)	**questo**	**questa**
these	**questi**	**queste**
that (one)	**quello**	**quella**
those	**quelli**	**quelle**

Quella storia è più interessante di **questa**.   *That story is more interesting than this one.*
Questo vaso rassomiglia a **quello** che ho comprato.   *This vase resembles the one that I bought.*

NOTE:

1. Demonstrative pronouns agree with the nouns they refer to.

    Quale *macchina* preferisci, **questa o quella?**   *Which car do you prefer, this one or that one?*

    —Di chi sono questi *libri?* —**Questi** qui   *—Whose books are these? —These here are*
    sono i miei, **quelli** lì sono di Rino.   *mine, those there are Rino's.*

2. When refering to something unknown, the masculine singular form of *questo*
    meaning *this* or *that* is used.

    Questo è grave!   *This is serious!*

    Che cos'è **questo?**   *What's this?*

3. *Quello* may be followed by the relative pronoun *che* meaning *the one who, the one that.*

    Quella casa all'angolo è **quella che** vogliamo   *That house on the corner is the one (that) we*
    comprare.   *want to buy.*

4. The demonstrative pronoun *ciò* followed by *che,* sometimes replaces *quello che* when it
    means *questa cosa* or *quella cosa. Ciò* is masculine and invariable, and is used only to
    refer to things.

    Ciò (Quello) **che** dici è vero.   *What you say is true.*

    Stai attento a **ciò** (quello) **che** fai.   *Be careful with what you're doing.*

5. *Questo* and *quello* are used to express the English *former* and *latter.*

    Gino e Aldo sono i miei migliori amici: *Gino and Aldo are my best friends: the latter*
    questo (Aldo) è studioso, **quello** (Gino)   *(Aldo) is studious, the former (Gino) is lazy.*
    è pigro.

    I signori Gilbert e i signori Berio sono   *The Gilbert's and the Berio's have arrived:*
    arrivati: **questi** (Berio) sono italiani, **quelli**   *the latter (Berio's) are Italian, the former are*
    (Gilbert) sono francesi.   *(Gilbert's) French.*

ESERCIZIO E

*La madre di Fernando è andata in vacanza e, in vari posti dell'appartamento ha lasciato diverse istruzioni
scritte a suo figlio. Completa le sue istruzioni, scegliendo il pronome adatto tra parentesi.*

1. (quello / ciò / questi) Metti i vestiti in quest'armadio e non in _____ vicino alla finestra.

2. (ciò / quella / queste) Non usare questa scopa, usa _____ che è nello scantinato.

3. (quella / quelli / questo) Spegni questa lampada e non _____ della camera di Tommaso.

4. (quello / ciò / questa) Non mettere i giocattoli di Anna in quella scatola sul divano, mettili in
_____ qui.

5. (questa / quello / ciò) Invece di usare il telefono del salotto, usa _____ della cucina.

6. (ciò / questi / quelle) Non prendere queste vitamine, prendi _____ che ho messo nel
frigorifero.

ESERCIZIO F

Hai appena preso in affitto il tuo primo appartamento e adesso hai bisogno di ammobiliarlo. Tua madre ti accompagna a fare alcune compere e, al negozio fate il paragone tra vari articoli. Completa la vostra conversazione con il commesso.

ESEMPIO: TU: Ecco un frigorifero. *(l'ultimo modello / più economico)*
            COMMESSO: **Questo qui è l'ultimo modello.**
            MADRE: **Ma quello lì è più economico.**

1. TU: Ecco un tappeto. *(bello / meno caro)*

    COMMESSO: _____

    MADRE: _____

2. TU: Ecco delle sedie. *(comode / più di moda)*

    COMMESSO: _____

    MADRE: _____

3. TU: Ecco una lampada. *(molto carina / più pratica)*

    COMMESSO: _____

    MADRE: _____

4. TU: Ecco dei quadri. *(moderni / saldati)*

    COMMESSO: _____

    MADRE: _____

5. TU: Ecco uno stereo. *(programmabile / di migliore qualità)*

    COMMESSO: _____

    MADRE: _____

6. TU: Ecco un condizionatore d'aria. *(potente / più silenzioso)*

    COMMESSO: _____

    MADRE: _____

7. TU: Ecco dei tavolini. *(rustici / pieghevoli)*

    COMMESSO: _____

    MADRE: _____

8. TU: Ecco un letto. *(molto duro / più morbido)*

    COMMESSO: _____

    MADRE: _____

ESERCIZIO G

Fai il contrasto tra il luogo della prima frase e quello tra parentesi ed esprimi un'opinione secondo l'esempio. Usa un pronome dimostrativo e l'espressione **più, meno** *o* **quanto.**

ESEMPIO: I ristoranti in Italia sono buoni. *(Stati Uniti)*
Quelli negli Stati Uniti sono buoni **quanto quelli in Italia.**

1. La spiagge in Sardegna sono pulite. *(California)*

_____

2. Gli alberghi a San Remo sono lussuosi. *(Las Vegas)*

_____

3. Le boutique a Roma sono eleganti. *(New York)*

_____

4. I vigneti della Toscana sono rinomati. *(Nappa Valley)*

_____

5. La qualità della vita negli Stati Uniti è alta. *(Germania)*

_____

6. I paesini della Francia sono pittoreschi. *(Italia)*

_____

7. La vita a Milano è interessante. *(Los Angeles)*

_____

8. Il presidente degli Stati Uniti è intelligente. *(Italia)*

_____

ESERCIZIO H

Esprimi quello che preferisci scegliendo uno degli aggettivi tra parentesi.

ESEMPIO: Quali vestiti preferisci? *(chic / comodi)*
Quelli chic.

1. Quale taglio di capelli ti piace di più? *(corto / lungo)*

_____

2. Quale macchine preferisci? *(veloci / spaziose)*

_____

3. Quale lavoro sceglieresti? *(stimolante / facile)*

_____

4. Quali sport preferisci? *(pericolosi / divertenti)*

_____

5. Quali professori preferisci? *(severi e spiritosi / indulgenti e noiosi)*

_____

6. Quali attività ti piacciono? *(sportive / intellettuali)*

_____

7. Quali film preferisci? *(comici / del terrore)*

_____

8. Quali corsi preferisci? *(di scienza / di storia)*

_____

ESERCIZIO I

Ci sono dei pettegolezzi (gossip) *a scuola. Completa le frasi degli alunni con la forma corretta di* **questo**, **quello** *o* **ciò**.

1. Ascolta _____ : Paolo si è innamorato di Maria.

2. La signora Romero si sposerà il mese prossimo. _____ matrimonio mi pare impossibile.

3. Giuliano ha ricevuto una borsa di studio. _____ mi ha molto sorpreso.

4. _____ notizia ti farà piacere: il nostro maestro di storia è assente.

5. Quali pantaloni porti stasera? _____ che ho portato ieri.

6. Lucia è stata accettata all'università Bocconi di Milano. _____ bella sorpresa ha fatto piacere a tutti.

7. Tra una vacanza a Milano e una a Firenze, sceglierei _____ a Firenze.

8. La scuola ha _____ di buono: si rivedono gli amici.

ESERCIZIO J

Pietro fa dei commenti sulla gente che conosce. Completa le sue frasi con la forma corretta di **questo** *e di* **quello**.

ESEMPIO: Non si direbbe che Carlo e Pino sono fratelli. **Questo** ha gli occhi blu e i capelli biondi mentre **quello** ha gli occhi castani e i capelli neri.

1. Gianni ha diciassette anni mentre suo fratello ne ha quindici. _____ è il minore e

_____ è il maggiore.

2. I Lo Dolce spendono denaro con molta facilità mentre i Rinaldi cercano di risparmiare.

_____ sono economici e _____ sono spendaccioni.

3. Liliana è simpatica mentre sua sorella è antipatica. _____ ha un cattivo carattere e

_____ ha un buon carattere.

4. Pietro fa sempre i compiti mentre Luca non li fa mai. _____ è pigro e _____ è

coscienzioso.

5. A Maria e a Anna piace fare sport mentre Laura e Francesca preferiscono andare alla biblioteca.

_____ sono studiose e _____ sono sportive.

MASTERY EXERCISES

ESERCIZIO K

Immagina che sei in un museo dove ci sono dei quadri, delle sculture, dei tappeti e delle altre opere d'arte. Descrivi cinque di queste opere usando un aggettivo dimostrativo.

disegno	quadro	scultura	tappeto
gioielli	ritratto	statua	vaso

ESEMPIO: **Questi ritratti sono stupendi.**
        Quella scultura è molto strana.

1. _____

2. _____

3. _____

4. _____

5. _____

6. _____

7. _____

8. _____

ESERCIZIO L

Completa le frasi con la forma corretta o dell'aggettivo o del pronome dimostrativo.

1. Quest'ingegnere qui lavora meglio di _____ lì.

2. Perchè non prendi sia il pantalone nero che il pantalone grigio; _____ è elegante mentre

_____ è sportivo. Tutti e due ti stanno a pennello.

3. Ecco i vostri occhiali e _____ di vostra sorella.

4. _____ scrittore è _____ di cui hai sentito così tanto parlare.

5. _____ orecchini sono _____ che preferiamo.

6. Di tutte le spiagge, _____ qui è la più bella.

7. Prendi il tuo cappello e non dimenticare _____ di Beatrice.

8. _____ donna è mia nonna, _____ che è appena uscita è mia zia.

9. La gonna che hai comprato ieri ti sta bene quanto _____ qui.

10. _____ appartamento qui è meno grande di _____ di Alberto.

ESERCIZIO M

Mentre Nina si lava e si veste, riflette sul viaggio che sta facendo in Italia. Completa il brano usando i dimostrativi adatti.

_____ pomeriggio andrò a _____ negozio che ho visto ieri quando passeggiavo per
    1.   *2.*

_____ stradine strette del centro dove c'erano tutti _____ negozi artigianali. Lì si
   3.   *4.*

vendono strumenti, ceramiche, abiti e tanti altri oggetti folcloristici di _____ regione.
                                           5.

_____ oggetti farebbero dei bellissimi regali per i miei parenti negli Stati Uniti. Non posso
   6.

comprare tutto _____ che vorrei perchè sono costretta a mettere tutti i regali in
              7.

_____ piccola valigia. Devo ancora comprare tanti regali: _____ per i miei genitori,
   8.   *9.*

per le mie sorelle, per i miei amici e anche _____ per mio nonno. Se non trovo tutto
                                  10.

_____ che mi occorre in _____ negozi, andrò a _____ del centro
   11.   *12.*   *13.*

commerciale in periferia del quale _____ signora all'albergo mi ha parlato. Mi divertirò un
                               14.

sacco a fare _____ compere; è sempre divertente spendere tanti soldi. Però devo stare attenta
             15.

altrimenti _____ viaggio mi verrà a costare una piccola fortuna.
        16.

Adesso che _____ viaggio sta per finire, posso dire che _____ vacanza è stata
          17.   18.

migliore di _____ dell'anno scorso quando ho trascorso due settimane in _____
          19.   20.

paesino in montagna dove non c'era niente da fare. _____ volta ci sono persone simpatiche,
                                                  21.

ristoranti squisiti e tanti bei negozi. Raccomanderò _____ regione a Marianna e ad Anna.
                                             22.

A _____ piaceranno le boutique e i negozi e a _____ piaceranno tutti i luoghi
     23.   24.

caratteristici di _____ bellissima regione. Se Marianna e Anna decidono di venire l'anno
                     25.

prossimo, ritornerei volentieri.

ESERCIZIO N

Emanuele e Roberto aiutano Marco a traslocare (**move**) *nel suo nuovo appartamento. Esprimi in italiano quello che dicono a Marco.*

1. These curtains are clean, those are very dirty.

2. This is impossible; I can't move this table.

3. This armchair is too heavy; I prefer to carry that one.

4. Marco, put that chair here and this one there.

5. This work is too hard! What I would love to do now is sleep.

6. We removed that broken chair, and I put the glasses in the kitchen.

7. This is serious; that stain on the rug will not come off.

8. The kitchen and the dining room are dirty: I will clean the former and Roberto will clean the latter.

9. These windows must also be washed.

_____

10. Those chairs over there are too close to that desk.

_____

11. Can you repair this lamp this week?

_____

12. This apartment is larger than the one you're leaving.

_____

Chapter 30
Indefinites

[1] FORMS

Indefinites may be adjectives, pronouns, or both.

ADJECTIVES	PRONOUNS
alcuno(a, i, e) *any, some, a few*	**alcuno(a, i, e)** *any, no one, none*
altro(a, i, e) *other*	**altro(a, i, e)** *other(s), other one(s)*
certo(a, i, e) *certain, some*	**certo(a, i, e)** *certain one(s), some*
ogni *each*	**ognuno(a)** *each one, everyone*
	ciascuno(a) *each one, everyone*
molto(a, i, e) *a lot, much, many*	**molto(a, i, e)** *a lot, much, many*
poco(a, i, e) *little, few*	**poco(a, i, e)** *little, few*
parecchio(a, i, e) *several, quite a bit*	**parecchio(a, i, e)** *several, quite a bit*
qualche *some*	**qualcuno(a, i, e)** *someone, somebody, anyone*
	qualcosa/qualche cosa *something*
	niente/nulla *nothing*
stesso(a, i, e) *same*	**stesso(a, i, e)** *same, same one(s)*
troppo(a, i, e) *too much, too many*	**troppo(a, i, e)** *too much, too many*
tutto(a, i, e) *the whole, all, everything*	**tutto(a)** *all, everything*
	tutti(e) *everyone*

[2] USES

a. *Alcuno* is used as an adjective or a pronoun.

(1) As an adjective, *alcuno(a)* is only used with a singular noun in negative statements. It may be replaced by *nessuno*. In the singular, *alcuno* takes the same forms of the indefinite article *un*.

Non chiedermi **alcun** aiuto.	*Don't ask me for any help.*
È una lettera senza **alcun'**importanza.	*It's a letter of no consequence.*

(2) As an adjective, *alcuni(e)* is more commonly used in the plural to indicate an indeterminate but not large number of people or things. It is often replaced by *qualche*.

L'ho conosciuto **alcuni** giorni fa.	*I met him a few days ago.*

(3) As a pronoun, *alcuni(e)* is most frequently used in the plural. It may be followed by *di* + noun or pronoun.

Alcuni cantavano, altri ballavano.	*Some sang, others danced.*
Alcuni di loro sono partiti presto.	*Some of them left early.*

ESERCIZIO A

Esprimi quello che dice la madre di Piero di suo figlio il quale ha appena finito gli studi universitari. Usa l'espressione **alcuno.**

ESEMPIO: lui / lavorare / senza difficoltà
           Lui ha lavorato senza **alcuna** difficoltà.

1. lui / scegliere la facoltà di scienza / senza esitazione

_____

2. lui / frequentare tutti i corsi / senza eccezione

_____

3. lui / superare tutti gli esami / senza problema

_____

4. lui / seguire i suoi corsi di fisica / senza sforzo

_____

5. lui / fare quattro anni di studio / senza assistenza finanziaria

_____

6. lui / fare una buona scelta / senza dubbio

_____

ESERCIZIO B

Matteo ritorna in Italia dopo aver passato cinque anni in America. Durante questi anni, non ha avuto alcun contatto con il suo paese. Esprimi le domande che gli fa un amico e le sue risposte al negativo.

ESEMPIO: vedere / questi amici all'estero
           AMICO: Hai visto **alcuni amici** italiani?
           MATTEO: No, non ho visto **alcun amico** italiano.

1. vedere / questi film

   AMICO: _____

   MATTEO: _____

2. leggere / questi articoli

   AMICO: _____

   MATTEO: _____

3. imparare / questi balli

   AMICO: _____

   MATTEO: _____

4. sentire / queste novità

AMICO: _____

MATTEO: _____

5. ricevere / queste riviste

AMICO: _____

MATTEO: _____

6. ascoltare / queste canzoni

AMICO: _____

MATTEO: _____

b. *Altro* **may be used as an adjective or a pronoun.**

(1) As an adjective, *altro(a, i, e)* **precedes the noun it modifies. It may be preceded by a definite or indefinite article.**

Dammi un **altro** pezzo di cioccolato.	*Give me another piece of chocolate.*
Ho **altri** problemi.	*I have other problems.*

(2) As a pronoun, *altro(a, i, e)* **expresses either a difference or a distinction.**

Io chiamo Luigi e tu chiami gli **altri**.	*I'll call Luigi and you call the others.*
Al mio posto, un **altro** avrebbe fatto lo stesso.	*In my place, another (person) would have done the same.*
Io ho trovato questo film interessante ma agli **altri** non piacerà.	*I found this film interesting, but the others won't like it.*
Non fare attenzione a quello che dicono gli **altri**.	*Don't pay attention to what others (other people) say.*

NOTE:

1. **The following expressions are used to show reciprocal action, especially with reflexive verbs:**

l'un l'altro(a) *each other (of two)*
le une e le altre *one another (of more than two)*
gli uni e gli altri *one another (of more than two)*

Marta e Laura non si parlano **l'un l'altra**.	*Marta and Laura don't talk to each other.*
Questi ragazzi si aiutano sempre **gli uni e gli altri**.	*These boys always help one another.*

2. *Noi* **or** *voi* **many be added to** *altri* **for emphasis to distinguish one group from another.**

Voi potete rimanere, *noi* **altri** ce ne andiamo.	*You can stay, WE are leaving.*

3. *Altro* is used in the following expressions:

l'uno(a) all'altro(a) *one to the other*
l'uno(a) o l'altro(a) *one or the other, either one*
l'uno(a) e l'altro(a) *both of them*
nè l'uno(a) nè l'altro(a) *either one*
l'uno(a) per l'altro(a) *one for the other, for each other*

Che gonne brutte! Non mi piace **nè l'una nè l'altra.**	*What ugly skirts. I don't like either one.*
Vivono **l'uno per l'altro.**	*They live for each other.*

ESERCIZIO C

Claudia descrive quello che ha fatto in città quando è andata a fare delle compere con alcune amiche. Completa il brano usando la forma adatta di **altro** *con l'articolo o la preposizione se necessario.*

Io e le mie amiche siamo andate al centro a comprare un vestito elegante per il ballo di fine anno. Siamo

arrivate al centro e io volevo entrare nel negozio all'angolo ma _____ ragazze non hanno
                                                              1.

voluto. Al mio posto _____ si sarebbe arrabbiata. Allora, siamo entrate (in) _____
                      2.   3.

negozio di fronte alla cattedrale. Io ho subito trovato un vestito che mi piaceva molto ma non è piaciuto

affatto (a) _____ . Ada e Paola criticavano tutto quello che sceglievo. In _____
            4.   5.

parole, non ci siamo affatto aiutate _____ e _____ . Dopo due ore di girare i negozi
                                      6.   7.

inutilmente, Ada e Paola volevano mangiare qualcosa ma nè _____ nè _____
                                                           8.   9.

riusciva a decidere dove andare. Allora, io ho deciso di lasciarle e di tornare a casa. Andrò

_____ giorno con mia sorella a comprare il vestito. Che giornataccia!
10.

ESERCIZIO D

Fa' delle conclusioni basate su quello che il signor Armadi dice dei suoi figli gemelli, Luigi e Gabriele. Usa un'espressione con l'... l'altro.

ESEMPI: Luigi lavora. Gabriele lavora anche.
           Lavorano **l'uno e l'altro.**

           Luigi aiuta Gabriele. Gabriele aiuta Luigi.
           Si aiutano **l'un l'altro.**

1. Luigi parla sinceramente a Gabriele. Gabriele parla sinceramente a Luigi.

_____

2. Luigi non suona il pianoforte. Neanche Gabriele suona il pianoforte.

_____

3. Luigi racconta barzellette a Gabriele. Gabriele racconta barzellette a Luigi.

_____

4. Luigi cucina per Gabriele. Gabriele cucina per Luigi.

_____

5. Luigi è serio. Anche Gabriele è serio.

_____

6. Telefono a Luigi o telefono a Gabriele?

_____

c. *Certo* **may be used as an adjective or a pronoun.**

As an adjective, *certo(a, i, e)* **takes the indefinite article** *un* **in the singular and no article in the plural as in English. As a pronoun, it is used only in the plural.**

Ho **un certo** talento per gli affari.	*I have a certain talent for business.*
Ha telefonato **un certo** signor Dini.	*A certain Mr. Dini called.*
Certi quadri di questo artista si trovano al Museo d'Arte Moderna.	*Certain (Some) paintings by this artist are at the Museum of Modern Art.*
Certi sono d'accordo, altri no.	*Some agree, other don't.*

ESERCIZIO E

Nel corso della signora Rimini, gli studenti fanno cose diverse. Esprimi chi di loro fa queste cose.

ESEMPIO: Ci sono degli studenti che studiano molto.
   Certi studenti studiano molto e certi non studiano affatto.

1. Ci sono delle ragazze che fumano.

_____

2. Ci sono degli studenti che sono forti in sport.

_____

3. Ci sono dei giovani che si vestono alla moda.

_____

4. Ci sono delle studentesse che portano il rossetto.

_____

5. Ci sono degli studenti che parlano bene l'italiano.

_____

6. Ci sono degli studenti che aiutano il professore.

_____

> **d.** The following indefinites are used only in the singular, and they stress the individual.
>
> **ogni** _each, every_ **(adjective)**
> **ognuno(a)** _each, each one, everyone_ (pronoun)
> **ciascuno(a)** _each one, everyone_ (adjective and pronoun)

Ogni operaio ha la sua specialità.	_Each (Every) worker has his specialty._
Verrò all'ospedale **ogni** giorno.	_I'll come to the hospital every day._
Ognuno è responsabile delle proprie azioni.	_Each one is responsible for his/her actions._
Ciascun esame è stato corretto.	_Each exam has been corrected._
Ciascuno ha diritto alla sua opinione.	_Everyone has the right to his/her opinion._
Il maestro ha dato tre matite **ciascuno**.	_The teacher gave three pencils to each one._

ESERCIZIO F

Adriana va in Italia per la prima volta. Usando **ogni** e **ognuno**, formula le domande che lei fa a sua cugina Alba e le risposte di Alba.

ESEMPIO: albergo / offrire / gli stessi servizi
            ADRIANA: **Ogni** albergo offre gli stessi servizi?
            ALBA: Ma no! **Ognuno** è diverso!

1. ristorante / servire / le stesse specialità

ADRIANA: _____

ALBA: _____

2. cinema / dare / gli stessi film

ADRIANA: _____

ALBA: _____

3. museo / aprire / alla stessa ora

ADRIANA: _____

ALBA: _____

4. regione / celebrare / le stesse feste

ADRIANA _____

ALBA: _____

5. libreria / vendere / gli stessi libri

ADRIANA: _____

ALBA: _____

6. città / avere / gli stessi negozi

ADRIANA: _____

ALBA: _____

> **e.** *Stesso(a, i, e)* is always preceded by the definite article. It may be used as an adjective or a pronoun.
>
> Quelle ragazze portano **le stesse** scarpe.   *Those girls are wearing the same shoes.*
> **Le stesse** costano cento dollari.   *The same ones cost one hundred dollars.*
> Anche se non ti va, fallo **lo stesso**.   *Even if you don't feel like it, do it all the same.*

ESERCIZIO G

Regina vuole comprare gli stessi vestiti della sua migliore amica Marietta. Le due ragazze discutono dei vestiti e dei loro prezzi. Spiega quello che Regina dice e quello che risponde Marietta.

ESEMPIO: pantaloni *($50)*
REGINA: Vorrei comprare **gli stessi pantaloni.**
MARIETTA: **Gli stessi** costano cinquanta dollari.

1. veste *($40)*

REGINA: _____

MARIETTA: _____

2. camicetta *($22)*

REGINA: _____

MARIETTA: _____

3. maglione *($65)*

REGINA: _____

MARIETTA: _____

4. scarpe *($45)*

REGINA: _____

MARIETTA: _____

5. gonna *($25)*

REGINA: _____

MARIETTA: _____

6. calze *($10)*

REGINA: _____

MARIETTA: _____

f. *Molto(a, i, e)* and *poco(a), pochi(e)* may be used as adjectives or pronouns. When used as pronouns, they generally take *ne* before the verb.

Ho **molto** tempo libero questa settimana.	*I have a lot of free time this week.*
Il volo arriverà tra **pochi** minuti.	*The flight will arrive in a few minutes.*
Prendi una pesca, **ne** rimangono **molte**.	*Take a peach, there are many left.*
La pasta non basta, **ne** hai cucinato troppo **poca**.	*The pasta isn't enough; you cooked too little.*

ESERCIZIO H

Gianni descrive quello che hanno i suoi amici. Scrivi quello che dice di ognuno di loro.

ESEMPIO: Andrea / pazienza / intelligenza
Andrea ha **molta** pazienza ma **poca** intelligenza.

1. Claudio / disciplina / volontà

_____

2. Arturo / cortesia / simpatia

_____

3. Giulietta / corteggiatori / fidanzati

_____

4. Gianna / stile / modestia

_____

5. Gino / conoscenze libresche / buon senso

_____

6. Rosalba / conoscenze / buoni amici

_____

g. As an adjective and pronoun, *parecchio(a, i, e),* means "several, quite a bit." It indicates a large quantity, although less than *molto.*

Ho **parecchi** amici italiani.	*I have several Italian friends.*
La settimana prossima ho **parecchio** lavoro.	*Next week I have quite a bit of work.*
Non ho fame, ho mangiato **parecchio** da Enza.	*I'm not hungry, I ate quite a bit at Enza's.*

ESERCIZIO I

Lidia, la sorellina di Monica, vuole tutto quello che ha sua sorella. Indica quello che Monica, molto gentilmente, dice alla sua sorellina quando Lidia le chiede alcune delle sue cose.

ESEMPIO: LIDIA: Posso prendere questo rossetto?
MONICA: **Fai pure, me ne rimangono parecchi.**

1. LIDIA: Mi dai queste palle da tennis?

MONICA: _____

2. LIDIA: Mi regali questa cassetta di Lucio Dalla?

MONICA: _____

3. LIDIA: Posso mangiare un po' di cioccolato?

MONICA: _____

4. LIDIA: Mi dai questa T-shirt bianca?

MONICA: _____

5. LIDIA: Mi regali un fermaglio per i capelli?

MONICA: _____

6. LIDIA: Posso bere un sorso *(sip)* di Cola?

MONICA: _____

h. qualche   *some, a few* (used as an adjective in the singular but with plural meaning)
qualcuno(a)   *someone, somebody, anyone* (pronoun)
qualche cosa (qualcosa)   *something, anything* (pronoun)
niente (non... niente)   *nothing* (pronoun)

Voglio comprare **qualche** bottiglia di acqua minerale.	*I want to buy some (a few) bottles of mineral water.*
Qualcuno gliel'avrà detto.	*Someone must have told him.*
Conosci **qualcuna** delle loro amiche.	*Do you know any of their female friends?*
C'è **qualche cosa** che non va?	*Is there something wrong?*
Hai notato **qualcosa** di strano?	*Have you noticed anything strange?*
Non ha detto **niente** d'interessante.	*He didn't say anything interesting.*

NOTE: *Qualche cosa (qualcosa)* and *niente* take *di* before an adjective.

ESERCIZIO J

Completa le frasi seguenti segliendo l'espressione adatta.

niente   qualche cosa   qualcosa
qualche   qualche cosa di   qualcuno

1. _____ ha bussato alla porta, vedi chi è.

2. Hai _____ altro da dirmi?

3. Come posso aiutarti? Posso fare _____ per te?

4. C'è _____ importante in questa busta altrimenti Gino non l'avrebbe nascosta.

5. Mio fratello è molto pigro, non fa _____ da mattina a sera.

6. A causa della tempesta di neve, a scuola è venuta solo _____ persona.

> **i.** *Troppo(a, i, e)* may be used as an adjective or a pronoun. As a pronoun, *troppo* takes *ne* before the verb.
>
> | | |
> |---|---|
> | Fa **troppo** freddo. | *It's too cold.* |
> | Non mangiare **troppa** carne di maiale. | *Don't eat too much pork.* |
> | Tieni, prendi delle fragole, **ne** ho **troppe**. | *Here, take some strawberries, I have too many (of them).* |

ESERCIZIO K

Caterina critica sempre tutti. Oggi critica i suoi compagni di scuola. Usando la forma corretta di **troppo**, *indica quello che dice dei compagni.*

ESEMPIO: Michele / mangiare / caramelle
                  Michele mangia **troppe** caramelle.

1. Carlo / avere / vizi

_____

2. Aldo / bere / caffè

_____

3. Susanna / portare / trucco

_____

4. Giacomo / dire / parolacce

_____

5. Ada / mangiare / uova

_____

6. Gianpaolo / giocare / videogiochi

_____

7. Claudia / guardare / televisione

_____

8. Arturo / fumare / sigarette

_____

j. *Tutto(a, i, e)* may be used as an adjective or a pronoun. As an adjective *tutto* is followed by the definite article before a noun.

Gino ha mangiato **tutta** la torta.	*Gino ate the whole cake.*
Tutti i suoi amici sono venuti alla festa.	*All his friends came to the party.*
Tutto quello che dice è la verità.	*Everything he says is the truth.*
Se ne sono andati **tutti**.	*Everyone left.*

NOTE: **Common expressions with** *tutto:*

a tutt'oggi *up to the present*

a tutti i costi *at all costs, at any cost*

a tutta velocità *full speed, in great haste*

di tutto cuore *with all one's heart*

essere tutt'orecchi (tutt'occhi) *to be all ears (eyes)*

essere tutto + person *to be the spitting image of + person*

in tutti i casi *in every case, at any rate*

per tutto + place *all over + place*

tutt'altro *anything but*

tutt'e due, tutt'e tre, ... *both of them, all three of them, . . .*

tutt'intorno *all around*

tutto a un tratto *all at once, all of a sudden*

tutto quanto *the whole thing*

una volta per tutte *once and for all*

Digli che deve venire **a tutti i costi**.	*Tell him that he must come at any cost.*
Se vuoi, ti aiuterò **di tutto cuore**.	*If you want, I'll help you with all my heart.*
L'ho cercato **per tutta** Roma.	*I looked for him all over Rome.*
Rita è **tutt'altro** che bella.	*Rita is anything but beautiful.*
Verremo **tutt'e tre** in macchina.	*All three of us will come by car.*
Tutto a un tratto, l'ho visto a terra.	*All at once, I saw him on the floor.*
Bevi **tutto quanto,** ti fa bene.	*Drink the whole thing, it's good for you.*
Michele è **tutto** sua madre.	*Michele is the spitting image of his mother.*

ESERCIZIO L

Completa le frasi seguenti con un'espressione con **tutto.**

1. Riccardo interrompe sempre _____ , non lascia parlare a nessuno.

2. Ogni alunno della classe ha partecipato alla festa. Ci siamo divertiti _____ .

3. Mi scusi, vuole ripetere la spiegazione? Non ho capito _____ .

4. Giovanni è andato a trovare sua nonna. Suo fratello Roberto l'ha accompagnato. In _____ sono rimasti tre giorni.

5. Non sono preparato per l'esame, non ho finito di studiare _____ gli appunti.

6. Ho perso i soldi. È _____ colpa mia.

7. Gianni non smette di chiacchierare; fa _____ che lavorare.

8. I film di Fellini? Li ho visti _____ in Italia.

9. Marco ha ricevuto una telefonata ed è partito a _____ senza nemmeno salutare.

10. Mariella è _____ suo padre, è incredibile quanto gli rassomiglia.

11. —Non mi dite bugie! _____ ditemi chi ha rotto questo vaso.

12. Renato è un ragazzo gentile e generoso. Quando fa un favore a un amico, lo fa di _____ .

13. Quando si cammina per le strade buie di New York, bisogna stare attenti, guardarsi _____ ed essere _____ .

14. Marta deve andare in Italia a _____ . Sua madre è ammalata e ha bisogno di lei.

M A S T E R Y   E X E R C I S E S

ESERCIZIO M

Il signor Franchi, professore d'italiano, era assente ieri. Completa la lettera che il supplente (substitute teacher) *gli ha lasciato.*

_____ di straordinario è successo in classe ieri. _____ è andato
   1. (Nothing)   2. (Everything)

bene. Gli studenti sono _____ molto simpatici. _____ di loro mi
                          3. (all)   4. (Certain ones)

hanno aiutato _____ . _____ studente ha fatto il suo lavoro e
               5. (very much)   6. (Each)

_____ mi ha ascoltato. _____ delle ragazze hanno scritto i loro
　　　7. (each one)　　　　　　　　　　　　　8. (A few)

compiti alla lavagna. _____ ragazzo li ha poi corretti. _____
　　　　　　　　　　9. (Some)　　　　　　　　　　　　　　　10. (Several)

studentesse hanno finito il loro compito in classe. _____ dovevano finirlo a casa. Nella
　　　　　　　　　　　　　　　　　　　　　　　11. (Some others)

sua classe, _____ ha fatto _____ . Ho _____ da
　　　　　12. (everyone)　　　　　　　13. (everything)　　　　　　14. (something)

chiederle. Vorrei insegnare questa _____ classe _____ volta, se
　　　　　　　　　　　　　　　　15. (same)　　　　　　　　　16. (another)

possibile. Potrebbe suggerire il mio nome la prossima volta che lei è assente?

ESERCIZIO N

Gianpaolo è giù di morale perchè ha molti problemi. Esprimi in italiano quello che dice al suo consigliere di scuola.

1. I have some problems. Several of them are serious.

　_____

2. Some difficulties date from my childhood, and some of them are more recent.

　_____

3. All of my friends try to help me, but each one has other things to do.

　_____

4. None of my friends can do anything because none of them understands me well.

　_____

5. Everyone does not think like me. They have other ideas than I.

　_____

6. I don't have either the same thoughts as my friends or the same ones as you.

　_____

7. Certain solutions are better because certain ones are easier to accept.

　_____

8. Is something bothering me today? No, nothing.

　_____

9. One day I will resolve all of my problems, and everything will go well for me.

　_____

10. Each person should do everything to help himself/herself.

　_____

Part four
Civilization

Chapter 31
La Lingua Italiana

L'INFLUSSO DELL'ITALIANO SULL'INGLESE

L'italiano—come il francese, lo spagnolo e il portoghese—è una lingua romanza *(Romance language)*, cioè una lingua derivata dal latino. È il latino del popolo, la lingua dei Romani, chiamato volgare, che viene adottato dagli Italiani e che è diventato poco a poco l'italiano di oggi. L'italiano è la lingua ufficiale dell'Italia ed è anche una delle lingue ufficiali della Svizzera. Si parla italiano anche in alcune parti della Francia, della Croazia e da molti emigrati sparsi per tutto il mondo. Quasi ogni regione italiana ha il suo dialetto, il che significa che quasi tutti gli Italiani parlano due lingue. Per esempio, una persona che abita in Lombardia parla l'italiano e il lombardo; un Siciliano parla l'italiano e il siciliano.

Durante i primi anni del Trecento *(fourteenth century)*, Dante Alighieri scrisse il famoso poema *La divina commedia* nel volgare—la lingua del popolo—il quale era per lui, il dialetto toscano. Altri giganti scrittori italiani, come Boccaccio e Petrarca, scrissero sia in volgare sia in latino. Così, con il passar dei secoli, da lingua letteraria, il dialetto toscano divenne la lingua comune e ufficiale dell'Italia intera.

Molte parole inglesi e italiane sono simili. Di solito queste parole hanno la stessa origine, e per questa ragione sono chiamate parole affini *(cognates)*. Ecco alcuni esempi di parole affini:

ITALIANO	INGLESE	ITALIANO	INGLESE
annuale	*annual*	**musica**	*music*
balcone	*balcony*	**ombrello**	*umbrella*
cane	*canine*	**ottobre**	*October*
carnevale	*carnival*	**piede**	*pedestrian*
compagno	*companion*	**pilota**	*pilot*
concerto	*concert*	**teatro**	*theater*
famiglia	*family*	**vampiro**	*vampire*
libro	*library*	**visione**	*vision*
memoria	*memory*	**vulcano**	*volcano*

Il cibo italiano così come la musica e il teatro hanno avuto e continuano ad avere un'influenza importante sul mondo americano. Questo si vede nell'uso di molte parole ed espressioni italiane che ormai fanno parte della lingua inglese. Eccone alcuni esempi:

CIBI E BEVANDE

antipasto *an appetizer consisting of cheese, meats, fish, peppers, and olives*
(caffè) espresso *a very strong black coffee*
chianti *a dry red wine*
gnocchi *Italian potato dumplings*
gorgonzola *Italian blue cheese*
lasagne *wide flat noodles used in the dish of the same name*
marsala *a sweet dark wine from Sicily*
minestrone *a thick vegetable soup*
mozzarella *a soft cheese used on pizza and in other Italian dishes*
pasta *any kind of dried dough macaroni*
pesto *a green sauce made with basil, garlic, olive oil, and pine nuts*
pizza *a dish consisting of a baked flat cake of leavened dough, usually covered with cheese, tomato sauce, and a variety of other ingredients*
provolone *a sharp cheese*
ravioli *small square pieces of dough, filled with cheese or meat, boiled and served with a tomato or cream sauce*
ricotta *Italian cheese resembling cottage cheese*
salame *a thick, hard sausage*
spaghetti *thin strings of dried dough cooked in boiling water and served with sauce or butter*
spumante *an Italian sparkling wine*
spumone *a kind of Italian ice cream with a whipped cream center*

ESPRESSIONI MUSICALI

a cappella *singing without musical accompaniment*
adagio *slow*
allegro *fast and lively*
bravo *a cheer used for performers, meaning "well done" or "excellent"*
cantata *a brief work for one or more vocal soloists and orchestra*
concerto *a musical composition for one or more principal instruments and orchestra*
crescendo *growing louder*
finale *the ending of an act, a scene, or a musical movement*
forte *strong and loud*
impresario *the manager of an opera, ballet, or concert company*
legato *graceful and smooth*
maestro *a composer or conductor of music*

opera *a play that is sung with the accompaniment of music*

piano *soft*

prima donna *the principal female singer in an opera*

scenario *the outline of a play, an opera, and so on*

scherzo *a light, whimsical movement*

soprano *the highest singing voice*

viola *a musical instrument of the violin family*

virtuoso *a person highly skilled in playing an instrument*

ALTRE ESPRESSIONI

casino *a building for public shows, dancing, gambling, and so on*

costume *a style of dress*

fiasco *a complete failure*

malaria *a disease transmitted by the bite of an infected mosquito*

portico *a roof supported by columns, forming a covered walk or porch*

regatta *a boat race*

stanza *a group of lines of poetry*

stucco *a type of plaster*

studio *the workroom of a painter, sculptor, photographer, and so on*

terra cotta *earthenware made of clay*

villa *a country house or vacation home*

In questo secolo, al sorgere degli Stati Uniti come potenza economica mondiale, e data la prossimità geografica dell'Italia, molte parole inglesi sono entrate a far parte di un italiano molto informale. Fra le parole inglesi più usate dagli Italiani ci sono **il sandwich, il toast, il picnic, i blue jeans, il rock, il weekend, il leader, l'hamburger, il computer, lo shampoo, il supermarket, il tunnel** e ancora più recentemente, **il footing** *(jogging)*, **il club, il killer, il flash, il ticket, il self-service, lo yuppie, lo spray, la star, il quiz, il test, sexy, super.**

ESERCIZIO A

Scrivi la lettera della definizione della colonna a destra che corrisponde all'espressione della colonna a sinistra.

1. pesto _____

2. Dante Alighieri _____

3. chianti _____

4. l'italiano _____

5. a cappella _____

6. il toscano _____

7. il latino _____

8. ricotta _____

9. viola _____

10. spumone _____

a. *La divina commedia*

b. un modo di cantare

c. il dialetto usato da Dante, Boccaccio e Petrarca

d. la lingua parlata dagli antichi Romani

e. uno strumento musicale

f. un formaggio come il *cottage cheese*

g. salsa verde con basilico

h. un tipo di gelato

i. una delle lingue ufficiali della Svizzera

j. un vino scuro e dolce

ESERCIZIO B

Scrivi le parole inglesi affini alle parole italiane seguenti.

1. piede _____

2. naso _____

3. dormire _____   **4.** penna _____

5. mano _____   **6.** fontana _____

7. palazzo _____   **8.** scuola _____

9. femminile _____   **10.** pavimento _____

11. nave _____   **12.** museo _____

13. nazione _____   **14.** libro _____

15. contare _____   **16.** teatro _____

17. amico _____   **18.** parco _____

19. compagno _____   **20.** muro _____

ESERCIZIO C

Completa le frasi seguenti con la parola adatta.

1. La lingua italiana è una lingua romanza perchè deriva dal _____ .

2. Oltre a Dante, _____ e _____ scrissero in toscano.

3. L'italiano si parla in alcune parti della Francia e della _____ .

4. L'italiano è una delle lingue ufficiali della _____ .

5. Il dialetto della _____ è diventato la lingua ufficiale dell'Italia.

6. *La divina commedia* fu scritta nel _____ , la lingua del popolo.

7. Il _____ è un vino dolce siciliano.

8. I Siciliani parlano il _____ oltre all'italiano.

ESERCIZIO D

Completa le frasi seguenti con le espressioni suggerite.

| a cappella | fiasco | mozzarella | prima donna | villa |
| bravo | maestro | opera | studio | viola |

1. Dopo lo spettacolo, il pubblico ha applaudito con entusiasmo e ha gridato _____ .

2. Carlo abita in una bella _____ in campagna.

3. Arturo Toscanini era un grande _____ di musica.

4. Il coro ha cantato _____ , cioè senza accompagnamento musicale.

5. Ho fatto brutta figura ieri sera; per me la serata è stata un _____ .

6. Maria è andata allo _____ del fotografo.

7. Non so suonare la _____ perchè sono stonato *(tone deaf)*.

8. Il soprano ha cantato una bellissima aria dell' _____ *La traviata*.

9. Quando mia madre fa la pizza, ci mette molta _____ .

10. Dopo gli applausi, la _____ ha ringraziato il pubblico.

Chapter 32
La Geografia dell'Italia

L'Italia, chiamata popolarmente «il Paese del Sole» o «il Bel Paese», è una penisola situata al sud dell'Europa. Lo Stivale—così soprannominato *(nicknamed)* perchè ha la forma fisica di un lungo stivale—si prolunga nel Mar Mediterraneo ed è bagnata dal Mar Ligure e dal Mar Tirreno lungo la costa occidentale, e dal Mare Adriatico e dal Mare Ionio lungo la costa orientale. Le Alpi, catena di montagne situata al nord, separano l'Italia dal resto dell'Europa.

SUPERFICIE, ABITANTI, CLIMA

L'Italia è un paese relativamente piccolo. Equivale in dimensione agli stati americani della Georgia e della Florida messi insieme. Ha una superficie totale di 301,054 chilometri quadrati *(116,333 square miles)* con una lunghezza di circa 1,400 chilometri *(760 miles),* e una larghezza di 170 chilometri *(100 miles)* al punto più largo. L'Italia ha una popolazione di quasi 60 milioni di abitanti, un po' troppi per un paese così piccolo.

La penisola è situata nella zona temperata, ma il clima è variabile da nord a sud. Nel nord, il clima è quasi come quello del nord degli Stati Uniti. Quello di Milano, per esempio, è più o meno come quello di New York, mentre il clima del Trentino è come quello dello stato del Colorado. Queste zone nordiche sono pregiatissime *(highly regarded)* per gli sport invernali, specialmente sulle alte cime delle Alpi.

Al centro dell'Italia, il clima è più mite. L'inverno è freddo, ma c'è poca neve. Ci sono invece dei lunghi periodi di pioggia nei mesi di dicembre, di gennaio e di febbraio.

Al sud, il clima è prevalentemente mite anche durante l'inverno. La temperatura raramente scende al di sotto dei 7 gradi centigradi (45 gradi Fahrenheit). (In Italia si usa il sistema centigrado per misurare la temperatura.) L'estate, invece, è caldissima, ma con poca umidità. Il clima dell'Italia del sud si può paragonare a quello della California.

MONTAGNE E CIME PRINCIPALI

L'Italia ha due catene di montagne: le **Alpi,** che servono da frontiera naturale al nord e separano la penisola all'ovest dalla Francia, al nord dalla Svizzera e all'est dall'Austria e dalla Slovenia; gli **Appennini,** che attraversano l'Italia da nord a sud, a forma di «spina dorsale» *(spinal column),* terminano in Sicilia.

Le cime principali sono:

1. **Il Monte Rosa,** situato nella Val d'Aosta, è alto 4,638 metri (15,000 piedi) ed è la cima più alta delle Alpi italiane.
2. **Il Gran Sasso,** situato nell'Abruzzo, è alto 2,914 metri (9,554 piedi).
3. **Il Monte Bianco,** la cima più alta d'Europa, è ai confini tra la Francia e l'Italia.
4. **Il Monte Cervino** *(Matterhorn),* altra montagna altissima, è ai confini tra l'Italia e la Svizzera; si trova, però, in territorio svizzero.

FIUMI E LAGHI

I principali fiumi italiani sono quattro:

1. **Il Po,** che attraversa il Piemonte, la Lombardia, il Veneto, e poi sbocca *(empties)* nel Mare Adriatico, è il fiume più lungo d'Italia. Si estende per 652 chilometri (420 miglia). Le re-

gioni che vengono bagnate da questo fiume sono fertilissime.

2. **Il Tevere,** che attraversa l'Umbria, il Lazio, passa per Roma, e poi sbocca nel Mar Tirreno, è lungo 405 chilometri (250 miglia).

3. **L'Adige,** che passa per il Trentino e per il Veneto e poi sbocca nel Mare Adriatico, è lungo 410 chilometri (230 miglia).

4. **L'Arno,** che attraversa la Toscana, passa per Firenze e per Pisa, e sbocca nel Mar Ligure, è lungo 241 chilometri (150 miglia).

Tre fiumi, meno importanti, formano i laghi principali dell'Italia. **Il Ticino** forma **il Lago Maggiore,** situato tra il Piemonte e la Lombardia. **L'Adda** forma **il Lago di Como,** situato in Lombardia. **Il Mincio-Sarca** forma **il Lago di Garda,** il più grande lago d'Italia situato tra la Lombardia e il Veneto.

VULCANI

In Italia, ci sono tre vulcani ancora attivi:

1. **Il Vesuvio,** che dà sul Golfo di Napoli.

2. **Lo Stromboli,** sull'isola Stromboli, la quale fa parte del gruppo delle Isole Eolie che si trovano vicino alla Sicilia.

3. **L'Etna,** in Sicilia, è il vulcano più grande e più attivo.

DIVISIONE GEOGRAFICA E REGIONI

L'Italia è divisa in tre parti: **l'Italia settentrionale** o del nord, **l'Italia centrale,** e **l'Italia meridionale** o del sud. L'Italia meridionale è anche conosciuta con il nome «il Mezzogiorno». Politicamente, la penisola è divisa in venti regioni le quali sono poi suddivise *(subdivided)* in province. Ogni regione ha il proprio capoluogo *(capital)* che quasi sempre è anche il capoluogo della provincia in cui si trova. Cioè, ogni regione e ogni provincia ha una città principale.

Le regioni dell'Italia settentrionale sono:

1. **Il Piemonte,** situato al nord-ovest della penisola, ai confini con la Francia, è noto per i suoi ritrovi invernali *(winter resorts)* e per le sue industrie, in particolare quella metalmeccanica che produce le macchine FIAT, aerei, motori per marina, e così via. Anche l'industria tessile *(textile)* è importante in questa regione. Il Piemonte è fertilissimo e produce dei vini squisiti, fra cui lo **spumante,** lo «champagne» italiano. Torino, il capoluogo, è una delle più belle città d'Italia ed è anche un importante centro di moda.

2. **La Val d'Aosta,** al nord-ovest del Piemonte, è un paradiso per i tifosi *(fans)* degli sport invernali. Ha numerose centrali idroelettriche *(hydroelectric power plants)* che forniscono energia alle fabbriche di acciaio *(steel).* Il capoluogo di questa regione è Aosta.

3. **La Liguria,** situata lungo la costa nord-ovest dell'Italia, forma un arco intorno al Mar Ligure e ci dà la bella «Riviera ligure» o «Riviera italiana» con le sue bellissime spiagge. Questa regione, il cui capoluogo è Genova, primo porto d'Italia, è molto industriale ed è il centro dell'industria marittima italiana con molti cantieri navali *(shipyards).*

4. **La Lombardia,** situata direttamente al nord, ai confini con la Svizzera, è la regione più ricca d'Italia. Milano, il capoluogo, ha quasi due milioni e mezzo di abitanti. La regione è essenzialmente industriale e agricola. I suoi tre laghi—Maggiore, Como, Garda—sono pregiatissimi posti di villeggiatura *(vacation)* sia per gli Italiani che per gli stranieri.

5. **Il Trentino-Alto Adige** è la regione nel nord-est dell'Italia che confina con l'Austria. Famosa per i suoi vini squisiti e per la sua grande produzione agricola, questa regione apparteneva una volta all'Austria. Il capoluogo è Trento dove si parlano due lingue—l'italiano e il tedesco.

6. **Il Veneto** è famoso per il suo capoluogo, Venezia, detta la «Serenissima». Ci sono inoltre altre rinomate città medioevali come Padova e Verona. Questa è una regione essenzialmente agricola, che produce anche dei vini molto buoni.

7. **Il Friuli-Venezia Giulia,** la regione più orientale d'Italia, è una zona agricola e industriale. La maggior parte degli elettrodomestici *(home appliances)* italiani sono fabbricati nel Friuli. Trieste, il capoluogo, è importante per i suoi cantieri navali.

8. **L'Emilia-Romagna** è tra le più ricche zone agricole d'Italia. Produce cereali, frutta, barbabietole da zucchero *(sugar beets),* formaggi, vini eccellenti e carni saporitissime. Bologna, capoluogo dell'Emilia, si chiama «dotta» *(learned)* a causa della sua università antica e si chiama anche «grassa» perché è la capitale gastronomica d'Italia. Questa regione si trova al centro dell'Italia settentrionale.

Le regioni dell'Italia centrale sono sei:

1. **La Toscana,** da secoli detta la «culla *(cradle)* dell'arte» e la «culla del Rinascimento», è situata al

centro dell'Italia, sulla costa occidentale. Firenze, il capoluogo, è la città più famosa di questa regione, per via delle sue bellezze artistiche. Altre note città toscane sono: Pisa, con la sua torre pendente, Siena, Pistoia, Lucca e Arezzo. La regione è importante anche per l'artigianato *(skilled craftsmanship),* industrie varie e l'agricoltura, che include la produzione dei famosi vini Chianti.

2. **L'Umbria,** famosa per i suoi santi, è situata proprio in mezzo alla penisola. Perugia, il capoluogo, ha la famosa Università per Stranieri. Fra le altre città della regione ci sono Assisi, il luogo natio *(birthplace)* di San Francesco; Spoleto, dove ogni estate ha luogo il «Festival dei Due Mondi»; e Orvieto, nota per la sua cattedrale e per il suo magnifico vino.

3. **Le Marche,** zona agricola, è situata all'est dell'Umbria, sull'Adriatico. Il capoluogo, Ancona, è un porto abbastanza importante. La regione è anche conosciuta per l'industria peschereccia *(fishing)* e per le industrie di carta *(paper).* Urbino, una delle sue città, è il luogo di nascita di Raffaello Sanzio, pittore famoso del Rinascimento, e dell'architetto Bramante. Nell'angolo nord-orientale delle Marche, c'è la più piccola repubblica del mondo, San Marino, che ha una superficie di 40 chilometri quadrati (24 miglia quadrate).

4. Nel **Lazio** c'è la capitale della Repubblica Italiana, Roma. La regione è al sud della Toscana e dell'Umbria, sulla costa del Mar Tirreno. Roma ha quasi tre milioni di abitanti ed è il centro dei resti *(remains)* e dei monumenti di quattro culture—la latina, l'etrusca, la romana e la cristiana. In mezzo alla città di Roma, c'è il più piccolo stato indipendente del mondo, **la Città del Vaticano,** sede *(seat)* della Chiesa Cattolica.

5. **L'Abruzzo,** regione montuosa, è principalmente agricola. Il capoluogo è L'Aquila, città antica e ricca di monumenti. La città più popolata è Pescara, che dà sull'Adriatico.

6. **Il Molise,** divenuto regione nel 1963, è a sud dell'Abruzzo. Il capoluogo è Campobasso, rinomato *(well known)* per l'industria di coltellerie *(cutlery).*

Le regioni dell'Italia meridionale sono sei:

1. **La Campania,** situata a sud-ovest, lungo il Mar Tirreno, è prevalentemente agricola. Questa è la regione più popolata dell'Italia. Il capoluogo è Napoli, che si trova sul Golfo di Napoli, con il suo Vesuvio incantevole. I centri turistici includono le pittoresche isole di Capri e di Ischia; le città stupende di Sorrento, Amalfi e Positano, e le città di Pompei e di Ercolano—due città sepolte *(buried)* dalle ceneri del Vesuvio nell'eruzione del 79 d.C. *(after Christ).*

2. **La Puglia,** il tacco *(heel)* dell'Italia, dipende principalmente dall'agricoltura, specialmente dalla produzione di grano *(wheat),* viti *(vineyards),* olio e tabacco. Bari, il capoluogo, è la seconda città del Mezzogiorno in importanza, dopo Napoli. È una città molto bella che dà sull'Adriatico. Altre città importanti sono Brindisi e Taranto che, con Bari, formano il «triangolo industriale del sud». Alberobello, un paese pugliese, è rinomato per i suoi «trulli» *(cone-shaped houses).*

3. **La Basilicata,** regione aspra *(harsh)* e montuosa, è prevalentemente agricola. È forse la regione più povera d'Italia. Il capoluogo è Potenza.

4. **La Calabria,** occupa la punta estrema dello «Stivale». Anche questa regione è essenzialmente agricola. Di recente, però, si sta sviluppando come centro turistico, specialmente lungo le spiagge del Mare Ionio. Qualche anno fa, Catanzaro è diventata il capoluogo della Calabria. Altre città importanti sono Reggio Calabria e Cosenza.

5. **La Sicilia,** la maggiore isola nel Mediterraneo, chiamata anticamente «Trinacria» per la sua forma a triangolo, è ricca in agricoltura. Quest'isola è specialmente conosciuta per la produzione di agrumi *(citrus fruits),* grano e uva. Ci sono anche risorse minerarie di zolfo *(sulfur)* e di asfalto *(asphalt).* Palermo, il capoluogo, è ricca di monumenti e di chiese.

6. **La Sardegna,** l'altra grande isola italiana, è diventata molto popolare recentemente per i suoi ritrovi estivi, lungo la nota **Costa Smeralda.** Come la Sicilia, questa regione è essenzialmente agricola ma è anche ricca di metalli e del poco carbone che si trova in Italia. Il capoluogo è Cagliari. Altre città importanti sono Sassari e Nuoro.

CITTÀ PRINCIPALI

ROMA

Roma, la «Città Eterna», è la capitale della Repubblica italiana e ha almeno tre milioni di abitanti. La città fu fondata, secondo la leggenda, dai fratelli Romolo e Remo, e si estende su sette colli *(hills).*

Il fiume **Tevere** attraversa questa bella città che è il centro politico e religioso della penisola. Roma è colma *(full)* di magnifici monumenti, edifici, musei e chiese, molti dei quali risalgono *(date back)* ai tempi dell'Impero Romano.

Roma Antica

1. **Il Colosseo,** costruito nel 72 d.C. (dopo Cristo), è un'arena che fu usata per giochi fra gladiatori, fra uomini e animali feroci, e per finte *(mock)* battaglie marittime. Il Colosseo attrae ancora molti turisti ogni anno.
2. **Le Terme di Caracalla** furono costruite anticamente come bagni *(baths)* e per conferenze pubbliche. Nella Roma moderna però, sono state convertite a teatro d'opera dove ogni estate vengono presentate le più grandi opere liriche italiane.
3. **Il Foro Romano** è il luogo più celebre dell'antica Roma. Qui ci sono i resti *(remains)* dei monumenti dell'Impero Romano.
4. **Il Panteon** era il tempio consacrato a tutti gli dei *(gods)* ed è uno dei capolavori architettonici *(architectural masterpieces)* della Roma antica. Adesso è una chiesa cattolica dove sono sepolti *(buried)* alcuni grandi Italiani, fra i quali Raffaello Sanzio, famoso pittore del Rinascimento.

Chiese

1. **La Basilica di San Pietro,** capolavoro attribuito in gran parte a Michelangelo, Raffaello, Bramante e Bernini. Questa basilica è la più grande chiesa del mondo e fra le sue bellezze artistiche c'è la *Pietà,* la famosa scultura di Michelangelo. La Basilica di San Pietro è anche la chiesa più importante del mondo perchè rappresenta la sede del Cattolicesimo. Fa parte della Città del Vaticano.
2. **Trinità dei Monti** è situata al di sopra della piazza di Spagna e contiene molte opere d'arte.
3. **San Paolo fuori le Mura,** una delle più belle chiese di Roma, fu eretta fuori delle mura dell'antica città sopra la tomba di San Paolo. In confronto, la Basilica di San Pietro fu eretta sopra la tomba di San Pietro.
4. **San Giovanni in Laterano** è la prima chiesa patriarcale dell'occidente. È la sede religiosa del Vescovo di Roma. Il titolo di Vescovo di Roma viene automaticamente dato al Papa.
5. **Santa Maria Maggiore,** una delle basiliche di Roma, ha un interno adorno di ricchissimi marmi e di bellissimi mosaici *(mosaics)*.

Piazze

1. **Piazza Venezia** è il luogo dove si radunavano (met) migliaia di persone per sentire i discorsi di Benito Mussolini, che parlava dal balcone di Palazzo Venezia. Dirimpetto *(in front)* c'è il grandissimo Altare alla Patria, monumento al re Vittorio Emanuele II, che contiene la tomba del Milite Ignoto *(Unknown Soldier)*.
2. **Piazza Navona** è celebre per la colossale fontana scolpita dall'architetto Giovanni Bernini.
3. **Piazza di Spagna** è forse la piazza più visitata del mondo con la sua lunga scalinata, ornata di fiori in primavera.
4. **Piazza Colonna** si trova accanto al palazzo che ospita la Camera dei Deputati del parlamento italiano.
5. **Piazza del Popolo** è una delle piazze più belle della Città Eterna. Si trova sotto il **Pincio,** un parco ben conosciuto per i suoi fiori e i suoi viali.
6. **Piazza Esedra,** adesso chiamata piazza della Repubblica, è a pochi passi dalla Stazione Termini, la principale stazione ferroviaria di Roma.
7. **Piazza San Pietro** è la piazza più grande di Roma. Questa piazza ha un grandissimo colonnato, a forma di semicerchio. Ognuna delle colonne fu scolpita da Giovanni Bernini insieme alle statue che si trovano al sommo del colonnato. Nel centro della piazza si trova un grande obelisco che ha origine nell'antico Egitto, mentre dirimpetto all'obelisco, c'è la scalinata principale per entrare nella Basilica di San Pietro.

Fontane

1. **La Fontana di Trevi** è famosa dappertutto per la sua bellezza. Secondo la leggenda, chi ci butta un soldino *(coin)* tornerà a Roma un'altra volta.
2. **La Fontana dell'Esedra,** in piazza della Repubblica, ha delle statue di bronzo scolpite dallo scultore Rutelli.
3. **La Fontana delle Tartarughe** *(tortoises)* è una delle fontane più attraenti di Roma. È opera di Giacomo Della Porta e di Taddeo Landini, artisti del Rinascimento.

Parchi e Ville

1. **Villa Borghese** è il parco principale di Roma. I suoi giardini, oltre a bellissimi viali, contengono il giardino zoologico e il Museo Borghese.
2. **Villa Medici,** che appartenne una volta alla famosa famiglia fiorentina dei Medici, è uno dei parchi caratteristici di Roma.
3. **Il Pincio** è un parco situato sulla collina dello stesso nome. Dal Pincio si può ammirare un

panorama stupendo della città con i suoi tramonti meravigliosi.

Strade

1. **Via Appia Antica** era la strada principale dell'Impero Romano; essa continua tuttora fino a Brindisi in Puglia, ed è usata ancora oggi.
2. **Via Margutta** si visita per ammirare pittori e scultori da tutte le parti del mondo, che vengono qui a vivere e a lavorare.
3. **Via (Vittorio) Veneto,** considerata la via più lussuosa *(luxurious)* d'Italia, è piena di grandi alberghi e di caffè dove si vedono molti divi *(stars)* del cinema. Questa via fu portata all'attenzione di tutto il mondo dal film di Federico Fellini intitolato *La dolce vita.*
4. **Via Condotti,** dove le vetrine sono piene di prodotti dell'artigianato *(skilled craftsmanship)*. Ci sono anche molti negozi ricolmi *(filled)* dei più recenti capi *(clothing)* della moda italiana.

Altri Luoghi Importanti

1. **La Cappella Sistina** è una cappella vaticana di grande importanza artistica. Contiene il rinomato soffitto *(ceiling)* di Michelangelo e anche l'affresco *(fresco)* del suo *Giudizio universale (Last Judgement)*.
2. **Le Catacombe** sono una rete *(network)* di passaggi sotterranei *(underground passageways)* usati dagli antichi cristiani per seppellire *(bury)* i loro morti.
3. **Castel Sant'Angelo,** antica fortezza papale, fu la tomba dell'imperatore Adriano, imperatore dell'antica Roma. La fortezza è oggi un museo di grande importanza.

ALTRE CITTÀ ITALIANE

Le città italiane più popolate (con più di 500,000 abitanti) sono Roma, Milano, Torino, Genova, Palermo e Bologna.

Porti

1. **Genova,** detta la «Superba», si trova sul Mar Ligure, ed è il porto più grande d'Italia. Con Milano e Torino, forma il «triangolo industriale del nord». I suoi cantieri navali sono molto importanti.
2. **Napoli,** sul Mar Tirreno, è il secondo porto d'Italia. La bellezza del suo porto è rinomata in tutto il mondo. Navi da tutte le parti del mondo arrivano in questo porto. Esistono molte canzoni che celebrano il Golfo di Napoli.
3. **Palermo,** capoluogo della Sicilia che dà sul Mar Tirreno, è un grande centro commerciale. Fra i suoi monumenti ci sono la Cattedrale, il Palazzo Reale e il Teatro Massimo. La bellissima Cattedrale di Monreale, che contiene un tesoro di mosaici bizantini, è a pochi chilometri da Palermo.
4. **Trieste,** sul Mare Adriatico, ha degli ottimi cantieri navali. Tra le sue industrie più importanti ci sono quelle idroelettriche, tessili *(textiles)* e chimiche.
5. **Venezia,** chiamata la «Serenissima» o la «Regina dell'Adriatico», era il porto più importante d'Italia prima della scoperta del Nuovo Mondo nel 1492. Milioni di turisti vengono ad ammirare questa città incantevole, che ha più di 100 isole, 160 canali e 400 ponti. È nota per il Canal Grande, il Ponte dei Sospiri, il Ponte di Rialto, la Basilica di San Marco e il Palazzo dei Dogi.

Città Industriali e Storiche

1. **Milano,** capoluogo della Lombardia, detta la «New York» dell'Italia, è la capitale industriale, commerciale ed economica della penisola. Milano è anche ricca di monumenti e di edifici importanti.
   - **Il Teatro alla Scala,** il teatro d'opera lirica più importante del mondo.
   - **Il Duomo,** l'unica vera cattedrale gotica d'Italia.
   - **La Chiesa di Santa Maria delle Grazie,** dove si trova uno dei più famosi dipinti *(painting)* di Leonardo da Vinci, *Il cenacolo* anche chiamato *L'Ultima Cena.*
   - **Il Castello Sforzesco,** dimora *(residence)* degli Sforza, antichi signori di Milano, adesso un museo.
   - **La Pinacoteca di Brera,** importante galleria d'arte che contiene opere della «Scuola Veneta e Lombarda».
2. **Torino,** capoluogo del Piemonte, è la terza città del «triangolo del nord». Una volta era la sede della Casa Reale italiana. Situata sul fiume Po, è uno dei centri scientifici e industriali più importanti d'Italia. È il centro delle automobili FIAT ed è anche uno dei centri della moda italiana.
3. **Firenze,** capoluogo della Toscana, è un vero gioiello d'arte e di storia, la vera «culla del Rinascimento». Tra i suoi tesori *(treasures)* ci sono:

Chiese

- **Il Duomo,** o la Cattedrale di Santa Maria del Fiore, con la grandissima cupola disegnata dal celebre architetto Brunelleschi.
- **Santa Maria Novella,** di stile gotico, possiede

opere del famoso pittore Ghirlandaio.
- **Santa Croce,** la *«Westminster Abbey»* dell'Italia, contiene le tombe di molti famosi Italiani— Machiavelli, Rossini, Michelangelo, Galileo.
- **San Lorenzo,** chiesa in cui si trova la **Vecchia Sacrestia** con le *Tombe di Giuliano e Lorenzo dei Medici* scolpite da Michelangelo.

Gallerie e Musei

- **La Galleria degli Uffizi,** la più famosa galleria d'arte d'Italia.
- **Il Bargello,** museo situato nell'antico palazzo del Podestà. Contiene delle opere di Cellini, Donatello, Verrocchio e Michelangelo.
- **Il Palazzo Pitti,** il più grande palazzo di Firenze, contiene una delle migliori raccolte *(collections)* di pittura del mondo.
- **L'Accademia di Belle Arti,** dove è esposto l'originale *Davide* di Michelangelo.

Piazze

- **Piazza del Duomo,** che include il Duomo, il Battistero e il Campanile di Giotto. Le porte di bronzo, scolpite dal Ghiberti, e dette «le Porte del Paradiso», fanno parte del Battistero.
- **Piazza della Signoria,** davanti al Palazzo Vecchio, il quale è ancora oggi il palazzo comunale di Firenze. Ad un lato della piazza, c'è la **Loggia dei Lanzi,** con molte statue di artisti celebri.
- **Piazza Santa Croce,** con le sue botteghe di oggetti di cuoio.
- **Piazzale Michelangelo,** fuori città, che offre una veduta magnifica di Firenze e dei suoi dintorni *(surroundings).*

Ponte Vecchio è il ponte più famoso che attraversa l'Arno. Ha molte piccole botteghe di orefici *(goldsmiths)* visitate da milioni di turisti ogni anno.

5. **Bologna,** con le sue torri famose, Asinelli e Garisenda, è il capoluogo dell'Emilia-Romagna. È una città medioevale, nota per la sua università, fondata nel 1152, che è la più antica del mondo. Bologna è anche considerata la capitale della gastronomia italiana.

6. **Pisa,** in Toscana, è rinomata per la Torre Pendente, per il suo Battistero e per il bellissimo Duomo in piazza dei Miracoli.

7. **Siena,** città toscana, è famosa per il «Palio», corsa di cavalli che ha luogo il 2 luglio e il 16 agosto, ogni anno, nella piazza principale.

8. **Perugia,** capoluogo dell'Umbria, è la sede della **Perugina,** ditta che produce il cioccolato rinomato in tutto il mondo. La sua **Università per Stranieri** è frequentata da studenti provenienti da tutte le parti del mondo. Qui nacque Perugino, il celebre pittore del Quattrocento *(fifteenth century)* che fu maestro di Raffaello.

9. **Bari,** capoluogo della Puglia, è chiamata la «Torino del Sud». È il luogo della **Fiera del Levante,** una fiera *(fair)* commerciale che ha luogo ogni anno. Qui si trovano le reliquie *(remains)* di San Nicola da Bari, il cui culto ci diede «Babbo Natale».

10. **Padova,** antica città universitaria del Veneto, è nota per la basilica del suo santo, Sant'Antonio. Qui si trovano famosissimi affreschi di Giotto, pittore del Trecento.

11. **Assisi** è una città medioevale umbra, resa famosa dal suo santo natio, San Francesco. Anche qui ci sono celebri affreschi di Giotto.

12. **Ravenna,** città antica dell'Emilia-Romagna, è famosa per i suoi mosaici. Qui si trova la tomba di Dante Alighieri, esule *(exile)* fiorentino.

ESERCIZIO A

Completa le frasi seguenti.

1. L'Italia ha la forma di uno _____ .

2. Le _____ separano l'Italia dal resto dell'Europa.

3. L'Italia ha un clima prevalentemente _____ .

4. Gli Appennini attraversano la penisola da nord a _____ .

5. L'Italia ha una popolazione di _____ abitanti.

6. La montagna molto alta situata nell'Abruzzo si chiama il _____ .

7. Il monte tra la Francia e l'Italia è il _____ .

8. Il Monte Etna è un _____ .

9. Il Tevere passa per la città di _____ .

10. L'Italia è circondata dai mari _____ , _____ ,

_____ , _____ .

11. I tre laghi situati in Lombardia sono _____ , _____ ,

_____ .

12. Il fiume più lungo d'Italia è il _____ .

13. L'Arno passa per le città di _____ e di _____ e sbocca nel

Mar _____ .

14. Le Isole Eolie sono situate vicino alla _____ .

15. La Sardegna è nel Mar _____ .

ESERCIZIO B

Scrivi i numeri della cartina che corrispondono ai luoghi seguenti.

1. l'Arno _____   2. il Tevere _____

3. il Lago di Como _____   4. l'Adige _____

5. gli Appennini _____   6. il Lago di Garda _____

7. il Po _____   8. il Vesuvio _____

9. l'Etna _____   10. il Lago Maggiore _____

ESERCIZIO C

Scrivi le lettere della cartina che corrispondono ai luoghi seguenti.

1. Capri _____   2. Elba _____

3. Sicilia _____   4. Mare Adriatico _____

5. Mar Ligure _____   6. Stromboli _____

7. Mar Tirreno _____   8. Sardegna _____

9. Monte Bianco _____   10. Mare Ionio _____

ESERCIZIO D

Scrivi la lettera della definizione della colonna a destra che corrisponde al nome della località della colonna a sinistra.

1. Mediterraneo _____   *a.* fiume

2. Etna _____   *b.* vulcano

   c. porto

3. Maggiore _____   *d.* golfo famoso

4. Adige _____   *e.* mare

   f. monte nella Val d'Aosta

5. Genova _____   *g.* penisola

6. Bologna _____   *h.* città universitaria

   i. catena di montagne

7. Italia _____   *j.* lago

8. Appennini _____

9. Rosa _____

10. Napoli _____

ESERCIZIO E

Completa il brano seguente.

Io studio l'italiano a scuola. La settimana scorsa, il professore ha dato delle lezioni sulla divisione

geografica e sulle regioni settentrionali dell'Italia. Abbiamo imparato che l'Italia è divisa in

_____ regioni. Queste regioni si suddividono poi in _____ . Ogni
     1.   *2.*

regione e ogni provincia ha il suo centro principale che si chiama _____ . Abbiamo
                                                                3.

imparato anche che la regione più industriale d'Italia è il _____ . La sua città
                                                         4.

principale è _____ , che produce le automobili _____ . Questa città
         5.   *6.*

è anche un centro importante della _____ italiana, mentre la stessa regione produce
                                              7.

anche un vino che è considerato come lo «champagne» italiano. Questo vino si chiama

_____ .
     8.

ESERCIZIO F

Scrivi la lettera della località della colonna a destra che corrisponde al nome della località della colonna a sinistra.

1. Torino   _____   *a.* Bologna

                                          b. la Sicilia

2. Perugia   _____   *c.* la Sardegna

3. Assisi   _____   *d.* nord

                                          e. la Lombardia

4. la città detta «grassa»   _____   *f.* città umbra di San Francesco

5. l'Italia settentrionale   _____   *g.* l'Umbria

                                          h. il Piemonte

6. Bari   _____   *i.* la Puglia

7. L'Aquila   _____   *j.* l'Abruzzo

8. il Lago di Garda   _____

9. Trinacria   _____

10. Cagliari   _____

ESERCIZIO G

Completa le frasi seguenti.

1. _____ è il capoluogo dell'Emilia-Romagna.

2. Urbino è una città delle _____ .

3. Le città che formano il «triangolo del sud» sono _____ ,

   _____ e _____ .

4. La Riviera ligure si trova lungo la costa _____ dell'Italia.

5. Il capoluogo attuale della Calabria è _____ .

6. Il Festival dei Due Mondi viene festeggiato ogni estate a _____ .

7. Oltre all'italiano, nel Trentino–Alto Adige si parla il _____ .

8. La regione più popolata dell'Italia è _____ .

9. La _____ è specialmente conosciuta per la produzione di agrumi, come limoni
   e arance.

10. L'Italia meridionale è anche chiamata _____ .

11. _____ è il capoluogo della Basilicata.

12. La Costa Smeralda fa parte della _____ .

13. Pescara, nell'Abruzzo, è sul Mare _____ .

14. La città di Orvieto è rinomata per la sua _____ e per il suo

    _____ .

15. Le industrie di carta sono importanti nelle _____ .

ESERCIZIO H

Completa il brano seguente.

Mia zia mi ha scritto una lettera nella quale descrive tutti i luoghi che ha visto mentre viaggiava per

l'Italia centrale e meridionale. Mi dice che è andata prima a Roma, che si trova nella regione del

_____ . Durante il suo soggiorno nella capitale, ha visitato lo stato indipendente più
         1.

piccolo del mondo, _____ e ha visto i resti di quattro culture: _____ ,
                              2.   *3.*

_____ , _____ e _____ che formano il
        4.   *5.*   *6.*

complesso della civiltà moderna occidentale. Dopo aver visitato Roma, è andata in

_____ , regione che è anche chiamata la «culla dell'arte», e si è fermata a
        7.

_____ , capoluogo di questa regione. Ha visitato anche _____ per
        8.   *9.*

vedere la _____ Pendente. Si è divertita moltissimo e ha avuto l'occasione di
            10.

assaggiare l'originale vino _____ che è il rinomato vino prodotto in questa regione.
              11.

È andata poi in Umbria e ha visitato _____ , dove si trova l'Università per Stranieri
                      12.

e poi è andata a _____ , la città di nascita di San Francesco. Dopo aver visitato
        13.

_____ , la repubblica più piccola del mondo, che è situata nell'angolo nord-est delle
        14.

_____ , mia zia è andata verso il Mar _____ per visitare la
        15.   *16.*

regione della Campania. Ha visitato il capoluogo di questa regione, _____ , con il
                                   17.

suo golfo incantevole e poi è andata a vedere le due città sepolte dalle ceneri del Vesuvio:

_____ e _____ . Dalla Campania è passata alla
        18.   *19.*

_____ , regione che si chiama anche «il tacco dell'Italia» dove ha visitato i
        20.

_____ che si trovano nel paese di Alberobello.
        21.

Mia zia mi scrive che fra qualche giorno andrà anche in Calabria e in Sicilia a visitare

_____ e _____ , i capoluoghi di queste due regioni del
        22.   *23.*

Mezzogiorno.

ESERCIZIO I

Completa le frasi seguenti.

1. Il fiume _____ attraversa la città di Roma.

2. Le Catacombe venivano usate dai _____ per seppellire i loro morti.

3. La più lussuosa strada di Roma è _____ .

4. La _____ è la stazione principale di Roma.

5. Trinità dei Monti è situata al di sopra della piazza _____ .

6. Il soffitto della Cappella Sistina fu dipinto da _____ .

7. Secondo la leggenda, per tornare a Roma, bisogna buttare un _____ nella

Fontana di _____ .

8. Giovanni Bernini scolpì una grande fontana per piazza _____ a Roma.

9. La via _____ va da Roma fino a Brindisi.

10. La tomba di San Paolo è sotto la Basilica di _____ .

11. La *Pietà* si trova nella Basilica di _____ .

12. Secondo la leggenda, Roma fu fondata dai fratelli _____ e

_____ .

ESERCIZIO J

Scrivi la lettera della parola della colonna a destra che corrisponde al nome della colonna a sinistra.

1. Panteon _____   *a.* Giovanni Bernini

2. Città Eterna _____   *b.* 72 d.C.

3. piazza Navona _____   *c.* antica strada romana

3. piazza Navona _____   *d.* tempio antico

4. la *Pietà* _____   *e.* fontana

5. Terme di Caracalla _____   *f.* il Milite Ignoto

6. Appia Antica _____   *g.* Roma

7. San Giovanni in Laterano _____   *h.* bagni pubblici

8. Trevi _____   *i.* prima basilica patriarcale

9. Monumento a Vittorio Emanuele II _____   *j.* Michelangelo

10. Colosseo _____

ESERCIZIO K

Per le parole seguenti, scrivi una frase descrittiva in italiano.

1. piazza Venezia

   _____

2. le Catacombe

   _____

3. Foro Romano

   _____

4. Trinità dei Monti

   _____

5. Altare alla Patria

   _____

6. via Condotti

   _____

7. piazza del Popolo

   _____

8. Colosseo

   _____

9. Cappella Sistina

   _____

10. piazza Navona

    _____

11. Museo Borghese

    _____

12. via Margutta

    _____

ESERCIZIO L

Indica il nome della città.

1. la piazza dei Miracoli   _____

2. la Basilica di San Marco   _____

3. la «Torino del sud» _____

4. luogo di nascita di Raffaello _____

5. la città di Sant'Antonio _____

6. il capoluogo dell'Umbria _____

7. piazzale Michelangelo _____

8. il Ponte di Rialto _____

9. centro delle automobili FIAT _____

10. le Porte del Paradiso del Ghiberti _____

ESERCIZIO M

Scrivi la lettera della città della colonna a destra che corrisponde alla definizione della colonna a sinistra.

1. la New York d'Italia _____	*a.*	Genova
2. il primo porto italiano _____	*b.*	Torino
3. il palazzo Ducale dei Dogi _____	*c.*	Siena
4. centro gastronomico _____	*d.*	Ravenna
5. il capoluogo del Piemonte _____	*e.*	Palermo
6. famoso cioccolato _____	*f.*	Bologna
7. città nota per il Palio _____	*g.*	Milano
8. la tomba di Dante _____	*h.*	Pisa
9. Monreale _____	*i.*	Perugia
10. la Torre Pendente _____	*j.*	Venezia

Chapter 33
La Storia d'Italia

IL PERIODO PRE-ROMANO

La storia italiana è molto complicata perchè, fin dall'inizio, l'Italia fu occupata da diversi popoli primitivi, detti **popoli italici.** Questi popoli si stabilirono nelle zone della penisola che, più o meno, rappresentano le regioni di oggi. Infatti, i nomi di queste regioni corrispondono, grosso modo, ai nomi dei popoli primitivi che le occuparono originalmente.

I Veneti, per esempio, occuparono la zona che oggi si chiama il Veneto; i Liguri, la Liguria; gli Etruschi, [1]* la Toscana; i Latini, il Lazio; gli Umbri, l'Umbria; i Siculi, la Sicilia; e così via.

Fra questi popoli, quelli che contribuirono di più allo sviluppo di quel che sarebbe stata l'Italia [2] furono i Latini. Anzitutto *(above all)*, i Latini furono responsabili per la fondazione della città di **Roma.** Secondo la leggenda, la città fu fondata da due fratelli, Romolo e Remo, e fu chiamata inizialmente **Città Quadrata.** Dopo la fondazione di Roma (753 a.C.), questo popolo aggressivo si dedicò alla conquista di tutti gli altri popoli primitivi che abitavano la penisola come pure *(as well as)* all'espulsione dei Greci, che da secoli, dominavano l'Italia meridionale e la Sicilia. Tutta questa zona meridionale si chiamava, in quei tempi, **Magna Grecia.**

I Latini, insieme ai popoli da loro conquistati, si chiamarono **Romani** per via della città che fondarono. I Romani furono capaci di unificare la penisola da Rimini fino allo Stretto di Messina. La Grecia fu costretta *(forced)* così a ritirarsi in Sicilia, dove continuò a dominare l'isola fino alle invasioni arabe (Saraceni).

Due città siciliane, Siracusa e Agrigento, sono tuttora *(still)* modelli della cultura avanzata e del progresso politico-sociale che i Greci stabilirono in tutta l'Italia meridionale e in Sicilia.

IL PERIODO ROMANO
(753 a.C.–475 d.C.)

Dalla fondazione di Roma (753 a.C.) alla caduta dell'Impero Romano (476 d.C.), la storia d'Italia è essenzialmente la storia di Roma.

Durante il suo predominio *(supremacy),* Roma passò da **monarchia** (i leggendari sette re fino al 509 a.C.) a **repubblica** (fino alla morte di Giulio Cesare, nel 44 a.C.) e, per ultimo, a **impero.** Dopo le grandi conquiste di Giulio Cesare nel 44 a.C., il dominio di Roma si estese *(extended)* dal paese che è oggi l'Inghilterra fino all'Egitto *(Egypt).* Questo periodo di dominazione fu chiamato il periodo dell'Impero Romano.

L'Impero fu creato da **Ottaviano,** figlio adottivo di Giulio Cesare, con l'aiuto di **Marco Antonio,** parente di Giulio Cesare e Console romano. Ottaviano si prese il comando dell'occidente, mentre quello dell'oriente passò a Marco Antonio. Questa divisione, però, non durò a lungo. Scoppiò una guerra civile tra Ottaviano e Marco Antonio alla fine della quale Marco Antonio si uccise insieme a Cleopatra, sua amante e regina d'Egitto. Ottaviano divenne così imperatore di tutto l'Impero Romano (oriente e occidente). Ottaviano è anche conosciuto nella storia con il nome di **Augusto,** titolo a lui dato dal Senato romano.

Una schiera *(line)* di imperatori seguirono il regno di Ottaviano. Alcuni sono ricordati per le loro atrocità contro i Romani e contro i cristiani. Fra questi si possono segnalare *(mention)* Nerone, Caligola e Domiziano. Altri invece, come Marco Aurelio, Costantino e Giustiniano, contribuirono molto allo sviluppo della civiltà europea.

L'Impero Romano d'Occidente cadde nel 476 d.C. con la sconfitta dell'imperatore **Romolo Augustolo.** (Diocleziano aveva definitivamente diviso l'Impero in due parti: occidente e oriente.) Questa sconfitta fu imposta dal generale barbarico Odoacre.

Termina così la gloria di Roma come «padrona del mondo». Non si elimina, però, tutto l'Impero perchè quello di oriente continua il suo dominio fino al 1453, con il nome di **Impero Bizantino.**

IL MEDIOEVO (Secoli V–XIII)

L'inizio del medioevo trova l'Italia tutta frazionata —il centro e il nord sotto il dominio di diversi

---

*Bracketed numbers refer to Notes at the end of a chapter.

popoli **barbarici,** e il Meridione e la Sicilia sotto il dominio **bizantino.** Allo stesso tempo, in altri luoghi dell'Europa si cominciano a formare alcune potenze (Francia, Spagna, ecc.) che avranno molta influenza sulla storia d'Italia.

Con le invasioni barbariche cominciò una serie di dominazioni straniere che durò per ben tredici secoli. A queste dominazioni dobbiamo aggiungere anche quella dello **Stato Pontificio,** che, durante il dominio barbarico, cominciò a svilupparsi come potenza «temporale». Lo Stato Pontificio apparteneva alla Chiesa Cattolica, nella persona del papa.

Fra gli invasori barbarici ci furono i **Longobardi,** considerati i più barbari dei barbari. Dobbiamo segnalare che questo popolo tentò di unificare la penisola. Questo tentativo, però, non ebbe successo perchè il Papa, per paura di doversi sottomettere *(submit)* al dominio longobardo, impedì la loro espansione. A questo scopo *(purpose),* il Papa ebbe l'aiuto di **Carlo Magno** *(Charlemagne),* re di un altro popolo barbaro, **i Franchi,** che già aveva conquistato la **Gallia,** oggi la Francia. I Longobardi furono sconfitti, e papa Leone III dette la corona del **Sacro Romano Impero** a Carlo Magno.[3] Quest'ultimo avvenimento stabilì definitivamente il potere «temporale» (politico-economico) dello Stato Pontificio.

La discesa *(descent)* di Carlo Magno in Italia risultò nell'unificazione del centro e del nord dell'Italia, sotto il nome di **Regno d'Italia.** Sfortunatamente, Carlo Magno morì prima di conquistare il Meridione e la Sicilia, e così non si ottenne l'unificazione completa. La morte dell'imperatore causò la divisione del nuovo regno, e si formarono così dei territori relativamente piccoli, governati da sovrani indipendenti.

Approfittando *(Taking advantage)* delle lotte che si svilupparono fra questi nuovi sovrani, alcune città dichiararono la loro autonomia. Queste città cominciarono a combattere fra di loro per ottenere più territorio e in questo modo si crearono i **Comuni.** I Comuni si trasformarono, poi, in forti stati che diventarono ancora più potenti tramite *(through)* lo sviluppo del commercio. Con il Trecento *(fourteenth century)* e il Quattrocento *(fifteenth century),* si passò al governo delle **Signorie,** famiglie ricche e potenti che prendevano in mano il governo dei Comuni e formavano vere e proprie dinastie. I Signori che governarono gli stati principali del centro e del nord furono i seguenti:

SIGNORI	STATI
i Visconti ⎫	Milano
gli Sforza ⎭	
i Da Polenta	Ravenna
i Malatesta	Rimini
i Medici	Firenze
i Montefeltro	Urbino
i Gonzaga	Mantova
gli Este	Ferrara

A questi dobbiamo aggiungere la città di **Venezia,** che rimase una repubblica indipendente sotto il governo dei **Dogi;** lo **Stato Pontificio,** governato dal papa; e i conti e principi di **Savoia,** che in questo periodo cominciarono a stabilirsi in Italia.

Dal Medioevo alla fine del **Risorgimento** *(Unification of Italy),* il Meridione e la Sicilia passarono da una dinastia straniera all'altra.

Durante il dominio bizantino, la Sicilia venne conquistata dagli **Arabi** (Saraceni). In seguito, i **Normanni**—di discendenza vichinga *(Viking)*—conquistarono l'Italia meridionale dai Bizantini e la Sicilia dagli Arabi. Si formò così il **Regno di Sicilia,** governato dalla dinastia normanna. Questo regno passò poi alla dinastia tedesca (Casa Sveva) con la sconfitta dei Normanni. Di tutti gli imperatori della Casa Sveva, il più famoso è **Federico II,** il quale stabilì, alla sua **corte di Palermo,** il centro principale per la diffusione della cultura italiana. Creò, inoltre, l'Università di Napoli e l'Università di Medicina di Salerno.

Dopo la dinastia sveva, vennero al trono del Regno di Sicilia gli **Angioini** di Francia (Carlo d'Angiò). Durante il regno di **Carlo d'Angiò,** scoppiò in Sicilia una rivoluzione contro i Francesi che si conosce tuttora con il nome di **Vespri Siciliani** (1282).

Questa rivoluzione si trasformò in una lunga guerra durante la quale i Siciliani chiesero l'aiuto di **Pietro II di Aragona** (Spagna). Alla fine di questa guerra, gli Angioini lasciarono l'isola e formarono il **Regno di Napoli** (Italia meridionale), mentre la Spagna prese possesso della Sicilia.

IL RINASCIMENTO (Secoli XIV, XV e XVI)

L'Italia raggiunse in questo periodo una grandezza incomparabile nel campo dell'arte e delle lettere. Nel campo politico, uomini illustri come Lorenzo dei Medici, Machiavelli e Giulio II tentarono di unificare la penisola, ma i loro tentativi furono bloccati da gelosie interne. La scoperta del Nuovo Mondo nel 1492 e le nuove vie di commercio che si aprirono come risultato di questa scoperta fecero diminuire l'importanza di tutte le città marittime italiane. Il dominio del commercio passò così ad alcune potenze straniere come la Spagna e l'Inghilterra.

La Spagna, che in questo periodo era la più forte delle potenze europee, si trovò coinvolta *(involved)* in una serie di guerre contro le altre potenze. Molte di queste guerre, le cosiddette **guerre di successione,** furono combattute in Italia e durarono fino alla metà del secolo XVIII. Con la caduta della potenza spagnola, l'Italia si trovò divisa sotto cinque diversi domini principali:

1. **I Savoia** in Sardegna
2. **Gli Asburgo Lorena** (Austria) in Toscana
3. **I Borboni** (Spagna/Francia) nel Regno di Napoli e in Sicilia (chiamato Regno delle Due Sicilie dopo la caduta di Napoleone)
4. **Lo Stato Pontificio,** che aggiungeva al suo territorio anche le città di Ferrara e di Bologna
5. **L'Austria** in Lombardia e nel Veneto

IL RISORGIMENTO (1820–1871)

La rivoluzione francese aveva talmente esposto *(exposed)* gli Italiani ai nuovi ideali di libertà e di uguaglianza che anche il dominio tirannico imposto nuovamente in Italia, dopo la caduta di Napoleone Bonaparte, non ebbe la forza di sopprimere il movimento d'indipendenza. In nome di questa indipendenza, si crearono delle «società segrete»: **la Massoneria, la Carboneria,** e, in ultimo, **la Giovane Italia,** creata da Giuseppe Mazzini.

Il movimento principale dell'unificazione ebbe, però, inizio a Milano («le cinque giornate»), dove scoppiò una rivoluzione contro l'Austria che andò a finire in una guerra—**la prima guerra d'indipendenza,** 1848–49. In questa guerra, prese anche parte Carlo Alberto di Savoia, re del Piemonte e della Sardegna. I Savoia si stabilirono così come i difensori dell'ideale italiano d'indipendenza e di unificazione. Alla fine di questa guerra, il Regno di Savoia passò a **Vittorio Emanuele II** (figlio di Carlo Alberto), il quale nominò, come primo ministro, il **conte Camillo Benso di Cavour.**

Cavour, tramite la sua astuta tattica politica, riuscì ad avere l'aiuto della Francia per cacciare l'Austria dalla Lombardia e dal Veneto—**la seconda guerra d'indipendenza,** 1859. Poco dopo l'inizio di questa guerra, la Francia e l'Austria giunsero *(reached)* ad un accordo di pace nel quale la Lombardia passò ai Savoia e il Veneto restò all'Austria.

Nel 1860 iniziò la **spedizione dei mille,** corpo di volontari in camicie rosse, che sotto il comando di **Giuseppe Garibaldi,** invase la Sicilia e cacciò *(drove out)* i Borboni sia dall'isola che dall'Italia meridionale. Le truppe di Vittorio Emanuele II, per tanto, scesero dal Piemonte per venire incontro ai Garibaldini. Nel frattempo *(meanwhile),* tramite plebisciti *(plebiscites),* si unirono al Regno di Savoia i seguenti territori politici: Parma, Modena, Romagna, Toscana, Marche, Umbria e il Regno di Napoli. Si ottenne così nel 1861, l'unificazione della penisola e si formò il **Regno d'Italia** sotto il governo di Vittorio Emanuele II.

Restarono fuori del regno due regioni—il Veneto, che rimase sotto l'Austria, e il Lazio, che rimase al Papa («la questione romana»).

Il Veneto venne dato all'Italia come risultato di guerra in cui l'Italia combattè al fianco *(side)* della Prussia e contro l'Austria—**la terza guerra d'indipendenza,** 1866. Il Lazio, invece, protetto dalle truppe francesi, restò sotto il dominio del Papa fino al 1870. In questo stesso anno, però, le truppe italiane occuparono Roma («la breccia di Porta Pia») e anche il Lazio entrò nel Regno d'Italia. Occupata Roma, la sede del regno passò a questa città, che diventò perciò capitale d'Italia. (Capitali precedenti furono Torino e Firenze.)

Restava ancora da risolvere la questione del Papa. Viene risolta con il decreto del primo parlamento italiano (1871) che proclama: «Libera Chiesa in Libero Stato.» Il Papa si chiude così in Vaticano, e si rifiuta di uscire fino al 1929—i **Patti del Laterano.**

L'ITALIA MODERNA

Dopo l'unificazione, la monarchia intraprende *(undertakes)* una serie di riforme—si sviluppano le industrie, si ottengono delle riforme agricole, la scuola diventa obbligatoria, e così via. L'Italia comincia così ad aggiornarsi *(to modernize)* e, per altro, a mettersi alla pari *(same level)* con gli altri paesi europei. Arriviamo di questo modo alla vigilia della **prima guerra mondiale,** 1914–1918.

L'Italia prende parte in questa guerra da alleata *(as ally)* della Francia, dell'Inghilterra e degli Stati Uniti. La guerra si conclude con la vittoria di questi sull'Austria e sulla Germania.

L'Italia, come risultato del trattato di pace (1919), ottiene il Trentino con l'Alto Adige, Trieste con l'Istria, e Zara. Anche la città di Fiume viene annessa *(annexed)* all'Italia nel 1924, dopo che **Gabriele D'Annunzio** la occupa con una spedizione di soldati italiani.

Dopo la fine della prima guerra mondiale, i problemi interni dell'Italia diventano sempre più intensi. Mancanza *(lack)* di lavoro, scioperi *(strikes)*, e conflitti tra partiti politici portano il paese all'orlo *(edge)* di un disastro economico. Questi furono eventi che portarono alla «rivoluzione fascista». (I «fasci di combattimento», fondati da Benito Mussolini, esistevano già dal 1919.)

Le «squadre di azione» (dette anche «squadrismo») usarono il sentimento di nazionalismo e la mancanza di rispetto verso la legge per riorganizzare il paese e per mantenere l'ordine con la violenza. Questa dottrina dittatoriale fu accettata sia dal re che dalla maggior parte del popolo italiano.

Il 28 ottobre del 1922, **Benito Mussolini** marcia su Roma con un gruppo di squadristi, e in quello stesso giorno Mussolini assume la dittatura.

Una volta al potere, Mussolini abolisce la libertà di stampa, la Costituzione, il Parlamento, e i partiti politici. Sotto il **fascismo,** l'Italia comincia a ristabilire l'economia e l'ordine nazionale. Mussolini intraprende, però, una politica di espansione territoriale in Africa che si conclude, per l'Italia, con i disastrosi risultati della **seconda guerra mondiale,** 1939–1945. Inoltre, le idee del fascismo di riportare l'Italia alla grandezza dell'Impero Romano formano la base di un trattato con la Germania, chiamato il **patto d'acciaio.** Non appena la Germania comincia le invasioni di certe nazioni europee (1939), la Francia e l'Inghilterra le dichiarano guerra. L'Italia scende in guerra al lato della Germania (1940), e inizia così la seconda guerra mondiale. Durante la guerra, l'Italia diventa di nuovo campo di battaglia e deve sopportare tutti i disastri della guerra—bombardamenti, invasioni, fame, disordine, ecc. Nel 1943 gli «alleati»— Inghilterra, Stati Uniti, Francia e Russia—forzano l'Italia a firmare un armistizio e cade così il regime fascista. Dopo l'armistizio, il re Vittorio Emanuele III mette il governo nelle mani del maresciallo Pietro Badoglio, il quale governa l'Italia dal 1943 al 1945.

Durante questi ultimi due anni della guerra, l'Italia soffre moltissimo, essendo occupata da truppe tedesche—la Germania considerava gli Italiani traditori. In questo periodo, la penisola fu quasi totalmente danneggiata da borbardamenti e da battaglie.

L'episodio del fascismo si conclude con la rovina *(ruin)* nazionale e con l'uccisione di Benito Mussolini (1945).

Dal 1945 in poi, si stabilisce in Italia una forma di governo democratico che la porta verso la riabilitazione. Questo succede principalmente sotto la guida del primo ministro **Alcide De Gasperi** del partito democristiano e con l'aiuto economico degli Stati Uniti.

Duranti gli anni Sessanta *(the 1960s),* vari governi italiani hanno saputo indirizzare l'economia del Paese verso un notevole sviluppo industriale e, con ciò, verso la collaborazione economica con gli altri paesi europei, nazioni della **Comunità Europea.** Questa collaborazione economica tra l'Italia e le altre nazioni europee è continuata negli anni Settanta e Ottanta e si è approfondita all'inizio degli anni Novanta quando si è creata l'**Unione Europea** con un unico **Congresso Europeo** al quale partecipano i paesi più importanti d'Europa. Oggi l'Italia e gli altri paesi tentano di creare una «Europa Unita» che avrebbe una moneta unica, che eliminerebbe le frontiere sia al commercio che al movimento della gente tra i vari paesi, e, che in genere, stabilirebbe una più fiduciosa comprensione e collaborazione tra paesi di diversa struttura politico-sociale.

È proprio il caso di ricordare che, in questi ultimi anni, le relazioni tra l'Italia e i paesi dell'Europa dell'est, hanno assunto un'importanza sempre più grande. Tali relazioni si sono sviluppate principalmente nei campi dell'economia, della scienza, della tecnica e della cultura. Per di più, come risultato del crollo dell'Unione Sovietica, l'Italia, insieme agli altri paesi dell'Unione Europea, ha aiutato finanziariamente le nazioni dell'Europa orientale a superare le loro crisi economiche.

In conclusione, l'Italia ha raggiunto oggi uno sviluppo politico-industriale che la pone *(places her)* fra i paesi più progrediti *(advanced)* del mondo e che quindi le permette di considerarsi tra i capi dell'Unione Europea.

NOTES:

[1] **Etruschi:** an ancient people who contributed much to the fields of agriculture and architecture. The Romans adopted, with great success, many of the systems invented by the Etruscans. Little is known about the origins and the language of the Etruscans.

[2] **Italia:** Originally, the name **Italia** was used to refer only to the region known today as **Calabria.** It was not until the beginning of the

Roman Empire (27 a.C.) that the name **Italia** referred to the whole peninsula.

[3] **Incoronazione di Carlo Magno:** The coronation of Charlemagne as the first emperor of the Holy Roman Empire symbolically introduces the concept of the supremacy of papal authority over the rule of all princes, kings, and emperors. This concept of supremacy will later become the dogma of the Catholic Church when Pope Innocenzio III declares: "All authority comes from God." This declaration establishes the concept of absolute power of the Church over every ruler of Europe.

ESERCIZIO A

Scrivi la lettera delle parole della colonna a destra che corrisponde all'espressione della colonna a sinistra.

1.	Magna Grecia	_____	**a.**	Milano
2.	Etruschi	_____	**b.**	Mazzini
			c.	Venezia
3.	Da Polenta	_____	**d.**	Roma
4.	Malatesta	_____	**e.**	Ravenna
			f.	Sicilia
5.	Dogi	_____	**g.**	Carlo Magno
6.	Giovane Italia	_____	**h.**	Rimini
7.	Città Quadrata	_____	**i.**	Toscana
8.	Leone III	_____	**j.**	Piemonte e Sardegna
9.	Sforza	_____		
10.	Savoia	_____		

ESERCIZIO B

Vero o Falso? Indica se ogni frase è vera o falsa. Se falsa, riscrivi la frase per renderla vera.

1. La città di Venezia era una repubblica indipendente nel Medioevo e nel Rinascimento.

_____

2. Gli Angioini formarono il primo Regno di Napoli.

_____

3. Carlo Alberto apparteneva alla Casa Sveva.

_____

4. I Saraceni invasero la Sicilia.

_____

5. I Comuni si trasformarono in Signorie.

_____

6. Gli Etruschi unirono l'Italia.

_____

7. I Medici governarono Firenze.

_____

8. La Calabria si chiamava anticamente Italia.

_____

9. I Longobardi furono i più barbari dei barbari.

_____

10. Napoleone Bonaparte unificò l'Italia.

_____

11. I «Garibaldini» erano soldati di Vittorio Emanuele II.

_____

12. L'Italia fu unita nel 1849.

_____

13. La seconda guerra d'indipendenza fu combattuta tra la Francia e l'Austria.

_____

14. Il primo parlamento italiano si creò nel 1871.

_____

15. La monarchia dell'Italia unita fu quella dei Savoia.

_____

ESERCIZIO C

Scrivi la lettera dell'espressione che completa correttamente le frasi seguenti.

1. Durante il periodo della monarchia, Roma fu governata   _____
    a. dai sette re.   *b.* dalla Grecia.   *c.* dai Bizantini.

2. Cleopatra era l'amante di   _____
    a. Marco Antonio.   *b.* Cesare Augusto.   *c.* Romolo Augustolo.

3. I Latini si stabilirono   _____
    a. nel Lazio.   *b.* in Toscana.   *c.* in Liguria.

4. I Saraceni occuparono   _____
    a. il Veneto.   *b.* la Sicilia.   *c.* la Lombardia.

5. I Gonzaga erano i «Signori» di   _____
    a. Ferrara.   *b.* Urbino.   *c.* Mantova.

6. I Borboni di Napoli erano di origine _____

    a. austriaca.   *b.* spagnola.   *c.* tedesca.

7. Pietro II era _____

    a. spagnolo.   *b.* arabo.   *c.* normanno.

8. Una città siciliana che evidenzia ancora la cultura greca è _____

    a. Palermo.   *b.* Siracusa.   *c.* Messina.

9. Lo Stato Pontificio fu governato _____

    a. dai papi.   *b.* dal re.   *c.* dagli imperatori.

10. Il Regno di Napoli fu creato _____

    a. dai Francesi.   *b.* dagli Spagnoli.   *c.* dagli Arabi.

ESERCIZIO D

Completa le frasi seguenti.

1. La rivoluzione siciliana del 1282 si chiama _____ .

2. Al periodo della caduta di Roma, l'Italia meridionale e la Sicilia erano dominate dai

    _____ .

3. I _____ fu il popolo primitivo che si stabilì in Sicilia.

4. Il primo imperatore romano fu _____ .

5. Il primo imperatore del Sacro Romano Impero fu _____ .

6. Il primo Regno d'Italia fu fondato da _____ .

7. Nerone e Caligola sono famosi per aver commesso atrocità contro i _____ e i

    _____ .

8. _____ fu il Papa che stabilì la supremazia della Chiesa su tutti i regnati

    d'Europa.

9. I _____ fu una delle famiglie che governò lo Stato di Milano.

10. Come risultato della terza guerra d'indipendenza, l'Italia ottenne la regione del

    _____ .

11. La «breccia di Porta Pia» si riferisce all'occupazione della città di _____ .

12. Come risultato della prima guerra mondiale, l'Italia ottenne il _____ ,

    _____ e _____ .

13. I «fasci di combattimento» furono fondati da _____ .

14. Lo scrittore _____ occupò la città di Fiume con una spedizione di soldati italiani.

15. La seconda guerra mondiale si concluse in Europa con la sconfitta dell' _____ e della _____ .

ESERCIZIO E

Indica l'ordine cronologico delle persone seguenti, scrivendo in ordine ascendente i numeri 1 a 10 negli spazi corrispondenti.

_____   Vittorio Emanuele II

_____   Carlo d'Angiò

_____   Romolo Augustolo

_____   Benito Mussolini

_____   Giulio Cesare

_____   Alcide De Gasperi

_____   conte Camillo Benso di Cavour

_____   Carlo Magno

_____   Romolo e Remo

_____   Papa Giulio II

Fino a pochi anni fa, l'Italia era considerata un paese agricolo. Infatti, due terzi del paese è coltivabile, però, solo una piccola percentuale (10%) della popolazione deriva il suo lavoro dalla terra. Da quando è diventata una delle nazioni della Comunità Europea, l'Italia è adesso una delle sette nazioni più industrializzate del mondo. Le industrie sono situate soprattutto *(primarily)* nell'Italia settentrionale, con importanti impianti anche a Napoli e a Bari. È da ricordare, però, che ci sono ancora alcune parti dell'Italia meridionale dove la disoccupazione *(unemployment)* è ancora molto alta.

L'INDUSTRIA

Il turismo è l'industria principale dell'Italia. Milioni di stranieri, da tutte le parti del mondo, visitano l'Italia ogni anno. Senza il turismo, l'economia soffrirebbe immensamente. Il turismo è seguito dall'artigianato, che continua ad essere un aspetto importante dell'industria italiana. Fra le industrie più note ci sono le industrie metalmeccaniche e quelle tessili le quali sono concentrate nel «triangolo industriale del nord». Le industrie meccaniche comprendono la produzione di autoveicoli *(motor vehicles),* elettrodomestici *(appliances),* computers, calcolatrici, frigoriferi e micromotori. Torino è la sede delle macchine FIAT, Modena è la sede della Ferrari e della Maserati, e Milano dell'Alfa Romeo. Anche l'industria del giocattolo è in fase di espansione.

L'industria tessile produce lana, seta e cotone di ottima qualità. Si producono anche molti tessuti sintetici. Como è il centro della seta italiana. L'industria chimica prospera in Italia—si esportano zolfo e bauxite con il quale si produce l'alluminio. L'Italia è una delle prime nazioni nella fabbricazione dei prodotti di plastica. Non essendo ricca di risorse minerarie, l'Italia, però, è ricca di zolfo in Sicilia e di marmo in Toscana.

L'industria idroelettrica è importante per gli Italiani perchè manca il carbone. Questa energia viene prodotta specialmente nell'Italia settentrionale, dove c'è molta acqua.

La moda italiana è diventata una delle più importanti del mondo. I centri della moda sono Milano, Torino, Roma e Firenze. Fra i nomi della moda più conosciuti ci sono Gucci, Armani, Benetton, Cerruti, Missoni, Ferrè, Versace, Valentino e Fendi.

Firenze è il centro dell'artigianato del cuoio. Borse, guanti e portafogli sono le specialità di questa industria. Firenze è anche il centro dell'oro italiano. Il Ponte Vecchio è il punto centrale per i prodotti d'oro lavorati in anelli, braccialetti, collane e così via.

L'AGRICOLTURA

La zona più fertile dell'Italia è la Valle Padana, lungo il fiume Po. Qui si trovano le fattorie *(farms)* più produttive del paese. Due altre zone produttive sono il Gran Tavoliere in Puglia, noto per il grano, e la Conca d'Oro in Sicilia, nota per gli agrumi *(citrus)*—arance, mandarini, limoni. Il grano è ancora uno dei principali prodotti agricoli. Con il grano si fa il pane, che gli Italiani mangiano in abbondanza. Anche legumi di tutti i tipi vengono coltivati in grande quantità.

L'Italia è una delle prime nazioni nel mondo per la produzione del vino. Tra i più noti ci sono lo Spumante, il Chianti, il Barolo, il Valpolicella, il Verdicchio, il Bardolino e il Soave. Una zona di colline, di nome Castelli, vicino a Roma, produce il rinomato «vino dei Castelli». L'Italia è al secondo posto nella coltivazione delle olive e nella produzione dell'olio. La regione più produttiva per l'olio è la Puglia, seguita dalla Calabria, dalla Sicilia e dalla Toscana.

La Campania produce la più grande quantità di ortaggi *(vegetables)* e offre una grande varietà di pomodori, fagioli, cavoli e cavolfiori. L'Emilia-Romagna produce la migliore frutta. Ottime sono le pesche, le ciliegie e le pere. La coltivazione del riso è concentrata nel Piemonte e nella Lombardia, lungo il fiume Po. Il riso italiano è conosciuto in tutto il mondo ed è anche coltivato negli Stati Uniti, particolarmente nello stato di Virginia, ma in poca quantità.

Altri prodotti d'importanza per l'Italia sono le barbabietole da zucchero, coltivate in abbondanza nel Veneto, in Puglia, in Campania e in Umbria. L'Italia è anche la maggiore produttrice di canapa *(hemp)* in tutta l'Europa. La floricoltura si concentra in Liguria, specialmente lungo la Riviera. Fra i fiori più comuni ci sono i garofani, le rose, le tuberose, i gladioli e i crisantemi. I profumi italiani vengono prodotti in gran parte dai fiori coltivati in questa zona.

L'allevamento del bestiame *(livestock)* sta aumentando in Italia. L'Italia ha circa dieci milioni di bovini *(cattle)*, sette milioni di suini *(pigs)*, nove milioni di ovini *(sheep)* e un milione di equini *(horses)*. Il latte non è sufficiente per tutta la nazione, ma il formaggio e altri latticini *(dairy products)* sono fra i più famosi del mondo. Alcuni formaggi rinomati sono il provolone, il gorgonzola, il Bel Paese, la fontina, il parmigiano, il pecorino romano e sardo, la ricotta e la mozzarella.

Gli Italiani mangiano molti frutti di mare *(seafood)*. Le lunghissime coste della penisola e delle sue isole offrono un'ottima pesca.

ESERCIZIO A

Scrivi la lettera delle parole a destra che corrispondo al nome del prodotto della colonna a sinistra.

1. gorgonzola   _____

2. Barolo   _____

3. automobili   _____

4. olio   _____

5. pesche, ciliegie   _____

6. agrumi   _____

7. riso   _____

8. seta   _____

9. cuoio   _____

10. ortaggi   _____

a. vino

b. il Piemonte

c. Firenze

d. la Sicilia

e. la Puglia

f. la Campania

g. formaggio

h. Torino

i. Como

j. l'Emilia-Romagna

ESERCIZIO B

Completa le frasi seguenti.

1. Il vino dei Castelli è prodotto nella zona di _____ .

2. Le industrie si trovano soprattutto nell'Italia _____ .

3. La disoccupazione è un problema principalmente nell'Italia _____ .

4. L'Italia è povera di risorse minerarie come il _____ .

5. Soltanto il _____ per cento degli Italiani si occupano di agricoltura.

6. La FIAT e la Ferrari sono nomi di _____ .

7. Lo zolfo italiano viene dalla _____ .

8. I turisti interessati in oggetti d'oro visitano il Ponte Vecchio a _____ .

9. La floricoltura italiana è concentrata in _____ .

10. Bel Paese e fontina sono _____ italiani.

11. Gucci e Benetton sono nomi conosciuti nel mondo della _____ .

12. L'industria principale dell'Italia è il _____ .

ESERCIZIO C

Scrivi la lettera dell'espressione che completa correttamente le frasi seguenti.

1. Il marmo è abbondante   _____
   a. nel Piemonte.   *b.* in Toscana.   *c.* nel Lazio.
   d. in Sicilia.

2. La coltivazione del riso è concentrata   _____
   a. in Basilicata.   *b.* in Lombardia.   *c.* in Liguria.
   d. in Puglia.

3. L'industria tessile produce   _____
   a. statue.   *b.* automobili.   *c.* vino.
   d. cotone.

4. La pesca è abbondante in Italia a causa   _____
   a. delle coste lunghissime.   *b.* dell'acqua inquinata.   *c.* delle risorse minerarie.
   d. della produzione del riso.

5. L'Italia è fra le prime nella coltivazione   _____
   a. del bestiame.   *b.* del riso.   *c.* dell'olio.
   d. del grano.

6. Fra i vini prodotti in Italia c'è   _____
   a. l'Olivetti.   *b.* Benetton.   *c.* il Barolo.
   d. il parmigiano.

7. I Castelli sono   _____
   a. profumi.   *b.* colline.   *c.* macchine.
   d. elettrodomestici.

8. Il Gran Tavoliere è noto per   _____
   a. la seta.   *b.* le calcolatrici.   *c.* il grano.
   d. gli ovini.

9. Gli agrumi vengono coltivati _____
   a. nella Conca d'Oro.   *b.* nel triangolo del nord.   *c.* nella Valle Padana.
   d. nel Chianti.

10. Il bauxite viene usato per fare _____
    a. la seta.   *b.* l'alluminio.   *c.* la ricotta.
    d. il tabacco.

ESERCIZIO D

Vero o falso? Indica se ogni frase è vera o falsa. Se è falsa, riscrivi la frase per renderla vera.

1. Il parmigiano è un vino.

   _____

2. L'Italia ha molte risorse minerarie.

   _____

3. La zona più fertile dell'Italia si trova lungo il Po.

   _____

4. L'Italia non è più un paese agricolo.

   _____

5. I mandarini sono agrumi prodotti soprattutto nel Veneto.

   _____

6. L'allevamento del bestiame è in aumento.

   _____

7. Firenze è il centro dell'industria metalmeccanica.

   _____

8. La fabbricazione dei prodotti di plastica occupa un posto principale in Italia.

   _____

9. La Valle Padana si trova in Sicilia.

   _____

10. Il tabacco è un prodotto agricolo principale.

    _____

Chapter 35
La Vita Quotidiana

Con lo sviluppo industriale degli anni Settanta e Ottanta anche la vita quotidiana italiana è cambiata.

Oggi, la vita italiana non è diversa da quella delle altre nazioni europee occidentali o da quella degli Stati Uniti—gli Italiani si vestono in jeans, vanno in vacanza all'estero, hanno fatto grandi passi nel campo dei diritti delle donne e nel campo della protezione ambientale *(environmental protection)*.

Certe tradizioni, però, sono rimaste intatte— l'uso dei caffè come luogo di ritrovo, la passeggiata prima e dopo cena, il tifo sportivo, specialmente per il calcio, il culto dei santi, il gusto della moda e un certo fanaticismo per le macchine e la velocità lungo le autostrade.

Guardiamo dunque più da vicino alcuni aspetti della vita quotidiana italiana.

LA FAMIGLIA

La famiglia italiana è di solito molto unita. Fino a pochi anni fa non era raro trovare case in cui vivevano insieme più generazioni, dai nonni ai nipoti, ma con il progresso le cose sono cambiate—ora le giovani coppie di sposi vanno a vivere da sole e, se nel passato solo il marito lavorava, oggi lavora anche la moglie. Ma il senso nucleare della famiglia continua ad esistere in Italia, e per gli Italiani è ancora molto importante questo sentimento.

LA RELIGIONE

La maggior parte degli Italiani sono cattolici. Con i Patti del Laterano *(Lateran Pacts)* del 1929 fra il governo italiano e il Vaticano, la religione cattolica divenne la religione ufficiale del paese. In Italia, fra i religiosi, ci sono protestanti, ebrei e mussulmani. La Costituzione della Repubblica, però, rispetta tutte le religioni.

LA SCUOLA

L'istruzione *(education)* in Italia è gratuita e aperta a tutti. Tutte le scuole, pubbliche e private, sono controllate dal Ministero della Pubblica Istruzione. I ragazzi italiani devono frequentare la scuola fino all'età di quattordici anni. I bambini possono fre-quentare l'asilo nido *(nursery school)* dall'età di sei mesi fino a tre anni, e la **scuola materna** *(kindergarten)* dai tre ai sei anni. All'età di sei anni, incominciano la **scuola elementare** dove restano per cinque anni.

Dopo la scuola elementare, si passa alla **scuola media unica** *(junior high school)* per un periodo di tre anni. All'età di 14 anni, finisce l'obbligo scolastico, e lo studente è libero di scegliere se iniziare a lavorare o continuare gli studi. Gli studenti che vogliono imparare un mestiere cominciano a lavorare come apprendisti. Quelli, però, che vogliono studiare la tecnologia frequentano **l'istituto tecnico;** e quelli che vogliono diventare maestri di scuola elementare frequentano la **scuola magistrale** *(school of education)* per quattro anni. Altri, invece, che vogliono continuare gli studi fino all'università, devono iscriversi *(enroll)* per primo in un **liceo,** che equivale alla scuola superiore *(high school)* e ai primi due anni del college in America. Il programma del liceo è di cinque anni, e ci sono quattro licei diversi—il **liceo classico** *(liberal arts)*, il **liceo scientifico,** il **liceo artistico** e il **liceo linguistico.** Gli studenti devono superare *(pass)* l'**esame di maturità** *(special government exam)* per diplomarsi dai licei o dagli istituti.

Le **università** italiane non sono numerose come negli Stati Uniti e ognuna ha la sua specializzazione. I corsi variano dai quattro ai sei anni, secondo il campo *(field)* di specializzazione o facoltà *(department)* scelta dallo studente. Gli studenti che superano tutti gli esami ricevono una **laurea** che equivale al *Master's Degree* americano. Recentemente, sono stati stabiliti una minilaurea, che si riceve frequentando due anni di università e un nuovo dottorato, il **dottorato di ricerca** che equivale al *Ph.D.* americano.

LO SPORT

Lo sport più seguito e anche più praticato dagli Italiani è senza dubbio il calcio.

Ma anche altri sport sono seguiti con interesse —il ciclismo *(bicycling)*, l'automobilismo, il motociclismo, il tennis, lo sci e, negli ultimi tempi, specialmente dalle nuove generazioni, sono seguiti anche la pallacanestro *(basketball)* e la palla a volo *(volleyball)*. Folle entusiaste applaudono nelle strade al passaggio del **Giro d'Italia,** importante corsa ciclistica che attraversa le regioni italiane e alla quale partecipano campioni di tutto il mondo. Con altrettanto entusiasmo gli Italiani seguono le gare del campionato del mondo automobilistico di **Formula Uno** dove partecipano le Ferrari e, durante la stagione degli sport invernali, le prove di **Coppa del Mondo di Sci,** dove atleti italiani sono protagonisti.

I PASSATEMPI

Un'abitudine cara agli Italiani che resiste al tempo è quella della passeggiata di sera, prima o dopo la cena—si va per i viali *(boulevards),* sul lungomare *(boardwalks),* nella piazza. La piazza è un luogo molto importante per gli Italiani—si incontrano gli amici per fare quattro chiacchiere *(chat)* o per bere un aperitivo seduti ai tavolini del caffè.

Il caffè o bar, come lo chiamano gli Italiani, ma che non corrisponde al bar americano, è forse il locale preferito dove si va parecchie volte al giorno per prendere un caffè, un cappuccino, una bibita *(soft drink),* per leggere il giornale o semplicemente per stare seduti a guardare la gente che passa.

La sera gli Italiani vanno al cinema, a teatro o restano a casa a guardare la televisione che oggi, con cinque canali nazionali e numerose trasmissioni locali, offre una larga scelta di programmi, sia italiani che di altri paesi europei. Molti sono i programmi americani che vengono doppiati *(dubbed)* e trasmessi sui canali italiani ogni giorno.

La fine settimana, o il *weekend* come si chiama oggi, è sacra per molti Italiani, specialmente durante la primavera e l'estate. È allora che molti vanno in montagna o alle spiagge sparse per tutta la penisola. Infatti, quasi tutti gli Italiani vanno in ferie *(vacation),* di solito per un periodo di quattro settimane durante i mesi di luglio o di agosto. Durante questo periodo le scuole sono chiuse e, chiudono anche gli uffici di stato, molte ditte e grandi fabbriche del Nord che impiegano decine di migliaia di lavoratori. Le vacanze estive culminano con la festa del **Ferragosto,** che si celebra il 15 agosto.

FESTE NAZIONALI

1. **L'Epifania** è una festa religiosa celebrata il 6 gennaio. Secondo la leggenda, durante la notte tra il 5 e il 6 gennaio, la Befana, una strega benevola *(kind witch),* porta regali a tutti i bambini.

2. **La Pasqua** è la festa religiosa celebrata una domenica di marzo o di aprile. Il Sabato Santo, giorno che precede la Pasqua, è celebrato a Firenze con lo «scoppio del carro»—l'esplosione indica la fine della Quaresima *(Lent).*

3. **La Pasquetta** (Lunedì dell'Angelo) è celebrata il lunedì dopo la Pasqua. Molti Italiani approfittano di questa giornata per andare a fare gite *(day trips)* e scampagnate *(picnics).*

4. **L'Anniversario della Liberazione,** il 25 aprile, commemora la fine della seconda guerra mondiale e la caduta del fascismo e dell'occupazione nazista.

5. **La Festa del Lavoro,** il primo maggio, rende omaggio ai lavoratori e viene ricordata nelle piazze di ogni città e paese con comizi *(meetings)* dei lavoratori.

6. **L'Anniversario della Repubblica** è la festa nazionale che ha luogo il 2 giugno. Questo giorno commemora l'instaurazione della Repubblica Italiana dopo la fine della seconda guerra e il crollo della monarchia.

7. **Il Ferragosto,** il 15 agosto, è il giorno dell'Assunzione *(Assumption),* grande festa religiosa. Il Ferragosto segnala anche la fine delle vacanze estive, più o meno come la festa americana del *Labor Day.*

8. **Ognissanti,** il primo novembre, è una festa religiosa in onore di tutti i Santi.

9. **Il Natale,** il 25 dicembre, è la festa religiosa più popolare; i bambini italiani corrono sotto l'albero di Natale per vedere se Babbo Natale *(Santa Claus)* ha lasciato qualche giocattolo per loro.

Oltre a queste feste nazionali, celebrate in tutta Italia, ogni paese e città italiana onora il proprio Santo Patrono *(Patron Saint)* con una giornata di festa, durante la quale la statua del santo viene portata in processione per le vie del centro. Per esempio, per la festa di San Gennaro a Napoli a settembre, la statua del santo viene portata per le strade di Napoli assieme ad una boccetta *(small bottle)* che contiene il sangue raggrumato *(coagulated blood)* del santo. Secondo la credenza, se il sangue si liquefà *(liquifies),* il santo farà un miracolo; se invece il sangue rimane raggrumato, ci sarà un disastro.

Un periodo festivo celebrato da tutti gli Italiani è il Carnevale, che va dall'Epifania, il 6 gennaio, all'inizio della Quaresima. Questo periodo è caratterizzato da balli e feste, e culmina nelle sfilate in maschera *(costume)* del Giovedì e Martedì Grasso. Sono molto famosi per le loro maschere i carnevali di Viareggio, in Toscana, e di Venezia.

ESERCIZIO A

Completa le frasi seguenti con l'espressione corretta.

1. Il titolo accademico che equivale al *Ph.D.* americano si chiama il _____ .

2. Dopo la scuola elementare, tutti i ragazzi italiani frequentano il _____ .

3. L'Anniversario della Repubblica si celebra il _____ .

4. I ragazzi italiani devono frequentare la scuola fino all'età di _____ anni.

5. Gli studenti che finiscono gli studi universitari ricevono la _____ .

6. La Festa di San Gennaro si celebra nella città di _____ .

7. Il Giro d'Italia passa per tutte le _____ italiane.

8. La maggior parte degli Italiani sono della religione _____ .

9. Lo sport nazionale italiano è il _____ .

10. A Carnevale si fanno sfilate in _____ .

ESERCIZIO B

Scrivi la lettera dell'espressione che completa correttamente le frasi seguenti.

1. Una delle più note celebrazioni di Carnevale ha luogo a _____
  a. Roma.   *b.* Firenze.   *c.* Viareggio.
  d. Palermo.

2. Lo Scoppio del Carro ha luogo _____
  a. in tutta Italia.   *b.* a Siena.   *c.* a Venezia.
  d. a Firenze.

3. Il santo patrono di Assisi è _____
  a. San Gennaro.   *b.* San Francesco.   *c.* San Nicola.
  d. Sant'Antonio.

4. La persona che porta i regali ai bambini per l'Epifania è _____
  a. Santa Rosa.   *b.* la Befana.   *c.* San Nicola.
  d. il Redentore.

5. La gara di Formula Uno è _____
  a. una corsa ciclistica.   *b.* una corsa di macchine.   *c.* una sfilata.
  d. un campionato di tennis.

6. In molte famiglie italiane, sia la moglie sia il marito   _____

    a. studiano.   *b.* lavorano.   *c.* cucinano.

    d. guidano.

7. Il periodo dopo Carnevale si chiama   _____

    a. Quaresima.   *b.* Epifania.   *c.* Ferragosto.

    d. Maggio Musicale.

8. Alla fine del liceo, gli studenti italiani devono superare   _____

    a. il diploma.   *b.* l'istruzione.   *c.* la laurea.

    d. l'esame di maturità.

ESERCIZIO C

Scrivi la lettera delle parole della colonna a destra che corrisponde all'espressione della colonna a sinistra.

1. il cappuccino _____	*a.* l'università
2. Carnevale _____	*b.* Napoli
	c. maestri
3. Scoppio del Carro _____	*d.* Firenze
4. Epifania _____	*e.* una bevanda
	f. la Befana
5. San Gennaro _____	*g.* Ferrari
6. la scuola magistrale _____	*h.* Venezia
7. corse automobilistiche _____	*i.* biciclette
8. i Patti del Laterano _____	*j.* la religione cattolica
9. Giro d'Italia _____	
10. il dottorato di ricerca _____	

LE ORIGINI E IL MEDIOEVO
(il Duecento e il Trecento)

La letteratura italiana incominciò, si può dire, agli inizi del Duecento, quando le prime poesie e altri scritti apparvero nella lingua del popolo, e non più solo in latino. In Italia, la lingua del popolo adoperata *(used)* fu, per lo più *(for the most part),* il toscano—i vari dialetti di Toscana. Il primo esempio d'importanza apparso nella lingua popolare sono le **laude** religiose, in cui si loda *(praise)* Dio. **San Francesco d'Assisi** (1182–1226) scrisse il *Cantico delle creature,* in cui proclama la gloria di Dio manifestata nel mondo delle creature retto *(ruled)* dalla natura.

Contemporaneamente, in Sicilia alla corte di Palermo di Federico II (1194–1250), imperatore svevo, fiorì la **Scuola poetica siciliana,** composta di poeti ispirati dai trovatori *(troubadours)* provenzali francesi che cantavano di sentimenti amorosi. In contrasto, particolarmente a Firenze, la lirica amorosa derivata dai provenzali e dai siciliani si espresse nel concetto della «donna angelicata», la donna venuta dal cielo a guidare il suo amante al paradiso. I seguaci *(followers)* di questa poesia costituirono un movimento chiamato il «**Dolce stil nuovo**». Fra tali poeti furono **Guido Guinizelli** (1235?–1276), **Guido Cavalcanti** (1260–1300), e **Cino da Pistoia** (1270–1357).

Ma fu **Dante Alighieri** (1265–1321) che orientò questo stile verso un contenuto molto più religioso e mistico. Ispirato da Beatrice, una giovane donna fiorentina, Dante riunì le sue poesie in lode di lei in un libretto intitolato *Vita nova.* Questa piccola opera fu il precursore della *Divina commedia,* il capolavoro *(masterpiece)* di Dante. Nella *Commedia,* considerata da molti l'opera più grande della letteratura italiana, Dante ci porta attraverso i tre regni *(realms)* dell'oltretomba *(beyond the grave)*—l'Inferno, il Purgatorio e il Paradiso. Siccome adoperò così distesamente *(extensively)* e con tanta raffinatezza la lingua del popolo—il toscano—Dante è considerato «il padre della lingua italiana».

Con **Francesco Petrarca** (1304–1374) la poesia raggiunge un lirismo molto elevato. Nessun altro poeta ha mai avuto tanto influsso *(influence)* sulla lirica d'amore occidentale. **Il Canzoniere** è una raccolta di 366 poesie, per lo più sonetti, dedicate a Laura, la donna di cui Petrarca era innamorato.

Petrarca viene considerato il padre dell'**umanesimo** *(Humanism),* avendo lui riscoperto e propagato i valori culturali dell'antica Roma e della Grecia. L'umanesimo, come movimento (secoli XIV e XV), preparò il terreno per il Rinascimento italiano (secolo XVI). Petrarca influì molto sui poeti inglesi del Cinquecento, Shakespeare incluso.

Il terzo grande scrittore del Trecento fu **Giovanni Boccaccio** (1313–1375), il più grande novelliere *(short-story writer)* della letteratura italiana. Scrisse il *Decameron,* una raccolta di 100 novelle narrate da dieci giovani durante la peste *(plague)* a Firenze nel 1348. È una vera commedia umana e ispirò, per esempio, Chaucer, il grande poeta inglese (secolo XIV).

IL QUATTROCENTO,
IL CINQUECENTO E IL SEICENTO

Con il tardo Trecento e il primo Quattrocento ci fu un movimento di rinnovo che ravviva la cultura classica greco-romana e l'uso della lingua latina. Questo movimento fu chiamato l'**umanesimo.** Petrarca e Boccaccio avevano dato il primo impulso ai rinnovati studi degli scrittori classici. Ma ciò che il movimento produsse fu una letteratura fredda e artificiale, priva d'ispirazione personale. A metà del Quattrocento rifiorì anche l'uso letterario della lingua toscana—quattro poeti vi si distinsero. **Lorenzo dei Medici** (1449–1492) scrisse poesie di grande varietà e sonetti al modo petrarchesco, commenti sulla propria poesia in imitazione della *Vita nova* dantesca e canzoni per festeggiare la vita, la gioventù e il famoso carnevale fiorentino. Il secondo celebre scrittore fu **Angelo Poliziano** (1454–1494), i cui capolavori sono la *Favola d'Orfeo* e le *Stanze per la giostra.* Com'era già tradizione del periodo, Poliziano trattò dell'amore e della bellezza. Il terzo scrittore famoso dell'epoca fu **Luigi Pulci** (1432–1484), che scrisse **Il Morgante,** una parodia in versi delle avventure di Orlando, paladino di Carlo Magno. L'altro ottimo scrittore del periodo fu **Matteo Maria Boiardo** (1441–1494), che scrisse l'*Orlando Innamorato,* un lunghissimo poema che celebra nostalgicamente le battaglie e gli amori del mondo cavalleresco *(knightly)* del Medioevo.

Con l'espandersi *(spread)* dell'istruzione umanistica fra gli Italiani, i letterati del Rinascimento (secolo XVI) estesero *(extended)* l'uso della lingua popolare—oramai l'italiano—e produssero lavori che perdurano *(last)* ancora oggi. Questi lavori, come l'arte italiana dell'epoca, hanno molto influito sul corso della cultura europea degli ultimi cinquecento anni. **Niccolò Machiavelli** (1469–1527) fondò effettivamente *(in effect)* le scienze politiche moderne. Il suo piccolo libro di analisi politica, *Il principe,* anticipa il concetto di un'Italia unita sotto un solo regnante *(ruler)*. La premessa teorica dell'opera del Machiavelli è che, in politica, bisogna lasciarsi guidare solo da quello che gli uomini fanno e mai da quello che dicono o promettono. Il Machiavelli scrisse anche *La mandragola,* una delle migliori commedie teatrali del Cinquecento. In questa commedia l'autore drammatizza le sue idee intorno al comportamento *(behavior)* umano.

Nella prima metà del Cinquecento uscì l'*Orlando Furioso* di **Ludovico Ariosto** (1474–1533)—un lungo poema epico che continua l'*Orlando* del Boiardo con più brillante fantasia e con una pungente *(stinging)* ironia. L'elemento d'ironia fa di questo capolavoro il primo esempio di una mentalità moderna. Contemporaneo e amico dell'Ariosto, **Baldassare Castiglione** (1478–1529) scrisse *Il Cortegiano,* in cui rievoca la vita colta *(refined)* delle corti italiane del tardo Quattrocento e del primo Cinquecento. Il poeta considerato il più grande poeta italiano del tardo Cinquecento fu **Torquato Tasso** (1544–1595), la cui *Gerusalemme liberata* ebbe un'enorme influenza sulla letteratura europea per ben tre secoli. Nella *Gerusalemme* Tasso presenta amori e combattimenti cavallereschi sullo sfondo *(background)* della prima crociata in Terrasanta *(crusade in the Holy Land)*.

Il Seicento è l'epoca della letteratura **barocca** —sovraccarica *(overflowing)* di metafore, simbolismi e linguaggio esageratamente elaborato e decorativo. Questo gusto si propagò in tutta l'Europa grazie all'*Adone,* poema e capolavoro del barocco, di **Giambattista Marino** (1569–1625). Dal nome dello scrittore si derivò il termine **marinismo** che divenne sinonimo di letteratura barocca. La pura formalità e la mancanza del sentimento genuino portarono alla decadenza generale della letteratura in questo secolo. Alcuni scrittori-pensatori come **Galileo Galilei, Tommaso Campanella, Giordano Bruno** e il poeta satirico **Alessandro Tassoni** furono eccezioni al declino.

IL SETTECENTO

L'inizio del Settecento continua il declino della letteratura italiana, malgrado la fondazione dell'**Accademia dell'Arcadia,** a Roma, in cui i poeti si dedicavano a motivi *(themes)* pastorali. Un poeta importante, associato all'Arcadia, fu **Pietro Metastasio** (1698–1782), autore di famosi libretti per melodrammi lirici, particolarmente *Attilio Regolo* e *Didone abbandonata.* Noti compositori, come Mozart, musicarono *(set to music)* i libretti di Metastasio. Le fortune della letteratura italiana si rialzarono *(improved)* a metà del secolo, con tre grandi autori—Carlo Goldoni, Giuseppe Parini e Vittorio Alfieri. **Carlo Goldoni** (1707–1793) è uno dei più grandi commediografi *(comedy playwrights)* della letteratura europea. Scrisse un gran numero di commedie in veneziano, italiano e francese. Fra le più conosciute sono *La locandiera, La bottega del caffè, Il ventaglio, Le baruffe chiozzotte.* Fino ai tempi di Goldoni, il teatro italiano si distingueva per la **Commedia dell'arte** in cui le parti venivano improvvisate *(ad-libbed)* da attori travestiti in costumi e maschere tradizionali. Goldoni riformulò la commedia e scrisse le parti di ogni attore. Così la commedia venne formalizzata ed ebbe una nuova vita.

Giuseppe Parini (1727–1799) era un grande poeta satirico che mise al ridicolo *(ridiculed)* la corruzione e la prepotenza *(arrogance)* della nobiltà del Settecento nel lungo poema eroicomico *(mock-heroic)* *Il giorno.* Nel *Giorno* l'autore flagella *(lashes)* le abitudini egocentriche della classe dominante secondo le ore del giorno—mattino, mezzogiorno, sera, notte. L'ultimo grande scrittore dell'epoca è **Vittorio Alfieri** (1749–1803), drammaturgo e poeta che scrisse le migliori tragedie della letteratura teatrale italiana. Tipicamente, in queste tragedie, l'autore drammatizza conflitti derivanti da impulsi alla libertà e da odio verso la tirannide *(tyranny)*, concetti che porteranno all'unificazione dell'Italia nel secolo seguente. Le sue tragedie più brillanti sono *Saul, Mirra, Virginia* e *Filippo.* Fra gli scrittori minori del Settecento c'è **Cesare Beccaria** (1738–1794), autore del trattato *(treatise)* *Dei delitti e delle pene* in cui propone l'abolizione della tortura e della pena capitale *(capital punishment)*.

L'OTTOCENTO

Il principio dell'Ottocento è un periodo di confusione, sia politica, a causa delle invasioni di Napoleone, sia letteraria, a causa del conflitto fra il gusto neoclassico e il movimento romantico. **Ugo Foscolo** (1778–1827) personifica *(personifies)*, negli scritti e nella vita, le condizioni del periodo. La sua opera più ammirata è il poema *I sepolcri,* dove descrive il valore dei sepolcri dei benemeriti *(the worthy)* come ispirazione di grandezza ai posteri *(posterity).* Il romanzo epistolare *Le ultime lettere di Jacopo Ortis* rappresenta l'arte più romantica del Foscolo, il quale oscilla fra il neoclassico e il romantico. Nell'*Ortis* un amore intensamente sofferto, e per natura impossibile, finisce tragico.

Il romanticismo ovvio nell'*Ortis* viene ben definito come movimento letterario verso il 1820. Il romanticismo si afferma come una letteratura spontanea e vera che parla fra l'altro dei problemi essenziali dello spirito umano. I due più grandi scrittori di questo periodo sono Alessandro Manzoni e Giacomo Leopardi. **Alessandro Manzoni** (1785–1873) è il più grande romanziere *(novelist)* italiano. Il suo capolavoro è *I promessi sposi,* in cui narra la storia di due fidanzati lombardi, Renzo e Lucia, e le loro angoscie *(trials)* dovute ad ingiustizie sociali e morali, prima di sposarsi. *I promessi sposi* è rimasto il modello dei romanzi italiani fino ad oggi.

L'altro grande scrittore italiano del primo Ottocento è **Giacomo Leopardi** (1798–1837), che condusse una vita ritirata *(reserved)* e solitaria. Il suo capolavoro è una raccolta di ottanta poesie, i *Canti.* Con *Il Canzoniere* di Petrarca, i *Canti* di Leopardi rappresentano il punto più alto della poesia lirica italiana. Secondo Leopardi, grande filosofo quanto scrittore, l'uomo è nato per soffrire in un mondo ostile e circondato da una natura indifferente ai suoi sentimenti.

Nella seconda metà dell'Ottocento, l'Italia subisce *(undergoes)* una trasformazione politica. Con il **Risorgimento,** gli Italiani si uniscono in una nuova nazione che ha, però, grossi problemi sociali ed economici. **Ippolito Nievo** (1831–1861) scrive *Le confessioni di un Italiano,* che, in forma di romanzo, rintraccia *(traces)* la lunga storia del Risorgimento stesso. Il lavoro è una specie di documento storico, secondo il gusto del romanzo storico che il Manzoni aveva affermato in Italia. **Giosuè Carducci** (1835–1907), poeta, critico, studioso *(scholar)* e primo vincitore italiano del Premio Nobel, rappresenta la letteratura del nuovo Regno d'Italia. Una delle sue migliori raccolte di poesie è intitolata *Odi barbare.*

Giovanni Pascoli (1855–1912) è un poeta lirico d'ispirazione raffinata che ci dà una poesia di qualità musicale. Tra le sue raccolte più significative vi sono: *Myricae, Canti di Castelvecchio, Primi poemetti* e *Nuovi poemetti.* **Gabriele D'Annunzio** (1863–1938), che potrebbe essere considerato anche un autore del Novecento, è un noto poeta, drammaturgo e romanziere. I suoi scritti riflettono il concetto del superuomo (del Nietzsche), su cui D'Annunzio stesso modellò la propria vita e arte. Le sue opere più conosciute sono *Le novelle di Pescara,* racconti ambientati nell'Abruzzo, i romanzi *Il piacere, L'innocente, Il trionfo della morte* e *Il fuoco,* la tragedia *La figlia di Iorio* e le poesie del libro *Alcyone.* Un importante scrittore della seconda metà dell'Ottocento è **Giovanni Verga** (1840–1922), uno dei maggiori romanzieri italiani, noto per il **verismo** *(realism)* che cerca di rappresentare la vita dei contadini siciliani tratta dal vivo e in modo tragico. I suoi capolavori sono *I Malavoglia* e *Mastro don Gesualdo,* romanzi ambientati in Sicilia.

IL NOVECENTO

Il Novecento, come periodo letterario, risale agli anni poco dopo la prima guerra mondiale. Gli anni Venti e Trenta videro fiorire grandi autori come Pirandello, Deledda e i poeti **ermetici. Luigi Pirandello** (1867–1936) gode una rinomanza *(fame)* ormai mondiale; è considerato il più grande drammaturgo italiano. I suoi drammi più famosi sono *Sei personaggi in cerca d'autore* ed *Enrico IV.* Questi drammi psicologici, ebbero, e hanno tuttora, un'enorme influenza su altri autori, sia italiani sia stranieri. Pirandello vinse il Premio Nobel nel 1934 ed è celebre anche per molte novelle, come *La giara,* e per diversi romanzi, di cui *Il fu Mattia Pascal* è considerato uno dei più affascinanti. **Grazia Deledda** (1875–1936), importante scrittrice di romanzi dallo sfondo sardo *(Sardinian),* ricevette il Premio Nobel nel 1926 per opere come *La madre, L'edera* e *Cenere.*

Un movimento interessante della prima metà del Novecento è stato l'**ermetismo,** in cui c'è una certa oscurità espressiva spesso difficile a capire da parte del lettore. Il linguaggio poetico degli **ermetici** è concisamente ridotto all'essenziale, e ogni parola contiene una gamma *(range)* d'immagini e di connotazioni. È un genere di letteratura che rifiuta la retorica e la verbosità di una certa tradizione italiana. I maggiori poeti dell'ermetismo sono Giuseppe Ungaretti, Eugenio Montale e Salvatore Quasimodo. **Giuseppe Ungaretti** (1888–1970) è un poeta di grandissima originalità che ci ha lasciato poesie che consistono di soltanto due, o poche più parole. Per esempio, *Mattina,* una delle sue poesie, è composta di queste poche parole: «M'illumino d'immenso». Fra le sue raccolte poetiche più importanti sono *Sentimento del tempo, Il porto sepolto, Il dolore* e *L'allegria.* **Eugenio Montale** (1896–1981) è caratterizzato dalla poesia pessimistica. *Ossi di seppia,* raccolta di poesie, è il suo maggior contributo alla letteratura italiana, insieme alle raccolte *Le occasioni* e *La bufera e altro.* Montale vinse il Premio Nobel nel 1976.

Salvatore Quasimodo (1901–1968) è un poeta moderno che risponde al motivo del pessimismo. Vinse il Premio Nobel nel 1959. Alcune delle sue poesie più note sono *Ed è subito sera, Giorno dopo giorno* e *La terra impareggiabile.*

Il regime fascista e poi la seconda guerra mondiale plasmarono *(shaped)* molta narrativa che continua ad avere validità oggigiorno. **Aldo Palazzeschi** (1885–1974) è un romanziere intensamente interessato nel comportamento umano, particolarmente in quello bizzarro. Il suo romanzo più celebre è *Le sorelle Materassi.* **Ignazio Silone** (1900–1978), militante anti-fascista, scrisse i romanzi *Fontamara* e *Vino e pane* in cui si riflettono le denunce sociali e l'impegno morale dell'autore. **Carlo Levi** (1902–1975), autore importante, scrisse *Cristo si è fermato a Eboli,* un libro di memorie di vita in una delle più sperdute province d'Italia. **Elio Vittorini** (1908–1966) è noto in particolare per *Conversazione in Sicilia,* romanzo sperimentale *(experimental)* che ha avuto molta influenza sugli scrittori del dopoguerra. **Corrado Alvaro** (1895–1956) è rinomato per una narrativa che mette in scena la gente della sua regione d'origine, la Calabria. Fra le sue opere note sono *Fausto e Anna, I vecchi compagni, La ragazza di Bube, Il taglio del bosco* e *La visita.*

Fin dal 1929 **Alberto Moravia** (1907–1990) rappresenta, con un efficace stile narrativo che echeggia *(echoes)* la vita d'ogni giorno, la crisi dei tipici valori borghesi *(middle-class)* in quanto la borghesia manca di sostanza morale. Fra le sue opere più importanti vi sono *Gli indifferenti, La romana, La ciociara, La noia, Il disprezzo* e *Racconti romani.* **Dino Buzzati** (1906–1972), romanziere, novelliere e pittore, è propenso alla fiaba *(fable)* surrealista, cioè metafisica, che dà alle sue storie diversi livelli d'intendimento *(meaning).* Gli piacciono situazioni tese *(reaching)* al punto dell'assurdo. Da segnalare sono *Un amore, Il colombre, La boutique del mistero, Sessanta racconti, Il deserto dei Tartari, Paura alla Scala* e la famosa rappresentazione teatrale *Un caso clinico.* Altro autore amante dello stile della fiaba è **Italo Calvino** (1923–1985), il quale è molto acclamato in Italia e all'estero. Calvino ha scritto molto e i suoi scritti, novelle e romanzi, sono veri gioielli. Fra questi si segnalano *I nostri antenati, Le città invisibili, Le cosmicomiche, Il castello dei destini incrociati, Ti con zero, Se una notte d'inverno un viaggiatore* e *Fiabe italiane,* raccolta di fiabe regionali. Altro scrittore rispettato all'estero è **Leonardo Sciascia** (1921–1989). Sciascia tende a creare «storie morali», specie di fiabe, intorno al mondo insidiosamente corrotto della mafia

siciliana. Le lezioni «morali» derivate da quel mondo si riferiscono poi alla vita politica e sociale di tutti gli uomini di oggi, Italiani e altri. Da ricordare sono *A ciascuno il suo, Il giorno della civetta, Il contesto, Todo modo, Candido, Una storia semplice* e *Porte aperte.*

Domenico Rea (1921–   ) intreccia *(weaves)* storie con le strade e la gente comune di Napoli come soggetti; da segnalare sono *Spaccanapoli, Le formiche rosse* e *Gesù, fate luce.* Altro raccontatore dell'ambiente napoletano è **Giuseppe Marotta** (1902–1963), il quale guarda i propri soggetti in modo umoristico, come nell'*Oro di Napoli* e *A Milano non fa freddo.* **Vasco Pratolini** (1913–1991) è autore di grande impegno socio-politico. I suoi romanzi presentano lotte contro il fascismo o l'indifferenza politica e sociale dell'immediato dopoguerra: *Cronache di poveri amanti, Le ragazze di San Frediano, Il quartiere, Lo scialo* e *Metello,* quest'ultimo delle origini del movimento socialista a Firenze. Pratolini ambienta i suoi narrativi a Firenze, sua città d'origine. **Cesare Pavese** (1908–1950) ambienta i suoi romanzi e racconti nel Piemonte, sua regione d'origine. La nostalgia della campagna di chi si trova a vivere in città è al centro della sua narrativa, per esempio nella *Luna e il falò,* il romanzo più conosciuto.

Natalia Ginzburg (1916–1993) ha scritto racconti e romanzi brevi dove insiste sulla scarna *(unadorned)* essenzialità dei fatti e dei moventi *(motives)* psicologici dei suoi protagonisti. Per lo più il personaggio principale è una donna. Lo stile di narrazione è molto semplice e lineare; il punto di vista ricorda la corrente filosofico-artistica dell'**esistenzialismo.** Da segnalare sono i suoi scritti *È stato così, Le piccole virtù, Lessico famigliare, Le voci della sera, Valentino, Tutti i nostri ieri* e *Caro Michele.* Autrice di molti romanzi, **Alba De Cèspedes** (1911–   ) porta nella narrative ricordi autobiografici. Anche per lei il personaggio al centro della storia è sempre una donna. Fra le sue opere principali sono *Nessuno torna indietro, Dalla parte di lei, Quaderno proibito, Invito a pranzo* e *La bambolona.* **Fausta Cialente** (1898–   ) tende pure ad intrecciare storie fondate su ricordi autobiografici. È scrittrice molto raffinata; negli anni Settanta ha ricevuto il prestigioso Premio Strega per il romanzo storico, *Le quattro ragazze Wieselberger.* Si contano fra i suoi scritti più famosi *Cortile e Cleopatra, Ballata levantina, Il vento sulla sabbia* e *Un inverno freddissimo.* **Dacia Maraini** (1936–   ) nei suoi scritti fa sentire certe preoccupazioni tipiche di Moravia—una borghesia italiana cui manca la forza morale. I personaggi principali della

Maraini sono donne e si può dire che lei risente del movimento femminista. Esordì *(made her debut)* nel 1963 con *L'età del malessere,* un romanzo breve molto indicativo dello stile e del pensiero dell'autrice. Fra romanzi e racconti da segnalare sono *Mio marito, Memorie di una ladra, E tu chi eri?* e *La lunga vita di Marianna Ucrìa,* quest'ultimo premiato romanzo storico che segue la corrente fatta moda in Italia da Umberto Eco. Giornalista e romanziere, **Oriana Fallaci** (1929 –   ) si è fatta conoscere per una narrativa che trae *(draws)* argomenti da avvenimenti politici e sociali contemporanei, per esempio *Penelope alla guerra, Un uomo* e *Lettera a un bambino mai nato.* Molto raffinata è la scrittrice **Lalla Romano** (1906 –1995), la cui narrativa fonde *(blends)* un alto livello di liricismo *(poetic quality)* con una precisa notazione di particolari *(details)* concreti di persone e di luoghi. I suoi romanzi migliori sono *Testo murato, L'uomo che parlava solo, La penombra che abbiamo attraversato* e *L'ospite.*

Riconosciutissimo raccontatore è **Mario Soldati** (1906–   ), che è stato anche regista cinematografico. Passò qualche anno della gioventù negli Stati Uniti e queste sue esperienze vengono raccontate in *America, primo amore.* Fra la sua vasta produzione letteraria, si possono citare *La verità sul caso Motta, L'amico gesuita, A cena col commendatore, Le lettere da Capri, Il vero Silvestri, La busta arancione, L'attore, L'architetto* e *La casa del perchè.* Altro notevole raccontatore è **Piero Chiara** (1913–1986), la cui narrativa—romanzi e racconti—presenta al lettore una conclusione a sorpresa. Le sue storie si prestano *(lend themselves)* al trattamento cinematografico e infatti diversi si sono tratti in film di successo. Notevole sono gli scritti *Il balordo, L'uovo al cianuro, I giovedì della signora Giulia, Il pretore di Cuvio, Il cappotto di Astrakan* e *La stanza del vescovo.*

Singolari autori sono **Carlo Emilio Gadda** (1893–1973) e **Giuseppe Tomasi di Lampedusa** (1896–1957). Gadda è narratore di altissimo livello artistico e intellettuale. È molto conosciuto per i «pastiches» linguistici, cioè la tendenza di mescolare *(mix)* l'italiano e svariati dialetti in un nuovo linguaggio espressivo. Il romanzo giallo *(detective novel)* **Quer pasticciaccio brutto de via Merulana** è l'esempio-modello di questa tendenza. Altri suoi scritti da ricordare sono *La Madonna dei filosofi, Il castello di Udine, L'adalgisa, Giornale di guerra e di prigionia* e *Eros e Priapo.* Tomasi di Lampedusa scrisse un solo romanzo, che è stato subito riconosciuto dai critici e dal pubblico quale uno dei migliori romanzi mai scritti: *Il Gattopardo,* pubblicato dopo la morte dell'autore. La storia dell'arrivo del Risorgimento in una Sicilia inadatta e ostile, il romanzo fu tratto in film, con un *cast* internazionale, dal regista Luchino Visconti.

Giorgio Bassani (1916–   ) presenta due motivi dominanti nella sua narrativa—la sua città d'origine, Ferrara, e le vicissitudini degli ebrei ferraresi sotto il fascismo e poi con l'occupazione nazista. Ha scritto poco e quel poco è sempre ben scritto—*Cinque storie ferraresi, Gli occhiali d'oro, Il giardino dei Finzi-Contini, Dietro la porta, L'airone* e *L'odore del fieno.* Invece, attaccatissimo alla sua Napoli è **Edoardo De Filippo** (1900–1985), il più noto commediografo *(writer of comedies)* italiano del Novecento. Il suo teatro mette a fuoco *(focuses on)* la Napoli moderna di operai e di borghesia in cerca di rispettabilità. Certi suoi drammi sono in dialetto napoletano, altri in italiano o in un misto fra italiano e dialetto. Tra le sue opere si possono citare *Filumena Marturano, Gli esami non finiscono mai, Sabato, domenica e lunedì, Napoli milionaria* e *De Pretore Vincenzo.*

Umberto Eco (1932–   ) ha dato una nuova direzione alla narrativa italiana e anche europea per via dell'enorme successo del suo romanzo *Il nome della rosa.* Questo romanzo ci riporta al Medioevo e lo fa rivivere con grande e accurata attenzione ai particolari storici. Questo romanzo ha entusiasmato i lettori e i critici di tutto il mondo e perciò fu tratto in film con Sean Connery. Altri suoi romanzi storici importanti sono *Il pendolo di Foucault* e *L'isola del giorno prima.*

ESERCIZIO A

Scrivi la lettera del nome che corrisponde alla descrizione seguente.

1. Romanziere dell'Ottocento: _____

    a. Giovanni Boccaccio   *b.* Alberto Moravia   *c.* Giovanni Verga

2. Fondatore delle scienze politiche: _____

    a. Torquato Tasso   *b.* Vittorio Alfieri   *c.* Niccolò Machiavelli

3. Vinse il Premio Nobel: _____

    a. Ludovico Ariosto   *b.* Giovanni Verga   *c.* Grazia Deledda

4. Autore di alcune delle migliori tragedie della letteratura italiana: _____

    a. Vittorio Alfieri   *b.* Giuseppe Parini   *c.* Torquato Tasso

5. Poeta «ermetico» del Novecento: _____

    a. Gabriele D'Annunzio   *b.* Eugenio Montale   *c.* Giovanni Pascoli

6. Autore di romanzi d'impegno sociale del Novecento: _____

    a. Italo Calvino   *b.* Ignazio Silone   *c.* Giovanni Verga

7. Un poeta contemporaneo noto per la sua poesia pessimista: _____

    a. Giuseppe Ungaretti   *b.* Eugenio Montale   *c.* Giambattista Marino

8. Poeta che scrisse poesie di una, due o poche più parole: _____

    a. Giuseppe Ungaretti   *b.* Dante Alighieri   *c.* Francesca Petrarca

9. Poeta del Settecento che mette al ridicolo la nobiltà: _____

    a. Ugo Foscolo   *b.* Giuseppe Parini   *c.* Pietro Metastasio

10. Romanziere noto per il suo «verismo»: _____

    a. Dino Buzzati   *b.* Elio Vittorini   *c.* Giovanni Verga

ESERCIZIO B

Scrivi la lettera dei titolo delle opere della colonna a destra che corrisponde al nome dell'autore della colonna a sinistra.

1. Francesco Petrarca _____	*a.* *Il piacere*
2. Baldassare Castiglione _____	*b.* *La divina commedia*
	c. *Gerusalemme liberata*
3. Gabriele D'Annunzio _____	*d.* *Il Canzoniere*
4. Luigi Pirandello _____	*e.* *I promessi sposi*
	f. *I Malavoglia*
5. Giovanni Verga _____	*g.* *Gli indifferenti*
6. Dante Alighieri _____	*h.* *Il Cortegiano*
7. Ludovico Ariosto _____	*i.* *Orlando Furioso*
	j. *Enrico IV*
8. Alessandro Manzoni _____	*k.* *A ciascuno il suo*
9. Torquato Tasso _____	*l.* *Il principe*
10. Niccolò Machiavelli _____	
11. Alberto Moravia _____	
12. Leonardo Sciascia _____	

ESERCIZIO C

Identifica questi autori o queste opere della letteratura italiana.

1. Il mio soggetto preferito sono gli ebrei di Ferrara
all'epoca della guerra.   _____

2. Sono una raccolta di cento novelle raccontate da
dieci giovani in dieci giorni.   _____

3. Sono «il padre della lingua italiana».   _____

4. Sono un lungo poema che celebra amori e battaglie
sullo sfondo della prima crociata.   _____

5. Sono il più famoso romanziere italiano; scrissi di
due fidanzati lombardi.   _____

6. Scrissi il *Cantico delle creature*.   _____

7. Sono la storia di un amore impossibile, e perciò
tragico, di Ugo Foscolo.   _____

8. Sono considerato il più grande drammaturgo italiano.   _____

9. Attacco la borghesia italiana perchè manca di
principi morali.   _____

10. Laura fu la mia ispirazione.   _____

ESERCIZIO D

Identifica le opere seguenti, scrivendo per ognuna:

- *il genere dell'opera: dramma, poesia, romanzo, narrativa, commedia, novella*
- *l'autore*
- *il periodo di composizione: Duecento, Trecento, Quattrocento, …*

OPERA	GENERE	AUTORE	PERIODO
1. *Il Canzoniere*	poesia	Petrarca	Trecento
2. *Decameron*	_____	_____	_____
3. *La madre*	_____	_____	_____
4. *Il giorno*	_____	_____	_____
5. *È stato così*	_____	_____	_____

OPERA	GENERE	AUTORE	PERIODO
6. *La mandragola*	_____	_____	_____
7. *Enrico IV*	_____	_____	_____
8. *La locandiera*	_____	_____	_____
9. *La ciociara*	_____	_____	_____
10. *La Gerusalemme liberata*	_____	_____	_____
11. *Canti*	_____	_____	_____
12. *Orlando Innamorato*	_____	_____	_____
13. *I Malavoglia*	_____	_____	_____
14. *Conversazione in Sicilia*	_____	_____	_____
15. *Il nome della rosa*	_____	_____	_____
16. *Ed è subito sera*	_____	_____	_____
17. *Odi barbare*	_____	_____	_____
18. *La figlia di Iorio*	_____	_____	_____
19. *La luna e il falò*	_____	_____	_____
20. *I promessi sposi*	_____	_____	_____

Chapter 37
Le Belle Arti e la Scienza

Tra tutte le nazioni del mondo, l'Italia è stata da secoli fra le prime nella creatività delle belle arti. I nomi dei suoi pittori, scultori, musicisti e compositori sono conosciuti in tutto il mondo. I maggiori musei del mondo custodiscono *(house)* quadri e statue di grandi artisti italiani. Nei teatri dell'opera lirica, dall'America al Giappone, si può sentire la musica di tanti grandi compositori operistici *(operatic)* italiani. Qui si può prendere in considerazione solo qualche nome, data la ricchezza di artisti che l'Italia produsse nel passato e che continua tutt'oggi a produrre.

LA PITTURA

La pittura in Italia, fino al tardo Duecento, fu influenzata dallo stile bizantino — colori intensi, disegni schematici e convenzionali e soggetti allegorici o simbolici. In Toscana, nel corso del Duecento, si nota una tendenza verso un nuovo modo di vedere e di rappresentare. L'opera di **Cimabue** (1272–1302) produsse un vigoroso realismo che sarà il motivo dominante del suo discepolo *(disciple)* Giotto. Con Cimabue, fondatore della **Scuola fiorentina**, incominciò lo stile della pittura pre-rinascimentale. **Giotto di Bondone** (1267–1337) è senz'altro una delle figure essenziali della pittura italiana. La sua opera è caratterizzata da un profondo senso realistico. I suoi affreschi *(frescoes)* si trovano nella Cappella degli Scrovegni a Padova, nella chiesa di San Francesco ad Assisi e nella chiesa di Santa Croce a Firenze.

La rinascita di tutte le arti cominciò a Firenze nei primi anni del Quattrocento e continuò per tutto il secolo e gran parte del secolo seguente con un numero straordinario di artisti famosi in diversi campi. **Fra Angelico** (1395–1455) era un frate domenicano che portò le tendenze rinascimentali di accurato disegno e di vivaci colori ad un altissimo livello. *L'Annunciazione,* che si trova al convento di San Marco a Firenze, è uno dei suoi capolavori *(masterpieces).*

Un artista rivoluzionario per il realismo rinascimentale fu **Masaccio** (1401–1428). Masaccio fu il primo pittore a riuscire a creare la prospettiva *(perspective)* nella pittura. Le figure dei suoi affreschi nella chiesa fiorentina del Carmine sembrano saltare fuori dai muri, tant'è la capacità di Masaccio di generare l'illusione di tre dimensioni. **Fra Filippo Lippi** (1406–1469), influenzato da Masaccio come molti altri artisti, dipinse un grande numero di madonne e di altri soggetti religiosi che hanno rilevanti qualità di dolcezza e di umanità.

Dopo Masaccio, la pittura italiana si divise in due grandi scuole che continuarono per tutto il Quattro e Cinquecento — la **Scuola fiorentina,** fondata sul disegno e sulla prospettiva, e la **Scuola veneta** con l'accento sul colore e sulla tonalità. Maestri della Scuola fiorentina, dopo Masaccio, furono Paolo Uccello, Piero della Francesca e Sandro Botticelli. **Paolo Uccello** (1397–1475) fu tutto preso dalla prospettiva, tanto da farla il fine *(objective)* della sua arte. I suoi quadri di battaglie hanno un carattere astratto e irreale *(unreal),* per via dei giochi di prospettiva. **Piero della Francesca** (1415/20–1492) sarà stato il più grande pittore del Quattrocento. Tra i suoi capolavori sono la *Flagellazione,* conservata ad Urbino, e l'affresco della *Risurrezione* a Borgo San Sepolcro, la cittadina dove Piero nacque. Sia il quadro che l'affresco sono stupendi per l'effetto prospettico.

Il terzo grande pittore, **Sandro Botticelli** (1445–1510), noto in particolare per la *Nascita di Venere,* creava figure smarrite *(lost)* in pensieri o sogni tristemente contemplativi. I più importanti dei suoi quadri sono *La primavera* e *L'adorazione dei Re Magi.*

La Scuola veneta ebbe come maestro **Andrea Mantegna** (1432–1506), considerato il padre dell'intaglio pittorico *(engraving technique in painting)*. Fu ottimo disegnatore e ritrattista *(portrait painter)*. Un suo capolavoro sono gli affreschi della *Camera degli Sposi* nella reggia *(palace)* dei Gonzaga a Mantova. **Giovanni Bellini** (1432–1516), sempre della Scuola veneta, diede risalto *(emphasis)* allo sfondo campestre *(rustic)* con colori ricchi ma delicati. Era molto ricercato *(sought after)* come pittore di madonne molto raffinate. **Giorgione** (1477/78–1510), pioniere della Scuola veneta, tendeva a usare colori più scuri dove l'ombra contava di più. Noti sono i suoi quadri *La tempesta* e *L'adorazione dei pastori.*

Nel Cinquecento, la pittura italiana trova i suoi più grandi esponenti *(practitioners)*. **Leonardo da Vinci** (1452–1519) è uno dei più grandi artisti sia del Rinascimento sia di tutta la storia italiana. Introdusse innovazioni nell'uso dei colori e della prospettiva. Fra i suoi dipinti più celebri vi sono *Il cenacolo (L'Ultima Cena), La Gioconda (Mona Lisa)* e *La Madonna delle rocce*. **Michelangelo Buonarroti** (1475–1564) sarà l'artista più famoso del Rinascimento. Applicò la sua tecnica da scultore anche ai suoi dipinti e affreschi. I suoi capolavori nel campo della pittura sono gli affreschi della volta e delle pareti della Cappella Sistina al Vaticano che rappresentano *Il giudizio universale.*

Raffaello Sanzio (1483–1520) è un altro gigante del Rinascimento, popolare per le madonne che irradiano *(radiate)* tranquillità e idealità. Le sue opere si trovano in particolare al Vaticano e ai musei degli Uffizi e del Palazzo Pitti a Firenze. Raffaello fu seppellito al Panteon a Roma. **Tiziano Vecellio** (1490–1576) sarà stato il pittore più ricercato, e perciò più famoso in tutta l'Europa nella prima metà del Cinquecento. È noto per *L'assunzione della Vergine, Amor sacro e profano, L'uomo del guanto* e vari ritratti dell'imperatore Carlo V.

Tintoretto (1518–1594) è uno degli ultimi grandi pittori veneti del Rinascimento. Introdusse il «manierismo» in cui abbinò *(combined)* la luminosità dei colori di Tiziano con l'azione vigorosa di Michelangelo, sempre con riuscita *(outcome)* originale. *L'Ultima Cena* del Tintoretto, a Venezia, è una fantasia di luce e di colore che trasforma la scena altrimenti realistica in una visione irreale.

Paolo Veronese (1528–1588) è un altro grande pittore veneto, noto per i suoi dipinti di soggetto storico e mitologico. Fece *La cena in casa del fariseo* e *Marte e Venere*. Un vero gigante del secolo fu **Caravaggio** (1571–1610), noto come grande naturalista del Seicento. I suoi dipinti si riconoscono dalla luce radiante che illumina l'oggetto principale del quadro. Influì su alcuni importanti pittori stranieri del Seicento, per esempio lo spagnolo Velázquez e l'olandese Rembrandt. Dipinse *La conversione di San Paolo* e *Il martirio di San Pietro*. Eccezionale in quanto donna che dipingeva, **Sofonisba Anguissola** (1531/32–1626) è famosa per i ritratti. Prima era molto attiva a Cremona, sua città natale, e poi in Spagna, dove ebbe grande fama presso la Corte spagnola. Ammirati sono i suoi *Autoritratto* e *Partita a scacchi*.

Gian Battista Tiepolo (1696–1770) è il pittore più importante della Scuola veneta del Settecento.

Tiepolo si distingue per gli affreschi di grande formato *(large size)* con i quali decorò chiese, palazzi e ville dentro e fuori dell'Italia. Uno dei suoi capolavori è *L'incontro di Antonio e Cleopatra*. Altri notevoli pittori del Settecento sono i veneziani **Canaletto** (1697–1768) e **Francesco Guardi** (1712–1793). Tutti e due produssero un gran numero di quadri dove raffiguravano le strade, canali, palazzi e chiese di Venezia, tali quali fotografie della città molto prima dell'invenzione della fotografia.

La pittura dell'Ottocento mantiene la tradizione italiana ma è priva *(lacking)* di artisti di grande fama. I grandi nomi della pittura italiana moderna sono artisti nati alla fine dell'Ottocento o ai primi anni del Novecento. Fra questi c'è **Amedeo Modigliani** (1884–1920), artista moderno cui piaceva dipingere figure isolate con corpi lunghi e teste ovali. **Giorgio de Chirico** (1888–1978) fu un pittore surrealista con senso di immobilità. Creò il quadro, *Piazza d'Italia.* **Carlo Carrà** (1881–1920) è conosciuto per le sue forme metafisiche e per i suoi paesaggi romantici. Il movimento del **futurismo,** che fiorì negli anni 1909–1916, nacque con il poeta-saggista *(essayist)* **Filippo Marinetti,** e proclamò la rivoluzione in tutte le arti. Propose per la pittura e la scultura forme dinamiche, in movimento e caotiche, da riflettere i ritmi accelerati dei tempi moderni, industrializzati e meccanicizzati. Fra i seguaci *(followers)* del movimento ci furono **Carlo Carrà, Giacomo Balla** (1871–1958), **Umberto Boccioni** (1882–1916) e **Luigi Russolo** (1886–1947).

Giorgio Morandi (1890–1964) è un individualista rinomato per i suoi dipinti di oggetti inanimati, particolarmente bottiglie. **Renato Birolli** (1905–1959) rappresenta lo stile della **Nuova Fronte Artistica,** con centro a Milano. **Mario Mafai** (1902–1965) è noto per quadri delle varie zone di Roma. Sono quadri in cui si vede la Città Eterna calma e misteriosa. **Renato Guttuso** (1912–1987) è emerso come il più noto pittore realista e sociale dell'Europa. Guttuso era associato con Renato Birolli e lo scultore **Giacomo Manzù** (1908–1991) alla Nuova Fronte Artistica.

LA SCULTURA

Nel tardo *(late)* Medioevo fioriva lo stile gotico, la cui tendenza principale, in scultura, è la plasticità e il realismo, quasi classico, delle figure. Il primo grande scultore di tendenze «moderne» fu **Nicola Pisano** (1206–1280). Egli rappresentava il meglio del gusto gotico e, allo stesso tempo, anticipava la riscoperta della scultura classica greco-romana del Rinascimento. Prima di Pisano fioriva lo stile romanico *(romanesque)* di scultura, il quale rifletteva il primitivismo dei popoli barbarici che avevano invaso l'Impero Romano dell'Occidente nel quinto secolo e dopo. Precursore dell'arte della scultura del Rinascimento, Pisano ebbe molti discepoli. È famoso per avere scolpito due pulpiti *(pulpits)* straordinari—uno nel Battistero a Pisa, l'altro nel Duomo di Siena.

Nel Rinascimento le forme classiche riappaiono, con una nuova enfasi sul realistico. Il più grande rappresentante di questa scultura fu **Donatello** (1386–1466), il quale abbinò *(combined)* nelle sue statue la plasticità delle migliori statue greche e la vibrazione drammatica di luci e ombre, in modo tale da dare l'apparenza di movimento alle statue. Fra le sue opere vi sono il *Davide,* il *San Giorgio* conservate al museo del Bargello a Firenze e la bellissima statua equestre del cavallo e del condottiere Gattamelata a Padova.

Lorenzo Ghiberti (1378–1455) è famosissimo per le sue porte di bronzo del Battistero di San Giovanni a Firenze, chiamate «le porte del paradiso» da Michelangelo stesso. **Luca della Robbia** (1400–1482) iniziò la produzione di figure e di scene in terracotta invetriata *(glazed)*. Molti esemplari *(examples)* di quest'arte sono ancora conservati a Firenze, dove fiorì la bottega *(workshop)* della famiglia della Robbia.

La scultura del Cinquecento si può identificare con **Michelangelo Buonarroti** (1475–1564), che, grazie alla sua versatilità, potrà essere considerato il più grande artista italiano di tutti i tempi. Le sue sculture dimostrano plasticità, forza potenziale, enorme energia e immensità nell'esecuzione *(execution)*. Tra i suoi lavori giganteschi di formato *(in size)* ci sono il *Mosè,* quattro *Pietà,* il *Davide* e le tombe di Giuliano e Lorenzo dei Medici a Firenze. **Benvenuto Cellini** (1500–1571), grande scultore e orefice *(goldsmith),* scolpì parecchie statue di gran pregio *(worth)*. La statua in bronzo, *Perseo,* è una delle migliori sculture dell'epoca. Si trova all'aperto sotto la Loggia dei Lanzi in piazza della Signoria, a Firenze.

Giovanni Lorenzo Bernini (1598–1680) fu lo scultore principale del periodo barocco, periodo che seguì al Rinascimento. Scolpì statue enormi quali *Davide, Apollo e Dafne, Il ratto di Proserpina* e *Santa Teresa in estasi,* quest'ultima si trova nella Chiesa di Gesù, a Roma.

Il Settecento vide la continuazione dell'arte barocca, che divenne il **rococò,** uno stile più decorativo, più leggero e meno massiccio *(massive, heavy)*. Ma non ci sono scultori di grande importanza in questo periodo. Nell'Ottocento, solo **Antonio Canova** (1757–1822) è degno *(worthy)* di essere menzionato. Era un massimo esponente *(example)* dell'età neoclassica, conosciuto principalmente per avere scolpito *Amore e Psiche, Paolina Napoleone Borghese come Venere* e *Napoleone Buonaparte.*

Nel Novecento, la scultura diventa un'arte che va in cerca di valori *(values)* più essenziali, raggiungibili *(attainable)* in una deformazione della forma. Fra i più conosciuti dell'epoca sono **Marino Marini** (1901–   ), noto per le sue statue di cavalli e cavalieri; **Giacomo Manzù** (1908–1991), che ha scolpito dei pannelli *(panels)* di bronzo per la Basilica di San Pietro a Roma; **Arnaldo Pomodoro** (1926–   ), che va dall'astratto espressivo all'arte concreta orientata verso il macchinario; **Umberto Boccioni** (1882–1916), un futurista specializzato in lavori spaziali come *Sviluppo di una bottiglia nello spazio, Forme uniche di continuità nello spazio* e *Muscoli in azione rapida.*

L'ARCHITETTURA

Oltre a contribuire ottimi musicisti, scultori e pittori alla cultura del mondo, l'Italia ha anche contribuito notevolmente all'architettura in tutto il mondo. Dopo i grandi esempi dell'architettura romana, l'architettura in Italia si volse *(turned to)* alla costruzione delle prime basiliche cristiane. Queste venivano costruite dal IV al XII secolo in quasi tutte le città italiane. Poi, durante il XII secolo si vedono i primi esempi dello stile gotico [1] d'ispirazione settentrionale, il quale si afferma nel Duecento e nel Trecento con splendide e originali opere fra le quali Santa Maria del Fiore e Santa Croce a Firenze, il Duomo a Milano e Santa Maria dei Servi a Bologna. Palazzi civili in molte città italiane venivano costruiti anche nello stile gotico durante questi due secoli.

Nel Quattrocento lo stile gotico viene abbandonato e si ritorna alle forme e ai modelli classici, anche a Firenze dove esistevano molti esempi di stile gotico. È a Firenze che s'impone la figura di **Filippo Brunelleschi** (1377–1446), il quale innovò il concetto della cupola *(dome)* per le chiese. Disegnò per primo la cupola della chiesa di Santa Maria del Fiore (il Duomo); disegnò anche le bellissime e suggestive *(evocative)* chiese di Santo Spirito e di San Lorenzo, nonchè la singolare Cappella dei Pazzi, sempre a Firenze. Brunelleschi diventò il maestro-modello per gli architetti che venivano dopo.

Leon Battista Alberti (1404–1472) è rinomato quale architetto delle chiese di Sant'Andrea e di San Sebastiano, a Mantova, del Tempio Malatestiano a Rimini, nonchè del Palazzo Rucellai e della facciata *(facade)* della chiesa di Santa Maria Novella, tutt'e due a Firenze. **Donato Bramante** (1444–1514) stabilì le vaste dimensioni della Basilica di San Pietro a Roma. Inoltre, disegnò la cupola della chiesa di Santa Maria delle Grazie a Milano, nel convento della quale si può ancora vedere *Il cenacolo (L'Ultima Cena)* di Leonardo da Vinci.

Michelangelo Buonarroti, che si era affermato *(established)* come grande scultore e pittore, mostrò al mondo che era anche un ottimo architetto. Disegnò la cupola della Basilica di San Pietro a Roma, un capolavoro che ancora oggi continua ad entusiasmare tutti i turisti che visitano la Città Eterna.

Andrea Palladio (1508–1580) è rinomato per lo stile d'architettura che ha influenzato l'architettura inglese e americana. A questo suo stile si dà il nome di *Georgian Architecture,* sia negli Stati Uniti che in Inghilterra. Le *mansions* delle piantagioni *(plantations)* del Sud degli Stati Uniti sono state tipicamente costruite nello stile *Georgian.* Esempi del puro stile *Georgian* si trovano oggi in molte ville del Veneto in Italia.

Giovanni Lorenzo Bernini (1598–1680) ebbe una grande ascendenza *(dominance)* sull'architettura a Roma nel Seicento durante il periodo barocco. Disegnò il colonnato *(colonnade)* di piazza San Pietro e il baldacchino *(canopy)* originalissimo per l'altare maggiore *(main altar)* della basilica. Molte delle sue statue di stile barocco si trovano dappertutto a Roma, particolarmente in cima al colonnato di piazza San Pietro, intorno all'obelisco, e nella Chiesa del Gesù.

Francesco Borromini (1599–1667), altro grande architetto barocco, disegnò la chiesa di Sant'Agnese in piazza Navona, a Roma.

Dopo il periodo barocco del Sei e Settecento, l'architettura in Italia non fece grandi passi avanti per un po' di tempo. Nel Novecento riappaiono architetti di fama mondiale. **Pier Luigi Nervi** (1891–1979) è il più rinomato architetto contemporaneo. Ha disegnato il Palazzetto dello Sport a Roma, lo Stadio Comunale a Firenze e alcuni edifici negli Stati Uniti.

Marcello Piacentini (1881–1960), architetto del periodo fascista, di stile neoclassico [2] disegnò la «Città Universitaria» e lo Stadio Olimpico a Roma. **Antonio Sant'Elia** (1888–1916), architetto futurista, è noto per la «Città Nuova», suoi progetti e disegni per la città dell'avvenire *(future).* **Giovanni Ponti** (1897–1979), conosciuto per i suoi palazzi, sparsi in tutto il mondo, ha uno stile molto eclettico *(eclectic).* Il grattacielo Pirelli (1956) a Milano, nella sua semplicità è una delle sue opere più famose. **Giuseppe Terragni** (1904–1943) è rinomato per il suo stile internazionale concretizzato, in particolare, nel suo complesso residenziale «Novocomun» a Como. **Gae Aulenti** (1927–   ) è architetto di fama mondiale. Fra le sue opere maggiori c'è la transformazione in museo dell'antica Gare d'Orsay, antica stazione ferroviaria a Parigi; inoltre ha disegnato scenari *(set designs)* in alcuni dei maggiori teatri europei. **Renzo Piano** (1937–   ) è un architetto ricercato in tutto il mondo. Esempi del suo lavoro si trovano a Londra, Filadelfia, New York (alla Columbia University) e in Brasile. Di recente ha lavorato nella costruzione del più grande aeroporto del mondo, in Giappone. **Ignazio Gardella** (1905–   ) è un modernista e razionalista noto per la sua Clinica Anti-tubercolosi ad Alessandria, nel Piemonte.

LA SCIENZA

A cominciare con Leonardo da Vinci, l'Italia ha avuto molti scienziati che hanno contribuito alla medicina e alla scienza mondiale. Alcuni di questi hanno anche ricevuto il Premio Nobel per le loro ricerche nel campo della scienza.

A Londra, durante il grande festival britannico del Museo delle Scienze dominava una statua di Galileo. Un simbolo di evidente significato, **Galileo Galilei** (1564–1642) indirizzò la ricerca della verità scientifica attraverso il metodo sperimentale *(experimental),* nelle celebri opere *Il saggiatore* e *Dialogo dei massimi sistemi.* Fu astronomo, fisico e matematico e scoprì la «legge del pendolo» *(pendulum)* e anche la «teoria della caduta dei gravi» *(falling objects).* Perfezionò il cannocchiale *(telescope)* e il termometro. Studiò i satelliti di Giove, gli anelli di Saturno e le macchie *(spots)* della luna.

Ma prima di Galileo, in Italia, il pensiero scientifico aveva avuto un altro grande genio: **Leonardo** da Vinci (1452–1519), considerato il più grande scienziato sperimentale della sua epoca. Fu inventore, ingegnere, botanista, astronomo, anatomista e geologo. Ideò il concetto dell'elicottero *(helicopter)*, dell'aeroplano, del paracadute *(parachute)* e del carro armato *(armored tank)* moderno. Ebbe molto influsso su molti altri scienziati, italiani e altri.

Evangelista Torricelli (1608–1647) inventò il barometro, sviluppò il microscopio e il cannocchiale e fu il creatore del calcolo *(calculus)*. **Marcello Malpighi** (1628–1694) era un anatomista che si considera il primo istologo *(histologist)* che abbia fatto studi sul sangue. Fu il primo a usare il microscopio nella ricerca scientifica.

Lazzaro Spallanzani (1729–1799) fu biologo e naturalista che studiò la circolazione del sangue, la digestione e la riproduzione degli animali microscopici. **Luigi Galvani** (1737–1798) fu l'anatomista che scoprì la relazione fra organismi viventi e l'elettricità. Espressioni scientifiche come **ferro galvanizzato, galvanizzare** e **galvanometro** derivano dal suo nome.

Alessandro Volta (1745–1827) fu l'inventore della pila elettrica *(battery)* e del condensatore elettrico. Le espressioni **volt, voltaggio** e **voltometro** derivano dal suo nome.

Giovanni Schiapparelli (1835–1910) era un astronomo che era convinto di aver scoperto i canali sul pianeta Marte. Scoprì invece la vera rotazione di Mercurio e l'asteroide Esperia.

Guglielmo Marconi (1874–1937) è un famoso inventore che sviluppò la radiotelegrafia—radio senza fili—che eventualmente portò alla radio e alla televisione di oggi. Vinse il Premio Nobel nel 1909. Un altro vincitore del Premio Nobel fu **Enrico Fermi** (1901–1954), noto fisico *(physicist)* che nel 1942 produsse la prima reazione nucleare a catena *(nuclear chain reaction)*. Vinse il Premio Nobel nel 1938 per il suo lavoro nella ricerca atomica.

Carl e **Gerty Cori** ottennero il Premio Nobel nel 1947 per il loro lavoro in fisiologia e medicina. **Emilio Segrè** vinse il Premio Nobel per la fisica nel 1963. Nello stesso anno, **Giulio Natta** (1903–1979) ricevette il Premio Nobel per la chimica, per aver cambiato il semplice idrocarbone in sostanze molecolari complesse.

Daniele Bovet (1907–1992) vinse il Premio Nobel nel 1957 per lo sviluppo di droghe usate per distendere *(relax)* i muscoli in preparazione per gli interventi chirurgici *(surgery)*. Arrivò al Premio Nobel per la fisica nel 1963.

Salvador Luria ricevette il Premio Nobel nel 1969 per le sue ricerche nel campo della fisiologia e della medicina genetica. **Carlo Rubbia** (1934–) ottenne il Premio Nobel per la fisica nel 1989; in seguito, ha diretto il CERN—*European Center for Nuclear Research*—a Ginevra, in Svizzera.

Ancora più recente, nel 1989, **Rita Levi Montalcini** (1909–), eminente biologa, ha ricevuto il Premio Nobel per la medicina.

NOTE:

[1] **stile gotico:** Reflects the style of architecture that shows the influence of the Goths in medieval times. It is characterized by slender, vertical columns and by pointed arches and vaulting.

[2] **stile neoclassico:** Relating to a revival or adaptation of the classic form of architecture.

ESERCIZIO A

Identifica ognuno dei seguenti, scrivendo la parola **pittore, scultore, architetto** *o* **scienziato** *accanto al nome.*

1. Guglielmo Marconi _____

2. Giovanni Bernini _____

3. Filippo Brunelleschi _____

4. Giacomo Manzù _____

5. Leon Battisti Alberti _____

6. Pier della Francesca _____

7. Marcello Malpighi _____

8. Caravaggio _____

9. Sofonisba Anguissola _____

10. Alessandro Volta _____

11. Lorenzo Ghiberti _____   **12.** Sandro Botticelli _____

13. Rita Levi Montalcini _____   **14.** Cimabue _____

15. Donatello _____   **16.** Luigi Galvani _____

17. Fra Angelico _____   **18.** Carlo Carrà _____

19. Enrico Fermi _____   **20.** Donato Bramante _____

21. Andrea Palladio _____   **22.** Giotto di Bondone _____

23. Daniele Bovet _____   **24.** Raffaello Sanzio _____

25. Giorgio de Chirico _____   **26.** Umberto Boccioni _____

ESERCIZIO B

Scrivi la lettera dell'espressione che completa correttamente le frasi seguenti.

1. La cupola di San Pietro fu disegnata da _____
    a. Andrea Palladio.   *b.* Marcello Malpighi.   *c.* Leon Battista Alberti.
    d. Michelangelo Buonarroti.

2. La pila elettrica fu inventata da _____
    a. Enrico Fermi.   *b.* Alessandro Volta.   *c.* Galileo Galilei.
    d. Luigi Galvani.

3. Sandro Botticelli dipinse _____
    a. La primavera.   *b. La tempesta.*   *c. Piazza d'Italia.*
    d. Il giudizio universale.

4. Grande scienziato sperimentale che ideò il concetto dell'elicottero e dell'aeroplano. _____
    a. Enrico Fermi.   *b.* Michelangelo Buonarroti.   *c.* Leonardo da Vinci.
    d. Daniele Bovet.

5. Il precursore del Rinascimento, noto per le sue sculture, è _____
    a. Marino Marini.   *b.* Caravaggio.   *c.* Nicola Pisano.
    d. Benvenuto Cellini.

6. Amedeo Modigliani è conosciuto per _____
    a. i suoi corpi lunghi.   *b.* i dipinti monocromatici.   *c.* l'ermetismo.
    d. le sue bottiglie.

7. Scienziato rinomato per lo sviluppo di droghe usate per gli interventi chirurgici. _____
    a. Daniele Bovet.   *b.* Enrico Fermi.   *c.* Guglielmo Marconi.
    d. Carlo Rubbia.

8. Giovanni Ponti è rinomato per _____

    a. *Il cenacolo.*   *b.* lo Stadio Olimpico.   *c.* la *Pietà.*

    d. il grattacielo Pirelli.

9. *La Gioconda* è un altro nome per _____

    a. *La sonnambula.*   *b.* *La primavera.*   *c.* *Mona Lisa.*

    d. *Norma.*

10. L'eminente biologa che nel 1989 ha ricevuto il Premio Nobel è _____

    a. Gerty Cori.   *b.* Andrea Palladio.   *c.* Rita Levi Montalcini.

    d. Gae Aulenti.

11. La cupola del Duomo di Firenze fu disegnata da _____

    a. Pietro Nervi.   *b.* Filippo Brunelleschi.   *c.* Leonardo da Vinci.

    d. Raffaello Sanzio.

12. L'inventore del barometro è _____

    a. Lazzaro Spallanzani.   *b.* Marcello Malpighi.   *c.* Evangelista Torricelli.

    d. Giovanni Schiapparelli.

13. *Perseo* è una statua di _____

    a. G. L. Bernini.   *b.* Michelangelo Buonarroti.   *c.* Antonio Canova.

    d. Benvenuto Cellini.

14. Lo scultore principale dell'età barocca del Seicento è _____

    a. G. L. Bernini.   *b.* Luca della Robbia.   *c.* Marino Marini.

    d. Michelangelo Buonarroti.

15. Lo scienziato che scoprì la rotazione di Mercurio è _____

    a. Carl Cori.   *b.* Guglielmo Marconi.   *c.* Emilio Segrè.

    d. Giovanni Schiapparelli.

16. L'architetto del museo della Gare d'Orsay a Parigi è _____

    a. Gae Aulenti.   *b.* Giovanni Ponti.   *c.* Marcello Piacentini.

    d. Antonio Sant'Elia.

ESERCIZIO C

Completa le frasi seguenti.

1. Michelangelo dipinse la volta della _____ .

2. *La Gioconda* fu dipinta da _____ .

3. _____ è famoso per le sue statue di cavalli.

4. Il cannocchiale e il termometro furono inventati da _____ .

5. _____ è un architetto del Quattrocento che innovò il concetto della cupola per le chiese.

6. Caravaggio influenzò pittori stranieri come _____ .

7. «Le porte del paradiso» furono scolpite da _____ .

8. _____ è il rinomato architetto contemporaneo che ha disegnato il Palazzetto dello Sport a Roma.

9. _____ fu biologo e naturalista che studiò la circolazione del sangue e la digestione.

10. _____ è un famoso inventore che sviluppò la radiotelegrafia che eventualmente portò alla radio e alla televisione di oggi.

11. La Scuola fiorentina di pittura fu fondata da _____ .

12. Uno scultore noto per le sue figure in terracotta è _____ .

13. Nella pittura, la prospettiva fu introdotta da _____ .

14. _____ ricevè il Premio Nobel nel 1969 per le sue ricerche nel campo della fisiologia e della medicina genetica.

ESERCIZIO D

Identifica chi è o che cos'è.

1. Architetto del più grande aeroporto del mondo, in Giappone

_____

2. Noto fisico che nel 1942 produsse la prima reazione nucleare a catena

_____

3. Un pittore della Scuola veneta

_____

4. Lo scultore che va verso il macchinario

_____

5. L'artista noto per figure dai corpi lunghi e dalle teste ovali

_____

6. Lo scultore conosciuto per i lavori spaziali

_____

7. Architetto della chiesa di Sant'Agnese in piazza Navona, a Roma

_____

8. Ottenne il Premio Nobel per la fisica nel 1989 e ha diretto il *European Center for Nuclear Research*

_____

9. Il più grande pittore del Quattrocento, dopo
    Masaccio   _____

10. Una statua di Michelangelo   _____

11. Un pittore rinascimentale noto per le sue
    madonne tranquille   _____

12. Un dipinto di Leonardo da Vinci   _____

13. Scolpì statue enormi come *Apollo e Dafne*   _____

14. Un massimo esponente dell'età neoclassica
    nella scultura   _____

15. Il naturalista del Seicento   _____

16. Ciò che ha scolpito Giacomo Manzù per la
    Basilica di San Pietro   _____

17. Un dipinto di Giorgione   _____

18. Ideò il concetto dell'elicottero, dell'aeroplano,
    del paracadute e del carro armato moderno   _____

Chapter 38
La Musica e il Cinema

LA MUSICA

L'Italia è famosa tanto per la musica quanto per le altre belle arti. Il fatto che il linguaggio musicale internazionale—*lento, adagio, allegro, staccato,* e così via—è italiano, afferma l'importanza e la fama che la musica e i musicisti italiani hanno avuto nel mondo. Nei Sei e Settecento, specialmente, i compositori, i musicisti e i cantanti italiani erano acclamati e ricercati in tutta Europa.

La storia della musica italiana comincia con l'**Ars Nova** a Firenze, ai tempi di Dante. Già prima, alla corte di Federico II in Sicilia, nella prima metà del Duecento, fioriva la musica dei trovatori *(troubadours),* che abbinavano *(combined)* elementi popolari con quelli del canto fermo cioè, gregoriano. [1] Un secolo prima, **Guido d'Arezzo** (995?–1050?) aveva stabilito la grafia musicale con il rigo musicale *(lines and staff)* di quattro linee. Si attribuisce a lui anche l'invenzione delle note musicali. Accanto alla musica dei trovatori esistevano anche le ballate e i madrigali che si staccarono *(detached)* a poco a poco dalla tradizione musicale della Chiesa.

La musica avanzò nella scia *(footsteps)* dell'Ars Nova fino al Cinquecento, il quale vide apparire un grande genio *(genius)* della musica italiana: **Pier Luigi da Palestrina** (1525–1594). Palestrina sviluppò la tecnica sistematica della musica polifonica [2] molto prima di Bach. Compose ben 93 messe *(masses)* che vengono eseguite *(performed)* ancora oggi. Fu con la fine del Rinascimento che la musica italiana ebbe il suo periodo più glorioso. Quasi tutti i generi musicali che esistono oggi ebbero le loro origini o innovazioni nell'Italia di questo periodo.

L'opera lirica, in particolare, fu una creazione esclusivamente italiana e fu esportata dall'Italia in tutto il mondo. La prima opera, *Dafne,* fu scritta da **Jacopo Peri** nel 1597. Ma il primo famoso compositore di opere liriche in quell'epoca fu **Claudio Monteverdi** (1567–1643). Egli musicò la prima opera importante, *L'Orfeo.* Monteverdi viene considerato il vero creatore della musica moderna. È rinomato per altre due opere importanti, *Il ritorno di Ulisse in patria* e *L'incoronazione di Poppea,* come pure per molti suoi madrigali. [3]

Napoli fu il centro dell'opera buffa *(comic opera)* e, in questo genere *(genre),* si devono ricordare i nomi di **Giambattista Pergolesi**—*La serva padrona*—e **Domenico Cimarosa**—*Il matrimonio segreto.* Il più grande compositore napoletano fu **Alessandro Scarlatti** (1659–1725). I preludi *(overtures)* delle sue opere diedero inizio alla musica sinfonica. Scrisse più di cento opere oltre a molti oratori [4] e cantate.

Fu anche durante questo periodo che la musica sinfonica si sviluppò con grande successo in Italia. Uno dei più grandi musicisti di tutti i tempi fu **Antonio Vivaldi** (1675–1741), violinista e compositore, noto per le sue composizioni strumentali che includono sonate per violino e concerti per strumenti vari. Le sue *Quattro stagioni* sono fra i pezzi più conosciuti nei programmi di musica da camera *(chamber music)* di tutto il mondo. **Domenico Scarlatti** (1685–1757), figlio di Alessandro, compose più di 550 brani di musica.

Nell'Ottocento si vide forse il più grande violinista che il mondo abbia mai conosciuto, **Niccolò Paganini** (1782–1840). Scrisse parecchie composizioni per violino, come *Moto perpetuo.*

Nell'Ottocento, mentre la musica sinfonica diventava sempre più popolare in Germania e in altre nazioni europee, in Italia invece si rimaneva più fedele alla musica dell'opera lirica. Al principio del secolo, con **Gioacchino Rossini** (1792–1868) l'opera buffa produce *Il barbiere di Siviglia,* opera popolarissima ancora oggi. Rossini scrisse varie opere serie, specialmente per il teatro lirico francese a Parigi. Tra queste c'è da segnalare *Guglielmo Tell, Mosè* e *Semiramide.*

Il modo operistico del **Bel Canto** dominava la lirica italiana dei primi quarant'anni dell'Ottocento. Il termine Bel Canto si riferisce all'enfasi data alla voce anzichè agli strumenti musicali e, perciò, alla tecnica elaborata adoperata nell'uso della voce. Spesso si sacrificava la logica della trama *(plot)* dell'opera alle spettacolari esibizioni vocali. I due compositori operistici più grandi dello stile del Bel Canto sono Gaetano Donizetti e Vincenzo Bellini. **Gaetano Donizetti** (1797–1848) compose molte opere, quasi tutte popolarissime ai suoi tempi. Fra quelle rimaste popolari, le più rinomate sono *Lucia di Lammermoor, La figlia del reggimento* e *L'elisir d'amore.* Come compositore, **Vincenzo Bellini** (1801–1835) era più fine e più innovativo. Compose meno opere e anche queste furono molto popolari ai suoi tempi. Quelle che ancora vengono applaudite sono *La sonnambula, Norma* e *I puritani.*

Il compositore **Giuseppe Verdi** (1813–1901), considerato il più grande compositore italiano di opere, sia in Italia sia all'estero, è sinonimo della musica italiana. Il grande successo di Verdi risiede nelle sue opere romantiche, che rappresentano la sua piena maturità artistica; ad esempio, *Rigoletto, Il trovatore, La traviata, Aïda* e *La forza del destino. Otello* e *Falstaff* sono le opere della sua vecchiaia in cui l'orchestrazione è più complessa. Queste ultime due sono considerate fra le sue migliori. Verdi fu un simbolo per gli Italiani durante il periodo del Risorgimento. Ebbe grandissima influenza su molti altri compositori operistici sia italiani che stranieri. Il suo grande librettista **Arrigo Boito** (1842–1918) si distinse come compositore in due stupende opere: *Mefistofele* e *Nerone.*

Dopo Verdi, l'altro gigante dell'opera è **Giacomo Puccini** (1858–1924). La sua musica è meno robusta e strutturata di quella di Verdi ma efficace a modo suo. Tra le sue opere più conosciute sono *La Bohème, Tosca, Madama Butterfly, La fanciulla del West* e *Turandot,* quest'ultima rimasta incompiuta *(unfinished)* alla morte di Puccini. Un contemporaneo di Puccini era **Ruggiero Leoncavallo** (1858–1919), rinomato per *I pagliacci,* che viene sempre presentata con la *Cavalleria rusticana,* quest'opera di un altro compositore importante, **Pietro Mascagni** (1863–1948). Noto pure nell'epoca poco prima di Puccini era **Amilcare Ponchielli** (1863–1886), il quale aveva composto la *Gioconda,* famosa per l'aria «Cielo e mare» e per il brano *(piece)* musicale/balletto, «La danza delle ore».

Un musicista che diventò famoso, specialmente per via delle opere di Puccini, fu **Arturo Toscanini** (1867–1957), da molti considerato il più grande direttore *(conductor)* d'orchestra del mondo. Dal 1937 al 1953, Toscanini fu direttore dell'orchestra sinfonica della NBC a New York. Diresse molte sinfonie, tra le quali la musica di **Ottorino Respighi** (1879–1936), rinomato compositore moderno di sinfonie, fra cui: *Le fontane di Roma, I pini di Roma* e *Le feste romane.*

Fra i modernissimi nel campo di musica c'è **Gian Carlo Menotti** (1911–   ) compositore italiano che è stato molto applaudito per le sue opere con libretto in inglese: *The Saint of Bleeker Street, The Medium, The Telephone, The Consul, Amahl and the Night Visitors.* È stato lui ad aver organizzato nel 1957 Il Festival dei Due Mondi, *«The Festival of Two Worlds»,* sia in Italia—a Spoleto, in Umbria—che negli Stati Uniti—a Charleston, nella Carolina del Sud.

Da tener in considerazione riguardo alla musica di oggigiorno sono **Luigi Dallapiccola** (1904–1975), uno dei primi nel movimento avanguardista italiano; **Goffredo Petrassi** (1904–   ), che ha introdotto il jazz nella musica italiana, particolarmente con la sua *Partita* e poi con *Noche obscura;* **Luciano Berio** (1925–   ) un avanguardista del Novecento; **Niccolò Castiglioni** (1932–   ) un compositore noto soprattutto per il suo lavoro alla televisione italiana.

IL CINEMA

Il cinema italiano è nato nel 1913, poco prima della prima guerra mondiale. Alcuni film prestigiosi di quell'epoca del cinema muto *(silent films)* sono *Caribia* e *Quo vadis?* Con l'avvento *(arrival)* del film sonoro *(talkies)* nel 1929, la produzione italiana si orientò prima alla commedia comico-sentimentale e poi all'epopea *(epic)* storico-nazionale. Nel 1937, fuori Roma, si inaugurò Cinecittà, un insieme di stabilimenti cinematografici—lo «Hollywood» d'Italia.

Poco dopo la fine della seconda guerra mondiale (1945) la produzione italiana tornò alla ribalta *(scene)* internazionale con uno stile chiamato **neorealismo.** [5] Questo stile ebbe grande influenza sui film di molte altre nazioni, la Francia in particolare. Fra i più notevoli film di quest'epoca si possono citare *Roma città aperta* (1945) e *Paisà* (1946) di Roberto Rossellini, *Ladri di biciclette* (1948) e *Sciuscià* (1946) di Vittorio De Sica, *Senso* (1954) di Luchino Visconti, *La notte* (1961) di Michelangelo Antonioni e *Otto e mezzo* (1963) di Federico Fellini. Poco a poco, a causa della fragilità dell'economia italiana, si decise di co-produrre film con altri paesi europei e anche con gli Stati Uniti. Oggigiorno l'industria cinematografica italiana è al primo posto in Europa grazie a questa collaborazione e alla sostenuta *(sustained)* alta qualità dei film italiani.

Grandi film sono stati diretti da registi che, essendo di grande talento, hanno portato il cinema italiano ad un livello molto alto. **Roberto Rossellini** (1906–1977) fu il primo regista italiano ad avere successo negli Stati Uniti. I suoi film—*Roma città aperta, Paisà, Stromboli, terra di Dio* (1949) e *Il generale Della Rovere* (1959)—fecero conoscere agli Stati Uniti il movimento neorealistico del dopoguerra. Alcuni attori scelti a recitare *(perform)* in film come *Stromboli* e *Paisà* non erano attori professionali, bensì *(but instead)* «uomini della strada» che raffiguravano *(played)* se stessi quali rappresentanti tipici di un popolo che aveva subito *(undergone)* la catastrofe di una guerra disastrosa.

Luchino Visconti (1906–1976), considerato il padre del cinema neorealista italiano, è stato conosciuto in America molto più tardi degli altri registi che lo avevano imitato. I suoi film maggiormente acclamati, sia dal pubblico sia dai critici internazionali, sono *Rocco e i suoi fratelli* (1960) e *Il gattopardo* (1963).

Vittorio De Sica (1901–1974) è un altro regista molto popolare che aveva promosso il movimento neorealista. Si fece conoscere negli Stati Uniti poco dopo la guerra, quando fu presentato il suo film *Sciuscià.* Continuò ad avere successo sia come regista sia come attore fino alla morte. Altri suoi film da ricordare sono *Ladri di biciclette, Umberto D* (1952), *L'oro di Napoli* (1954), *La ciociara* (1960), *Il giardino dei Finzi-Contini* (1971) e i suoi ultimi due film *Una breve vacanza* (1973) e *Il viaggio* (1974).

Michelangelo Antonioni (1912–) è un altro regista i cui film hanno goduto *(enjoyed)* grande successo in America. Alcuni suoi film che sono stati premiati sono *L'avventura* (1960), *La notte* (1961) e *L'eclisse* (1962). Altri suoi film ben accolti *(received)* dal pubblico sono *Blow-Up* (1966), ambientato *(set)* in Inghilterra, e **Zabriskie Point** (1970), che ha luogo negli Stati Uniti. Nel 1995 Antonioni è stato premiato con un Oscar per *Lifetime Achievement.*

Pietro Germi (1914–1974) si fece conoscere in America, come regista, grazie al divertentissimo *Divorzio all'italiana* (1962), film di critica sociale di stile satirico—un genere molto coltivato in Italia. Di tutti i film italiani importati negli Stati Uniti questo ha avuto il più clamoroso successo.

Un gigante del cinema italiano è **Federico Fellini** (1920–1993), conosciutissimo in America perchè i suoi film riflettono il movimento «psicologico-simbolico» che ha dominato il cinema internazionale dalla fine degli anni Cinquanta *(1950s)* fino agli anni Settanta *(1970s)*. I film principali di Fellini sono: *I vitelloni* (1953), *La strada* (1954), *La dolce vita* (1960), *Otto e mezzo* (1963), *Giulietta degli spiriti* (1965), *Roma* (1972), *Amarcord* (1975 / ottenne il premio Oscar), *Città delle donne* (1980).

Lina Wertmüller (1928–) è fra i più recenti registi italiani ad essere acclamati negli Stati Uniti. I suoi film di successo sono: *Tutto a posto o niente in ordine* (*All Screwed Up* / 1974), *Travolti da un insolito*

destino nell'azzurro mare di agosto (*Swept Away* / 1974), *Mimì metallurgico ferito nell'onore* (*The Seduction of Mimì* / 1972), *Pasqualino Settebellezze* (*Seven Beauties* / 1975). Giancarlo Giannini, attore ormai internazionale, recita in alcuni di questi film.

Franco Brusati (1933–), il quale è anche autore drammatico, è stato applaudito per *Pane e cioccolata* (*Bread and Chocolate* / 1974), un film sul tema *(theme)* triste e bruciante *(burning)* degli emigrati italiani all'estero.

Liliana Cavani (1933–), altra delle poche registe-donne italiane, esordì *(debuted)* con *Francesco d'Assisi* (1966), film di commento sociale. Ha poi avuto grande successo con *Il portiere di notte* (*The Night Porter* / 1974), che parla dell'Olocausto in una Vienna non ancora liberata dagli incubi *(nightmares)* nazisti.

Vittorio (1929–) e **Paolo** (1931–) **Taviani** sono noti per l'uso dell'ironia nei loro film. Godono di fama internazionale per i film *Padre, padrone* (1977), *La notte di San Lorenzo* (*The Night of the Shooting Stars* / 1980) e *Kaos* (1990), tratto da alcune novelle di Pirandello.

Ermanno Olmi (1931–) è stato elogiato *(praised)* per i film *L'albero degli zoccoli* (*The Tree of Wooden Clogs* / 1978) e *Cammina cammina* (1983). Nei suoi film spesso fa recitare persone comuni invece di attori professionisti.

Franco Zeffirelli (1923–) è conosciutissimo come regista di cinema, teatro e televisione. Fra i suoi film più importanti si contano *Gesù di Nazareth* (1976), *Giulietta e Romeo* (*Romeo and Juliet* / 1968), *La traviata* e *Otello,* queste ultime opere verdiane tratte in film. Zeffirelli si distingue anche come scenografo *(set designer)* per il Teatro alla Scala di Milano e la Metropolitan Opera Company di New York.

Luigi Comencini (1916–) è noto per un numero di film di «commedia popolare», incominciando con *Pane, amore e fantasia* (1953). I suoi film mirano *(aim)* allo spassoso *(riotously funny)*.

Sergio Leone (1919–1989) è diventato famoso per i suoi «spaghetti Western» cioè Western all'italiana ispirati ai film americani del genere. È soprattutto conosciuto per il film *C'era una volta in America* (*Once Upon a Time in America* / 1984), un film d'impegno *(commitment)* sociale che traccia *(traces)* le carriere di tipici criminali americani.

Pier Paolo Pasolini (1922–1975) presenta nei suoi film prospettive marxiste e sperimenti linguistici. I film di lui più significativi sono: *Il Vangelo secondo Matteo* (*The Gospel According to Matthew* / 1964), *Uccellacci e uccellini* (*Hawks and Sparrows* / 1965), *Accattone* (1961), *Mamma Roma* con la famosa attrice Anna Magnani, e *Salò* (1975).

Ettore Scola (1931–   ) si è affermato in film impegnativi di acuta analisi di psicologia e di costume *(social mores)*: *Una giornata particolare* (*A Special Day* / 1977) con Sofia Loren e Marcello Mastroianni, *C'eravamo tanto amati* (*We Had Loved Each Other So Much* / 1984) e *La famiglia* (1987).

Bernardo Bertolucci (1943–   ) ha usato vari attori americani nei suoi film di maggior successo; tra questi *L'ultimo tango a Parigi* (*Last Tango in Paris* / 1972), *Novecento* (*1900* / 1976), *Il conformista* (*The Conformist* /1970) tratto dal romanzo di successo di Alberto Moravia e *L'ultimo imperatore* (*The Last Emperor* / 1990), quest'ultimo premiato di vari Oscar.

Fra i più recenti registi di successo si possono citare i seguenti: **Maurizio Nichetti** (1948–   ), che ha diretto *Rataplan*, *Ladri di saponette* e *Ho fatto splash*; **Nanni Moretti** (1953–   ), il regista di *Palombella rossa*, *La messa è finita*, *Il portaborse* e *Caro diario*, in quest'ultimo lui stesso recita la parte del protagonista; **Giuseppe Tornatore** (1956–   ), che ha ottenuto successi mondiali con *Cinema Paradiso* (1988) e *Stanno tutti bene* *(Everyone's Fine)*;

Gianni Amelio, giovane regista di *Porte aperte* (1990) tratto da un romanzo importante di Leonardo Sciascia e *Lamerica* (1995), storia morale di avidi imprenditori *(entrepreneurs)* italiani in un'Albania straziata *(torn apart)* da disordini civili.

Uno dei film più proclamati degli anni novanta è *Il postino* (1995) diretto da **Michael Radford** con l'attore Massimo Troisi che recita la parte del protagonista. Quest'ultimo è morto il giorno dopo la conclusione del film. Il film è stato nominato per cinque Oscar nel 1996 fra i quali migliore film, migliore regista e migliore attore per Troisi.

NOTE:

[1] **gregoriano:** Rhythmic, monotone chant music introduced by Pope Gregory I.

[2] **polifonico:** Having many tones or voices.

[3] **madrigale:** A complex polyphonic vocal musical piece, accompanied or unaccompanied, based on popular texts. Sometimes these were short non-religious poems put to music.

[4] **oratorio:** A lengthy choral work.

[5] **neorealismo:** A movement in cinema characterized by the simple direct depiction of working-class life as it existed immediately after World War II.

ESERCIZIO A

Scrivi la lettera dell'espressione che completa correttamente le frasi seguenti.

1. Il compositore che compose l'opera *Il barbiere di Siviglia* è   _____

    a. Giacomo Puccini.   *b.* Giuseppe Verdi.   *c.* Gian Carlo Menotti.

    d. Gioacchino Rossini.

2. Il regista che ha vinto un Oscar per il film *Amarcord* è   _____

    a. Lina Wertmüller.   *b.* Federico Fellini.   *c.* Pietro Germi.

    d. Roberto Rossellini.

3. *Roma, città aperta* è un film   _____

    a. neoclassico.   *b.* neorealistico.   *c.* ermetico.

    d. internazionale.

4. Un compositore noto per la sua musica per la televisione italiana è   _____

    a. Ottorino Respighi.   *b.* Niccolò Castiglioni.   *c.* Claudio Monteverdi.

    d. Gioacchino Rossini.

5. Forse il più grande violinista del mondo è _____
   a. Niccolò Paganini.   *b.* Michelangelo Buonarroti.   *c.* Giovanni Bellini.
   d. Pietro Mascagni.

6. Un film di Lina Wertmüller che ha avuto molto successo è _____
   a. *Sciuscià.*   *b.* *La dolce vita.*   *c.* *Zabriskie Point.*
   d. *Tutto a posto o niente in ordine.*

7. Vittorio De Sica, oltre a essere un famoso regista, era anche un _____
   a. cantante.   *b.* pittore.   *c.* attore.
   d. architetto.

8. *Le fontane di Roma* è una composizione di _____
   a. Arrigo Boito.   *b.* Ottorino Respighi.   *c.* Amilcare Ponchielli.
   d. Pietro Mascagni.

9. Un film prestigioso dell'epoca del cinema muto è _____
   a. *Cabiria.*   *b.* *Sciuscià.*   *c.* *Rocco e i suoi fratelli.*
   d. *L'avventura.*

10. *Gesù di Nazareth* è un film del regista _____
   a. Luigi Comencini.   *b.* Pier Paolo Pasolini.   *c.* Franco Zeffirelli.
   d. Ermanno Olmi.

ESERCIZIO B

Identifica chi è o che cos'è.

1. il musicista che ha organizzato il Festival dei
Due Mondi, a Spoleto in Umbria e negli Stati Uniti   _____

2. il film nominato per cinque Oscar nel 1996   _____

3. il compositore della *Cavalleria rusticana*   _____

4. il primo librettista di Giuseppe Verdi   _____

5. un'opera di Ruggiero Leoncavallo   _____

6. il regista famoso per gli "spaghetti western"   _____

7. il compositore della *Gioconda*   _____

8. il luogo a Roma dove molti film sono stati girati   _____

9. nel 1995, regista premiato con un Oscar per
Lifetime Achievement   _____

10. prima di Bach, sviluppò la musica polifonica   _____

11. oltre a Verdi, l'altro gigante dell'opera lirica italiana   _____

12. il regista del film *Blow-Up*   _____

13. il compositore della prima opera lirica   _____

14. il regista del film *L'albero degli zoccoli*   _____

15. un film di Franco Brusati   _____

ESERCIZIO C

Per i nomi o titoli seguenti, scrivi una frase descrittiva in italiano.

1. Claudio Monteverdi _____

_____

2. *Divorzio all'italiana* _____

_____

3. Paolo Taviani _____

_____

4. *C'era una volta in America* _____

_____

5. Domenico Scarlatti _____

_____

6. *Quattro stagioni* _____

_____

7. *Ladri di biciclette* _____

_____

8. Roberto Rossellini _____

_____

9. il Bel Canto _____

_____

10. *Cinema Paradiso* _____

_____

Chapter 39
Il Contributo di Italo-americani alla Storia degli Stati Uniti

Cominciando con la scoperta del Nuovo Mondo da Cristoforo Colombo, migliaia di Italiani e di Italo-americani che hanno seguito, hanno contribuito molto alla storia degli Stati Uniti. I primi dopo Colombo e Amerigo Vespucci furono frati di diverse comunità cattoliche che vennero a stabilire scuole e chiese nel Nuovo Mondo. Poi questi furono seguiti in molti casi da individui esiliati *(exiled)* dall'Italia. In genere, gli esiliati provenivano dall'Italia centrale o settentrionale. Negli anni 1840, con la scoperta dell'oro nel *West,* altri Italiani, sempre provenienti dal centro e dal nord d'Italia, immigrarono in America, e alcuni di questi poi si stabilirono in California e nel Colorado.

Ma il maggior numero di Italiani entrarono in America dal 1890 al 1920. Nel 1870, alla fine dell'unificazione italiana, soltanto 2,891 persone emigrarono dall'Italia. Trent'anni più tardi, l'immigrazione italiana era arrivata a 100,000 persone all'anno, poi a 200,0000 persone all'anno e poi a 250,0000 persone. All'inizio della prima guerra mondiale, nel 1914, cinque milioni di immigranti erano già venuti in America. Sin d'allora *(Since then),* il contributo degli Italo-americani allo sviluppo della storia degli Stati Uniti è stato notevole in diversi settori della vita americana.

PERSONAGGI NEL CAMPO DELLA POLITICA, DELLA RELIGIONE E DEL GOVERNO

(Si presentano gli avvenimenti in ordine crono-logico.)

Padre Joseph Rosati (1827) viene nominato come primo vescovo della nuova diocesi di St. Louis. Fa costruire il primo ospedale e orfanotrofio del *Mid-West.*

John Finizzi (1827) diventa sindaco della città di Augusta, nello stato della Georgia; è forse il primo sindaco italo-americano degli Stati Uniti.

Charles Siringo (1855) scrive il romanzo *Texas Cowboy,* l'inizio della leggenda dei cowboy in America.

Gaetano Lanzi (1861) fonda il *Massachusetts Institute of Technology (MIT)* e diventa il capo del di-partimento di Ingegneria meccanica.

Padre Joseph Cataldo (1887), gesuita, fonda la Gonzaga University a Spokane, nello stato di Wash-ington. È chiamato «il padre di Spokane».

Anthony Caminetti (1895) è il primo Italo-americano ad essere eletto al Congresso degli Stati Uniti dagli elettori della California.

Andrew Houston Longino (1903) viene eletto governatore dello stato di Mississippi.

Charles Bonaparte, discendente di Napoleone, fonda la *Federal Bureau of Investigation (FBI).*

Angelo Patri è la prima persona di origine italiana a diventare preside *(principal)* di una scuola pubblica nella città di New York.

Frank Monteverdi (1917) è eletto sindaco di Memphis, nel Tennessee.

Cesare Sabelli (1934), pioniere dell'aviazione, è il primo Italo-americano a volare attraverso l'Atlantico.

Novella Calderini (1939) diventa la prima donna giudice del mondo.

John Pastore (1945), viene eletto governatore del Rhode Island. Anni dopo sarà il primo Italo-americano eletto al senato degli Stati Uniti.

John Basilone (1945), l'uomo che il Generale Douglas MacArthur chiamò *«a one-man army»* viene ucciso durante la battaglia di Iwo Jima. È l'unico nella storia degli Stati Uniti a ricevere la medaglia d'onore e la *Navy Cross.*

Don Gentile (1945), asso pilota degli Stati Uniti durante la seconda guerra mondiale, viene onorato per aver atterrato *(shot down)* trenta aerei tedeschi.

Albert Rossellini (1956) viene eletto governatore del Massachusetts.

Michael Di Salle (1958) è eletto governatore dell'Ohio.

Rocco Petrone (1960) diventa il direttore del Programma Apollo al Kennedy Space Center; poi direttore di *Launch Operations* dal 1966 al 1969, l'anno in cui l'uomo camminò sulla Luna per la prima volta. Dal 1969 al 1972 è il direttore del Programma Apollo con la NASA.

John Volpe (1961) viene eletto governatore del Massachusetts. Più tardi è nominato Ministro dei Trasporti dal Presidente Nixon, e poi ambasciatore all'Italia dal presidente Reagan.

Anthony Celebrezze (1962) è nominato Ministro di *Health, Education and Welfare* dal presidente Kennedy.

Joseph Califano (1965) è nominato dal presidente Lyndon Johnson come consulente speciale alla Casa Bianca. Poi diventa Ministro di *Health, Education and Welfare*.

Romano Mazzoli (1967) è il primo Italo-americano del Kentucky a essere eletto al Congresso degli Stati Uniti.

Francis Mugavero (1968) diventa il primo Italo-americano a essere nominato vescovo di una delle più grandi diocesi degli Stati Uniti, quella di Brooklyn.

Joseph Alioto (1968) è eletto sindaco di San Francisco.

Wally Shirra (1968) è l'unico a pilotare tre capsule spaziali—Mercury, Gemini e Apollo.

Salvatore Leone (1970) è il primo Italo-americano a essere eletto Presidente del Borough di Brooklyn.

John Sirica (1974) è il giudice di grande successo nel processo *(trial)* Watergate. È onorato «Uomo dell'Anno» dal *Time Magazine*.

Ella Grasso (1974) è eletta governatrice del Connecticut. È la prima volta che una donna abbia quest'incarico negli Stati Uniti.

Alfonse D'Amato (1980) è il primo Italo-americano dello Stato di New York a essere senatore degli Stati Uniti.

Mario Cuomo (1982) viene eletto governatore dello Stato di New York e ci rimane fino al 1994.

Geraldine Ferraro (1984) è rappresentante al Congresso. Diventa la prima donna a essere nominata alla vicepresidenza degli Stati Uniti da un partito politico importante.

Antonin Scalia (1986) è nominato alla Corte Suprema degli Stati Uniti. È il primo Italo-americano ad arrivare a questo onore.

Robert Carlucci (1987) viene nominato assistente al Segretario di Stato degli Stati Uniti.

Peter Secchia (1989) è nominato ambasciatore all'Italia dal presidente Bush.

Joseph Bernardin (1989) è il primo cardinale Italo-americano della Chiesa cattolica degli Stati Uniti. Dirige l'arcidiocesi di Chicago.

Anthony Bevilacqua (1990) diventa il secondo cardinale Italo-americano.

Louis Freeh (1993) è nominato direttore della FBI.

Leon Panetta (1993), rappresentante dello stato della California, è nominato Direttore del Bilancio *(Budget)* dal presidente Clinton. Un anno dopo, è nominato *Chief of Staff*.

Rudolph Giuliani (1993) è eletto sindaco della città di New York.

PERSONAGGI NEL CAMPO DELL'INDUSTRIA E DELLA MEDICINA

Domenico Ghirardelli (1867) fonda la prima fabbrica di cioccolato degli Stati Uniti a San Francisco. La ditta *(firm)* continua ancora oggi a produrre il cioccolato ormai conosciuto in tutto il mondo.

Sylvestre Poli (1893) apre una sala cinematografica che a poco a poco cresce a centinaia di stabilimenti. Nel 1928 vende la sua catena di cinema a William Fox del *Twentieth Century Fox* per 30 milioni di dollari.

Amedeo Giannini (1904) fonda la Banca d'Italia a San Francisco e durante il terremoto del 1906 è di grande aiuto a chi perde la casa. Più tardi la banca diventa la *Bank of America*.

Amedeo Obici (1906), uomo d'affari, fonda la rinomata ditta *Planter's Peanuts* in Virginia. In America viene conosciuto come il «Re del nocciolino americano» *(Peanut King)*.

Giuseppe Gallo (1933) fonda una fattoria-ditta di vini nella Valle Napa in California con il nome di «Ernesto e Giulio Gallo». Oggi la ditta è una delle più grandi del mondo vinicolo *(winemaking)*.

Geno Paolucci (1970) fonda la ditta *Chun King Foods*.

Jack Frassanito (1972) riceve un brevetto *(patent)* per la sua invenzione del personal computer, usato oggi in tutto il mondo.

Lee Iacocca (1986) il «Padre della Mustang» della ditta Ford, poi presidente della ditta Chrysler, raccoglie *(raises)* milioni di dollari per restaurare la Statua della Libertà ed Ellis Island.

Edward Rensi è presidente e *Chief Executive Officer* della MacDonald Corporation.

Lucio Noto è direttore responsabile *(chairman)* e *CEO* della Mobil Corporation, la ditta numero quattro nell'industria del petrolio.

Anthony Fauci è direttore sia del *National Institute of Allergy and Infectious Diseases* che dell'Ufficio della Ricerca su AIDS. È rinomato come esperto mondiale nel campo dell'AIDS.

Nicholas Negroponte è direttore del *Media Laboratory* al *Massachusetts Institute of Technology*. È pioniere nel campo della ricerca in computer, multi-media e tecnologia avanzata.

Richard Grasso è presidente della *New York Stock Exchange*.

Joseph Antonini è stato presidente e *CEO* di K-Mart fino al 1995.

ESERCIZIO A

Scrivi la lettera della descrizione a destra che corrisponde correttamente al nome della colonna a sinistra.

1. Joseph Cataldo _____

2. Lee Iacocca _____

3. Don Gentile _____

4. Amedeo Giannini _____

5. Angelo Patri _____

6. Antonin Scalia _____

7. Walter Shirra _____

8. Mario Cuomo _____

9. Ella Grasso _____

10. Giulio Gallo _____

a. pilota nello spazio

b. «Padre della Mustang»

c. governatore dello stato di New York

d. governatrice del Connecticut

e. fonda ditta di vini nella Valle Napa in California

f. Gonzaga University

g. Corte Suprema

h. pilota della seconda guerra mondiale

i. la Banca d'Italia

j. preside di una scuola pubblica

ESERCIZIO B

Scrivi la lettera dell'espressione che completa correttamente le frasi seguenti.

1. La FBI fu fondata da _____
   a. John Basilone.   *b.* Charles Bonaparte.   *c.* Rocco Petrone.
   d. Joseph Alioto.

2. Novella Calderini fu la prima donna _____
   a. pilota.   *b.* governatore.   *c.* giudice.
   d. direttore della NASA.

3. Cesare Sabelli è conosciuto per _____
   a. essere stato sindaco.   *b.* essere stato ambasciatore.   *c.* essere stato eletto senatore.
   d. aver volato attraverso l'Atlantico.

4. Joseph Cataldo fondò _____

    a. la Georgetown University.   *b.* la Gonzaga University.   *c.* la Harvard University.
    d. il Massachusetts Institute of Technology.

5. Un sindaco di Augusta, in Georgia, fu _____

    a. Anthony Caminetti.   *b.* John Finizzi.   *c.* Andrew Longino.
    d. Rocco Petrone.

6. Il computer fu inventato da _____

    a. Francis Mugavero.   *b.* Romano Mazzoli.   *c.* Anthony Casamento.
    d. Jack Frassanito.

7. Un direttore della NASA è stato _____

    a. Rocco Petrone.   *b.* Charles Siringo.   *c.* Gaetano Lanza.
    d. Joseph Califano.

8. Rudolph Giuliani è stato _____

    a. governatore.   *b.* sindaco.   *c.* ambasciatore.
    d. senatore.

9. Il *Chief of Staff* del presidente Clinton è _____

    a. Rudolph Giuliani.   *b.* Frank Carlucci.   *c.* Leon Panetta.
    d. Louis Freeh.

10. Il primo cardinale italo-americano è _____

    a. Joseph Bernardin.   *b.* Cesare Sabelli.   *c.* John Basilone.
    d. John Volpe.

ESERCIZIO C

Indica il campo o il settore in cui le persone seguenti hanno contribuito alla storia degli Stati Uniti: medicina, politica, religione, industria.

1. Andrew Longino _____

2. Lee Iacocca _____

3. John Pastore _____

4. Joseph Califano _____

5. Joseph Alioto _____

6. Edward Rensi _____

7. Michael Di Salle _____

8. Geraldine Ferraro _____

9. Peter Secchia _____

10. Frank Monteverdi _____

11. Joseph Rosati _____

12. Anthony Bevilacqua _____

13. Domenico Ghirardelli _____

14. Giuseppe Gallo _____

15. John Sirica _____

16. John Volpe _____

ESERCIZIO D

Identifica chi sono le persone seguenti.

1. un governatore del Rhode Island _____

2. un sindaco di San Francisco _____

3. un governatore dello stato di Ohio _____

4. il primo Italo-americano a essere eletto al
Congresso _____

5. l'autore di *Texas Cowboy* _____

6. considerato il padre della città di Spokane _____

7. il primo Italo-americano dello stato di New York
a essere eletto al Senato degli Stati Uniti _____

8. l'unico Italo-americano a volare nello spazio
finora _____

9. «Re del nocciolino americano» _____

10. la prima donna ad avere l'incarico di governare
uno stato degli Stati Uniti _____

11. Ministro dei Trasporti nominato dal presidente
Reagan _____

12. il primo vescovo della diocesi di St. Louis _____

13. la persona chiamata «*a one-man army*» _____

14. presidente della *New York Stock Exchange* _____

15. il pilota che atterrò trenta aerei tedeschi _____

16. il primo vescovo italo-americano della diocesi di Brooklyn

_____

17. il giudice durante il processo Watergate

_____

18. la persona che fondò una famosa ditta di cioccolato

_____

19. il *Chairman* della Mobil Corporation

_____

20. direttore del *National Instiute of Allergy and Infectious Diseases*

_____

PERSONAGGI NEL CAMPO DELLO SPORT

Mario Andretti, uno dei più grandi personaggi del mondo della corsa automobilistica, vince la sua prima Indy 500 nel 1969 stabilendo un nuovo record Grand Prix nel 1978. I suoi due figli, **Michael** e **Jeff** sono stati onorati come *Rookie of the Year,* il primo nel 1984 e il secondo nel 1991.

Eddie Arcaro vince due volte la *Triple Crown* e cinque corse della Kentucky Derby nel campo della corsa ippica *(horse racing).* In tutto vince 4,779 corse ed è stato eletto alla *Hall of Fame* ippica.

Lawrence «Yogi» Berra, spettacoloso *catcher* dei *New York Yankees* dal 1946 al 1962, stabilisce un record per il maggior numero di colpi nelle serie mondiali: settantun colpi. Gli viene dato il premio *Most Valuable Player* tre volte ed è eletto alla *Hall of Fame* nel 1967.

Angelo Bertelli, grande giocatore di football a Notre Dame, è uno dei vincitori del prestigioso *Heisman Award.*

Brian Boitano vince la medaglia d'oro per il pattinaggio su ghiaccio ai Giochi Olimpici del 1988.

Lou Carnesecca, era allenatore *(coach)* della squadra di pallacanestro della *Saint John's University* e qualche anno fa è stato eletto alla *Basketball Hall of Fame.*

Andrea Carniglione, conosciuto come *Fireman Jim Flynn* nel mondo del pugilato *(boxing),* è l'unico a sconfiggere Jack Dempsey per fuori combattimento *(knockout)* nel 1917.

«Red» De Bernardi, il primo Italo-americano eletto alla *Basketball Hall of Fame.*

Joe Di Maggio, il *Yankee Clipper,* giocatore di baseball con i *New York Yankees* dal 1935 al 1951, è considerato il più grande giocatore del primo mezzo secolo della storia di quello sport. Vince il premio *Most Valuable Player* nel 1939, 1941 e 1947. Nel 1941 stabilisce un record ancora non superato, quello di segnalare almeno un colpo *(hit)* in cinquantasei partite consecutive. È stato eletto alla *Hall of Fame* nel 1955.

Mike Eruzione è capitano della squadra olimpica americana di hockey che vince la medaglia d'oro a Lake Placid nel 1980.

Linda Frattiane è la prima Italo-americana a vincere il campionato americano e quello mondiale nel campo del pattinaggio su ghiaccio *(ice skating).* Vince la medaglia d'argento ai Giochi Olimpici del 1980.

Joe Garagiola, giocatore di baseball per cinque anni, è poi diventato annunciatore alla radio e alla televisione. Ha vinto *Sportscaster of the Year* e il *Peabody Award;* riceve anche un *Emmy* per il suo lavoro.

A. Bartlett Giamatti, Rettore della Yale University e studioso del Rinascimento, fa il Commissario del Baseball dal 1987 al 1989.

Rocky Graziano è campione peso medio *(middle weight)* del pugilato dal 1947 al 1948.

Tony La Russa è allenatore degli *Oakland A's* nel campo del baseball.

Tommy La Sorda è allenatore dei *Los Angeles Dodgers* nel campo del baseball.

Lou Little (Luigi Piccolo), famoso allenatore di football alla Georgetown University e poi alla Columbia University negli anni Trenta e Quaranta.

Vince Lombardi, allenatore della squadra *Green Bay Packers,* campioni mondiali di football che avevano vinto le prime due partite della *Super Bowl,* è eletto alla *Football Hall of Fame* nel 1971. Il trofeo per la squadra campione della *Super Bowl* porta il suo nome.

Hank Luisetti, fra i più celebri giocatori di pallacanestro al livello professionista, è nominato il più grande giocatore dello sport ben due volte. È il secondo più grande giocatore dei primi cinquant'anni dello sport, negli anni Cinquanta.

Rocky Marciano (Rocco Marchegiano), detto il «*Brockton Blockbuster*» essendo di Brockton, nel Massachusetts, è l'unico campione mondiale dei pesi massimi *(heavy weight)* del pugilato che non era mai stato sconfitto durante gli anni Cinquanta. Vince 49 vittorie.

Dan Marino, *quarterback* dei *Miami Dolphins* nel campo di football, è considerato fra i migliori giocatori di questo sport.

Joe Montana, considerato da molti il migliore giocatore di football di tutti i tempi, frequentò l'Università di Notre Dame dove vinse l'*Heisman Award*. Poi è eletto l'Atleta del Decennio *(decade)* 1980–88. Ha giocato per i *San Francisco '49ers* e per i *Kansas City Chiefs.*

Joe Paterno, allenatore della squadra di football della Penn State, è considerato uno dei migliori allenatori nella storia di questo sport.

Rick Pitino è allenatore di pallacanestro all'Università del Kentucky.

Mary Lou Retton è la prima Americana a vincere una medaglia d'oro in *all around Olympics Gymnastics* nel 1984.

Phil Rizzuto, grande *shortstop* dei *New York Yankees* dal 1941 al 1956, vince il premio *Most Valuable Player* nel 1950 e viene eletto alla *Hall of Fame* nel 1994.

Paul Tagliabue è Commissario della Lega Nazionale di Football degli Stati Uniti.

Vinny Testaverde, ha anche ricevuto l'*Heisman Award,* in quanto il migliore giocatore al livello universitario quando giocava con la Miami University in Florida.

Gino Torretta è un più recente vincitore dell'*Heisman Award* (1993), quando giocava per la Miami University.

Jim Valvano, famoso allenatore della squadra di pallacanestro della North Carolina University che vince il torneo NCAA nel 1983.

Altri Italo-americani hanno anche contribuito in gran modo in questi, e in altri sport come hockey, bowling, golf, la lotta libera *(wrestling).* Per i nomi di questi, si raccomanda l'opuscolo *(booklet) Our Italian Heritage,* Commission of Social Justice, Order Sons of Italy in America, Grand Lodge of the State of New York, Bellmore, NY; Frank Scarano, ed., 1994.

ESERCIZIO E

Scrivi la lettera dell'espressione che completa correttamente le frasi seguenti.

1. L'allenatore famoso di pallacanestro della squadra della *Saint John's University* è   _____

    a. Eddie Arcaro.   *b.* Lou Carnesecca.   *c.* Vince Lombardi.

    d. Gino Torretta.

2. Un vincitore dell'*Heisman Award* è   _____

    a. Vinny Testaverde.   *b.* Lou Little.   *c.* Joe Di Maggio.

    d. Joe Garagiola.

3. Mario Andretti ha vinto   _____

    a. la medaglia d'oro.   *b.* la Indy 500.   *c.* l'*Heisman Award.*

    d. la *Super Bowl.*

4. Vince Lombardi è un famoso allenatore di   _____

    a. pallacanestro.   *b.* baseball.   *c.* football.

    d. hockey.

5. Il *Yankee Clipper* è il nomignolo *(nickname)* dato a _____
    a. Joe Paterno.   *b.* Joe Di Maggio.   *c.* Angelo Bertelli.
    d. Jim Valvano.

6. Linda Frattiane è nota per _____
    a. il pattinaggio su ghiaccio.   *b.* la corsa ippica.   *c.* la ginnastica.
    d. il pugilato.

7. Un campione dei pesi medi nel pugilato è stato _____
    a. Rocky Marciano.   *b.* Tommy La Sorda.   *c.* Tony La Russa.
    d. Rocky Graziano.

8. Paul Tagliabue è attivo nel campo _____
    a. di baseball.   *b.* di pallacanestro.   *c.* di football.
    d. del pattinaggio su ghiaccio.

9. Eletto nel 1967 alla *Baseball Hall of Fame* è _____
    a. Joe Di Maggio.   *b.* Phil Rizzuto.   *c.* Yogi Berra.
    d. Joe Montana.

10. A vincere una medaglia d'oro per la ginnastica è _____
    a. Dan Marino.   *b.* Mike Eruzione.   *c.* Linda Frattiane.
    d. Mary Lou Retton.

ESERCIZIO F

Scrivi la lettera delle parole a destra che corrisponde al nome del personaggio della colonna a sinistra.

1. A. Bartlett Giamatti _____	*a.* Rocco Marchegiano
2. Gino Torretta _____	*b.* Commissario di football
3. Rocky Marciano _____	*c.* corsa ippica
4. Brian Boitano _____	*d.* il baseball
5. Paul Tagliabue _____	*e.* Commissario di baseball
6. Eddie Arcaro _____	*f.* l'hockey
7. Hank Luisetti _____	*g.* la pallacanestro
8. Yogi Berra _____	*h.* medaglia d'oro
9. Mike Eruzione _____	*i.* *Heisman Award*
10. Mario Andretti _____	*j.* corsa utomobilistica

ESERCIZIO G

Indica lo sport per il quale sono celebri i personaggi seguenti.

1. Joe Garagiola _____

2. Jim Valvano _____

3. Joe Montana _____

4. Tony La Russa _____

5. Eddie Arcaro _____

6. Dan Marino _____

7. Hank Luisetti _____

8. Lou Little _____

9. Andrea Carniglione _____

10. «Red» De Bernardi _____

11. Rick Pitino _____

12. Joe Paterno _____

13. Mike Eruzione _____

14. Gino Torretta _____

15. Angelo Bertelli _____

PERSONAGGI NEL CAMPO DELLO SPETTACOLO

Tony Bennett (Antonio Benedetto) è un cantante popolare la cui fama perdura *(lasts)* dai primi anni del 1950 fino ad oggi.

Frank Capra è un rinomato regista e vincitore di alcuni premi Oscar per i suoi film, fra i quali *It's a Wonderful Life, Meet John Doe, Mr. Deeds Goes to Town.*

Russ Colombo è un cantante popolare degli anni Trenta e Quaranta.

Francis Ford Coppola è considerato uno dei più grandi registi americani, noto per i suoi film *The Godfather* e *Apocalypse Now.*

Jimmy Durante era un grande comico della televisione, del cinema, del teatro di varietà *(vaude-*ville)* e della radio negli anni 1920-1960.

Nick La Rocca, creatore della *Original Dixieland Jazz Band* a New Orleans, è considerato da molti, incluso il grande Louis Armstrong, il padre del jazz.

Mario Lanza (Alfred Cocozza), grande tenore del cinema americano negli anni Cinquanta, canta e recita in parecchi film musicali. Molti lo considerano il Caruso americano.

Henry Mancini, grande musicista e compositore, ha scritto canzoni famose per parecchi film, fra i quali *The Glen Miller Story* e *Breakfast at Tiffany's.* Ha ricevuto parecchi Oscar per la sua musica contemporanea.

Chuck Mangione è noto trombettista, compositore e direttore d'orchestra. Ha scritto la musica per le Olimpiadi del 1980.

Dean Martin (Dino Crocetti) è un cantante

rimasto popolare da quando iniziò a cantare nei film degli anni Cinquanta.

Chaz Palminteri è uno scrittore e attore di film contemporanei. Ha scritto il film *The Bronx Tale,* in cui ha anche recitato *(acted)*.

George Reeves (George Basselo) recitò la parte di Superman—conosciuto in Italia come *Nembo Kid*—alla televisione negli anni Cinquanta.

Martin Scorsese è un rinomato regista di film come *Raging Bull, Taxi Driver, Mean Streets, Age of Innocence.*

Frank Sinatra è considerato il più grande *entertainer* del mondo dello spettacolo. Vince un Oscar

per la sua parte nel film *From Here to Eternity.* Rimane popolare da quando incominciò a cantare nei primi anni del 1940 fino ad oggi.

Gay Talese, autore internazionale, ha scritto molti libri di gran successo, fra i quali *The Bridge, Thy Neighbor's Wife* e *The Kingdom and the Power.*

Quentin Tarantino, giovane scrittore, è anche regista e attore del cinema e della televisione degli anni 1990.

John Turturro è un giovane regista e attore della televisione e del cinema degli anni 1990.

Harry Warren (Salvatore Guaragna) è un noto compositore di canzoni, molte delle quali sono

state cantate in parecchi film americani. Vince tre Oscar per il suo lavoro.

ESERCIZIO H

Scrivi la lettera delle parole a destra che corrisponde al nome del personaggio della colonna a sinistra.

1. Frank Capra	_____
2. George Reeves	_____
3. Henry Mancini	_____
4. Nick La Rocca	_____
5. Francis Ford Coppola	_____
6. Chuck Mangione	_____
7. Mario Lanza	_____
8. Jimmy Durante	_____
9. Tony Bennett	_____
10. Martin Scorsese	_____

a. padre del jazz

b. trombettista

c. comico

d. *The Godfather*

e. compositore

f. cantante

g. *Superman*

h. *Mean Streets*

i. *Meet John Doe*

j. tenore

ESERCIZIO I

Scrivi il nome originale delle persone seguenti.

1. Dean Martin _____

2. Harry Warren _____

3. George Reeves _____

4. Mario Lanza _____

5. Tony Bennett _____

ESERCIZIO J

Indica in poche parole qualcosa per cui le persone seguenti sono celebri.

1. Chaz Palminteri _____

2. Harry Warren _____

3. Russ Colombo _____

4. Frank Sinatra _____

5. Quentin Tarantino _____

6. John Turturro _____

7. Gay Talese _____

8. Frank Capra _____

9. Henry Mancini _____

10. Mario Lanza _____

Civilization Quiz

A. *Scegli l'espressione che completa la frase.*

1. L'italiano è una lingua _____
   - *a.* meridionale.
   - *b.* anglosassone.
   - *c.* latina.
   - *d.* rumena.

2. L'Emilia-Romagna è _____
   - *a.* una lingua.
   - *b.* una regione.
   - *c.* una provincia.
   - *d.* un formaggio.

3. Il Giro d'Italia è _____
   - *a.* una corsa di bicicletta.
   - *b.* un'opera lirica.
   - *c.* un romanzo.
   - *d.* un film neorealistico.

4. Assisi è il luogo natio di _____
   - *a.* Sant'Antonio.
   - *b.* Dante Alighieri.
   - *c.* Giacomo Leopardi.
   - *d.* San Francesco.

5. Romolo e Remo erano _____
   - *a.* i fondatori di Roma.
   - *b.* registi.
   - *c.* imperatori.
   - *d.* poeti.

6. *Amarcord* è _____
   - *a.* un romanzo.
   - *b.* una poesia.
   - *c.* un quadro.
   - *d.* un film.

7. Gioacchino Rossini compose _____
   - *a.* *La Sonnambula.*
   - *b.* *Guglielmo Tell.*
   - *c.* l'*Aïda.*
   - *d.* *Tosca.*

8. La Valle Padana è importante per _____
   - *a.* il riso.
   - *b.* il grano.
   - *c.* la frutta.
   - *d.* il bestiame.

9. Un noto scultore del Seicento è _____
   - *a.* Gian Battista Tiepolo.
   - *b.* Tintoretto.
   - *c.* Lorenzo Ghiberti.
   - *d.* Giovanni Lorenzo Bernini.

10. Evangelista Torricelli inventò _____
    - *a.* il barometro.
    - *b.* il pendolo.
    - *c.* la catena nucleare.
    - *d.* la radio.

11. Un noto pittore fiorentino è
    a. Andrea Mantegna. *b.* Tiziano Vecellio. *c.* Cimabue.
    d. Giovanni Bellini.

12. Una persona che ha vinto il Premio Nobel per la medicina è
    a. Giosuè Carducci. *b.* Grazia Deledda. *c.* Galileo Galilei.
    d. Rita Levi Montalcini.

13. Le Alpi dividono l'Italia
    a. dalla Germania. *b.* dall'Austria. *c.* dalla Grecia.
    d. dalla Spagna.

14. La cupola del Duomo di Firenze è un'opera di
    a. Leonardo da Vinci. *b.* Michelangelo Buonarroti. *c.* Filippo Brunelleschi.
    d. Raffaello Sanzio.

15. Genova è il capoluogo
    a. del Lazio. *b.* della Calabria. *c.* delle Marche.
    d. della Liguria.

16. «Il Gran Tavoliere» si trova
    a. in Lombardia. *b.* in Puglia. *c.* in Sardegna.
    d. nel Veneto.

17. L'Anniversario della Repubblica è festeggiato
    a. l'8 dicembre. *b.* il 15 agosto. *c.* il 2 giugno.
    d. l'11 gennaio.

18. Ogni giorno, agli Italiani piace spesso andare
    a. al bar. *b.* all'opera. *c.* al teatro.
    d. ai concerti.

19. Subito dopo la seconda guerra mondiale, Alcide De Gasperi divenne
    a. presidente. *b.* primo ministro. *c.* re.
    d. ambasciatore.

20. Amedeo Modigliani è rinomato per
    a. le sue figure lunghe. *b.* il suo pessimismo. *c.* le sue statue.
    d. i suoi romanzi.

21. Oltre al calcio, gli Italiani s'interessano
    a. al baseball. *b.* al football americano. *c.* al ciclismo.
    d. al rugby.

22. Paolo Veronese è un noto pittore della scuola di
    a. Firenze.   *b.* Verona.   *c.* Roma.
    d. Venezia.
    _____

23. Il film neorealistico mostra la vita
    a. lussuosa dei ricchi. *b.* borghese dei politici. *c.* semplice dei lavoratori.
    d. rustica dei contadini.
    _____

24. Oltre a essere attore, Vittorio De Sica era
    a. scultore.   *b.* regista.   *c.* cantante.
    d. pittore.
    _____

25. La cupola di San Pietro fu disegnata da
    a. Raffaello Sanzio. *b.* Michelangelo Buonarroti. *c.* Leonardo da Vinci.
    d. Filippo Brunelleschi.
    _____

B. *Scegli la risposta corretta.*

1. Capolavoro di Giovanni Boccaccio:
   a. La divina commedia *b. Il Canzoniere* *c.* il *Decameron*
   d. I *Canti*
   _____

2. Costa Smeralda:
   a. la Liguria   *b.* il Veneto   *c.* la Sicilia
   d. la Sardegna
   _____

3. Bar:
   a. caffè   *b.* cena   *c.* taverna
   d. discoteca
   _____

4. Si festeggia il 6 gennaio:
   a. l'Epifania   *b.* Ognissanti   *c.* Ferragosto
   d. la Pasquetta
   _____

5. Scultore:
   a. Carlo Carrà   *b.* Nicola Pisano   *c.* Donato Bramante
   d. Tintoretto
   _____

6. Bologna:
   a. capitale d'Italia *b.* centro della moda *c.* capoluogo delle Marche
   d. centro gastronomico
   _____

7. Coltivazione di ortaggi:
   a. la Puglia   *b.* la Toscana   *c.* l'Umbria
   d. la Campania
   _____

8. Scuola Magistrale:
   - *a.* giudici
   - *b.* insegnanti
   - *c.* avvocati
   - *d.* ingegneri

   _____

9. Beatrice:
   - *a.* Dante Alighieri
   - *b.* Giovanni Boccaccio
   - *c.* Francesco Petrarca
   - *d.* Giacomo Leopardi

   _____

10. Regista:
    - *a.* Torquato Tasso
    - *b.* Renato Guttuso
    - *c.* Pier Paolo Pasolini
    - *d.* Luigi Pirandello

    _____

11. Commediografo veneto:
    - *a.* Giuseppe Parini
    - *b.* Carlo Goldoni
    - *c.* Vittorio Alfieri
    - *d.* Luigi Pirandello

    _____

12. Premio Nobel:
    - *a.* Eugenio Montale
    - *b.* Ludovico Ariosto
    - *c.* Alessandro Manzoni
    - *d.* Tommaso Campanella

    _____

13. Ultimo re d'Italia:
    - *a.* Carlo Magno
    - *b.* Umberto I
    - *c.* Carlo Alberto
    - *d.* Vittorio Emanuele III

    _____

14. Pittore:
    - *a.* Roberto Rossellini
    - *b.* Benvenuto Cellini
    - *c.* Renzo Piano
    - *d.* Masaccio

    _____

15. Neorealismo:
    - *a.* Franco Zeffirelli
    - *b.* Vittorio Taviani
    - *c.* Vittorio De Sica
    - *d.* Lina Wertmüller

    _____

16. La FIAT:
    - *a.* la Lombardia
    - *b.* il Piemonte
    - *c.* la Basilicata
    - *d.* l'Umbria

    _____

17. Patti Laterani:
    - *a.* il Vaticano
    - *b.* la Francia
    - *c.* San Marino
    - *d.* la Comunità Europea

    _____

18. Il volgare:
    - *a.* lingua degli intellettuali
    - b. lingua degli Etruschi
    - c. lingua del popolo
    - *d.* dialetto moderno

    _____

19. Commissario del baseball:
    - *a.* A. Bartlett Giamatti
    - *b.* Paul Tagliabue
    - *c.* Charles Siringo
    - *d.* Rudolph Giuliani

    _____

20. Musica polifonica: _____
   a. Claudio Monteverdi   *b.* Domenico Scarlatti   *c.* Jacopo Peri
   d. Pier Luigi da Palestrina

21. Corsa automobilistica: _____
   a. Rocky Graziano   *b.* Mario Andretti   *c.* Rocco Petrone
   d. Eddie Arcaro

22. Drammaturgo: _____
   a. Giacomo Leopardi   *b.* Alessandro Manzoni   *c.* Giovanni Verga
   d. Luigi Pirandello

23. Parole affini: _____
   a. stessa origine   *b.* parole opposte   *c.* parole in rime
   d. termini maschili

24. Spumante: _____
   a. cibo   *b.* vino   *c.* pasta
   d. pesce

25. Scienziato: _____
   a. Ignazio Gardella   *b.* Joe Garagiola   *c.* Lazzaro Spallanzani
   d. Gae Aulenti

C. *Scegli l'espressione che completa la frase.*

1. Gli Appennini attraversano l'Italia _____
   a. al nord.   *b.* al sud.   *c.* dal nord al sud.
   d. dall'ovest all'est.

2. Il pittore che dipinse la *Nascita di Venere* è _____
   a. Sandro Botticelli.   *b.* Paolo Uccello.   *c.* Giotto.
   d. Andrea Mantegna.

3. Giovanni Verga è noto come _____
   a. poeta.   *b.* romanziere.   *c.* commediografo.
   d. drammaturgo.

4. La Banca d'Italia a San Francisco fu fondata da _____
   a. Amedeo Obici.   *b.* Domenico Ghirardelli.   *c.* Geno Paolucci.
   d. Amedeo Giannini.

5. Ottimo Respighi è noto per _____
   a. i suoi *Canti.*   *b.* le sue sinfonie.   *c.* le sue opere.
   d. la sua voce.

6. Il vulcano più attivo dell'Italia è _____

    a. lo Stromboli.   *b.* il Vesuvio.   *c.* l'Etna.

    d. il Monte Rosa.

7. Il primo maggio si festeggia _____

    a. la Festa del Lavoro.   *b.* l'Epifania.   *c.* la Pasquetta.

    d. l'Anniversario della Repubblica.

8. Per diplomarsi dai licei o dagli istituti, gli studenti italiani devono superare _____

    a. la laurea.   *b.* l'esame di ricerca.   *c.* l'esame del dottorato.

    d. l'esame di maturità.

9. Il fiume che attraversa Firenze e Pisa è _____

    a. il Tevere.   *b.* l'Adige.   *c.* l'Arno.

    d. il Po.

10. Oltre a Cimabue, il fondatore della Scuola fiorentina fu _____

    a. Giotto.   *b.* Leonardo da Vinci.   *c.* Raffaello Sanzio.

    d. Michelangelo Buonarroti.

11. Lo scienziato che inventò la pila elettrica è _____

    a. Gerty Cori.   *b.* Alessandro Volta.   *c.* Galileo Galilei.

    d. Daniele Bovet.

12. Il «Yankee Clipper» è _____

    a. Joe Garagiola.   *b.* Yogi Berra.   *c.* Joe Di Maggio.

    d. Phil Rizzuto.

13. Un eroe del Risorgimento italiano è _____

    a. Benito Mussolini.   *b.* Enrico Caruso.   *c.* Alcide De Gasperi.

    d. Giuseppe Garibaldi.

14. Un altro nome per il settentrione è _____

    a. il nord.   *b.* il sud.   *c.* l'oriente.

    d. l'occidente.

15. *L'Annunciazione* è un dipinto di _____

    a. Masaccio.   *b.* Fra Angelico.   *c.* Fra Filippo Lippi.

    d. Paolo Uccello.

16. Carl e Gerty Cori sono conosciuti per il loro lavoro nel campo _____

    a. della musica.   *b.* dello sport.   *c.* della scienza.

    d. dell'architettura.

17. Oltre all'Italia, l'italiano viene parlato anche _____

    a. in Germania.   *b.* in Inghilterra.   *c.* in Austria.

    d. in Svizzera.

18. «Lo scoppio del carro» ha luogo   _____
    a. il Venerdì Santo.   b. a Pasqua.   c. il Sabato Santo.
    d. a Natale.

19. Il Ferragosto si celebra   _____
    a. il 15 agosto.   b. il 2 giugno.   c. il 25 dicembre.
    d. il primo maggio.

20. Antonio Vivaldi ha composto   _____
    a. *Moto perpetuo.*   b. *Quattro stagioni.*   c. *La serva padrona.*
    d. *Semiramide.*

21. Luchino Visconti è noto per   _____
    a. i suoi dipinti.   b. le sue chiese.   c. le sue statue.
    d. i suoi film.

22. Roma fu inizialmente chiamata   _____
    a. la Superba.   b. la Città Quadrata.   c. la Serenissima.
    d. la regina del Mediterraneo.

23. L'autore del romanzo *Le piccole virtù* è   _____
    a. Alba Cèspedes.   b. Grazia Deledda.   c. Natalia Ginzburg.
    d. Fausta Cialente.

24. Il romanticismo ebbe i suoi grandi scrittori durante   _____
    a. l'Ottocento.   b. il Trecento.   c. il Novecento.
    d. il Settecento.

25. Il grande pittore naturalista del Seicento è   _____
    a. Paolo Veronese.   b. Caravaggio.   c. Tintoretto.
    d. Canaletto.

Part five

Comprehensive Testing:
Speaking, Listening, Reading, Writing

1. SPEAKING: ORAL COMMUNICATION TASKS [24 points]

Your teacher will administer two communication tasks. Each task prescribes a simulated conversation in which you play yourself and the teacher assumes the role indicated in the task.

Each task requires six utterances on your part. An utterance is any spoken statement that is comprehensible and appropriate and leads to accomplishing the stated task. Assume that in each situation you are speaking with a person who speaks Italian.

2. LISTENING COMPREHENSION

2a Multiple Choice (English) [18 points]

Part 2a consists of nine questions. For each question, you will hear some background information in English. Then you will hear a passage in Italian *twice,* followed by a question in English. Listen carefully. After you have heard the question, read the question and the four suggested answers in your book. Choose the best suggested answer and write its number in the space provided.

1   What is this man celebrating?   _____
   1. His birthday.   3. His anniversary.
   2. His name day.   4. His promotion.

2   How did the participant receive this title?   _____
   1. By taking a national exam.
   2. By demonstrating her ability at work.
   3. By receiving good marks from her superiors.
   4. By supervising the exam for private secretaries.

3   What type of gift has become popular?   _____
   1. Unusual pets.   3. A gift for apparel.
   2. Something made by oneself. 4. A hand-written greeting card.

4   Why is this city famous?   _____
   1. For its antiques.   3. For being a medieval city.
   2. For being in Emilia-Romagna. 4. For its university.

5   When is this holiday celebrated?   _____
   1. In the winter.   3. In the fall.
   2. In the summer.   4. In the spring.

6   What is the weather forecast?   _____
   1. It will be cold.   3. It will be nice.
   2. It will be cloudy.   4. It will be humid.

7   What have you learned about Italians?   _____
   1. They are quite studious.
   2. They rest in the afternoon.
   3. They shop early in the morning.
   4. They do not like to shop in department stores.

8   When did this artist begin to paint?   _____
   1. As an adult.
   2. When he began to paint the Sistine Chapel.
   3. After he visited Rome.
   4. As a teenager.

9   What is the purpose of this object?   _____
   1. To improve reading skills.   3. To teach writing skills.
   2. To communicate.   4. To phone a friend.

2b Multiple Choice (Italian) [12 Points]

Part 2b consists of six questions. For each question, you will hear some background information in English. Then you will hear a passage in Italian, *twice,* followed by a question in Italian. Listen carefully. After you have heard the question, read the question and the four suggested answers in your book. Choose the best suggested answer and write its number in the space provided.

1   Come sappiamo che sia arrivata la primavera?   _____
   1. Spuntano i fiori.   3. Comincia il caldo.
   2. Le strade sono affollate.   4. Non c'è nessuno in ufficio.

2   Cosa consigliano questi medici?   _____
   1. Che la madre abbracci il bambino.
   2. Che il marito abbracci la moglie.
   3. Che il dottore abbracci il neonato.
   4. Che i neonati si abbraccino.

3   A che cosa serve questa pentola?   _____
   1. A cucinare in fretta.   3. A cucinare senza condimenti ingrassanti.
   2. A preparare piatti complicati. 4. A preparare il sugo.

4   Secondo il medico, perchè è importante l'acqua?   _____
   1. Purifica il corpo.   3. È un elemento naturale.
   2. Non costa niente.   4. Possiamo berne quanto ne vogliamo.

5   Di quale invenzione ti parla il tuo amico?   _____
   1. Un orologio-radio.   3. Un orologio che controlla la pressione.
   2. Un orologio-Tv.   4. Un orologio a pendolo.

6   Perchè è popolare quest'acconciatura di capelli?   _____
   1. È più facile da mantenere.   3. Si deve andare spesso dal parrucchiere.
   2. È il taglio preferito dai giovani. 4. I capelli si devono lavare più spesso.

3. READING COMPREHENSION

3a Long Connected Passage [10 Points]

Part 3a consists of a passage followed by five questions or incomplete statements in Italian. For each, choose the expression that best answers the question or completes the statement *according to the meaning of the passage* and write its *number* in the space provided.

Firenze per me, tutto sommato, rappresenta la vitalità, la confusione e il colore che trovo nel mio quartiere, il quartiere di Santa Croce. In questi sei mesi, da dicembre a oggi mi sono affezionata moltissimo a questo quartiere pieno di entusiasmo e di vita, ricco di odori, di suoni e di spettacoli. A lasciarlo, non ci posso neanche pensare. Me ne sono innamorata; ho bisogno di stare sempre dentro i confini di queste stradine, di questi palazzi, tra queste facce ormai familiari, che fanno parte del mio piccolo mondo.

Ogni giorno faccio il solito pellegrinaggio—le stesse stradine, il solito caffè, il mio panificio preferito, il fruttivendolo dell'angolo, la piccola macelleria. Ogni giorno ho bisogno di rinnovare i miei contatti con l'ambiente; ho bisogno di vedere risvegliare il quartiere, di osservare gli scambi di parole e di gesti, così precisi, sinceri e animati.

Comincio il viaggio la mattina presto. La mia prima sosta è quella più lontana, il Bar Daria. E lì che ho imparato a conoscere il cappuccino e il cornetto caldo cosparso di zucchero. Vado là e poi torno a casa. Mi spiego: siccome mi alzo alle 7,30, dove posso andare a quell'ora? A quel bar c'è molta conversazione. Si parla della squadra di calcio fiorentina, del governo e dell'economia. Ormai, ascoltando i Fiorentini, la cadenza della loro lingua regionale mi s'è incisa in mente.

1 Com'è descritto il quartiere di Santa Croce? _____
   1. C'è molta quiete e tanto silenzio.   3. È molto animato.
   2. C'è una gran quantità di fiori.   4. È poco frequentato.

2 Che cosa ci confessa la scrittrice riguardo al suo quartiere? _____
   1. Non le piacciono le strade strette.
   2. Non vuole lasciarlo.
   3. Vuole aprire un negozio là.
   4. Si sente molto rinchiusa.

3 Che cosa fa ogni giorno? _____
   1. Cerca di aiutare i turisti.
   2. Cambia il percorso delle strade.
   3. Visita alcuni vecchi amici.
   4. Gira per osservare il quartiere.

4 Perchè fa la prima colazione al Bar Daria? _____
   1. È molto vicino.
   2. Le piace guardare e ascoltare la gente.
   3. Ci spende poco.
   4. Ci incontra il fidanzato.

5 A che cosa si è abituata? _____
   1. Al dialetto toscano.   3. Ai giornali locali.
   2. Alla politica italiana.   4. Alla moneta italiana.

3b Short Readings (Multiple Choice, English) [10 Points]

Part 3b consists of five short readings. For each selection, there is a question or incomplete statement in English. For each, choose the expression that best answers the question or completes the statement and write its number in the space provided. Base your choice on the content of the reading selection.

1 When does this tour take place?

1. Every two hours.
2. When the cassettes are ready.

3. Whenever the tourist decides.
4. Two times a week.

Da oggi le telefonate di casa o di ufficio le porti dove vuoi tu.

Così non perdi neanche una chiamata.

Pensa alla comodità di andare a casa di amici, passare una giornata al circolo o magari metterti in viaggio, sapendo che quella telefonata importante, di lavoro o di famiglia, che aspetti in ufficio o in casa, verrà automaticamente deviata presso il numero che decidi tu—la casa di amici, il circolo o il telefonino.

Senza mai dover dare questi numeri a nessuno.

Per installare il trasferimento di chiamata, chiama il 187. Avrai modalità e costi di servizio.

2 What is a special feature of this phone?

1. It will not cost too much.
2. You will never miss a phone call.

3. Easy access to your friends.
4. The installation is free.

Abbiamo Fatto MilleMiglia Per Conoscervi

Con la nuova carta di credito MilleMiglia sarete sempre riconosciuti come passeggeri speciali—vi sarà riservato il posto a bordo che desiderate e il pasto che preferite.

La linea aerea *Italia Air* raggiunge 115 destinazioni nel mondo. E sono tutte destinazioni che vi permettono di vincere, perchè con ogni volo accumulerete punti per ottenere viaggi aerei gratuiti.

La registrazione dei punti sarà automatica quando comprate il biglietto.

3   To what does this card entitle you?

    1. A possible free flight.   3. Free registration.

    2. A first-class seat.   4. A deluxe lunch on board.

Marco Semproni   Annalisa Pietrangelo

annunciano il loro matrimonio

Chiesa Parrocchiale di San Michele

Verona, via Mazzini, 47

23 settembre 1997—Ore 16,30

Dopo la cerimonia, gli sposini assieme ai genitori di Marco e di Annalisa saranno lieti di salutare parenti e amici all'Albergo Excelsior di Verona.

4   What will take place after the ceremony?

    1. The parents of the bride will greet the parents of the groom.

    2. The bride and groom will say good-bye to their parents.

    3. Everyone will go home.

    4. The parents and the couple will greet everyone.

GLI «AEROPORTI DI ROMA»

sono felici di offrirvi, all'occasione del
vostro viaggio, un ricordo dell'Italia.

*Il ricordo vi sarà consegnato gratis su presentazione
di questo annuncio e della vostra carta d'imbarco in qualsiasi
boutique duty-free nella zona franca del terminal.*

È permesso soltanto un regalo per passeggero.

5 To what does this card entitle you? _____
   1. A free gift.
   2. A discount on souvenir items.
   3. Use of the duty-free shop.
   4. A transfer from the airport to your hotel.

3c Slot Completion [10 Points]

For the following passage, there are five blank spaces numbered 1 through 5. Each blank represents a missing word or expression. For each blank space, four possible completions are provided. Only one of them makes sense in *the context of the passage.*

First, read the passage in its entirety to determine its general meaning. Then read it a second time. For *each* blank space, choose the completion that makes the best sense and write its *number* in the space provided.

La passione per la pesca è una febbre che ogni anno contagia milioni di persone. Basta chiedere a tutte le mogli infelici che hanno sposato degli appassionati di pesca. L'unico argomento di conversazione del loro ____(1)____è i pesci, nient'altro che pesci, sempre pesci.

A tavola adopera piatti decorati con pesciolini, porta indumenti con stampati di pesci, e nel portafogli, invece della foto dei figli, tiene quella enorme del ____(2)____dell'estate scorsa. La moglie del pescatore può dirsi fortunata se il compagno della sua vita la riconosce quando s'incontrano per strada.

Anche durante i mesi invernali, lui è tutto preso dalla sua passione: si occupa del suo armamentario o si immerge nello studio di un catalogo di attrezzi di pesca. La moglie gli parla nel tentativo di ____(3)____e lui risponde con vaghi movimenti del capo e indistinte parole.

Il giorno in cui si apre la stagione, esce da casa prima dell'alba, non ritorna prima che si sia fatto buio, e dopo cena va subito ____(4)____per potersi alzare di buon'ora la mattina seguente. E se la moglie, stanca di essere dimenticata, fa la valigia e se ne torna in lacrime dalla madre, possono anche passare diversi giorni prima che lui si accorga della sua____(5)____.

(1) 1 fratello
2 marito
3 cugino
4 passatempo _____

(2) 1 pesce
2 matrimonio
3 coniglio
4 picnic _____

(3) 1 riposare
2 uscire
3 conversare
4 capire _____

(4) 1 al televisore
2 a letto
3 a pesca
4 in bagno _____

(5) 1 rabbia
2 tristezza
3 mancanza
4 pazienza _____

4. WRITING

4a Informal Note [6 Points]

Choose one of the topics below and write a well-organized note in Italian as directed. Your note must consist of at least six clauses. A clause must contain a verb, a stated or implied subject, and additional words necessary to convey meaning. The six clauses may be contained in fewer than five sentences if some of the sentences have more than one clause.

Examples:

One clause: Ieri ho fatto delle spese.
Two clauses: Ieri ho fatto delle spese e ho incontrato Claudia.
Three clauses: Ieri ho fatto delle spese e ho incontrato Claudia la quale mi ha invitato a una festa a casa sua.

Note that the salutation and closing will not count as part of the six clauses.

1. You need a book from the library. Write a short note to your brother/sister asking him/her to get it for you.

   Use the following:

   Salutation: [your brother's / sister's name]
   Closing: [your name]

   _____

   _____

   _____

   _____

   _____

   _____

2. A pen pal is going to visit you for the first time. Write a note in which you give him/her directions to your house.

   Use the following:

   Salutation: [your pen pal's name]
   Closing: [your name]

   _____

   _____

   _____

   _____

   _____

   _____

4b Narrative or Letter [10 Points]

Write a well-organized composition as directed below. Choose *either* the narrative or formal letter. Follow the specific instructions for the topic you select. Each composition must consist of at least ten clauses. A clause must contain a verb, a stated or implied subject, and additional words necessary to convey meaning. The ten clauses may be contained in fewer than ten sentences if some of the sentences have more than one clause.

A. Narrative

Write a STORY in Italian about the situation shown in the picture. It must be a story about the situation in the picture, *not* a description of the picture.

Key words:	**l'ufficio postale**	*post office*
	il francobollo	*stamp*
	pesare	*to weigh*
	la bilancia	*scale*
	la tasca	*pocket*

_____

_____

_____

_____

_____

_____

_____

_____

_____

B. Formal Letter

Write a LETTER in Italian. Follow the specific instructions. Note that the dateline, salutation, and closing will *not* count as part of the required ten clauses.

You have just returned from a visit to Florence and realize that you forgot one of your possessions in your hotel room. Write a letter to the management in which you request their assistance in locating the item.

The suggested subtopics are: nature of the problem; article you left behind; description of the item; room you occupied; where you may have left it; how it can be returned to you.

You may use ideas suggested by any or all of the subtopics listed above or you may use your own ideas. Either way, you must accomplish the purpose of the letter, *which is to inquire about a lost item and to make arrangements for its return.*

Use the following:

Dateline: il _____ _____ 19___
Salutation: Egregio(a) signore/signora,
Closing: Cordiali saluti,

_____

_____

_____

_____

_____

_____

_____

[1] VERBS WITH REGULAR FORMS

a. Simple Tenses

INFINITIVE

I	II	III	III –isc–
parl–are	vend–ere	part–ire	fin–ire
to speak	*to sell*	*to leave*	*to finish*

PAST PARTICIPLE

parl–ato	vend–uto	part–ito	fin–ito

PRESENT GERUNDIO

parl–ando	vend–endo	part–endo	fin–endo

PAST GERUNDIO

avendo parlato	avendo venduto	essendo partito(a, i, e)	avendo finito

PRESENT

parl–o	vend–o	part–o	fin–isc–o
parl–i	vend–i	part–i	fin–isc–i
parl–a	vend–e	part–e	fin–isc–e
parl–iamo	vend–iamo	part–iamo	fin–iamo
parl–ate	vend–ete	part–ite	fin–ite
parl–ano	vend–ono	part–ono	fin–isc–ono

IMPERFECT

parl–avo	vend–evo	part–ivo	fin–ivo
parl–avi	vend–evi	part–ivi	fin–ivi
parl–ava	vend–eva	part–iva	fin–iva
parl–avamo	vend–evamo	part–ivamo	fin–ivamo
parl–avate	vend–evate	part–ivate	fin–ivate
parl–avano	vend–evano	part–ivano	fin–ivano

PASSATO REMOTO

parl–ai	vend–ei (–etti)	part–ii	fin–ii
parl–asti	vend–esti	part–isti	fin–isti
parl–ò	vend–è (ette)	part–ì	fin–ì
parl–ammo	vend–emmo	part–immo	fin–immo
parl–aste	vend–este	part–iste	fin–iste
parl–arono	vend–erono (–ettero)	part–irono	fin–irono

FUTURE

parl–erò	vend–erò	part–irò	fin–irò
parl–erai	vend–erai	part–irai	fin–irai
parl–erà	vend–erà	part–irà	fin–irà
parl–eremo	vend–eremo	part–iremo	fin–iremo
parl–erete	vend–erete	part–irete	fin–irete
parl–eranno	vend–eranno	part–iranno	fin–iranno

CONDITIONAL

parl–erei	vend–erei	part–irei	fin–irei
parl–eresti	vend–eresti	part–iresti	fin–iresti
parl–erebbe	vend–erebbe	part–irebbe	fin–irebbe
parl–eremmo	vend–eremmo	part–iremmo	fin–iremmo
parl–ereste	vend–ereste	part–ireste	fin–ireste
parl–erebbero	vend–erebbero	part–irebbero	fin–irebbero

PRESENT SUBJUNCTIVE

parl–i	vend–a	part–a	fin–isc–a
parl–i	vend–a	part–a	fin–isc–a
parl–i	vend–a	part–a	fin–isc–a
parl–iamo	vend–iamo	part–iamo	fin–iamo
parl–iate	vend–iate	part–iate	fin–iate
parl–ino	vend–ano	part–ano	fin–isc–ano

IMPERFECT SUBJUNCTIVE

parl–assi	vend–essi	part–issi	fin–issi
parl–assi	vend–essi	part–issi	fin–issi
parl–asse	vend–esse	part–isse	fin–isse
parl–assimo	vend–essimo	part–issimo	fin–issimo
parl–aste	vend–este	part–iste	fin–iste
parl–assero	vend–essero	part–issero	fin–issero

IMPERATIVE

. . . . . .	. . . . . .	. . . . . .	. . . . . .
parl–a (tu)!	vend–i (tu)!	part–i (tu)!	fin–isc–i (tu)!
parl–i (Lei)!	vend–a (Lei)!	part–a (Lei)!	fin–isc–a (Lei)!
parl–iamo (noi)!	vend–iamo (noi)!	part–iamo (noi)!	fin–iamo (noi)!
parl–ate (voi)!	vend–ete (voi)!	part–ite (voi)!	fin–ite (voi)!
parl–ino (Loro)!	vend–ano (Loro)!	part–ano (Loro)!	fin–isc–ano (Loro)!

b. Compound Tenses

PASSATO PROSSIMO

ho parlato	ho venduto	sono partito(a)	ho finito
hai parlato	hai venduto	sei partito(a)	hai finito
ha parlato	ha venduto	è partito(a)	ha finito
abbiamo parlato	abbiamo venduto	siamo partiti(e)	abbiamo finito
avete parlato	avete venduto	siete partiti(e)	avete finito
hanno parlato	hanno venduto	sono partiti(e)	hanno finito

PLUPERFECT

avevo parlato	avevo venduto	ero partito(a)	avevo finito
avevi parlato	avevi venduto	eri partito(a)	avevi finito
aveva parlato	aveva venduto	era partito(a)	aveva finito
avevamo parlato	avevamo venduto	eravamo partiti(e)	avevamo finito
avevate parlato	avevate venduto	eravate partiti(e)	avevate finito
avevano parlato	avevano venduto	erano partiti(e)	avevano finito

FUTURE PERFECT

avrò parlato	avrò venduto	sarò partito(a)	avrò finito
avrai parlato	avrai venduto	sarai partito(a)	avrai finito
avrà parlato	avrà venduto	sarà partito(a)	avrà finito
avremo parlato	avremo venduto	saremo partiti(e)	avremo finito
avrete parlato	avrete venduto	sarete partiti(e)	avrete finito
avranno parlato	avranno venduto	saranno partiti(e)	avranno finito

PAST CONDITIONAL

avrei parlato	avrei venduto	sarei partito(a)	avrei finito
avresti parlato	avresti venduto	saresti partito(a)	avresti finito
avrebbe parlato	avrcbbe venduto	sarebbe partito(a)	avrebbe finito
avremmo parlato	avremmo venduto	saremmo partiti(e)	avremmo finito
avreste parlato	avreste venduto	sareste partiti(e)	avreste finito
avrebbero parlato	avrebbero venduto	sarebbero partiti(e)	avrebbero finito

PAST SUBJUNCTIVE

abbia parlato	abbia venduto	sia partito(a)	abbia finito
abbia parlato	abbia venduto	sia partito(a)	abbia finito
abbia parlato	abbia venduto	sia partito(a)	abbia finito
abbiamo parlato	abbiamo venduto	siamo partiti(e)	abbiamo finito
abbiate parlato	abbiate venduto	siate partiti(e)	abbiate finito
abbiano parlato	abbiano venduto	siano partiti(e)	abbiano finito

PLUPERFECT SUBJUNCTIVE

avessi parlato	avessi venduto	fossi partito(a)	avessi finito
avessi parlato	avessi venduto	fossi partito(a)	avessi finito
avesse parlato	avesse venduto	fosse partito(a)	avesse finito
avessimo parlato	avessimo venduto	fossimo partiti(e)	avessimo finito
aveste parlato	aveste venduto	foste partiti(e)	aveste finito
avessero parlato	avessero venduto	fossero partiti(e)	avessero finito

[2] VERBS WITH IRREGULAR FORMS

NOTE: Verbs conjugated with *essere* in compound tenses are indicated with an asterisk (*).

INFINITIVE	GERUND, PARTICIPLE	PRESENT	IMPERFECT	PASSATO REMOTO	FUTURE	CONDITIONAL
andare* *to go*	andando andato	vado vai va andiamo andate vanno	andavo andavi andava andavamo andavate andavano	andai andasti andò andammo andaste andarono	andrò andrai andrà andremo andrete andranno	andrei andresti andrebbe andremmo andreste andrebbero

appartenere *to belong* (like **tenere**)

INFINITIVE	GERUND, PARTICIPLE	PRESENT	IMPERFECT	PASSATO REMOTO	FUTURE	CONDITIONAL
avere *to have*	avendo avuto	ho hai ha abbiamo avete hanno	avevo avevi aveva avevamo avevate avevano	ebbi avesti ebbe avemmo aveste ebbero	avrò avrai avrà avremo avrete avranno	avrei avresti avrebbe avremmo avreste avrebbero
bere *to drink*	bevendo bevuto	bevo bevi beve beviamo bevete bevono	bevevo bevevi beveva bevevamo bevevate bevevano	bevvi bevesti bevve bevemmo beveste bevvero	berrò berrai berrà berremo berrete berranno	berrei berresti berrebbe berremmo berreste berrebbero
chiedere *to ask*	chiedendo chiesto	chiedo chiedi chiede chiediamo chiedete chiedono	chiedevo chiedevi chiedeva chiedevamo chiedevate chiedevano	chiesi chiedesti chiese chiedemmo chiedeste chiesero	chiederò chiederai chiederà chiederemo chiederete chiederanno	chiederei chiederesti chiederebbe chiederemmo chiedereste chiederebbero
chiudere *to close*	chiudendo chiuso	chiudo chiudi chiude chiudiamo chiudete chiudono	chiudevo chiudevi chiudeva chiudevamo chiudevate chiudevano	chiusi chiudesti chiuse chiudemmo chiudeste chiusero	chiuderò chiuderai chiuderà chiuderemo chiuderete chiuderanno	chiuderei chiuderesti chiuderebbe chiuderemmo chiudereste chiuderebbero

IMPERATIVE	PRESENT SUBJUNCTIVE	IMPERFECT SUBJUNCTIVE	COMPOUND TENSES
. . . . .	vada	andassi	PASSATO PROSSIMO: sono andato(a)
va' (vai)	vada	andassi	PLUPERFECT: ero andato(a)
vada	vada	andasse	FUTURE PERFECT: sarò andato(a)
andiamo	andiamo	andassimo	PAST CONDITIONAL: sarei andato(a)
andate	andate	andaste	PAST SUBJUNCTIVE: sia andato(a)
vadano	vadano	andassero	PLUPERFECT SUBJUNCTIVE: fossi andato(a)

IMPERATIVE	PRESENT SUBJUNCTIVE	IMPERFECT SUBJUNCTIVE	COMPOUND TENSES
. . . . .	abbia	avessi	PASSATO PROSSIMO: ho avuto
abbi	abbia	avessi	PLUPERFECT: avevo avuto
abbia	abbia	avesse	FUTURE PERFECT: avrò avuto
abbiamo	abbiamo	avessimo	PAST CONDITIONAL: avrei avuto
abbiate	abbiate	aveste	PAST SUBJUNCTIVE: abbia avuto
abbiano	abbiano	avessero	PLUPERFECT SUBJUNCTIVE: avessi avuto

IMPERATIVE	PRESENT SUBJUNCTIVE	IMPERFECT SUBJUNCTIVE	COMPOUND TENSES
. . . . .	beva	bevessi	PASSATO PROSSIMO: ho bevuto
bevi	beva	bevessi	PLUPERFECT: avevo bevuto
beva	beva	bevesse	FUTURE PERFECT: avrò bevuto
beviamo	beviamo	bevessimo	PAST CONDITIONAL: avrei bevuto
bevete	beviate	beveste	PAST SUBJUNCTIVE: abbia bevuto
bevano	bevano	bevessero	PLUPERFECT SUBJUNCTIVE: avessi bevuto

IMPERATIVE	PRESENT SUBJUNCTIVE	IMPERFECT SUBJUNCTIVE	COMPOUND TENSES
. . . . .	chieda	chiedessi	PASSATO PROSSIMO: ho chiesto
chiedi	chieda	chiedessi	PLUPERFECT: avevo chiesto
chieda	chieda	chiedesse	FUTURE PERFECT: avrò chiesto
chiediamo	chiediamo	chiedessimo	PAST CONDITIONAL: avrei chiesto
chiedete	chiediate	chiedeste	PAST SUBJUNCTIVE: abbia chiesto
chiedano	chiedano	chiedessero	PLUPERFECT SUBJUNCTIVE: avessi chiesto

IMPERATIVE	PRESENT SUBJUNCTIVE	IMPERFECT SUBJUNCTIVE	COMPOUND TENSES
. . . . .	chiuda	chiudessi	PASSATO PROSSIMO: ho chiuso
chiudi	chiuda	chiudessi	PLUPERFECT: avevo chiuso
chiuda	chiuda	chiudesse	FUTURE PERFECT: avrò chiuso
chiudiamo	chiudiamo	chiudessimo	PAST CONDITIONAL: avrei chiuso
chiudete	chiudiate	chiudeste	PAST SUBJUNCTIVE: abbia chiuso
chiudano	chiudano	chiudessero	PLUPERFECT SUBJUNCTIVE: avessi chiuso

INFINITIVE	GERUND, PARTICIPLE	PRESENT	IMPERFECT	PASSATO REMOTO	FUTURE	CONDITIONAL
condurre *to lead* (like **introdurre**)						
conoscere *to know*	conoscendo conosciuto	conosco conosci conosce conosciamo conoscete conoscono	conoscevo conoscevi conosceva conoscevamo conoscevate conoscevano	conobbi conoscesti conobbe conoscemmo conosceste conobbero	conoscerò conoscerai conoscerà conosceremo conoscerete conosceranno	conoscerei conosceresti conoscerebbe conosceremmo conoscereste conoscerebbero
dare *to give*	dando dato	do dai dà diamo date danno	davo davi dava davamo davate davano	diedi desti diede demmo deste diedero	darò darai darà daremo darete daranno	darei daresti darebbe daremmo dareste darebbero
dire *to say*	dicendo detto	dico dici dice diciamo dite dicono	dicevo dicevi diceva dicevamo dicevate dicevano	dissi dicesti disse dicemmo diceste dissero	dirò dirai dirà diremo direte diranno	direi diresti direbbe diremmo direste direbbero
dovere *to have to, must*	dovendo dovuto	devo devi deve dobbiamo dovete devono	dovevo dovevi doveva dovevamo dovevate dovevano	dovetti dovesti dovette dovemmo doveste dovettero	dovrò dovrai dovrà dovremo dovrete dovranno	dovrei dovresti dovrebbe dovremmo dovreste dovrebbero
essere* *to be*	essendo stato	sono sei è siamo siete sono	ero eri era eravamo eravate erano	fui fosti fu fummo foste furono	sarò sarai sarà saremo sarete saranno	sarei saresti sarebbe saremmo sareste sarebbero

IMPERATIVE	PRESENT SUBJUNCTIVE	IMPERFECT SUBJUNCTIVE	COMPOUND TENSES
. . . . . .	conosca	conoscessi	PASSATO PROSSIMO: ho conosciuto
conosci	conosca	conoscessi	PLUPERFECT: avevo conosciuto
conosca	conosca	conoscesse	FUTURE PERFECT: avrò conosciuto
conosciamo	conosciamo	conoscessimo	PAST CONDITIONAL: avrei conosciuto
conoscete	conosciate	conosceste	PAST SUBJUNCTIVE: abbia conosciuto
conoscano	conoscano	conoscessero	PLUPERFECT SUBJUNCTIVE: avessi conosciuto
. . . . . .	dia	dessi	PASSATO PROSSIMO: ho dato
da' (dai)	dia	dessi	PLUPERFECT: avevo dato
dia	dia	desse	FUTURE PERFECT: avrò dato
diamo	diamo	dessimo	PAST CONDITIONAL: avrei dato
date	diate	deste	PAST SUBJUNCTIVE: abbia dato
diano	diano	dessero	PLUPERFECT SUBJUNCTIVE: avessi dato
. . . . . .	dica	dicessi	PASSATO PROSSIMO: ho detto
di'	dica	dicessi	PLUPERFECT: avevo detto
dica	dica	dicesse	FUTURE PERFECT: avrò detto
diciamo	diciamo	dicessimo	PAST CONDITIONAL: avrei detto
dite	diciate	diceste	PAST SUBJUNCTIVE: abbia detto
dicano	dicano	dicessero	PLUPERFECT SUBJUNCTIVE: avessi detto
. . . . .	debba	dovessi	PASSATO PROSSIMO: ho dovuto
. . . . . .	debba	dovessi	PLUPERFECT: avevo dovuto
. . . . . .	debba	dovesse	FUTURE PERFECT: avrò dovuto
. . . . . .	dobbiamo	dovessimo	PAST CONDITIONAL: avrei dovuto
. . . . . .	dobbiate	doveste	PAST SUBJUNCTIVE: abbia dovuto
. . . . . .	debbano	dovessero	PLUPERFECT SUBJUNCTIVE: avessi dovuto
. . . .	sia	fossi	PASSATO PROSSIMO: sono stato(a)
sii	sia	fossi	PLUPERFECT: ero stato(a)
sia	sia	fosse	FUTURE PERFECT: sarò stato(a)
siamo	siamo	fossimo	PAST CONDITIONAL: sarei stato(a)
siate	siate	foste	PAST SUBJUNCTIVE: sia stato(a)
siano	siano	fossero	PLUPERFECT SUBJUNCTIVE: fossi stato(a)

INFINITIVE	GERUND, PARTICIPLE	PRESENT	IMPERFECT	PASSATO REMOTO	FUTURE	CONDITIONAL
fare *to make, do*	facendo fatto	faccio fai fa facciamo fate fanno	facevo facevi faceva facevamo facevate facevano	feci facesti fece facemmo faceste fecero	farò farai farà faremo farete faranno	farei faresti farebbe faremmo fareste farebbero
introdurre *to introduce*	introducendo introdotto	introduco introduci introduce introduciamo introducete introducono	introducevo introducevi introduceva introducevamo introducevate introducevano	introdussi introducesti introdusse introducemmo introduceste introdussero	introdurrò introdurrai introdurrà introdurremo introdurrete introdurranno	introdurrei introdurresti introdurrebbe introdurremmo introdurreste introdurrebbero
leggere *to read*	leggendo letto	leggo leggi legge leggiamo leggete leggono	leggevo leggevi leggeva leggevamo leggevate leggevano	lessi leggesti lesse leggemmo leggeste lessero	leggerò leggerai leggerà leggeremo leggerete leggeranno	leggerei leggeresti leggerebbe leggeremmo leggereste leggerebbero

mantenere *to maintain* (like **tenere**)

INFINITIVE	GERUND, PARTICIPLE	PRESENT	IMPERFECT	PASSATO REMOTO	FUTURE	CONDITIONAL
mettere *to put*	mettendo messo	metto metti mette mettiamo mettete mettono	mettevo mettevi metteva mettevamo mettevate mettevano	misi mettesti mise mettemmo metteste misero	metterò metterai metterà metteremo metterete metteranno	metterei metteresti metterebbe metteremmo mettereste metterebbero
morire* *to die*	morendo morto	muoio muori muore moriamo morite muoiono	morivo morivi moriva morivamo morivate morivano	morii moristi morì morimmo moriste morirono	morirò morirai morirà moriremo morirete moriranno	morirei moriresti morirebbe moriremmo morireste morirebbero

IMPERATIVE	PRESENT SUBJUNCTIVE	IMPERFECT SUBJUNCTIVE	COMPOUND TENSES
. . . . . .	faccia	facessi	PASSATO PROSSIMO: ho fatto
fa' (fai)	faccia	facessi	PLUPERFECT: avevo fatto
faccia	faccia	facesse	FUTURE PERFECT: avrò fatto
facciamo	facciamo	facessimo	PAST CONDITIONAL: avrei fatto
fate	facciate	faceste	PAST SUBJUNCTIVE: abbia fatto
facciano	facciano	facessero	PLUPERFECT SUBJUNCTIVE: avessi fatto
. . . . . .	introduca	introducessi	PASSATO PROSSIMO: ho introdotto
introduci	introduca	introducessi	PLUPERFECT: avevo introdotto
introduca	introduca	introducesse	FUTURE PERFECT: avrò introdotto
introduciamo	introduciamo	introducessimo	PAST CONDITIONAL: avrei introdotto
introducete	introduciate	introduceste	PAST SUBJUNCTIVE: abbia introdotto
introducano	introducano	introducessero	PLUPERFECT SUBJUNCTIVE: avessi introdotto
. . . . . .	legga	leggessi	PASSATO PROSSIMO: ho letto
leggi	legga	leggessi	PLUPERFECT: avevo letto
legga	legga	leggesse	FUTURE PERFECT: avrò letto
leggiamo	leggiamo	leggessimo	PAST CONDITIONAL: avrei letto
leggete	leggiate	leggeste	PAST SUBJUNCTIVE: abbia letto
leggano	leggano	leggessero	PLUPERFECT SUBJUNCTIVE: avessi letto
. . . . . .	metta	mettessi	PASSATO PROSSIMO: ho messo
metti	metta	mettessi	PLUPERFECT: avevo messo
metta	metta	mettesse	FUTURE PERFECT: avrò messo
mettiamo	mettiamo	mettessimo	PAST CONDITIONAL: avrei messo
mettete	mettiate	metteste	PAST SUBJUNCTIVE: abbia messo
mettano	mettano	mettessero	PLUPERFECT SUBJUNCTIVE: avessi messo
. . . . . .	muoia	morissi	PASSATO PROSSIMO: sono morto(a)
muori	muoia	morissi	PLUPERFECT: ero morto(a)
muoia	muoia	morisse	FUTURE PERFECT: sarò morto(a)
moriamo	moriamo	morissimo	PAST CONDITIONAL: sarei morto(a)
morite	moriate	moriste	PAST SUBJUNCTIVE: sia morto(a)
muoiano	muoiano	morissero	PLUPERFECT SUBJUNCTIVE: fossi morto(a)

INFINITIVE	GERUND, PARTICIPLE	PRESENT	IMPERFECT	PASSATO REMOTO	FUTURE	CONDITIONAL
nascere* *to be born*	nascendo nato	nasco nasci nasce nasciamo nascete nascono	nascevo nascevi nasceva nascevamo nascevate nascevano	nacqui nascesti nacque nascemmo nasceste nacquero	nascerò nascerai nascerà nasceremo nascerete nasceranno	nascerei nasceresti nascerebbe nasceremmo nascereste nascerebbero
potere *to be able,* *can*	potendo potuto	posso puoi può possiamo potete possono	potevo potevi poteva potevamo potevate potevano	potei potesti potè potemmo poteste poterono	potrò potrai potrà potremo potrete potranno	potrei potresti potrebbe potremmo potreste potrebbero
prendere *to take*	prendendo preso	prendo prendi prende prendiamo prendete prendono	prendevo prendevi prendeva prendevamo prendevate prendevano	presi prendesti prese prendemmo prendeste presero	prenderò prenderai prenderà prenderemo prenderete prenderanno	prenderei prenderesti prenderebbe prenderemmo prendereste prenderebbero

produrre *to produce* (like **introdurre**)

raccogliere *to gather, collect* (like **scegliere**)

INFINITIVE	GERUND, PARTICIPLE	PRESENT	IMPERFECT	PASSATO REMOTO	FUTURE	CONDITIONAL
rimanere* *to remain*	rimanendo rimasto	rimango rimani rimane rimaniamo rimanete rimangono	rimanevo rimanevi rimaneva rimanevamo rimanevate rimanevano	rimasi rimanesti rimase rimanemmo rimaneste rimasero	rimarrò rimarrai rimarrà rimarremo rimarrete rimarranno	rimarrei rimarresti rimarrebbe rimarremmo rimarreste rimarrebbero
rispondere *to answer*	rispondendo risposto	rispondo rispondi risponde rispondiamo rispondete rispondono	rispondevo rispondevi rispondeva rispondevamo rispondevate rispondevano	risposi rispondesti rispose rispondemmo rispondeste risposero	risponderò risponderai risponderà risponderemo risponderete risponderanno	risponderei risponderesti risponderebbe risponderemmo rispondereste risponderebbero

IMPERATIVE	PRESENT SUBJUNCTIVE	IMPERFECT SUBJUNCTIVE	COMPOUND TENSES
. . . . . .	nasca	nascessi	PASSATO PROSSIMO: sono nato(a)
nasci	nasca	nascessi	PLUPERFECT: ero nato(a)
nasca	nasca	nascesse	FUTURE PERFECT: sarò nato(a)
nasciamo	nasciamo	nascessimo	PAST CONDITIONAL: sarei nato(a)
nascete	nasciate	nasceste	PAST SUBJUNCTIVE: sia nato(a)
nascano	nascano	nascessero	PLUPERFECT SUBJUNCTIVE: fossi nato(a)
. . . . . .	possa	potessi	PASSATO PROSSIMO: ho potuto
. . . . . .	possa	potessi	PLUPERFECT: avevo potuto
. . . . . .	possa	potesse	FUTURE PERFECT: avrò potuto
. . . . . .	possiamo	potessimo	PAST CONDITIONAL: avrei potuto
. . . . . .	possiate	poteste	PAST SUBJUNCTIVE: abbia potuto
. . . . . .	possano	potessero	PLUPERFECT SUBJUNCTIVE: avessi potuto
. . . . .	prenda	prendessi	PASSATO PROSSIMO: ho preso
prendi	prenda	prendessi	PLUPERFECT: avevo preso
prenda	prenda	prendesse	FUTURE PERFECT: avrò preso
prendiamo	prendiamo	prendessimo	PAST CONDITIONAL: avrei preso
prendete	prendiate	prendeste	PAST SUBJUNCTIVE: abbia preso
prendano	prendano	prendessero	PLUPERFECT SUBJUNCTIVE: avessi preso

IMPERATIVE	PRESENT SUBJUNCTIVE	IMPERFECT SUBJUNCTIVE	COMPOUND TENSES
. . . . . .	rimanga	rimanessi	PASSATO PROSSIMO: sono rimasto(a)
rimani	rimanga	rimanessi	PLUPERFECT: ero rimasto(a)
rimanga	rimanga	rimanesse	FUTURE PERFECT: sarò rimasto(a)
rimaniamo	rimaniamo	rimanessimo	PAST CONDITIONAL: sarei rimasto(a)
rimanete	rimaniate	rimaneste	PAST SUBJUNCTIVE: sia rimasto(a)
rimangano	rimangano	rimanessero	PLUPERFECT SUBJUNCTIVE: fossi rimasto(a)
. . . . . .	risponda	rispondessi	PASSATO PROSSIMO: ho risposto
rispondi	risponda	rispondessi	PLUPERFECT: avevo risposto
risponda	risponda	rispondesse	FUTURE PERFECT: avrò risposto
rispondiamo	rispondiamo	rispondessimo	PAST CONDITIONAL: avrei risposto
rispondete	rispondiate	rispondeste	PAST SUBJUNCTIVE: abbia risposto
rispondano	rispondano	rispondessero	PLUPERFECT SUBJUNCTIVE: avessi risposto

INFINITIVE	GERUND, PARTICIPLE	PRESENT	IMPERFECT	PASSATO REMOTO	FUTURE	CONDITIONAL

riuscire* *to succeed* (like **uscire***)

INFINITIVE	GERUND, PARTICIPLE	PRESENT	IMPERFECT	PASSATO REMOTO	FUTURE	CONDITIONAL
salire* *to climb, go up*	salendo salito	salgo sali sale saliamo salite salgono	salivo salivi saliva salivamo salivate salivano	salii salisti salì salimmo saliste salirono	salirò salirai salirà saliremo salirete saliranno	salirei saliresti salirebbe saliremmo salireste salirebbero
sapere *to know*	sapendo saputo	so sai sa sappiamo sapete sanno	sapevo sapevi sapeva sapevamo sapevate sapevano	seppi sapesti seppe sapemmo sapeste seppero	saprò saprai saprà sapremo saprete sapranno	saprei sapresti saprebbe sapremmo sapreste saprebbero
scegliere *to select, choose*	scegliendo scelto	scelgo scegli sceglie scegliamo scegliete scelgono	sceglievo sceglievi sceglieva sceglievamo sceglievate sceglievano	scelsi scegliesti scelse scegliemmo sceglieste scelsero	sceglierò sceglierai sceglierà sceglieremo sceglierete sceglieranno	sceglierei sceglieresti sceglierebbe sceglieremmo scegliereste sceglierebbero
scendere* *to go down*	scendendo sceso	scendo scendi scende scendiamo scendete scendono	scendevo scendevi scendeva scendevamo scendevate scendevano	scesi scendesti scese scendemmo scendeste scesero	scenderò scenderai scenderà scenderemo scenderete scenderanno	scenderei scenderesti scenderebbe scenderemmo scendereste scenderebbero
scrivere *to write*	scrivendo scritto	scrivo scrivi scrive scriviamo scrivete scrivono	scrivevo scrivevi scriveva scrivevamo scrivevate scrivevano	scrissi scrivesti scrisse scrivemmo scriveste scrissero	scriverò scriverai scriverà scriveremo scriverete scriveranno	scriverei scriveresti scriverebbe scriveremmo scrivereste scriverebbero

IMPERATIVE	PRESENT SUBJUNCTIVE	IMPERFECT SUBJUNCTIVE	COMPOUND TENSES
. . . . .	salga	salissi	PASSATO PROSSIMO: sono salito(a)
sali	salga	salissi	PLUPERFECT: ero salito(a)
salga	salga	salisse	FUTURE PERFECT: sarò salito(a)
saliamo	saliamo	salissimo	PAST CONDITIONAL: sarei salito(a)
salite	saliate	saliste	PAST SUBJUNCTIVE: sia salito(a)
salgano	salgano	salissero	PLUPERFECT SUBJUNCTIVE: fossi salito(a)
. . . . .	sappia	sapessi	PASSATO PROSSIMO: ho saputo
sai	sappia	sapessi	PLUPERFECT: avevo saputo
sappia	sappia	sapesse	FUTURE PERFECT: avrò saputo
sappiamo	sappiamo	sapessimo	PAST CONDITIONAL: avrei saputo
sapete	sappiate	sapeste	PAST SUBJUNCTIVE: abbia saputo
sappiano	sappiano	sapessero	PLUPERFECT SUBJUNCTIVE: avessi saputo
. . . . .	scelga	scegliessi	PASSATO PROSSIMO: ho scelto
scegli	scelga	scegliessi	PLUPERFECT: avevo scelto
scelga	scelga	scegliesse	FUTURE PERFECT: avrò scelto
scegliamo	scegliamo	scegliessimo	PAST CONDITIONAL: avrei scelto
scegliete	scegliate	sceglieste	PAST SUBJUNCTIVE: abbia scelto
scelgano	scelgano	scegliessero	PLUPERFECT SUBJUNCTIVE: avessi scelto
. . . . .	scenda	scendessi	PASSATO PROSSIMO: sono sceso(a)
scendi	scenda	scendessi	PLUPERFECT: ero sceso(a)
scenda	scenda	scendesse	FUTURE PERFECT: sarò sceso(a)
scendiamo	scendiamo	scendessimo	PAST CONDITIONAL: sarei sceso(a)
scendete	scendiate	scendeste	PAST SUBJUNCTIVE: sia sceso(a)
scendano	scendano	scendessero	PLUPERFECT SUBJUNCTIVE: fossi sceso(a)
. . . . .	scriva	scrivessi	PASSATO PROSSIMO: ho scritto
scrivi	scriva	scrivessi	PLUPERFECT: avevo scritto
scriva	scriva	scrivesse	FUTURE PERFECT: avrò scritto
scriviamo	scriviamo	scrivessimo	PAST CONDITIONAL: avrei scritto
scrivete	scriviate	scriveste	PAST SUBJUNCTIVE: abbia scritto
scrivano	scrivano	scrivessero	PLUPERFECT SUBJUNCTIVE: avessi scritto

INFINITIVE	GERUND, PARTICIPLE	PRESENT	IMPERFECT	PASSATO REMOTO	FUTURE	CONDITIONAL
sedersi* *to sit down*	sedendomi seduto	mi siedo ti siedi si siede ci sediamo vi sedete si siedono	mi sedevo ti sedevi si sedeva ci sedevamo vi sedevate si sedevano	mi sedetti ti sedesti si sedette ci sedemmo vi sedeste si sedettero	mi siederò ti siederai si siederà ci siederemo vi siederete si siederanno	mi siederei ti siederesti si siederebbe ci siederemmo vi siedereste si siederebbero
spendere *to spend*	spendendo speso	spendo spendi spende spendiamo spendete spendono	spendevo spendevi spendeva spendevamo spendevate spendevano	spesi spendesti spese spendemmo spendeste spesero	spenderò spenderai spenderà spenderemo spenderete spenderanno	spenderei spenderesti spenderebbe spenderemmo spendereste spenderebbero
stare *to be*	stando stato	sto stai sta stiamo state stanno	stavo stavi stava stavamo stavate stavano	stetti stesti stette stemmo steste stettero	starò starai starà staremo starete staranno	starei staresti starebbe staremmo stareste starebbero
tenere *to hold*	tenendo tenuto	tengo tieni tiene teniamo tenete tengono	tenevo tenevi teneva tenevamo tenevate tenevano	tenni tenesti tenne tenemmo teneste tennero	terrò terrai terrà terremo terrete terranno	terrei terresti terrebbe terremmo terreste terrebbero

togliere *to remove; to take away* (like **scegliere**)

tradurre *to translate* (like **introdurre**)

INFINITIVE	GERUND, PARTICIPLE	PRESENT	IMPERFECT	PASSATO REMOTO	FUTURE	CONDITIONAL
uscire* *to go out,* *leave*	uscendo uscito	esco esci esce usciamo uscite escono	uscivo uscivi usciva uscivamo uscivate uscivano	uscii uscisti uscì uscimmo usciste uscirono	uscirò uscirai uscirà usciremo uscirete usciranno	uscirei usciresti uscirebbe usciremmo uscireste uscirebbero

IMPERATIVE	PRESENT SUBJUNCTIVE	IMPERFECT SUBJUNCTIVE	COMPOUND TENSES
. . . . . .	mi sieda	mi sedessi	PASSATO PROSSIMO: mi sono seduto(a)
siediti	ti sieda	ti sedessi	PLUPERFECT: mi ero seduto(a)
si sieda	si sieda	si sedesse	FUTURE PERFECT: mi sarò seduto(a)
sediamoci	ci sediamo	ci sedessimo	PAST CONDITIONAL: mi sarei seduto(a)
sedetevi	vi sediate	vi sedeste	PAST SUBJUNCTIVE: mi sia seduto(a)
si siedano	si siedano	si sedessero	PLUPERFECT SUBJUNCTIVE: mi fossi seduto(a)
. . . . . .	spenda	spendessi	PASSATO PROSSIMO: ho speso
spendi	spenda	spendessi	PLUPERFECT: avevo speso
spenda	spenda	spendesse	FUTURE PERFECT: avrò speso
spendiamo	spendiamo	spendessimo	PAST CONDITIONAL: avrei speso
spendete	spendiate	spendeste	PAST SUBJUNCTIVE: abbia speso
spendano	spendano	spendessero	PLUPERFECT SUBJUNCTIVE: avessi speso
. . . . . .	stia	stessi	PASSATO PROSSIMO: sono stato(a)
sta' (stai)	stia	stessi	PLUPERFECT: ero stato(a)
stia	stia	stesse	FUTURE PERFECT: sarò stato(a)
stiamo	stiamo	stessimo	PAST CONDITIONAL: sarei stato(a)
state	stiate	steste	PAST SUBJUNCTIVE: sia stato(a)
stiano	stiano	stessero	PLUPERFECT SUBJUNCTIVE: fossi stato(a)
. . . . . .	tenga	tenessi	PASSATO PROSSIMO: ho tenuto
tieni	tenga	tenessi	PLUPERFECT: avevo tenuto
tenga	tenga	tenesse	FUTURE PERFECT: avrò tenuto
teniamo	teniamo	tenessimo	PAST CONDITIONAL: avrei tenuto
tenete	teniate	teneste	PAST SUBJUNCTIVE: abbia tenuto
tengano	tengano	tenessero	PLUPERFECT SUBJUNCTIVE: avessi tenuto
. . . . .	esca	uscissi	PASSATO PROSSIMO: sono uscito(a)
esci	esca	uscissi	PLUPERFECT: ero uscito(a)
esca	esca	uscisse	FUTURE PERFECT: sarò uscito(a)
usciamo	usciamo	uscissimo	PAST CONDITIONAL: sarei uscito(a)
uscite	usciate	usciste	PAST SUBJUNCTIVE: sia uscito(a)
escano	escano	uscissero	PLUPERFECT SUBJUNCTIVE: fossi uscito(a)

IINFINITIVE	GERUND, PARTICIPLE	PRESENT	IMPERFECT	PASSATO REMOTO	FUTURE	CONDITIONAL
vedere *to see*	vedendo veduto (visto)	vedo vedi vede vediamo vedete vedono	vedevo vedevi vedeva vedevamo vedevate vedevano	vidi vedesti vide vedemmo vedeste videro	vedrò vedrai vedrà vedremo vedrete vedranno	vedrei vedresti vedrebbe vedremmo vedreste vedrebbero
venire* *to come*	venendo venuto	vengo vieni viene veniamo venite vengono	venivo venivi veniva venivamo venivate venivano	venni venisti venne venimmo veniste vennero	verrò verrai verrà verremo verrete verranno	verrei verresti verrebbe verremmo verreste verrebbero
vivere *to live*	vivendo vissuto	vivo vivi vive viviamo vivete vivono	vivevo vivevi viveva vivevamo vivevate vivevano	vissi vivesti visse vivemmo viveste vissero	vivrò vivrai vivrà vivremo vivrete vivranno	vivrei vivresti vivrebbe vivremmo vivreste vivrebbero
volere *to want*	volendo voluto	voglio vuoi vuole vogliamo volete vogliono	volevo volevi voleva volevamo volevate volevano	volli volesti volle volemmo voleste vollero	vorrò vorrai vorrà vorremo vorrete vorranno	vorrei vorresti vorrebbe vorremmo vorreste vorrebbero

[3] REFLEXIVE VERBS

a. Common reflexive verbs:

abbracciarsi *to hug each other*	**aspettarsi di** *to expect*
abbronzarsi *to tan*	**avvicinarsi a** *to approach, come near*
abituarsi a *to get used to*	**baciarsi** *to kiss each other*
accontentarsi di *to be satisfied with*	**battersi** *to fight*
addormentarsi *to go to sleep*	**bisticciarsi** *to quarrel*
aiutarsi *to help one another*	**bruciarsi** *to burn oneself*
allontanarsi di *to move away from*	**cambiarsi** *to change clothes*
alzarsi *to get up*	**chiamarsi** *to be named*
ammegliorarsi *to improve*	**chiedersi** *to wonder*
annoiarsi di *to get bored with*	**comportarsi** *to behave*
arrabbiarsi con/di *to get angry with*	**comprarsi** *to buy for oneself*

IMPERATIVE	PRESENT SUBJUNCTIVE	IMPERFECT SUBJUNCTIVE	COMPOUND TENSES
. . . . . .	veda	vedessi	PASSATO PROSSIMO: ho veduto
vedi	veda	vedessi	PLUPERFECT: avevo veduto
veda	veda	vedesse	FUTURE PERFECT: avrò veduto
vediamo	vediamo	vedessimo	PAST CONDITIONAL: avrei veduto
vedete	vediate	vedeste	PAST SUBJUNCTIVE: abbia veduto
vedano	vedano	vedessero	PLUPERFECT SUBJUNCTIVE: avessi veduto
. . . . . .	venga	venissi	PASSATO PROSSIMO: sono venuto(a)
vieni	venga	venissi	PLUPERFECT: ero venuto(a)
venga	venga	venisse	FUTURE PERFECT: sarò venuto(a)
veniamo	veniamo	venissimo	PAST CONDITIONAL: sarei venuto(a)
venite	veniate	veniste	PAST SUBJUNCTIVE: sia venuto(a)
vengano	vengano	venissero	PLUPERFECT SUBJUNCTIVE: fossi venuto(a)
. . . . . .	viva	vivessi	PASSATO PROSSIMO: ho vissuto
vivi	viva	vivessi	PLUPERFECT: avevo vissuto
viva	viva	vivesse	FUTURE PERFECT: avrò vissuto
viviamo	viviamo	vivessimo	PAST CONDITIONAL: avrei vissuto
vivete	viviate	viveste	PAST SUBJUNCTIVE: abbia vissuto
vivano	vivano	vivessero	PLUPERFECT SUBJUNCTIVE: avessi vissuto
. . . . . .	voglia	volessi	PASSATO PROSSIMO: ho voluto
vuoi	voglia	volessi	PLUPERFECT: avevo voluto
voglia	voglia	volesse	FUTURE PERFECT: avrò voluto
vogliamo	vogliamo	volessimo	PAST CONDITIONAL: avrei voluto
volete	vogliate	voleste	PAST SUBJUNCTIVE: abbia voluto
vogliano	vogliano	volessero	PLUPERFECT SUBJUNCTIVE: avessi voluto

coricarsi *to go to bed*
decidersi a *to decide to*
dirsi *to tell oneself*
divertirsi *to enjoy, have fun*
domandarsi *to wonder*
esprimersi *to express oneself*
farsi i capelli *to do one's hair*
farsi il bagno *to bathe*
farsi la barba *to shave*
farsi male *to hurt oneself*
fermarsi di *to stop oneself from*
fidanzarsi con *to get engaged to*
guardarsi *to look at oneself/each other*
impazientirsi con *to become impatient with*

incontrarsi *to meet*
lamentarsi di *to complain about*
lavarsi *to wash*
mettersi a *to begin to*
nascondersi *to hide oneself*
occuparsi di *to take care of*
parlarsi *to talk to each other*
pettinarsi *to comb oneself*
preoccuparsi di *to worry about*
prepararsi a *to get ready to*
presentarsi a *to introduce oneself*
rassegnarsi a *to resign oneself to*
rendersi conto di *to realize, become aware of*
ricordarsi di *to remember to*

riposarsi *to rest*
rispettarsi *to respect oneself/one another*
ritrovarsi *to meet again; to be back again*
riunirsi *to meet*
rompersi *to break (one's leg, arm . . .)*
sbagliarsi *to be mistaken*
sbrigarsi di *to hurry to*
scriversi *to write to one another*
sedersi *to sit*
sentirsi *to feel*
servirsi di *to use*
sorprendersi di *to be surprised at*
spazzolarsi *to brush*

specializzarsi in *to specialize in*
sposarsi con *to get married to*
stabilirsi *to settle down; to set up shop*
starsi zitto *to be quiet, become silent*
svegliarsi *to wake up*
tagliarsi *to cut oneself*
telefonarsi *to telephone each other*
trattarsi di *to be a question of*
trovarsi *to be, happen to be*
truccarsi *to put on makeup*
vantarsi di *to boast*
vedersi *to see one another*
vestirsi *to dress*

b. Verbs always used reflexively in Italian but not usually in English:

andarsene *to leave, go away*
fidarsi di *to trust*
lamentarsi di *to lament, grieve*
preoccuparsi di *to care about, concern oneself about*

ricordarsi di *to remember to*
sbrigarsi a *to hasten to*
sforzarsi a *to strive to*

[4]   COMMON PREPOSITIONS

a. Simple prepositions:

a *to, at, in*
affinchè *in order to*
attraverso *through, across*
con *with*
contro *against*
da *to (at) the house (place) of (a person)*
da *since, for*
davanti *in front of*
di *of, from, by*
dietro *behind*
dopo *after*
durante *during, for*

eccetto (salvo) *except*
in *in, into, within*
nonostante *despite*
per *for, by, through*
prima *before*
secondo *according to*
senza *without*
sopra *on*
sotto *under*
tra (fra) *among, between*
verso *toward*

b. Compound prepositions:

a causa di *because of, on account of*
a destra *on (to) the right*
a forza di *by, by means of, by repeated efforts*
a parte *aside from*
a partire da *from . . . on, beginning (with)*

a proposito di *about, concerning*
a sinistra *on (to) the left*
accanto a *next to, beside, near, close to*
di fronte a *opposite*
fino a *until*

grazie a *thanks to*
in fondo a *at the end of, in the bottom of*
intorno a *around*
invece di *instead of*

nel mezzo di (al centro di) *in the middle of*
prima di *before*
quanto a *as for*
vicino a *near*

[5] PUNCTUATION

Italian punctuation, though similar to English, has the following major differences:

a. The comma is not used before *e* or *o* in a series.

Maria ha fatto cadere **il libro, la penna e la matita.**

Maria dropped the book, the pen, and the pencil.

b. In numbers, Italian uses a comma where English uses a period and a period where English uses a comma.

10.500 (diecimila cinquecento)
4,25 (quattro virgola venticinque)

10,500 (ten thousand five hundred)
4.25 (four point twenty-five)

c. Italian final quotation marks, contrary to English, precede the comma or period; however, the quotation mark follows a period if the quotation mark closes a completed statement.

Rita domanda: «**Tu mi ami?**»
—«**Sì**», risponde lui.

Rita asks: "Do you love me?"
— "Yes," he answers.

d. Capitalization is used sparingly in Italian.

(1) The names of languages, religions, and nationalities are not capitalized.

l'italiano   un turista francese   Sono cattolici.

(2) Only the first word of a title (book, film, and so on) is capitalized.

I promessi sposi   *Le piccole virtù*   *La dolce vita*

[6] SYLLABICATION

Italian words are generally divided at the end of a line according to units of sounds or syllables. An Italian syllable generally begins with a consonant and ends with a vowel. The division of a word into syllables follows these rules in Italian:

a. If a single consonant comes between two vowels, the division is made before the consonant.

ma-te-ma-ti-ca   pe-ni-so-la   stu-dia

b. Double consonants are always divided.

ra-gaz-zo   pol-lo   dot-to-res-sa

c. If two different consonants are combined between the vowels, the division is made before the two consonants.

so-**pra**   pre-sto   li-**bro**   si-gno-re   a-**glio**

NOTE: If the first consonant is an *l, m, n,* or *r,* the division is made between the two consonants.

al-to   tem-po   ven-ti   gior-no

d. If three or more consonants are combined between the vowels, the division is made after the first consonant.

al-tro   en-tra   in-gle-se   sem-pre

NOTE: If the first of the three consonants is an *s,* the division is always made before the *s.*

na-stro   de-stra   e-spres-so

e. Two vowels may not be divided if one of them is an unstressed *i* or *u.*

uo-mo   **Eu**-ro-pa   **pia**-no   **gio**-va-ne

BUT

mi-**o**   zi-**o**   po-**e**-sia   pa-**u**-ra

Italian-English Vocabulary

The Italian-English Vocabulary is intended to be complete for the contexts of this book. Basic terms usually taught in first-level courses and some obvious cognates are not included.

ABBREVIATIONS

adj.	adjective	*m.*	masculine
adv.	adverb	*pl.*	plural
f.	feminine	*p.p.*	past participle

a to, at
abbaiare to bark
abbandonare to abandon
abbastanza enough
abbigliamento *m.* clothing
abbracciare to embrace, hug
abbraccio *m.* hug, embrace
abbronzarsi to tan
abilità *f.* ability
abitante *m. & f.* inhabitant
abitare to live, reside
abitazione *f.* dwelling
abituarsi to become used to
abitudine *f.* habit
accadere to happen
accanto next to
accarezzarsi to caress each other
accendere (*p.p.* **acceso**) to turn on; to light
accettare to accept
acchiappare to get hold of; to catch
acciaio *m.* steel
accogliere (*p.p.* **accolto**) to welcome
accomodare: fare accomodare to have someone take a seat
accompagnare to accompany
acconciatura *f.* hairdo
accontentare to please
accordo *m.* agreement; **d'accordo** OK; **andare d'accordo** to get along;

essere d'accordo to be in agreement
accorgersi to note; to become aware
accusare to accuse
acquatico: sci acquatico *m.* water ski
acustico: segnale acustico *m.* tone (*telephone*)
adatto suitable; right
addormentarsi to fall asleep
adesso now
adorazione *f.* adoration, worship
adottato adopted
adottivo adopted
aereo *m.* airplane
affacciarsi to appear (at a window)
affari *m.pl.* business; things
affarone *m.* great deal
affascinante fascinating
affatto at all; **niente affatto** nothing at all
affetto: con affetto affectionately
affettuoso affectionate, loving
affezionato affectionate
affinchè so that, in order that, that
affittare to rent
affitto *m.* rent; **prendere in affitto** to rent
affollato crowded
affresco *m.* fresco

affrettarsi to hurry
affrontare to face
agenda *f.* notebook; diary
agente *m. & f.* agent
agenzia *f.* agency
aggiornato up-to-date, informed
aggiungere to add
agilmente nimbly
agire to act, behave
ago *m.* (*pl.* **aghi**) needle
agrumi *m.pl.* citrus fruits
aiuola *f.* lawn; flower bed
aiutare to help
aiuto *m.* help
alba *f.* dawn
albergo *m.* (*pl.* **alberghi**) hotel
albero *m.* tree
albicocca *f.* apricot
alcuno some; a few; any
alimentazione *f.* nutrition
all'aperto outdoor(s)
all'impiedi standing
all'improvviso all of a sudden, suddenly
allacciarsi to buckle (*seat belt*)
allegro cheerful
allenarsi to train, practice (*sport*)
allenatore *m.* coach
allevamento *m.* breeding
allievo *m.* student
alloggiare to lodge, stay (in a hotel)
allontanare to remove; to

move away

almeno at least

altalena *f.* seesaw

alto tall; high

altrettanto as much

altrimenti otherwise

altro other

alzare to raise; **alzarsi** to get up

amante *m. & f.* lover

amare to love

ambasciata *f.* embassy

ambasciatore *m.* ambassador

ambientare to set

ambiente *m.* surroundings; environment

ambizioso ambitious

ambulanza *f.* ambulance

amichevole friendly

amicizia *f.* friendship

ammalato sick, ill

ammettere to admit

ammigliorare to improve

ammirare to admire

ammobiliare to furnish

andata e ritorno round trip; **biglietto di andata e ritorno** *m.* round-trip ticket

andicappato handicapped

aneddoto *m.* anecdote

anello *m.* ring

angolo *m.* corner

animato animated, lively

annegato drowned

annoiarsi to get bored

annullare to cancel; to annul

annunciare to announce

annunciatore *m.* (*f.* **annun-ciatrice**) announcer

annuncio *m.* announcement; advertisement

ansia *f.* anxiety; **con ansia** anxiously

ansioso anxious; eager

anticamente in ancient (former) times

anticipo *m.* advance, deposit

(money); **in anticipo** in advance, early

antico ancient; old

antipatico unpleasant; disagreeable

anzi on the contrary; indeed

anziano elderly; old

anzichè rather than

anzitutto above all

ape *m.* bee

aperitivo *m.* aperitif *(drink)*

aperto open; **all'aperto** outdoor(s)

apparecchiare to set (the table)

apparenza *f.* appearance

apparire (*p.p.* **apparso**) to appear, seem

appartenere to belong; to be a member

appassionato passionate

appena hardly; (only) just; **non appena** as soon as

appendere to hang

appoggiarsi to lean on, lean against

apposta on purpose

apprendista *m & f.* apprentice

approfittare to take advantage

approfondirsi to become deeper

appunti *m.pl.* notes

aranciata *f.* orange drink

arancini *m.pl.* rice balls

arancione orange

arcobaleno *m.* rainbow

argento *m.* silver

argomento *m.* argument; subject

armadio *m.* wardrobe *(furniture)*

armamentario *m.* instrument; paraphernalia

armonica *m.* harmonica

arrabbiarsi to become angry

arrendersi to give up

arrivo *m.* arrival

arrostire to roast, grill

arrosto: pollo arrosto *m.* roast chicken

artigianale artisan, handicraft

artigianato *m.* skilled craftsmanship

ascensore *m.* elevator

asciugare to dry

ascoltare to listen

aspettare to wait; **aspettarsi** to expect

aspetto *m.* appearance

aspirapolvere *m.* vacuum cleaner

assaggiare to taste

assai much; enough

assegno *m.* check; **assegno turistico** traveler's check

assicurare to assure; to insure

assicurazione *f.* insurance

assieme together

assistente *m. & f.* assistant; **assistente di volo** flight attendant

assunto (*p.p.* of **assumere**) assumed, undertook

astratto abstract

atleta *m.* athlete

attaccatissimo extremely attached

atteggiamento *m.* attitude; pose

attento attentive; careful; **stare attento** to be careful

attimo *m.* moment

attraente attractive

attraversare to cross

attraverso through, across

attrezzo *m.* tool, implement

attuale current

attualità *f.pl.* current events

audace bold; daring

augurare to wish; **augurarsi** to hope

augurio *m.* wish; **cartolina d'auguri** *f.* greeting card

aula *f.* classroom
aumentare to increase
autista *m. & f.* driver
automaticamente automatically
autonoleggio *m.* car rental
autoritratto *m.* self-portrait
autostrada *f.* highway
avanzare to advance
avere to have
avvenimento *m.* event
avvenire *m.* future
avviarsi to set off to
avvicinarsi to come near; to approach
avvocato *m. & f.* lawyer
azienda *f.* firm, company
azione *m.* action
azzurro blue

babbo *m.* dad
baciare to kiss
bagaglio *m.* luggage; baggage; **consegna bagagli** *f.* luggage deposit; **fare i bagagli** to pack
bagnare to wet; to flow through
bagno *m.* bath; bathroom; **costume da bagno** *m.* bathing suit; **fare il bagno** to take a bath; to go in the water; **vasca da bagno** *f.* bathtub
ballare to dance
ballata *f.* ballad
balletto *m.* ballet
ballo *m.* dance; ball
bambola *f.* doll
bandiera *f.* flag
barba *f.* beard; **farsi la barba** to shave
barbabietola da zucchero *f.* sugar beet
barbiere *m.* barber
barca *f.* boat; **barca a vela** sailboat
barzelletta *f.* joke
basilico *m.* basil
basso low; cheap
bastare to be enough, suffice
battaglia *f.* battle
battere to beat; to defeat; **battere a macchina** to type; **battere le mani** to clap, applaud
batteria *f.* battery
battezzare to baptize
bellezza *f.* beauty
benchè although, though
bene well; **volere bene** to love
benvenuto *m.* welcome
benzina *f.* gasoline
bere to drink
bestiame *m.* livestock
biancheria *f.* linen; underclothes
biberon *m.* nursing bottle
bibita *f.* drink
bigiotteria *f.* costume jewelry
biglietto *m.* ticket; note; card; **bigliettino** *m.* short note
Bilancia *f.* Libra
bimbo *m.* child
binario *m.* track; (train) platform
bis *m.* encore
biscotto *m.* biscuit, cookie
bisnonno *m.* great-grandfather
bisognare to be necessary; to have to, must; **avere bisogno di** to need
bisticciarsi to argue, quarrel
bloccato stalled
bocce *f.pl.* Italian ball game
bocciare to fail (exam)
bollettino *m.* bulletin; publication
bollire to boil
bolognese *f.* meat sauce
bordo *m.* edge; **a bordo** on board

borghese middle-class
borghesia *f.* middle class
borsa *f.* bag; purse; **borsa a mano** carry-on bag; **borsa di studio** scholarship
bottega *f.* shop
botteghino *m.* ticket window
braccetto: a braccetto arm in arm
braccialetto *m.* bracelet
brano *m.* piece; passage (of a book)
breve short
brillante brilliant; bright; *m.* diamond ring
brillare to shine
brindare to toast
brodo *m.* broth
bruciare to burn
brusco brusque, rough
brutto ugly
bucato *m.* laundry; **fare il bucato** to do the laundry
buco *m.* hole
buffo funny; comic
bugia *f.* (*pl.* **bugie**) lie
buio *m.* dark
buono good; **buona fortuna** good luck; **a buon mercato** cheap, inexpensive; **di buon'ora** early
burlarsi to make fun
bussare to knock
busta *f.* envelope
buttare to throw; to cast; **buttare via** to throw away

cabina *f.* cabin; **cabina telefonica** phone booth
caccia *f.* hunt
cacciare to chase (drive) away
cadenza *f.* rhythm; cadence
cadere to fall
calcio *m.* kick; soccer
calmarsi to calm oneself
calze *f.pl.* stockings

calzettoni *m.pl.* knee-high socks

calzini *m.pl.* socks

cambiare to change; to cash; **cambiarsi** to change *(clothes);* to turn into

cambio *m.* exchange *(money)*

camera *f.* bedroom; chamber

cameriere *m.* waiter

camicetta *f.* blouse

camicia *f.* *(pl.* **camicie)** shirt

caminetto *m.* small fireplace

campagna *f.* countryside

campana *f.* bell

campeggio *m.* camp; **fare il campeggio** to go camping

campionato *m.* championship

campione *m.* champion

campo *m.* field

canale *m.* canal; channel

cancellare to erase

Cancro *m.* Cancer

candela *f.* candle

cannocchiale *m.* telescope

cantante *m. & f.* singer

cantiere navale *m.* shipyard

cantina *f.* cellar

canzone *f.* song

capace able, capable

capacità *f.* ability

capello *m.* hair

capo *m.* boss; head; **capogruppo** *m.* (camp) counselor

capolavoro *m.* masterpiece

capoluogo *m.* chief town *(of a province)*

caponata *f.* eggplant relish with olives and capers

cappella *f.* chapel

cappero *m.* caper

cappotto *m.* overcoat

capriccioso capricious; whimsical; moody; **pizza capricciosa** *f.* pizza with variety of spicy toppings

caramella *f.* candy

carbonara: fettuccine alla carbonara *f.pl.* wide noodles with cream sauce

carciofo *m.* artichoke

caria dentaria *f.* cavity *(teeth)*

carino pretty; cute

carità *f.* charity; **per carità!** please!

carne tritata *f.* chopped meat

carretto *m.* small cart

carriera *f.* career

carta *f.* paper; card; **foglio di carta** *m.* sheet of paper; **carta d'imbarco** boarding pass; **carta di soggiorno** residence card; **carta telefonica** telephone debit card

cartellone *m.* sign; poster

cartina *f.* (small) map

cartolina *f.* card; **cartolina d'auguri** greeting card

cartone animato *m.* cartoon

casalingo pertaining to the home

cascare to fall

caso *m.* case; circumstance; **in caso** in case; **per caso** by chance

cassa *f.* cashier; cashier's register

cassetto *m.* drawer

cassiere *m.* cashier

castano nut-brown

castello *m.* castle

castigare to punish

catacomba *f.* catacomb

catena *f.* chain

causa *f.* cause; **a causa di** because of

cauto cautious

cavaliere *m.* horseman; knight

cavolfiore *m.* cauliflower

cavolo *m.* cabbage

celebre famous

centesimo *m.* cent

centinaio *m.* about one hundred

centralinista *m. & f.* telephone operator

centralino *m.* telephone exchange

cercare to look for

certo sure; certain; some

cespuglio *m.* bush

cestino *m.* (small) basket

chiacchierare to chat, talk

chiacchierone *m.* chatterbox; gossip

chiamare to call

chiarezza *f.* clarity; **con chiarezza** clearly

chiaro clear: **parlare chiaro** to speak honestly

chiasso *m.* noise

chiassoso noisy

chiave *f.* key

chiedere *(p.p.* **chiesto)** to ask; **chiedere scusa** to apologize

chiesa *f.* church

chiesetta *f.* small church

chirurgico: intervento chirurgico *m.* surgery

chissà who knows; I wonder

chiudere to close

chiunque anyone

ciabatta *f.* slipper

ciascuno each one

cibo *m.* food

cicatrice *f.* scar

cielo *m.* sky

ciliegia *f.* *(pl.* **ciliegie)** cherry

cima *f.* summit, peak

cintura *f.* belt; **cintura di sicurezza** seat belt

circo equestre *m.* circus

circolare to circulate

circolo *m.* circle; club

circondare to surround

circostanza *f.* circumstance

citare to quote, cite

cittadina *f.* small town

cittadino *m.* citizen

civiltà *f.* civilization

ciò this, that, it; **ciò nonostante** in spite of this

clamoroso loud; causing a great stir

clima *m.* climate

coda: fare la coda to wait on line

cogliere (*p.p.* **colto**) to gather

coinvolto (*p.p.* of **coinvolgere**) involved

colazione: prima colazione *f.* breakfast

colei she (who)

colla *f.* glue

collana *f.* necklace; series, collection

collega *m. & f.* (*pl.* **colleghi**) colleague

collegare to connect

collina *f.* hill

collo *m.* neck

colloquio *m.* interview

colonia *f.* summer camp

colonna *f.* column

colonnello *m.* colonel

colorare to color

coloro they; those (who)

colpa *f.* fault; **dare la colpa** to blame

colpevole guilty

colpire to strike; to hit

colpo *m.* blow; hit (*sport*); **colpo di fulmine** thunderbolt; **colpo di pistola** gun shot

coltivare to raise; to cultivate

colui he (who)

combattere to battle; to fight

combattimento *m.* fighting; battle; combat

combinare to mix together; to combine

cominciare to begin

commedia *f.* play; comedy

commediografo *m.* playwright; writer of comedies

commesso *m.* salesclerk

commettere (*p.p.* **commesso**) to commit; to make

comodità *f.* comfort

compere *f.pl.* purchases; **fare compere** to go shopping

complesso *m.* complex; ensemble; band, group

complimento *m.* compliment; **fare complimenti** to pay compliments

componimento *m.* composition

comporre (*p.p.* **composto**) to compose; to invent

comportamento *m.* behavior

comportarsi to behave

compositore *m.* composer

composto composed

comprendere to include

comunale municipal; **palazzo comunale** *m.* town hall

comune *m.* town

comunque however; anyhow; in any case

concentrarsi to concentrate

concorso *m.* competition, contest

condimento *m.* seasoning

condividere to share

condizione: a condizione che on condition that

condottiere *m.* commander

condurre to lead; to conduct

conferenza *f.* lecture

confinare to border (on)

confine *m.* boundary; border; frontier (*of a country*)

confronto *m.* comparison; **fare il confronto** to compare

congelato frozen

coniglio *m.* rabbit

conoscenza *m.* knowledge;

fare la conoscenza to meet (*for the first time*)

conquistare to conquer

consegna *f.* delivery; **consegna bagagli** baggage deposit

consegnare to deliver; to check in

conservato kept; saved; preserved

consigliare to advise

consigliere *m.* advisor, counsellor

consiglio *m.* advice

consulente *m. & f.* consultant

contadino *m.* farmer

contagiare to infect; to spread

contagioso contagious; infectious

contare to count

conte *m.* count

contentarsi to be satisfied

contenuto *m.* content

conto *m.* account; check (*restaurant*)

contraddire to contradict

contrario contrary; opposite; **al contrario** on the contrary

contravvenzione *f.* traffic fine

contributo *m.* contribution

contro against

convincere (*p.p.* **convinto**) to convince

coperto (*p.p.* of **coprire**) to cover

copiare to copy

coppia *f.* couple; **coppia di sposi** married couple

corda: dare la corda to wind (*clock*)

cordiali saluti *m.pl.* best wishes; greetings

coricarsi to go to bed

cornetto *m.* crescent (roll)

coro *m.* choir

corpo *m.* body

correggere to correct

corrente *f.* current; **corrente
elettrica** electrical current

correre (*p.p.* **corso**) to run

corrispondente *m. & f.* pen pal

corruzione *f.* corruption

corsa *f.* race; **di corsa** on the
run, in a rush

corsia *f.* lane; aisle

corteggiatore *m.* suitor

cortese polite; corteous

cortile *m.* courtyard

coscienzioso conscientious

cosiddetto so-called

cosparso sprinkled

costa *f.* coast

costo *m.* cost; price; **a tutti i
costi** at any price

costretto forced

costruire to build, construct

creare to create

crescere to grow

criticare to criticize

critico *m.* critic

crociera *f.* cruise

crollo *m.* collaspe; breakdown

cucire to sew

cuffia *f.* headset

cuocere to cook

cura *f.* cure; **con cura**
carefully; **avere cura di** to
care for

cuoio *m.* leather

curva *f.* curve

cuscino *m.* pillow

custodire to keep; to guard

da from; at, to (*someone's house
or place of business*)

danneggiato damaged

dappertutto everywhere

dare to give; **dare botte** to hit;
dare su to look onto (*place*)

dare una mano to lend a hand

dattilografa *f.* stenographer

davanti in front

decennio *m.* decade

decina *f.* about ten

decoro *m.* (set) design

decreto *m.* decree

dedicarsi to dedicate oneself

delinquente *m. & f.* criminal,
delinquent

delinquenza *f.* criminality,
delinquency

delitto *m.* crime

deludere (*p.p.* **deluso**) to
disappoint

democristiano Christian
Democrat

dentro inside

denuncia *f.* charge, accusation

depresso depressed

deputato *m.* delegate;
representative

derivante resulting from

destra *f.* right; **a destra** to the
right

dettaglio *m.* detail

dettare to dictate

detto called; nicknamed

deviato diverted

dialetto *m.* dialect

diario *m.* diary

dichiarare to declare, state

dichiarazione *f.* declaration

dietologo *m.* dietician

difendere to defend

difensore *m.* advocate;
supporter

diffuso widespread

digerire to digest

digestivo *m.* after-dinner drink

dimagrire to lose weight

dimenticare to forget

diminuire to lessen; to cut
down

dimostrare to show

dipingere to paint

dipinto *m.* painting

diplomarsi to graduate

diplomato *m.* diplomat;

graduate

dire to say; **dire sciocchezze**
to say silly things

dirigere to direct

dirimpetto in front, opposite

diritto *m.* right; law; **andare
diritto** to go straight ahead

discorso *m.* speech

disegnatore *m.* draftsman;
designer

disegno *m.* drawing; design

disgrazia *f.* misfortune, bad
luck

disoccupazione *f.* unemployment

disordinato disorderly, untidy

disordine *m.* riot; tumult;
disorder

disperato desperate

disperazione *f.* desperation

dispiacere to be sorry; to
mind; *m.* displeasure

disponibile available

disposto willing; ready

distratto absent-minded;
inattentive

distruggere (*p.p.* **distrutto**) to
destroy

ditta *f.* company, firm

divano *m.* sofa, couch

divenire to become

diventare to become

divertente funny, amusing

divertirsi to have fun

dogana *f.* customs

doganale relating to customs

doganiere *m.* customs officer

dolce sweet; dessert

dolcezza *f.* sweetness

dolore *m.* pain

domestica *f.* maid

**domicilio: consegna a
domicilio** *f.* home delivery

dominio *m.* dominion;
control; rule

donare to give (*a present*)

donna *f.* woman
dopoguerra *m.* post-war period
dopotutto after all
doppiato dubbed
doppio double
dotato gifted; talended
dottorato *m.* Doctorate (Ph.D.)
dovere must; to have to
dovunque anywhere
dozzina *f.* dozen
drammaturgo *m.* playwright
dubbio *m.* doubt
dubitare to doubt
dunque so; well then
durante during
durare to last
duro hard

ebreo *m.* Jewish; Hebrew
eccezione *f.* exception
edicola *f.* newsstand
edificare to build; to erect
edificio *m.* building
educato well-mannered
educazione *f.* education; breeding
effetto *m.* effect; **in effetti** in fact
efficace effective
egoista selfish
egregio distinguished
eleggere to elect
elemosina *f.* alms, charity
elenco *m.* list; **elenco telefonico** telephone book
elettore *m.* voter
elettrodomestici *m.pl.* electric household appliances
emergere (*p.p.* **emerso**) to emerge; to stand out
emozionante exciting, moving
energia *f.* energy
energico energetic
entrarci to have to do with

entrare to enter, go in
entrata *f.* entrance; **entrata gratuita** free admission
entusiasmare to arouse enthusiasm in; to enthrall
entusiasmo *m.* enthusiasm
epoca *f.* epoch, era
equestre relating to horses; **circo equestre** *m.* circus
erba *f.* grass
eroe *m.* hero
eroina *f.* heroine
esagerare to exaggerate
esattamente exactly
esclamare to exclaim
esibizione *f.* display
esigente demanding
esiliato *m.* exile
esistenza *f.* existence
esistere to exist
esitare to hesitate
esordire to make one's debut
espandersi to expand; to spread
espansivo effusive; demonstrative
esperto *m.* expert
esponente *m.* example
esposto exhibited; displayed
esprimere (*p.p.* **espresso**) to express
esso he, it
estendersi to extend; to stretch
estero abroad
estivo summer
età *f.* age
evitare to avoid
evviva hooray
extraterrestre *m.* extraterrestrial, alien

fabbrica *f.* factory
fabbricare *m.* to manufacture, produce
fabbricazione *f.* production
faccia *f.* (*pl.* **facce**) face

faccende *f.pl.* household chores
facchino *m.* porter
facilità *f.* ease; **con facilità** easily
facoltà *f.* faculty; department
fagiolo *m.* bean
fama *f.* fame; renown
fanciulla *f.* (young) girl
fare to do; to make
fari *m.pl.* headlights
fastidio *m.* nuisance; bother; **dare fastidio** to bother
fattoria *f.* farm
fattura *f.* receipt; bill
favola *f.* fable; tale
favoloso fabulous
favore *m.* favor
febbre *f.* fever
fedele faithful
felice happy
femmina *f.* woman
ferito wounded
fermaglio *m.* clasp; clip
fermata *f.* stop
feroce ferocious
ferro *m.* iron
ferrovia *f.* railroad
ferroviaria: stazione ferroviaria *f.* train station
festeggiare to celebrate
fetta *f.* slice
fiaba *f.* fable; tale
fiamma *f.* flame
fiammifero *m.* match
fichi *m.pl.* figs
fidanzamento *m.* engagement
fidanzarsi to get engaged
fidanzato *m.* fiancé; boyfriend; *pl.* engaged couple
fidarsi to trust; to have faith in
fiducia *f.* trust; faith; confidence
fiducioso trusting
fiera *f.* fair; exhibit
fiero proud

fila *f.* line; row; **fare la fila** to wait on line

filo *m.* thread; wire

filobus *m.* trolley bus

finanziario financial

finchè until; as long as

finestrino window *(car, train)*

fino until; up to; as far as

finta: fare finta to pretend

fioraio *m.* florist

fiorire to flourish

firmare to sign

fisica *f.* physics

fissare un appuntamento to make an appointment

fiume *m.* river

flauto *m.* flute

folclorico folkloristic

folla *f.* crowd

fondare to establish

fondatore *m.* founder

fondare to found; to establish

fondere to blend

fondo *m.* bottom; end; back

forbici *f.pl.* scissors

formaggio *m.* cheese

formica *f.* ant

fornire to supply, provide

forno *m.* oven

forte strong; **parlare forte** to speak loudly

fortezza *f.* fort

fortuna *f.* luck

fortunato lucky

forza *f.* strength; force; **per forza** of course

forzare to force; to compel

foulard *m.* (silk) scarf

franca: zona franca *f.* duty-free area

francamente frankly

frate *m.* friar, monk

fratellanza *f.* brotherhood

frazionato divided

frenare to put on the breaks; to brake

freno *m.* brake

frequentare to go often to (a place); to attend

fretta *f.* hurry; **avere fretta** to be in a hurry

fresco cool; **fare fresco** to be cool *(weather)*

frigo (frigorifero) *m.* refrigerator

fronte: di fronte a in front of; opposite

frontiera *f.* border

frullato *m.* shake *(milk, fruit)*

fruttivendolo *m.* greengrocer

fuggire to run away, escape

fulmine *m.* thunderbolt

fumare to smoke

fumetti *m.pl.* comics, comic-strip

fumo *m.* smoke

fungo *m.* (*pl.* **funghi**) mushroom

funzionare to function, work

fuoco *m.* fire; **fuochi d'artificio** *m.pl.* fireworks

fuori outside

furto *m.* robbery; theft

gara *f.* competition, contest

garofano *m.* carnation

gassosa *f.* fizzy drink

gastronomico gastronomical

gattino *m.* small cat; kitten

gelato *m.* ice cream

gelosia *f.* jealousy

geloso jealous

gemelli *m.pl.* twins

genealogico genealogical

genere *m.* kind; type; **in genere** in general, generally

genero *m.* son-in-law

genio *m.* genius

genitore *m.* parent

gente *f.* people

gentilezza *f.* kindness

gentilmente kindly

geologo *m.* (*pl.* **geologhi**) geologist

gesto *m.* gesture

ghiacciato ice-cold

ghiaccio *m.* ice

giardino *m.* garden

gigante *m. & f.* giant

gigantesco gigantic

ginnastica *f.* gymnastic; **fare ginnastica** to exercise

ginocchio *m.* (*f.pl.* **ginocchia**) knee

giocatore *m.* player

giocattolo *m.* toy

gioco *m.* (*pl.* **giochi**) game

gioielleria *f.* jewelry

gioiello *m.* jewel

giornale *m.* newspaper

giornalino *m.* illustrated magazine for children

giornata *f.* day (all day)

giornataccia *f.* bad day

gioventù *f.* youth

giradischi *m.* record player

girare to turn

girato filmed

giro *m.* tour; ride; **fare un giro** to take a ride; **prendere in giro** to tease

gita *f.* trip; **fare una gita** to take a short trip

giudice *m. & f.* judge

giusto right; just

gnocco *m.* (*pl.* **gnocchi**) potato and flour dumpling

godere to enjoy

gommato: nastro gommato rubberized tape

gonfiare to blow up, inflate

governo *m.* government; state

grado *m.* degree

grafia *f.* handwriting; musical transcription

grandezza *f.* greatness

grano *m.* wheat

grattacielo *m.* skyscraper

gratuito free

grazia *f.* grace

grazioso pretty; delightful

gridare to yell, scream

grido *m.* yell, scream; **dare un grido** to let out a scream

grigliata *f.* cook-out; barbeque

grissini *m.pl.* bread sticks

grosso fat

guadagnare to earn

guancia *f.* (*pl.* **guance**) cheek

guanto *m.* glove

guardare to look

guarire to recover, get well; to heal

guasto broken down; out of order

guerra *f.* war

guidare to drive

gusto *m.* taste

idealità *f.* idealism

ideare to conceive

illustre distinguished; famous

imbarco: carta d'imbarco *f.* boarding pass

imbiancare to paint *(walls)*

immagine *f.* image

immeditato immediate; direct

immergere to plunge

immigrato immigrated; *m.* immigrant

impedire to prevent; not to allow

impegnarsi to pledge; to commit oneself

impegnativo committed; exacting

impegno *m.* commitment

imperatore *m.* emperor

impetuoso impetuous

impianto *m.* installation; plant; system

impiedi: all'impiedi standing

impiegare to hire; to employ; to spend *(time)*

impiegato *m.* employee

impiego *m.* job

imponente imposing; impressive

imporre (*p.p.* **imposto**) to impose, order, force; **imporsi** to assert oneself; to become popular

importare to matter; to care

impressionante impressive, striking

improvviso: all'improvviso all of a sudden

inadatto unfit

incantevole enchanting, delightful

incapace incapable, unable

incarico *m.* appointment

incendio *m.* fire

inchiesta *f.* investigation, inquiry

inchiostro *m.* ink

incidente *m.* incident; accident

incidere (*p.p.* **inciso**) to impress; to etch

incontrare to meet

incontro *m.* encounter; **venire incontro** to come to meet

incoraggiare to encourage

incrociato crossed

incuriosito curious

indeciso undecided

indicazione *f.* instruction; information

indietro back, backwards

indirizzare to direct; to turn

indirizzo *m.* address

indomani (the) following day

indovinare to guess

indumento *m.* garment; *pl.* clothes

infanzia *f.* childhood

infatti in fact, actually

infelice unhappy

infermiere *m.* nurse

influenza *f.* influence; influenza, flu

influire to influence

influsso *m.* influence

informato informed

ingegnere *m. & f.* engineer

Inghilterra England

ingiustizia *f.* injustice

ingrassante fattening

ingrassare to put on weight, get fat

iniziare to begin

inizio *m.* beginning

innaffiare to water

innamorato in love

inoltre besides, moreover

inosservato unobserved

inquinamento *m.* pollution

insegnante instructor, teacher

inserire to insert

insieme together

insolito unusual

insomma in short; well, then

installare to install

instaurazione *f.* establishment

intanto meanwhile

integrale: pane integrale *m.* whole-wheat bread

interno *m.* interior; inside

intero whole, entire

interrompere (*p.p.* **interrotto**) to interrupt

intervenire to intervene

intervento *m.* operation; **intervento chirurgico** surgery

intervistare to interview

intimo intimate

intitolato entitled

intorno around

intraprendere to undertake

intrecciare to weave

introdurre to present; to introduce

invadere (*p.p.* **invaso**) to invade

invasore *m.* invader

invece instead; on the other hand

inventare to invent

invenzione *f.* invention

invernale wintry; winter

inverno *m.* winter

invidioso envious
invitato *m.* guest
ippico relating to horses;
   corsa ippica *f.* horse race
irreale unreal
iscriversi (*p.p.* **iscritto**) to
   enroll, register
iscrizione *f.* registration
isola *f.* island
ispirato inspired
istintivo instinctive
istruttivo instructive
istruzione *f.* instruction
italico Italic, Italian

lacrima *f.* tear
ladro *m.* thief
lagnarsi to complain
lago *m.* (*pl.* **laghi**) lake
lamentarsi to complain
lampada *f.* lamp
lana *f.* wool
larghezza *f.* width
largo wide
lasciare to leave (behind); to
   let; **lasciare stare** to leave
   alone; not to bother
lato *m.* side
lattaio *m.* milkman
latte *m.* milk
latticini *m.pl.* milk products
laurea *f.* college degree
laurearsi to graduate
   (*university*)
lavoratore *m.* worker
lega *f.* league
legge *f.* law
leggero light(weight)
lenti a contatto *f.pl.* contact
   lenses
lento slow
lessico *m.* language
letterato lettered, well–read; *m.*
   man/woman of letters
lettere *f.pl.* literature
lettore *m.* (*f.* **lettrice**) reader
lettura *f.* reading text

libbra *f.* pound
libero free
libertà *f.* freedom, liberty
libresco bookish
librettista *m.* writer of
   librettos
licenziato fired
liceo *m.* high school
lieto happy
limitare to limit
lingua *f.* tongue; language
linguaggio *m.* language
lino *m.* linen
lirismo *m.* high-flown
   sentiments
litigare to quarrel
livello *m.* level
locale *m.* place
località *f.* place; locality
locandiera *f.* innkeeper
logica *f.* logic
lontano far
luce *f.* light
lucidare to polish; to wax
luminosità *f.* brightness,
   brilliance
luna *f.* moon; **luna park** *m.*
   amusement park
lunghezza *f.* length
lungo (*pl.* **lunghi**) long; along
lungomare *m.* sea-front
luogo *m.* (*pl.* **luoghi**) place;
   avere luogo to take place;
   luogo di ritrovo meeting
   place
lupo *m.* wolf
lussuoso luxurious; grand

macchia *f.* stain
macchina *f.* car; **portare la
   macchina** to drive
macchinario *m.* machinery
macelleria *f.* butcher's shop
madre *f.* mother
maestoso majestic
maestro *m.* schoolteacher
magari if only; perhaps, maybe

magazzino *m.* store;
   warehouse
maggiore largest
maggiormente mainly, chiefly
magistrale: scuola magistrale
   f. school of education
maiale *m.* pig; pork
malattia *f.* illness
male badly; wrong; **farsi male**
   to hurt oneself; **stare male**
   to be ill
maleducato rude; ill-
   mannered
malgrado in spite of
malinconico melancholic;
   gloomy, sad
maltrattare to mistreat
mancanza *f.* lack; shortage;
   absence
mancare to miss; to be lacking
mancia *f.* tip, gratuity
mandarino *m.* tangerine
mangianastri *m.* cassette
   player
maniera *f.* manner
mano *f.* hand; **a portata di
   mano** within reach; **borsa a
   mano** *f.* carry-on bag; **dare
   la mano** to shake hands;
   dare una mano to lend a
   hand; **prendere in mano** to
   take control; **tenersi la
   mano** to hold hands
manovrare to maneuver
maratona *f.* marathon
marca *f.* brand
marciapiedi *m.* sidewalk
marito *m.* husband
marmellata *f.* jam, marmelade
marmo *m.* marble
mascarpone *m.* Italian cream
   cheese
maschera *f.* mask
maschile male
maschio *m.* male; boy
massimo greatest
materia *f.* school subject

materno maternal; **scuola materna** *f.* kindergarten
maturo ripe; mature
mazzetto *m.* small bouquet (*flowers*)
medaglia *f.* medal
medico *m.* doctor (*of medicine*)
medio: peso medio *m.* middleweight
meglio better (*adv.*)
melanzana *f.* eggplant
melodico melodic
melone *m.* melon
membro *m.* member
mendicante *m. & f.* beggar
meno less
mensa *f.* cafeteria
mente *f.* mind; memory
mentre while
menzogna *f.* lie
meraviglia *f.* wonder, marvel; **a meraviglia** wonderfully well
meravigliarsi to wonder; to be surprised
mercante *m. & f.* merchant
mercato *m.* market
merenda *f.* (afternoon) snack
meridione *m.* south; southern Italy
meridionale southern; south
meritare to deserve, merit
mescolare to mix
messaggio *m.* message
mestiere *m.* trade
metà *f.* half; middle
metallo *m.* metal
metro *m.* meter; (**metropolitana**) *f.* subway
metropoli *f.* metropolis
mettere to put, place; to wear; **metterci** to take (*time*); **mettersi a** to start, begin to
mezzo half; middle; **a mezzo tempo** part time; *m.* means; **mezzo di trasporto** means of transportation

mezzogiorno *m.* noon; southern Italy
migliaia *m.pl.* thousands
miglio *m.* (*pl.* **miglia**) mile
migliorare to improve; to get better
migliore better; best
miliardario *m.* billionaire
miliardo *m.* billion
mille thousand
minacciare to threaten
minerario mining
minestra *f.* soup
minilaurea *f.* two-year college degree
miracolo *m.* miracle
misantropo *m.* misanthrope
misto *m.* mixture
misura *f.* size
misurare to measure
mobile *m.* piece of furniture; *m.pl.* furniture
moda *f.* fashion
modestia *f.* modesty
modo *m.* way; manner; **grosso modo** roughly; **in modo che** so that; in order that; **in ogni modo** anyway
mondiale world; world-wide
mondo *m.* world
moneta *f.* coin; money; currency
monte *m.* mountain
montuoso montainous, hilly
morbido soft
mordere to bite
morire (*p.p.* **morto**) to die; **stanco morto** dead tired
morte *f.* death
mosca *f.* fly
mosso rough (*sea*)
mostra *f.* exhibit
motivo *m.* motive, reason; theme
moto (motocicletta) *f.* motorbike
mucca *f.* cow

mucchio *m.* pile, heap
multa *f.* fine
municipio *m.* city hall
muoversi to move oneself; to hurry
muro *m.* (*f.pl.* **mura**) wall (*of a city*); (*m.pl.* **muri**) walls (*of a building*)
muscolo *m.* muscle
musicista *m. & f.* musician
mussulmano *m.* muslim
muto silent

nascere (*p.p.* **nato**) to be born
nascita *f.* birth
nascondere to hide
nascondiglio *m.* hiding place
nastro gommato *m.* rubberized tape
navale: cantiere navale *m.* shipyard
nave *f.* ship
neanche not even; not . . . either; nor; neither
nebbia *f.* fog
negoziante *m. & f.* merchant
neonato *m.* newborn
neretto: in neretto bold type
netto net
neve *f.* snow
nevicata *f.* snowfall
nido *m.* nest
niente nothing; anything; **farci niente** not to matter
noce *f.* walnut
noia *f.* boredom
noleggiare to rent (*car*)
nomignolo *m.* nickname
nonchè as well as
nonni *pl.* grandparents
nonostante in spite of; **nonostante che** although, though
nordico northern
notare to notice
notevole notable, remarkable
notizia *f.* piece of news; *pl.* news

noto well-known; known
novella *f.* short story
novelliere *m.* short-story writer
novità *f.* (*pl.* **novità**) news
nozze *f.pl.* wedding; **nozze d'oro** fiftieth wedding anniversary
nudo naked
nulla nothing; **dal nulla** from nowhere
nuora *f.* daughter-in-law
nuovamente again

obbligo scolastico *m.* compulsory education
occhiali *m.pl.* eyeglasses
occidentale west; western
occidente *m.* west
occorrere must, to have to; to need; to be necessary
occupare to occupy; **occuparsi di** to take care of
occupato busy
odiare to hate
odio *m.* hatred
odore *m.* smell, odor, scent
oggetto *m.* object
oggigiorno nowadays
ognuno each
olio *m.* oil
oltre beyond; over
oltretomba *m.* (the) hereafter
omaggio *m.* homage
ombra *f.* shadow
ombrello *m.* umbrella
ombrellone *m.* beach umbrella
onorare to honor
onore *m.* honor
opera *f.* work; **opera lirica** opera
operaio *m.* worker
operare to operate; to work
operistico operatic
opporsi (*p.p.* **opposto**) to oppose

opposto *m.* opposite, contrary
ora now
oramai now; by now; at this point
ordine *m.* order; arrangement; command
orecchini *m.pl.* earrings
oreficeria *f.* jewelry shop
orfanotrofio *m.* orphanage
orgoglioso proud
orientare to direct; **orientarsi** to find one's bearings
ormai now; by now; at this point
ornato adorned; embellished
ornitologia *f.* ornithology
oro *m.* gold
orologio *m.* watch; clock
oroscopo *m.* horoscope
orribile horrible
ortaggi *m.pl.* vegetables, greens
osare to dare
oscillare to swing; to fluctuate
oscurità *f.* darkness, obscurity
ospedale *m.* hospital
ospitare to accomodate
ospite *m. & f.* guest; host
ossessionato obsessed
ostile hostile
ottenere to obtain; to achieve
ottimista *m. & f.* optimist
ottimo very good; excellent; first-rate
ovest *m.* west
ovino *m.* sheep
ovviamente obviously, evidently
ovvio obvious, evident

pacco *m.* parcel; package
padrone *m.* boss; proprietor
paesaggio *m.* landscape
paesano *m.* villager
paese *m.* country; town
paesino *m.* small town

pagella *f.* report card
pagliaccio *m.* clown
paio *m.* (*f.pl.* **paia**) pair
palazzo *m.* palace; building
palestra *f.* gym
palla *f.* ball; **palla a volo** *f.* volleyball
pallacanestro *f.* basketball
palloncino *m.* balloon
pancetta *f.* Italian bacon
paniere *m.* basket
panificio *m.* bakery
panino *m.* roll; sandwich
panni *m.pl.* clothes
pantaloni *m.pl.* pants
papa *m.* pope
paracadute *m.* parachute
paragonare to compare
parecchi *pl.* several; many
parente *m.* relative
parentela *f.* relationship
parete *f.* wall (*of a room*)
parola *f.* word
parolaccia *f.* (*pl.* **parolacce**) bad word
paroline *f.pl.* nice words
parrocchiale parochial
parrucchiere *m.* barber; hairdresser
partenza *f.* departure
partire to leave
partita *f.* match (*sports*)
partito *m.* political party
passaggio *m.* passage; crossing; **dare un passaggio** to give someone a lift
passare to pass (by); to drop in; to spend (*time*)
passatempo *m.* pastime, hobby
passeggero *m.* passenger
passeggiata *f.* stroll; walk; **fare una passeggiata** to go for a walk
passo *m.* step; stride; **a due passi di qui** a few steps

from here; **fare due passi** to go for a walk; **fare grandi passi** to make great progress

pasta *f.* dough; noodles

pastasciutta *f.* pasta with tomato sauce

pasticceria *f.* pastry shop

pasticciere *m.* pastry chef

pasto *m.* meal

patatine *f.pl.* potato chips; **patatine fritte** french fries

patente *f.* driver's license

paterno paternal

patria *f.* native country

pattinaggio su ghiaccio *m.* ice-skating

pattinare to skate

patto *m.* pact; agreement

paura *f.* fear

pauroso frightening

pavimento *m.* pavement; floor

pazienza *f.* patience

pazzo crazy; **uscire pazzo** to go crazy

pecora *f.* sheep

peggio worse *(adv.)*

peggiore worse *(adj.)*

pelle *f.* leather; skin

pellegrinaggio *m.* pilgrimage

pellicceria *f.* fur shop

pelliccia *f.* fur (coat)

pena *f.* punishment; **valere la pena** to be worth

pendolo *m.* pendulum

pennello: stare a pennello to fit like a glove

pensare to think

pensatore *m.* thinker

pensiero *m.* thought

pensione *f.* pension; boarding-house; **andare in pensione** to retire

pentirsi to regret; to feel sorry

pentola *f.* pot

peperoncino *m.* hot pepper

pera *f.* pear

percentuale *f.* percentage

perciò so; therefore

percorso *m.* route; way

perdonare to forgive

perdurare to persist; to go on

perfezionare to perfect

pericoloso dangerous

periferia *f.* outskirts; suburbs

permesso *m.* permission

permettere (*p.p.* **permesso**) to permit, allow

però but; however

personaggio *m.* character

persuadere (*p.p.* **persuaso**) to persuade

pesante heavy

pesare to weigh

pesca *f.* fishing; peach

pescatore *m.* fisherman

pesce *m.* fish

pescheria *f.* fish store

pesciolini *m.pl.* small fish

peso *m.* weight; **peso medio** middleweight

pessimista *m. & f.* pessimist

pesto *m.* basil sauce with oil, garlic, and nuts; **pasta al pesto** *f.* pasta with basil sauce

petrolio *m.* petroleum, oil

pettegolezzo *m.* gossip; idle talk

pettinarsi to comb one's hair

pettine *m.* comb

pezza *f.* piece of cloth; rag

pezzo *m.* piece

piacere to like; **fare un piacere** to do a favor

pianerottolo *m.* landing *(stairs)*

pianeta *m.* planet

piangere to cry; **piangere a singhiozzi** to sob

pianificare to plan

piano *m.* floor; *(adj.)* slowly; softly

pianta *f.* plant

piantare to plant

piantina *f.* small map

pianto *m.* weeping; tear-shedding

piatto *m.* dish; **fare i piatti** to do the dishes

piccante spicy; hot

piede *m.* foot; **andare a piedi** to walk, go on foot

pieghevole folding; foldable

pieno full

pietanza *f.* dish; course

pila *f.* battery

pilotato piloted; driven

pinacoteca *f.* picture gallery

pioggia *f.* rain

piovere to rain; **piovere a dirotto** to rain cats and dogs

pisello *m.* pea

pisolino *m.* nap

pista *f.* track; racetrack

pistola *f.* pistol, gun; **colpo di pistola** *m.* gun shot

pittore *m.* painter

pittoresco picturesque

pittorico pictorial; of a painter

pittura *f.* painting

poemetto *m.* short poem

poesia *f.* poetry; poem

poichè since

polizia *f.* police

poliziesco: romanzo poliziesco *m.* detective novel

poliziotto *m.* policeman

polizza di assicurazione *f.* insurance policy

pomodoro *m.* tomato

pompelmo *m.* grapefruit

ponere to place

ponte *m.* bridge

popolo *m.* people; persons

portabagagli *m.* trunk; luggage rack

portafogli *m.* wallet

portare to bring; to carry; to wear; **portare la macchina**

to drive

portata *f.* reach; grasp; **a portata di mano** within reach

portatile portable

portiere *m.* doorkeeper;
janitor; concierge

portinaio *m.* doorkeeper

porzione *f.* portion

posate *f.pl.* cutlery; tableware

possedere to possess, own

posta *f.* mail; post office

postale postal; **cartolina
postale** *f.* postcard; **ufficio
postale** *m.* post office

posteggio *m.* parking place

posticino *m.* small spot, little
place

postino *m.* mailman

posto *m.* place

potente powerful

potenza *f.* power

potere *m.* power

povero poor

povertà *f.* poverty

pranzo *m.* lunch; dinner

praticare to practice

precedente *m.* preceding

precipitarsi to throw (hurl)
oneself down

precisare to specify

pregare to pray; to beg

pregiatissimo highly regarded

pregiudizio *m.* prejudice

premessa *f.* premise

premiato awarded; rewarded

premio *m.* prize

prendere (*p.p.* **preso**) to take;
to get; **prendere a schiaffi**
to slap; **prendere in affitto**
to rent; **prendere una
storta** to twist one's foot

preoccuparsi to worry

presentatore *m.* announcer
(*radio, television*)

pressione *f.* blood pressure

presso near; with

prestare to lend; **prestare
attenzione** to pay attention

prevalentemente
predominantly

prevedere to foresee

prezzo *m.* price; **a basso
prezzo** cheap; **prezzo
ridotto** discounted price

prigioniero *m.* prisoner

prima colazione *f.* breakfast

primavera *f.* spring

primo first

principalmente mainly

principe *m.* prince

principessa *f.* princess

principio *m.* beginning

privo di deprived; lacking

produrre (*p.p.* **prodotto**) to
produce

progettare to plan

progetto *m.* project

programmabile
programmable

proibire to forbid

prolungarsi to extend; to
continue

promosso promoted

pronome *m.* last name

pronto ready; **pronto soccorso** *m.* emergency room

propenso inclined; disposed

proporre (*p.p.* **proposto**) to
propose

proprio one's own; just,
exactly

prosperare to prosper

protagonista *m. & f.*
protagonist, chief character

proteggere (*p.p.* **protetto**) to
protect

protesta *f.* protest

provare to try, attempt

proveniente originating

provenire to originate; to
come from; to descend from

provvedere (*p.p.* **provvisto**) to

provide

provvisione *f.* provision; supply

provviste *f.pl.* supplies

pubblicità *f.* advertising

pugilato *m.* boxing

pugno *m.* fist; blow; punch;
dare un pugno to punch

pulizia *f.* cleanliness; cleaning;
fare le pulizie to do house-
cleaning

pullman *m.* motor coach

pungere (*p.p.* **punto**) to sting

punta *f.* point, tip

puntare to aim

punto *m.* point; **in punto**
exactly; sharp *(time);* **punto
di vista** point of view

purchè provided (that); so
long as

purtroppo unfortunately

quadrato square

quadro *m.* painting

qualche some; any; few

qualcosa something

qualcuno somebody; someone

quale which; what; who;
whom; that; **tale quale** such
as, similar to

qualificato qualified

qualità *f.* quality

qualsiasi, qualunque any;
whatever, whichever; every,
each

qualsiasi cosa whatever;
anything; everything

qualsiasi modo anyhow

qualunque cosa whatever;
anything; everything

qualunque modo anyhow

quantità *f.* quantity

quanto how much, *pl.* how
many; as much, *pl.* as many;
how long; as . . . as; as much
as; **tutto quello che** all
that, *pl.* all those who;

quello che what
quartiere *m.* neighborhood
quasi almost, nearly; **quasi quasi** very nearly
quiete *f.* quiet, quietness; calm
quindi so, therefore
quotidiano daily

rabbia *f.* anger
racchetta *f.* racket
raccogliere to pick; to raise
raccolta *f.* collection *(art, literature)*
raccomandazione *f.* recommendation
raccontare to tell; to relate; to narrate
raccontatore *m.* storyteller
racconto *m.* story, narration
raffigurare to represent, portray
raffinato refined
raffinatezza *f.* refinement
raffreddato to have a cold
ragazzaccio *m.* bad boy
raggiungere (*p.p.* **raggiunto**) to reach; to arrive
ragione *f.* reason; motive; **avere ragione** to be right
ragù *m.* stew; meat sauce
rallegrarsi to be glad, delighted
rapporto *m.* report; statement
rappresentante *m.* representative
raro rare
rassicurare to reassure
rassomigliare to resemble
ravvivare to revive
razionale rational
re *m.* king
reagire to react
realizzare to realize; to execute
realtà *f.* reality
reazione *f.* reaction
recarsi to go

recitare to recite, to act, play (a role)
regalare to give as a present
regalo *m.* gift, present
regina *f.* queen
regista *m. & f.* director *(cinema)*
registrare to register; to record
registratore *m.* tape recorder
registrazione *f.* registration
regno *m.* kingdom; reign
regola *f.* rule
regolare regular
regolarmente regularly
rendere to render; to make; to give; **rendere omaggio** to pay homage; **rendere un servizio** to do a favor
reparto *m.* department
reso (*p.p.* of **rendere**) rendered; made
resistere to resist; to withstand
respirare to breathe
respirazione *f.* breath; respiration
respiro *m.* breath; **riprendere il respiro** to catch one's breath
restare to remain
resti *m.pl.* remains
restituire to return, give back
resto *m.* rest; remainder; change
retta: dare retta to pay attention; to listen
rettile *m.* reptile
riaddormentarsi to fall asleep again
riapparire to reappear
riattaccare to hang up *(telephone)*
ribellarsi to rebel, to revolt
ricaricare to recharge *(battery)*
ricchezza *f.* wealth
ricco rich
ricerca *f.* research; **dottorato di ricerca** *m.* Ph.D.

ricercato sought after
ricevere to receive
ricevitore *m.* receiver
ricevuta *f.* receipt
richiesta *f.* request
riconoscere to recognize; to acknowledge
ricordare to remember; to remind
ricordo *m.* souvenir; recollection; memory
ricorrere to fall; to take place
ridere to laugh; **fare ridere** to make someone laugh
ridurre (*p.p.* **ridotto**) to reduce; **prezzo ridotto** *m.* discounted price
riempire to fill (out)
rientrare to return home
rievocare to recall; to commemorate
rifare to do over
riferire to refer
rifiorire to reflourish
rifiutarsi to refuse
riflessione *f.* reflection
riflettere to reflect; to think
rigoroso rigorous
riguardare to look at (again)
riguardi openly; in these regards
riguardo regarding; regard
rilassarsi to relax
rileggere to read over again
rima *f.* rhyme
rimandare to send back; to put off
rimanere (*p.p.* **rimasto**) to stay; to remain; to have leftover
rimettere to put back
rimpiangere to regret
rimproverare to scold, reprimand
rinascimentale of the Renaissance

rinascita *f.* rebirth
rincasare to return home
rinchiuso confined, shut in
rinfreschi *m.pl.* refreshments
ringraziare to thank
rinnovare to renovate; to renew
rinnovo *m.* renewal
rinomato well-known; famous
rinunciare to give up; to refuse
riparare to repair
ripassare to review
riportare to bring back
riposare to rest
riprendere (*p.p.* **ripreso**) to take back; to begin again; **riprendere il respiro** to catch one's breath
risalire to date back
rischiare to risk
riscoprire to rediscover
riscoperta *f.* rediscovery
riscrivere to rewrite
risentire to feel the effects of
riservato reserved
risiedere to reside
riso *m.* rice
risolvere (*p.p.* **risolto**) to resolve; to work out
risorse *f.pl.* resources
risparmiare to save
rispetto *m.* respect
ristabilire to restore
risvegliare to reawaken
ritagliato clipped
ritardare to be late
ritardo *m.* delay; **un'ora di ritardo** a delay of one hour; **in ritardo** late
ritenere to retain
ritirarsi to retreat; to retire
ritmo *m.* rhythm
ritorno *m.* return; **andata e ritorno** round trip
ritratto *m.* picture; portrait
ritrovo *m.* meeting; **luogo di**

ritrovo *m.* meeting place
riunire to collect; **riunirsi** to meet; to come together
riuscire to be able; to succeed
rivedere to see again
rivivere to relive
roba *f.* things
romanza Romance
romanziere *m.* novelist
romanzo *m.* novel
rompere (*p.p.* **rotto**) to break
rosso red
rossetto *m.* lipstick
rosticceria *f.* roast meat shop
rubare to rob, steal
rumeno Roumanian
rumore *m.* noise
ruolo *m.* role
ruota *f.* wheel
russare to snore
ruttare to belch, burp

sabbia *f.* sand
sacchetto *m.* pouch; bag
sacco *m.* bag; heap, pack, bunch; **sacco a pelo** sleeping bag; **un sacco di** a whole bunch of
sacro sacred
saggio wise; well-behaved
sala *f.* hall; room; **sala cinematografica** movie theater; **sala d'attesa** waiting room; **sala da pranzo** dining room
salario *m.* salary
saldato discounted; on clearance
salire to go up
salone *m.* (large) hall; living room
salotto *m.* living room
salsa *f.* sauce
salsiccia *f.* sausage
saltare to jump
saltimbocca *m.pl.* fried veal with ham

salumeria *f.* delicatessen
salutare to greet; to say hello
salute *f.* health
saluto *m.* greeting
salvare to save
sangue *m.* blood
sano healthy; **sano e salvo** safe and sound
saporitissimo extremely tasty
sarda *f.* sardine; **pasta con le sarde** *f.* pasta with sardines
sardo Sardinian
sarto *m.* tailor
savoiardo *m.* ladyfinger biscuit
sbadigliare to yawn
sbagliarsi to be mistaken
sbalordito astonished
sbattere to bump; to bang
sboccare to empty *(river)*
sbrigarsi to hurry
scacchi *m.pl.* chess
scacciare to drive away
scadere to expire
scaffale *m.* shelf
scala *f.* staircase; *pl.* stairs
scalare to scale; to climb
scalinata *f.* stairway
scambio *m.* exchange
scampagnata *f.* picnic; trip to the country
scantinato *m.* basement
scappare to run away
scarabocchiare to scribble, doodle
scatola *f.* box
scegliere (*p.p.* **scelto**) to choose
scelta *f.* choice
scendere to go down; **scendere in guerra** to go to war
schiaffo *m.* slap; **prendere a schiaffi** to slap
schermo *m.* screen
scherzare to joke, kid around
schiena *f.* back *(of the body)*
sci *m.* ski; **sci acquatico** water ski

sciarpa *f.* scarf

scienziato *m.* scientist

scimmia *f.* monkey

sciocchezza *f.* silliness, nonsense

sciopero *m.* strike

scolastico: obbligo scolastico *m.* compulsory education

scolpire to sculpture; to engrave

scommettere to bet

scomparire to disappear

sconfiggere (*p.p.* **sconfitto**) to defeat

sconfitta *f.* defeat

scontato discounted

scopa *f.* broom

scoperta *f.* discovery

scoppiare to explode; to break out

scoprire (*p.p.* **scoperto**) to discover

scorso last; past

scremato: latte scremato *m.* skimmed milk

scrittore *m.* (*f.* **scrittrice**) writer, author

scrivania *f.* desk

scuro dark

scusa *f.* excuse; apology; **domandare scusa** to beg someone's pardon; to apologize

scusarsi to apologize; to beg someone's pardon

sebbene although, though

secolo *m.* century

sede *f.* seat; residence

sedile *m.* seat

segnalare to mention

segnale acustico *m.* tone (*telephone*)

segnare to mark; to indicate

segno *m.* sign; **fare segno** to motion

segreto *m.* secret

seguente following; next

seguire to follow

semaforo *m.* traffic signal

sembrare to seem, appear

semicerchio *m.* semicircle

semplice simple

semplicità *f.* simplicity

sempre always

sensibile sensitive

senso *m.* sense; feeling; **buon senso** common sense

sentimento *m.* feeling, sentiment

sentire to hear; to smell; **sentirsi** to feel; to feel up to

senza without; –less; **senz'altro** without a doubt

senzatetto *m.* homeless

sepolcro *m.* tomb, grave

seppellire to bury

serale evening

serata *f.* evening

serpente *m.* snake, serpent

serrare to lock

serratura *f.* lock

servire to serve; to need; **servirsi di** to use, make use of

seta *f.* silk

settentrionale northern

settentrione *m.* north; northern Italy

settimanale weekly

settore *m.* field

severo strict

sfilata *f.* parade

sfinito exhausted; worn out

sfondo *m.* background

sfortunatamente unfortunately

sforzarsi to do one's best; to strive

sforzo *m.* effort

sfumatura *f.* shading

sgraffiare to scratch

sgridare to scold

sguardo *m.* glance; look

siccità *f.* drought

siccome as; since

sicurezza *f.* safety; **cintura di sicurezza** *f.* seat belt

significato *m.* significance, importance

sindaco *m.* mayor

sinistra *f.* left; **a sinistra** to the left

sintetico synthetic

sistemare to organize; to put in order

slitta *f.* sled

smettere (*p.p.* **smesso**) to stop

soccorso: pronto soccorso *m.* emergency room

soffitto *m.* ceiling

soffrire (*p.p.* **sofferto**) to suffer; to endure

soggiorno *m.* stay; **carta di soggiorno** *f.* residence visa

sognare to dream

sogno *m.* dream

solito usual; customary; **di solito** usually

sollecitare to solicit; to request

sollevare to lift, raise

soltanto only

somiglianza *f.* similarity; resemblance

sommato: tutto sommato all told

sommo *m.* summit, top, peak

sonno *m.* sleep; **avere sonno** to be sleepy

sonoro resonant; high-sounding

sopportare to put up with

sopprimere to suppress

sopra above

soprattutto above all, especially; primarily

sorgere to rise; **al sorgere** at the rise

sorprendersi to be surprised

sorpresa *f.* surprise
sorridente smiling
sorridere to smile
sorso *m.* sip, drop
sorteggio *m.* drawing of lots
sospettare to suspect
sospirare to sigh
sosta *f.* break; stop
sostantivo *m.* noun
sostanza *f.* substance
sostenere to support; to maintain
sostituire to substitute, replace
sotto under; below
sovrano *m.* sovereign; king
spagnolo Spanish
spalla *f.* shoulder
sparire to disappear
sparso scattered
spaventarsi to be frightened
spaziale space; **stazione spaziale** *f.* space station
spazio *m.* space; **fare spazio** to make room
spazioso spacious
spazzatura *f.* garbage
spazzola *f.* brush
spazzolarsi to brush
spazzolino da denti *m.* toothbrush
spedizione *f.* expedition
spegnere (*p.p.* **spento**) to turn off; to go out *(light)*
spendaccione *m.* spendthrift
spendere (*p.p.* **speso**) to spend
sperduto lost
sperimentale experimental
sperimento *m.* experiment
spesa *f.* shopping; cost; expense; **fare la spesa** to go food shopping
spesso often
spettacolo *m.* show, performance; **spettacolo musicale** musical (play)
spettacoloso spectacular

spettatore *m.* spectator
spettinato uncombed; unkempt
spiaggia *f.* (*pl.* **spiagge**) beach
spiccioli *m.pl.* small change
spiegare to explain
spiegazione *f.* explanation
spingere (*p.p.* **spinto**) to push
spiritoso witty; funny
spogliarsi to undress
spolverare to dust
sporco dirty
sportello *m.* door *(car, train)*
sportivo athletic; sport, sporting
sposa *f.* bride
sposarsi to get married
sposi: coppia di sposi *f.* married couple
sposini *m.pl.* newlyweds
sposo *m.* bridegroom; *m.pl.* married couple
spostare to move
sprecare to waste
spumante *m.* sparkling wine
spumone *m.* type of ice cream
spuntare to appear; to begin to grow
squadra *f.* team
squadrista *m.* member of a Fascist action squad
squillare to ring
squisito delicious
stabilimento *m.* establishment
stabilire to establish
stagione *f.* season
stampa *f.* (the) press
stampato *m.* printed matter
stanco tired
stazione *f.* station; **stazione ferroviaria** train station
starci to have room (space) for; to fit
stella *f.* star
stesso same
stipendio *m.* salary

stirare to iron
stivale *m.* boot
stoffa *f.* fabric
storia *f.* story; history
storico historical
storta *f.* twist; **prendere una storta** to twist one's foot
strada *f.* street
stradina *f.* small street
straniero foreign; *m.* foreigner
straordinario extraordinary
stretto narrow; tight(ly)
stringere to press; to squeeze; **stringere la mano** to shake hands
strumentale instrumental
strumento *m.* instrument; tool
strutturato structured
studentesco student
studio *m.* office; study; *pl.* studies
studioso *m.* scholar; studious *(adj.)*
stupendo stupendous
su on, upon; about; **su e giù** up and down
subito immediately; directly
succedere (*p.p.* **successo**) to happen
successo *m.* success
succhiare to suck
suddividere to subdivide
suggerimento *m.* suggestion
suggerire to suggest
sugo *m.* sauce; **pasta al sugo** *f.* pasta with tomato meat sauce
suonare to ring; to strike; to play *(instrument)*
suono *m.* sound
superare to overcome; to surpass; **superare un esame** to pass an exam
superbo proud; haughty
superficie *f.* area
superstizioso superstitious

supplente *m. & f.* substitute teacher
supplicare to beg
supremazia *f.* supremacy
svariato varied; various
sveglia *f.* alarm clock
svegliarsi to wake up
svendita *f.* sale
svenire to faint
sviluppare to develop
sviluppo *m.* development
svizzero Swiss

tacco *m.* heel
tagliare to cut
taglio *m.* (hair)cut
tale such; **tale quale** such as, similar to
talmente so; so much
tanto as much, *pl.* as many; so much, *pl.* so many; **di tanto in tanto** every now and then; **per tanto** however; meanwhile; **una volta ogni tanto** once in a while
tappeto *f.* carpet; rug
tappezzare to paper *(wall)*
tardo late
tascabile pocket size; **lampada tascabile** *f.* flashlight
tassa *f.* tax
tattica *f.* tactics
taverna *f.* pub
tavola *f.* table
tavolino *m.* small table
tazza *f.* cup
teatrale theatrical
teatro *m.* theater
tecnica *f.* technology
tecnico technical
tedesco German
telefonata *f.* telephone call
telefonino *m.* cellular phone
telegiornale *m.* television news program
televisore *m.* television set

tema *m.* composition; theme
temere to fear
tempesta *f.* storm
tempio *m.* temple
temporale *m.* storm
tendere to be inclined
tenere to hold; to keep; **tenersi la mano** to hold hands
tenerci to value, to hold dear
tentare to attempt, try
tentativo *m.* attempt
teorico theoretical
terminare to end, finish
termine *m.* term
terrazza *f.* terrace
terremoto *m.* earthquake
terreno *m.* ground
tesoro *m.* treasure
tessile textile
tessuto *m.* fabric
testardo obstinate, stubborn
testa *f.* head
testimoniare to witness
tifo *m.* fanaticism; **fare il tifo** to be a fan
tifoso *m.* sports fan
tirare to pull; to throw
titolo *m.* title
toccare to touch
togliere to remove; to take out
tomba *f.* tomb
topo *m.* mouse
tornare to return
torneo *m.* tournament
torre *f.* tower
torto: avere torto to be wrong
tovagliolo *m.* napkin
traccia *f.* trace
traditore *m.* traitor
trama *f.* plot
tramite through
tramonto *m.* sunset
trascorrere (*p.p.* **trascorso**) to pass, spend *(time)*
trasferimento *m.* transfer

traslocare to move *(residence)*
trasmettere (*p.p.* **trasmesso**) to transmit
trasmissione *f.* broadcast; program
trasportare to transport
trattamento *m.* treatment
trattare to treat; to deal with
trattato *m.* treatise, treaty
trattenersi to stay
tratto *m.* trait, characteristic; **tratto da** taken from; **tratto in film** made into a movie
travestito disguised
treccia *f.* (*pl.* **trecce**) braid
tremando trembling
tremendo tremendous
tribunale *m.* court
triste sad
tristezza *f.* sadness
trofeo *m.* trophy
trombettista *m.* trumpet player
trono *m.* throne
troppo too much, *pl.* too many
trovare to find
truccarsi to make (oneself) up
trucco *m.* makeup
tuffarsi to dive
tutt'altro not at all; **del tutto** quite, entirely; **fare del tutto** to do one's all; **tutt'e due** both; **tutt'oggi** still today
tutto all; everything; whole; **tutto sommato** all in all
tuttora still

uccello *m.* bird
uccisione *f.* killing
ucciso (*p.p.* of **uccidere**) killed
ufficiale official
ufficio *m.* office
uguaglianza *f.* equality
ultimo last
umanistica: istruzione umanistica *f.* liberal arts

education

umanità *f.* humanity

umano human

umiltà *f.* humility

unghia *f.* nail *(of body)*

unico only; single; sole *m.* only one

unire to unite

uomo *m.* (*pl.* **uomini**) man

uovo *m.* (*f.pl.* **uova**) egg

uragano *m.* hurricane

urgenza *f.* emergency

uscire to go out; to take out; **uscire pazzo** to go crazy

uscita *f.* exit; **uscita di volo** boarding gate

uva *f.* grape

vacanza *f.* vacation

vago (*pl.* **vaghi**) vague; indefinite

valere to be worth; **valere la pena** to be worth it

valigia *f.* (*pl.* **valigie**) suitcase

valore *m.* value

valuta *f.* currency

vantarsi to boast

variare to vary

vario various; varied

vasca da bagno *f.* bathtub

vaso *m.* vase

vecchiaia *f.* old age

vecchietto *m.* little old man

vecchio old

vedere (*p.p.* **visto**) to see

veduta *f.* view

vela: barca a vela *f.* sailboat

velenoso poisonous

vendita *f.* sale

ventina *f.* about twenty

vento *m.* wind

venire to come

verbosità *f.* wordiness

verde green

verdura *f.* vegetables, greens

vergogna *f.* shame; **avere vergogna** to be ashamed

verificare to verify

verità *f.* truth

vero true

versare to pour *(liquid)*

versi *m.pl.* verse, poetry

verso toward

vescovo *m.* bishop

veste *f.* dress

vestiario *m.* clothing

vestitino *m.* baby's dress or frock

vestito *m.* dress; suit

vetrina *f.* store window

vetro *m.* glass

via *f.* street; way; route; **buttare via** to throw away; **e così via** and so on; **per via di** because of; **per via aerea** air mail

viaggiare to travel

viaggio *m.* trip

viale *m.* avenue; drive

vicino nearby; close; **vicino di casa** *m.* neighbor

vicissitudini *f.pl.* ups and down

videoregistratore *m.* video recorder

vigilia *f.* eve

vigneto *m.* vineyard

villa *f.* villa; country house

villino *m.* cottage

vincere (*p.p.* **vinto**) to win

vincitore *m.* winner

vino *m.* wine

vista *f.* sight; view; **occhiali di vista** *m.pl.* prescription glasses; **punto di vista** *m.* point of view

visto *m.* visa

vitalità *f.* vitality; life

vittoria *f.* victory

vivace vivid; lively

vivacità *f.* liveliness

vivente living

vivere to live

vizio *m.* bad habit

vocale vocal; voice

voce *f.* voice

voglia *f.* desire; wish; **avere voglia di** to feel like

volare to fly

volentieri gladly; willingly

volerci to be needed; to take *(time)*

volere to want; **volere bene** to love

volo *m.* flight; **assistente di volo** *m. & f.* flight attendant; **capire a volo** to understand at once; **palla a volo** *f.* volleyball; **uscita di volo** *f.* boarding gate

volontario *m.* volunteer

volontà *f.* will

volta *f.* turn; time; once; **alla volta** at the same time; **qualche volta** sometime; **una volta ogni tanto** once in a while; **vita di una volta** life of times gone by

volta *f.* vault *(architecture)*

volubile fickle; inconstant

vongola *f.* clam; **pasta alle vongole** *f.* pasta with clams

zaffiro *m.* sapphire

zanzara *f.* mosquito

zitto quiet

zolfo *m.* sulfur

zona *f.* area; zone

zucchero *m.* sugar

English-Italian Vocabulary

The English–Italian Vocabulary includes those words that occur in the English–Italian exercises.

ABBREVIATIONS

adj.	adjective	*m.*	masculine
adv.	adverb	*pl.*	plural
f.	feminine	*p.p.*	past participle

able capace; **to be able** potere; riuscire

about di; circa; verso; **to be about to** stare per

accept accettare

accompany accompagnare

act agire; comportarsi

activity attività *f.*

actress attrice *f.*

affectionately con affetto, affettuosamente

afraid: to be afraid avere paura

after dopo

afternoon pomeriggio *m.*

again di nuovo

against contro

age età *f.*

ago fa

airline linea aerea *f.*

airport aeroporto *m.*

airs: to put on airs darsi delle arie

all tutto; tutti; **all the time** sempre; **at all** per niente; affatto; **to be all right** andare bene; stare bene

alone da solo

along: to get along andare d'accordo

also anche

although benchè, malgrado

always sempre

a.m. di mattina

ambitious ambizioso

amusement park luna park *m.*

angry: to get angry arrabbiarsi

anniversary anniversario *m.*

announce annunciare

announcement annuncio *m.*

another un altro, un'altra

answer rispondere

anxious ansioso

anxiously con ansia, ansiosamente

any qualche; nessuno; alcuno

anyone qualcuno; nessuno

anything qualche cosa; niente

apartment appartamento *m.*

appear apparire; sembrare

applaud applaudire

apple pie torta di mele *f.*

apply fare (una) domanda

approve accettare

architect architetto *m. &. f.*

area zona *f.*

argument discussione *f.*; lite *f.*

arm braccio *m.*

armchair poltrona *f.*

artist artista *m. &. f.*

as che; come; così; tanto; **as . . . as** tanto... quanto; così... come; **as much as** il più possibile; **as well** pure; **as soon as** appena

ask chiedere, domandare

asleep: to fall asleep addormentarsi; **to fall asleep again** riaddormentarsi

asso *m.* champion

at a; da; di; **at all** affatto; **at any price** a tutti i costi; **at about** verso; **at least** almeno

attend frequentare

attention: pay attention fare attenzione

attract attirare

aunt zia *f.*

Austrian austriaco

authoritative autoritario

authority autorità *f.*

avenue strada *f.*

average normale

avoid evitare

away: far away lontano

awful cattivo; pessimo

back indietro; **to go back** ritornare; **to bring back** riportare

bad cattivo

badly male

bag sacco *m.*

bakery panetteria *f.*; pasticceria *f.*

ball palla *f.*

ballgame partita *f.*

bank banca *f.*; **bank loan** prestito bancario *m.*

bark abbaiare

bathing suit costume da bagno *m.*

beautiful bello

because perchè

become diventare

bed letto *m.*; **to go to bed**
 coricarsi
before prima (di)
begin cominciare, iniziare
behave comportarsi
believe credere
bench panchina *f.*, banco *m.*
best il meglio *(adv.)*; il migliore
 (adj.); **to do one's best** fare
 del suo meglio
better meglio *(adv.)*; migliore
 (adj.)
big grande
bill conto *m.*
bird uccello *m.*
birthday compleanno *m.*
bit: a little bit un poco
black nero
blood sangue *m.*
blue azzurro, blu
boat barca *f.*
bolt of lightning colpo di
 fulmine *f.*
bone osso *m.*
book libro *m.*
bookstore libreria *f.*
bore annoiare; **to be (get)**
 bored annoiarsi
born: to be born nascere
 (p.p. nato)
bother dare fastidio;
 prendersela
bottle bottiglia *f.*
box scatola *f.*
boy ragazzo *m.*
boyfriend amico *m.*; ragazzo
 m.; fidanzato *m.*
bread pane *m.*
break rompere
breakfast prima colazione *f.*;
 to have breakfast fare
 prima colazione
bridge ponte *m.*
bring portare; **to bring back**
 riportare
broken rotto

brother fratello *m.*
brush (one's teeth) spazzolarsi
 i denti
building edificio *m.*; palazzo *m.*
bury seppellire; nascondere
bus autobus *m.*
business affare *m.*; affari *pl.*
busy occupato; indaffarato
butter burro *m.*
buy comprare
by da; entro *(time)*

café caffè *m.*, bar *m.*
cafeteria mensa *f.*
cage gabbia *f.*
cake torta *f.*
call chiamare; telefonare
camera macchina fotografica *f.*
campaign: military cam-
 paign campagna militare *f.*
candy caramella *f.*
car: sports car macchina
 sportiva *f.*
carrot carota *f.*
carry portare
case: in case in caso, casomai
cat gatto *m.*
catalogue catalogo *m.*
celebrate celebrare; festeggiare
celery sedano *m.*; **celery stick**
 gambo di sedano *m.*
cellular phone telefonino *m.*
cereal cereali *m.pl.*
certain certo; **certain ones**
 certuni
certificate certificato *m.*
chair sedia *f.*
chalkboard lavagna *f.*
change resto *m. (money)*
charming affascinante
chat chiacchierare
check assegno *m.*; **personal**
 check assegno personale
cheese formaggio *m.*
chicken pollo *m.*
childhood infanzia *f.*

child bambino *m.*
chocolate cioccolato *m.*; **hot**
 chocolate cioccolata calda *f.*
choose scegliere
city città *f.*
class classe *f.*; lezione *f.*
classmate compagno di
 classe *m.*
clean pulire; pulito *(adj.)*
cleaners tintoria *f.*
clock: alarm clock sveglia *f.*
close chiudere *(p.p.* chiuso);
 vicino *(adj.)*
clothes panni *m.pl.*
coat cappotto; **fur coat**
 pelliccia *f.*
coffee caffè *m.*
cold: to be cold avere freddo,
 sentire freddo
college università *f.*
comb (one's hair) pettinarsi
come venire; **to come out**
 uscire; **to come off** andare
 via
company ditta *f.*
complain lamentarsi
completely completamente
composition componimento
 m., tema *m.*
cone cono *m.*
confident sicuro di se
conquer conquistare
consequently di conseguenza;
 perciò
contain contenere
control controllare
cost costare
costume costume *m.*
counselor capogruppo *m.*
counter banco *m.*; sportello *m.*
country paese *m.*; nazione *f.*
couple coppia *f.*
courageous coraggioso
course corso *m.*
cousin cugino *m.*
cream: ice cream gelato *m.*

create creare
creative creativo; avere fantasia
cry piangere
cup tazza *f.*
curiosity curiosità *f.*
curious curioso
curtain tenda *f.*
customer cliente *m. & f.*

dance ballo *m.;* ballare
dare osare; sfidare
date: to date from risalire a
daughter-in-law nuora *f.*
day giorno *m.;* **the day after**
l'indomani
dear caro
deceive ingannare
decide decidere
defeat sconfiggere
(*p.p.* sconfitto)
degree: college degree
laurea *f.*
delicious squisito, delizioso
demonstrative espansivo
depart partire
deserve meritare
desk scrivania *f.*
dessert dolce *m.*
destination destinazione *f.*
destroy distruggere
determined determinato
develop sviluppare
diamond diamante *m.*
dictionary dizionario *m.*
die morire (*p.p.* morto)
different differente, diverso
difficulty difficoltà *f.*
dining room sala da pranzo *f.*
dinner cena *f.,* pranzo *m.;* **to**
have dinner out cenare in
ristorante
director regista *m. & f.*
dirty sporco
discuss discutere (*p.p.* discusso);
parlare di
dish piatto *m.*

do fare; **to do one's best** fare
del proprio meglio
doctor dottore *m.,* medico *m.*
dog cane *m.*
domineering prepotente
dormitory dormitorio *m.*
down giù; **to go down**
scendere
dozen dozzina *f.*
draw disegnare
dream sogno *m.;* sognare
dress vestire; vestirsi; **to get**
dressed vestirsi
drink bere
drive guidare
drop (off) lasciare
during durante

each ogni; **each (one)** ognuno; **each other** l'un l'altro
early presto; in anticipo;
earlier prima
earn guadagnare; meritare
easily facilmente
easy facile
eat mangiare
education istruzione *f.*
egg uovo *m.* (uova *pl.*)
either neanche; nemmeno;
either . . . or o... o; sia... sia;
nè... nè
electrician elettricista *m. & f.*
elope scapparsene di casa
embrace abbracciare
employee impiegato *m.*
end fine *f.*
energetic attivo; energico
enjoy oneself divertirsi
enough abbastanza
enroll iscriversi
enthusiasm entusiasmo *m.*
enthusiastically con
entusiasmo
entire intero; **entirely**
completamente
especially specialmente

essential essenziale
establish stabilire; mettere su
(*business*)
even anche
evening sera *f.*
event avvenimento *m.*
ever mai
every ogni
everyone tutti; ognuno
everything tutto
everywhere dappertutto
evident evidente, ovvio
exaggerate esagerare
exchange rate corso del
cambio *m.*
exercise esercizio *m.;* fare
ginnastica
expect aspettarsi di
expenses spese *f.pl.*
expensive caro
explain spiegare
express esprimere
extremely estremamente
eye occhio *m.*

face: to make a face fare una
smorfia
factory fabbrica *f.*
fail fallire
faithful fedele
fall autunno *m.;* **to fall asleep**
addormentarsi
family famiglia *f.*
famous famoso
far (away) lontano
fashion moda *f.*
faucet rubinetto *m.*
favorite favorito, preferito
feed dare da mangiare
feel sentire; **to feel like** sentirsi
di; **to feel well** sentirsi bene
few alcuni; qualche
fewer meno di
fight combattere; bisticciarsi
fill riempire
finally alla fine; finalmente

find trovare

finish finire

firm forte; fermo

first primo

fishing: to go fishing andare a pesca

fix riparare, aggiustare

flood diluvio *m.;* allagare

flower fiore *m.*

follow seguire

following seguente

fondly con affetto

food cibo *m.*

foot piede *m.;* **on foot** a piedi

for per

force forzare

forget dimenticare; dimenticarsi

form formare

former: the former. . . the latter questo... quello

fountain fontana *f.*

free libero; gratuito

friendly amichevole

frisbee frisbee *m.*

from da

front: in front of davanti a, di fronte a

fruit frutta *f.*

full-time a tempo pieno

fun divertimento *m.;* **to have fun** divertirsi; **to make fun of** burlarsi di

fur coat pelliccia *f.*

furious furioso

game room sala da gioco *f.*

garden giardino *m.*

gas benzina *f.*

generally di solito, generalmente

generous generoso

get ottenere; prendere; avere; **to get along** andare d'accordo; **to get angry** arrabbiarsi; **to get bored** annoiarsi; **to get dressed** vestirsi; **to get late** farsi tardi; **to get married** sposarsi; **to get nervous** annervosirsi; **to get to** arrivare a; **to get up** alzarsi

gift regalo *m.;* **to give a gift** fare un regalo

girl ragazza *f.*

girlfriend amica *f.;* fidanzata *f.*

give dare; **to give a gift** fare un regalo; **to give up** arrendersi

glass bicchiere *m.;* **eye glasses** occhiali *m.pl.*

glove guanto *m.*

go andare; **to go down** scendere; **to go out** uscire

gold oro *m.*

good buono; **to make a good showing** fare bella figura; **to have a good time** divertirsi

goodness bontà *f.*

government governo *m.*

grandfather nonno *m.*

grandmother nonna *f.*

grandparent nonno *m.;* nonna *f.*

great stupendo, meraviglioso

green verde *m.*

ground: on the ground a terra

group gruppo *m.*

guest ospite *m. & f.*

guide guida *f.;* **travel guide** guida turistica

hair capelli *m.pl.*

half mezzo; metà *f.*

Halloween Carnevale *m.*

hand mano *f.*

handkerchief fazzoletto *m.*

happen succedere

happy felice, contento

hard duro; difficile; **hard-working** lavoratore

hardly appena; a mala pena; a stento

hat cappello *m.*

have avere; **to have** *(food)* mangiare; prendere; **to have to** dovere; **to have breakfast** fare colazione; **to have dinner out** cenare in ristorante

healthy sano

hear sentire

heart cuore *m.;* **to take heart** farsi coraggio

heartily di buon appetito

heavy pesante

help aiuto *m.;* aiutare; **to help each other** aiutarsi l'un l'altro; **to help oneself** aiutarsi

here qui, qua

hero eroe *m.* (eroina *f.*)

hippopotamus ippopotamo *m.*

home casa *f.;* **at home** a casa

homework compito *m.*

honest onesto

honor onore *m.*

hope sperare

horseback a cavallo

hot: to be hot *(weather)* fare caldo; **hot chocolate** cioccolata calda *f.*

hotel albergo *m.*

hour ora *f.*

house casa *f.*

how come; **how many** quanti; **how much** quanto

hundred cento

hungry: to be (get) hungry avere fame

hurry sbrigarsi; **to be in a hurry** avere fretta, affrettarsi

ice cream gelato *m.*

idea idea *f.*

idle inattivo; pigro

imagine immaginare; immaginarsi

immediately immediatamente

impatiently con impazienza; impazientemente
impulsively impulsivamente
inadvertently inattentamente
including incluso
individual individuo *m.*
influence influenzare
intend avere l'intenzione di
interview colloquio *m.*
into in; dentro a
invite invitare
island isola *f.*

jacket giacca *f.*
jeans jeans *m.pl.*
job posto *m.*, impiego *m.*
jog fare il footing
joy gioia *f.*
jump saltare
just appena

keep tenere
key chiave *f.*
kid bambino *m.*
kind gentile
king re *m.*
kingdom regno *m.*
kitchen cucina *f.*
know conoscere; sapere; **to know how** sapere; **to let someone know** fare sapere a qualcuno

lake lago *m.*
lamp lampada *f.*
large grande
last ultimo; scorso; **last night** ieri sera
late tardi; **to be late** essere in ritardo; **to get late** farsi tardi
lateness ritardo *m.*
later più tardi
latter: the former . . . the latter questo... quello
lawyer avvocato *m. & f.*
lead condurre (*p.p.* condotto)

lean appogggiare; appoggiarsi
learn imparare; venire a sapere
least: at least almeno
leather pelle *f.*
leave partire; andarsene; **to leave (something)** lasciare
leg gamba *f.*
legend legenda *f.*
legion legione *f.*
less meno
letter lettera *f.*
librarian bibliotecario *m.*
library biblioteca *f.*
lie bugia *f.;* dire bugie
life vita *f.*
light luce *f.*
lightning fulmine *m.;* **bolt of lightning** colpo di fulmine *m.*
like come; piacere
line coda *f.;* **lines** (*of a play*) parte *f.*
listen ascoltare
little: a little bit of un poco di
live abitare; vivere
loan: bank loan prestito bancario *m.*
logical logico
long lungo; **any longer** non... più; **too long** a lungo, (per) molto tempo
look guardare; **to look for** cercare; **to look over** dare un'occhiata
lose perdere
lot: a lot molto
lottery lotteria *f.*
love amore *m.;* amare
low basso
lucky fortunato
lunch colazione *f.;* **to have lunch** fare colazione

magazine rivista *f.*
make fare; **to make a good showing** fare bella figura; **to make fun of** burlarsi di

make-up truccarsi
male maschio *m.*
man uomo *m.*
manager direttore *m.* (*f.* direttrice)
many molti; tanti; **as many as** tanti quanti
map piantina *f.*
marry sposare; **to get married** sposarsi
meal pasto *m.*
meet incontrare
melancholic melanconico
memory memoria *f.*
menu menù *m.*
meticulous meticoloso
military militare
milk latte *m.*
million milione *m.*
millionaire miliardario *m.*
minute minuto *m.*
money denaro *m.*, soldi *m.pl.*
monkey scimmia *f.*
month mese *m.*
more più; **more and more** sempre più
most più; di più; la maggior parte
mother madre *f.*, mamma *f.*
mother-in-law suocera *f.*
motorcycle motocicletta *f.*
move sportare; traslocare (*residence*)
movies cinema *m.*
much molto; gran parte; **too much** troppo; **as much as** (tanto)... quanto
museum museo *m.*
must dovere
myself me stesso

name nome *m.*
native nativo *n.*
natural naturale
naturally naturalmente
necessary necessario

necklace collana *f.*
need avere bisogno di
nephew nipote *m.*
nervous nervoso; **to get nervous** annervosirsi
never mai
nevertheless nonostante, tuttavia
new nuovo
news notizia *f.*
next to accanto a
nice simpatico
night notte *f.*
no one nessuno
noise rumore *m.; **to make noise** fare rumore
none nessuno; niente
noon mezzogiorno *m.*
nose naso *m.*
nothing niente, nulla
now adesso

obey ubbidire
obvious ovvio, evidente
oddly stranamente
of di; da
off: to come off andare via
office ufficio *m.*
often spesso
old vecchio; grande; **old woman** vecchietta *f.*
once una volta
only soltanto, solamente
open aperto
opposite contrario; opposto
orchestra orchestra *f.*
organ organo *m.; **organ grinder** suonatore di organetto *m.*
organize organizzare
other altro; diverso; **each other** l'un l'altro; **the other half** l'altra metà
otherwise altrimenti
out fuori; **to come out** uscire; **to go out** uscire; **to have**

dinner out cenare in ristorante; **to put out** (*fire*) spegnere
outside fuori
over più di, oltre; **over there** là, laggiù
overcoat cappotto *m.*
owner proprietario *m.*

p.m. del pomeriggio; di sera
package pacco *m.*
paint dipingere
painting dipinto *m.*, quadro *m.*
pair paio *m.* (paia *f.pl.*)
pants pantaloni *m.pl.*
paper: paper plate piatto di carta *m.*
parents genitori *m.pl.*
park parco *m.; **amusement park** luna park *m.*
part parte *f.*
part-time a mezzo tempo
party festa *f.*
passionate appassionato
passport passaporto *m.*
patience pazienza *f.*
patient paziente *m. & f.*
patiently con pazienza; pazientemente
pay pagare; **to pay attention** fare attenzione; stare attento
pearl perla *f.*
people gente *f.; persone *f.pl.*
per (day, week) al, alla
permit permettere; tollerare
person persona *f.*
personal personale
phone telefono *m.; **cellular phone** telefonino *m.*
photo album album di fotografie *m.*
physical fisico
pick scegliere
picture fotografia *f.* (foto *f.*)
pie: apple pie torta di mele *f.*
piece pezzo *m.*

pigeon piccione *m.*
place: to take place avere luogo
plan progetto *m.*
plane aereo *m.*
play commedia *f.; spettacolo *m.*; giocare (*sport*); suonare (*instrument*)
please per favore, per piacere
poor povero
pope papa *m.*
popular popolare
potato patata *f.*
pound libbra *f.*
pour versare
practical pratico
pray pregare
precisely precisamente
prefer preferire
prejudice pregiudizio *m.*
prepare preparare; prepararsi
present regalo *m.*
pretty bello, carino
price prezzo *m.; **at any price** a tutti i costi
principal preside *m. & f.*
prison prigione *f.*
prize premio *m.*
probably probabilmente
problem problema *m.*
proclaim proclamare
program programma *m.*
proud orgoglioso
provided that purchè, a condizione che
put out spegnere

quart quarto *m.*
question domanda *f.*
quickly subito; presto; **as quickly as possible** il più presto possibile
quiet quieto; **to be quiet** stare zitto

radio radio *f.*

rain pioggia *f.*

rate: exchange rate corso del cambio *m.*

rather piuttosto; anzi; **to rather** preferire

reach raggiungere; arrivare

react reagire

read leggere

realize rendersi conto (*p.p.* reso)

really veramente

reason ragione *f.*

receive ricevere

recent recente

recommend raccomandare

recommendation raccomandazione *f.*

record disco *m.*

red rosso *m.*

reference attestato *m.;* referenza *f.*

refuse rifiutare

regards saluti *m.pl.*

rehearsal prova *f.*

relax rilassarsi

remain rimanere; stare

remember ricordare; ricordarsi

remove togliere (*p.p.* tolto); spostare

repair riparare

reserve prenotare

resolve risolvere

respect rispettare

respond rispondere

rest riposare

restaurant ristorante *m.*

retire ritirarsi; andare in pensione

return ritornare, tornare; restituire

revolt rivolta *f.*

ring suonare; squillare *(clock)*

river fiume *m.*

roll panino *m.;* brioche *f.*

room sala *f.;* camera *f.; (space)* spazio *m.;* **dining room** sala da pranzo; **game room** sala da gioco

round-trip andata e ritorno

rug tappeto *m.*

rule regola *f.*

rush affrettare; affrettarsi

Russian russo *m.*

sad triste

salad insalata *f.*

salesclerk commesso *m.*

salesman commesso *m.*

same stesso

sandwich panino (imbottito) *m.*

satisfy soddisfare (*p.p.* soddisfatto)

Saturn Saturno

sauce salsa *f.*

save risparmiare

say dire

scare spaventare

scarf foulard *m.*

scholarship borsa di studio *f.*

school scuola *f.*

scream gridare

sculptor scultore *m.*

seated seduto

secret segreto *m.*

see vedere

sell vendere

send mandare; spedire

sensitive sensibile

serious serio

serve servire

several diversi; alcuni; parecchi

shake tremare

shampoo shampoo *m.*

share condividere

shave farsi la barba, radersi

shine brillare

shirt camicia *f.* (camicie *pl.*)

shoe scarpa *f.*

shop fare la spesa; fare compere

shopkeeper negoziante *m. & f.*

shorts pantaloncini *m.pl.*

shower: to take a shower fare (farsi) una doccia

showing: to make a good showing fare bella figura

shy timido

sigh sospirare

silk seta *f.*

since poichè, siccome; **since that time** da allora

sincere sincero

sing cantare

sister sorella *f.*

sit down sedersi

size taglia *f.;* misura *f.*

skyscraper grattacielo *m.*

sleep dormire; **to be sleepy** avere sonno

slice fetta *f.*

small piccolo

smile sorriso *m.*

sneakers scarpe da tennis *f.pl.*

so così

sock calza *f.;* **knee-high sock** calzettone *m.*

soft morbido

soldier soldato *m.*

solution soluzione *f.*

some del, dello, degli, dei, della, delle; un po' di; alcuni; qualche

someone qualcuno

something qualche cosa, qualcosa

sometimes qualche volta, a volte

son figlio *m.*

song canzone *f.*

son-in-law genero *m.*

soon fra poco; **as soon as** appena

sorry: to be sorry dispiacere; dispiacersi; pentirsi

southern meridionale

souvenir ricordo *m.*

speak parlare

spend spendere *(money);*

passare *(time)*

sport sport *m.;* **sports car** macchina sportiva *f.*

spring primavera *f.*

stage palcoscenico *m.*

stain macchia *f.*

stamp francobollo *m.*

star stella *f.*

start cominciare, incominciare, iniziare

stay soggiorno *m.;* rimanere

steak bistecca *f.*

stick: celery stick gambo di sedano *m.*

stockings calze *f.pl.*

stop fermare; **bus stop** fermata d'autobus *f.*

store negozio *m.*

storm tempesta *f.,* temporale *m.*

story storia *f.*

strange strano

strangely stranamente

street strada *f.*

strict severo

stubborn testardo; ostinato

studies studi *m.pl.*

study studiare

succeed riuscire

success successo *m.*

such tale; così

suddenly a un tratto

sugar zucchero *m.*

suit vestito *m.;* **bathing suit** costume da bagno *m.*

suitcase valigia *f.*

summer estate *f.*

sun sole *m.*

sunrise levar del sole *m.*

supermarket supermercato *m.*

sure sicuro, certo

surely sicuramente, certamente

surprise sorpresa *f.;* sorprendere

swim nuotare

Swiss svizzero

sympathetic comprensivo

sympathetically con comprensione

T-shirt maglietta *f.*

table tavolo *m.*

take prendere; **to take a course** seguire un corso; **to take a shower** fare (farsi) una doccia; **to take heart** farsi coraggio; **to take part** partecipare; **to take pictures** fare fotografie; **to take place** avere luogo

talented avere talento

talk parlare

teach insegnare

teacher maestro *m.;* insegnante *m. & f.;* professore *m.*

television televisione *f.*

tell dire; raccontare *(stories)*

that quello

theater teatro *m.*

then allora; poi

there là, lì

thing cosa *f.;* **such things** cose simili

think pensare

thirsty: to be thirsty avere sete

thought pensiero *m.*

thousand mille

through attraverso

throw tirare *(ball)*

ticket biglietto *m.*

tie cravatta *f.*

till fino a

time ora *f.;* tempo *m.;* volta *f.;* **all the time** sempre; **full-time** a tempo pieno; **it's time** è ora; **on time** in orario; **since that time** da allora; **to have a good time** divertirsi; **to have time** avere (il) tempo

title titolo *m.*

today oggi

together insieme

tonight stanotte

too anche; pure; troppo; **too long** troppo tempo; **too much** troppo

toothbrush spazzolino da denti *m.*

tour tour *m.*

toward verso

toy giocattolo *m.*

tradition tradizione *f.*

traffic cop vigile *m.*

travel viaggiare; **travel guide** guida turistica *f.*

tree albero *m.*

trip viaggio *m.*

true vero

try cercare; provare

tuition tassa scolastica *f.*

turn on accendere

twice due volte

typewriter macchina da scrivere *f.*

unable incapace

under sotto

understand capire

unfortunately sfortunatamente

united unito

university università *f.*

until finchè; fino a quando

unwillingly con malavoglia

up su; **to get up** alzarsi; **to give up** arrendersi; **to go to pick up** andare a prendere; **to wake up** svegliarsi

useful utile

usually di solito, generalmente

various vari

vase vaso *m.*

veal vitello *m.*

vegetables verdura *f.;* ortaggi *m.pl.*

very molto

villa villino *m.*

visa visto *m.*

visit visitare *(place);* fare visita *(people);* andare a trovare *(people)*

voice voce *f.*

volunteer volontario *m.*

wait aspettare

waiter cameriere *m.*

waitress cameriera *f.*

wake up svegliare; svegliarsi

walk camminare; **to take a walk** fare una passeggiata, fare due passi

want volere

war guerra *f.*

warn avvertire

wash lavare; lavarsi

waste sprecare

water acqua *f.*

wear portare; indossare; mettersi

weather tempo *m.*

week settimana *f.*

weight peso *m.;* **to lose weight** perdere peso; dimagrire

welcome accogliere

well bene; **as well** pure

well-mannered educato

what che; che cosa

when quando

where dove

while mentre

whoever chi; chiunque

who chi; che; il quale

whose cui; di chi

wife moglie *f.*

willingly volentieri

win vincere

window finestra *f.*

winning vincente

wish volere; desiderare

with con

without senza; **to do without** fare a meno di

woman donna *f.*

wonder stupirsi; **I wonder** mi domando; chissà

wonderful meraviglioso

wooden di legno

word parola *f.*

work lavoro *m.;* impiego *m.;* lavorare; funzionare

world mondo *m.*

worry preoccuparsi

worse peggio

write scrivere; scriversi

year anno *m.*

yesterday ieri

yet ancora

young giovane

Index

NOTE: For specific verb conjugations, see the Appendix.